CW01151161

OMNIBUS : QUATROSCOPIE

'n Vierluik over alles wat ons bezig kan houden

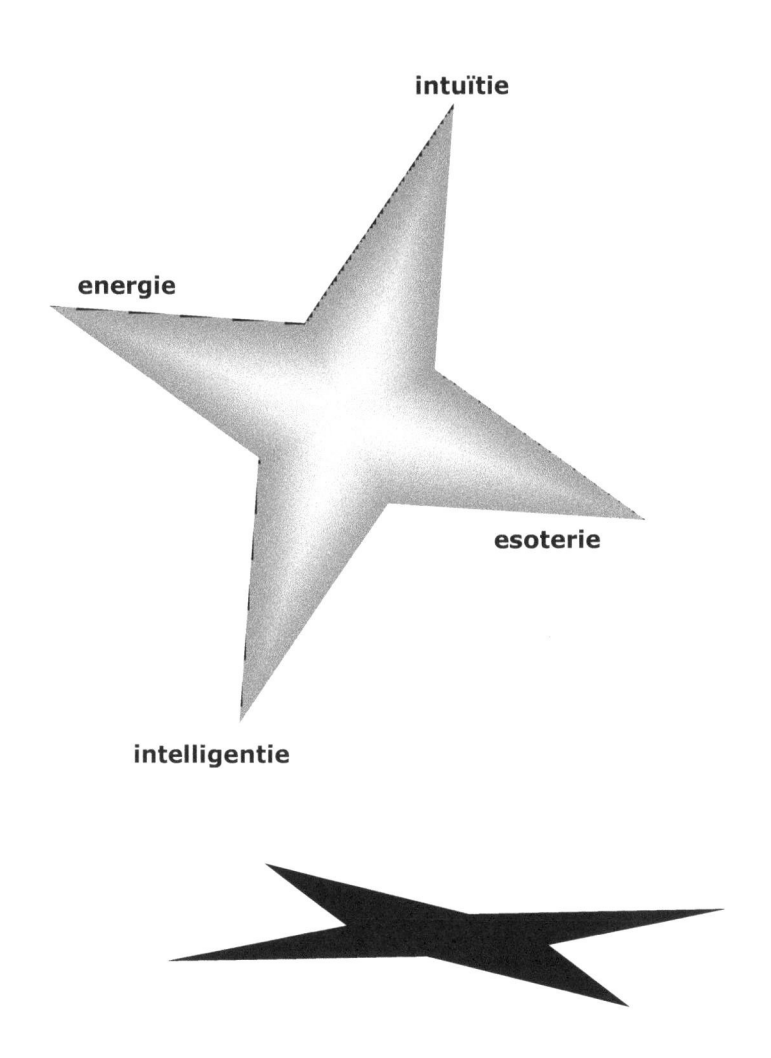

intuïtie

energie

esoterie

intelligentie

COLOFON

Apprenti – Global Consciousness
Wilfred Leonardo Bastiani
21 mei 2011 / 16 februari 2017

Knowledge Level, Density & Diversity – KLD&D : Im-mens

ISBN : 978-1-326-94868-9

Apprenti is actief sinds 2005 en wordt vertegenwoordigd door Wilfred Bastiani (zelfstandig rechtspersoon). Wilfred Bastiani heeft sterke diagnosticerende kwaliteiten en is Organisatie- en Arbeidsdeskundige met meer dan vijfentwintig jaar ervaring bij overheden, grote nationale en internationale organisaties en diverse sportclubs en -bonden.

Voor zo ver het maken van kopieën uit deze editie is toegestaan op grond van artikel 16B Auteurswet 1912 j° het Besluit van 20 juni 1974, Stbl. 351, zoals gewijzigd bij Besluit van 23 augustus 1985, Stbl. 351 en artikel 17 Auteurswet 1912, dient men de daarvoor wettelijk verschuldigde vergoeding te voldoen aan de Stichting Reprorecht. Voor het overnemen van gedeelte(n) uit deze editie in bloemlezingen, readers en andere compilatiewerken (artikel 16 Auteurswet 1912), dient men zich te de schrijver/uitgever te wenden.

Inhoudsopgave Quatroscopie

Van bovenkamer naar onderbuik 7

    De kracht van intuïtie bij besluitvormingen binnen organisaties

Antroposofische energie 149

    De mens als weerspiegeling van het Universum

Organismus Naturalis 413

    Uw organisatie als natuurlijk getal

De 4 Wereldbeelden 537

    Namens Will McWhinney

"Van bovenkamer naar onderbuik"

de kracht van intuïtie bij besluitvormingen
binnen organisaties

Persoonlijke noot

"Van bovenkamer naar onderbuik" is gebaseerd op mijn persoonlijke belevenissen en belevingen, waarin ik de meerwaarde en de kracht van intuïtie, het onderbuikgevoel, heb ervaren. Met dit middel bleek ik beter in staat de aspecten van Strategie, Performance en Synergie vorm te geven zonder dat ik daar concreet opgestelde meetrapporten met feitelijke, rationele meetgegevens in mijn bezit had. Althans, gedurende mijn beleving verrichtte ik natuurlijk wel metingen, echter een betere uitdrukking is hier het doen van observaties, uiteraard op een subjectieve wijze en op persoonlijke titel.

Gezien mijn ervaringen en de tijdspanne van de metingen of observaties kon ik de waarden ervan steeds objectiever inschatten, door het feit dat de resultaten of de (re-)acties en gedragingen voor mij steeds beter voorspelbaar werden. Net als René Thom (1923 – 2002), een Frans wiskundige en ontdekker van de catastrofetheorie, ben ook ik me bewust van het stochastische of statistische gedrag van vele dynamische objecten in de natuur. René Thom stelde dat het gedrag niet te bepalen was, alleen de kàns op een bepaald gedrag was vast te stellen. Doordat ik veelvuldig gedrag van diverse groepen en personen heb geobserveerd, kan ik daardoor nu met grote zekerheid bepalen welk gedrag optreedt bij een bepaalde situatie. Mijn score van het te voorspellen gedrag als afgeleide van veranderingen werd hierdoor steeds maar groter.

Welke fundamentele aspecten aan gedragingen van mensen ten grondslag ligt, weet de psychologische wetenschap na vele jaren van psychoanalyse, zoals die verricht is door onder andere Sigmund Freud, Abraham Maslow en Carl Jung, om er maar enkele te noemen. Het allerbelangrijkste qua gedragingen is "het overleven" in de natuur, waarbij "alles is toegestaan" en "alles mag". Dat sommigen in eerdere stadia beginnen met zich te doen gelden of zich anders manifesteren, zal voor niemand een verrassing zijn. Wanneer u werkelijk geïnteresseerd bent in natuurfenomenen, dan zou ik u daarvoor graag naar het filmpje op YouTube willen verwijzen. De titel van het filmpje is "Battle at Kruger" en heeft de navolgende hyperlink :
http://www.youtube.com/watch?v=LU8DDYz68kM

De anekdote rondom dit filmpje

Dit filmpje bleek een prachtige metafoor voor de situatie bij één van de opdrachtgevers waar ik als consultant actief was. De inhoud kan ik u als volgt beschrijven. De tussen haakjes genoemde beesten staan voor de rol die de verschillende personen van de organisatie in het filmpje vertegenwoordigen.

De situatie speelt zich af bij een grote overheidsorganisatie, waar een projectleider (het kalf) voor één van de vier directeuren (de leeuwen) een nieuw project heeft opgepakt. Deze vier directeuren waren op dat moment allen tegen elkaar aan het strijden vanwege de interne herpositionering. De nestor (de stier) van deze organisatie, die de projectleider onder zijn hoede heeft, biedt hem ondersteuning in zijn werkzaamheden door namens de projectleider een in zijn ogen betrouwbare contractor (koe) aan te nemen.

Op een gegeven moment valt de projectleider in onmin bij zijn directe directeur van wie hij de opdracht had aanvaard (de leeuw valt het kalf aan). Bijgestaan door de namens de directeur nieuw aangestelde projectleider (de andere leeuw) gaan ze beiden de projectleider te lijf. Inmiddels heeft de nieuwe projectleider een andere partij (tweede contractor – de krokodil) aangetrokken voor de activiteiten binnen het bewuste project en valt daarmee de voormalige projectleider verder af (de krokodil valt het kalf aan). Uiteindelijk komt de eigen organisatie (de kudde) van de oude projectleider (het kalf) in actie en bevrijdt hem van zijn kwellingen en biedt hem de gelegenheid elders emplooi aan te nemen.

Gedurende deze perikelen was ik één van de adviseurs, die namens de eerstgenoemde contractor (de koe) door de nestor was aangesteld en kon alle gebeurtenissen van dichtbij aanschouwen. Rob Zuijderhoudt, onbekend van mijn adviestraject, attendeerde mij vanuit zijn verhaal over "synergie" op het bedoelde filmfragment. Hoe treffend kan het zijn, is het toeval dat de gelijkenis tussen beide situaties zo sterk is ? Zelf denk ik niet dat het toevallig is dat ik deze twee op zichzelf staande gebeurtenissen op dat moment met elkaar associeer.

Om in termen van Carl Jung en Wolfgang Pauli te spreken, het gaat hier om het fenomeen "Synchronicity". Hierbij gaat het kort gezegd om feiten en gedachten, "die in elkaars verlengde liggen" en op een bepaald moment samenkomen.

Voor mij is dit voorbeeld een ultiem voorbeeld dat het gedrag van mensen binnen organisaties zeer sterke gelijkenis vertonen met het leven in flora en fauna. Ook daar wordt gestreden om de hoogste macht en meeste aanzien, waarna de wanorde zich herstelt en de harmonie weer terug komt. Dat werkt blijkbaar beter dan wanneer mensen met hun regeldrang dit op hun rationele manier trachten te doen.

1. Inleiding

Met dit boek richt ik mij op u als de organisatie consultant, communicatie adviseur, als opleider en/of coach als ook op u als account manager, werkzaam binnen de werving- & selectiebureaus.

Gedurende de vele jaren dat ik met deze personen werkzaam was of met hun discussieerde, bemerkte ik dat zij veelvuldig besluitvormingen baseerden op rationele aspecten. Ik heb me in het boek onthouden om me speciaal per hoofdstuk tot één van de doelgroepen te richten, want, zo vind ik, alle genoemde beroepen dienen in hun vakgebied hun "onderwerp" integraal te benaderen. Daarbij is een breed inzicht in het onderwerp en het inzicht er omheen van essentieel belang. De tekstdelen blijven daarom verweven, waarbij ik me in beperkte mate tot elk individu van deze groepen richt, op het moment dat de context daartoe aanleiding geeft.

Gezien het feit dat de mens een gecompliceerd wezen is, is het vrijwel onmogelijk mensen bijvoorbeeld te beoordelen of op te leiden door louter op rationele aspecten af te gaan. U als deskundige zult dat mogelijk beamen. Bij de rationele benadering staat elk aspect op zichzelf, terwijl ik bij de intuïtieve benadering de mens of organisatie in haar geheel observeer. Met andere woorden, ik benader alle aspecten van de persoon of organisatie integraal. Door ook uw intuïtie in te zetten zult u net als ik meer natuurgetrouwe besluitvormingen binnen uw werk kunnen maken, die gerelateerd zijn aan uw medewerkers, aan mensen.

In dit boek tracht ik met diverse uiteenzettingen en praktijkvoorbeelden de kracht van het fenomeen intuïtie aan te tonen. Dit betekent dat ik, los van grootschalige onderzoeken met bijbehorende interviews en vooraf opgezette enquêtes, met behulp van intuïtie in de directe omgeving alle benodigde informatie kon vinden. Met deze informatie, die ik nodig had voor besluitvormingen op het vlak van Strategie, Performance, Kwaliteitszorg, Opleidingen, Werving & Selectie, kon ik de meest natuurgetrouwe adviezen leveren. Indien u een sterk intuïtief vermogen heeft, kunt u ook alle benodigde informatie verkrijgen door slechts te observeren en uw intuïtie te gebruiken. Deze kennis kunt u vervolgens gebruiken door advies te geven, ontwikkelingsplannen op te stellen en in te zetten binnen de context van uw organisatie problematiek. Intuïtie benader ik vanuit de wetenschappelijke onderzoeksresultaten van Carl Jung en de wijze waarop de David Keirsey en de familie MyersBriggs er vervolgens mee om ging.

Gezien de breedte van het onderwerp "intuïtie" en de begripsvormingen die daaraan ten grondslag liggen of eraan geassocieerd zijn, heb ik gemeend de opbouw van het boek op verschillende wijzen in te vullen. Het eerste deel betreft een uiteenzetting van basisbegrippen van intuïtie, communicatie en emotie en nog enkele begrippen. Uiteraard geeft ik een uitgebreide toelichting op de diverse analysemethoden, waaronder uiteraard de MBTI-methodiek. Deze methodiek blijft als analysemodel leidend in de andere hoofdstukken en casussen.

Het tweede deel is mogelijk een lastiger inhoud voor u. Dat deel heb ik daarom "Verkenningsgebieden" genoemd. Deze beschrijvingen kunnen u inzicht geven in de dagelijkse gang van zaken binnen de relatie van intuïtie tot de genoemde begrippen. Daarnaast werk ik een aantal begrippen uit, die eerder in het boek besproken zijn. En uiteraard geef ik u handreikingen hoe u uw intuïtie verder kunt ontwikkelen. Met het laatste deel wil ik u uitnodigen tot het lezen van een aantal casussen, die ik uit de praktijk heb gehaald en in de context van het boek heb vertaald.

Wellicht zijn er mensen in mijn directe omgeving, die dit boek als "niet-wetenschappelijk" bestempelen. Dat is begrijpelijk en gelijk het punt van discussie dat ik tracht uit te lokken. Wanneer zijn resultaten van metingen, waarnemingen en bevindingen in een boek als deze wel wetenschappelijk te noemen ? Kunt u mij vertellen wat de criteria hiervoor zijn ? Is één van de criteria de dikte van het rapport dat eruit voortvloeit of het feit dat een gerenommeerd onderzoeksbureau dit voor een groot bedrag zou moeten afronden ? Waarom zijn de antwoorden vanuit mijn intuïtie identiek als het gaat om dezelfde antwoorden, die mogelijk wetenschappelijk vanuit enquêtes en testen zijn vastgelegd door de verschillende grote onderzoeksbureaus ? Zijn de antwoorden eigenlijk wel hetzelfde ?

Waarin ligt het verschil van meten en het trekken van conclusies op basis van de informatie ook u kunt verkrijgen vanuit observaties zonder gerichte conversaties en dialogen ? Ligt er dan zoveel kracht in de waarneemmodus binnen een natuurlijke context van de oorzaak of het probleem ? Waar de oplossingsrichtingen liggen en hoe u dat het beste met intuïtie kunt benaderen, kunt u terugvinden in dit boek. Allereerst behandel ik vooruit lopend op het fenomeen intuïtie, enkele basisbegrippen en licht deze toe vanuit mijn eigen beleving en ervaring.

1.1   *Organisatievorming*

De meest rationele manier om een organisatie op te zetten is het optekenen van een organogram. Het eerste en beste harkjesmodel voor een formele hiërarchie van uw organisatie is zo opgetekend. Deze rationele benadering zal leiden tot problemen, omdat de mens nu meer is dan een rationeel benaderbaar object. Daarvoor kunt u bij de organisatiehervormingen en -veranderingen uw intuïtieve vermogen inzetten.

Wanneer ik brainstorm over organisatievorming, kom ik snel op de kernwaarden uit die te benaderen zijn op een zeer rationeel of logisch beredenerende wijze. Voorts bedoel ik hier met de kernwaarden van de organisatie de beschreven missie, visie, de bijbehorende doelstellingen en daarbij de Kritische Succes Factoren. Deze zijn alle als rationele zaken te beschrijven. Het tweede deel is het vastleggen van de bedrijfsprocessen, de systemen met de functies en de bijbehorende prestatie-indicatoren. De vorm is in grote mate afhankelijk van het soort organisatie, de cultuur, het landschap waarbinnen uw organisatie fungeert. Wanneer er sprake is van een noodzakelijke verandering of dat er een hervorming op haar plaats is, kunnen deze kernwaarden of values van uw organisatie worden bezien. Echter, het veranderen van kernwaarden of values komt pas ter sprake, wanneer de organisatie eigenlijk al bestaat en in meer of mindere mate volgens uw verwachting functioneert.

Gaat u vervolgens bij het vinden van oplossingen voor de ultieme veranderingen en verbeteringen uit van de concrete processen of van de mensen die er werkzaam zijn ? Sterker nog, vaart u daarbij in het eerste geval op uw ratio of in het tweede geval op uw intuïtie ?

Dat deze aanpak nog veelvuldig gebeurde op basis van de rationele benadering, bleek bij één van de kleinere afdelingen binnen een grote beursgenoteerde technische organisatie. Op basis van de opgestelde profielen van de huidige mensen vertelden de temperamenten van deze mensen mij op basis van de MBTI-methodiek, dat zij onderling zouden gaan botsen binnen deze voorgestelde structuur. Dit leek irrelevant te zijn voor het managementteam. Inmiddels bestaat de bedoelde afdeling niet meer en is opgegaan in het groter geheel. Mijn uitgangspunt zou het advies op basis van de mens binnen de totaliteit als uitgangspunt zijn. Ik hoop dat u er ook zo in staat.

1.2 Rationele benadering van Bedrijfsprocessen

Bedrijfsprocessen worden veelvuldig opgetekend en worden tot in detail vastgelegd en opgetekend, wat duidt op een rationele benadering. Het gaat hier over aspecten als input, throughput en output, stuursignalen en andere randvoorwaarden. Mits de activiteiten niet gemechaniseerd zijn, staan deze activiteiten uitaard in directe relatie tot de mens erachter. Welke mens het meest geschikt is voor die activiteiten, staat in dit geval dus op de tweede plaats. Dat is veelvuldig de meest gehanteerde route.

Wanneer u de bedrijfsprocessen beter wilt beheersen in relatie tot uw medewerkers, kunt u van mening zijn een aantal dingen vast te moeten leggen in regels en verder in de vorm van werkinstructies en procedures, gerelateerd aan de activiteiten. Deze rationele benadering biedt u een aantal voordelen voor wat betreft de borging van en/of handhaving van de kwaliteit van de output van de diverse werkprocessen. Deze werkprocessen zijn immers onderdeel van de operationele activiteiten van het primaire proces of die van de ondersteunende of secundaire processen. Het geeft u duidelijkheid en helderheid in de aanpak aangaande de dienstverlening en/of productie verricht door uw medewerkers.

Een ander belangrijk winstpunt voor u is de borging van werkwijzen middels de door u beoogde structuur of samenstelling van de organisatie.

Hierdoor kan de interactie met en door externe partijen zoals toeleveranciers en afnemers, efficiënter worden uitgevoerd en door u als beter en efficiënter worden ervaren.

Al deze beschreven processen en activiteiten en bijbehorende regels en procedures worden hiermee rationeel gemaakt en zijn daardoor goed meetbaar. De menselijke invloed of subjectiviteit wordt eruit gefilterd, immers deze factor maakt resultaten van processen grillig en daarmee onbetrouwbaar en wellicht onvoorspelbaar. De medewerker wordt als mens zelfs zo veel mogelijk als subjectieve denker binnen het proces geëlimineerd. Hierdoor is er sprake van een totaal rationeel proces. De cognitieve meerwaarde van uw medewerker is geheel afwezig.

1.3 Vertrouwen op basis van intuïtie

Daar waar veranderingen plaatsvinden, volgen vaak verschil van inzicht en twistpunten tussen beleidsmakers en beleidsuitvoerders. Binnen discussies die volgen, gaat het altijd om de vraag om "wat daadwerkelijk is" en "wat u vindt". De eerste vraag duidt op een sturend en daarmee controlerende, rationele karakter. De tweede vraag duidt op een karakter gebaseerd op kennis en ervaring van u als expert dat zou u respect en vertrouwen kunnen opleveren.

Vertrouwen dat is gebaseerd op u als persoon, die uitspraken doet door mogelijk sterk op hun intuïtie durven te vertrouwen. U heeft mogelijk net als zij weinig tot geen behoefte aan bewijsvoering of feiten middels momentele metingen. Uw creativiteit kent op voorhand geen bewijsvoering, dat komt pas in een later stadium. Creativiteit is in eerste instantie van origine een in rationeel opzicht onbekende activiteit of levert een product op, dat slechts in uw hoofd bekend is. Het volgt vanuit de inspiratie die u als persoon heeft opgedaan. Voor u en alle anderen wie het betreffen, is dit voldoende bewijskracht dat doorbouwen vanuit deze creativiteit de moeite waard zal zijn voor iedereen. Bij concrete eindproducten is het rationele aspect, de meetbaarheid op haalbaarheid en borging van kwaliteit van het product zelf en het productieproces vrij gemakkelijk op te tekenen.

Anders is het wanneer ik dit verschijnsel bij dienstverlenende organisaties beschouw. Ook daar is het creativiteitsproces van toepassing.

Dan kan van toepassing zijn waar beleid gemaakt wordt gericht op bijvoorbeeld de heersende problematiek in de samenleving. Nieuwe methoden die beter aansluiten op de huidige samenleving. Beleidsvorming bevat een zeer grote mate van subjectiviteit, welke onmogelijk rationeel beschreven kan worden. Mensen die hier hun intuïtie inzetten, zult u moeten vertrouwen als experts, die zij met al hun kennis en ervaring zijn. Het vervolgproduct, de beleidsnota, kan u concrete houvast geven. Wat kan uw vertrouwen in die vaklui doen vergroten ? Daarvoor kunt u uw eigen intuïtie weer inzetten.

De maatschappelijke problematiek is wellicht een te grote stap in dit boek, wel kunt u de stap naar uw eigen organisatie en medewerkers maken. Kort gezegd, gaat u liever af op uitgangspunten middels vooraf opgestelde concrete meetwaarden, waarvan u eigenlijk weet dat deze onzuiver en in een bepaalde mate gekunsteld zijn ? Of kiest u voor gevoelsmatige oplossingen en wacht u vervolgens tot de echte meetresultaten zichzelf aandienen gedurende het proces van verandering of ontwikkeling ? U geeft daarmee de creatieve geesten de gelegenheid met hun eigen creaties tot het komen van de ultieme oplossingen. Heeft u dat vertrouwen in uw mensen ? Dit vertrouwen heeft u zelf in de hand en komt bij u van binnenuit.

1.4 Ratio versus Intuïtie

Is intuïtie het ultieme middel voor het vinden van het antwoord bij organisatieproblemen ? Uw intuïtie heeft op dit moment misschien een soort van "bewijskracht" nodig voor het fenomeen zelf, omdat u op deze wijze nooit problemen heeft benaderd. Dat begrijp ik. De tegenhanger, die u deze bewijskracht kan leveren, is uw rationele of cognitieve vermogen. Hiermee bedoel ik uw diagnosticerende en analyserende vermogen aangaande de informatie die u krijgt aangereikt middels uw observaties. Uw uiteindelijke besluitvorming zou gebaseerd kunnen zijn op uw intuïtie, uw rationele en cognitieve denkvermogen is in het besluitvormingsproces ondersteunend aan uw intuïtie.

Waarop zijn de uitspraken van onder andere Michael Porter en Stephen Covey gebaseerd ? Die berusten vaak op realistische situaties.

Waarom zou dan al hun kennis middels informatie geconcretiseerd en daarmee meetbaar of aantoonbaar gemaakt zijn geweest of moeten worden ? Ik denk dat zij u deze kennis kunnen bieden doordat hun intuïtie gevoed en versterkt werd door al hun rationele onderzoeken en ervaringen binnen hun kennisgebieden. Een actueel voorbeeld van intuïtie versus ratio is het feit dat men anno 2009 wetenschappelijk heeft aangetoond dat diverse soorten vruchten, zoals aardbeien en bessen, de kans op kanker verminderen en gedurende de ziektefase de patiënten weerstand bieden, iets wat Dr. Cornelis Moerman reeds dertig jaar geleden middels zijn diëten voor zijn kankerpatiënten beweerde. Dit werd destijds door de medici onacceptabel geacht, omdat er geen aantoonbaar bewijs was. Dokter Moerman haalde zijn kennis uit de natuur, observeerde zijn patiënten bij de toedieningen ervan, ontdekte hierin patronen en trok op basis daarvan zijn conclusies. Nu de voordelen op rationele wijze bewezen zijn, is de acceptatie om ook dergelijke diëten te volgen, veel groter.

Hierin herken ik de vraag of de intrinsieke waarde van mogelijke oplossingen ten aanzien van uw organisatieproblematiek vanuit een rationele benadering beter of betrouwbaarder zal zijn dan dat u deze waarde middels intuïtie gebruikt. Wanneer u de situatie heeft geanalyseerd, moeder natuur een handje helpt bij haar natuurlijke processen, haar de tijd gunt en meer haar gang laat gaan, dan zult u merken dat ook uw organisatieproblemen en - knelpunten betere oplossingen krijgen dan via de gekunstelde, de rationeel of logisch beredeneerbare manier. Want dat is de manier waar veel mensen snel geneigd toe zijn toe te passen. Pasvorm van de oplossing, terwijl de oorzaak achter de problemen integraal is.

U zult werkelijk de beste antwoorden op organisatieproblematiek in hun oorspronkelijke en natuurlijke omgeving kunnen vinden door hoofdzakelijk te observeren met in het achterhoofd de wetenschap van persoonlijke overtuigingen en referentiekaders van u zelf en de geobserveerden. Omdat u zich vaak de tijd ontzegt, immers uw tijd is kostbaar, gaan u en uw collega's aan deze wijze van probleembenadering voorbij. Ik heb gemerkt dat de vele business consultants problemen aan het oplossen zijn vanuit rationele analyses. Er wordt daarbij voorbij gegaan, de echte oorzaak of initiator te achterhalen. Intuïtie biedt u inzicht waar de oorzaak van de problemen ligt.

Vanwege de hoge mate van integraliteit ten aanzien van een mogelijke oorzaak zal, zo gauw het ene probleem is opgelost, het volgende probleem zich weer elders manifesteren. Op deze wijze kunt u dagen, maanden bezig zijn zonder ultieme veranderingen door te voeren. U houdt immers de oorzaak intact. Het blijkt mogelijk oorzaken te achterhalen door uw intuïtie te gebruiken, omdat intuïtie de integraliteit intact houdt, zoals u in dit boek kunt lezen. Zo heb ik de integrale oplossingskracht van intuïtie jaren lang leren ervaren en op basis daarvan mijn advies durven te geven,dat voorbij gaat aan problemen, maar zich richt op oorzaken.

1.5   Analyse methodieken

Intuïtie is een gevoel, hoe kunt u dat ontwikkelen, zijn er hulpmiddelen die u daarbij behulpzaam kunnen zijn ?

Gedurende mijn activiteiten betreffende organisatieproblematieken die ik in de afgelopen jaren verricht heb, bleek dat de MBTI-methodiek van MyersBriggs, mij een goede bijdrage levert bij het doorgronden van inzichten in gedrag van mensen en organisaties. Bij de organisatieproblematiek praat ik in dat opzicht over de aspecten Strategie, Performance en Synergie in relatie tot intuïtie. Het aspect intuïtie is één van de criteria, waarop de MBTI-methodiek temperamenten of denkwijzen van personen bij hun indiceert. En personen zijn vaak de initiator tot problemen binnen uw organisatie.

Zoals mijn bevindingen in de afgelopen tijd veelvuldig aangaven, waarvan er enkele casussen in dit boek staan beschreven, zijn de mensen voor een groot deel primair debet aan de oorzaak. Dat heeft tot de diverse problemen geleid binnen organisaties. Doordat ik gebruik maak van de kennis en inzichten van de MBTI-methodiek, kan ik tot deze conclusies komen.

Daartoe heb ik de groepsindelingen zoals die toegekend worden volgens de MBTI-methodiek, zeer strak gehouden in dit boek. Daardoor zijn de karakteristieken van elke groep ten opzichte van de andere groep duidelijker en scherper gesteld. Zo is het duidelijker hoe zij binnen de genoemde omgevingen vanuit hun eigen temperament op hoofdlijnen acteren. U kunt tevens lezen dat een persoon met een bepaald temperament, toewijsbaar aan één de bedoelde groepen, de oorzaak kan zijn van veel problemen binnen uw organisatie. Met de MBTI-methodiek kan ik achterhalen dat de bedoelde personen vaak vanwege hun temperament op de verkeerde plaats werkzaam zijn. De wijze van acteren en de vorm van het denken van deze persoon blijken niet aan te sluiten op de functie en het landschap, waaraan de functie is toegekend. Uiteraard zijn een aantal mensen gelukkig flexibeler, breder ontwikkeld en daarmee goed in staat boven hun aangeboren natuur uit te acteren.

Wat tevens sterk speelt in de context van de problemen binnen uw organisatie, zijn de standpunten en overtuigingen, die veel mensen in hun greep houden. "Juiste" standpunten en overtuigingen van uw medewerkers kunt u herkennen door de zuiverheden en onzuiverheden van de omgeving in ogenschouw te nemen. Immers het feit dat u meet, heeft invloed op het te meten object. Meten betekent in mijn geval dus ongemerkt observeren en uw intuïtie laten spreken. Een mooi klassiek voorbeeld over de beïnvloeding van het meten is het fenomeen "De Kat van Schrödinger", zoals ik dat heb beschreven in bijlage acht. Ik heb dit gekoppeld aan een actuele situatie.

Zo bestaan er ook diverse stromingen die objectief communiceren propageren, communiceren op basis van respect voor de overtuigingen en standpunten van elkaar. Harry Palmer heeft destijds Avatar ontwikkeld, teneinde de interviewers en geïnterviewden in de gelegenheid te stellen een meer zuivere beoordeling te kunnen maken of geven. Ik pas deze zienswijze toe als het gaat om dienst gerelateerde producten door en voor mensen. In elke discussie over bijvoorbeeld de kwaliteit van dienstverlening komen uitspraken of vragen "met lading" naar voren, die over het algemeen zijn gebaseerd zijn op "wat men vindt" en minder op "wat is". Echter in deze context heeft de bedoelde subjectiviteit een ander doel : De ander overtuigen en meekrijgen. Discussies vanuit standpunten en persoonlijke overtuigingen, waarbij een duidelijke ondertoon van vooroordelen aanwezig is. Avatar vindt dat het belangrijk is uw eigen overtuigingen en principes in het gesprek "los te laten" en alleen ervaren en leren door observeren en luisteren.

Dat betekent dus uw intuïtie inzetten en voelen waar u of de andere discussievoerder zich in zijn argumentatie op beroept.

Het grote voordeel om andermans overtuigingen en principes te kennen, begint bij die van uzelf te herkennen en te erkennen. Vooraf kunt u daarmee vooroordelen over personen en hun gedragen herkennen en "even" buiten beschouwing houden. Het gezamenlijk accepteren van en vinden van oplossingen wordt met uw discussiepartner veel gemakkelijker. Uw tegenstander wordt uw medestander. Intuïtie helpt u om tot deze samenwerking te komen.

1.6 Waarheid of Inzicht of Inzicht in Waarheid

Voortbouwend op de vorige paragraaf over overtuigingen en standpunten denk ik dat de begrippen overtuigingen en standpunten voor degenen die het betreft, de waarheid is en daarmee alleen geldend is. Het herkennen van de waarheid bij de ander geeft u inzicht. Inzicht bieden in de waarheid van de ander is lastig. Toch is dat mogelijk.

Kort gezegd is het de "waarheid" van de ander leren begrijpen en kunnen plaatsen binnen uw eigen contexten en referentiekaders zonder dat u daarbij de achterliggende waarde van de ander daarmee tekort doet of vervormt. Want, daar waar organisaties veranderen, heeft dat haar weerslag op de mensen binnen de organisatie. Wat betekent dat voor de huidige kennis en kunde van de bedoelde medewerkers ? Of wordt de verandering over hen uitgestort zonder hen daar vooraf deelgenoot van te maken? Bezitten zij de talenten om zichzelf te ontwikkelen naar de nieuwe maatstaven en hebben zij daartoe de ambitie, gedrevenheid en zeker het doorzettingsvermogen ? Hoe kunt u daar achter komen of hoe kunt u dit meten ? Hoe kunt u de door u gewenste verandering of ontwikkelingen integraler en daarmee voor uw medewerkers meer persoonlijker doorvoeren ? Wat is hun verhaal in uw organisatieverandering ?

Intuïtie kan daarbij prima behulpzaam zijn. Sterker nog, u kunt uw intuïtie ontwikkelen tot een volwaardig tool bij het nemen van beslissingen en daarbij die omstandigheden inschatten, die daar mogelijk op kunnen. In de huidige samenleving krijgt u daar echter weinig ruimte en gelegenheid toe. Heel veel mensen vinden dat dit ver van te voren middels berekeningen meetbaar en daarmee controleerbaar moet zijn. Voordat ze tot besluitvormingen komen ten behoeve van beleid in de dienstverlening, processen en de resultaten, en ook trainingen en ontwikkeling van hun medewerkers, wensen ze bewijskracht van de toekomstige uitkomsten. Grotendeels betekent dit het concretiseren en het aantonen van hun gelijk vanuit eigen overtuigingen en standpunten. Wanneer het te maken heeft met het nemen van besluitvormingen, waarbij de risico's onbekend of onbekend qua impact zijn, vind ik dat begrijpelijk. Alleen, zit er daadwerkelijk winst in ?

Het kan ook te maken hebben met het feit dat mensen zich gemakkelijk zich vrij willen waren van enige vorm van verantwoordelijkheid. Het zich verschuilen achter andermans verantwoordelijkheden om daarmee zelf vrij uit te kunnen gaan. Durven zij hun gevoel niet te volgen of zijn ze niet in staat hun eigen waarheid te verwoorden of te beargumenteren met steekhoudende feiten ? Hoe het ook zij, in de meeste gevallen is hun waarheid de enige waarheid, met of zonder argumentatie. Zij schakelen op dat moment uw subjectiviteit, uw persoonlijke inbreng of uw eigen inschattingsvermogen uit. Zij blijven zich op hun eigen standpunten en overtuigingen beroepen. Andere ideeën en creaties namens u geopperd binnen de bedoelde processen, worden daardoor geminimaliseerd of monddood gemaakt. Dit is zeer tegenstrijdig, omdat subjectiviteit en de open benadering naar de mensen toe één van de grondbeginselen is in met name de Gezondheidszorg en het Onderwijs.

Medewerkers met veel eigen initiatief en pro-actief gedrag worden al gauw de mond gesnoerd, vanaf het moment dat er meer geld mee gemoeid zou zijn, ondanks het feit dat hun gedrag en ideeën op termijn mogelijk besparend zouden kunnen werken. Met hun bedoel ik de mensen met de expertise uit het operationele veld, die kunnen vertellen waar en hoe de hoogste efficiëntie te behalen is. Wat is er op tegen dat mensen ambitieus zijn en zichzelf specialiseren binnen en gerelateerd aan hun vakgebied ? Waartoe dient anders bijvoorbeeld het INK-model, waarvan managers uitgaan dat dit model het pro-actieve gedrag juist tracht te promoten en te versterken ? Waardoor u het als manager eigenlijk gemakkelijker zou kunnen krijgen ?

Door het gedrag van de operationele medewerkers sterk te controleren, worden de betreffende medewerkers daarmee vaak ontmoedigd, worden deze mensen uiteindelijk net zo voorspelbaar en betrouwbaar als robots. Anders gezegd : de medewerker wordt verder gemechaniseerd ! Dit gaat ten koste van hun creativiteit en subjectiviteit. Volgens mij gaat het die kant ook uit ten aanzien van de persoonlijke dienstverlening en is het al veelvuldig het geval.

1.7   Integraliteit

Integraliteit is een lastig begrip. De betekenis ervan kunt u vinden in een optelling van een aantal factoren, die sterk met elkaar verweven zijn en die een sterke onderlinge samenhang en afhankelijkheid vertonen. Rationele oplossende benaderingen hebben als meerwaarde dat ze van oorsprong een sterk analyserend karakter hebben. Om tot een antwoord of oplossing te kunnen komen, kunt u de separate oplossingen vervolgens samenvoegen. Samenvoegen is iets anders dan integreren. Intuïtie geeft u complete oplossingen met behoud van het integrale aspect.

Met de uiteenzettingen en aanverwante kennis die ik verder in het boek laat volgen, toon ik een zeer duidelijke integraliteit aan tussen het gedrag van mensen en de organisatorische aspecten zoals strategie, performance en synergie. Ook blijken "toevallige" acties en/of gedragingen minder toevallig en onsamenhangend te zijn dan u mogelijk dacht. Deze zijn in hoge mate verklaarbaar vanuit de werkelijke profiel en temperament van die personen bij de gegeven situatie.

Met deze kennis blijkt u in te kunnen schatten in hoeverre managers met strategie kunnen omgaan en daadwerkelijk weten wat prestaties voor hun zelf en voor hun medewerkers betekenen. Zij die dergelijke gedragsinterpretaties weten te ontwijken, te ontlopen, ondanks dat de gemiddelde medewerker dit aantoonbaar anders doet, zijn de sluwe vossen, de manipulators van onze samenleving. Dat is een gegeven.

Ook dat is een onderdeel van de grilligheid en onvoorspelbaarheid van mensen. Zij zullen hoogstwaarschijnlijk ook een sterke intuïtie bezitten.

1.8 Resumé

Middels dit korte overzicht heeft u wellicht een idee waar dit boek over gaat en waar voor u mogelijke meerwaarden liggen voor wat betreft het fenomeen intuïtie. Misschien heeft u helemaal niets met intuïtie, dat is heel goed mogelijk. Voor mij blijft het een fascinerend fenomeen, waarmee ik alle kanten van op kan, wat mijn leven rijker maakt. Het integraal aanbieden van advies om schijnbaar onoplosbare zaken die spelen binnen organisaties en bij personen individueel te kunnen oplossen middels mijn intuïtie, blijf ik uitermate uitdagend. Voor mij is intuïtie leidend in mijn besluitvormingen en -momenten, zowel zakelijk als ook privé.

Wellicht dat ik u met dit boek een bijdrage en een extra aanzet kan leveren aan het vrijer en meer relaxte bestaan en "inrichten of herinrichten van organisaties". Dat in plaats van dat u het gedrag van uw medewerkers wil beheersen door het introduceren van nog meer regels en procedures. Ik bedoel hiermee het overmatig geregelde en dito gecontroleerde leven, zoals velen van ons dat leiden. Waar de overheid veelvuldig debet aan is. Denk daarbij eens aan een simpel voorbeeld als actief werkende verkeerslichten op stille kruispunten in het holst van de nacht. Mogen wij zelf dan niets meer beoordelen en vervolgens actie ondernemen ?

Ook reken ik daartoe het toepassen van de modellen en methodieken toe om organisaties op hun benodigde kwaliteiten te meten en er de noodzaak van veranderingen mee te kunnen verantwoorden. Tevens bevat dit boek een bepaalde logica en naast vele waarheden en (on-)waarschijnlijkheden. Dat zijn mijn interpretaties bezien vanuit de menselijke waarden. Wel is het zo dat het mijn bedoeling is dat u als lezer uw eigen "waarheden" ermee kunt vinden of herkennen. En dat u zich ervan bewust bent dat organisaties zich moeilijk laten maken en zich veel beter en natuurlijker zelf kunnen vormen.

Om daarbij in de voetsporen van Socrates te treden. De leuze "Ken u zelf" (Γνωθι σε-αυτον) leek zijn leidmotief bij de benadering van kennis over de werkelijkheid. *"Hoe kan iemand iets kennen, als u zichzelf niet kent? Wie kent er dan? En wat is de waarde van zulke ongegronde kennis ?"* Socrates bracht bij het op zoek gaan naar definities van begrippen mensen vaak in verlegenheid, omdat ze geen consistente antwoorden op zijn vragen konden geven. Dit wordt wel de Socratische methode genoemd, afgeleid vanuit de dialogen tussen Socrates en Plato. Op de vraag van Socrates naar de betekenis van een bepaald begrip, volgde vaak een aantal voorbeelden zonder in essentie aan te geven wat de echte definitie was. De definities die zijn dialoogvoerders vervolgens gaven, werden vaak op sofistische wijze weerlegd door Socrates. De uitkomsten waren daardoor eigenlijk negatief, de echte uitkomst werd veelal niet gevonden. De winst was in de ogen van Socrates en zeker van Plato om de lezers tot verder zelf denken aan te zetten. Evident is dat het gezamenlijk zoeken naar een definitie aanzet tot filosoferen en in die zin is dus niets zinloos. Deze mening deel ik met beide filosofen aangaande dit boek gezien de vele abstracte begrippen en de vele vraagstellingen die in meer of mindere mate onbeantwoord blijven.

Bij het nemen van beslissingen gaat het om het juiste gevoel, wat betekent dat u op uw intuïtie kunt vertrouwen ! De zelfverzekerdheid die erbij hoort, komt voort uit doordat u dat gaat adviseren of doen, juist is in plaats van te vertellen om gelijk te krijgen ! En u weet, dat wat juist is, wordt u door de natuur middels intuïtie aangereikt.

U krijgt inzicht in flora en fauna, u begrijpt de betekenissen en van natuurfenomenen en herkent de redenen erachter. Daardoor zult u bemerken dat uw oplossingen meer integraal, puur, zuiver en natuurlijk zijn. De vruchten ervan plukt u als manager of uw opdrachtgever in het vervolgstadium. Geduld is in deze een schone zaak.

2. Intuïtie

2.1 Wat is intuïtie

Om te bepalen of intuïtie voor u van belang kan zijn, u er de voordelen van herkent en tevens successen mee kunt behalen, is het van belang te weten wat intuïtie precies is. Kort gezegd is intuïtie het onderbuikgevoel, een gevoel dat vaak voortschrijdende alertheid oplevert en zich uit in de vorm van waarschuwingen en aanbevelingen.

Een essentieel punt binnen het begrip intuïtie is dat u onderscheid kunt maken in twee soorten intuïtie. Zo bestaat er de spontane en de creërende. Bij spontane intuïtie kunt zich een eerste ontmoeting voorstellen, waarbij u wellicht vlinders in de buik voelt of een verlegen gevoel krijgt, of uw maag die samentrekt, dit binnen fracties van luttele seconden. Dat zijn vaak ook de momenten waar de beroemde archetypes van Jung vanuit het onbewuste in uw gedachten voorbij komen. Archetypen, worden los van de menselijke wil geactiveerd, vaak als compensatie van een te eenzijdige psychische activiteit. Het is echter niet het beeld of de uitdrukking zelf die het archetype uitmaakt. Het is een geheel van psychische energie, een soort knooppunt in de psyche, dat verbonden is met het collectief onbewuste, waardoor een concrete invulling vanuit het onbewuste überhaupt mogelijk wordt. Dit deel van de intuïtie heeft alles te maken met het spirituele wereld.

Arche (Grieks) : αρχη – bron, heerschappij

De tegenhanger van de spontane intuïtie, de creërende intuïtie daarentegen wordt gevoed door veel observaties en ervaringen. Vervolgens ontdekt u voor uzelf hierbinnen patronen en dat kunt u verwerken in bijvoorbeeld een advies naar de buitenwereld toe. Het boek behandelt alleen deze zogenaamde creërende intuïtie.

Heeft intuïtie een voorspellend karakter of is het een gevoel wat genegeerd moet worden ? Kan een managementteam slechts varen op intuïtie of zoekt u samen met hun liever vooraf zekerheid in concrete, rationele gegevens en uitkomsten vanuit algoritmische of economische?

Durft u nog verantwoordelijkheid te dragen op basis van uw intuïtieve keuzes ? Welke keuze is hierin beter ? Of dient een model of methodiek als ondersteuning voor het andere ?

Het intuïtieve product als een actie, informatie- of kennisoverdracht, is de geaggregeerde waarde vanuit de aspecten die binnen intuïtie bestaan :
- Beleven
    - Observeren
    - Invoelen
- Inschatten
- Voorspellen, anticiperen en/of extrapoleren

De eindwaarde is uiteraard afhankelijk van uw menselijke kwaliteit voor wat betreft uw eigen intuïtiecapaciteiten. Wanneer ik heb het over kernkwaliteiten, talent, capaciteiten en ervaring, dan bedoel ik hierbij de genetische aanleg en de omstandigheden en/of opvoeding en persoonlijke ontwikkeling van u of elke andere persoon. Later meer daarover.

2.2 De oorsprong van het begrip intuïtie

Om u meer duidelijkheid te geven in het begrip "intuïtie" ga ik terug naar de oorsprong van het begrip "intuïtie" en kom daarmee uit op de onderzoeken van de Zwitserse psychiater Carl Gustav Jung (1875-1961).

Gedurende de behandelingen van zijn psychische patiënten, zo meende Carl Jung, moest in de kakofonie van complexen ergens de ene echte, "gezonde ik" te beluisteren zijn. Het was de taak van de therapeut om die "gezonde ik" op te sporen, daar contact mee te leggen en op die manier, als het even kon, het genezingsproces op gang te brengen. Carl Jung wilde het bestaan van die complexen bewijzen door middel van de woordassociatietest, ontwikkeld door zijn collega Franz Riklin. Patiënten moesten hierbij spontaan reageren op bepaalde woorden en, indien ze lang aarzelden of een curieuze associatie gaven, duidde dit op een "verborgen" onaangename herinnering. Volgens Carl Jung vormde zo'n herinnering met de bijbehorende begrippen en gevoelens, het begin van een verborgen persoonlijkheid. Hij bedoelde daarmee de relatie naar het onbewuste.

Wat hem daarnaast echter steeds meer begon te fascineren het geregeld opduiken van mythologische elementen in de dromen en fantasieën van zijn patiënten. Carl Jung constateerde dat tijdens het fantaseren en dromen deelpersoonlijkheden naar voren kwamen en deze hadden toegang tot, of maakten deel uit van, diepe psychische lagen die gewoonlijk niet of nauwelijks bereikbaar waren, en waarin beelden en indrukken met een algemene culturele betekenis lagen opgeslagen, kortom een collectief onbewuste.

Carl Jung : *"Archetypes have their own initiative and their own specific energy. Archetypes create myths, religions, and philosophies that influence and characterize whole nations and epochs of history."*

Het collectief onbewuste werd uiteindelijk de hoeksteen der Jungiaanse psychologie en psychotherapie. Een psychoot was volgens Jung iemand die in dat collectief onbewuste verstrikt was geraakt en niet meer los kon komen van de beelden en indrukken die hij daar opdeed. Omgekeerd meende hij dat het vertellen en overdenken van mythen, zoals dat oude volkeren dat al eeuwenlang deden, een (onbewuste) techniek was om psychische problemen op te lossen. De moderne mens met psychische problemen geloofde niet meer in die oude mythen en moest ze daarom als het ware gaan opzoeken in zijn collectief onbewuste, door zich te verdiepen in hun dromen en fantasieën.

De archetypen, die ze zo leerden kennen, wezen hen *der Heilweg*, de weg naar herstel. Aangezien het collectief onbewuste geen verleden, heden of toekomst kent, waren voorspellende dromen niet onmogelijk. Carl Jung was er verder van overtuigd dat er bepaalde fasen in het leven waren waarin een mens moeite had met de zin van het leven, crises die gepaard zouden gaan met "grote dromen" die zeer direct verwezen naar het collectief onbewuste.

Met de woordassociatietechniek kwam Carl Jung dicht in de buurt van het werk van Sigmund Freud, de beruchte Weense therapeut, die beweerde dat neurosen veroorzaakt werden door verdrongen herinneringen van aard. Sigmund Freud speurde dergelijke herinneringen op en maakte ze onschadelijk door als een ware detective zaken als dromen, curieuze gedragingen en minieme versprekingen uit te pluizen.

Carl Jung besteedde in een later stadium meer tijd aan het verder uitbouwen van zijn systeem, voornamelijk door het inpassen van andere opvattingen, theorieën en wereldsystemen. Een voorbeeld is zijn *Psychologische Typen* (1921) waarin hij zijn beroemde karakterindeling extravert-introvert lanceerde. Het oorspronkelijke idee gaat terug op de beroemde psycholoog William James, maar Carl Jung maakte daar door het te combineren met het kwartet denken-voelen-ervaren-intuïtie een volstrekt onhandelbaar systeem van. In diezelfde tijd raakte hij ook in de ban van het Chinese orakelboek "I Ching" en de astrologie. Hij meende dat de effectiviteit van deze technieken verklaard kon worden vanuit een acausaal en toch zinvol verband tussen de microkosmos op papier en de macrokosmos om ons heen, een verband dat hij "synchroniciteit" noemde. Anders gezegd, deze term wordt gebruikt om te verwijzen naar wat kan worden omschreven als zinvolle toeval ; een duidelijk verband tussen twee ogenschijnlijk, in termen van oorzaak en gevolg, niet-gerelateerde fenomenen. Uiteindelijk heeft hij daar nooit een scherpere definitie van kunnen geven ondanks de onderzoeken die hij later deed met Wolfgang Pauli.

De modernere pioniers op het vlak van typering en profilering zijn Katharine Myers met haar dochter Isabel MyersBriggs en David Keirsey. Zij hebben de verschillende aspecten binnen de wetenschap opgepakt en verder gedifferentieerd. Hieruit is onder andere het MyersBriggs Type Indicator methodiek ontstaan, de methodiek dat ik ook gedurende dit boek hanteer of waarnaar ik verwijs. In relatie met de topsport hebben onder andere Ralph Hippolyte en Bertrand Théraulaz veel empirisch onderzoek gedaan en de relatie tussen morfogenese en de denkstijlen of Brain Type aangetoond. Deze fysieke benadering in relatie tot de denkstijlen wordt Action Type genoemd. Ook dit is een indicatie van het profiel van een persoon qua denkwijze of "echte ik", zoals Carl Jung dat verwoordde.

In hoeverre zit er in het typeren en profileren van mensen een meerwaarde in de context van dit boek over intuïtie ?

De bedoelde meerwaarde licht ik in latere hoofdstukken toe en beschrijf deze ook middels casussen in de bijlagen.

2.3   Waarom intuïtie toepassen ?

Zoals u in paragrafen 2.1 en 2.2 kunt lezen, wordt vanuit het gevoel, het onbewuste gecommuniceerd. Waarom is het zo belangrijk om intuïtie weer als volwaardig middel terug te halen ? Daarvoor is het van belang te weten welk middel de tegenhanger van intuïtie is.

Vanuit de geschiedenis bezien is Nederland van een producerend land omgevormd tot een dienstverlenend land. Daar waar concrete, tastbare dingen werden geproduceerd, werden ter controle van de kwantiteit en kwaliteit diverse meetsystemen ontwikkeld. Gedurende de verdere mechanisatie van de industrie werden ook bedoelde systemen verder aangepast en uitgebreid. Het was duidelijk dat de productiemiddelen betrouwbaarder en makkelijker controleerbaar waren zonder mensen. Dit kwam de kwaliteit van het productieproces ten goede. Deze benadering van processen noem ik rationeel of logisch beredeneerbaar, omdat er sprake is van concrete processen, meetsignalen en (eind-)producten. Rationele kwaliteitssystemen – en methodieken zijn in zoverre prima, omdat er weinig tot geen kennisinbreng van mensen bevraagd wordt.

Mensen "hoeven slechts te weten wat ze moeten doen", dat is kwalitatief lager dan elke cognitieve functie. Dat wat er moet gebeuren, weet een robot namelijk ook, dus wanneer er inderdaad helemaal geen menselijke inbreng meer noodzakelijk blijkt, kan de mens als medewerker van het productietoneel verdwijnen. Echter, gezien het feit dat veel Nederlandse ondernemingen in de huidige economie meer dienstverlenende en daarmee meer informatie- en kennisproducten voortbrengen, kunt u zich de vraag stellen of de kwaliteit van deze producten zich wel zo makkelijk laat meten evenals de relevante processen. Immers het hoofdproces is veelal informatieverwerking tot kennis door uw medewerker, waarbij kennis dermate abstract is. Het is daarmee vrijwel onmeetbaar geworden, de huidige meetsystemen en meetmethodieken kunnen dit niet aan. Pas na de juiste transitie van kennis, ik noem dat ook wel sublimatie van abstract naar concreet, kunt u de meer traditionele methodieken weer inzetten. Dat vraagt aan u om inzicht, gevoel van dergelijke processen en de kunde te kunnen sublimeren of differentiëren.

Indien het primaire proces en de producten abstract zijn en u wilt toch bepaalde aspecten hierbinnen meten, dan zult u uw intuïtie kunnen inzetten. Intuïtie verleent zich uitermate goed bij het kwalificeren en kwantificeren van abstracte processen en producten.

2.4   Op welke gebieden kan intuïtie meerwaarde bieden ?

Het vorige hoofdstuk sloot ik af met de uitspraak dat intuïtie zich uitermate goed verleent bij het kwalificeren en kwantificeren van abstracte processen en producten, waarbij de menselijke inbreng primair aanwezig is. Daarnaast beschreef ik in paragraaf 1.4 de tegenhanger van het intuïtieve meetsysteem, te weten het rationele of technische, logisch beredeneerbare meetsysteem.

Op welke gebieden toont intuïtie u haar meerwaarde ? Dat is vrij makkelijk aan te duiden, immers het gaat in dat geval om abstracte processen en dito producten, of wel de dienstverlening door de ene persoon aan de andere persoon, de ene organisatie aan de andere organisatie. Dienstverlening in de zin van creaties zoals ideeën, beleid en consulten. Wat is dan van belang precies te meten ? De vraag is : "Wat wilt u precies weten ?" De gebieden waarop ik meen dat intuïtie als volwaardig middel ingezet kan worden in plaats van het rationele meetsysteem, het toepassen van een model of methodiek, zijn:

- Werven en selecteren van kandidaten
- Opleiden van medewerkers
- Organisatievorming en teambuilding
- Kwaliteitsmeting binnen dienstverlenende organisaties
- Opstellen communicatieplannen

Net als concrete producten dat kunnen, leveren ook abstracte producten verandering in gedrag en stemming op. Gedrags- en stemmingsveranderingen zijn eigenlijk gevolgen vanuit een bepaalde beleving door uw als persoon als reactie op de geleverde diensten.

De gevoelsmatig juiste beleving geeft u vervolgens onder andere weer vertrouwen, tevredenheid en waardering. Dit zijn ook alle 3 abstracte begrippen. Deze begrippen zijn middels intuïtie meetbaar. Intuïtie kan daarmee uit de voeten, mits u het op juiste wijze inzet en hanteert. Daarvoor heeft u persoonlijk contact nodig en kennis van uw opdrachtgever of afnemer. Ook is het handig wanneer u het profiel van deze persoon kent en weet op welke wijze hij of zij communiceert en bepaalde dingen in relatie tot uw producten of diensten ervaart. Dit is als actuele wetenschap door u toepasbaar vanuit de basisvorm, zoals Carl Jung het ooit ontwikkeld heeft. Dat kunt u met het fenomeen intuïtie. Dat vraagt van u om zekere elementaire waarden en -inzichten, ontwikkelingen en competenties ten aanzien van intuïtie te hebben of te ontwikkelen. Dat vraagt tevens van u dat u de juiste persoon op de juiste positie voor de juiste job bent. Misschien ziet u liever een andere persoon op deze functie, dat kan. Ook deze functie-invulling kan bereikt worden op basis van intuïtie zonder enige vorm van geschreven cv of sollicitatiebrief.

Nogmaals, de basisvoorwaarde is het persoonlijk contact, de mogelijkheid van observeren en invoelen, face-to-face. Elk ander systeem, digitaal of analoog zoals Hyves, videoconferences, kan daar niet tegenop ! Daar ligt de meerwaarde ten opzichte van het beoordelen van kandidaten voor functies middels live-gesprekken dan middels het papieren cv-tje en de mogelijk relevante diploma's. Deze laatste toetsingsmethode wordt jammer genoeg nog steeds veelvuldig toegepast door wervings- en selectiebureaus, ook de meer gerenommeerde binnen Nederland.

Zij selecteren op het geschrevene zonder ooit één keer in persoonlijk contact te hebben gestaan met mogelijke kandidaten. Zo gebeurt het anno 2009 nog steeds, treurig maar waar. Wanneer zij functies in de juiste omgeving ervaren en beleven en ook op deze wijze de mogelijk kandidaten kennen, zullen zij optimale prestaties kunnen neerzetten. Met het aangaan van deze persoonlijke contactmomenten liggen daar uw kansen om menselijke kwaliteit te leveren ! Met uw intuïtie durft u en kunt u dat.

3. Verdieping in intuïtie

Om voor uzelf een beter gevoel en groter inzicht in intuïtie te creëren, is het goed dit hoofdstuk en hoofdstuk 4 te lezen. Ze geven u een beschrijving en een goed beeld in samenhang met de dagelijkse gang van zaken binnen diverse organisaties, waar ik werkzaam was en hun problematiek.

Zoals ik in de inleiding al schreef, baseerde Carl Jung zich op woordassociaties. Dat deed hij via diverse testen. Andere wetenschappers bouwden dit uit. Middels de associatie van woorden en zinnen kom ik vrij snel op het begrip "communicatie" terecht. Bij het ontwikkelen, inzetten en toepassen van intuïtie is het belangrijk ook inzicht in het aspect communicatie te hebben. Immers communicatie is wat ons bindt, echter elkaar ook uit elkaar drijft bij onjuiste interpretaties, wijzen, vormen en inhoudelijkheden. In communicatie ligt de sleutel tot onderlinge verbondenheid.

3.1 *Communicatie en Harmonisatie*

Wat is de verbinding tussen de mensen ? Dat is de taal of anders gezegd, de communicatie. In het woord "communicatie" zit middels –com– het interactieve, het gezamenlijke aspect ingebed. Over communicatie is reeds veel geschreven. Ik beschouw communicatie in het licht van organisatieproblematiek, waarin meningen en visies verschillen over oorzaken, gevolgen en de volgende stap in veranderprocessen. De Griekse filosofen Plato, Socrates en Aristoteles worden beschouwd als grondleggers van de Westerse logica binnen communicatiewijzen en –vormen alsmede kennisverwerving en –verwerking. Aristoteles (384 – 322 a.C.) schreef zijn bevindingen in zijn werken genaamd het "Organon". Zijn uitgangspunt is "deductie" of syllogisme. Deductie is een soort van afleiding vanuit spraak (woorden), waarbinnen aannames zijn gedaan, afwijkend van de veronderstelde resultaten of beoogde noodzakelijkheid ervan, omdat de bedoelde zaken nu eenmaal zijn zoals ze zijn.

Anders gezegd, mensen zeggen dat, wat zij psychisch kunnen verwerken of verwerkt hebben. Binnen uw belevingswereld wordt de verwerking van uw binnenkomende informatie gelieerd aan metaforen die u in uw hoofd heeft. Aldus George P. Lakoff, hoogleraar Taalkunde – Californië. George Lakoff noemt de metafoor ook wel de belichaamde cognitie. In deze transitie van kennis naar metaforen zitten juist deze aannames en ombuigingen en afleidingen en deducties. Immers een metafoor is dat deel van de context waarin de essentie en/of het principe zich bevindt. Echter uw metafoor heeft een ander landschap dan de werkelijkheid waar het over gaat. Hoe dicht ligt uw metafoor bij de werkelijkheid, immers de bedoelde zaken zijn nu eenmaal zoals ze zijn.

Hoeveel mensen praten er daarnaast vanuit een kleurloze ervaring, hoeveel mensen praten vanuit hun overtuiging, opgelegd door anderen of meegegeven vanuit hun opvoeding of persoonlijke ontwikkeling ? Will McWhinney (†), een Amerikaanse organisatiewetenschapper, beschouwde de communicatie vanuit een geheel ander perspectief.

"All communication arises through coupling. All communications are dances that coordinate the rhythmic processes shared among the engaging systems"

"Communication is not a transmission of information, but rather a coordination of behavior among living organisms through mutual structural coupling. Coupling, the instrument of coordination, is established by the physics of exchange and by traditions that associate both human relations and communications with music: harmony, rhythm, tone and tune".

'Just right' communication work because it allows systems to exchange energy, thus information, through entrainment. They dance to a just right message. The communication follows from exchanges that take place as the systems draw each other toward a common resonant mode. Systems communicate in the process of being more similar, approaching a harmonious state at least in the domain of the communication. Entrainment stops short of perfect harmony. With perfect harmony there is no exchange. 'Just right' is becoming close to harmonizing".

Zoals u misschien gemerkt heeft, houd ik als Rationalist ervan om begrippen middels beeldvorming uit te leggen. De uitdrukking "Plaatjes zeggen meer dan duizend woorden" gaat vaak op.

Ik maak daar graag gebruik van. Dat doe ik ook in dit geval van de samenhang tussen communicatie, harmonisatie en congruentie.

Hieronder treft u de beeldvorming aan.

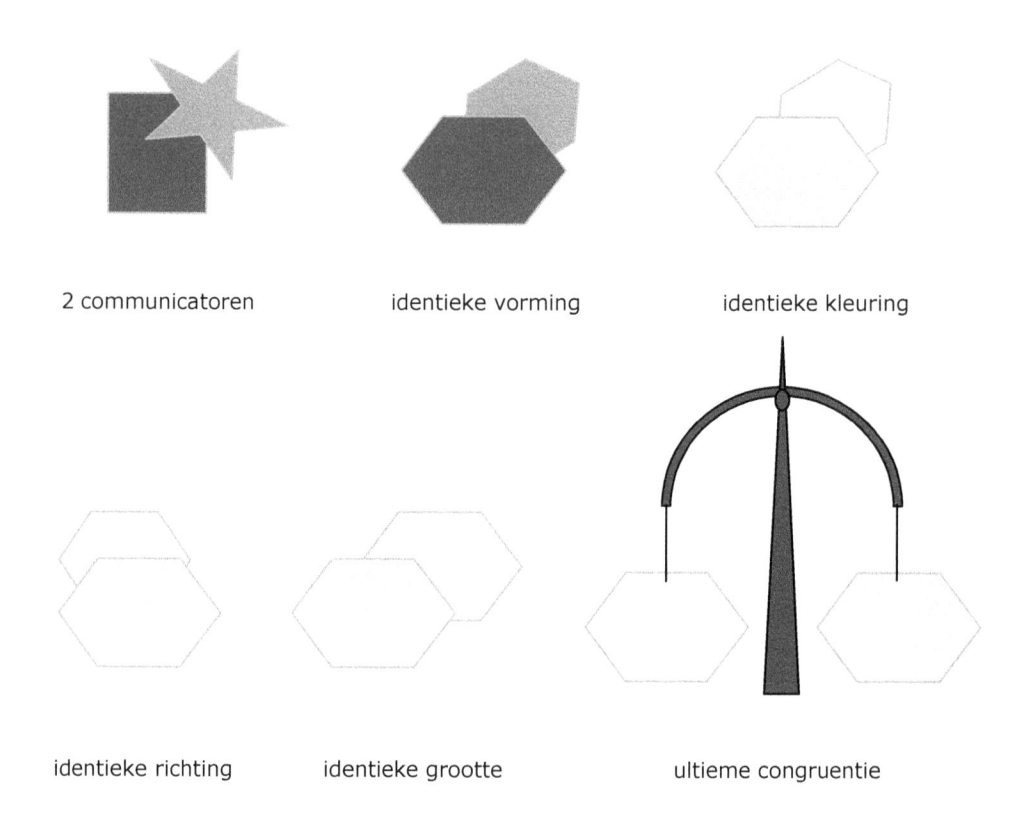

2 communicatoren   identieke vorming   identieke kleuring

identieke richting   identieke grootte   ultieme congruentie

Anders gezegd, communicatie bewerkstelligt de balans tussen beide of meerdere personen. Zo gauw zij in harmonie met elkaar komen, stopt het proces van "uitwisseling" van informatie en energie. Harmonie treedt op wanneer er sprake is van ultieme congruentie ; u en uw gesprekspartner spreken dezelfde taal in dezelfde context met dezelfde vorm, weergegeven middels de bovenstaande schetsen.

Faseren en congrueren

Will McWhinney gebruikte daar ook een ander woord voor, namelijk "Entrainment" of het in dezelfde fase komen, in fase zijn en in fasering blijven en vergrendelen. Vergelijkt u hiertoe een elektrische synchrone machine, waarvan de as met rotor synchroon gaat draaien met het elektrische draaiveld, opgewekt in de stator. Ook uw auto kent een soortgelijk systeem zoals het laten opkomen van de koppeling, wat in de beginfase, net als bij de synchrone machine, gepaard gaat met verliezen of warmteontwikkeling. Wanneer de in eerste instantie separate systemen eenmaal gekoppeld en "in fase" zijn, zijn deze verliezen gereduceerd. Twee of meer mensen voelen zich op hun gemak en "vergrendelen hun fasering". Dit wordt ook wel Phase Locked Loop (PLL) genoemd. Er heerst harmonie tussen beide "systemen" of tussen u en uw gesprekspartner, uw gezamenlijke fase is vergrendeld. Als u als buitenstaander wil deelnemen aan hun dialoog, zult u eerst in fase zien te komen met beide dialoogvoerders, alvorens in hun fase terecht te kunnen inbreken. Dat betekent dus goed observeren en luisteren alvorens de stap te maken. Vergelijkt u het met het te langzaam invoegen op de snelweg, dat levert problemen op.

Ook wanneer ik bovenstaande vanuit de MBTI-methodiek bezie, ligt het ook voor de hand dat er harmonisatie zal optreden. Immers de MBTI-methodiek gaat uit van temperamenten in relatie tot uw denk- en communicatiestijl. Daardoor is het vooraf heel goed in te schatten dat er miscommunicatie zal voorvallen. Immers u en elke andere communicator hebben hun eigen communicatiestijl vanuit uw en hun eigen natuurlijke en persoonlijke voorkeursdenken. Zeker wanneer u daar uw eigen belangen en standpunten, voortkomend uit uw eigen levensbeschouwing en -ervaringen, overtuigingen en principes erover heen legt. U als slimme communicator kent de profielen, standpunten en belangen van de anderen en kunt daar flexibel mee omgaan. Daardoor komt u gemakkelijker in fase met de anderen.

In de omgeving waarbinnen een organisatie actief is, betekent het dat een intelligente organisatie in totaliteit daarmee adaptief is, zich kan aanpassen aan de omgeving. Uw organisatie "corrigeert" van binnenuit als u het toelaat. Dit proces wordt ook wel autopoiesis genoemd, een ander evolutionair fenomeen uit de biotechnologie. Immers de doelstelling van de organisatie is het zich krachtig(-er) manifesteren naar de omgeving toe. Door de juiste extern geprojecteerde of extraverte communicatie wordt dit makkelijker gerealiseerd. Daarmee haalt u de juiste informatie mee binnen. Gebruik daarbij wel uw intuïtie.

In de belevingservaring en het vaststellen van een kwaliteits- of belevingsniveau speelt uiteraard de emotie ook een belangrijke rol. Is de emotie een gevolg van eerdere belevingen en/of de wetenschap vanuit verschillende standpunten de dialoog aan te (moeten) gaan ? Of is emotie slechts het moment van "ontroerd raken" door het momentele tijdstip en dito situatie ? Dit aspect heb ik later uitgewerkt. Emotie heeft hoe dan ook invloed op de wijze van communiceren tussen de partijen.

Het gevaar van onjuiste vergelijkingen bij kwaliteitsbepalingen is aanwezig vanwege de deelname door meerdere partijen of personen. Uiteraard dient u de hierboven vermelde differentiatie qua prioriteiten in ogenschouw te nemen. Een rekensom gebaseerd op de communicatielijnen tussen de diverse personen leert ons dat, wanneer er tijdens besprekingen of vergaderingen uitgaande van tien personen drie mensen minder zijn, het risico op miscommunicatie met de helft is afgenomen. Tevens wordt de kans op compromissen of een consensus aanzienlijk hoger.

Aantal communicators	Aantal communicatielijnen	Procentuele vermindering tov 10 communicators
10	10 x 9 = 90	-
9	9 x 8 = 72	20 %
8	8 x 7 = 56	38 %
7	7 x 6 = 42	53 %
3	3 x 2 = 6	93 %
etc.		

Gezien de waarden in deze tabel kunt u zich de volgende vraag stellen. Is het Nederlandse Poldermodel wel zo effectief in voorstel- en onderhandelingstrajecten met zoveel betrokkenen en gegadigden ? Gezien de bovenstaande tabel is het zinvol vooraf te bezien hoe de samenstelling van overlegstructuren er het best eruit kunnen zien.

Een handig hulpmiddel kan voor u zijn om het einddoel van het bedoelde overleg op basis van ambitieniveaus uit te splitsen en te beschrijven. Daarmee voorkomt u overmatige aanwezigheid van mensen die wellicht in een ander stadium beter hun meerwaarde of expertise tentoon kunnen spreiden, ook omdat de inhoud op dat later moment beter aansluit op hun denk- en communicatiestijl.

3.2 Communicatie niveaus

De opbouw in communicatie is gerelateerd aan het niveau van uw functie en/of uw beroep en daarmee aan de competenties van u of elke andere medewerker. Ik ga er hier vanuit dat de juiste medewerker op de juiste plek zit. Zo kent het laagste of operationele niveau slechts de commando's of mogelijk instructies om een medewerker bepaalde activiteiten te laten verrichten. Uiteraard hangt dit zoal samen met de kennis en kunde, ervaring en verantwoordelijkheden van elke medewerker. Op het hoogste niveau werkt het gebruik van commando's averechts.

Welk onderscheid kunt u maken ? Daarvoor hanteer ik de prioriteitspiramide, zoals Abraham Maslow deze ook gebruikte in zijn theorieën. Op het allerhoogste niveau heb ik te maken met strategisch denken, het visionaire of conceptuele denkbeeld. Op het allerlaagste niveau de simpele hand- en spandiensten. Deze en de tussenliggende niveaus zijn middels de prioriteitspiramide weer te geven.

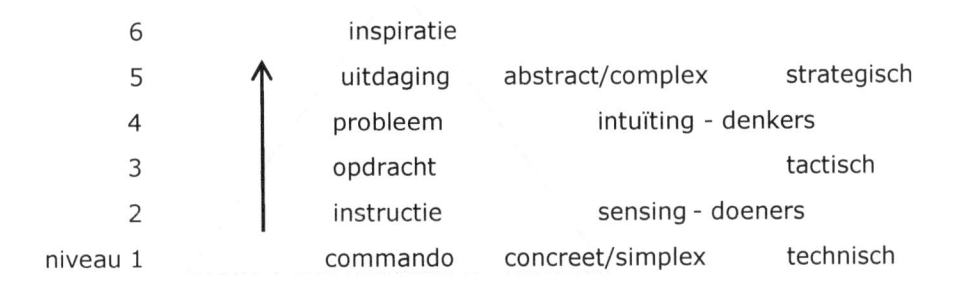

6	inspiratie		
5	uitdaging	abstract/complex	strategisch
4	probleem	intuïting - denkers	
3	opdracht		tactisch
2	instructie	sensing - doeners	
niveau 1	commando	concreet/simplex	technisch

Voor de keuze van een bepaald niveau kunt u op hoofdlijnen deze verdeling hanteren. Binnen de topsport spelen nog andere aspecten mee.

Eén van de belangrijkste aspecten, waarop de wijze van communicatie dient te worden afgestemd, is de vermoeidheid of de fysieke gesteldheid. Deze heeft grote invloed op de kwaliteit van de communicatie, met name het horen, het gehoord worden en het begrijpen van de boodschap van de coach aan de sporter. Dan zijn uw instructies en commando's het beste op hun plaats wanneer u de inhoud aanreikt door het gebruiken van sleutelwoorden of keywords door u als de trainer of coach. Deze sleutelwoorden worden uiteraard vooraf overeengekomen met u en de sporter, in overeenstemming met zijn of haar eigen woordassociaties. Ken uw sporters, ken uw medewerkers, die grote fysieke inspanningen leveren. Ook hier is een scherpe observatie van belang.

Op welk communicatieniveau kunt u de meeste winst behalen binnen uw organisatie ? Waar zijn de meeste verliezen of waar is de meeste storing en ruis ? In het middenkader van uw organisatie komen het abstracte en concrete denken samen. Hier vindt het meest uitgebreide overleg plaats, vaak plenair, zowel in aantal medewerkers alsmede in hoeveelheid qua inhoud. Wat kunt u daaruit opmaken ? Daar waar de beste communicatie vereist is, dient dus of dienen de beste communicators plaats te nemen van uw organisatie. Immers hier vindt het transitieproces plaats. Daar botsen ideeën, concepten van de theoretici met de realiteit vanuit de expertise van de vaklui in het operationele veld. Deze vaklui kunnen vanuit hun eigen expertise aangeven, waarom concepten of afgeleide beleidsplannen zullen falen of succesvol kunnen zijn, terwijl de andere groep het succes in de toekomst ziet liggen en vaak geen hindernissen ervaren. Een goede communicator in dit verhaal is een doorgewinterde communicator die voornamelijk een sterker generalist is vanwege de transitie.

Vanuit het organogram bezien zou deze communicator veelal de lijnmanager of lijnmanagers uit het middenkader kunnen zijn. Is dit uw beste communicator van uw organisatie ? Misschien is het dan toch zinvoller om vooraf "vergaderteamrollen" te hanteren. Of is het nog zinvoller het karakter van de vergadering vast te stellen en daarbij uit te gaan van de juiste temperamenten van de betreffende vertegenwoordigers, deze deelnemers daarbij de te selecteren door een objectieve buitenstaander. Hoe gaat u dit aan te pakken ?

Elke rationele manier is hier in ieder geval verkeerd op haar plaats. De modellen hieronder geven in relatie met elkaar aan hoe de communicatie er op elk niveau uitziet. Het eerste model toont de hiërarchie binnen de organisaties, waarbij op elk niveau er een bepaalde mate van complexiteit aan het onderwerp of onderwerpen kan meegegeven worden. Doordat er tevens het aantal betrokkenen aan te koppelen die dat aangaat, is al snel duidelijk waar de meeste communicatie plaatsvindt, waar het meeste ruis wordt gegenereerd. Waar dus tevens de meeste miscommunicatie kan plaatsvinden.

Dit drietal modellen zien er in relatie tot elkaar als volgt uit.

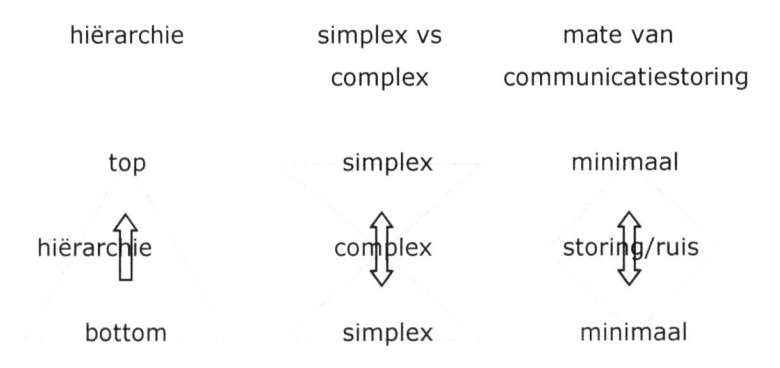

hiërarchie	simplex vs complex	mate van communicatiestoring
top	simplex	minimaal
hiërarchie ⇕	complex ⇕	storing/ruis ⇕
bottom	simplex	minimaal

Als ik het effect van de communicatie bekijk in relatie tot het presteren van de communicator, is het tevens duidelijk dat elk niveau op haar manier een andere prestatie vertegenwoordigt, elke prestatie heeft haar eigen karakter gerelateerd aan de persoon in kwestie. Omdat communicatie altijd meerdere personen betreft, kunt u aannemen dat de prestatie van elke persoon mede afhankelijk is van de ander. Ik bedoel daarmee dat wanneer beide partijen elkaars "taal" niet spreken, zij beiden aan het eind van de vergadering of debat geen prestatie hebben neergezet en zeker geen resultaat hebben behaald.

Gezien de bovengenoemde constateringen en weergaven durf ik te beweren dat Performance Management integraal door de hele organisatie dient te worden gehanteerd. Prestaties of performances zijn gerelateerd aan het temperament, de wijze en vorm van het kunnen denken van de betreffende personen, die op elk communicatieniveau actief zijn. Anders gezegd, wanneer de medewerkers qua denkwijze en –vorm incapabel zijn om op een bepaald hiërarchisch niveau te acteren en dit toch doen, wat kunt of mag u dan van de prestatie van elke medewerker verwachten ?

In dat verhaal is "Brain Typing" aangaande de mensen van groot belang. Immers van mensen met beperkte of onontwikkelde visionair of conceptueel denkvermogen mag u nooit dergelijke ultieme prestaties vragen. Zij zijn onvoldoende in staat om binnen zekere kaders mogelijke strategieën uit te denken, het beleid ervan te creëren. Met deze groep mensen doel ik op de "doeners" in tegenstelling tot de "denkers" zoals in de hierboven eerst geschetste prioriteitsdriehoek weergegeven.

Andersom ligt er bij de "denkers" geen uitdaging in de zin van afgebakende taakstellingen, waarbij weinig tot geen ruimte tot eigen creatieve hersenspinsels, brainstormproducten of inbreng bestaat. Op het communicatiepad waarbij men van A naar B wil, kan ik u dit het meest gemakkelijk verwoorden door te stellen dat de "pur sang" detaildenkers of doeners elke concrete stap op dat pad van buiten aangereikt wensen te krijgen om bij "B" te komen, terwijl de "pur sang" conceptdenkers dit pad zelf wensen te bedenken en in te vullen.

Communiceert u op de juiste wijze naar uw medewerkers toe. Zorgt u ervoor dat u hun temperamenten en profielen kent. In combinatie met de competenties van elke medewerker weet u wie wel of wie niet het gewenste resultaat zal behalen. U weet welke prestatie bij welke medewerker hoort, wat u van elke medewerker kan en mag verwachten. Daarvoor raad ik u aan gebruik te maken van uw intuïtie.

3.3   Emotie

Er is bijna altijd sprake van emotie binnen een dialoog of discussie. Emotie geeft kleuring aan communicatie. Wat is emotie eigenlijk ? Emotie geeft als woord met een Latijnse oorsprong aan dat er sprake is van een beweging, een verplaatsing van binnenuit naar buiten geprojecteerd, de "e" van "ex".In de dagelijkse gang van zaken is het begrip emotie lastig te verwoorden. Wellicht kan een metafoor dit menselijke fenomeen verduidelijken. Emoties zijn vaak gestoeld op persoonlijk belevenissen gebaseerd op principes, standpunten en overtuigingen. Wellicht op basis van normen en waarden, die daarbij misschien veracht of genegeerd worden. Ook kunnen persoonlijke meer en minder plezierige herinneringen een bepaalde emotie oproepen tijdens dialogen en activiteiten. De beleving roept herinneringen op en dat doet het emotiemechanisme al dan niet in werking stellen.

Als ik over emotie of een naar buiten gerichte verplaatsing spreek, over welke verplaatsing praat ik dan ? Will McWhinney verwoordt het als volgt. Emotie is een soort van overload van "geladen of beladen" energie, die als een soort van te veel aan ballast "overboord" wordt gezet. De kleur ervan is afhankelijk van de oorsprong van gedachten of herinneringen aangaande belevingen vanuit het verleden of op het moment zelf.

Om zelf een andere metafoor te gebruiken zou ik het als volgt willen beschrijven. Emotie kan beschouwd worden als een enorm vergiet gevuld met water, wat de emotie voorstelt. De verschillende stoffen die in het water opgelost zijn, staan hoofdzakelijk voor herinneringen. De variatie aan diversiteit staat voor het karakter of persoonlijkheid van elk individu. De samenstelling van de oplossing verandert voortdurend door nieuwe belevenissen en ervaringen. Afhankelijk van de persoon zijn de gaten van dit vergiet meer of minder groot, is het mechanisme om deze gaten meer dicht en/of meer open te zetten, licht of zwaar uitgevoerd. Dit regulerend mechanisme kan door verschillende signalen worden aangestuurd. Het gevolg : uw uitstraling en gedrag tonen uw stemming voor dat moment.

De resultaten van deze zogenoemde emotieregulering en intensiteiten staan in het overzicht vermeld. Dit kunt u de stemming van de persoon noemen. Stuursignalen kunnen zijn : woede, angst, blijdschap, andere en diverse mengelingen ervan. De licht gevoeligen (veelal vrouwen ?) hebben vaak licht werkende mechanismen, terwijl bij de meer Rationalisten (veelal mannen ?) dit mechanisme wat stugger is (gevormd).

De stemmingsmeter of emotionele-context-meter van een persoon is te beschouwen in de navolgende gradaties. Daarbij laat ik oorzaken vanuit bijvoorbeeld frustratie, onbegrip of verlies uitmondend in verdriet, woede en teleurstelling, in dit overzicht achterwege.

De "stemmingsthermometer" ziet er als volgt uit.

stemming communicator

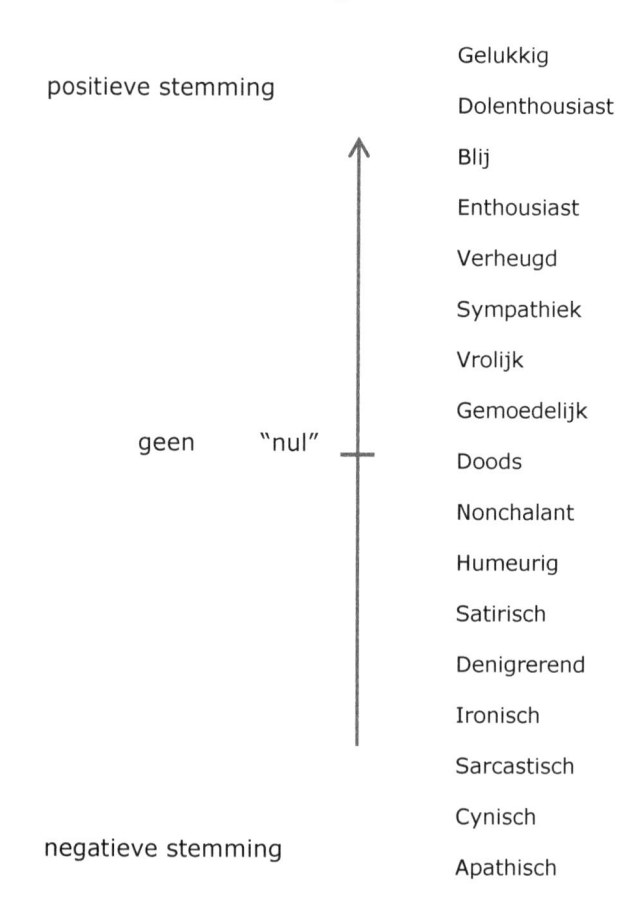

positieve stemming	Gelukkig
	Dolenthousiast
	Blij
	Enthousiast
	Verheugd
	Sympathiek
	Vrolijk
	Gemoedelijk
geen "nul"	Doods
	Nonchalant
	Humeurig
	Satirisch
	Denigrerend
	Ironisch
	Sarcastisch
	Cynisch
negatieve stemming	Apathisch

De stemming loopt op vanaf het meest negatieve niveau (apathisch = totaal actief negeren) via "nul" (doods = totaal passief negeren) naar de meest positieve stemming (gelukkig = actief participeren). Dit hoogste niveau staat voor een sterke individuele flow. Hoe ervaart u bijvoorbeeld de kwaliteit van de dienstverlening en wanneer bent u er tevreden over ? Toont u uw emotie op dat moment en is uw stemming congruent met uw eigenlijke tevredenheidgevoel hierover ? Welke criteria legt u als persoon daaraan ten grondslag en in hoeverre spelen uw stemmingen hierop een cruciale rol op het moment van het beoordelen zelf ?

Vanuit de MBTI is redelijkerwijs een goede inschatting te maken van de wijze van emotie van de betrokken deelnemers aan de discussie. Ook hier gelden weer de op voorhand onuitgesproken definities en voorwaarden, zoals ik die binnen intuïtie hanteer. Als ik over personen praat in het licht van meer dan één aspect zoals temperament, beleving, overtuiging en emotie, hoe "berekenbaar en maakbaar" is dan eigenlijk een organisatie ? Als mensen al tot een consensus komen al dan niet met behulp van veel emotie, dan zal er voor iedereen individueel een onuitgesproken ultieme win-win situatie blijven bestaan binnen uw organisatie. Wat wil dat zeggen over de "maakbaarheid" of de levensvatbaarheid en -verwachting van organisaties ten aanzien van haar medewerkers ?

Organisaties zijn en raken altijd en elke dag onderhevig aan veranderingen. Overleven betekent dus zich van binnenuit aanpassen, hierbij de omgeving in ogenschouw nemend. De omgeving dwingt deze verandering of omslag immers af. Emotie kan voor mensen behulpzaam zijn om extra overtuigingskracht in het communicatieproces bij te zetten. Intuïtie kan u helpen te achterhalen waar de werkelijke oorsprong van de emotie ligt en of deze op dat moment relevant is in de context, waarbinnen u beiden communiceert.

3.4 MyersBriggs – Type Indicator

Wat is de verbinding tussen de mensen volgens Katharine Myers en Isabel MyersBriggs ? Dat is ook hier de taal of anders gezegd, de communicatie. In het woord "communicatie" zit middels –com– het interactieve, het gezamenlijke aspect ingebed. In dit hoofdstuk ga ik terug naar de verschillende oorsprongen van temperamenten en licht ik de profielen en rollen verder toe, zoals deze middels de MBTI-methodiek wordt gehanteerd. Af en toe maak ik een kleine zijsprong in de relatie naar het fysieke aspect naast MBTI. Voor het woord profilering op basis van de denkstijl of het temperament pas ik ook wel de term Brain Type toe. Relateer ik het temperament aan fysieke acties, dan gebruik ik de term Action Type.

Diverse onderzoeken hebben namelijk aangetoond dat Action & Brain Typing aan elkaar gelieerd zijn. Daarmee is uw communicatiestijl en – vorm te bezien vanuit uw fysieke acties, los van grimas, mimiek en andere non-verbale aspecten. Immers elke uitspraak, die een persoon doet, die "open" is en u en mij ruimte biedt voor onze eigen invulling en alternatieven, ziet u als actie van die persoon ook als zodanig terug. Elke aanvallende speler dient creatief te zijn en zal tot op het laatste moment de mogelijkheden open houden om tot scoren te kunnen komen. Terwijl de verdediger slechts één opdracht heeft : het uitschakelen van de aanvaller, resoluut en zonder mogelijkheid of gelegenheid tot discussies. Hoe doen beide spelers dat ? Het is een kwestie dat u hun de juiste competenties laat ontwikkelen behorende bij de functie van elke speler met de wetenschap van de temperamenten van elke speler. Met competenties bedoel ik de fysieke acties, die de persoon op het juiste moment verricht en past bij de gegeven situatie, zodat het effect optimaal zal zijn.

De methodiek die hier toegepast wordt, heet "Action Type" bij topsport ingezet. Dit "Action Type" is de vervolgmethodiek op MBTI binnen met name topsport. Waar anders dan daar gaat het om de hoogste prestatie? Herinnert u zich de gouden medailles nog van Joop Alberda op de olympische Spelen van 1996 in Atlanta op het onderdeel volleybal en de meer recente successen van Foppe de Haan bij het Jong Oranje team voor voetbal ? Met behulp van persoonlijke gesprekken met Jan Huijbers – topsport psycholoog en schrijver van het boek "Action Type" – heb ik dit toepassingsgebied voor mijzelf uitgebreid naar de organisatieproblematiek, zoals u hierboven heeft kunnen lezen. Omdat er binnen de dienstverlening uiteraard nauwelijks sprake is van relevante fysieke acties, ga ik hoofdzakelijk uit van "Brain Type". Achterin staan verschillende casussen te lezen, die u de praktische samenhang en toepasbaarheid aangeven van de bedoelde fenomenen. Allereerst ga ik terug naar de oorsprong van de MBTI-methodiek.

Ver voorafgaand aan Carl Jung gebruikten kunstenaars in vroegere tijden al de leer van de vier temperamenten als leidraad voor het uitbeelden van gemoedstoestanden of stemmingen. Volgens de leer van Hippocrates, die later door Galenus werd opgepakt, bestond het lichaam uit vier sappen, oftewel humoren, die allemaal verschillende eigenschappen bij zich droegen.

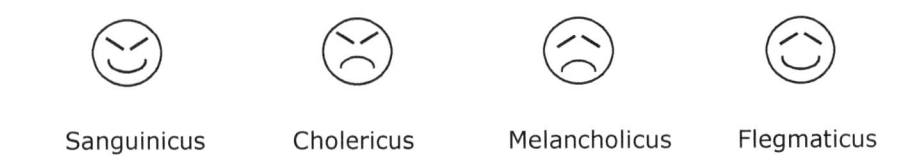

Sanguinicus Cholericus Melancholicus Flegmaticus

De vier "stereotypen" die in de oudheid gehanteerd werden zijn hieronder verdeeld in de matrix.

Galenus humoren	Menselijk aspect	Empodocles element	Eigenschap element	Eigenschap mens
Sanguinicus (Vaklui)	bloed	lucht	fris	levendig, optimist
Cholericus (Idealisten)	gele gal	vuur	heet	impulsief, opvliegend
Melancholicus (Wachters)	zwarte gal	aarde	droog	zwaarmoedig, droefgeestig
Flegmaticus (Rationalisten)	slijm	water	vochtig	apathisch, emotieloos

Wat wordt bedoeld met "temperament" of humoren ? Met temperament wordt kort gezegd combinatie van vorm, inhoud en wijze van de communicatie van een persoon bedoeld, welke hij of zij vanuit ongedwongen toestand hanteert. Deze temperamenten kunt u voor verschillende mensen binnen uw organisatie of projectteam vaststellen.

U kunt daar uw voordeel meedoen, teneinde de afstemming en de voortgang van het project of traject te waarborgen.

De communicatiestijl ligt in zekere zin vast of wordt bepaald door de natuurlijke voorkeursdenken van die persoon. Dit natuurlijke voorkeursdenken of "Mental Preference" betekent die wijze van denken, zoals dit primair genetisch vastligt bij een persoon. Welke denkstijlen zou u kunnen herkennen ?

S-Stijl	Ordentelijk en praktisch, betrokken op het hier-en-nu. Consistent en accuraat handelen en goed oog voor details. Zij geven de voorkeur aan taken en problemen stap voor stap te benaderen.
T-stijl	Logisch, mathematisch en zakelijk. Kritische analyses en diagnoses. Hebben duidelijke doelen en hebben het vermogen te calculeren wat de meest efficiënte directe en kostenbesparende strategie is.
F-stijl	Spiritueel en symbolisch en gebaseerd op gevoelens. Pikken heel goed subtiele veranderingen bij anderen op. Reiken anderen instinctief de hand om ze te troosten, helpen of aan te moedigen.
N-stijl	Visueel, ruimtelijk en non-verbaal. Werken veel met metaforen en concepten die vorm krijgen in innerlijke beelden en films. Meesters van de integratie, innovatie en verbeelding.

Voor zover in het kort een beschrijving van de vier verschillende denkstijlen.

Wanneer u van plan bent om voor een komend traject en/of project gelijksoortige mensen qua voorkeursdenken bij elkaar te zetten, wordt de kans op samenwerking tussen hun aanzienlijk vergroot. Stelt u echter wel eerst de fase binnen een traject en/of project vast en maak deze helder aan alle mogelijke deelnemers.

Temperament	Kernbehoefte	Sleutelwoorden	Voorkeurs-gedrag
VAKMAN of Artisans	Vrijheid om te handelen in opwelling, mogelijkheid om invloed uit te oefenen.	... spontaniteit, schoonheid, actie, probleemoplosser, variatie, nu, impuls, tactiek	Op invloed gericht
WACHTER of Guardians	Lidmaatschap, verantwoordelijkheid, plicht.	... lidmaatschap, traditie, stabiliteit, zinvol, veiligheid, dienstbaarheid, verantwoordelijkheid, behouden, logistiek, plicht	Op autoriteit gericht
RATIONALIST of Rationals	Meesterschap, zelfcontrole, kennis, competentie	... waarom, begrijpen, competentie, idee, logica, indelen. ontwerp, strategie, concept, inzicht, kennis	Op kennis gericht
IDEALIST of Idealists	Unieke identiteit, zelfontplooiing, zingeving	... empathie, zin & betekenis, word wie je bent, samen, katalysator, integriteit, groei, ethiek, origineel, persoonlijke kwaliteit	Op relatie gericht

Om een voorbeeld te geven, wanneer een project zich nog in de idee- of conceptfase bevindt, is het onhandig om "pur sang" detaillisten te laten deelnemen in deze fase.

Immers deze detaillisten kunnen maar moeizaam communiceren met conceptdenkers en vice versa, waarin de projectfase zich op dat moment bevindt. Andersom is het lastig om conceptdenkers te laten meedenken over de invulling van de uitvoering van de plannen. Hier gaat het om detaillistisch deskundigheid door de vaklui.

Dus als het kan en onnodig is, vermijdt u dan dergelijke team- of groepssamenstellingen. De MBTI-methodiek kan u daarbij behulpzaam zijn. Ik pas deze methodiek toe door observatie en op basis van wat mijn intuïtie mij ingeeft. Carl Jung paste al middels woordassociaties de 4 verschillende denkstijlen toe. Hoe kunt u de 4 natuurlijke denkstijlen binnen de MBTI-methodiek herkennen ?

Iedereen wordt geboren met een eerste bij voorkeur gehanteerde "Mental Preference" ; of u bent detaillistisch denker of u bent een visionair denker. Hierbij staat de S voor beleving of sensatie (**S**ensation) en de N voor intuïtie (i**N**tuïtion). Deze eerste denknatuur ontwikkelt zich bij u gedurende de eerste twaalf levensjaren. De daarop volgende zes jaar komt de tweede denknatuur tot ontwikkeling, vervolgens komen de derde en vierde of zwakste denknatuur al dan niet in ontwikkeling. Daarin zit de essentie. Circa drie van de vier mensen blijken vanuit de eerste en tweede denknatuur een detaillist-denker te zijn, velen blijven daarin hangen. Circa één op de vier mensen is vanuit eerste en tweede natuur een conceptdenker. Uw eerste en tweede natuur ziet u als de twee middelste letters terug in de matrix. Wanneer u introvert bent, krijgt u als index de "i" mee bij de eerste van de bedoelde twee letters, bent u extravert, dan krijgt u als index de letter "e" mee. De letters "i" en "e" van introvert en extravert zijn de eerste letter van uw MBTI-code. De letters "p" en "j" staan respectievelijk voor "open houding" of creatief versus "gesloten houding" of vooraf besluitend. Eén van beide letters welke van toepassing is, staat als laatste letter in de MBTI-code genoemd.

Voorts is er binnen de detaillisten en conceptdenkers een andere nuance te maken. De detaillisten, die staan voor de "S" en de visionairen die staan voor de "N", zijn op te delen in de groepen :

SP = vaklui	denken met hier-en-nu-details en dito visualisatie. (37 % bevolking)
SJ = wachters	denken met verleden-details en dito visualisatie. (46 % bevolking)
NF = idealisten visualisatie.	denken met toekomstige details en dito (11 % bevolking)
NT = rationalisten visualisatie.	denken met toekomstige details en dito (6 % bevolking)

S = Sensing   N = iNtuïting

P = Perceiving   J = Judging

F = Feeling   T = Thinking

Hierin denken Idealisten in visionaire beelden die vrij dicht binnen hun bereik liggen, terwijl de Rationalisten verder weg of van zich af visualiseren. De echte Wachters zijn de controleurs binnen onze samenleving en veelal binnen overheidsorganisaties te vinden. Voor de leesbaarheid van dit boek is het handig deze vierdeling in codes uit uw hoofd te kennen en te begrijpen welk type mens daar achter schuil gaat.

In deze matrix is de introverte of extraverte karakter van de persoon gekoppeld aan diens dominante denkstijl. Op deze wijze handelt de Loyalist net als de Plichtsvervuller volgens Si, wat betekent dat hij of zij op basis van gedetailleerde herinneringen denkt en handelt. De "S" staat hier voor de gedetailleerdheid en de "i" voor het herinneren ervan, dus naar binnen denkend. Ze weten "waar ze het voor doen". Dat zit in hun benaming ingesloten. De Loyalist doet dit vanuit zijn of haar hartgevoel (Feeling), terwijl de Plichtsvervuller dit vanuit rationele logica (T) doet.

Het is "lastig" om iemand juist te profileren. Daarin zit gelijk de valkuil van het profileren : falsificatie. Over het algemeen blijkt het gedrag en de communicatiestijl van personen weer te geven door een drie- of viertal matrixcellen toe te wijzen aan eenzelfde persoon. Het opvallende van deze cellen is dat ze over het algemeen tegen elkaar liggen. Zo ken ik een persoon die zich als Raadgever gedraagt, waarbij zijn "oorsprong" ligt in het "Componist-zijn" met visionaire capaciteiten en is daarmee ook als "Heler" aanwijsbaar.

De bijbehorende legenda bestaat uit :

S = Sensing   vs.   N = iNtuïting
P = Perceiving   vs.   J = Judging
F = Feeling   vs.   T = Thinking
I = Introvert   vs.   E = Extravert

Wanneer we de bijbehorende codes naast elkaar zetten, kunt u zien dat steeds één letter per cel wijzigt om in de cel ernaast te belanden.

Vanuit het "Componist-zijn" – ISFP, ontwikkelt deze persoon zijn intuïtieve kwaliteiten en verandert de S in zijn lettercode in de N, waardoor INFP ontstaat – "Heler". Deze "Heler" pakt de rol van "Raadgever" op, waarbij de P in de lettercode in de J verandert, dus INFP wordt INFJ.

Zo ziet u dat het gedrag van medewerkers over en via enkele cellen bewegen en doordat deze cellen aaneen geschakeld zijn, zoals net omschreven, heeft u het profiel van die persoon vrij sterk kunnen bepalen. Let op, het blijft indicatief ! Indien u uw intuïtie goed gebruikt, is dit een prima uitgangspunt, zo is mijn ervaring.

De zestien temperamenten staan in de volgende matrix vermeld.

	S	S	N	N	
I	**IS**i**T**J Plichtsvervuller	**IS**i**F**J Loyalist	**IN**i**F**J Raadgever	**IN**i**T**J Mastermind	J
I	IS**T**iP Ambachtsman	IS**F**iP Componist	IN**F**iP Heler	IN**T**iP Architect	P
E	E**S**e**T**P Promotor	E**S**e**F**P Performer	E**N**e**F**P Inspirator	E**N**e**T**P Uitvinder	P
E	ES**T**eJ Supervisor	ES**F**eJ Verzorger	EN**F**eJ Leraar	EN**T**eJ Veldheer	J
	T	F	F	T	

"detail-denkers"   "concept-denkers"

Ook de MBTI-methodiek kent rollen toe. Het karakteristieke van deze rollen zit voornamelijk al in de naam ingesloten .De diverse rollen gebaseerd op de temperamenten volgens MBTI staan in het volgende overzicht.

Rol	Temperament	Code	Omschrijving
Beeldhouwer	Promotor	ESTP	Verwezenlijk zaken door ze direct te doen, ze zijn sterk actie gericht.
	Performer	ESFP	
Conservator	Plichtsvervuller	ISTJ	Brengen helderheid in de binnenwereld van informatie, ideeën en begrippen.
	Loyalist	ISFJ	
Coach	Verzorger	ESFJ	Proberen harmonie te scheppen, relaties te bouwen en positief te stimuleren.
	Leraar	ENFJ	
Kruisvaarder	Componist	ISTP	Hechten belang aan specifieke gedachten, ideeën of overtuigingen.
	Heler	INFP	
Onderzoeker	Uitvinder	ENTP	Verkennen nieuwe en betere manieren om dingen te doen.
	Inspirator	ENFP	
Innovator	Mastermind	INTJ	Gebruiken hun verbeelding om nieuwe en andere ideeën en perspectieven te creëren.
	Raadgever	INFJ	
Dirigent	Veldheer	ENTJ	Brengen organisatie en structuur aan in de wijze waarop dingen gedaan worden.
	Supervisor	ESTJ	
Wetenschapper	Architect	INTP	Zorgen voor een verklaring van het hoe en waarom van dingen.
	Ambachtsman	ISTP	

Wanneer uw medewerker plotseling naar een compleet andere cel "overspringt" of anders gezegd een andere rol aanneemt, duidt dat vaak op het feit dat deze persoon in de stress raakt ; het betreft hier de zogenaamde stressor, of wel uw medewerker springt in de rol van zijn of haar tegenpool. Vergelijk bijvoorbeeld hoe "allergisch" een Architect (INTP) kan zijn voor een Supervisor (ESTJ), terwijl hij of zij onder zware stress zichzelf wel vaak zo gedraagt of gelijksoortige minutieuze (detail-) uitspraken doet. Andersom beredeneerd kunt u daarmee de focus of concentratievorm van uw medewerker bepalen.

Ook kunt u daardoor te zien dat een Architect, wanneer hij of zij zich in de rol van Supervisor plaatst, deze persoon zich qua denkvermogen compleet moet omzetten. Het omschakelen van de ene "Mental Preference" naar een andere tegenovergestelde denkstijl kan meer dan honderd keer energie kosten gerelateerd aan de natuurlijke stijl van die persoon. Dat is op zich best mogelijk, als de tijdsduur ervan maar beperkt is. Wanneer u zich over een langere termijn in een voor u tegengestelde denkstijl beweegt, ligt daar het risico van een burn out. Dat wil zeggen dat u eigenlijk voor deze taakstelling de verkeerde man op de verkeerde plaats bent.

Ook hier is "de wet van luiheid" van toepassing, met andere woorden "de wet van het laagste energieverbruik" na te willen streven. Dit laagste en meest gemakkelijk hanteerbare energieniveau is gelegen in de eerste en tweede natuurlijke voorkeursdenken. Wanneer u deze eerste natuurlijke denkstijl bij uw medewerker overvraagt, maakt deze medewerker gelijk gebruik van zijn of haar tweede natuur denkstijl. Doordat u de medewerker op diens eerste en tweede natuurlijke denkstijlen volledig en optimaal aanspreekt, zal uw medewerker tevens zijn tertiaire denkstijl aanspreken. Op dat moment komt uw medewerker in een flow terecht. Deze flow maakt dat deze persoon optimale prestaties voor u zal leveren.

Door het observeren van personen is het dus mogelijk de personen te profileren op basis van hun woordassociaties. Gebruik daarbij wel uw intuïtie en observeringsvermogen in plaats van de vragenlijsten die ook de MBTI-methodiek kent. Mijn voordeel van deze methodiek is dat ik het temperament van de betreffende persoon kan toetsen aan zijn of haar lichaamsbouw (morfogenese) en zijn of haar gerelateerde motoriek.

Daarmee komt mijn observatiekwaliteit en -scherpte naar voren dankzij de rol van jarenlange opleidingstrainer en sportcoach.

3.5 Belbin en het enneagram

Bij veel projecten wordt de Belbin-rollentest gehanteerd ten behoeve van optimale team- en groepsvormingen. Over het algemeen wordt een projectteam gerelateerd aan het actuele project dat dit team onder handen heeft of krijgt. Op deze manier is indicatief aan te geven op welke wijze elk teamlid vanuit zijn of haar karakter de beste bijdrage kan leveren aan het bedoelde project. Belbin tracht net als het enneagram personen in de juiste rol van het project te doen belanden, waar ze daadwerkelijk tot hun recht kunnen komen. Hiertoe zijn vragenlijsten ontwikkeld om de rollen bij hun te achterhalen.

De Enneagram-cirkel ziet er als onderstaande weergave uit.

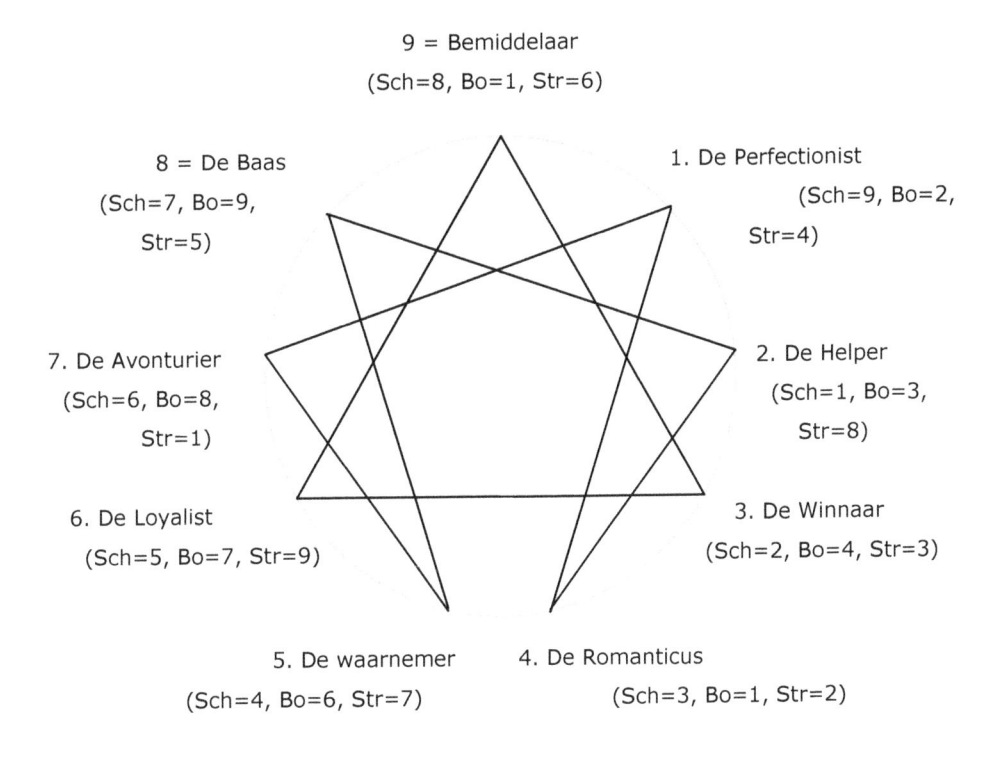

9 = Bemiddelaar
(Sch=8, Bo=1, Str=6)

8 = De Baas
(Sch=7, Bo=9, Str=5)

1. De Perfectionist
(Sch=9, Bo=2, Str=4)

7. De Avonturier
(Sch=6, Bo=8, Str=1)

2. De Helper
(Sch=1, Bo=3, Str=8)

6. De Loyalist
(Sch=5, Bo=7, Str=9)

3. De Winnaar
(Sch=2, Bo=4, Str=3)

5. De waarnemer
(Sch=4, Bo=6, Str=7)

4. De Romanticus
(Sch=3, Bo=1, Str=2)

LEGENDA

In de schaduwvleugel kom u uzelf tegen, het liefst ontkent u deze zijde

De bondgenoot staat aan uw zijde, andere deel van uw ik, uw eigen breedte

Stresspunt betekent de confrontatie van uw imperfectie

Ontspanningspunt betekent een bepaalde durf, weg in te slaan

MBTI kent een makkelijker scheiding dan de Belbin- en enneagram-rollentest, althans dat is mijn beleving. Wellicht komt dat voort uit mijn eigen intelligentieniveau en temperament, waarvan er slechts een zeer laag percentage bestaat. Daardoor hebben vele anderen in mijn omgeving al gauw een ander temperament dan de mijne. Bij de MBTI-methodiek bepaal ik dat op basis van detail- (S) versus conceptdenken (N), intro- (I) versus extraversie (E), bepalend (J) of onbepalend (P) handelend, kort gezegd de aspecten uit de psychoanalyse van Carl Jung. Vanuit elk temperament voegt ook de MBTI-methodiek daar een rol aan toe. Zo is de Mastermind een Innovator, de Architect een Wetenschapper en vervullen de Loyalist en Plichtsvervuller beide de rol van een Conservator.

Beide methodieken kennen zoals gezegd verschillende rollen, negen wel te verstaan, echter toont dit meer aan als de rol die iemand "op het moment van de test" vervult. Overeenkomstige namen van rollen zijn slechts toevalligheden, veel karakteristieke aspecten zijn wel overeenkomstig met de MBTI-methodiek, andere juist weer niet. Qua profilering geeft het hoe dan ook een extra ondersteuning door inzicht van persoonlijkheden bij teamvormingen.

Er zijn tal van manieren om de negen enneagramtypes te omschrijven. De onderstaande, zeer beknopte versie is ontleend aan *"Het enneagram en het team in jezelf"* van Frank Schapers en Azwin Ressang. De negen types zijn opgedeeld in drie groepen, die elk door een andere emotie worden gestuurd.

<u>Voor de eerste groep van drie is de behoefte aan waardering de basisemotie:</u>

Buik	Hart	Hoofd
8	2	5
9	3	6
1	4	7

Type 2: de *Helper* verwerft waardering (vreugde) door anderen te helpen, zich op te stellen ten dienste van anderen en in hun behoeften te voorzien.

Type 3: de *Winnaar* verwerft waardering (vreugde) door te presteren in de ogen van anderen, door de competitie aan te gaan om te winnen en succesvol te zijn.

Type 4: de *Romanticus* ervaart een gemis aan waardering (verdriet) en voelt zich anders dan anderen, zonder zich altijd bewust te zijn van de reden.

De tweede groep wordt geleid door angst:

Type 5: de *Waarnemer* verzamelt kennis, analyseert de chaos als wapen tegen zijn angst en neemt emotioneel afstand.

Type 6: de *Loyalist* is doordrongen van angst en gaat in reactie daarop op zoek naar veiligheid, of doet juist de dingen die hij vreest om zijn angst te overwinnen.

Type 7: de *Levensgenieter* ontvlucht en ontkent zijn angst door zijn dagen te vullen met een continue stroom van leuke activiteiten en een zonnige instelling.

De onderliggende emotie van de derde groep is boosheid:

Type 8: de *Baas* uit zijn boosheid (woede), valt aan om te voorkomen dat anderen hem domineren en zoekt de confrontatie.

Type 9: de *Vredestichter* ontkent zijn boosheid (berusting), cijfert zichzelf weg, wil aardig gevonden worden, vermijdt daarom conflictsituaties en zoekt harmonie.

Type 1: de *Perfectionist* is kritisch en oordeelt, maar probeert zijn boosheid (woede) te onderdrukken, terwijl hij streeft naar volmaaktheid.

Veel van de mensen die het enneagrammodel vanuit Esalen over de wereld verspreidden, gaven aan de leer weer een geheel eigen kleur, zodat er nu een situatie is ontstaan waarin er heel wat bloedgroepen zijn van het

enneagram. Behalve dat wordt de test ook voor zeer diverse doeleinden en op zeer uiteenlopende niveaus, van commercieel tot spiritueel, gebruikt. Er waren wel meer P&O-afdelingen die bij sollicitatieprocedures gebruik maakten van het enneagram. Echt de bijdrage van het enneagram was nooit echt zwaarwegend, het nuanceerde hooguit. Het mooie van het enneagram is ook dat het niet alle mensen over één kam scheert. Het maakt duidelijk dat elke persoon juist weer anders zal reageren, al naar gelang zijn type. Deze wetenschap van ageren en reageren is wat de MBTI-methodiek ook met zich meebrengt. Hiermee is het mogelijk stressoren, ontspanningspunten en concentratiefocussen te bepalen zonder zware psychische analyses.

Jan Den Breeijen was ook één van de onderzoekers van de waarde van de Belbin-rollentest en het enneagram. Er begonnen Jan den Breeijen ook wat dingen op te vallen die wrongen, met name het gebrek aan een gedegen wetenschappelijke achtergrond, zoals de MBTI-methodiek die wel kent. Meteen al in het begin viel het hem op dat er heel wat discussie was over wat iemand onder een bepaalde "stijl" moest verstaan. Niet iedereen benoemde die types hetzelfde of kende er dezelfde eigenschappen aan toe. Echt harde criteria op grond waarvan men een type kon bepalen, waren er niet. De relatie met de naast- en tegenoverliggende types, die toch behoorlijk belangrijk wordt geacht in de theorie, is ook nooit getoetst. Hoe sterk is de intuïtie van de observant om aan te voelen in welke gebied iemand zich beweegt en acteert binnen het enneagram ? Is het invullen van de rollentest leidend voor u of is dat uw eigen intuïtie ?

Het gebrek aan "bewijs" waren dezelfde bezwaren die ook Hans Hoekstra, hoogleraar personeelspsychologie tegen het enneagrammodel oppert. Er is maar weinig serieus onderzoek naar het enneagram gedaan.

Wat er is, komt vooral uit de Verenigde Staten. Één van de grote bezwaren die men daar aantreft, is dat er niet een eenduidige theorie aan het model ten grondslag ligt. Dat onvermogen wordt nog eens versterkt door het feit dat onduidelijk is wat die types nu precies doet onderscheiden. Zijn dat basisemoties, gedragingen, karaktertrekken, cognities, verwachtingen of voorkeuren ? Over welke werkelijkheid hebben de onderzoekers het ?

Commercieel is die onduidelijkheid natuurlijk wel aantrekkelijk, want met name de werving- en selectiebureaus alsmede de P&O-afdelingen kunnen er alle kanten mee op, maar wetenschappelijk schiet u er niets mee op. Er blijft onduidelijk waar men het nu eigenlijk over heeft. Zo wordt het model een theorie van alles. En dus van niets.

Het enige serieuze onderzoek dat Hans Hoekstra op dit punt heeft kunnen vinden, wijst er op dat wat die tests meten niet zo zeer is wat men "is", als wel wat men "wil zijn". Dit betekent dat de test dus manipuleerbaar is. Als de functie om een supervisor vraagt met de rol van baas, zorgt u er als ondervraagde voor dat u korte antwoorden geeft die direct aan acties te koppelen zijn. Dat is de rol van "het baas zijn", sterk instruerend". Bent u als ondervraagde ook werkelijk "baas" van nature ?

Enneagram	MBTI	E vs I	Belbin	MBTI	E vs I
Perfectionist	STP	I	Voorzitter	SFP	E
Helper	SFJ	E	Vormer	STJ	E
Presteerder	NTJ	E	Plant	STP	I
Romanticus	SFP	E	Monitor	NTJ	I
Waarnemer	NTP	I	Bedrijfsman	STJ	E
Loyalist	SFJ	I	Groepswerker	NFP	E
Avonturier	STP	E	Brononderzoeker	NTP	E
Baas	STJ	E	Zorgdrager	SFJ	I
Vredestichter	NFP	E	Specialist	STP	I

Om een vergelijking te maken aangaande de verschillende typeringen, heb ik hieronder een vergelijkingsmatrix van de verschillende methodieken gemaakt. Vanuit de metaforische of archetypische benamingen heb ik getracht dit naar MBTI te "vertalen".

Statistisch gezien levert een sommatie van het enneagram en Belbin de gemiddelde procentuele waarden op ten opzichte van de door MBTI onderzochte en aangegeven waarden.

	MyersBriggs Type Indicator			(Enneagram & Belbin)$_{gemiddeld}$		
	percentages	P/J	E/I	percentages	P/J	E/I
SJ	46 %			6/18 = 34 %		
SP	37 %	1/1	3/1	6/18 = 33 %	10/18	11/7
NF	11 %			4/18 = 22 %		
NT	6 %			2/18 = 11 %		

U ziet dat de waarden met deze inschatting vrij dicht bij elkaar liggen. Het is derhalve zeer gemakkelijk om van MBTI en ook het enneagram en Belbin kennis te hebben. Mocht u "vastlopen" in het ene, dan kunt u altijd een andere raadplegen. Het is aan de onderzoeker of gebruiker welke methode het past bij hem of haar. Essentieel blijft het feit dat deze en andere testen beter tot hun recht komen vanuit veel natuurlijke dialogen en omgang met betreffende testpersonen. Anders blijft het weer een spel van actie of vraag en gewenste reactie of antwoord. Manipulatie ligt ook dan weer sterk voor de hand. Probeert u het eens uit middels intuïtie en natuurlijke observatie.

3.6 David Kolb

Denkt u bij communicatie aan verschillende niveaus of vormen, dan denkt u mogelijk ook aan David Kolb. Zijn methodiek erkent tevens leiderschapsstijlen en communicatiestijlen voor het sturen en het doen ontwikkelen van uw medewerkers. Zo kent men een viertal soorten, die grote overeenkomsten vertonen met die uit de MBTI-methodiek.

Leiderschap

Over leiderschap blijken veel visies en meningen te bestaan. De MBTI-methodiek kent ook leiderschappen toe. Een leider is in dat opzicht iemand die initiatief neemt binnen een groep. Afhankelijk van de samenstelling van de groep treedt de leider naar voren, die zich kan vereenzelvigen in de rol van leider in de gegeven situatie. Ook daar is het temperament van belang. Een leider heet extravert te zijn en kan structuur en duidelijkheid naar buiten te brengen en opleggen. Hoe kan het dat binnen een groep van introverte medewerkers toch een leider opstaat ? Ook heeft de vorm en inhoud van een mogelijk project invloed op deze natuurlijke selectie. Zo zal bij gedetailleerde activiteiten met fysieke acties als gevolg de extraverte detaildenker naar voren treden. Wanneer er een beroep wordt gedaan op sterk visionaire capaciteiten, zeg maar leidend tot intellectuele kennis en informatie, zal de sterkste conceptdenker op de voorgrond treden.

KOLB	Beschrijving Kolb-stijl	MBTI
Beslisser	Als het gaat om een probleem op te lossen waar één juiste oplossing voor gezocht moet worden, ben je bij de beslisser bij de juiste persoon.	Wachter SJ
Bezinner	Een bezinner bezit een groot voorstellingsvermogen en is vooral bezig met concrete ervaringen.	Idealist NF
Denker	Voor een denker ligt de nadruk op de (logische) samenhang tussen zaken.	Rationalist NT
Doener	Het woord doener zegt het al. Het gaat om het "doen". Een doener werkt doelgericht, is een sociaal persoon en wil tastbare resultaten halen.	Vaklui SP

De onderlinge gevoelsstrijd ten aanzien van het leiderschap tussen de teamleden is een kwestie van het natuurlijke proces. Wanneer u bemerkt dat vanuit deze leider het gewenste resultaat achterwege blijft, kunt u uw intuïtie inzetten om verbeteringen na te streven.

U kunt deze medewerker verder opleiden tot een volwaardiger leider. Leiderschap is dus afhankelijk van zowel de temperamenten van de teamleden als ook van het soort landschap, waarbinnen het team opereert.

De Kolb-benadering speelt zich vaak binnen dergelijke ontwikkelings- trajecten af. Ook bij Kolb speelt dus duidelijk de vraag : Op welke wijze wordt de medewerker of deelnemer geïnspireerd, uitgedaagd of gemotiveerd ? Welke communicatiestijl, vorm en –inhoud liggen hieraan ten grondslag ? Daarmee liggen Kolb en MyersBriggs en anderen voor wat betreft het doen leren en ontwikkelen, alsmede het motiveren van de medewerkers, vrijwel op één lijn.

Een belangrijke voorwaarde is hoe de cultuur van de organisatie erin staat, alsmede hoe het beleid eruit ziet en wat een mogelijke supervisor ermee kan en/of doet bij zijn of haar medewerkers. Gezien het feit dat de leerstijlen van David Kolb wetenschappelijk slecht onderbouwd waren, geeft al aan dat dergelijke processen zoals het leer- en ontwikkelingsproces, meer op gevoel benaderd dient te worden dan in meetbare modellen dient

ondergebracht te worden. Ook hier leent de intuïtieve meetmethode zich beter voor dan elke andere concrete test. In een enigszins afwijkende terminologie drukt hij de verschillende leerstijlen als volgt uit in het hieronder vermelde model.

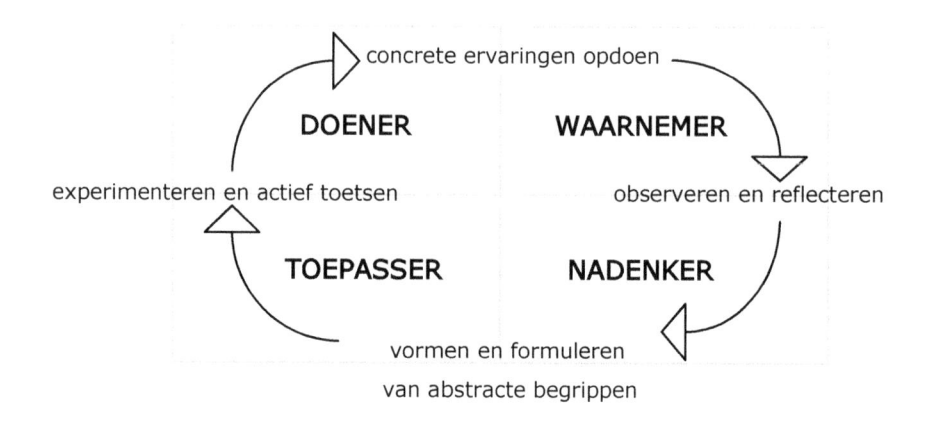

```
                    concrete ervaringen opdoen
            DOENER                WAARNEMER
experimenteren en actief toetsen    observeren en reflecteren
            TOEPASSER             NADENKER
                    vormen en formuleren
                    van abstracte begrippen
```

Jan Vermunt heeft, voortbouwend op Belbins uitkomsten, onderzoek gedaan naar opvattingen en gedrag van lerende deelnemers in het Onderwijs. Zo onderkende hij de :

- Betekenisgerichte leerstijl
  Zoeken naar verbanden in leerstof, sterk zelfsturend door hoge eigen interesse en motivatie
- Reproductiegerichte leerstijl
  Herhalend oefenen van de leerstof, gericht op veel detaillistische informatie
- Toepassingsgerichte leerstijl
  Toepassen van het geleerde in de praktijk
- Ongerichte leerstijl
  Zoekende en in twijfel staan aangaande leerdoelen en keuzes hierbinnen

Hierbinnen zijn de diverse soorten temperamenten aan te duiden, welke minder eenduidig zijn dan bij David Kolb. Net als bij de kwaliteitsmodellen is het verkrijgen van achterliggende kennis en inzichten belangrijker dan het model en de informatie op zich. Ook hier verwijs ik naar de meerwaarde van kennis, dat deze kennis pas van echte waarde is, wanneer u als persoon er daadwerkelijk mee kunt omgaan en het tot maatwerk kan verheffen, wanneer u er professioneel mee gaat werken.

3.7 Lemniscaat van Coppenhagen

Kent u deze wiskundige kromme, zoals deze door Bernoulli is opgesteld ? Simpel gezegd is het een acht op zijn kant, de ∞. Deze gesloten gedraaide lus heeft Robert Coppenhagen geïnspireerd het te verwerken tot model als middel bij veranderingen. Zijn toepassingsgebied is de creatieregie, de visie en verbinding. Hij deelt hiertoe het lemniscaat in vier delen op.

Lemniscaat (Grieks) : λημνίσκος – band

Wanneer ik er de MBTI-methodiek er overheen leg, kom ik het volgende uit.

- buitenkracht of inspiratie Iedereen met een sterke
  open mind" (**P**erceiving)
- beeldkracht of visualisatie Rationalist en Idealist
- verbindingskracht of draagvlak Idealist
- Vormkracht of creatie Vaklui

Het lemniscaat ziet er als volgt uit.

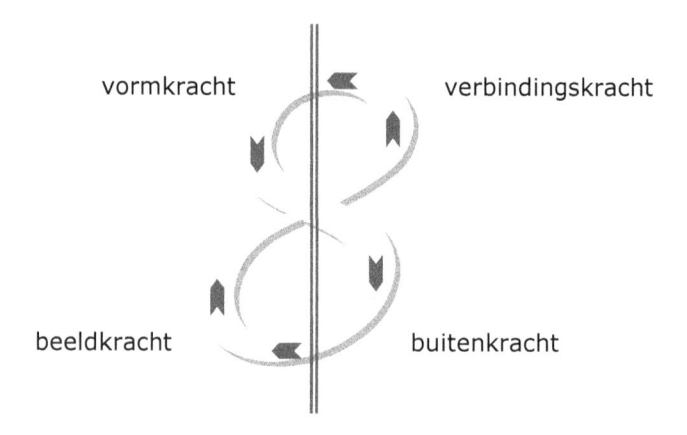

vormkracht   verbindingskracht

beeldkracht   buitenkracht

Is het toevallig of opvallend dat de Wachters ontbreken in dit rijtje ? Als u de basiseigenschappen kent van de Wachters, Guardians of SJ-ers, dan weet u genoeg. Hun "J" of "vooraf bepalend"-karakter blokkeert het creatieproces bij henzelf en ook die van anderen wanneer de bedoelde Wachters sterk extravert zijn ingesteld en teamleden hun structuur trachten op te leggen, zoals bijvoorbeeld de Supervisor en ook de Helper.

Het opvallende van de uitkomsten van Prinsjesdag 2009 is dat het kabinet juist de ambtenaren wil gaan inzetten om in deze crisistijd tot creaties te kunnen komen. In mijn oren klinkt dat juist tegenstrijdig. Alhoewel er zich voldoende vaklui onder de ambtenaren bevinden met grote en goede ideeën, blokkeert de cultuur en het landschap hen om met kordate en effectieve oplossingen te komen en ze daadwerkelijk te kunnen implementeren.

3.8 Overtuiging versus Ervaring

Eén van de dingen binnen het communiceren, die hierin sterk bepalend is, zijn bij afstemmingen is het spreken vanuit (persoonlijke) overtuigingen. Een stroming zoals Avatar verwoordt dat als volgt. Net als de eeuwige "kip-en-het-ei"-discussie onderkent men hier de "overtuiging-ervaring"-discussie. Ervaart men dingen vanuit de persoonlijke overtuiging of is de overtuiging van iemand gebaseerd op de achterliggende en opstapelende ervaringen van deze persoon ? Om hier meer inzicht in te geven staan hieronder de volgende niveaus, die Avatar hanteert.

Level 1	Overtuiging vanuit dogma (religie, indoctrinatie etc.)
Level 2	Overtuiging vanuit de "simpele" logica (natuurwetten, e.g. zwaartekracht)
Level 3	Overtuiging vanuit logica, onderbouwd door argumenten vanuit onderzoek
Level 4	Avatar, los van elke overtuiging, door er alleen "te zijn" los van kleuring

De positionering vanuit dit laatste level is natuurlijk vrij lastig, echter kunt u wel te ontwikkelen. Dat is uw en ook mijn eindpunt. Los van vooroordelen, dat is in mijn optiek zeer belangrijk bij het op natuurlijke wijze observeren, zoals ik dat bij intuïtie bedoel. Hoe kunt u dat het beste aanpakken ?

Door u zichzelf de vraag te stellen vanuit welke overtuiging u uw uitspraken of antwoorden baseert, zou dat bij u verschillende gevoelsnuances teweeg kunnen brengen. Dit verloop ziet er als volgt uit :

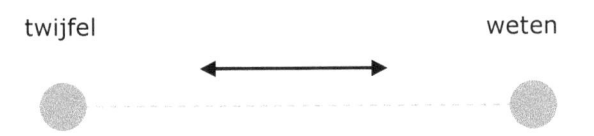

twijfel ⟵⟶ weten

Vanuit "geloven" (twijfel - denk het wel) tot stellige zekerheid - weten ("de waarheid !")

Wanneer u in staat bent het gevoel dusdanig te "beheersen", of wel u bemerkt welk gevoel hoort bij de "onbevangenheid" binnen discussies waarbij de overtuigingen dus uitgeschakeld zijn, dan is de weg vrij voor een objectievere benadering met meer mogelijkheden en oplossingen zonder beperkingen of belemmeringen. Immers de belemmeringen worden meestal gegenereerd door de persoonlijke overtuigingen, waardoor denken in alle mogelijke oplossingen wordt beperkt. Hiermee kunnen discussies vastlopen en tot blokkades en onbegrip tussen personen leiden.

Deze inzichten zijn belangrijk in het licht van "het meten van kwaliteit in de dienstverlening" en/of uw persoonlijke (inter-)acties. Zijn intuïtie en objectief beoordelen zoals Avatar dat bedoelt, tegengesteld aan elkaar en hoe gaat u om met eventuele verschillen ? Of hebben ze overeenkomsten en waar liggen ze ? Intuïtie geeft aan dat het onbewuste met het bewuste wordt gekoppeld, waardoor er sprake is van energie- en informatie-uitwisseling tussen beide toestanden. Avatar tracht ook de onbewust spelende principes of overtuigingen in het bewuste te laten komen, waardoor u in staat zult zijn anders de denken en te acteren. Avatar handelt vanuit het Gewaar-Zijn naar het Bewust-Zijn van de overtuigingen die u heeft. Het is heel goed mogelijk dat deze overtuigingen vast geprent zijn vanuit het onbewuste. Avatar brengt u als communicator helderheid of bewustzijn in de dialoog of discussie bij elke "uitspraak-met-lading" (ik vind dat jij ....., het is toch zo dat ...... etc.). Avatar laat u of de persoon zelf achterhalen, waarin uw, zijn of haar overtuiging is gelegen. Op dat moment is deze overtuiging nog doorschijnend of transparant en is daardoor dus niet zichtbaar voor uzelf of de persoon.

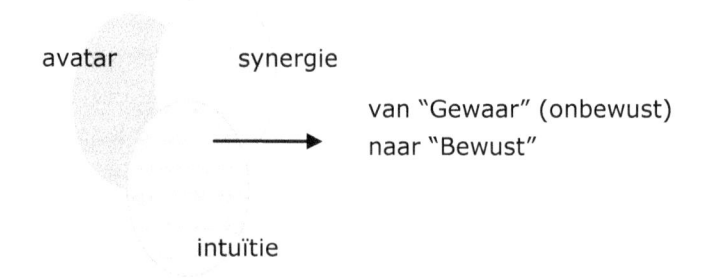

avatar   synergie

→ van "Gewaar" (onbewust) naar "Bewust"

intuïtie

In relatie tot communicatie beschouwt de wetenschapper Will McWhinney handelingen en uitspraken vanuit een ander viertal opties. Hij deelt ze als volgt in.

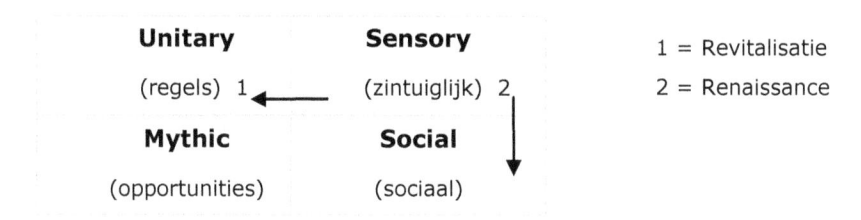

Unitary	**Sensory**	1 = Revitalisatie
(regels) 1	(zintuiglijk) 2	2 = Renaissance
Mythic	**Social**	
(opportunities)	(sociaal)	

Met enige vrije gedachtegangen kunt u de vier hoofdgroepen vanuit de MBTI-methodiek herkennen en toewijzen. Zo zijn de Wachters met Unitary, de Vaklui met Sensory, de Idealisten met Mythic te verbinden. De Rationalisten zijn lastig te verbinden met de term Social, immers vanuit de humoren bezien zouden zij juist de flegmatische, de meer onbewogen personen vertegenwoordigen. Dat lijkt niet bepaald op Social. Daarmee blijkt weer dat iedereen zijn of haar eigen interpretaties kent. Dat maakt deze materie ook zo interessant. Mijn volgende boek geeft verdere uitleg.

Voorts lijkt het er sterk op dat Mythic dichtbij intuïtie en Avatar ligt, zeg maar de co-creatie, het gezamenlijk komen tot nieuwe creaties. Discussievoerders denken daarbij alleen nog maar in kansen en mogelijkheden. Hier volgt de beschrijving van Mythic opgesteld door Will McWhinney.

"When you are a Mythic you believe everything is possible. Life is full of opportunities. You generate ideas and concepts all the time. A Mythic creates his own unique theory and his theory is really a theory about himself. A Mythic is unaware of this. To become aware of this he has to face the facts. He needs to switch to a Sensory world view or accept the view of an other who is able to see the world this way. This is very difficult for a Mythic because a Mythic is very Will-full.

A Mythic is convinced he is the only person who understands the World and some day the World will understand what a genius he is. This will never happen when he is alive. Mythics become a Myth when they are dead. A Mythic is also an artist. He produces paintings, poems and even theory but his theory is mostly incomprehensible for other just like poetry.

Only Mythics understand Mythics. They feel the Field of Meaning. A Mythic does not understand that the others don't understand him because his poetry is "the way it is". It tells everything there is to say."

Wanneer u zich bewust bent van de oorsprong van de overtuiging die de "lading" aan uw uitspraak en de uitspraak van de ander geeft, kunt u als communicator dit standpunt voor zichzelf buiten beeld houden gedurende en in het vervolg van de communicatie. Dit wordt ook wel een Realisatie genoemd oftewel u heeft kleuring gegeven aan uw overtuiging. Het onbewuste karakter van de uitspraak of het standpunt heeft u daarmee opgehelderd.

4. Verkenningsgebieden

Wat kan ik allemaal met intuïtie ? Hoe kan ik mijn organisatie veranderen en verbeteren ? Welke aspecten spelen binnen organisaties die u wellicht nog onbekend zijn ? Om u hierop een antwoord te geven, heb ik een aantal gebieden beschreven, waarbinnen ik het fenomeen intuïtie hanteer om tot betere, meer natuurlijke en daarmee duurzamere oplossingen te komen. Laten we deze gebieden gaan verkennen.

Inleiding

Volgens mij is het achterliggende doel van elke verandering binnen organisaties, het verhogen van het financiële rendement, althans in dit boek. Dat hoort bij een Anglo-Saksische bedrijfscultuur. Met andere woorden, u wordt gevraagd om zo hoog mogelijke profits te genereren wanneer u bij een commerciële organisatie werkzaam bent. Ben u werkzaam binnen een publieke organisatie of een non-profit organisatie, dan is een beter woord het genereren van betere benefits. Nederland is van nature een land dat liever denkt in kosten en kostenbesparingen. Is dit de oorspronkelijke Calvinistische inslag van ons Hollanders evenals de gedachte dat we hard moeten werken voor ons geld ?

U kunt natuurlijk ook trachten het prestatieniveau van uw medewerkers en daarmee uw organisatie te verbeteren. Daardoor blijkt het financiële rendement omhoog te gaan zonder in kosten te denken. Wie doorbreekt de visie van kostenbesparingen en wie kan de nieuwe visie uiteindelijk concretiseren ? Wie kent die hefboom ? Kunnen alle type "Denkers" dat ? De benadering qua aanpak kan op meerdere wijzen plaatsvinden. De tools welke ik hanteer, zijn vanuit de volgende inzichten en kennisvelden. Allereerst is het van belang wat ik eronder versta waaraan u uw eigen beeld kunt toetsen.

- Synergie
- Performance
- Strategisch Omgevingsmanagement

Synergie

Synergie is simpel gezegd een bepaalde vorm van ultieme samenwerking. Deze samenwerking vloeit voort vanwege opgelegde druk, waarbij alternatieven aanwezig zijn en er nieuwe creaties qua werkvormen kunnen ontstaan. Deze creativiteit noem ik in dit geval emergentie. De mogelijk nieuwe werkvorm lag ogenschijnlijk buiten de ooit geachte mogelijkheden. Althans de mogelijkheden daartoe bestonden wel, zij het uit het zicht van menig manager. Zij verlopen anders dan de bestaande regels en procedures weergeven en daarmee zijn ze uitgesloten om door uw medewerkers te mogen worden toegepast.

Wanneer enkele vaklui spontaan de handen ineen slaan en tot dergelijke creaties willen komen, spreek ik over synergie. Wellicht ging dit moment vooraf door enige mate van chaos. Dat is typerend en noodzakelijk voor een product zoals emergentie. Synergie kan binnen een organisaties worden gevormd zonder enige vooraf bepaald of overeengekomen regel of afspraak. Deze samenspraak valt dan vaak een kleine groep binnen de organisatie ten deel, veelal bestaand uit experts of de echte de vaklui. Ogenschijnlijk geeft synergie in deze context een bepaalde mate van voorspelbaarheid aan, dat synergie in zich heeft. Dat is correct. Deze voorspelbaarheid kent het fenomeen "intuïtie" ook. Intuïtieve uitspraken hebben ook een licht voorspelbaar karakter. Zij liggen beide daarmee in hetzelfde gedachte- en gevoelsgebied.

Synergie is een krachtig fenomeen bij het oplossen van organisatieproblemen, omdat het oorzaken teniet kan doen. Het is echter binnen bestaande organisaties moeilijk "verkoopbaar om de organisatie in chaos te doen belanden" en hen vervolgens tot iets nieuws te kunnen laten komen. Chaos is namelijk één van de voorwaarden om tot echte synergie te komen. Synergie gaat in eerste instantie voorbij aan effectiviteit. Synergie maakt dat de oplossing "vanzelf " de ultieme efficiëntie in zich heeft. Daarnaast zal synergie het beoogde effect behalen zonder dat u daarvoor een tussentijdse toetsing aan dat effect hoeft te doen. Synergie handelt dus vrij van enige concrete of rationele voorwaarde of regel, dat is waar intuïtie ook op drijft. Een mooi voorbeeld van synergie is de anekdote voorin het boek en wanneer u een grote zwerm spreeuwen de meest mooie golfbewegingen in de lucht ziet maken.

organisatorische hiërarchie

rendement	strategen – accent intuïtie (N)
effectiviteit	supervisors – accent controle (J)
efficiëntie	vaklui – accent creativiteit (P)

De meeste mensen beschouwen synergie altijd in de context van een veelvoud van personen, die vanuit de chaos noodgedwongen tot een creatie of emergentie komen om te kunnen overleven. Deze nieuwe creatie dien dan wel tot ontspruiting te kunnen komen. Op basis van deze veelvoud aan personen zou dat betekenen dat er nooit sprake zou kunnen zijn van synergie op individueel niveau. Kan één persoon ook synergie vinden in de diverse systemen binnen eenzelfde organisatie ? Vanuit de opgelegde druk zoals bijvoorbeeld dreigend ontslag, waarbij bij u in het hoofd chaos kan ontstaan, zou u synergie binnen uw kennis en kunde mogelijkerwijs kunnen vinden, die leidt tot emergentie. Zou de veelvoud van de diverse functies van de systemen binnen uw kennisgebieden op basis van die synergie kunnen leiden tot een nieuwe creatie en functie, beter en vollediger dan alle tezamen ? Lukt het u een gestructureerd en leesbaar verhaal naar buiten te brengen ? Met deze gedachtegangen doel ik op mijn creatie en ontwikkeling van het Alignment Tool voor de NEN-commissie.

Sterker nog, zou een persoon op basis van zijn eigen kennis en kunde na grote sociale en emotionele chaos een nieuw leven kunnen gaan leiden ? Een nieuwe baan, een nieuwe functie, die qua "natuur" precies past bij die persoon. Het komt inderdaad voor bij onder andere ex-verslaafden, het is dus mogelijk. In het licht van Brain Typing, waar ook de wet van efficiënt energieverbruik geldt, durf ik te stellen dat ook dit een vorm van synergie is. De optimale denkwijze of temperament wordt op de meest efficiënte wijze toegepast. Leest u daarvoor eens het boek "Op zoek naar Synergie" van Rob Zuijderhoudt, waarin hij refereert aan zijn te voeren speech.

Performance

Waarin ligt het verschil tussen performance en resultaat of is het slechts een nuance ? Met performance of prestatie bedoel ik iets anders dan resultaat. Slechte en goede prestaties kunnen beide leiden tot hetzelfde resultaat.

Uw ultieme prestatie houdt in dat u aan een aantal vooraf gestelde criteria heeft voldaan, welke tevens zeer goed zijn afgestemd op uw menselijke aspecten zoals uw fysieke en mentale talenten, wensen en eisen. De invulling daarvan is enerzijds intuïtief bepaald, anderzijds rationeel uitgewerkt tot een concreet plan. Een resultaat bestaat over het algemeen alleen uit rationele uitgangspunten. In projectmatig opzicht praat ik dan over de 5 rationele aspecten Tijd, Organisatie, Geld, Informatie en Kwaliteit (TOGIK). Simpel gezegd wordt getracht zowel effectiviteit alsmede efficiëntie op de meest ultieme wijze te behalen of uit te baten. Het begrip Performance zult u later in andere delen van dit boek nog vaker tegen tegenkomen.

Strategisch Omgevingsmanagement

Daarnaast bestaat het Strategisch Omgevingsmanagement uit het achterhalen en inzichtelijk maken van standpunten, overtuigingen en belangen van alle betrokkenen en stakeholders. Dat doet een stroming zoals Avatar ook. Hun interviewmethodiek zou u heel goed voor dit Strategisch Omgevingsmanagement kunnen gebruiken.

Een groot adviesbureau in midden Nederland introduceerde dit begrip enkele jaren geleden en past dit toe bij met name de grotere aanbestedingsprojecten en trajecten, teneinde blokkades en vertragingen te voorkomen door ondoorgrondelijke en/of onoverkoombare problemen veelal vanuit persoonlijke sferen, contexten en inzichten, leest u hier het woord overtuigingen. Vaak zijn er persoonlijke standpunten en overtuigingen verbonden aan de zakelijke benadering ervan. In dat opzicht zou een project of traject nooit mogen stagneren op de persoonlijke titel van iemand.

Voor wat de huidige tendens van de laatste jaren betreft, is dat de Kritische Succes Factor veelvuldig in het hiërarchisch middenkader ligt. De betreffende projecteigenaar van belangrijke prestigieuze projecten bevindt zich op de bedoelde sleutelpositie. Degenen uit mijn directe omgeving waar ik over spreek, bleken qua temperament beperkt in staat de processen te doorzien en de mechanismen erom heen te herkennen. De oorsprong van het feit van deze beperking of tekortkoming wordt naar mijn menig gevoed door de snelheid van het selecteren van mensen voor bepaalde functies, waarbij geld de drijfveer blijkt in plaats van de kwaliteit van de persoon. Hoe makkelijk is het bijvoorbeeld voor u om iemand vanwege competenties, het zichtbare kunstje, op bepaalde posities te manoeuvreren ? Waar blijft het invoelend aspect, waarvan sprake is bij intuïtie ?

Deze wijze van kandidaten selecteren wordt voor u dan een kwestie van "afvinken" ten aanzien van het voldoen aan de gestelde eisen door de kandidaat, immers uw expliciete vragen genereren uw expliciete antwoorden. Uw selectiemethode is daarmee dus een rationele benadering geworden zonder dat u als selecteur gebruik maakt van uw benodigde invoelende capaciteiten. Begrijpt u de processen van de vacature en heeft u gevoelsmatig inzicht in welke mentale kwaliteiten en temperamenten het best op hun plaats zijn bij de functie voor deze vacature ? Wie heeft naast u die visie en dat gevoel ?

Dan is het uiteraard interessant dat u het aspect voorkeursdenken of Mental Preference van de te selecteren kandidaat meeneemt. U kunt daarmee belangrijke kernkwaliteiten zoals bijvoorbeeld creativiteit bij uw kandidaat in het achterhoofd meenemen. Hoe bedoel ik dat ?

Daarvoor pas ik de MBTI-methodiek toe, of wel Action & Brain Typing gebaseerd op de MBTI-methodiek. Het is in dat licht verstandig een stapje terug te doen en allereerst te achterhalen welk natuurlijk voorkeursdenken elke kandidaat als teamlid voor dit project benodigd is. In het geval van een overheidsinstantie, waar ik toen werkzaam was, beschreef ik dit op basis van de functie en taakstelling van het te vormen team voor Strategische Huisvesting. Wat zou het eindproduct van het team moeten zijn en welke denkwijzen, –vormen en rollen verlenen zich daarvoor het beste voor dit team, met dit als verwachtingsresultaat ?Vervolgens bepaalde ik de behorende profielen en rollen per functie, specifiek doelend op de voorkeursdenken op medewerkerniveau. Het vaststellen en het selecteren voor het te vormen team werd met een veelvoud van de verschillende personificaties met de gewenste competenties gedaan met meerdere kandidaten voor eenzelfde functie. Daarbij had elke kandidaat ruim voldoende sterke competenties, die bij elke rol binnen het team hoorde. Vervolgens kon men het team zichzelf laten vormen zoals vooraf bedoeld was. Daarbij bleven de "winnaars" over van de groep en vielen de "verliezers" af en daarmee had het ultieme team zichzelf gevormd. In dit geval werd de synergie een handje geholpen ! Ook dit is een gekunstelde vorm met behulp van intuïtie. De echte synergie is nog sterker en de efficiëntie ervan nog hoger !

Kunt u zeggen welke benadering is in welke situatie het beste van toepassing ? Ook op dit punt blijkt het maatwerk per organisatie issue te zijn. Bij voldoende en juiste expertise van u is het mogelijk schijnbaar niet-hanteerbare knelpunten binnen organisaties weg te nemen of belangrijker nog, voor te zijn. Zijn de problemen of stagnaties eenmaal duidelijk, dan bestaat er de mogelijkheid dat u een keuze gaat maken of u radicaal wilt veranderen (Renaissance) of slechts hervormingen (Revitalisation) gaat doorvoeren, zoals Will McWhinney dat beschrijft in "Create Paths of Change". Hierbij ligt de Renaissance-gedachte het dichtst bij de synergiefilosofie, omdat deze het meest radicaal is en de oorzaken elimineert.

4.1 Strategie

Wat houdt het woord strategie in ? Volgens mij is dat een ideëel plan, dat op hoofdlijnen keuzemogelijkheden biedt welke richting een organisatie wil opgaan, hoe zij haar omgeving wil gaan benaderen en beïnvloeden en met welke middelen. Goede strategie bewijst zich altijd achteraf. Hoe duidelijk is een gekozen en ingeslagen strategie voor iedereen ?

Wellicht kan hetzelfde gezegd worden over de strategie van uw organisatie aangaande de eenduidigheid. Volgt er inderdaad commitment vanuit uw medewerkers voor een bepaalde keuze binnen de strategie ? Voor degenen die de strategie en mogelijke alternatieven hebben bedacht, is deze uiteraard helder en eenduidig en zijn de voordelen legio. De strategie zelf is opgezet met een bepaald achterliggend doel. Dit doel of de visie komt voort uit de identiteit van uw eigen organisatie en de mechanismen in de markt. Denkt u daarbij bijvoorbeeld aan de SWOT-analyse en Michael Porter's model. De strategie dient zonder meer dit doel, deze visie.

Voor andere medewerkers en veelal de vaklui uit uw organisatie, zullen er vaak twistpunten en onduidelijkheden bestaan, omdat zij zich veelal niet kunnen identificeren met de gekozen strategie. Om hierin toch duidelijkheid te creëren en daarmee en vertrouwen en commitment te behalen, wordt de strategie geconcretiseerd middels doelen en doelstellingen. Voorts worden de kritische succesfactoren (CSF's) benoemd, de bedrijfsprocessen geïdentificeerd en gedefinieerd, aangevuld met het toewijzen van de relevante prestatie-indicatoren om de resultaten of output's ervan te kunnen beheersen. Alle betreffen het rationele acties. Uw intuïtie is nodig om tot een gevoelsmatig goed geformuleerde strategie te komen. Hiertoe wordt de strategie gesublimeerd tot meer concrete en voor de vaklui begrijpelijke taal. Dat doet u door op hun wijze communiceren vanuit hun natuurlijke voorkeursdenken. Acceptatie en toewijding zullen uw beloning zijn.

Zoals Michael Porter het zo mooi benoemt : "Strategie betekent dat je kiest wat je _niet_ doet, welke diensten je _niet_ verleent. Daarom is strategie moeilijk". Dat is de quote van zijn seminar van 14 mei 2009. Gezien het feit dat er meer is wat u niet zou kunnen doen of achterwege dient te laten dan wat u wel wilt, kan dit een inderdaad een moeizame en lange weg zijn. Dit noem ik ook wel een eliminatie-methodiek met brainstormsessies als initiator. Is de rationele benadering dan datgene wat de uiteindelijke keuze bepaalt of overwint de gevoelsmatige of menselijke benadering hoe de strategie er uiteindelijk gaat uitzien ? Hoe zit dat bij u ?

Vanuit onderzoeken en dialogen met verschillende consultants kwam althans ik, tot de conclusie dat het er sterk op leek dat Michael Porter zijn 5 Force model heeft ontwikkeld en vervolgens gegeneraliseerd vanuit een oud Chinees pentagram, genaamd "the Human".

Dit "Human" model heeft op alle vlakken de bekende Chinese dualiteit ingebed, te weten YingYang – manlijk-vrouwlijk, het menselijke of levende. Wanneer u Michael Porter's model goed begrijpt en aanvoelt, kunt u de dualiteit binnen elke dimensie van het model voor uzelf achterhalen en terugbrengen in het dagelijkse advies. U kunt hier meer over lezen in hoofdstuk 4.7. Daarmee kunt u het bepalen van de strategie op basis van menselijke waarden aanzienlijk vergemakkelijken voor uzelf en alle medewerkers. De cultuur en het landschap van de organisatie bepalen het karakter van uw advies.

4.2   Vakmanschap & Vertrouwen

Vakmanschap is Meesterschap. Het motto van deze reclame van een groot Oost-Nederlands biermerk staat mij nog helder voor ogen. Op de achtergrond hoor ik nog de heldere klanken van de violen van Vivaldi's "Vierjaargetijden". Geloofde u destijds de boodschap van deze reclame ? Had u het vertrouwen dat dit bier het beste was ? Of gaf u liever de voorkeur aan een model of methodiek, die de verschillende biermerken naast elkaar zette en voor u testte ? Had u dan meer vertrouwen gehad in dit biermerk ? Hecht u waarde aan dat rationele model of methodiek boven uw eigen gevoel ? Velen van ons wensen toch een rationele onderbouwing.

Net zoals Stephen Covey dat verwoordt, brengt ook Michael Porter hanteerbare en begrijpelijke modellen naar voren, die in de discussie als vertrekpunt of uitgangsmodel voor iedereen kunnen dienen voor het herzien en het doorvoeren van veranderingen binnen de eigen organisatie. Michael Porter heeft zijn model in ieder geval getracht zo goed mogelijk te generaliseren, waardoor de "leesbaarheid" voor de manager of het managementteam vergroot en de verwerking ervan vergemakkelijkt wordt. Hiermee is het een rationeel, een logisch beredeneerbaar model geworden. Juist daardoor kan het zijn dat er veel van de informatie vanuit de originaliteit – The Human" – verloren is gegaan, zoals ik in de laatste alinea van de vorige paragraaf beschreef. Is dit een bewuste opzet of is dit bedoeld tot nadenken en het aanzetten tot bewustzijn van het onderkennen van de menselijke integraliteit van organisatie issues ? Mag ik hierbij voor een effectievere toepassing mijn intuïtie inzetten ? Wordt op deze wijze slechts ultieme samenwerking gecreëerd in plaats van het sterkere fenomeen synergie ? Het onderkennen of bewust om kunnen gaan met intuïtie zou u het antwoord in deze kunnen genereren.

Wat ik wil aangeven is dat de organisatie zo wispelturig is als de mensen die uw organisatie vertegenwoordigen. Het wordt daarom veel makkelijker een organisatie door te lichten door "the Human aspect" buiten beschouwing te laten. Daarmee wordt de grilligheid teniet gedaan en de voorspelbaarheid op basis van concrete, rationele, beredenaarbare afspraken, regels en procedures van de organisatie binnen haar structuur en processen vergemakkelijkt.

Maar is dat wel de meest ultieme manier en houden we ons zelf daarmee voor de gek door de onbeschreven aspecten buiten beschouwing te laten ? Uiteindelijk blijkt het daar dan toch op vast te lopen, mensen mogen dan wel rationeel gedrag vertonen, "ja en amen" roepen, de achterliggende drivers zijn veelvuldig verre van dat ! Dat is wat werkelijk tot de problemen, knelpunten of onoverkomelijkheden leidt binnen organisaties. Intuïtie kan dit gevoel van mogelijke onvrede wel vooraf aanreiken in tegenstelling tot de rationele benadering middels modellen en methodieken.

Ik meen dat veel van de kennis, die beide goeroes naar voren brengen, gebaseerd is op hun intuïtie. Het komt daarmee dus aan op een goed ontwikkelde observatie- en analysevermogen alsmede intuïtie. De intuïtieve capaciteit staat in mijn verhaal gelijk aan de capaciteit tot het conceptueel denken, denken vanuit beelden en ideeën die (nog) niet concreet zijn. De betekenis en meerwaarde van intuïtie is terug te vinden in de onderzoeken van Carl Gustav Jung. Hij kwam tot de conclusie dat het fenomeen "intuïtie" het dichtst bij het onbewuste lag. Een goede intuïtist of anders gesteld, een visionair of conceptueel denker is blijkbaar goed in staat informatie uit het onbewuste te halen en toe te passen in de realiteit, zo ook bij modellen en methodieken. Nogmaals, volgens mij heeft intuïtie daarmee als gevoel een licht voorspellend karakter in zich. Hoe dicht ligt intuïtie daarmee bij vertrouwen ? Dat begint allereerst door op uw eigen intuïtie te vertrouwen.

Vertrouwen

Waarop is het grootste vertrouwen gebaseerd ? Schematisch ziet het er volgens mij als onderstaand model in haar meest simpele vorm uit. De diverse termen liggen dicht bij elkaar, uw gevoel voor nuance geeft het onderscheid.

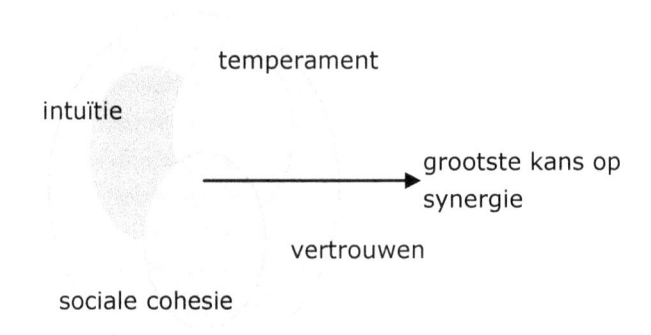

                          temperament
          intuïtie

                        ⟶ grootste kans op
                                    synergie

                         vertrouwen

          sociale cohesie

                    waar liggen de ultieme afspraken ?

LEGENDA

Temperament is de wijze en vorm van het denkvermogen gebaseerd op de MBTI-methodiek

Cohesie is het samengaan en bij elkaar blijven van gelijksoortige mensen of elementen.

Wat is het karakter van de afspraken, zoals ik hierboven in het model heb aangegeven ? Zijn deze rationeel en uitgesproken of zijn deze gebaseerd op het onderling gevoel tussen de diverse personen ? Is het vertrouwen tussen de onderlinge medewerkers en met het managementteam daadwerkelijk groter in het geval de afspraken geconcretiseerd zijn, bijvoorbeeld door ze in kwaliteitshandboeken vast te leggen ? Of is er echt sprake van vertrouwen wanneer de afspraken op basis van gevoel zijn aangegaan ? Het antwoord is onder andere afhankelijk van de ontwikkelingsfase van het proces binnen de organisatievorming of -verandering.

Ook introduceer ik hier het begrip "Sociale Cohesie". Waar duidt sociale cohesie in dit model op ? Dat wordt duidelijk middels een oude gezegde :

"Soort zoekt soort". De Engelse versie luidt : "Birds of the same feather, flock together". Deze gezegden blijken naast uiterlijke gelijkenissen, ook te werken ten aanzien van gelijksoortige denkers of gelijke temperamenten tussen medewerkers. Een belangrijk aspect is dus het temperament van de medewerkers en managers. Hoe staan zij in hun werk ? Op welke wijze halen zij voldoening uit hun werk en past het type werk bij hun qua temperament en competenties ? Bent u zich daarmee bewust van het verschil ? Onderkent u de nuances ? Tracht deze nuances te voelen ! Ook dat is een bepaalde intelligentie, wat geen machine of computer kan zoals de mens dit wel beheerst.

Net als in de evolutie zijn het dan ook de meer intelligente organismen, lees de organisaties, die flexibel zijn en zich daardoor beter kunnen aanpassen aan de veranderende omgeving. Dat is tevens één van de belangrijkste onderdelen van de synergiefilosofie ; namelijk de drang tot overleven en ook zich te kunnen identificeren door de wijze van leven. Dit is voor te stellen door mensen, zoals samenlevingen en groepen binnen mogelijk te strakke regimes en organisaties. Voor groepen betekent primair overleven binnen organisaties het najagen van de onbeschreven regels of procedures, misschien inderdaad wel vanuit de intuïtie, die het antwoord kunnen geven.

Hier ligt dan ook de uitdaging voor de grotere organisaties met hun enorme overmaat aan gerationaliseerde regels en procedures. Zij zouden een begin kunnen maken deze regels en procedures op gevoel te verminderen door zich af te vragen wat de meerwaarde, de toepasbaarheid ervan nog is. En het belangrijkste of de cliënt of gebruiker er werkelijk voordeel van heeft of slechts ervaart als een noodzakelijk doch nutteloos te nemen formele hobbel.

<u>Nieuw Rijnlands Denken</u>

Vele denkwijzen en filosofieën wijzen in de richting van werken op basis van onderling vertrouwen, gematigd produceren en consumeren en het op alle fronten nastreven van duurzaamheid. Één van die denkwijzen betreft het Nieuw Rijnlands Denken, destijds in het leven geroepen als tegenhanger van het commerciële denkwijze, het Anglo-Saksische modeldenken, zoals die begin vorige eeuw uit Amerika kwamen overwaaien. In welke gebieden liggen respectievelijk het Anglo-Saksische modeldenken in relatie tot het Nieuw-Rijnlands Denken ? En kunt u de genoemde aspecten wel zo makkelijk onderverdelen of toewijzen naar één van de beide denkwijzen ? Ook hierin geldt de invloed van het onbeschrevene, het onbewuste op te merken, dat wat u vaak vanuit het onbewuste via uw intuïtie tot uiting laat komen. Het betekent eigenlijk dat u het beschrevene, het rationele of beredeneerbare loslaat, daar waar dat uiteraard mogelijk is.

Ook het Nieuw-Rijnlands Denken (NRD) vraagt keer op keer om onbevangenheid en vertrouwen, het doen en laten zonder op een negatieve wijze belast te zijn van overtuigingen en noodzakelijk geachte controleurs of controlesystemen. Immers de èchte vakman acteert vanuit improvisatie, spontaniteit en onbevangenheid, zoals u dat het best in haar natuurlijke vorm bij spelende kinderen kunt zien. Regels en procedures beperken spontaniteit en onbevangenheid. In dat licht praten we over geconditioneerd gedrag, gedrag dat een aantal mensen wenst te zien bij de ander. Is dit echter het ultieme gedrag voor die ander ? Regels en procedures vinden vaak hun oorsprong vanuit traditites en gewoontes. Een kenmerkende organisatievorm is hierin bijvoorbeeld het familiebedrijf. De tradities kunnen gebaseerd zijn op familieovertuigingen. Welke overtuigingen zouden dat dan zijn en dienen deze overtuigingen uiteindelijk wel het familiebedrijf ? Wanneer ik praat over traditiegetrouw werken zonder veel noviteiten en creaties, dan kom ik daarmee in MBTI-termen weer uit op de Wachters, the Guardians, de procesbewakers of controleurs onder ons, die elke onbekende spontane verandering ongewenst achten.

Anarchie binnen organisaties

De hierboven beschreven alinea's duiden tegenwoordig op een overmaat van regels en controle, welke dus rationeel en aanwijsbaar zijn en te weinig op onderling vertrouwen waaronder ik intuïtie schaar. Zijn organisaties te veranderen en om te buigen in een vertrouwensorganisatie of kan dat alleen plaatsvinden, wanneer er sprake is van een crisis of recessie ? Zou enige anarchisme op haar plaats zijn om iets te doen aan deze overmaat van regels en procedures ? In dit geval bedoel ik met anarchie de coöperatieve anarchie volgens DeLimes en het Nieuw

Rijnlands Denken, dus samenwerken of samen werken zonder overheersing.

Anarchie (Grieks) : αν-αρχη – zonder overheersing

Toch zouden velen en misschien u ook, zich afvragen of samenwerken zonder overheersing gaat werken. Dat is afhankelijk van de soort organisatie en de branche. Zelf doel ik in dit boek over het algemeen op de dienstverlenende sector. Het is naar mijn idee nog meer gelegen in het functioneren of een mogelijk flexibel en open gedrag van de manager of het managementteam. Kan de manager zich gedragen als coach in plaats van de supervisor naar zijn of haar medewerkers ? Wanneer ik de MBTI-methodiek erbij betrek, denk ik dat dit vrijwel onmogelijk is voor de langer zittende managers, immers dergelijke ontwikkelingen van ander natuurlijk gedrag dienen ook op jongere en geleidelijke basis plaats te vinden en als latent talent te worden aangeboord. Het temperament van een manager is anders dan die vanuit de rol van coach bezien.

Karakteristieke veranderingen

Welk karakter zou een mogelijke verandering binnen de organisatie kunnen hebben ? U als mogelijke echte supervisor is er alles aan gelegen een gedetailleerde, technische of concrete controle aan te wenden ten aanzien van uw medewerkers. U als coach daarentegen, werkt op basis van invoelend vermogen, motiveert daarmee de medewerkers op ambitie en competentieverbeteringen, die prestatieverhogend voor uw organisatie werken. U kijkt als coach daarmee naar de toekomst, de supervisor kijkt naar het hier-en-nu. Bij de coach worden de resultaten als gevolg daarvan beter, terwijl de supervisor maar moet afwachten of door de opgelegde controlestructuur hun resultaten uiteindelijk echt beter worden. En dat terwijl de meerwaarde van de medewerkers voor de organisatie tevens laag blijft. De bedoelde medewerkers worden verre van uitgedaagd door deze supervisors zichzelf te verbeteren. Hun betrokkenheid wordt minder en ze hebben tevens lak aan hogere prestaties die eigenlijk staan voor harder werken zonder enige vorm van wederzijds respect.

In mijn beleving zouden, naarmate uw medewerkers ouder worden, een grotere meerwaarde of marktwaarde moeten vertegenwoordigen voor uw organisatie, waarbinnen ze werkzaam zijn. Daar de investeringen en kosten, die door uw organisatie aan hun besteed zijn, ook hoger zijn geworden. Net als in de topsport geldt bij het doen ontwikkelen van talenten het vertrouwen, immers leidt de organisatie mensen op voor zichzelf of voor de concurrerende organisatie ? Kan een echte supervisor betrokkenheid en toewijding bewerkstelligen of komen we daarbij toch uit bij u als natuurlijke coach ?

In dit licht praat ik dus over aspecten zoals onderling vertrouwen, toewijding alsmede betrokkenheid, motivatie en uitdaging. U koestert daarmee het echte vakmanschap en u wordt daarvoor rijkelijk beloond.

4.3   Renaissance of Revitalisation

Will McWhinney heeft beide begrippen geïntroduceerd binnen de organisatiewetenschappen. Met Renaissance bedoelde hij de wedergeboorte van een organisatie door een radicale omslag te maken. Met Revitalisation bedoelde hij een stuk ontwikkeling of verbeteren van aspecten binnen de organisatie.

Past u binnen organisaties een radicale "Renaissance" toe voor daadwerkelijke organisatorische veranderingen of houdt u het slechts bij een "Revitalisatie" of hervormingen? Zijn managers of supervisors om te vormen tot coaches, lukt dat zoals ik hierboven uiteen heb gezet en is dat wel altijd nuttig ? De profilering van alle betrokken personen en het karakteriseren van de taakstellingen van het team en van de medewerkers kunnen hierin sterk indicatief zijn op het behalen van successen. Ook dat blijft weer een gevoelskwestie zoals intuïtie dat is.

Wanneer past u in geval van Renaissance of Revitalisation het eerste toe en wanneer toch het andere ? Ongeacht deze keuze beginnen beide paden met :

"Initiating either of the two grand paths of change ....."

- begins in the sensory reality
- the goal of each grand path of organizational change

Bron : Creating Paths of Change – McWhinney, Webber, Smith, & Novokowsky, 1997Door te observeren en vast te leggen wat er hier en nu speelt, verricht u een zogenoemde organisatie nulmeting. Vervolgens wordt er de doelstelling van de organisatieverandering aan gekoppeld. Wat is uw diagnose voor wat betreft het soort verandering, dat u meent te moeten laten plaatsvinden ? Hoe het pad van de verandering ingevuld eruit ziet, wordt gebaseerd op basis van de gegevens die volgen uit de waardebepalingen, het induceren van de nieuwe waarden en deze vervolgens testen in de praktijk. Uiteraard wordt een en ander voorzien van de benodigde terugkoppelingen (Deming-circle).

In een matrixvorm weergegeven :

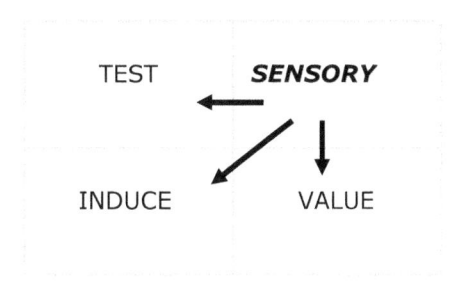

	TEST	**SENSORY**
	INDUCE	VALUE

Sensory of Sensation staat voor het ervaren en beleven met alles wat betrekking heeft op dat wat zintuiglijk te beleven valt. Dat staat los van intuïtie, immers zintuiglijk beleven betreft in principe feitelijk vaststellen en daarmee zijn de waargenomen waarden concreet. En toch ziet, hoort en voelt de ene mens anders dan de andere mens. Dus eigenlijk is objectieve beleving en de daaraan gekoppelde beoordeling, de interpretatie en perceptie, vrijwel onmogelijk eenduidig te krijgen door degenen, die dit in beeld trachten te krijgen. Het is in ieder geval van belang dat er geen of minimale interferentie plaatsvindt, dus dat u het ongestoord en zonder interactie kunt observeren en beleven.

U als ervaren intuïtieve observant ziet de echte status van de organisatie en de medewerkers en kunt daarnaar handelen. Daarmee kunt u de juiste keuze maken tussen de Renaissance-aanpak of de Revitalisation-aanpak.

4.4 Beleving en Kennis

Hoe staat het met de beleving van diensten die door verschillende externe partijen zoals de toeleveranciers en afnemers aan uw organisatie worden geleverd ? Is beleving eenduidig te krijgen ? En hoe staat het met een eenduidige conclusie daarop volgend, zoals bijvoorbeeld "Waardering en Tevredenheid" ? Op welke gronden of argumenten is de hoogte van de waardering of tevredenheid gebaseerd ? Hoe staat de beoordelaar zelf in de materie, wat zijn diens ervaringen en belevingen hierin ? Al deze aspecten zijn bepalend voor het uiteindelijke rapportcijfer van de diensten die aan uw organisatie worden geleverd of die u wellicht levert aan andere organisaties.

Zijn de aspecten waardering en tevredenheid te normeren of te toetsen aan een norm ? De diverse rationele modellen, waaronder ServQual en het INK-model in de afbeelding hieronder trachten handvatten te bieden voor een "juiste meting". Hierin valt onderscheid te maken tussen procesgerelateerde kwaliteit en de prestatiekwaliteit van de mens ten opzichte van de organisatie, waarin hij of zij werkzaam is.

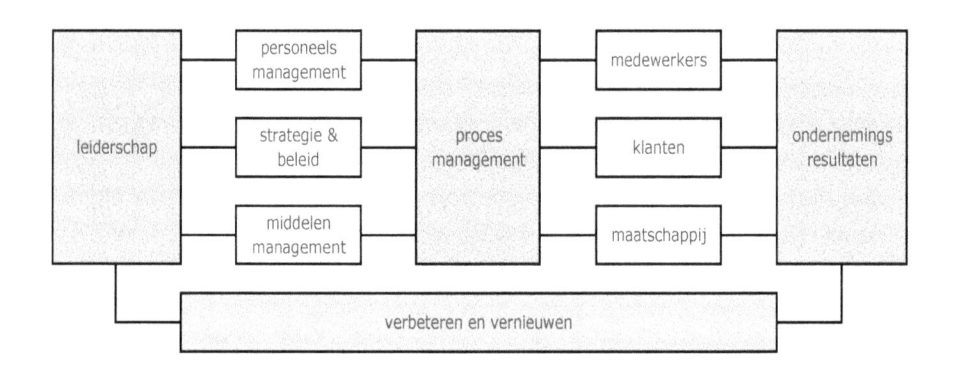

fase 1   activiteit georiënteerd
fase 2   proces georiënteerd
fase 3   systeem georiënteerd
fase 4   keten georiënteerd
fase 5   operational excellence

Hierbinnen kunt u twee manieren van observeren en meten herkennen, de rationele en intuïtieve, tenminste als u het goed aanpakt.

Ook een grote gemeente binnen Nederland werkte met het INK-systeem, teneinde haar dienstverlening een kwaliteitsstatus toe te kunnen kennen.

Als ik over dienstverlening praat, dan is de dienst in hun geval veelal een abstractie, informatie aangevuld met een handeling en/of een concreet product naar de burger toe. Als deze dienstverlening de schoonmaak of catering betreft, hoe meet u dan toch de kwaliteit van deze dienstverlening ? Uiteraard zijn de concrete gevolgen of afgeleiden van de diensten of handelingen meetbaar en valt daar een kwaliteitsnorm aan te hangen. Deze redenatie gaat bij veel diensten op. Wat is dan toch de beste manier of de tevredenheid of waardering te meten van de aan u geboden dienstverlening ? Waar dient u op te letten ?

De essentie van meetuitkomsten is namelijk sterk afhankelijk van het feit wie de meetwaarden mag interpreteren. Anders gezegd, waar staat deze beoordelaar of interpretator hiërarchisch gezien in uw organisatie ? En op welke wijze mag of kan deze manager de waardering erover uitspreken om er vervolgens een conclusie uit te trekken ? Het managementteam hanteert geheel andere normen dan de supervisor of uw eigen medewerkers. Ook hierin kunt u zien hoe subjectief kwaliteitsbeleving is terwijl ik over dezelfde producten praat. En als iets subjectief is, is de intuïtieve benadering om de waarde te bepalen, beter op haar plaats.

Met hulp van de NEN-ontwikkelingsgroep voor Quality binnen Facility Management (CEN TC 348) werd de zogenoemde "thermometer voor kwaliteitsbeleving" geïntroduceerd. Mijn verwerking ervan ziet er als volgt uit.

Hierin lijkt het erop dat degenen, die het meest operationeel werkzaam zijn, de meeste waarde hechten aan de gevoelskwaliteit. Noem hen voor het gemak de vaklui. Om een voorbeeld te noemen, de smakelijkheid van het eten uit de bedrijfsrestaurant weegt zwaar(-der) bij hun dan bij anderen. Is dat bevreemdend ?

```
         KPI's              VISIE


         HARD
                          STRATEGISCH
                            €uro's

         MEDIUM
                           TACTISCH
                         procesgebonden


                          OPERATIONEEL
         SOFT                gevoel
```

Uiteraard zijn zij gezien hun aantallen in de meerderheid. Daarentegen controleert het middenmanagement, zeg u als de supervisor, of het niveau van de kwaliteit voldoet aan de overeengekomen kwaliteitsniveaus van de uitgevoerde diensten. Anders gezegd, komt het geleverde kwaliteitsniveau van de dienst (Service Level Agreements – SLA's) overeen met aan de destijds opgestelde eisen (Service Level Requirements – SLR's) genoemd. Ik heb het hier over de Performance Indicators, die het proces sturen en waarmee u als supervisor de output van het proces kan controleren. De effectiviteit wordt hiermee geborgd.

Uiteindelijk kijkt het managementteam naar het kwaliteitsniveau in verhouding tot de kosten ; zij maken hun besluiten op basis van de prijs-kwaliteit-verhouding van de geleverde diensten, anticiperen of reageren daarop. In een prioriteitsdriehoek weergegeven ziet dat eruit als hierboven weergegeven.

Momenteel tracht creatievelingen ook een typisch productie gerelateerd kwaliteitssysteem – een rationeel meetsysteem – als 6 Σigma voor dienstverlening in te zetten. Ook hier vindt u een gelijksoortige terugkoppeling terug als de Deming-circle in de vorm van DMAIC : Determine – Measure – Analyze – Improve – Control. Waar liggen de mogelijkheden en de risico's van interpretatie van de meetwaarden met betrekking tot dienstverlening ?

De huidige dienstverlening heeft veel zo niet alles te maken met Kennis Management. Velen noemen het "Het Nieuwe Werken". "Het Nieuwe Werken" heeft daarentegen weer alles te maken met het werken op zelfgekozen plekken en op tijdsmomenten, die uw medewerkers zelf kunnen en mogen bepalen, mits de werkprocessen dit toelaten. De informatiestromen zijn anders ingericht, de moderne technologie maakt ditmogelijk. De randvoorwaarden voor deze wijze van werken hebben betrekking op de faciliterende processen van het informatieverwerkingsproces. Deze processen zijn gemakkelijk stuur- en controleerbaar op output en kosten. Daar ligt van origine de meerwaarde van 6 Σigma. Anders is het met het daadwerkelijke primaire proces, het kennisproces.

Beleving van kennis

In hoeverre is met 6 Σigma de kwaliteit en ontwikkeling van kennisprocessen te beïnvloeden ? Is 6 Σigma daartoe in staat en waarom zou dit kwaliteitssysteem dat aankunnen ? 6 Σigma beoogt tenslotte een verhoogde efficiëntie binnen processen door de foutenlast te verlagen en er een verbetertraject aan te koppelen. Slechts één fout per drie komma vier miljoen producten of acties levert u het predicaat 6 Σigma op. Dat kan ook van toepassing zijn bij de eerder genoemde faciliterende processen, die de informatie- en kennisprocessen ondersteunen. Net als welke vorm van organisatieadvies dan ook, is het lastig voor diensten gebaseerd op kennis, vast te stellen waar verbeteringen op het primaire niveau voor u kunnen plaatsvinden. Kunt u in de hoofden van uw medewerkers meekijken ? Wel kunt u een inschatting maken van hun denkwijze of temperament, hun intelligentieniveau en de wijze hoe zij met hun talenten omgaan. Is het mogelijk een Euro gerelateerde verbetering te hangen aan de denk- of kennisprocessen ?

Allereerst werpt zich de vraag op : "Wat is kennis ?" Kennis is een abstract begrip en kan in meer of mindere mate vorm gegeven worden door de grensgebieden en de overgangen te beschrijven. Kennis wordt gevoed door verschillende soorten en vormen van informatie. Informatie bestaat op haar beurt weer uit diverse soorten data, digitaal of analoog, vanuit sensoren, die fysische grootheden meet en verwerkt tot een digitaal of analoog signaal.

VISIE

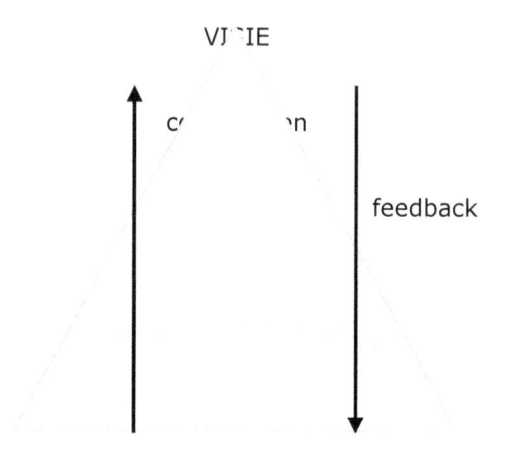

c   n

feedback

Om u een voorbeeld te geven, "Een gat wordt gekarakteriseerd door de omgeving of de materie erom heen". Ik heb het begrip "gat" afgebakend met de beschrijving van de materie erom heen, echter ik heb nog niets over het gat zelf verteld. Voorts kan ik alles van dat, wat zich om het gat heen bevindt, verder analyseren en differentiëren. Opnieuw heb ik het aspect, waar het omgaat, intact gehouden. Zo lastig kan het zijn, zo belangrijk is het om met de andere aspecten die ik zo juist benoemde minutieus om te gaan, daar kennis van en inzicht in te hebben, of wel cognitie. Kennis benader ik als systeem en teken het op als plaatje.

Dit is als Mind Mapping weer te geven. Mind Mapping betekent in dit geval middels visualisatie een schetsmatige weergave maken met de associaties met kennis, zoals een ieder dat ziet en beleeft. Achterin staat een weergave van Kennis middels Mind Mapping in bijlage 9.

Laat ik bij beschouwing van het kennisproces elke mogelijke fysieke activiteit binnen de diverse processen buiten beschouwing, dan betreffen de ondersteunende activiteiten van het kennisproces hoofdzakelijk het verzamelen van gealgoritmiseerde data, aangevuld met informatie vanuit bestaande filosofieën, theorieën, eigen en andermans ervaringen, belevingen, waarnemingen en observaties. Vanuit uw eigen overtuigingen en principes ligt wellicht genetisch vast, hoe goed of hoe ver u als persoon hierin kan gaan. Indien deze talenten bij u aanwezig zijn, onder andere

Brain Typing kan hierin indicatief zijn, dienen deze op de juiste wijze bij u ontspruit en ontwikkeld te worden.

De interpretatie van al het genoemde, waar nieuwe ideeën en concepten uit voortvloeien, brengen dat de gecombineerde informatie tezamen met de bestaande kennis tot een nieuw, integrale vorm en niveau van de kennis komt. Dit is wat ik innovatie noem. Deze kennis blijkt pas echte kennis te zijn wanneer u of anderen er daadwerkelijk iets mee kunnen. Het is uiteraard onwaarschijnlijk dat deze kennis direct inzetbaar is, immers kennis is abstract en dient middels sublimatie tot een vastere, concretere vorm te komen. Als voorbeeld kunt u de bedachte visie ombouwen naar een uitvoeringsbeleid met de diverse doelstellingen. Deze transitie blijkt één van de moeilijkste processen te zijn. Echte generalisten kunnen dit over het algemeen zeer goed, omdat zij op diverse fronten actief geweest zijn. Ze kunnen zeer goed visualiseren en "het geheel" overzien. Daarmee kunnen zij de ultieme transitie oppakken. Mind Mapping kan u een prachtige ondersteuning bieden in het sublimeren van uw kennis. De bedoelde sublimatie en transitie vragen ondersteuning vanuit de intuïtieve capaciteiten van de persoon.

Het blijkt dat beleving een heel subjectief aspect is, het is eigenlijk onmogelijk beleving vast te leggen in concrete data. Het proces betreffende beleving is wel te beschrijven, ik praat dan over omstandigheden en voorwaarden oftewel de afbakening. Over het algemeen zijn de afgeleide processen wel vrij makkelijk te concretiseren en beschrijven, die voortkomen uit het belevingsproces. Anderzijds kunt u door te integreren vanuit de secundaire of ondersteunende processen een goede inschatting maken wat het beleving en kennis precies behelzen. Het is mogelijk om deze faciliterende processen, welke het daadwerkelijke primaire processen ondersteunen, inzichtelijk te maken en te onderwerpen aan 6 Σigma of elk ander gewenst kwaliteitssysteem.

4.5 Organisaties en Groepen

Wat is in eerste instantie het verschil tussen organisaties en groepen ? Organisaties worden op rationele basis gevormd, terwijl groepen zich op gevoelsmatige basis, zeg het onderlinge vertrouwen vormen. Waar liggen bij elk de voor- en nadelen ? Wat speelt er verder binnen organisaties en groepen ? In dit hoofdstuk neem ik de begrippen synergie en performance mee in de context van deze titel, teneinde u een meer gedegen inzicht te verschaffen in de bedoelde aspecten.

Wellicht merkt u ook dat men tegenwoordig alles wil beheersen, wil sturen en regelen. Elke uitzondering op de regel wordt teniet gedaan door een nieuwe regel. Daartoe is het belangrijk voor degenen die dat wenselijk en noodzakelijk achten dat zo veel mogelijk aspecten van de bedrijfsprocessen concreet en daarmee meetbaar en controleerbaar te zijn. Dat geldt voor zowel de productiesectoren als de laatste jaren ook voor de dienstverlenende sector. Voor het eerste sector vind ik dat begrijpelijk dat de productie betrouwbaar, van gelijkmatige, hoge kwaliteit is. Het gaat in dat geval om voornamelijk volledig geautomatiseerde met al dan niet robotgestuurde machinale productiemiddelen. Anders is dat bij de dienstverlenende sector. Daar blijft mensenwerk voor alsnog gebaseerd op kennis, kunde en competenties.

Er lijkt dat ook daar haast geen ruimte meer bestaat voor de toepassing van het fenomeen "intuïtie". Waar ligt de meerwaarde van intuïtie voor u eigenlijk ? Vroeger vond ik dat moeilijk om aan te geven, immers intuïtie is het "onderbuikgevoel", een soort van extrapolatie gebaseerd op alle mij opgenomen en verwerkte kennis en ervaringen. Vanuit de actuele situatie en omstandigheden meen ik daarin een patroon te herkennen, die gebaseerd is op mijn kennis en ervaringen,. Als intuïtist durf ik daarmee een uitspraak in de richting van de toekomst te doen, wat er mogelijk gaat spelen binnen een organisatie en wat de meest ultieme aanpak hierin zou kunnen zijn.

<u>Vorming van groepen</u>

Hier ligt ook het essentiële verschil in de benadering qua vorming van de groep en de organisatie. De groep "ontstaat" vanuit een onbeschreven gezamenlijke cohesie en gevoelsmatige doelstelling, terwijl de organisatie wordt gevormd en hervormd op basis van rationele aspecten door met name de controleurs en regelaars, die daardoor meer grip (trachten te) krijgen of hebben op de output van de relevante processen en activiteiten. Bij een overmaat aan controle en overheersing ziet u vervolgens groepsvormingen plaatsvinden.

Groepsvormingen ontstaan voornamelijk, omdat de groepsleden zich niet meer kunnen vereenzelvigen met de identiteit met de organisatie, waar zij deel van uit maken. Het frappante van organisaties is dat zij als de dood zijn voor groepsvormingen. Juist omdat de organisatie blijkbaar te veel wilde regelen en controleren, zijn ze in de ogen van de (dan ontstane) groep te ver gegaan. Hierbij is het dan ook markabel te zien dat de echte ambachtslieden wars van (te veel) hiërarchie, overheersing en controle, zich bevrijden van hun de controleurs of managers. En dat terwijl groepen middels nieuwe ideeën, efficiëntere methodieken naar voren brengen ; deze kostenbesparingen en suggesties tot continuïteitsverbeteringen zou het management toch moeten aanspreken.

Wie zijn deze vaklui en wat willen ze precies ? Vaklui zijn – zoals het woord al zegt – de creatieve ambachtsmensen. Ze zijn in die zin de expert op hun eigen vakgebied en zijn veelal de mensen met een zeer goede oog-hand-coördinatie, om het maar zo te zeggen. Op zich is er niets mis mee een aantal regels op te stellen, ik noem het liever kaders of richtingen met een acceptabele bandbreedte, waarbinnen deze vaklui werken. De beperking van hun vrijheid door extra regels en procedures betekent echter een aantasting van hun creativiteit. Creativiteit staat voor het "open staan" en in perceptiën of mogelijkheden denken. Daarmee is of komt de uitoefening van hun expertise, hun vakmanschap in het geding. De controleurs, supervisors of managers willen dat juist met alle macht controleren en beheersen, omdat ze gebaat zijn bij een ultieme en beheersbare output. Zij staan daarbij voor vasthoudendheid, wars van onbekendheden en willen snel besluiten nemen. Groepsvorming door de vaklui, u kunt daar vaak een afscheiding aan koppelen, is het gevolg, al dan niet via chaos binnen de organisatie. In beide gevallen verliest de organisatie (een groot deel van) haar bestaansrecht, haar originele expertise en meerwaarde naar de omgeving toe.

Het feit dat Nederland steeds minder een beroep doet op de ambachtelijkheid ligt gelegen in de welvaart. Fysieke beroepen worden tegenwoordig afgedaan als minderwaardig. Ook de echte specialisten zoals bijvoorbeeld een instrumentenmaker, voelen zich wellicht ondergewaardeerd. Mede omdat de verre Aziatische landen als lage-loonlanden worden bevraagd, wordt het voor deze en andere ambachtslieden steeds lastiger om zich te handhaven in onze samenleving. Zeker in de tendens dat een beroep als installateur verlaagd word tot monteur en uiteindelijk voor wat betreft de activiteiten belandt op het niveau van plug-and-play. Hier zit eigenlijk nauwelijks meer echt vakwerk of expertise in gelegen. Dit is het niveau van handleidingen lezen en letterlijk doen wat er geschreven staat. Waar is de uitdaging voor hun gebleven ? Ze mogen en kunnen niet meer creatief zijn.

Het fenomeen synergie bij groepen

Leggen we daar het synergie-fenomeen overheen, zoals Rob Zuijderhoudt dit hanteert, dan is daarmee de relatie zichtbaar tussen de MBTI-methodiek en synergie. Één van de principes binnen synergie, is het zogenaamde Complex Adaptief Systeem (CAS-principe), waarbij reeds andere werkwijzen bestaan naast de meest voor de hand liggende dan wel afgesproken handelswijzen of procedures. Deze handelswijzen worden sporadisch, heimelijk of stilzwijgend toegepast. Ze vallen niet op en worden overschaduwd door de gebruikelijke handelswijze(n), zoals deze beschreven staan en geregeld zijn in de zogenoemde kwaliteitshandboeken. Waarin wijken deze heimelijke activiteiten af van de bestaande en alom toegepaste handelswijzen ?

Voedingsbodem voor synergie, intuïtie of ....

Juni 1966

De mate van efficiëntie van deze handelswijzen is veelal een stuk hoger dan die van de reguliere activiteiten en handelswijzen. Mensen willen immers creatief zijn, willen hun meerwaarde aantonen, of liever minimaal energie steken in zaken die in hun ogen laagwaardig zijn. Dus gaan juist zij op zoek naar het grootste gemak om met de minste inspanning toch hetzelfde of wellicht beter resultaat te behalen. Daarmee gaan ze voorbij aan de heersende en bestaande regels en afspraken. Een belangrijk aspect is : ze tonen ermee aan dat de regels en afspraken, die aan die handelswijzen gerelateerd zijn, deels of geheel nutteloos zijn of in ieder geval een ballast vormen bij het snel, adequaat en efficiënt verrichten van de betreffende diensten. De term Complex Adaptief Systeem CAS staat voor dit verschijnsel.

De oorsprong van de kennis over dit principe ligt in het evolutieproces van organismen, zoals Charles Darwin het beschreef. Voor u als trainer of opleider kunt u de gelijkenis trekken met het inslijpen van technische patronen binnen bijvoorbeeld de sport. Deze patronen worden op dat moment dominant voor de sporter, student of leerling. De voorkeursroutes worden binnen hun neuronale netwerken veelvuldig bevraagd, daarmee "vastgelegd" en als standaard handelswijze bestempeld. Dat maakt het afleren van verkeerde handelingen en gedachten zo lastig. Afleren kunt u omzeilen door uw medewerkers of sporters iets aan te leren onder het mom van een innovatief karakter, waardoor het afleertraject wordt omzeild.

Een groepsafscheiding van de organisatie kan door een catastrofe, bijvoorbeeld een faillissement, in werking worden gezet of geheel op "vrijwillige" basis zoals hierboven beschreven staat. Degenen die dat aangaan, doen dit op basis van intuïtie, vanuit het onuitgesproken woord naar elkaar toe en waarschijnlijk zelfs vanuit het wederzijds sociale cohesie met als overkoepelende woord : het onderlinge vertrouwen. Op dat moment ontstaat een nieuwe kiem, een meer efficiënte manier van werken binnen de beschreven CAS, binnen of eventueel buiten de huidige organisatie. Er is sprake van synergie. Wanneer de groepvorming heeft plaatsgevonden en deze zich echter niet daadwerkelijk afgescheiden heeft van de organisatie, is het maar de vraag of de Wachters van de organisatie "toestaan" dat deze kiem zich verder ontspruit en zich vervolgens ontwikkelt. De overheid is een typische omgeving, waarbinnen dat vaak niet gaat lukken, al hoewel het er wel alle schijn van heeft.

De performance van vaklui

Brengen we de bovenstaande wetenschap in samenhang met de term "Performance" of prestatie, dan blijken dus, althans in de ogen van de controleurs of managers, dat de vaklui op een zeker moment weinig tot geen prestaties te verrichten,. En dat terwijl zij zelf als supervisors er "alles aan doen" om hoge prestaties te bewerkstelligen, ze bedoelen eigenlijk het genereren van hoge profits. Hoeveel managers sturen daarbij op de prestatie-indicator (PI) geld ? Volgens mij is deze KPI alleen van toepassing bij financiële instellingen en organisaties die met financiële producten werken. Een metselaar kunt u afrekenen op vierkante meters gemetselde muur in plaats van op geld. Wat de managers niet begrijpen, is dat zij daarmee eigenlijk de beperkende factor zijn in plaats van de succes bepalende factor voor de groep ambachtsmensen. Wie wordt er bij een volgende sanering op straat gezet ? Managen zij vanuit controle (ratio) of vanuit vertrouwen (intuïtie) ?

In de vervolgfase van dit hoofdstuk kom ik uit op de relatie van de vaklui en de controleurs in samenhang met het begrip strategie. In mijn beleving is deze relatie vrij makkelijk te herkennen. De primaire vraag die hier geldt, waarop een strategie wordt gebaseerd.

- ✓ Op de Core Business, op de visie, de primaire functie of de meerwaarde naar de omgeving toe
- ✓ Op het beleid, op de middelen, methodieken en filosofieën, gericht op controle en handhaving

waarbij het eerste betrekking heeft op "het vakmanschap" en het tweede op "het controle en beheersen".

Wanneer u denkt dat het antwoord duidelijk is, hoe komt het dan dat het middenkader zeg de groep managers of supervisors, zoveel moeite heeft met de transitie van de strategie in een deugdelijk Plan van Aanpak of desnoods het te implementeren beleid ? Ook hier maak ik de verbinding naar de MBTI-methodiek. De beide beschreven groepen personen hierboven kunnen geen strategie vertalen in een praktisch en werkbaar geheel. Wat hierin bepalend blijkt, is de denkvorm of -stijl of wel het temperament genoemd. Beide type persoonlijkheden, zoals MyersBriggs dit bedoelt, zullen bij het niet of te beperkt ontwikkelen van in hun geval tertiaire en zwakste functie, onvoldoende in staat blijken dat te kunnen. Een goede ontwikkeling van slechts de eerste en tweede natuur als detaildenkers is te beperkt om in hun geval te kunnen spreken van generalistische denkers.

Anders gezegd komt het hier op neer. De Myers Briggs Type Indicator maakt onderscheid in een viertal hoofdgroepen zoals ik eerder in dit boek uiteen heb gezet, te weten de Vaklui (code : SP-ers), de Wachters (code : SJ-ers), de Idealisten (code : NF-ers) en de Rationalisten (code : NT-ers). Elke persoon kent een viertal natuurlijke denkwijzen, welke chronologisch zijn ontwikkeld zoals ik ook in hoofdstuk 3.4 beschreven heb. Daarbij verschilt deze volgorde en ontwikkeling van elk temperament van die van een anderen persoon. Het is belangrijk om als "generalist" te kunnen fungeren in deze context van de strategie. Hiertoe dient elk type met zijn of haar eigen temperament zich te richten op de ontwikkeling van de derde en vierde natuur. Immers de eerste en tweede natuur, weergegeven door de twee letters in de MBTI-code, zijn hem of haar als "genetische basis" meegegeven en de ontwikkeling ervan gaat vrijwel vanzelf met de nodige aandacht. Deze ontwikkeling kost weinig energie, het is genetisch bepaald vanuit de "Brain Type" van de persoon, ook wel het voorkeursdenken of "Mental Preference" van die persoon genoemd.

Om het middels een duidelijk voorbeeld te beschrijven, heb ik in 2008 Ellen Vogelaar vanaf een journalistieke film geprofileerd. Dit heb ik als voorbeeld in bijlage 2 aan dit boek toegevoegd. Talloze mensen blijven in hun eerste en tweede natuur "hangen" en ondervinden dientengevolge de moeilijkheden van elk transitieproces, wanneer zij voor een dergelijke verandering of implementatie komen te staan of er zelfs verantwoordelijk voor zijn. Dat kan in hun privéleven zijn en ook op het werk. Ik herkende gelijk hierin de essentie van de quote van Michael Porter op het symposium op 14 mei 2009 te Nyenrode :

* *Are you sure everyone understands the strategy ?*
* *Communicating the strategy, and embedding it in culture and values*

Hierin blijkt het generalistische karakter van degenen die capabel zijn het "echt te begrijpen" wat er van hun gevraagd wordt aangaande de voorgestelde strategie. Met echt begrijpen bedoel ik "invoelend begrijpen".

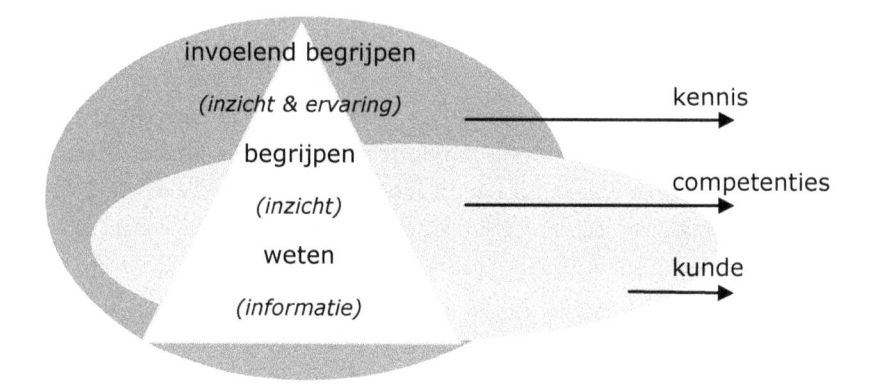

invoelend begrijpen
(inzicht & ervaring) → kennis
begrijpen
(inzicht) → competenties
weten
(informatie) → kunde

Daarmee is de essentie van "het weten" versus "het begrijpen" weer te geven. Ook hier is weer sprake van een genuanceerde weergave, zoals ik hierboven heb gedaan.

Het klinkt allemaal eenvoudig, dat kan het ook zijn. Als pure intuïtist durf ik dat te stellen. Getuige mijn diverse ervaringen, zoals die als casussen in de bijlage staan beschreven. Observeren is het sleutelwoord. Door een zuivere observatie en perceptie zou uw interpretatie, steeds een zelfde soort weergave kunnen zijn. Tracht dit zelf te doen bij alles wat u ziet en hoort en u zult ervaren hoe moeilijk is, echter ook te ontwikkelen.

Herkent u bepaalde groepen binnen uw organisatie, tracht u dan hun karakters te analyseren. Zijn zij gelukkig als groep of als onderdeel binnen uw organisatie ? Tracht u de randverschijnselen en kenmerken rondom deze groep te transformeren naar uw organisatie. Daarmee wordt elke organisatie weer een organisatie met de karakteristieken van een hechte groep, opererend vanuit een natuurlijke cohesie.

4.6 Modellen & Methodieken

Waarom worden dergelijke modellen en methodieken bedacht en ontwikkeld ? Voor de ontwerper is het een tool om zijn of haar werkzaamheden beter vorm te geven middels de concretisering van ideeën en visualisaties, ook wel mind mapping genoemd. Voor de buitenwereld en omstanders is het handig een bewezen model als startpunt of kapstok te hebben binnen discussies van bijvoorbeeld de kwaliteitszorg en strategieontwikkeling. Tevens tracht men subjectiviteit buiten beschouwing te laten of uit te schakelen en objectiviteit als criterium aan te voeren. Daarmee is in principe elk model of methodiek een rationeel meetsysteem.

Zoals dit bij elk meetsysteem van toepassing is, geldt ook hier "Meten is Weten" en "Weten wat u Meet". Is dat nodig en welke kanttekeningen kunnen in de context van dit boek geplaatst worden ? Wie hebben een dergelijk systeem het hardst nodig voor hun eigen functioneren ? Dient het model of methodiek daadwerkelijk de gekozen strategie of wordt de strategie in lijn gebracht met opgestelde normen die uit het model of methodiek voortkomen ? Ik kan een duidelijk onderscheid maken in de meetsystemen. Zo onderken ik de systemen ten behoeve van concrete, tastbare producten, als ook verwerkingsprocessen van bijvoorbeeld informatie. Daarnaast bestaan er de meer abstracte producten en dito processen. Hoe gaat u met deze laatste meetsituatie om ?

EFQM is het acronym van European Foundation for Quality Management, in Nederland wel bekend als het INK-model. Alle aandachtsgebieden zijn in dit model opgenomen en logisch in samenhang weergegeven in combinatie met de continue verbetercirkel van Deming. Het model verdeelt de organisatie in negen aandachtsgebieden, die bepalend zijn voor het succes van de organisatie. Deze zijn onderverdeeld in vijf organisatiegebieden, wat staat voor de definieerbaarheid of "maakbaarheid". Deze termen zijn rationeel en concreet benaderbaar. De andere vier aandachtsgebieden worden gebaseerd op de waardering en de geldende normen en waarden vanuit de cultuur van de organisatie bezien.

Waardering heeft hier als synoniemen "tevredenheid" en "goede kwaliteitsbeleving". Naast het Nederlandse INK-model bestaat er ten aanzien van het kwaliteit het SERVQUAL-model, in 1988 ontwikkeld door

Zeithaml, Parasuraman en Berry. Dit model onderkent 10 verschillende dimensies van de kwaliteit van diensten. In formulevorm weergegeven ziet dat model er als volgt uit :

Kwaliteit = Verwachting – Perceptie

en

Interpretatie = Perceptie x Sensatie

Sensatie, waarnemingservaring of beleving kan worden onderverdeeld volgens de Maslow-prioriteitsbenadering. Op welk niveau is welke "beleving van kwaliteit" van belang ? Waar ligt de prioriteit van elk individu ? Het is typerend dat de operationele werkers, samengevat de vaklui, juist de persoonlijke beleving van kwaliteit hoog in het vaandel hebben, zoals ik al eerder schreef. De vaklui staan voor improvisatie, perfectie en sommigen staan bekend als levensgenieters, los of zij zich met operationele en detaillistische activiteiten bezighouden.

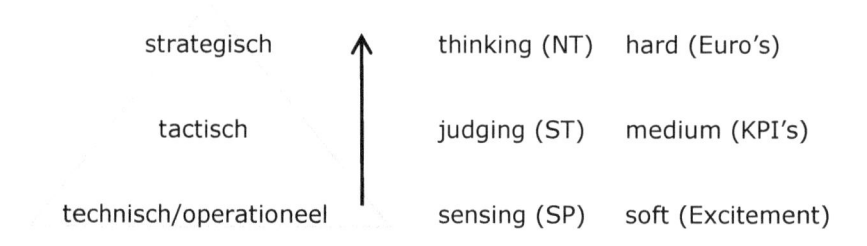

strategisch ↑	thinking (NT)	hard (Euro's)
tactisch	judging (ST)	medium (KPI's)
technisch/operationeel	sensing (SP)	soft (Excitement)

Vanuit deze Vaklui geredeneerd is "hun creatie" of het eindproduct belangrijk genoeg zonder daar direct een meting aan te moeten koppelen. Daarmee wordt op resultaat gestuurd. Denkt u aan bijvoorbeeld de beeldende kunstenaars. Daarentegen zijn de Wachters, vanuit de logische of gevoelsmatige details denkend, gefocust op prestatie-indicatoren en de relevante resultaatafspraken. Uiteindelijk interpreteert de visionaire denker vanuit het aspect geld. Anders gezegd hij of zij zal op basis van de prijs-kwaliteit-verhouding de strategie herzien en/of handhaven om daarmee het financieel rendement te kunnen opschroeven. De Idealisten laat ik voor het gemak even buiten beschouwing. Zij zouden in dit verhaal de OR-leden of een woordvoerder daarvan kunnen zijn binnen uw organisatie. Zij die van betekenis willen zijn voor de medewerkers, pleitend voor ideale werkomstandigheden, een goed loon, kortom zij die geluk op het werk nastreven voor de medewerkers.

Andere modellen

Naast de onderzoeksresultaten van Carl Gustav Jung, MyersBriggs en Maslow kennen we andere modellen, die de kwaliteit en tevredenheid onderzoeken zoals die van McGregor met het X en Y-persoonlijkheidstype, Alderfer die de ERG theorie ontwikkelde, Herzberg met zijn benadering middels satisfactie & dissatisfactie en tenslotte McClelland die op hoofdlijnen het dichtst bij Brain Type of de MBTI-methodiek ligt. Deze theorieën en uiteenzettingen heb ik in dit boek achterwege gelaten. Ze kunnen u echter wel veel meer inzicht verschaffen in de diverse benaderingen op het gebied van kwalitatief verhogende zaken aangaande de dienstverlening van uw medewerkers en die aan en door externe partijen.

Vinden versus zijn

Van de abstracte elementen uit de genoemde modellen kunt u vanuit een differentiatie de juiste gevolgen of vervolgacties te bepalen. Deze zijn in principe concreet, aanwijsbaar en daarmee meetbaar. Hiermee wordt het abstracte facet van het model zoals klanttevredenheid en waardering omzeild. Eigenlijk worden de metingen toegepast op de afgeleide waarden van het abstracte onderwerp. Hiermee toon ik gelijk aan dat subjectiviteit van een aspect "onmeetbaar" is en dat een toelaatbaar en meer ultiem meetinstrument hier "intuïtie" zou kunnen zijn. Ondanks bovengenoemde inzichten tracht een grote adviesorganisatie in Utrecht – koste wat het kost – de kwaliteit "Tevredenheid" of anders gezegd "Waardering" toch in een model te vangen. Net als "Vertrouwen" lopen deze aspecten over van de subjectiviteit. In benadering gaat hierin steeds om de strijd tussen wat de opdrachtgever "vindt" en wat de opdrachtnemer "vindt" in plaats wat in concreto "feitelijk is".

INK-model in de praktijk

Tijdens de activiteiten binnen een grote Nederlandse gemeente werden de front office activiteiten verschoven naar meer back office activiteiten.

De gehele organisatie binnen het stadhuis zou omgevormd moeten worden "van aanbod gericht naar vraag gestuurd". Er bleken op diverse fronten en niveaus verschillende inventarisaties te bestaan, alle door verschillende externe organisaties uitgevoerd. Op basis van grote, dikke rapportages met conclusies, die nauwelijks het tactisch niveau overstegen, zou een Masterplan geïntegreerd moeten worden. Het doel was dat dit adviesorgaan op basis van de reeds gemaakte conclusies zou evalueren of de reeds ingeslagen strategische weg de juiste was. Als kwaliteitsmethodiek werd het INK-model voor dit adviestraject ingezet. Lag er een risico om te concluderen of de betreffende gemeente op de juiste weg was en waar lag dat risico ?

Ten eerste was er de diversiteit aan gedetailleerde rapportages. Daarnaast waren alle rapporten door verschillende externe organisaties opgesteld, die amper van elkaars bestaan en activiteiten wisten en rapporteerden zonder daarbij de relatie tot het genoemde INK-model te maken. Het INK-model had een probaat middel geweest kunnen zijn, als alle partijen zich eraan geconformeerd hadden. Nu ontbrak echter de meerwaarde, omdat de toepassing van het INK-model wel op strategisch niveau werd voorgesteld, maar op onderzoek- en inventarisatieniveau niet werd ingezet en dusdanig gehanteerd.

Het zou daardoor onmogelijk blijken een passend Masterplan op te leveren vanwege de interpretaties binnen verschillende onderzoeksgebieden van elke adviesbureau. Interviewers met diverse temperamenten, standpunten en overtuigingen in combinatie met die van de geïnterviewden. Daarbij speelden wellicht ook emoties, die tevens hun invloed opeisten. Uiteraard was het mogelijk om een Masterplan "te verzinnen" op basis van hun conclusies, zij het dat de uitgangspunten en daarmee hun conclusies te veel opening lieten voor vrije interpretaties. Hoe groot was daarmee de kans dat het geïntegreerde Masterplan sterk afweek van het bestaande idee van deze gemeente ? Hoe betrouwbaar zou deze externe adviseur overkomen ?

Hiermee lagen duidelijk de risico's van bottom up adviseren aan, zoals dit hier actueel was. Vanuit het managementteam was er op dat moment geen animo om dit nogmaals door één adviesorgaan op te pakken. Immers de vierjaarlijkse interne functiewisselingen stonden voor de deur, waarbij mogelijk spelende individuele belangen voorop stonden en welke de uitkomsten van de onderzoeken negatief zouden kunnen beïnvloeden. Ik vond dit een goed voorbeeld van een grote gemeentelijke organisatie, die "verdrinkt" in en door haar eigen expansie, versterkt door alle regels en procedures, en daarbij ook nog eens heen en weer geslingerd door het politieke mechanisme. Hoe betrouwbaar zou u in de gegeven situatie nog kunnen meten met rationele methodieken en modellen ?

Door het brede politieke landschap van de gemeente is het vrijwel onmogelijk op basis van concrete kwaliteitsmodellen de "echte" antwoorden te krijgen, die de status weergeven van de actuele transitie. In hoeverre was deze concrete meting nodig ? Kon het ook door intuïtieve benadering ? Tijdens interviews gaven de verschillende managers de antwoorden, die erop duidden dat ze op de juiste weg waren en inmiddels alle medewerkers op niveau twee van het INK-model hadden gebracht.

De managers waren in de "overtuiging" dat ze het allemaal goed geregeld hadden, deze overtuiging werd onderstreept met nog meer overtuigende woorden ! Onaangekondigde observaties gaven een ander beeld dat de meeste medewerkers nauwelijks niveau één van het INK-model oversteigen. Wat was daarvan een mogelijke oorzaak ? De meetresultaten waren die antwoorden, die voor de betreffende managers het beste gelegen kwamen.

Andere meetmethodieken

Bij deze gemeente voerde een externe organisatie de ABC-methodiek (Activity Based Costing) uit. Voor abstracte processen, waarbij het veelvuldig om menselijke interacties gaat in de zin van vraag-en-antwoord, is dit een lastige methodiek. De producten bij dienstverlening zijn veelal verre van concreet of tastbaar, echter veel onderliggende activiteiten zijn wel in tijdseenheden uit te drukken. Zeker wanneer u deze koppelt aan de eerder genoemde modellen zoals SERVQUAL. Hiermee kan de expertise van de "echte Vaklui" ter discussie komen te staan. Wie wil dit meten? Waarom wil men meten ? Hoe wil men meten ? De wetenschap dat er "gemeten gaat worden", betekent gelijk dat daarmee de meting vooraf al beïnvloed is. Ik zou u daarvoor willen verwijzen naar de bijlage over "De Kat van Schrödinger" in bijlage 8.

Over deze en andere kwaliteitssystemen gaf Michael Porter al eens in een interview met Rick Nieman aan dat het Nederlandse zorgstelsel juist zo sterk achteruit gegaan is. Het uitgangspunt in Nederland is door aan elke behandeling direct kosten te koppelen. De te verbeteren gezondheid, vooraf gaand aan de klanttevredenheid wordt aan alle kanten tekort gedaan.

Kwaliteit en resultaat en zijn compleet uit balans. Sterker nog, vaak is het resultaat incongruent aan de behoefte, aan de vraag of wens. Kwaliteit en behoefte worden grootschalig afgemeten met geld. Wie is er nog onbekend met de Duivelsdriehoek ? Kwaliteit gaat ten koste van geld. Ook bij deze gemeente waar ik werkzaam was, werd de effectiviteit van Activity Based Costing ter discussie gesteld en met succes. De ABC-methodiek werd stopgezet. De benadering vanuit de bedrijfsprocessen zou een meer veilige methode zijn om processen, functies en taakstellingen verhelderd te krijgen. Echter zonder operationele details vooraf. Hiermee blijft het vertrouwen van elke medewerker als vakman onbeschaamd. Met deze gedachtegang heb ik destijds het Alignment Tool zo ver tot op medewerkerniveau door ontwikkeld.

Voordat u besluit modellen of methodieken te hanteren ter beoordeling van uw organisatiekwaliteit, is het van belang dat u zich ervan bewust bent of de gewenste meetwaarden concreet zijn en daadwerkelijk het beoogde onderzoek vertegenwoordigen. Mocht dit anders zijn, tracht dan de ongrijpbare processen te differentiëren en op basis daarvan de afgeleide processen inzichtelijk te maken. Daarna is het mogelijk een goede interpretatie te maken van het primaire proces. Wees u ervan bewust dat de modellen en methodieken ter ondersteuning zijn aan uw kennis en kunde in plaats van dat ze leidend zijn.

4.7 Porter's 5 Force model

Veel adviseurs, managers en mogelijk ook u kennen het 5-force model van Michael Porter. Waarop is zijn model gebaseerd ? Via diverse onderzoeken en zwerftochten kwam ik uit op de Chinese filosofieën van duizenden jaren oud, met dank aan Hans Konstapel. Hieronder staat een soortgelijk model, het Pentagram uit de Lo Shu cyclus en acupunctuur, afgebeeld. De Chinezen gaan tot op de dag van vandaag nog steeds van de dualiteit

Yin-Yang uit. Dat is terug te vinden in hun model. Ook Carl Jung ging zich in een later stadium verdiepen in het Chinese orakelboek I Ching en de astrologie. Hij meende dat de effectiviteit van deze technieken verklaard kon worden vanuit een acausaal maar toch zinvol verband tussen de microkosmos op papier en de macrokosmos om ons heen, een verband dat hij "synchroniciteit" noemde.

Bij synchroniciteit ontmoet de gedachte op een bepaald moment de fysieke variant. Hij heeft daar echter nooit een scherpe definitie van kunnen geven. Mogelijk doelde hij op wat Will McWhinney later met fasering bedoelde. Immers synchroniciteit, harmonisatie, congruentie en gelijke fasering hebben alle overeenkomstige aspecten in zich. Die aspecten geven de onderlinge verbondenheid aan. Dit hoeft geen betrekking te hebben op een mogelijke onderlinge oorzaak-gevolg-keten, zoals vaak bij rationele situaties wel het geval is.

Deze uiteenzetting is voor wat betreft de vergelijking tussen de beide modellen, beperkt gehouden en u kunt bij uw mogelijke persoonlijke interesse, meer informatie en diepgang er zelf bij zoeken.

In hoeverre neemt Michael Porter de bedoelde dualiteit van het Chinese model mee in zijn huidige model ? In hoeverre begrijpt u het model voldoende goed om er de menselijke dualiteit in mee te nemen of aan te vullen bij advies aan organisaties ? Is dat mogelijk en is dat juist het menselijke aspect genaamd intuïtie, dat we tegenwoordig rondom ons zo sterk missen ?

In diverse discussies met andere consultants bemerkte ik hoe geforceerd sommige adviseurs met dit model als ook met andere modellen wensten om te gaan. Ze trachten de organisatiestrategie af te stemmen op het model in plaats dat zij het model als ondersteuning gebruiken. Wanneer u de inzichten heeft en begrijp wat het model bedoelt, bent u in staat om maatwerk te bieden aan uw opdrachtgever.

The human

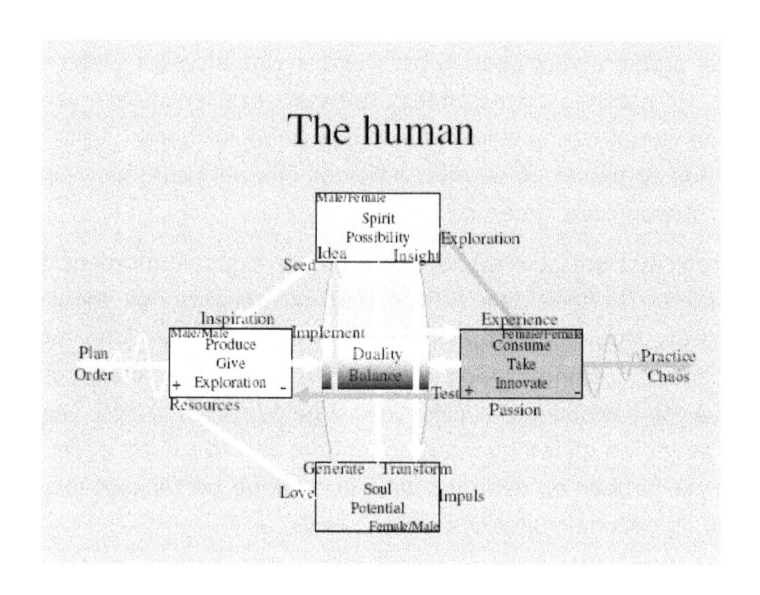

[Diagram: The human - showing Spirit/Possibility/Idea/Insight/Exploration at top, Inspiration/Produce/Give/Exploration/Plan/Order on left with Implement/Duality/Balance in center, Experience/Consume/Take/Innovate/Practice/Chaos on right, and Generate/Transform/Love/Soul/Potential/Impuls at bottom]

Zo staat ook een aantal zaken hiervan in relatie met de SWOT-analyse. Hoe uitgebreid is een SWOT te maken ? In hoeverre zit er per aspect nog de menselijke dualiteit ingebed ? Immers de Strength en Weakness worden middels introverte projectie vastgesteld, terwijl dit bij de Opportunities en Threats extravert geprojecteerd is. Zelf heb ik destijds deze dualiteit wel verwerkt in een Business Plan. De Strength is in mijn optiek uit te bouwen tot op medewerkerniveau, immers elke medewerker zorgt en staat voor de kracht van zijn of haar organisatie.

Doordat ik de SWOT-analyse aan de MBTI-methodiek weet te koppelen, zijn op eenvoudige wijze de hoogste prestaties haalbaar. Hierdoor wint deze wijze van organisatievorming het op alle fronten. In vergelijk met het model van Michael Porter heb ik de navolgende overeenkomsten geïnterpreteerd.

Lo Shu - Pentagram	Porter 5 force	Toelichting
Duality	Industry	Stabiele marktverdeling
Balance	Competitors	"live and let live"
Spirit	Potential	Nieuwkomers anders geïnspireerd

Possibility	Entrants	met nieuwe mogelijkheden
Consume Take Innovate	Buyers	Interacties met afnemers, aanbod & vraag afstemmen
Soul Potential	Substitutes	Concurrentie & productvervalsing USP garanderen best quality/price products or services
Produce Give Exploration	Suppliers	Interacties met toeleveranciers vraag & aanbod afstemmen

Toepassen van methodieken zonder beleving

Met het idee van de profileringsmethodiek (MBTI) trachtte een grote overheidsinstelling haar project te verwezenlijken door dit idee klakkeloos over te nemen. Hiertoe liet de projectmanager zijn teamleden de Belbin-rollentest invullen. De Belbin-test tracht middels een uitgebreide vragenlijst aan te geven in welke rol elke medewerker zich het best kan vinden.

U profileert uzelf dus op basis van een gegeven situatie of actueel project. Er is dus sprake van voorkennis bij het invullen van de test. Vindt u het project interessant of wilt u meer verantwoordelijkheid nemen in dit project ? Vult u dan de vragen zo in dat dit leidt tot wat u wenst. Dat is mogelijk anders dan u werkelijk bent. Er bestaat hierin een verdeling van negen verschillende types. De MBTI-methodiek of Brain Typing kent er zestien. Er zijn overeenkomstige rollen, al zijn deze lastig aan te geven. De MBTI-methodiek maakt in eerste instantie andere onderscheiden in het typeren. Met de uitkomsten van de Belbin-test deed de bedoelde projectmanager uiteindelijk weinig, omdat hij ten eerste elk gevoel met een dergelijke aanpak miste en tevens de uitkomsten van de test als los zand bij het projectplan voegde.

Hierdoor kon er van een integrale samenhang geen sprake meer zijn. Hij gebruikte zijn invoelende capaciteiten liever voor het manipuleren van zijn eigen mensen en ging voorbij aan zijn intuïtie om in te zien dat hij daarmee op den duur zou gaan vastlopen.

Dat dit project uiteindelijk op een fiasco uitdraaide, zal weinig mensen verbazen. Daarmee stond de organisatie weer op het punt van twee jaar geleden, waarbij twee jaar belastinggeld in een bodemloze put was gegooid. De bodemloze put, in dit geval in de vorm van een ongefundeerd beleid- en projectplan. Hoe graag de overheid ook zegt zelfsturende teams te promoten, dit was een knap staaltje van hoe zelfsturende teams zonder enige vorm van juiste controle op resultaat en prestatie twee jaar kunnen werken zonder verantwoording over hun activiteiten te hoeven af te leggen gedurende die tijd. Hebben we het hier over desinteresse, onkunde of onterecht en te makkelijk toekennen van vertrouwen ook wel gemakzucht genoemd ? Wel is het zo dat controle in welke vorm dan ook en met welke intensiteit of frequentie dan ook, noodzakelijk blijkt. Kent u daarom uw mensen ècht en u weet waar u aan toe zult zijn.

Ook hier ziet u dat elke methodiek en elk model zoveel subjectiviteit kan bevatten, dat u daarbij meer dan uw rationele capaciteiten zou kunnen inzetten. Door uw intuïtie toe te passen, gaan modellen en methodieken "leven". U zult ervaren dat hierdoor de acceptatie bij uw medewerkers groter en gemakkelijk wordt, omdat zij zich kunnen identificeren met wat u voorstaat. Dat heet betrokkenheid en is echte commitment.

5. Profilering binnen organisaties

De organisatie is in mijn beleving het ultieme eindpunt, wanneer ik praat over het drieluik "Technologie, Bedrijfsprocessen en Organisatie". Simpel omdat de eerste twee aspecten in principe concreet, technisch en daarmee maakbaar, stuurbaar en controleerbaar zijn. Voor mij zit daar weinig tot geen uitdaging meer in. Ik ben van jongst af aan al gefascineerd door voornamelijk het menselijk gedrag en de motivatie achter acties en ideeën en visies van mensen. Als ik brainstorm over alle bijkomstige kennis en daarbij in acht neem dat organisaties niet-maakbaar zijn, is het profileren van mensen een mooi hulpmiddel voor meer inzicht rondom de niet-maakbaarheid van de organisaties. Daarmee kan ik makkelijker een mogelijke heersende problematiek of aanhoudende stagnaties identificeren en definiëren. Bij het profileren van mensen maak ik dankbaar gebruik van mijn intuïtiecapaciteiten en gebruik ik voornamelijk de kennis vanuit de MBTI-methodiek als back up voor mijzelf.

Profilering binnen organisaties kunt u dus speciaal toepassen, vooraf gaand op en/of naast het fenomeen "synergie". Dat gebeurt op basis van communicatiestijl in de zin van woordkeuzes en zinsstijlen en ook de anatomie, morfogenese en motoriek van het lichaam. Het is met de juiste expertise mogelijk iemand te profileren vanaf een foto of film op basis van met name het lopen, de ogen- en hoofdstand en de stand van het bekken bezien, zoals ik dat bij Ellen Vogelaar gedaan heb. Hoe zit dat ongeveer in elkaar ?

Visionair acteren

Iemand die vanuit zijn of haar eerste natuur visionair of intuïtief is, heeft, om echt visionair te kunnen acteren, ontzettend veel input nodig voor wat betreft details. Zijn of haar sensoren (Sensation) te weten zien, horen, tasten, in- en meevoelen, ruiken en proeven zijn op alle fronten hyperactief. Het is in dit geval een kwestie van herkennen, leren en ontwikkelen. Dat kost weinig moeite, het gaat vrijwel vanzelf. Als deze persoon tevens sterk introvert is, kan hij of zij na analyses ervan deze informatie op een goede en slimme wijze voor zichzelf structureren en ordenen. Waarom kan hij of zij vervolgens sterk visionair acteren ?

U kunt dat beschouwen als een soort extrapolatie in de wiskunde. Vanuit alle informatie die vanuit de sensatie of beleving opgedaan is zal deze persoon door interne analyses patronen of structuren herkennen. Met de benodigde kennis en ervaring. Op basis van de grootste gemene deler ten aanzien van vermeende patronen zal de intuïtist extrapoleren, informatie genereren buiten het actuele informatiedomein. Deze persoon is daarmee visionair en kan een goede inschatting maken van de mogelijke uitkomsten bij veranderingen, toekomstige risico's en andere relevanties. Indien deze persoon tevens open staat voor nieuwe zaken, spreekt men in MBTI-termen van de Architect-Mastermind in de teamrol van respectievelijk Wetenschapper-Innovator.

Anders geredeneerd kunt u als detaillist uiteraard ook visionair worden. Het is dan wel van belang dat u uw derde en vierde natuur ontwikkelt vanuit uw eerste en tweede natuur als detaillist. Dat is veelvuldig het geval. U en ook andere personen kunnen uiteindelijk net zo sterk of misschien sterker zijn dan de echte visionaire personen. Echter, wanneer het voor u of hun kritisch wordt, zult u als detaillist terugvallen op uw eerste en tweede natuur, die anders dan die van de visionaire denker is. Tenzij u als persoon een "doorzetter" bent en uw visionaire plannen durft door te zetten ten koste van de dan geldende details.

Morfogenetische herkenningspunten

De uiteenzetting qua morfogenese en/of anatomie laat ik hier buiten beschouwing op enkele korte voorbeelden na. Het is frappant dat de persoon die ik als "Componist" (I**SF**P) ken en zich als zodanig profileerde, vroeger rugby als sport had gekozen, iets wat ik pas later van hem hoorde. Rugby is een typische sport voor een echte fysieke SF-er. Het typerende aan personen met dit temperament is de eerste inzet van hun gehele lichaam. Een andere manager deed aan ballroom dancing. Hij was een echte "Supervisor" – E**ST**J, waarbij zijn natuurlijke beweging bestaat uit de neiging om zich "uit te strekken". Dit is een typische ballroom dance beweging.

Detaillisten of S-ers hebben inderdaad van nature meer ontwikkelde aan de voorzijde gelegen bovenbeenspieren, teneinde zich gemakkelijk vanuit een lage positie te kunnen oprichten.

Daarentegen halen de conceptdenkers of N-ers meer balans vanuit de achterbeenspieren en de lende- en bekkenspieren. Met behulp van de biomechanica zou u dit qua spierenkrachtenspel middels de vectormeetkunde uiteen kunnen zetten. De achterliggende reden van deze primaire spierinzet is gelegen in de houding van het bekken. Bij de detaildenkers is deze verder voorover gekanteld dan bij de conceptdenkers. Hierdoor ligt het zwaartepunt van deze eerste groep verder naar voren wat meer inspanning vergt van de aan de voorzijde gelegen spieren. Bij de conceptdenkers is het andersom. Daarmee is de morfogenese bij elk type vrij makkelijk verklaarbaar en voor u herkenbaar. Dit zijn treffende vergelijkingen van het voorkeursdenken in relatie met het morfogenetische aspect van die persoon.

Een ander morfogenetisch aspect is de volgende. De ogenstand van de visionairen is vaak licht omhoog gericht. Om recht vooruit te kijken zal deze persoon zijn of haar kin omlaag te brengen. Daarentegen kijkt een detaillist van nature iets omlaag. Deze persoon zal, om recht voor zich uit te kunnen kijken zijn of haar kin naar boven brengen en meer met de neus in de wind gaan lopen. Dat alles heeft ook met de bekkenstand van beide type denkers te maken. En zo zijn er nog enkele minder opvallende aspecten, die met verschillende fysieke oefeningen achterhaald kunnen worden.

Ook uw spierstelsel kent het fenomeen "synergie". De bedoelde spiergroep, de synergisten, zullen bijspringen wanneer er sprake is van een onbalans of instabiliteit van het lichaam. Voordat het lichaam in een "catastrofe" belandt, u dreigt te vallen, zorgen de synergisten dat de balans en harmonie weer terugkomen in het lichaam. De synergisten ondersteunen daarbij de agonisten, dat zijn de spieren die een beweeguitslag bewerkstelligen van één van uw ledematen of uw romp. Deze agonisten zijn zelf te groot en te beperkt om dat te kunnen wat synergisten wel kunnen en krijgen "ongevraagd" hulp. Tezamen kunt u uw actie uitvoeren en ook in balans blijven.

Net als Galenus dit verwoordde middels de vier humoren, is de natuurlijke gezichtsuitstraling (grimas) sterk indicatief voor het temperament. Op basis van dit gegeven schatten Jan Huijbers en ik tijdens onze gesprekken Guus Hiddink even snel in als Loyalist.

Wellicht kent u Guus Hiddink en zijn topkwaliteiten. Hij is het ultieme voorbeeld dat grote leiders ook vanuit hun eerste natuur als detaillist (SJ-er) visionair kan acteren. Guus Hiddink als topvoetbalcoach is dus mogelijk van nature een Loyalist, de bijbehorende MBTI-code is ISFJ. U kunt in deze code het volgende teruglezen. Hij eist van de spelers alle loyaliteit aan het team, anders is het vertrekken ! Guus kan ontzettend goed mensen "aanvoelen", heeft een heel sterk invoelend vermogen vanuit de mensen om zich heen (Fi – naar binnen gericht voelen). Hij kan daardoor zijn spelers op de juiste manier prikkelen, uitdagen en motiveren. Anderzijds is hij onverbiddelijk met de J van Judging, als het om de commitment van elke speler naar het team gaat. Uiteraard is er sprake van een team van experts, die hem hierin op vele gebieden ondersteuning biedt.

Als u de essentie van de MBTI-methodiek begrijpt, ziet u tevens dat elke persoon op zijn of haar manier een SP-er of Vaklui kan zijn binnen de eigen expertise. Zo zal een Wachter (SJ), een Rationalist (NT) en ook een Idealist (NF) perfectie kunnen of willen nastreven, zoals dat primair door de MBTI-methodiek wordt toegekend aan de Vaklui (SP). Dus binnen uw expertisegebied beheerst u als persoon de relevante details tot op het hoogste niveau. Bepalend is de wijze wanneer en hoe de betreffende persoon daarmee omgaat, of anders gezegd, de persoon kan de juiste prioriteiten op het juiste moment stellen, gerelateerd aan en op basis van hun eerste en tweede natuur.

Mogelijk kunt u nu met deze kennis lastige medewerkers profileren. Hierdoor kunt u hen actief laten zijn in waar hun voorkeursdenken ligt gezien hun eigen temperament. Klopt dat met wat zij op dit moment aan taakstellingen en verantwoordelijkheden hebben ? Daarmee zult u bemerken dat hun prestaties omhoog gaan, simpel omdat deze medewerkers zich gerespecteerd voelen in wie ze werkelijk zijn. Zij mogen nu dat doen wat het beste aansluit bij hun eigen temperament.

6. Ultimiteit : Geloofwaardigheid

Wanneer je de redevoeringen leest van de "groten der aarde" zoals die van Michael Porter en Stephen Covey, dan kan ik als analyticus niet anders concluderen dat hun "waarheden" een aantal van de in dit rapport aangehaalde aspecten bevat. Mensen die vreugde halen uit hun werk en hun ambities kunnen waarmaken en die werken op basis van vertrouwen. Eigenlijk, mensen die meer vreugde en productiviteit halen uit hun werk, wanneer er sprake van vertrouwen is. Zoals Stephen Covey dat in de huidige kredietfase zo mooi noemt: "Geld pompen in het systeem alleen levert geen vertrouwen op". Wat is vertrouwen ? Ligt dat dicht bij intuïtie ? Komt vertrouwen voort uit synergie of is het er een mogelijke voorbode van ? Vertrouwen is binnen de synergie in ieder geval een essentieel uitgangspunt. Vertrouwen staat daarmee los van macht(-wellust). Waarom zijn zij geloofwaardig in uw ogen ?

Michael Porter geeft in zijn symposia aan dat strategie een integrale zaak is. Zodra het middenkader de strategie niet begrijpt en het in de verkeerde contexten plaatst, zoals hij in zijn quotes al zei, wordt een ander dan bedoeld beleid wordt ontwikkeld. Dan pas ik daarmee gelijk de MBTI-methodiek toe. In hoeverre zijn de verantwoordelijken intellectueel qua temperament voldoende sterk om het verhaal te begrijpen ? De betreffende mensen uit mijn omgeving leken daartoe niet in staat te zijn, doordat ze veelal in hun eerste en tweede denkstijl als detaildenkers waren gebleven binnen deze technische organisatie. Dit is vaak het geval bij grotere ondernemingen binnen technische branches, waarbij door promotie en doorgroeikansen vaklui tot supervisor worden benoemd. Al moet gezegd worden dat de bedrijfscultuur hun tevens de ruimte ontnam.

Wat denkt u van hun persoonlijke standpunten en belangen tijdens de transitie en/of implementatie van het beleid vanuit het hoofdkantoor ? Staan ze achter de uitgangspunten en kunnen zij zich ermee identificeren of vereenzelvigen ? Voelen ze sympathie voor de aandeelhouders teneinde hun winstmarges te verhogen ?

Los daarvan blijkt integraal denken altijd weer vele malen moeilijker dan denken middels differentiatie, het vinden van de afgeleiden, de vervolgaspecten, ook hier in dit verhaal. Deze denkstap vertoont mijns inziens grote gelijkenissen met het omschakelen van concreet naar abstract denken. Dit is echter een essentiële stap of van onderen af de juiste transitie naar de strategie te kunnen maken !

6.1   Geloofwaardigheid

Wat is vertrouwen ? Vertrouwen is abstract en is een combinatie van gevoelsmatigheden in de zin van sympathieke en empathieke gevoelens gevoed door concrete facetten of anders gezegd door "tastbare" facetten. Immers als er sprake is van onderling vertrouwen betekent dat u voor die persoon geloofwaardig bent. Indien u geloofwaardig bent of overkomt, zult u minder concrete bewijskracht nodig hebben in uw adviezen en aanbevelingen. Dat maakt advies gebaseerd op veel intuïtief onderzoek juist zo lastig.

Bij intuïtie laat de geloofwaardigheid vaak lang op zich wachten, immers de effecten van advies gebaseerd op intuïtie laten even op zich wachten alvorens zich te manifesteren. Heeft u daar de tijd voor of wilt u daar het geduld voor opbrengen ? Waarom laat dit effect langer op zich wachten ? Dat heeft te maken met het duurzame karakter, wat in dit advies ligt ingebed. Elk advies dat u baseert op intuïtie, heeft haar oorsprong vanuit de natuur en de natuur staat voor duurzaam. Wat duurzaam is, levert tijd op en vraagt daarentegen ook tijd tot ontplooiing.

Vaak bestaat bij veel mensen, de wachters of controleurs onder ons, de behoefte meer grip op vertrouwen te krijgen. Immers de groep bevestigingzoekers zijn de meer onzekere personen in de samenleving. Om meer grip op vertrouwen te krijgen, kom ik na differentiatie van vertrouwen op een meer concreet niveau uit. Soms zijn er meer dan één stap voor nodig om op het concrete niveau uit te kunnen komen. Hoe kunt u dat beschouwen in een simpel model ?

Met de eerste stap die ik vanuit de topdown-benadering maak, kom ik op "betrouwbaarheid", dit valt direct onder vertrouwen.

Is "betrouwbaarheid" de "afgeleide van vertrouwen" en wat houdt "betrouwbaarheid" dan eigenlijk in ?

vertrouwen   abstract

betrouwbaarheid   ↑

beschikbaarheid   concreet

Betrouwbaarheid als onuitgesproken gevoelsmatige waarde van u als persoon dat de ander of iets voldoet aan uw vereiste of verwachte kwantiteit en/of kwaliteit van de te leveren diensten en/of producten. Anders gezegd, het is de geaggregeerde score van een aantal aspecten zoals beschikbaarheid, kwaliteit en risico's, die hieraan ten grondslag liggen en maken dat u een persoon, een organisatie of systeem betrouwbaar acht.

Wanneer ik nog een stapje lager ga, kom ik uit op het begrip "beschikbaarheid". Beschikbaarheid heeft een tijdselement in zich. Wat is het ziekteverzuim uitgedrukt in dagen van uw medewerkers ? Hoe lang staan uw productiemachines stil ten gevolge van een storing of van onderhoud ? De informatie die hierachter schuilgaat, is concreet, de bedoelde tijd ervan meetbaar. In bijlage 7 staat hierover een verdere uitwerking.

Hogere doelen

Wat zijn uiteindelijk de hogere doelen achter betrouwbaarheid ?

- ➢ Vertrouwen (confidence)
- ➢ Duurzaamheid (sustainability)

Vertrouwen is gebaseerd op het naleven van de afspraken die gemaakt zijn binnen het werkgebied van "Betrouwbaarheid" zonder deze daadwerkelijk te controleren. Bij duurzaamheid wordt daarbij betrouwbaarheid gekoppeld aan een langere tijdgebonden termijn, waaraan zou moeten worden voldoen.

Dit levert u continuïteit van uw organisatie op.Wanneer men deze benadering weer omdraait en u een goede betrouwbaarheid gedurende een tijdspanne of op verschillende fronten ervaart, kunt u spreken over vertrouwen in de persoon of organisatie ten aanzien van diens te leveren of reeds geleverde diensten en/of producten. Het is uiteraard persoonsgebonden wat voor u of de cliënt de mate van toegestane afwijkingen/wisselingen in kwaliteitsniveau fluctuatie mag zijn, waarbij het vertrouwen nog steeds blijft groeien en haar volledigheid haalt.

Vertrouwen kunt u zien als synoniem voor de tevredenheid of waardering van de cliënt ten aanzien van de opdrachtnemer en wordt gebaseerd op de achterliggende en actuele prestaties en/of patronen als verwachting naar de toekomst toe (extrapolatie) in hun onderlinge relatie.

Vertrouwen en geloofwaardigheid zijn integrale aspecten

Eigenlijk betekent dit dat vertrouwen pas aan het eindpunt is gekomen of optimaliteit behaalt, wanneer de cliënt vindt dat de opdrachtnemer aan alle aspecten en voorwaarden heeft voldaan. Anderzijds is het ook verklaarbaar dat met één compleet onvoldoende aspect het vertrouwen wegvalt of naar nul. Vertrouwen als totaliteit na het integreren op basis van verschillende aspecten, zoals ik in het model heb laten zien. Wanneer één van de prestatie-aspecten nul blijkt te zijn, vervalt daarmee de integrale waarde. Immers een kubus met alleen een lengte en breedte waarbij de hoogte ontbreekt, mist daardoor tevens aan inhoud.

Vertrouwen gaat verder dan reactief gedrag in de zin van vraag en aanbod, pro-actief en anticiperend en waarschuwend gedrag kunnen een wezenlijk bijdrage leveren aan het vergroten van vertrouwen. Bij beschikbaarheid en betrouwbaarheid kunnen op basis van de rationele, logisch beredenaarbare of concrete aspecten de diverse onderbouwingen worden aangevoerd middels procesmetingen gebaseerd op relevante prestatie-indicatoren.

Op basis van het onderbuikgevoel, de intuïtie, en het hartsgevoel zijn de prestatie-indicatoren daarentegen abstract en hebben alles met de "beleving" of sensatie namens de cliënt te maken.

Ze worden onder andere gevoed middels diens achterliggende ervaring en beleving ten aanzien van de door u reeds geleverde prestaties. Ze vloeien voort vanuit de beschikbaarheid betreffende vorm en inhoud, als ook methodiek die er aan ten grondslag ligt. Uiteindelijk bepaalt uw cliënt of opdrachtgever in zekere zin welke en hoeveel prestatie-indicatoren benodigd zijn om "sprake te laten zijn van werkelijk vertrouwen" naar u en welke bandbreedte hierbij voor hem acceptabel is. Daarmee is zijn geloofwaardigheid in u tevens een feit.

Het beoordelen van de prestaties kan zowel op de processen betrekking hebben als ook op de medewerkers. Daarom is het van belang dat u de karakteristieke eigenschappen van uw medewerkers (onder-)kent. U begint daarbij middels MBTI-methodiek of Brain Typing de temperamenten vast te stellen en vervolgens de toetsing aangaande de competenties van een ieder. Ik benadruk hierbij nogmaals dat het alleen gaat om uiteindelijk de motivatie te verhogen in plaats van het controlerende karakter dat dit uiteraard ook in zich heeft.

Daarmee is de "circle of confidence" weer rond. Ook bij synergie is vertrouwen ook één van de belangrijke aspecten, die daar speelt naast andere. Wanneer u de prestatie-indicatoren bij aspecten van beschikbaarheid per tijdseenheid vastlegt, blijkt het een vrij simpele handeling om vervolgens via betrouwbaarheid op basis van tijdseenheid te integreren om op duurzaamheid uit te kunnen komen.

U kunt voor het woord "duurzaamheid" in het geval van de medewerker het woord "toewijding" (commitment) lezen. Ik onthoud mij hier echter van het feit of het tegenwoordig nog wenselijk is of medewerkers zo lang binnen eenzelfde bedrijf zouden moeten blijven. Ik ben immers onbekend met uw bedrijf en uw strategieën. In de bijlagen kunt u de wijze van benadering lezen in geval van abstracte begrippen en hoe u tot afgeleide aspecten kunt komen die wel concreet en daarmee rationeel meetbaar zijn.

In het kader van vertrouwen betekent commitment van uw vaklui de continuïteits-garantie voor uw organisatie. Geloofwaardigheid heeft in dat opzicht alles te maken in heldere taal en waarmaken wat u communiceert.

Uw rationele taal en het intuïtieve gevoel dienen bij uw medewerkers congruent te zijn. De informatie uit de bovenkamer dient op de juiste wijze via uw onderbuik bij uw medewerkers aan te komen. Hun vertrouwen uit zich door ambitie en bezieling vanuit het middelpunt van hun, het hart !

7. Alignment Tool

De naam van de methodiek in de bovenstaande titel heeft betrekking op onder andere de bedrijfsprocessen. Vanuit het primaire proces kunt u een aantal secundaire bedrijfsprocessen aanwijzen, die het primaire proces ondersteunen. Deze ondersteuning dient optimaal te zijn in de zin van ultieme afstemming en minimale verliezen. Alle overige secundaire kosten zijn daarmee verantwoord. Bij een grote kabelexploitant heb ik de testcase van het Alignment Tool met succes laten plaatsvinden.

Gezien de diversiteit van de bedrijfsprocessen en daarmee de karakters van de bijbehorende prestatie-indicatoren is het noodzakelijk te integreren vanuit de secundaire processen om uit te kunnen komen op het primaire proces, in dit geval alleen mogelijk vanwege het principe van de Laplace-transformaties. Hiervoor heb ik in relatie tot de NEN 2748 of CEN/TC 348, de normering aangaande het Europese Facility Management, een methodiek uitgedacht, die dat feilloos aankan. Ik noem deze methodiek ProPyMax : De Procesbeheersing middels Piramidebenadering en weergegeven in een Matrixrekenstructuur. Zie daarvoor ook mijn website betreffende dit onderwerp : www.euphoriaweb.nl/biblio/propymax.pdf).

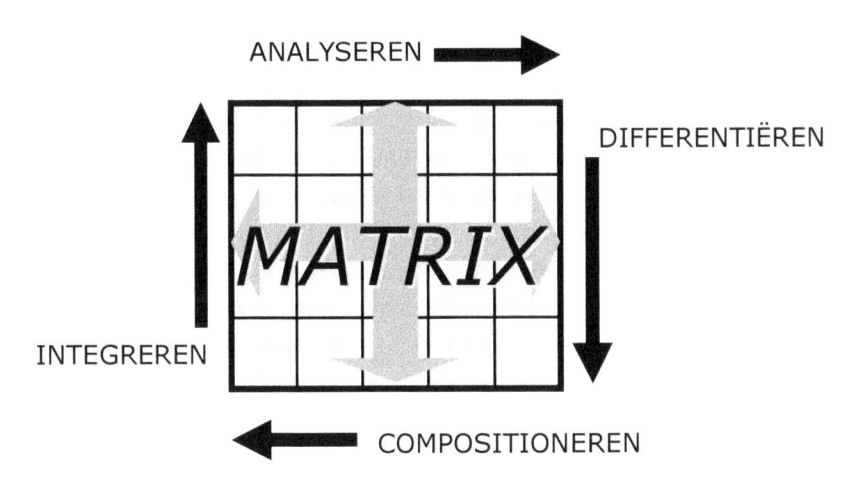

en bijbehorend :

primaire	proces	functie	KPI	principe
secundaire	processen	functies	KPI's	principes

procedures & protocollen (tactisch)

werkprocessen (operationeel)

Deze rationele methodiek "rekent" op alle fronten uit of en in welke mate de secundaire processen in lijn liggen met het primaire proces. Hoe groter de verschillen, hoe meer er bespaard kan worden door de processen in lijn te krijgen. U kunt vervolgens precies op de juiste plek via de celbenadering de verliezen identificeren, verwijderen of minimaliseren.

Gezien het feit dat elk secundaire proces afwijkend is van elke andere, zouden ook de bijbehorende secundaire functies, prestatie-indicatoren en principes anders gekozen moeten zijn. Daarmee doel ik op het principe van de Laplace-transformaties, wat staat voor partiële differentiatie en integratie. Tevens laat ik hiermee het specifieke nuanceverschil en de kracht van de matrix als wiskundig rekenmodel naar voren komen.

Met de principes maak ik enerzijds de link met de "natuurwetten", zoals deze binnen de fysica, biologie en psychologie worden gehanteerd, anderzijds maak ik de link met de kernkwaliteiten en daarop volgend de competenties van de medewerker. Wanneer deze laatste in orde zijn, kan men praten over de juiste persoon met het juiste vakmanschap op de juiste plaats. Elke manager, die dat begrijpt en respecteert, weet gelijk dat dit wederzijds vertrouwen oplevert en daarmee hogere profits vanwege de Highest Performance bewerkstelligd door de medewerker.

<u>Meerwaarde van modellen</u>

Wanneer kan een kwaliteitssysteem of –model van meerwaarde zijn ? Dat is mogelijk wanneer de activiteiten, de resultaatgebieden en (eind-)

producten concreet aantoonbaar zijn of wanneer er duidelijke prestatie-indicatoren aan het proces toe te wijzen zijn. Het gevaar van Prestatie-indicatoren is gelegen in het feit dat de tijdsfactor of eenheden per tijdseenheid, als kwaliteitscriterium wordt gehanteerd. Daarmee wordt een variabele als de tijdseenheid plotseling een concrete weegfactor. Wanneer ik de waardering of de klanttevredenheid daar overheen leg, dan is het duidelijk waar dit in het Zorgstelsel toe geleid heeft.

"Waarom zou ik zo veel geld voor de zorg betalen, terwijl het meeste geld gaat in het managen van de te besteden zorgtijd ?" Waarom kan ik niet direct naar een arts en hem contant betalen voor zijn geleverde diensten ? Hetzelfde geldt binnen het onderwijs, waar ik tevens werkzaam ben geweest. De budgetten die in het onderwijs worden gepompt, dienen op grootschalige wijze gemanaged te worden, althans dat is de tendens.

Dat het overgrote deel van het bedoelde budget daar vervolgens aan wordt gespendeerd, waarmee de beoogde financiële effectiviteit daalt, is schijnbaar onbelangrijk. Ook hier tracht men zo veel mogelijk abstracte dienstverleningen te concretiseren. In de meer fysieke beroepen is de concretie gemakkelijk aantoonbaar. Ook bij de Zorg zoals onder bij andere beenbreuken en andere gelijksoortige kwetsuren en ziekten geldt hetzelfde. Hoe wordt omgegaan met de minder fysieke beroepen en bijvoorbeeld moeilijk te diagnostiseren ziektebeelden ?

Denkt u daarbij ook aan de competentiegericht leren vooral op middelbaar onderwijsniveau. Competenties zijn sterk gebaseerd op concrete handelingen, op het zichtbare, fysieke gedrag van de deelnemer. Alle sporadische successen ten spijt, ook binnen het Onderwijs is men meer drukdoende om een kwaliteitsmeetsysteem te implementeren voor het "meten" van deze competenties bij de deelnemers en minder met de inhoud van kwalitatief onderwijs zelf. De graadmeter bij onder andere ROC's is het aantal uitgeschreven diploma's. Daarmee worden de hoogtes voor de budgetten bepaald, anders gezegd het aantal uitgereikte diploma's tijdseenheid. Het is daarmee een kwantitatief rationeel en concreet meetsysteem geworden, immers iedereen zou een diploma moeten kunnen krijgen en de onderwijsinstelling daarmee een hoger budget.

Invloed van rationele modellen op medewerkers

Ook wordt een verandering van de rol van de echte docent (MBTI-code – ENFJ) gevraagd en als een raadgever (INFJ) op te treden naar de deelnemers toe. Alleen bleek dat slechts zeer weinig ROC-ers "slim" genoeg waren om vragen te stellen over hun lesstof, waarmee de docent in een inter-relationeel vacuüm terecht komt. Ook blijft hierdoor de intuïtieve capaciteit van hun onbenut, immers zij staan nog nauwelijks in persoonlijk contact met de deelnemers, en dat is zeker in hun geval gezien hun temperament noodzakelijk. Blijkens deze ontwikkelingen van dit onderwijs lijken vele docenten "kapot " te gaan aan de verandering van extraversie om te schakelen naar introversie, van "E" naar "I", waarbij door de vergrote vergadercultuur het alleen nog maar gaat om controle en beheersing van het Onderwijs en er nauwelijks tot geen beroep meer wordt gedaan op de didactische en pedagogische expertise van de docenten.

Het Onderwijs wordt hiermee rationeel en logisch benaderd. Daarmee dient de docent van zijn individuele "hartgevoel" met de deelnemer ("F" – Feeling) over te stappen naar het rationele, het concrete, het meetbare (de "T" – rationeel). Ook deze verandering druist tegen de natuur van de echte docent in waarop veelal een burn out op volgt. De vakman wordt "tegengewerkt" en kan zijn of haar expertise, zijnde het overdragen van kennis en verbeteren van de deelnemer, niet meer kwijt ! Vergelijk de verandering van het voorkeursdenken bij de echte verzorger met MBTI-code ESFJ in ISTJ. De verandering van extravert naar introvert betekent eigenlijk iemand monddood maken en slechts doen wat wordt opgedragen binnen de voorgestelde tijd. De menselijke inbreng is nihil geworden, het is alleen jammer voor het management dat een robot het werk nog net niet kan doen.

Tenslotte zie ik de capaciteiten van het kunnen integreren in het verlengde van het concept denken, ofwel de transitie kunnen realiseren vanuit het concrete naar uiteindelijk het meest abstracte level. Die capaciteit is slechts aan een elitair gezelschap toebedeeld. Iedereen gebruikt zijn of haar eigen metaforen, welke qua associatie het dichtst bij die persoon zelf ligt. Dientengevolge is het ook begrijpelijk dat wanneer u over abstracte zaken discuteert zoals kennis, vertrouwen, waardering en andere, u al gauw uit elkaar groeit qua gedachtegangen. Een hulpmiddel hierin is Mind Mapping, waarin ieder voor zichzelf "het systeem" uittekent en de grenzen of borders met termen definieert. Vervolgens kunt u voor uzelf relevante interne en externe aspecten zoals subsystemen met bijbehorende functies aan "het systeem" toevoegen. De uiteindelijke samenvoegingen van uw systeemweergave en die van anderen maakt de concretisering en daarmee de definiëring van het "systeem" veel gemakkelijker. U creëert en definieert daarmee een gezamenlijk systeem. U kunt voor "het systeem" het ongeïdentificeerde en ongedefinieerde probleem invullen.

Tevens blijkt het bedenken en ontwikkelen van modellen en/of dergelijke systemen altijd mogelijk en komen nieuwe inzichten en mogelijkheden aan de oppervlakte. Met mijn methodiek had ik persoonlijk een nieuw en krachtig tool in handen om op mijn manier voor de cliënt (kabelexploitant) daarmee alle secundaire processen beter in lijn te krijgen en de verliezen inzichtelijk te maken. In vergelijking met de andere, reeds bestaande modellen blijkt dat ook dit model op meerdere fronten haar meerwaarde kan aantonen. Deze meerwaarde ligt in het feit dat in middels intuïtie een menselijke aspect als temperament eraan gekoppeld heb.

8. Hoe kunt u uw intuïtie ontwikkelen ?

Wellicht is dit voor u het meest interessante hoofdstuk van het hele boek.

In hoeverre kan iemand intuïtie ontwikkelen ? Terugkijkend naar de onderzoeken van Carl Jung, blijkt een klein percentage van circa vijfentwintig procent van de bevolking vanuit haar natuurlijke doen primair een sterke intuïtie te hebben en daarop te durven vertrouwen. Voor de andere vijfenzeventig procent is het van belang intuïtie te ontwikkelen tot een voldoende sterk middel voor zichzelf om besluitvormingen op te kunnen baseren. Intuïtief gedrag manifesteert zich als visionair of conceptueel denken. Het gaat dus om dat deel van het intellect te ontwikkelen dat "garant staat " voor conceptueel denken.

Zoals ik dit vanuit de topsport beredeneer, is in principe alles door iedereen trainbaar en ontwikkelbaar. De genetische aanleg van een persoon bepaalt uiteindelijk het eindpunt van deze ontwikkeling en daarmee de kwaliteit en omvang ervan. Tevens heeft onderzoek aangetoond dat de ontwikkelingen van de diverse denkwijzen namens MyersBriggs chronologisch plaatsvinden. De eerste natuur zou hoofdzakelijk in het zesde tot en met het twaalfde levensjaar plaatsvinden, de tweede natuur in zes jaren daarop volgend, de tertiaire natuur in het achttiende tot ongeveer het dertigste en de zwakste natuur in de tijd erna. Kort gezegd betekent dit dat wanneer detaillisten niets extra's doen om hun intuïtie te ontwikkelen, deze zich misschien niet ontwikkelt, deze ver achterblijft of pas in een latere levensfase tot ontwikkeling komt. Daarom is het allereerst het van belang te onderkennen of u vanuit uw eerste of tweede natuur een detaildenker bent of een conceptdenker.

Een detaildenker vertelt en schrijft zoals de naam aangeeft, in details, de conceptdenker doet dat meer in beelden en in nuances. Deze constatering kan volgen uit vrijblijvende gesprekken en briefwisselingen, als ook uit de lichaamsbouw of morfogenese van de persoon. Immers het soort temperament bepaalt in grote mate de morfogenese van de persoon en daaruit volgt dienst voorkeursmotoriek. Als u dat onderkent, kunt u de daaraan gekoppelde competenties van de personen waarnemen. Detaillisten praten ook veelvuldig in het hier en nu en sommigen blijven details vanuit het verleden oprakelen. Visionairen daarentegen spuien ideeën, concepten, die alle een toekomstig karakter hebben, waar over nagedacht is, los van het feit of dit altijd wel pragmatisch en toepasbaar is.

Uw intuïtie ontwikkelen betekent dat u open staat voor nieuwe ideeën en concepten, u oude traditionele waarden durft los te laten en nieuwe kennisgebieden tot u neemt. Voorts is een groot voordeel dat u op vroege leeftijd intuïtie begint te ontwikkelen door activiteiten op te pakken zoals ik in paragraaf 2.1 beschreven heb.

Op hoofdlijnen werkt het als volgt. Er geldt bij intuïtie slechts één belangrijk item : Ken de natuur, ken mensen ! De kennis en inzichten vanuit de wetenschappen Natuur & Biologie, de laatste vanwege de morfogenese en de anatomie, als ook Psychologie & Gedragswetenschappen kunnen u daarbij van dienst zijn.

De belangrijkste ontwikkelmethode is volgens mijn mening de navolgende wijze. Observeer culturen, natuurlijke en geschiedkundige fenomenen, flora en fauna. Stel uzelf bij elke gebeurtenis of activiteit binnen de genoemde gebieden de volgende twee vragen en tracht zelf de antwoorden te achterhalen vanuit uw gevoel (intuïtie) :

1. Wat is de betekenis van wat u waarneemt ? Wat is de functie van het fenomeen ten opzichte van diens omgeving ?
2. Waarom gebeurt dat wat u waarneemt ? Wie of wat is de veroorzaker of initiator en met welke reden gebeurt dat wat u waarneemt ?

Het belangrijkste voor uzelf bij het beantwoorden van de vragen is dat u er bewust van bent welk gevoel het u geeft bij een bepaald type antwoord op de gestelde vragen. Herkent u of onderkent u een gevoel in uw antwoord ? Baseert u uw antwoorden vanuit logica of vanuit gevoel ?

Ter ondersteuning van het "verzinnen of creëren" van uw antwoorden kan ik u de volgende twee tips meegeven. Er gelden enkele belangrijke principes binnen de natuur die u op weg kunnen helpen naar de "juiste antwoorden". Denkt u daarbij aan "de wil om te overleven" en de "energie-uitwisseling" tot het laagst mogelijk rustniveau.

Andere activiteiten die u kunnen ondersteunen en die binnen uw bereik kunnen liggen, zijn :

- Durf routes, antwoorden of uitkomsten te verzinnen bij vraagstukken of problemen
- Schat vooraf reactief gedrag in bij mensen en controleer hun gedrag voor uzelf
- Durf details los te laten en vaar op hoofdlijnen
- Durf te varen zonder strakke regels en procedures ; intuïtie vraagt alleen om richting
- Durf te delegeren en schat hun stijl en aanpak van werken in
- Probeer verschillende manieren van leidinggeven uit (woordkeuze en zinsstijl)
- Durf fenomenen vanuit de natuur middels metaforen over te brengen en toe te passen binnen uw organisatie

Wanneer u dit als prettig en positief ervaart en u leert hieruit, dan zult u merken dat de omgeving om u heen verandert, mensen waarderen vertrouwen en respect van hun superieuren of collegae. Bij de ontwikkeling van uw intuïtie wordt het gesproken woord het ongesproken woord, onverschilligheid wordt betrokkenheid, samenwerking wordt synergie en resultaat wordt persoonlijke prestatie.

9. Bijlagen

(alle bedoelde profielen zijn door mij gebaseerd door louter observeren en invoelen)

Typerend in alle casussen is het aspect dat het hier gaat om grote organisaties die vaak onderhevig waren aan fusies en overnames en de veelal logge, bureaucratisch ingestelde cultuur, die ermee samengaan. Het voordeel van grote organisaties is dat het ruimte geeft voor ver doorgevoerde differentiatie betreffende functies en taakstellingen. Grootste nadelen zijn de vele procedures en regels die dat meebrengt en het verlies van het totaaloverzicht aangaande de samenhang van medewerkers en hun activiteiten. Dit laatste denkt men keer op keer te kunnen ondervangen met grote software systemen. Niets is minder waar ! Door te kijken naar de totale organisatie of die van de betreffende divisie is het tevens gunstig te weten, welk denkstijl de betreffende personen op sleutelposities hebben. Hebben zij behalve de benodigde zichtbare competenties wel de juiste denkstijl, het juiste temperament, benodigd voor deze functie ? Middels de MBTI-methodiek heb ik kunnen aantonen dat hieraan veelvuldig wordt voorbij gegaan. Mogelijke oorzaken heb ik beschreven in dit boek.

Bijlage 1 : Analyse van een vacature middels Brain Typing

In de krant zag ik de navolgende vacature staan. Het betrof een beleidsmatige afdelingssecretaris. Met de koppeling naar deze functieinhoud van de verder niet beschreven vacature, zie ik een tweetal profielen :

Het ene profiel is gebaseerd op kennis en "inschattend aanvoelen", waarmee bedoelde persoon conceptueel ("Heler" – code INFP) kan acteren, ook en juist binnen politieke omgevingen. Anderzijds dient deze zelfde persoon de afdeling Bestuurssecretariaat aan te sturen en te leiden ("Supervisor" – code ESTJ). Precies de temperamenten van deze profielen zijn stressoren van elkaar. Op zich kan dat toch redelijk goed uitpakken.

- ✓ Wanneer het zwaartepunt op het concept denken en het politieke klimaat ligt, dan is een echte conceptdenker (organisatie adviseur) op zijn plaats.
- ✓ Wanneer het regelen, het aansturen en controleren het zwaartepunt is, is een echte Business Consultant op zijn plaats.

In de eerste kan ik mij vinden, de tweede optie bezit ik qua competenties wel, echter als persoon dien ik dan qua tijd te veel in een andere denkwijze te gaan zitten, wat noch mijn eerste natuur, noch mijn hulp- of tertiaire natuur is. Dit is de stressor vanuit "Mental Preference" bezien. Wanneer er sprake is van een sterk zelfsturend team, dat slechts richting of richtlijnen nodig heeft, past mij dat uiteraard heel goed. Hiermee meen ik dan ook aan te geven dat de eerste toetsing op "Mental "Preference" belangrijker is dan de eerste toetsing op competenties of het kunstje. Wanneer beide aspecten zoals beschreven zeer sterk spelen, zou het mijn voorstel zijn om of de functie te differentiëren in twee nieuwe functies met twee nieuwe taakstellingen, of de taakstelling dusdanig aan te passen dat deze strookt met de beoogde keuze qua functie-inhoud en elk bijbehorend temperament.

Bijlage 2 : Profilering van Ellen Vogelaar

De meeste organisaties hanteren als vertrekpunt de competenties van iemand, ook al roepen ze vaak iets anders. Gerenommeerde organisaties maken ook bij de hogere functies bij hun interviews nog steeds veelvuldig gebruik van de STAR-methodiek. Dit houdt in dat u een situatie (S) vanuit uw cv voorgelegd krijgt. Vervolgens vraagt de interviewer u wat uw taakstelling (T) in deze was. Welke acties (A) heeft u ondernomen om uiteindelijk tot het gewenste resultaat (R) te komen ? Dit neigt er sterk naar dat mensen in de gelegenheid gesteld worden fabels te vertellen. Immers u wordt gevraagd wat u weet, u hoeft alleen maar een geloofwaardig verhaal te vertellen. Er wordt geen beroep gedaan op het denkvermogen van u als kandidaat. De gerichte vraagstelling levert de interviewer een gericht antwoord op. Ze menen daarmee de ultieme persoon op de juiste positie te doen belanden. Heeft de kandidaat in werkelijkheid ook dit karakter ? Immers de "competenties" duiden opeen juiste en geschikte kandidaat.

Echter past het temperament van de kandidaat bij deze functie ? De selectie wordt nu een kwestie van gunnen. Bij wie voelde de selecteur zich het beste op zijn of haar gemak ? U zou er de twee vragen aan toe kunnen voegen die betrekking hebben op reflectie en transitie. Uit deze twee antwoorden haalt u meer waarde over de denkstijl en de kwaliteit ervan bij de kandidaat.

Een groot en recent voorbeeld is Ellen Vogelaar, in haar kennis en kunde een prima vakvrouw, echter zoals bleek, te beperkt in het "aanvoelen" van de grote omgeving om haar heen. Haar introvert geprojecteerde gevoel bestond uit details en bleven vooruit lopen op de inleving aangaande de wensen en eisen van de externe betrokkenen, het kabinet. Daarbij genomen het feit dat zij een introverte persoonlijkheid is, wordt het voor haar al heel snel lastig dat wanneer haar derde natuur onvoldoende is mee ontwikkeld, zij daardoor niet "haar mannetje kan staan" in de media, zoals gebleken is.

Haar temperament was te veel op gevoelsdetails of te veel kleinschalig "invoelen", te veel op de inhoud ingesteld. Dat is typerend voor een echte Componist of ISFP-er, die in functie gericht is op zijn of haar eigen gevoelsmatige normen en waarden. Daarbij had ze onvoldoende oog voor de aansluiting middels het intuïtief handelen op hoofdlijnen. Bij kritische vragen brengt haar veiligheid en vluchtgedrag dat ze stilvalt en in haar schulp terugtrekt, dit "stilvallen" behoort bij haar temperament.

Haar concentratiefocus had juist moeten liggen op "groot om zich heen kijken" en daarnaar acteren, immers dat andere beheerste ze van nature al en heeft ze versterkt tijdens haar tijd in Amsterdam. Met de stress-uitspraak geeft ze ook juist haar onderontwikkelde aspect aan in de zin van "Ik had deze klus willen en kunnen klaren" . Ze had inderdaad groot de wereld in moeten kijken.

Bijlage 3 : Het schaap met de vijf poten

Iedereen die sociaal is, een flinke dosis sympathie en empathie meebrengt, is best goed in staat te "verkopen" afschoon hij of zij geen "rasverkoper" is.

Meestal wordt de keuze bepaald in basis van vertrouwen, enerzijds door reeds bewezen diensten anderzijds door de onderlinge sociale verhoudingen zoals een voormalig studiegenoot. Deze verkoopfase wordt spin off genoemd. Dat aspect heeft "gunnen" in zich. Waarom eist dan een grote consulting organisatie in het midden van het land van hun sollicitanten voor consultant in spé, dat zij op jaarbasis 250 K binnenbrengen ? Naast de zeventig procent van de tijd te besteden aan consultancy zouden zij dus in de resterende dertig procent van de tijd 250 K voor deze organisatie moeten binnenhalen. Dat is voor mij een raadsel. Een inschatting van de inkomstenverdeling wordt door mij als volgt berekend:

Mijn uitgangspunten zijn :
- ✓ 200 werkdagen
- ✓ 30 % Sales = 60 werkdagen (ca. 3 maand)
- ✓ 70 % Consultancy = 140 werkdagen (ca. 7 maand)
- ✓ Opbrengst vanuit 30 % Sales / Acquisitie zou ca. 250 K tbv de continuïteit & overhead
- ✓ Opbrengst vanuit 70 % Consultancy ca. 160 K bruto inkomsten
- ✓ Kosten ca 125-150 K per werknemer

Middels vele onderzoeken is aangetoond dat Sales of Acquisitie voor zeventig procent uit iemands persoonlijkheid bestaat en dus zal de resterende dertig procent in dit geval wel de waarborg vanuit deze grote organisatie zijn met aspecten als betrouwbaarheid en naamsbekendheid. Vanuit de MBTI-methodiek bezien is er een duidelijk verschil tussen de "Rasverkoper" en de echte "Raadgever". Toch, als ik deze rekensom op een willekeurige consultant betrek, die blijkbaar succesvol genoeg is om in drie maanden tijd middels acquisitie 250 K of meer binnen te halen, waarom zou zo iemand dan nog voor deze organisatie gaan werken ? Zelfs een grove inschatting geeft al aan dat een dergelijke persoon op basis van misschien zes maanden werken 100 K op jaarbasis overhoudt en vervolgens zes maanden vakantie kan gaan vieren. Wie wil dat niet ? Is er bij deze organisatie sprake van geldslavernij ? Hoe lang duurt het voordat deze personen een burn out oplopen ?

In dit geval heb ik het over de effectiviteit en dus over het tactisch werkniveau. Op tactisch niveau draait het om prestatie-indicatoren, prestatie-indicatoren welke betrekking hebben op resultaten van de activiteiten van elke "Vakman" of de expert. Alleen de "Vakman" die direct met geld en/of omzet bezig is, heeft in zijn of haar prestatie-indicator "het geldaspect" verwerkt. Al het andere is verre van de aangehaalde prestatie-indicatoren. Wanneer mensen "hun ding" kunnen doen, in een flow raken, verre van verkeerde stress kunnen werken, zal de prestatie hoog zijn en zijn vervolgens de commerciële revenu's hoog. Ook in de omschreven casus lijkt het erop dat de volgorde verkeerd wordt bepaald. Een enkele persoon, die dat wel kan, zal succesvol zijn namens deze organisatie, echter hij of zij laat zich gelijk omdopen tot geldslaaf voor diens baas.

Kan de echte geldslaaf op deze wijze gelukkig zijn ? David Keirsey heeft als Amerikaans MBTI-onderzoeker, middels zijn onderzoeken aangetoond dat een groot aantal mensen een burn out oploopt vanwege de onrealistisch gestelde doelen. Ditzelfde werd aangetoond door onderzoeksbureau Gallup. Dezelfde vraag anders gesteld, bestaan er gelukkige schapen met vijf poten ?

Bijlage 4 : Resultaat of Performance (overheidsorganisatie)

Zijn contractor had een wanprestatie geleverd. De Project Manager zelf was een "pure" detaillist met MBTI-code ISFP-er, wat staat voor Componist.

Toch riep hij de contractor alsnog tot orde. Vanwege zijn "'F" (hartgevoel) wilde hij het in harmonie oplossen en de contractor de ontbrekende details vanuit zijn "S" alsnog te laten aanvullen. De betaling aan de contractor had hij tevens tegengehouden. Hierdoor stagneerde het project en kon fase twee, de beleidsvorming ervan, niet opgepakt worden. Uiteindelijk kwamen na vijf maanden de gevraagde details met de bedoelde diepgang en toelichting boven water, werd deze fase van het project opgeleverd en werd hun factuur betaald.

Indien het temperament van deze Project Manager visionair zou zijn geweest, of had deze detaillist zich in ieder geval als derde en vierde natuur voldoende visionair ontwikkeld, dan had hij de ontbrekende details zelf verzonnen of in dit geval geïnterpoleerd vanuit de informatie die hij op dat moment wel had. Daarmee had hij geld bespaard door de contractor niet te betalen vanwege diens wanprestaties. Tevens had hij fase twee vrij snel kunnen oppakken. Daar deze projectleider een heel goede Componist (sterk invoelend vermogen) is, weet hij prima mensen naar zijn hand te zetten en voor zichzelf in te zetten. Alle toegevoegde informatie en kennis tracht hij zelf tot een samenhangend geheel om te zetten zonder hulp van welke conceptdenker of in dit geval de benodigde Architect dan ook. Uiteraard blijft het in zijn geval onsamenhangend, omdat hij nu eenmaal een echte detaildenker is. Om zich toch te handhaven en te overleven is het voor hem noodzakelijk mensen te manipuleren. Dat is de negatieve kant van zijn Componist-zijn binnen deze functie. Een goed ontwikkelde Componist baat mensen uit ten gunste van het teamresultaat in plaats van het manipuleren en uitbuiten van de medewerkers en de schijn ophouden van eigen grote kennis en kunde. Hiervoor was het voor hem wel nodig zich van de bedreigingen te ontdoen door bijvoorbeeld tijdelijke contracten van de medewerkers binnen zijn werkgebied niet verlengen.

De uiteindelijke prestatie van deze Project Manager is gezien de tijdspanne en nalaten er het visionair of slim mee om te gaan, gewoonweg slecht te noemen. Hij had een onnodig lang tijdspad nodig, simpel vanwege het feit dat hij de man met de verkeerde dan wel onderontwikkelde beheersbare temperament op de verkeerde plaats was. Zo geldt dat voor meerdere overheidsinstanties. Veel ambtenaren blijven lezen op de details van de regels en procedures, zoals bij aanbestedingen en trachten koste wat het kost de "Vakmanschap" van de contractors er binnen te plaatsen. De vaklui op hun beurt, trachten de dervingen, welke die met zich meebrengen, op alle mogelijke wijzen compenseren.

Een ultiem voorbeeld is dat ondanks de huidige kennis en technologie van wegasfalt, het eigenlijk onbegrijpelijk is dat de kwaliteit van het asfalt verre van goed was gedurende de vorst van de afgelopen winter van 2008-2009 lettende op de vele vorstschades aan het wegdek. Overheid versus het bedrijfsleven, Ambtenaren – Wachters versus Bedrijfsleven –

Vaklui. Wie draaien er als gevolg van de slechte overeenstemming op voor de extra gemaakte kosten ?

Bijlage 5 : Beursgenoteerde technische organisatie

Een vestigingsdirecteur van een grote beursgenoteerde installatiebedrijf, die van nature een logisch redenerende detaillist is (ESTP – Promotor) met matig ontwikkelde visionaire capaciteiten, bedacht, om de relatie met de cliënt, die zich op dat moment op een dieptepunt bevond, nieuw leven in te blazen. In tegenstelling tot andere ideeën hierover schoof hij een zeer stille "pur sang" detaillist of techneut naar voren met de MBTI-code ISTP, wat staat voor Ambachtsman in plaats van de door anderen geopperde visionaire bruggenbouwer met MBTI-code ENFP, wat staat voor Inspirator.

Het is makkelijk te begrijpen dat de cliënt vervolgens compleet afhaakte en op geen enkele wijze meer geen vertrouwen had in deze organisatie. Dergelijke zaken spelen vaker binnen deze grote organisatie vanwege de cultuur van een technische organisatie. Een technische organisatie is veelvuldig een detaillistische organisatie, waarbij de visie vaak ophoudt als men verder dan 5 maanden vooruit moet kijken. Ondanks dat het hoofdkantoor een strategisch plan presenteert voor de komende drie jaar. De vele Vaklui met code SP groeien vaak vanuit hun technische expertise door naar meer tactische/strategische posities op afdelings- of divisieniveau. Ontwikkelen zijn tevens hun visionaire of intuïtieve capaciteiten ? Voor zover ik het nu heb ervaren, zullen echte visionairen het daarom niet redden op vestigingsniveau bij dergelijke platte, operationeel georiënteerde organisaties zonder enige vorm van bevoegdheden van hoger hand.

Parallel hieraan werd als uitkomst van het aandeelhoudersoverleg door het hoofdkantoor besloten om het winstdeel van vier naar zes procent op te voeren in de komende drie jaar. Op basis daarvan werd door de hoofdvestiging van deze technische installateur een strategie gekozen om gedurende dit traject een grootschalige sociaal functionele innovatie door te voeren. Deze innovatie, die de organisatie High Tech Services zouden moeten gaan opleveren is gebaseerd op hoogwaardige kennis. Echter deze innovatie gaat het niet redden binnen nu en vijf jaar, omdat een groot aantal beslissingsnemers van nature detaillisten, op vestigingsniveau, zich onvoldoende ontwikkeld hebben om technische details te durven los te laten en op hoofdlijnen of visionair te gaan werken.

Een behandelend visionaire adviseur dient, om te kunnen breken met oude waarden en gewoontes binnen de cultuur van deze traditionele branche, geautoriseerd te zijn voor het maken van harde beslissingen, die veelal het individu treffen. Hier zou u de intrinsieke bedreiging van adviseurs voor personen op dergelijke sleutelposities kunnen aanvoelen of inschatten. Alleen een grootschalige inwisseling van de bedoelde sleutelfiguren kan met goedkeuring door het managementteam binnen redelijke tijd snellere resultaten opleveren. Met andere woorden, durf Renaissance of radicale aanpassingen door te voeren, wanneer dat uiteindelijk noodzakelijk blijkt zoals in dit geval.

Bijlage 6 : Nederlandse energiereus blijft reorganiseren

Gedurende de achterliggende jaren hadden energieproducenten en -distributeurs de status van semi-overheidsorganisatie. Verdere veranderingen hebben geleid tot de complete privatisering van hun bedrijfstak. Zo ook bij deze Nederlandse energiereus. Hierdoor hebben de medewerkers dientengevolge vele reorganisaties en saneringen meegemaakt. In het jaar 2005 was het inmiddels zover dat elke aangekondigde verandering leidde tot een massale weerstand vooraf, afgezien van het feit dat het doel van de verandering nog onbekend was. Zo ook bij dit project.

Energieproductie levert geld op. Deze energieproducten worden via de APX-markt aangeboden aan de afnemers, meestal de distributeurs. Daar de APX-opbrengsten door de stroomlevering een tienvoud hoger liggen dan de normale tarieven, leek het deze energiereus wenselijk hun warmtekrachtpark, het WKK-park met om nabij honderdvijftig MegaWatt aan te leveren elektrisch vermogen, te upgraden. Tijdens de bedoelde piekuren zou zeker honderdtwintig MegaWatt aan extra vermogen worden bijgezet. Uit de afgelopen periodes bleek dat het geleverde vermogen nooit verder kwam dan vijfentwintig tot achtentwintig MegaWatt. De piekperiodes beslaan gemiddeld drie tot drieënhalf uur per etmaal. Dit betekent middels een kleine rekensom een derving van zestigduizend Euro per uur.

Dat stroomlevering van origine hun "core business" is, lijkt niet meer de **essent**ie te zijn voor deze organisatie. Ondanks het feit dat zij elfhonderd ICT-experts in dienst hadden, op zich alle goede vaklui op hun vakgebied, konden geen van deze elfhonderd medewerkers de echte oorzaak van deze lage beschikbaarheid van het WKK-park boven water krijgen. Hun eerste gedachte ging vanzelfsprekend uit naar de herinrichting van het ERP-systeem. Bij de vraag wat ze precies in functioneel opzicht zouden verbeteren konden ze boeiend vertellen. Op het moment dat ze de relatie tot de werkelijke bedrijfsvoering van WKK's moesten aangeven, liepen zij vast. Zij konden dus de functionaliteiten vanuit het WKK-proces niet vertalen naar hun ERP systeem.

De echte vaklui, met wie ik in het verleden persoonlijk heb samengewerkt met de WKK-projecten en die er nu nog werkzaam waren, hielden uiteraard hun mond, veelal murw geslagen door alle reorganisaties. De "nieuwe" managers die sturing aan het proces zouden moeten geven, hadden nog nooit een WKK- installatie "life" gezien. Hun collega's, die de monitoring ten aanzien van storingen en onderhoud moesten regelen en overleg moesten voeren met de externe onderhoudspartijen, al evenmin. Uiteraard maakten de contractors veelvuldig "gebruik" van de interne verwarring en onkunde binnen deze organisatie en konden daarmee hun revenu's oneigenlijk doen vergroten. Daarmee blijkt dat deze energiereus op een echte overheidsinstantie lijkt, die wel regie wil voeren over de inhoud, echter jaren lang de expertise buiten de deuren heeft gebracht. Of hebben we het hier over "oude wijn in nieuwe zakken" ? Ze hebben daarmee in de afgelopen jaren een grote afhankelijkheid en kwetsbaarheid voor zichzelf gecreëerd.

Waar zijn de generalisten die transities kunnen waarmaken tussen het operationele en het strategische niveau ? Waar zijn deze generalisten die bij problemen deze zelf in kaart kunnen brengen en daarbij op zoek gaan naar de echte oorzaken achter de problemen ? Het is wel heel gemakkelijk de ICT-afdeling te vragen om voor elk probleem een softwarematige oplossing te zoeken. Zal deze oplossing ultiem zijn ? Als de projecteigenaar het primaire proces al niet begrijpt of aan den lijve heeft ondervonden, wat gaat deze persoon deze ICT-ers dan vragen om te laten bouwen ? Sterker nog, wat is de bedoelde manager eigenlijk aan het managen ?

Indien dergelijke managers vakonbekwaam zijn, dan is er in dat geval maar één prestatie-indicator, waarmee ze wellicht wel uit de voeten kunnen : de Euro. Met andere woorden, regel en zorg ervoor dat u of uw afdeling financieel uit de rode zone blijft, ten koste van alles en zeker van iedereen. Ook hier blijkt dat door alle reorganisaties de echte en essentiële kennis buiten de organisatie is komen te liggen. De organisatie is qua oorspronkelijke expertise van binnen uit uitgehold, waardoor het nu meer een bureaucratische beheerorganisatie geworden, zonder nog echt verstand te hebben van waar hun core business ooit lag.

Bijlage 7 : Prestaties van ambtenaren binnen hun cultuur

In de afgelopen maanden van de crisis wordt steeds duidelijker wat de definitie is van prestaties bij ambtenaren. Een grote instantie zoals het UWV, die tracht (langdurige) werkzoekenden aan werk of een baan te helpen, kan eigenlijk geen kant uit, evenals de kandidaten zelf. Een groot deel van de medewerkers die op straat is komen te staan door faillissementen en reorganisaties, heeft op dat moment veelal het nadeel van leeftijd, branche, discipline en functie.

Wat is de rol van het UWV ? Het UVW wordt geacht deze mensen te reïntegreren in de arbeidsmarkt. Echter als gelijksoortige bedrijven dezelfde problemen ondervinden van de crisis, waar worden deze mensen dan in geïntegreerd ? Ja, in de arbeidsmarkt, uiteraard. Wat houdt dit hele reïntegratietraject dan eigenlijk in ?

Reïntegratiebedrijven brengen kernkwaliteiten en competenties in kaart van de deelnemers. Dit onderkennende zou dat de mogelijkheid kunnen geven tot mogelijk bijscholing, trainen en versterken van onvoldoende sterke competenties of in het uiterste geval, complete omscholing. Nog steeds blijft de vraag, waartoe "profilering" in hun optiek toe leidt. Immers daar waar de medewerkers vandaan kwamen, wordt voorlopig geen perspectief geboden. Sterker nog, mocht er enige ruimte gecreëerd zijn, dan zal wegens het kostenplaatje al gauw naar andere goedkopere arbeidskrachten worden uitgekeken. Dat is momenteel de tendens. Omdat de missie van het UWV bestaat uit het terug laten keren van de werkzoekende in de arbeidsmarkt, rest hun weinig dan te constateren dat dit wel heel erg lastig wordt.

Om toch enige prestatie van niveau neer te zetten wordt de missie in een andere context geplaatst ; de werkzoekende uit de uitkering te brengen en te houden. De medewerker wordt gedwongen werk op te pakken op basis van de wetgeving vanuit de overheid. Ondanks dat er op dit moment geen of enige mate van passend werk is. De ambtenaar voldoet op dat moment aan de wetgeving en heeft daarmee gepresteerd.

Dat niemand daadwerkelijk geholpen is met dergelijke acties, is op dat moment onbelangrijk. Het is niet des ambtenaars om te begrijpen dat zijn prestatie helemaal niets heeft opgeleverd dan dat hij of zij zelf conform de gestelde wetgeving heeft voldaan, ondanks dat dit haaks staat op de daadwerkelijke missie van in dit geval het UWV. Helaas meten meer ambtelijke apparaten hun prestaties op deze wijze af.

Bijlage 8 : Vertrouwen

Om het begrip vertrouwen meer inhoud en betekenis te geven, introduceer ik eerst enkele begrippen, die in directe relatie staan met vertrouwen. Ik zal de relatie aantonen en daarmee het gehele plaatje inzichtelijk voor u maken.

Definitie

> Betrouwbaarheid als onuitgesproken gevoelsmatige waarde van een persoon dat de ander of iets voldoet aan diens vereiste of verwachte kwantiteit en/of kwaliteit van de te leveren diensten en/of producten. anders gezegd : Geaggregeerde score van een aantal aspecten zoals beschikbaarheid, kwaliteit en risico's, die hieraan ten grondslag liggen.

Availability (beschikbaarheid)

1. Mean Time to React   (eg terugmelding aan klant/werkgever)
2. Mean Time to Response   (eg reistijd naar sub/object)
3. Mean Time to Repair/Recover (eg reparatie/hersteltijd van sub/object)
4. Mean Time Between Failure/Illness (eg intervaltijd per maand van sub/object)
5. Demanded Availability   (vereiste beschikbaarheid van sub/object)

| 1 | 2 | 3 | 4 | 1 | 2 | 3 | 4 | 5 |

Quality (kwaliteit)

1. Level of Deviation of the person's/object's production Competence

    - Deviation of the person's/object's Capacity (quantity)

    - Deviation of the person's/object's Features (quality)

2. Level of Deviation of Patterns or Methods

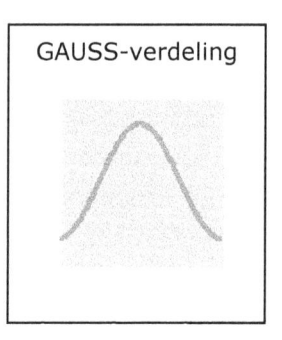

GAUSS-verdeling

Risk (risico)

1. Level of Influencibility with respect to the surroundings
2. Level of Sensitivity (Vulnerability) with respect to the surroundings
3. Level of Prevention (Protection) with respect to the surroundings
4. Level of Dependence with respect to the surroundings

Boolean 1(RISK) =
no prevention*(influence+sensitivity+dependence)

	influency	sensitivity	prevention	dependence
influency	n.a.		R	NR
sensitivity	NR	n.a.	R	NR
prevention	NR	NR	n.a.	NR
dependence	NR	NR	R	n.a.

explicanda **na** = not applicable
R = Risk
NR = No Risk

Abstracte doelstelling

Wat is uiteindelijk het hogere doel achter betrouwbaarheid ?
- ➢ Vertrouwen (confidence)
- ➢ Duurzaamheid (sustainability)

Vertrouwen

> Vertrouwen is gebaseerd op het naleven van de afspraken die gemaakt zijn binnen het werkgebied van "Betrouwbaarheid" zonder deze daadwerkelijk te controleren. Wanneer men goede betrouwbaarheid gedurende een tijdspanne of op verschillende fronten ervaart, kan men spreken over vertrouwen in de persoon of organisatie ten aanzien van diens diensten en/of producten.

Uiteindelijk bepaalt de cliënt in zekere zin welke en hoeveel prestatie-indicatoren benodigd zijn om "sprake te laten zijn van werkelijk vertrouwen" en welke bandbreedte hierbij voor hem acceptabel is.

Prestaties gezien over meerdere prestatie-indicatoren = Vertrouwen (confidence)

$$\int (performance).(d\ KPI) = vertrouwen$$

De performance kan zowel op de processen betrekking hebben als ook op de medewerkers. Daarom is het van belang de karakteristieke eigenschappen van hun te (onder-)kennen.

Dat begint middels Brain Typing en vervolgens de toetsing aangaande de competenties van een ieder. Ik benadruk hierbij nogmaals dat het alleen gaat om uiteindelijk de motivatie te verhogen in plaats van het controlerende karakter dat dit uiteraard ook in zich heeft. Daarmee is de "circle of confidence" weer rond. Ook bij synergie is vertrouwen ook één van de belangrijke aspecten, die daar speelt naast andere.

Duurzaamheid

Wanneer u de prestatie-indicatoren bij aspecten van beschikbaarheid per tijdseenheid vastlegt, blijkt het een vrij simpele handeling om vervolgens via betrouwbaarheid op basis van tijdseenheid te integreren om op duurzaamheid uit te kunnen komen.

<u>Betrouwbaarheid gezien over langere termijn (tijd) = Duurzaamheid (sustainability)</u>

$$\int (reliability).(dt) = sustainability$$

Leest u voor het woord "duurzaamheid" in het geval van de medewerker het woord "toewijding" (commitment).

Bijlage 9 : De Kat van Schrödinger

Visualisatie van het probleem

De kwantummechanica is sinds haar publicatie als model zeer snel zeer populair geworden, ook buiten het directe vakgebied waarin dit model ontwikkeld is. In de natuurkundige filosofie heeft zich snel een aantal stromingen ontwikkeld aangaande de precieze implicaties van de kwantummechanica voor ons begrip van het universum. Daaronder zijn stromingen waarin gevonden wordt dat het *bestaan* van een deeltje zelfs niet echt zeker is totdat het geobserveerd wordt.

Tegen dit laatste beeld kwam Erwin Schrödinger zelf in hevig verzet. In een (niet erg goed gelukte) poging om de onzinnigheid van dit idee aan te tonen, stelde hij het volgende gedachte-experiment voor.

Een kat wordt in een stalen ruimte opgesloten, samen met de volgende helse machine (die men afschermen moet tegen direct ingrijpen van de kat): in een buisje zit een minuscuul klein beetje van een radioactief element, zo weinig, dat gedurende een uur mogelijk een van de atomen vervalt, maar even waarschijnlijk ook niet. Vervalt een atoom, dan detecteert een geigerteller dat en laat via een relais een hamertje vallen, dat een flesje met blauwzuur stuk slaat.

Als men dit systeem een uur lang aan zichzelf heeft overgelaten, dan zal men zeggen dat de kat nog leeft als intussen geen atoom vervallen is. Het eerste atoom dat vervalt zou de kat vergiftigd hebben. De toestandsfunctie van het hele systeem zou dat zo uitdrukken, dat daarin de levende en de dode kat gelijktijdig gemengd voorkomen. Het kenmerkende aan zulke gevallen is, dat een oorspronkelijk tot atomair bereik beperkte onbepaaldheid zich vertaalt in grofzintuiglijke onbepaaldheid, waarover dan door directe waarneming beslist kan worden.

Waarom de (bedrijfs-)deelprocessen als golfmodel ? Op basis van "ad hoc"-metingen met als voorbeeld de kwantummechanica is nooit na te gaan of metingen dat oplevert wat realiteit is. Er zijn in deze kwestie drie belangrijke standpunten te onderscheiden.

- Het "realistische" standpunt: het deeltje was voor de meting ook al op plaats A. Dit klinkt op het eerste gezicht erg logisch, maar het zou betekenen dat de kwantummechanica een incomplete theorie was: het deeltje zou op plaats A zijn geweest terwijl de theorie dat niet exact kon voorspellen.
- Het "orthodoxe" standpunt: het deeltje was nergens en de meting dwong hem als het ware een beslissing te nemen. Dit standpunt is ook wel bekend als de Kopenhagen interpretatie.
- Het "agnostische" standpunt: dat is niet te zeggen. Een meting vertelt u immers slechts waar het deeltje zich op het moment van meten bevindt, maar kan nooit iets zeggen over waar het deeltje zich ervoor bevond.

Hieronder staat een praktijkvoorbeeld binnen Het Facilitair Management beschreven van activiteiten en metingen bij een grote Nederlandse semiconductorontwikkelaar in het oosten van Nederland. Een week van te voren is bekend dat een hoog en vooraanstaand buitenlandse persoon de organisatie komt bezoeken. Dientengevolge krijgt het gehele terrein, gebouw en infrastructuur een opknap- en schoonmaakbeurt. Op de grote dag meet men :

    ** een zeer schoon en net (afgewerkt) pand en alles erom heen **

Wanneer u hier de gedachte van de golfbeweging of een periodieke handeling, overheen zou leggen zou u kunnen concluderen dat elke week of elke maand een dergelijke aanpak geldt. Dat het dus altijd al zo gaat. Omdat vlak voor het moment van het hoog geplaatste bezoek "gemeten" wordt, meet u ook inderdaad dat het terrein, het gebouw en toebehoren schoon en opgeknapt zijn, simpel omdat op het meetmoment voldaan moest worden aan de gevraagde criteria. Men richt de meetwaarde in naar het te verwachten resultaat van de meting. En ten derde: deze momentane meting, geheel los van alles, geeft op dat moment voor een buitenstaander niet aan hoe de situatie vlak ervoor was.

Op basis van de hiervoor beschreven casussen denk ik dat de bedrijfsprocessen als periodieken verder uitgewerkt zouden kunnen worden als wiskundige modellen. Wellicht ligt hier een toekomstige uitdaging.

Als de analogieën overeenkomstig zijn op meerdere vlakken, betekent dat de ook de bedrijfsprocessen middels wiskundige algoritmen samenstelbaar en te berekenen zijn. Hierdoor zijn invloeden, impacts etcetera beter aantoonbaar middels getallen en parameters, en daarmee tevens de aan te nemen of in te voeren veranderingen, wijzigingen en verbeteringen. Immers processen worden berekenbaar, wanneer met voldoende data in deze patronen "herkend" kunnen worden. Vervolgens kunt u extrapoleren op basis van nieuwe parameters, input's en tijdstermijnen.

Bovenstaande kennis en inzichten hebben geleid tot het verzinnen en ontwikkelen namens de NEN van het Alignment Tool, ProPyMax door mij. Ook dit is slechts een model of methodiek, die inzicht verhogend werkt naast de andere methodieken. Na de juiste analyse van de vraagstelling van de opdrachtgever zult u kunnen bepalen welke van de vele methodieken het best op haar plaats is om als uitgangspunt te dienen binnen dit en elk ander probleem.

Bijlage 10 : Complex Adaptief Systeem - CAS

Waldrop 1993, Kauffman 1993, Holland 1995

De catastrofe- en chaostheorie zijn macroscopische theorieën. Zij beschrijven de veranderingen van "het systeem " als één geheel. De zelfordeningtheorie beschrijft niet alleen het groter geheel, echter ook het gedrag op microscopisch niveau, met name met betrekking tot voorkeursfluctuaties.

Deze drie theorieën spelen zich af in de turbulente stromen van Materie (M), Energie (E) en Informatie (I), met een mooi woord Panta Rhei. Het CAS werd primair voorgesteld vanuit de informatica. Echter levende wezens nemen ook materie en energie (voedsel) tot zich, en zijn minstens net zo belangrijk.

Zo'n CAS gedraagt zich als dissipatieve structuur, die zichzelf kan aanpassen aan veranderende omstandigheden. Zo'n dissipatieve structuur kunt u zich voorstellen middels een draaikolk of een onweersbui. Belangrijke aspecten zijn catastrofes, afgrenzingen, zelfordening en de theorie van feedback. Pratende over actoren, verbindingen en daarmee weer clusters (gebonden actoren) is het zo aldus Kauffman, dat er een netwerkcatastrofe optreedt, wanneer het aantal verbindingen de helft van het aantal actoren overschrijdt. Op dat moment blijken ineens de meeste wellicht alle actoren al dan niet middels clusters met elkaar in verbinding te staan.

Bijvoorbeeld twee clusters van vier levert bij één extra verbinding een cluster van acht op. Zodoende kunnen steeds grotere en complexere netwerken ontstaan, die zelf alle onderdelen kunnen produceren en combineren voor het netwerk zelf (auto katalyse of closure). Tezamen met materie en energie (voedsel etc.) kan men spreken over "levende" netwerken, het begin van de biosfeer.

Volgens Kauffman is dat de biosfeer één groot netwerk vormt, dat superkritische of explosief toenemende verscheidenheid teweeg gebracht heeft. Belangrijk is dat door de levende wezens een scherp onderscheid wordt gemaakt tussen "giftige", xenobiotische en nuttige bouwstenen. Dat vergt van de levende organisatie een fractale begrenzing, waar het ene wel en het andere niet doorheen komt. Het ontstaan van deze begrenzingen is nog onvoldoende onderzocht. Hoe ontstaat orde na het ontstaan en afgrenzen van netwerken ? (microscopisch niveau)Het gaat hier om "herhalingen" van processen en onder welke condities.

Een netwerk van honderd één-input-actoren (bijvoorbeeld schakelaar met lampje), die in meer of mindere mate met elkaar zijn verbonden, levert in een toestandsruimte qua twee tot de macht honderd (2 EXP 100) toestanden op. Dat is onrealistisch lang, één-input-actoren vertonen aan de begrenzing al gauw verstarring. Dit zijn de op zich zelf staande organisaties, stug en star. Zo zijn er wel dynamische processen, waar zich wel cycli voordoen. Doordat er enkele aantrekkers aanwezig zijn, wordt er vanaf een stabiele aantrekker overgesprongen naar een andere aantrekker. Dit gaat gepaard met chaos.

De meeste actoren hebben minimaal twee, drie of meer inputs. Hierdoor werd de "herhaling" minder snel verstoord dan bij een één-input-actor (feedback). Zelfordening kan worden gedefinieerd als : "Het in een enorme toestandsruimte van een gering verknoopt netwerk, via grote fluctuaties, onder druk van een potentiaal, verlaten van een structureel stabiele bassin van een aantrekker. Gevolgd door het zoeken en vinden van een ander, wanneer die druk van het potentiaal wel verwerkt kan worden en die ook weer robuust blijkt voor normale fluctuaties". Het zoeken tussen het een en het vinden van de ander gaat met chaos gepaard.

John Holland ontdekte de dat in de alle situaties, waar de netwerken betrekking op hadden, er altijd sprake is van een terugkoppeling of feedback, het gaat hier uiteraard om positieve feedback. Daarmee nemen de aanpassingssnelheid en herkenbaarheid van deze netwerken snel toe. Daarmee is CAS compleet.

Bijlage 11 : Mind Mapping van Kennis

Kennis is een abstract begrip, door de kaders helder te stellen, te zeggen wat het "niet" is, worden de contouren van dit begrip helderder en scherper. U mag het ook als plaatjes weergeven ; u visualiseert. Het feit blijft dat u uw gedachten en ideeën aan metaforen "ophangt", die daardoor voor u begrijpelijk zijn en daarmee uitspreekbaar of toonbaar worden.

Aan de basis van de Westerse Wereld ligt voor wat betreft de grondbeginselen van kennis en communicatie de standaardcollectie "Organon" ("het instrument") van Aristoteles. Deze standaard collectie behandelt een zestal werken over logica. De werken zijn :

- Categorieën
- Interpretaties
- Prior Analytics
- Posterior Analytics
- Onderwerpen
- Sofistische weerleggingen

Wanneer u de diepgang en achtergrond kent van zijn filosofieën als ook die van Plato en Socrates, Dan zult u ervaren dat verwoorden moeilijker is dan u denkt. Dat het praten in beelden toch wel gemakkelijk is. Mensen met een sterk visualiseringvermogen zien naast statische beelden ook dynamische beelden en toekomstige beelden. Volgens Aristoteles is kennis geen empirisch proces, de vervolgstappen daarentegen wel. Ik heb dat verwoord dat kennisontwikkeling wordt gevoed door de input van diverse soorten en vormen van informatie.

In mijn persoonlijk beleving ziet de kennis er uit als weergegeven in de volgende afbeelding. Zo stelde Michael Porter dit al voor om te doen bij het bepalen van uw strategie. Als u niet weet wat het wel is, definieer dan wat het in ieder geval met is. Daarmee zijn tevens randverschijnselen en afgeleide aspecten vast te stellen. Abstracte begrippen vragen om een invoelend taalkundig inzicht, welke gevoed worden door identificaties en definities van de diverse aspecten om de abstracte term heen. De diepgang van de nuances binnen de betreffende materie geeft het krachtsniveau van kennis van een persoon aan.

Immers, kennis is macht.

Met nuances bedoel ik iets anders dan details. Detailbeschrijving kan nog steeds te beperkend zijn. Het betreft veelal een feitelijke beschrijving en opsomming van wat concreet of soms zelfs fysiek is. Bij nuances tracht de persoon middels het invoelend en verbeeldend vermogen meer abstractere aspecten binnen bijvoorbeeld twee details aan te duiden. Om een voorbeeld te noemen, tussen zwart en wit ligt grijs. Een meer genuanceerde opsomming zou zijn : asgrijs, muisgrijs en antracietgrijs. Dat vraagt om een andere denkstijl.

Ondanks het feit dat Nederland als "Kennisland" wordt bestempeld, dient een discussie op het scherpst van de snede gevoerd kunnen worden met de juiste en ultieme nuances. Dat is iets anders dan details naast elkaar blijven leggen zoals vaak gebeurt. Immers details zijn voor de ene woordvoerder in gelijke context samenhangend en hebben een onderlinge relatie met elkaar, terwijl de andere woordvoerder op geen enkele wijze dit verband tussen de details herkent of ziet.

Nuances hebben wel onuitgesproken onderlinge verbintenis, ziet u het voorbeeld met "grijs" even hiervoor.

Tracht u zelf eens begrippen te visualiseren, die al geruime tijd door uw gedachten zweven, waarop u maar moeilijk vat kunt krijgen. Ook dat sterkt uw intuïtieve vermogen.

KNOWLEDGE

CONVICTIONS
↓

(mental aspects)   (physical aspects)
Interpretation (theory)   Sensitive capacity (action)

KNOWLEDGE

Information   Information

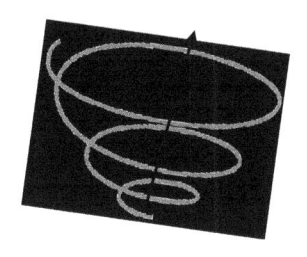

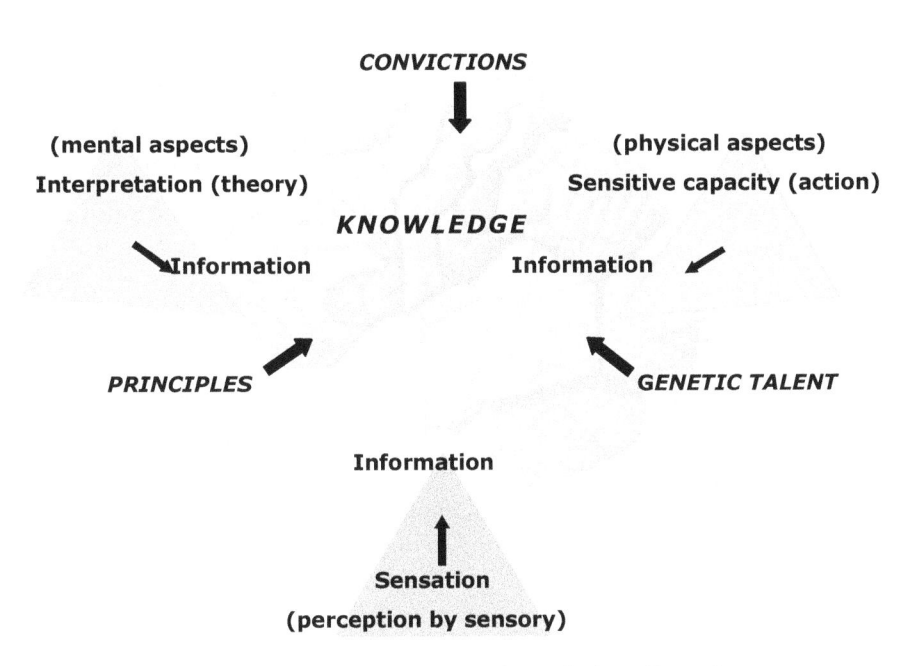

PRINCIPLES   *GENETIC TALENT*

Information
↑
Sensation
(perception by sensory)

Several kinds of information generate new **knowledge** through :

- Conversion & Transformation & Transition
- Integration & Composition
- Superposition

For exhibition of knowledge it's important to use the right sublimation :

- Imagination (visualisation. pictures)
- Context (stories, sentences, words)
- Show of skills & actions

10. Afsluiting

Mijn sterkste persoonlijkheid is naast de Healer – een Idealist, de Rationalist en is volgens de Myers Briggs Type Indicator de INTP-er of Architect. De Architect is net als de Heler slechts één procent van de bevolking. Zo rond mijn tiende levensjaar begon ik bij alles wat ik beleefde, mijzelf altijd de vraag te stellen wat de oorzaak of beweegreden was voor het gedrag van de betreffende individuen en eigenlijk binnen flora en fauna en wat de betekenis van veel fenomenen was. Daar veel antwoorden onbekend bleven, moest er meer zijn dan alleen de rationele benadering.

Hiertoe kwam ik eigenlijk vanzelf bij "intuïtie" uit. Het pad van concretie naar abstractie ondervond ik allereerst op basis van sport en techniek, vervolgens via technologie naar (bedrijfs-)processen en uiteindelijk uitkomend op organisaties. De synoniemen die ik hiervoor gebruik zijn respectievelijk de disciplines Biologie / Biotechnologie, Natuurkunde en als laatste Psychologie. Deze laatst discipline maakt de overstap naar cybernetica gemakkelijk, daar worden respectievelijk de termen Materie, Energie en Informatie (MEI) gehanteerd. De overstap naar synergie vanuit intuïtie is daarmee voor mij gemakkelijk gemaakt, zoals gebleken is in dit boekwerk.

Voor de echte Rationalist staat maar één ding voorop : "het willen begrijpen", het "wat" en "waarom" om er vervolgens iets mee te kunnen doen, zeg, de rationele en verbindende opvolging ervan. Dat staat synoniem met het leveren van de meest ultieme prestatie ten gunste van de medemens. Voordat ik het Alignment Tool bedacht had, zat ik met mijn gedachten met wiskunde bij integreren en differentiëren, Fourier-analyses en kansberekeningen. Bij de fysica doel ik op bijvoorbeeld bij het verrichten van metingen middels het verschijnsel De Kat van Schrödinger. Als u de principes of de functionaliteiten van beide en andere disciplines in elkaar "schuift", is het blijkbaar mogelijk tot dergelijke concepten te komen. Om in termen van de "synergie" te spreken, op dat moment is er sprake van veel chaos in het hoofd. Er lag een uitdaging van buitenaf iets te moeten opleveren aan de NEN-organisatie. Dat heeft geresulteerd in het Alignment Tool.

MBTI geeft de navolgende beschrijving van de "Architect". De sterke introverte projectie maakt dat hij de informatie logisch kan structureren en met elkaar kan "verbinden". Hiermee kan de "Architect" nieuwe dingen bedenken en bouwen. Mensen willen nog wel eens versteld staan van de hoeveelheid ten toon gespreide kennis. Zo veel kennis is dat eigenlijk niet. Door mij steeds de twee belangrijkste vragen voor te houden bij nieuwe onderwerpen, is het begrijpen slechts een kwestie van tijd. Voor mij is "het weten" of het kennen van de details, van ondergeschikt belang. Welk doel dient het om met details en feiten te strooien als de essentie of het principe erachter onduidelijk is ? Gaan we dan wel de juiste richting op ?

In geval dat ik mijn kennis werkelijk van waarde wil laten zijn, dan acteer ik als Mastermind (INTJ), omdat ik ervan overtuigd ben dat deze kennis eengeldig is. Leg ik deze kennis bij de mensen op, dan ben ik "de Veldheer" (ENTJ). Ik verplaats me echter het liefst in de rol van "Raadgever" (INFJ), dienst verlenend naar mensen en organisaties, en hen daarmee op een hoger plan brengen. Met deze rollen en temperamenten is in de MBTI-matrix te zien dat het gedrag van mij of andere personen zich over enkele cellen beweegt, die tegen elkaar liggen. In mijn geval is duidelijk dat ik met tegenwoordig "ver weg houd" van de details (S). Tegenwoordig gaat het om de nuances. Nuances, die duidelijk worden bij bewustwording en het invoelend begrijpen van mens en materie, ook binnen organisaties. Dat bewerkstellig ik met behulp van intuïtie.

De op basis van intuïtie verkregen bevindingen, brengen mij tot de conclusie dat er een sterke integraliteit bestaat binnen de aspecten strategie, performance, temperament en synergie. Uitgebreid en genuanceerd communiceren zijn karakteristiek voor een echte Rationalist. Het integrale karakter wil ik graag benadrukken bij de personen, die direct dan wel indirect met strategie, performance en ontwikkeling van personen te maken hebben of belast zijn met het management ervan. Een integrale aanpak levert echte oplossingen, dit in tegenstelling tot een samengevoegde aanpak vanuit diverse differentiaties van het probleem of de oorzaak.

Mijn bevindingen en conclusies zoals ik deze in de afgelopen vijfendertig jaar heb ondervonden, zijn gebaseerd op gedrag en/of uitingen of reacties van sporters, managers, medewerkers, organisaties en "systemen", gedurende de tijd dat ik binnen de sport en later binnen organisaties actief was en nu nog steeds ben.

Een zeer belangrijk aspect was voor mij altijd het educatieve en pedagogische aspect ten aanzien van mogelijke veranderingen en ontwikkelingen. Immers wat is de meerwaarde van veranderingen of verbeteringen binnen teams of organisaties, wanneer de betreffende medewerkers qua kennis en kunde ver achterblijven ? Dit bedoel ik ook met de integrale aanpak. Mijn inzichten en profilering capaciteiten middels onder andere MBTI komen hier zeker goed van pas om in te kunnen schatten waar mensen staan en wat zij mogelijk kunnen bereiken vanuit hun profiel en natuurlijk op welke communicatieve wijze zij daarin onderricht worden. Uiteraard heb ik de heersende mechanismen in ogenschouw genomen, zoals bijvoorbeeld de bedrijfspolitiek, de ambitiedrang, machtswellust en andere mechanismen.

Zonder deze mechanismen mee te nemen zouden de fenomenen intuïtie en synergie ondermijnd worden. Ik noem dat een klinische perceptie. Hiermee wil ik allerminst aangeven dat organisaties "maakbaar" zijn geworden, wanneer men inzicht en ervaringen heeft verworven met de bedoelde aspecten. Het toont juist de meerwaarde aan van het vertrouwen naar mensen en het kunnen inschatten, wanneer dit van toepassing zou kunnen zijn.

Tenslotte, ik "geloof" heilig in de kracht van intuïtie en door zaken minder dan wel geheel op deze wijze van gevoel te benaderen met in acht name van een aantal andere zienswijzen en het fenomeen "synergie". Daarmee meen ik dat er weer meer plezier en geluk terugkomt in het werk, waarbij een meer ultieme Performance wordt bewerkstelligd voor alle partijen. Laten we ons besluiten weer nemen op de informatie die we via ons onderbuikgevoel binnenhalen en de bovenkamer meer met rust laten.

Antroposofische energie

De mens als weerspiegeling van het Universum

Persoonlijke noot

Dit boek is het vervolg op mijn eerdere boek "Van bovenkamer naar onderbuik", waarin ik mijn persoonlijke belevenissen uiteengezet heb, waarin ik de meerwaarde en de kracht van intuïtie heb aangetoond. Deze vorm van intuïtie betreft het creatieve deel van het aspect intuïtie. Gedurende de tijd dat ik actief aan het schrijven was, werd ik meerdere malen geconfronteerd met het fenomeen "Synchronicity", een term geïntroduceerd door Carl Jung tijdens zijn sessies met Wolfgang Pauli, de ontdekker van het anti-neutrino-deelje.

Dat is de aanleiding om een tweede boek te schrijven over de spirituele kant van intuïtie, van de gehele mens. Hierbij wissel ik filosofie, theosofie, antroposofie, fysio-biologie en psychologie met elkaar af en tracht ik bruggen te slaan tussen de disciplines en toon daarmee mogelijke en onmogelijke onderlinge relaties tussen de verschillende disciplines.

Dit boek tracht ik cyclisch op te bouwen, met andere woorden het einde van het boek sluit weer aan op het begin van het boek zoals de Moebius-ring dat zo mooi toont. Hierdoor kunt u eindeloos door blijven lezen met dien verstande dat uw kennis en inzichten toenemen en dat daarmee de bedoelde "spiraal", een spiraliserende cyclus, steeds groter en omvangrijker wordt. De eigenlijk rode draad in dit boek is het aspect "energie". Als u aan dit aspect denkt, zult u het mogelijk al snel associëren met Albert Einstein. Daarmee kom ik vrij makkelijk uit op de term "dualisme". Met het dualisme aangaande energie rijst de aloude vraag of massa een vorm van energie is of niet. Als u inzicht krijgt in dualisme en het begrijpt, dan is het boek één groot feest aangaande dit thema. Om enkele voorbeelden te noemen, geest en lichaam, fysische en psychische energie, massa versus energie. Fenomenologie en metafysica, determinisme en vrije wil. Ethiek versus belangen enzovoort.

Gezien de diversiteit van onderwerpen kunt u wellicht voldoende inspiratie vinden meer over dat specifieke onderwerp te weten te komen buiten dit boek om. De onderwerpen waartussen het speelt, zijn de fysio-biologische als de spirituele aspecten. Terugkerend naar dit boek zou dat voordeel kunnen opleveren bij het verhogen van uw inzichten en bewustzijn door het nogmaals en nogmaals te lezen. Één van de wellicht achterhaalde uitgangspunten is het feit dat in de meeste Natuurkundelessen, die we in het verleden gevolgd hebben, er altijd van vaste en variabele waarden uitgegaan werd. Massa was één van de onveranderlijkheden en was altijd een onveranderlijk uitgangspunt binnen de formules. Waarom werkt dat ? Omdat deze energievorm een dermate lage snelheid heeft, dat dit resulteert in onbeweeglijke "massa". Zolang de formules worden toegepast binnen deze context van deze massasnelheid, gaat dit inderdaad goed. Daarnaast bestaan er andere energievormen, die verder gaan dan de snelheden die Einstein bedoelde. Die energieën zijn meer dan slechts een vorm van electro-magnetische energie, het is kosmische energie, het is levensenergie. Samenvoeging van al deze energie levert u als mens op, en ook de natuur in al haar glorie. We zijn alle afkomstig uit éénzelfde bron.

Hoe u dat kunt beschouwen kunt u ook teruglezen in dit boek. Hierin staat mijn versie van het verhaal, een samenvoeging van vele onderwerpen in samenhang met elkaar gebracht. Er zitten veelal geen bewijzen achter, alleen maar waarnemingen, redenaties en beleving in de weergave van genoemde apecten.

Persoonlijk vind ik de belangrijke aspecten binnen dit boek het determinisme qua gedrag en vrije wil als ook het dualisme qua lichaam en geest. Alle onderzoeken, reflecties en meditaties ten spijt, beide blijven overeind in onze wereld, zij het met kanttekeningen van diverse vooraanstaande wetenschappers en filosofen, zowel heden ten dage als ook in het verleden. Er zijn veel waarheden in dit boek dat ik nu geschreven heb. Aangevuld met mijn eigen ideeën, zienswijzen en ervaringen erin.

Zo laat ik aan de hand van een chronologisch verhaal zien wie onderzoek deed, wie zelf reflecteerde over de bedoelde zaken en wie mensen het inzicht en geloof trachtte bij te brengen dat er meer is tussen hemel en aarde. In dat opzicht is het feitelijk onbelangrijk wie gelijk heeft of de waarheid vertelde. Duidelijk is dat de fysische en metafysische wereld een hiaat vertoont die elk mens te boven gaat. Dat het gaat om Eternal Life, een eeuwigdurende cyclus van leven, voortgekomen uit chaos en orde, uit alles en gelijk ook uit niets.

Daarmee is de oorzakelijke oorzaak nog verder weg dan mensen zouden willen geloven. Het is een soort van intelligentie die alles te boven rijst, boven elke begripsvorming van de mens als individu, ook als collectief.

Het is in ieder geval wel duidelijk dat we ver afgedwaald zijn van deze oorzakelijke oorzaak, die u God kunt noemen of in algemenere termen de Hogere Macht of Self-Referent. Ondanks het feit dat we alle daar als Divine Fractal een extensie van zijn, uit éénzelfde bron. Hieruit mag u tevens concluderen dat binnen organisaties chaos of wanorde een geheel en verantwoorde status is om tot werkelijke verbeteringen te kunnen komen. Wellicht is dan onovercomelijk voor de echte "Wachters" of controleurs onder ons. Inderdaad is de voorspellingshorizon vrij lastig. Er is wel één groot voordeel. De uitkomst zal ultiem zijn, mits u het toestaat.

Meer dan ooit blijkt dat veel mensen de behoefte hebben weer meer op basis van hun gevoel te gaan leven, los van alle rationaliteit, die dat beperkt of zelfs blokkeert. Hoe kunt u daarin meegaan ? Door uw bewustzijn te creëren, door u af te vragen wat uw missie hier op aarde is, door uw belang ondergeschikt te maken aan het algemeen belang in de vorm van betrokkenheid, compassie en naastenliefde. Ik hoop u hieraan een bijdrage te mogen leveren.

1. Inleiding

Met dit boek richt ik mij op u als de organisatie consultant, waarbij u als consultant meer wilt bereiken dan louter rationeel beredeneerbare oplossingen aanbieden aan uw opdrachtgever. Organisaties gaan verder dan dit niveau, mensen zijn veel complexer, zeker binnen deze dynamiek. Vanuit inspiratie is een organisatie ooit begonnen, door weer terug te gaan naar die gedachte zou het mogelijk kunnen zijn om op deze wijze zouden organisaties weer te revitaliseren. Wat houdt deze wijze voor u in ? Allereerst introduceer ik Rudolf Steiner, de grondlegger van het bgrip "Antroposofie".

1.1 Rudolf Steiner

Rudolf Joseph Lorenz Steiner was een Oostenrijkse filosoof, schrijver, architect en pedagoog. Hij is bekend geworden als grondlegger van de antroposofie en haar praktische toepassingen, zoals het vrije-schoolonderwijs, de antroposofische geneeskunst, de heilpedagogie en de biologisch-dynamische landbouw.

Steiner karakteriseerde zijn systeem van antroposofie als volgt.

"Antroposofie is een weg naar inzicht die het geestelijke in de mens met het geestelijke in de kosmos wil verbinden. Zij maakt zich in de mens kenbaar als een behoefte van het hart en van het gevoel. Zij moet haar rechtvaardiging vinden in het vermogen deze behoeften te bevredigen. Alleen diegene die in de antroposofie vindt waar hij vanuit zijn gemoed naar zoeken moet, kan haar waarde erkennen. Daarom kunnen antroposofen alleen mensen zijn die bepaalde vragen over het wezen van de mens en wereld even existentieel ervaren als zij honger en dorst ervaren."

Rudolf Steiner zag de geschiedenis van de mensheid als een progressieve ontwikkeling van de individuele ziel, maar wel als onderdeel van een spirituele hiërarchie. In oudere tijdperken had de ziel in een meer of minder dromend bewustzijn een directe waarneming of gewaarwording van geestelijke wezens. Deze gewaarwordingen verdwenen langzaam maar zeker met de ontwikkeling van de mens tot een zelfstandig

Individu met een eigen verstand en een Ik-bewustzijn. Uitgaande van dit Ik-bewustzijn is het volgens Rudolf Steiner mogelijk opnieuw tot waarneming van geestelijke wezens en het geestelijke in de kosmos te komen. Dat deze ontwikkeling mogelijk is, is volgens Rudolf Steiner een van de gevolgen van de Christusimpuls in de wereld. Steiner verkondigt dat organismen – en de mens in het bijzonder – en de processen die zich in hen afspelen, het resultaat zijn van invloeden uitgaande zowel van de aarde als vanuit de kosmos, zoals de zon, de maan en sterren.

Hij bracht zijn eigen buitenzinnelijke waarnemingen in verband met de natuurwetenschappelijke waarnemingen van Johann Wolfgang von Goethe, die onder meer een theorie had ontwikkeld over de groei van de plant (der Urplantz). Volgens Steiner bevestigden zijn buitenzinnelijke waarnemingen sommige klassieke theorieën, onder andere die van Aristoteles. Zo aanvaardde hij bijvoorbeeld een indeling van de menselijke psyche in vier basistemperamenten, namelijk het cholerische, het sanguinische, het flegmatische en het melancholische temperament. Steiner bracht deze indeling in verband met de vier elementen. Deze humorestheorie werd ontwikkeld door Hippocrates en werd door Galenus verder uitgewerkt. Ziet u ook hoofdstuk 3.4 in mijn vorige boek.

Steiner ontwikkelde een scherpe en vroege interesse in wiskunde en filosofie. Op zijn veertiende had hij reeds "*Die Kritik der Reinen Vernunft*", het hoofdwerk van Immanuel Kant, gelezen. Daarna studeerde hij aan de technische universiteit in Wenen, waar hij zich specialiseerde in wiskunde, natuurkunde en scheikunde. In die fase maakte Steiner kennis met het werk van Friedrich Nietzsche en was vooral geboeid door diens spirituele kwaliteiten als "strijder voor de vrijheid". Het resultaat van het onderzoek naar Nietzsche's werk publiceerde Steiner in het boek" *Friedrich Nietzsche. Ein Kämpfer gegen seine Zeit*". Gedurende deze tijd werkte hij ook aan de verzamelde werken van Arthur Schopenhauer.

Daarnaast werkte Steiner aan verschillende uitgaven van Goethe's wetenschappelijke werken, onder andere aan de "*Sofienausgabe*", die werd uitgegeven in opdracht van de inmiddels overleden groothertogin Sophie van Saksen en was vervolgens medewerker van het Goethe-Archief in Weimar. Hij maakte een diepgaande studie van de wetenschappelijke methode die Goethe gevolgd moest hebben bij zijn onderzoeken en schreef daar enkele werken over, onder andere *"Goethe's Weltanschauung"*, *"Grundlinien einer Erkenntnistheorie der Goetheschen Weltanschauung"* en de commentaren bij de door Kürschner's uitgegeven werken in de serie *"Deutsche National Literatur"*.

Twee jaar later promoveerde hij in de filosofie aan de universiteit van Rostock met een proefschrift onder de titel *"Die Grundfrage der Erkenntnistheorie"*. Enkele jaren later verscheen deze dissertatie als boek onder de titel *"Wahrheit und Wissenschaft"*, dat hij zou beschouwen voor zijn verder werk in de antroposofie. Het beargumenteerde de mogelijkheid dat mensen spiritueel vrije wezens kunnen zijn door de bewuste denkactiviteit. De poging die hij in dit boek deed om het transcendentaal idealisme, de filosofie van Immanuel Kant, te ontkrachten werd afgewezen door sommige filosofen en geaccepteerd door anderen, en bleef onbekend bij de meesten. Richard Tarnas noemt Steiner in zijn boek *"The Passion of the Western Mind"* een belangrijk figuur in de hele geschiedenis van het denken.

Het ontstaan van Antroposofie

In zijn vroege filosofische werken behandelt Rudolf Steiner de problematiek van het menselijke kenvermogen en de menselijke vrije wil. Hij weerlegt enkele zogenaamde vooroordelen van Immanuel Kant en laat zien hoe de ideeën van Goethe, Fichte en Hegel verder ontwikkeld kunnen worden. Hoogtepunt van deze periode is zijn boek *"Filosofie van de vrijheid"*. Vanaf het begin van de twintigste eeuw trad Rudolf Steiner naar buiten met voordrachten en werken over esoterische onderwerpen waarvoor aanvankelijk alleen binnen kringen van de Theosofische Vereniging belangstelling bestond. In deze periode schreef hij zijn basiswerken *"Theosofie"*, *"De wetenschap van de geheimen van de ziel"* en *"De weg tot inzicht in hogere werelden"*.

Een decennium later verliet Steiner de Theosofische Vereniging in verband met een fundamentele onenigheid met het bestuur met betrekking tot hun bedoeling om de toen nog jonge Jiddu Krishnamurti aan de wereld voor te stellen als de Messias – de teruggekeerde en gereïncarneerde Christus – voor Steiner een absurditeit. Tijdens dit conflict uitte zich een diepgaand verschil van inzicht rond de taak en de "levensweg" van de mens op aarde. Een aantal leden van de Theosofische Vereniging volgde hem en zij vormden een nieuwe beweging, steunend op zijn leer die hij

"Antroposofie" noemt. Niet de *Theos* – het Goddelijke – is maatgevend voor wijsheid – Grieks : *Sofia,* maar de "*Antropos"*, de zich geestelijk ontwikkelende mens.

Inhoudelijk belangrijke thema's van de antroposofie zijn de geestelijke wereld van de hiërarchieën, de Christus-mysteriën, Christian Rosencreutz, de moderne scholingsweg, karma en reïncarnatie, echter ook niet-Christelijke thema's worden zeer uitgebreid behandeld, zoals de spirituele ontwikkeling van de mensheid zoals geuit door de geschiedenis heen. Tijdens de Eerste Wereldoorlog werkte Rudolf Steiner met een internationale groep medewerkers aan het Goetheanum. In deze periode ontwikkelde Steiner nieuwe antroposofische kunsten, zoals euritmie en spraakvorming, mogelijk een soort logopedie. Na de Eerste Wereldoorlog komen tal van vragen op Steiner af, wat resulteert in vele praktische toepassingen van de antroposofie, zoals onder andere de vrijeschool, de antroposofische geneeskunst, de heilpedagogie en de biologisch-dynamische landbouw.

Albert Schweitzer zei na gesprekken met hem het volgende.

"Mijn ontmoeting met Rudolf Steiner bracht me ertoe me sindsdien met hem bezig te houden en me altijd bewust te blijven van zijn betekenis. We voelden beiden dezelfde verplichting om de mens weer tot echte innerlijke beschaving te brengen. Wat deze grote persoon en diepe mens in de wereld teweegbracht heb ik van harte toegejuicht."

Steiner waardeerde alle godsdiensten en culturele ontwikkelingen, maar benadrukte meer recente Westelijke esoterische leerstellingen, zoals leerstellingen die zich hadden ontwikkeld om aan eigentijdse behoeften te voldoen en dan met name de Tempeliers, de Rozenkruisers en het Graals-christendom. Hij vond dat Christus en zijn opdracht op aarde een bijzonder belangrijke plaats bekleden in de menselijke evolutie.

"De antroposofie wil niet de plaats van christendom overweldigen ; integendeel, zij zou instrumentaal willen zijn in het leren begrijpen van het christendom. Aldus wordt het ons duidelijk door de antroposofie dat het Wezen dat wij Christus noemen, moet worden gezien als het centrum van het leven op aarde, dat de christelijke godsdienst de uiteindelijke godsdienst voor de toekomst van de aarde is. De antroposofie toont ons in

het bijzonder aan dat de voor-christelijke godsdiensten hun eenzijdigheid ontgroeien en samenkomen in het christelijke geloof."

Steiner's mening over de tweede komst van Christus. Hij beweerde dat dit geen fysieke herverschijning zou zijn, maar duidelijk zou worden in de æther-sfeer (zichtbaar voor het geestesoog) en in het samenleven van de mensen. Steiner geloofde dat de toekomst van het mensdom zou eisen dat deze "Geest van Liefde" werd herkend.

1.2   Albert Schweitzer

Bij de meeste mensen staat Albert Schweitzer bekend als medische missionaris in Afrika. Daarnaast was hij ook bekend geworden door zijn filosofie over cultuur en ethiek. Het kernpunt van Schweitzer's filosofie is de term "eerbied voor het leven". In zijn ogen was de beschaving in verval vanwege een algemeen gebrek aan de wil om lief te hebben. Naar zijn stellige overtuiging moet men al het leven eerbiedigen en daarmee ook liefhebben. Hiermee ging hij lijnrecht in tegen de dan vooral bij jongeren populaire filosofie van Friedrich Nietzsche. Hij had meer op met de denktrant van de Russische schrijver Leo Tolstoj, wiens werk hij bewonderde. Sommige tijdgenoten vergeleken Schweitzer's denken met dat van Franciscus van Assisi, wat hij niet tegensprak. Zijn persoonlijke credo was :

"Ik ben leven dat leven wil, te midden van leven dat leven wil."

Met "leven" bedoelde hij elk levend mens, dier en ding in de gehele kosmos. Hij bepleitte een soort spirituele verhouding tot het grote geheel, zag dat als een vorm van overgave aan het leven en aan de liefde tot al wat leeft. Op deze overtuiging bouwde hij zijn meest bekende theorie over "cultuur en ethiek", waarover hij zijn hele verdere leven bij allerlei gelegenheden sprak. Hij hoopte dat hij daarmee wezenlijk bijdroeg aan een nieuwe renaissance van de mensheid, een mensheid, bepleitte hij, die nadenkt en zich daardoor bewust wordt van zijn context, het omringende leven, en dat met een nieuwe liefde en met nieuwe wilskracht daarnaar zou handelen. Autonoom nadenken over de waarheid, de essentie van het leven, zou volgens Schweitzer resulteren in het verkrijgen van de noodzakelijke innerlijke kracht tot het doen van nobele, verheven daden ten gunste van al wat leeft. Schweitzer werd alom gerespecteerd voor het in praktijk brengen van zijn eigen theorie.

1.3   **Filosofie**

De benadering van organisatie issues is in dit boek een filosofische studie en geen spirituele. Dat hoeft ook niet want een filosofische studie is ook wetenschappelijk verantwoord. Het gaat enkel om de methodologische discipline. Daarnaast zoekt een psychologische studie naar het "waarom" van het fenomeen als rationeel analytisch inzicht. Filosofie gaat uit van de filosofische reflectie. Dat is het diepste rationele inzicht tot op het diepste niveau van het bestaan van het fenomeen. Spiritualiteit gaat eveneens in op het diepste bestaan, maar dan door reflectie op de innerlijke ervaring. Wetenschappelijk gezien moet de methode zuiver zijn. Onder de filosofie breng ik de Antroposofie, de Theosofie en ook Kosmosofie tezamen en tracht deze drie middels het aspect "energie" aan elkaar te verbinden en in relatie te brengen met de fysio-biologische wereld. En daarmee zijn op het menselijke niveau beland, de organisatie.

Graag wilde ik het verdere verloop van de inleiding als volgt beschrijven.

Hoewel u op basis van intuïtie veel informatie tot u kunt nemen, spelen er zaken die boven dit aspect uitstijgen. Terwijl Carl Jung zich met Wolfgang Pauli verdiepte in het samenspel van het fysische met het psychische wereld voor wat betreft hun verschillende soorten energie, komt daar bij de MyersBriggs-methodiek weinig van naar voren. Alhoewel ook MyersBriggs zich, zij het in beperkte mate, op de wetenschap van Carl Jung aangaande Arche Typen en menselijke schaduwzijden heeft uitgelaten, echter meer op gedragswetenschappelijke manier.

MBTI geeft hierin de meer menselijke benadering aan aangaande gedrag, alsof u daar een echte keuze in heeft. Of dat daadwerkelijk zo is, brengt mij tot de vraag of gedrag deterministisch is. Ook hierover heb ik meer in mijn boek uiteen gezet. Wanneer gedrag deterministisch is, licht ik dat toe vanuit de fysio-biologische als ook de psychologische uitgangspunten en de mogelijke verbintenis hiertussen. Waarom al deze "wetenschap" zo universeel is, is dat wij uit ééenzelfde oorsprong zijn ontstaan. Inzichten die vanuit de Griekse oudheid en beschaving hun weg door de jaren heen hebben gevonden, geven hun meerwaarde aan in onze huidige samenleving. Juist hun godenwereld – naast andere - intrigeerde een ieder al, wat zou moeten betekenen dat er meer dan slechts de mens alleen was. Misschien is er ook meer dan één God, die elk op Zijn eigen wijze de mens als Divine Fractal van zichzelf op de wereld zet. De mens als lichaam met een geest, wellicht als monade.

Vervolgens komen we daarmee op het onderwerp van dualisme terecht de wereld van René Descartes. Al schrijvende is er sprake van een tweetal soorten dualisme, de fysische en de spirituele. Het lijkt er sterk op dat deze gerelateerd zijn aan elkaar. Descartes vond destijds dat er geen relatie nodig was om de wereld en de oorsprong van "het zijn" aan te tonen. Bewijzen zijn er niet, het spirituele gaat ieders verstand te boven. Albert Einstein, Niels Bohr en David Bohm onderzochten het fysische aspect, te weten, het twistpunt van deeltje vanuit het materiestandpunt versus golfbeweging vanuit het energiestandpunt.

Anderzijds heeft Héléna Blavatsky als occultiste veel inzichten gegeven in het dualisme, te weten de mens en de geest als stoffelijkheid of als energievorm vanuit het godendom. Terwijl de wetenschappers zoals Simon Laplace, Isaac Newton haar hun wetenschappelijke inzichten aangaande fysische energie reeds langere tijd wereldkundig gemaakt hebben.

Tegenwoordig is het Higgs-veld en de Higgs-boson in het universum weer actueel. In de wetenschap beschouwt men dat de Higgs-bosons elementaire deeltjes in het universum hun massa geven, wat uiteindelijk zou kunnen leiden tot de "levende materie". Dit zet ik verder niet uiteen in dit boek, dat neigt te sterk naar astronomische analyses, waarbij zaken als Big Bang, deeltjesversnellers, zwarte gaten en dergelijke ter sprake komen.

Toch kunnen ook deze wetenschappers onmogelijk de link leggen, waarom wij zijn wie wij zijn, waarom de natuur is zoals ze is. Waarom alles op individueel en in haar totaliteit zo harmonieus op elkaar is afgestemd, waarom interactie uiteindelijk weer leidt tot balans en harmonie. Het antwoord is simpel. Omdat wij alle afkomstig zijn uit dezelfde bron, waar orde en chaos heerst en ook de waarheid en de leugen, waar "alles is" en gelijk ook "niets is", de Void. Zijn Aanwezigheid ziet u om u heen. Dat toont u de overeenkomstigheden binnen de mensen en gelijk ook de verschillen.

Deze verschillen kunt u teruglezen in de Arche Type van elk individu. Het karakter als toonbeeld van de missie, waarvoor we hier op aarde zijn, voor iedereen persoonlijk.

Als u de inleiding heeft begrepen, zult u wellicht beamen dat het revitaliseren en reorganiseren van organisaties meer betreft dan slechts mensen herpositioneren of hun takenpakketten aanpassen. Dit boek kan u inzicht geven in een stuk bewustwording ervan en hoe u in essentie wel succesvol kunt zijn. Dit is een weergave van hoe ik binnen deze materie sta. Ik onthoud me van absolute uitspraken, omdat dit enerzijds onmogelijk is en anderzijds mijn observatie en interpretatie hierbinnen anders kan zijn de uwe.

2. Jung's wereld

In mijn vorige boek "Van bovenkamer naar onderbuik" was de rode draad de MBTI-methodiek en de bijbehorende inzichten daarin. Deze kennis was afkomstig uit de wereld van Carl Jung, die middels woordassociaties trachtte te achterhalen wie de ware "ik" was bij zijn patiënten. In verdere hoofdstukken heb ik het onderwerp "communicatie" verdiept door dit aan de taalfilosofisch te benaderen. Immers de woorden, termen, zinsdelen en zinnen vertegenwoordigen een bepaalde taal, die zich vanuit de menselijke geest manifesteert. Ik doel daarbij niet op de taal zelf, zoals het Nederlands of bijvoorbeeld Frans of Spaans, echter meer op de (re-)constructie van de gedachten en bedenkingen, welke tot een taal als bepaald patroon kunnen leiden. Bij de MBTI-methodiek zijn de bepaalde woorden in de zin van semantiek van belang, terwijl voor sommige taalfilosofen vaak de syntax belangrijker is. Eén ding is duidelijk ; taal staat bij mensen altijd in een bepaalde context, waardoor de bedoelde eenduidigheid minder eenduidig is dan u zou vermoeden.

Echter Jung's wereld aangaande onderzoeken ging verder. Hij heeft zich tevens verdiept in I Ching, het Chinese orakelboek, ook in het levenswijsheidboek Organon van Aristoteles, fysica als de atomaire wetenschap met hulp van Wolfgang Pauli. U zou kunnen zeggen dat Carl Jung al deze informatie en kennis herconstrueerde in zijn eigen context. Wat kunnen wij daarmee ?

2.1   Theosofie en Antroposofie

Om de beide onderwerpen Theosofie en Antroposofie te verbinden aan Carl Jung, is één van de overeenkomstige aspecten hierbinnen het Arche Type. De Arche – de bron – vanuit de spirituele wereld bezien. De gevisualiseerde overkoepelende beeltenis van de menselijke geest en de belichaamde mens met haar eigen intelligentie of cognitie. Het is tegenwoordig belangrijk deze voor uzelf te kennen. Socrates zei al : "*Gnoosie se-auton – Ken u zelf*". Als Reflector voeg ik daaraan toe : "*Ken vervolgens de ander*". Daarmee doel ik op de meerwaarde van individuen in uw directe omgeving. Daardoor kunt u iemands taal beter spreken, omdat u de context van de ander herkent. Communiceren is dus de context aanvoelen van de ander.

Carl Jung stelde deze zelfde vraag in de context van de Arche Types. Wolfgang Pauli heeft hem daarin gevoed. Deze Arche Types worden u als individu toebedeeld vanuit een hogere macht. Wie of wat is deze macht ? En zijn deze Arche Types werkelijk bestaand in de vorm van een verschijning van een spiritueel wezen als schaduw van "uw zijn" hier op aarde ? Ze staan symbool voor u als persoonlijkheid, zoals u in essentie bent. Wat Carl Jung deed, is dit voor zijn patiënten te verhelderen. Samen met Wolfgang Pauli en Jane Roberts als Seth toonde hij tevens de relatie tussen fysische en psychische energie aan, de mogelijke transmutatie tussen beide. In welk licht staan beide wetenschappen hier in relatie tot elkaar ?

2.2 **Fysica versus Metafysica**

De fysica kan als wetenschap heel veel verklaren, dat wat concreet, beredeneerbaar en meetbaar is, het zogezegde fenomeen wat voor u als mens zintuiglijk waarneembaar is. Dat wat niet-zintuiglijk waarneembaar is, werd reeds in de tijd van de Verlichting in de achttiende eeuw onder meer door Immanuel Kant, toegeschreven aan de Metafysica, dat wat boven de fysica uitstijgt. Aristoteles ging hem hierin al ruimschoots in voor. Voor hem gold de Metafysica als de wetenschap die aan alle disciplines vooraf ging. Hier vandaan is het een kleine overstap naar de spirituele beleving. Is het te beredeneren dat de mens met haar intelligentie een extensie is van de goden, zoals deze in de Griekse oudheid reeds het meest bekend waren ? De vele mythes en orakels, zoals die van Delphi, beschrijven immers de relatie en interactie tussen de verschillende goden en stervelingen. In andere woorden verteld, de vermenging van het universum, het godenrijk met de mensheid, of wel aardse theocrasie.

Vanuit deze gedachtegang is het makkelijk voor u voor te stellen dat het universum dus vorm geeft aan de mens. Zoals de bijbel het omschrijft :

"En God schiep de hemel en aarde, schiep de mens als gelijkenis van HEM Zelf."

Het Universum – letterlijk het ene lied dat klinkt – is dus HIJ, de almachtige SELF, heerser over het chaotische universum, waarbij ZIJN energie orde brengt in de chaos. Dit resulteert in de Kosmos, "het geordende" als Griekse betekenis hiervan. Diezelfde energie doet de mens ontstaan, doet het organisme ontstaan, doet ook al het anorganisme ontstaan. Alles heeft ZIJN ziel in zich en is een extensie van HEM SELF.

Het Universum is daarmee voor u bepalend als individu, als uw eigen karakteristieke unicum. Daar het universum alles is en ook niets ineen ! Uw Human Design ligt dus in de handen van het universum, kort gezegd de universele, de spirituele en astrale, kosmische wereld. Het moment van onderlinge beïnvloeding qua massa – en massa staat voor energie – levert u als product op in zowel fysio-biologisch als ook in spiritueel opzicht.

Zoals u kunt lezen, is iedereen uniek en gelijk ook in enige mate voorspelbaar als mens. Gedrag is een gevolg op wat u bent, hoe u door uw omgeving of context wordt getriggerd. Hoe ver gaat uw vrije wil ? Immers, u ligt als blauwdruk vanuit het universum vastgelegd, u bent gevormd volgens de Heilige Geometrie. We kunnen dat opdelen in een aantal aspecten.

In hoofdstuk 3 zet ik de MyersBriggs Type Indicator verder uiteen, terwijl ik in hoofdstuk 4 de relatie leg tot uw breintype, zoals Katherine Benziger dat heeft onderzocht. De dominantie van breindelen vormen daarin de basis voor u als Arche Type, echter wel de meer aardse vertaling ervan middels herkenbare, dagelijkse metaforen. Het is beter om te stellen dat uw Arche Type bepalend is voor de samenstelling van uw brein in de context van Katherine Benziger. Het is daarmee sterk bepalend voor uw dagelijkse gedrag. Een verdere omschrijving heb ik verder uitgewerkt in hoofdstuk 7.8 aangaande deterministisch gedrag en de motivatie en de droombeelden en Arche Typen van Wolfgang Pauli in hoofdstuk 10.

3. MyersBriggs Type Indicator – MBTI

In het vorige boek gebruikte ik de MBTI-methodiek als analyse-instrument om de materie in de diverse organisatie- en individuele issues te verhelderen. Persoonlijk vind ik MBTI dan ook een voldoende sterk tool om indicatief te weten welk type u als persoon bent. In combinatie met andere methodieken als ook uw fysieke morfogenese of anatomische bouw en motoriek van u als individu is dat typerend genoeg om als uitgangspunt naar een ieder te hanteren.

Uiteraard is het van belang in welke context u deze profilering van het individu maakt. Bij iemand die "probleemloos" door het leven gaat, is het zeer zeker het geval om het als uitgangspunt te gebruiken. In andere gevallen, waarbij de bedoelde problemen op de één of andere wijze verstoring geven aan zichzelf of de omgeving, zou u na een goede observatie middels intuïtie van het gedrag kunnen vaststellen, welke diagnose het beste past om het probleem inzichtelijk te krijgen. U zou kunnen spreken over een gedragsverstoring. Een vervolgdiagnose is de wijze waarop de mogelijke oorzaak van deze verstoring kan worden achterhaald, waardoor een behandelingstraject opgestart kan worden. We gaan dan over naar meer psychiatrische diagnoses en dito behandelingen.

3.1 Typeren en profileren

Zover gaat MBTI niet, zover wil ik niet gaan. MBTI leent zich prima voor de bedoelde profilering en teamsamenstellingen op basis van de individuele types en/of temperamenten binnen het bedrijfsleven en ook de topsport. In mijn sportcarrière kan ik mijn mensen prima in het veld aansturen op basis van hun type en temperament, de juiste woordkeuze, de juiste intonatie per individu. Zo kan het ook binnen het bedrijfsleven werken. Afhankelijk van de cultuur, de branche en de disciplines is prima in te schatten welk type mensen en in welke samenstelling zij optimaal kunnen functioneren.

Bestaat een bepaald projectteam reeds langere tijd, dan komen de problemen vaak vanzelf naar boven vanwege onderlinge wrijvingen gedurende het te doorlopen traject of project. Is dat zo ?

Ja, immers de context verandert continu, de omgeving en ook het voorschrijdend inzicht van mensen kan hen ineens van medestanders tot tegenstanders van elkaar maken. Juist de rationele benadering veroorzaakt dit laatste veelvuldig. Communicatie lijkt ook hier weer een toverwoord, echter wel in de juiste context. De kracht van communiceren is gelegen in het feit dat u de context en belevingswereld van de ander kunt en in grote mate wìlt herkennen en begrijpen !

3.2   Lenzenmethodiek

Afhankelijk van het karakter van deze wrijvingen kunt u de keuze maken voor een bepaalde lens, zoals de MBTI-methodiek kent. De bedoelde lens staat in het perspectief van het team en de heersende problematiek. Deze "lens" legt u over uw team heen, waardoor de juiste informatie wordt gefilterd en de op dat moment irrelevante informatie onzichtbaar blijft. Dit levert verbluffende resultaten op. Naast de familie Myers hebben tal van andere onderzoekers deze deelgebieden onderzocht.

Zo kennen we de volgende lenzen :

- Introversie/Extraversielens (Carl Jung)
- Teamrollenlens – rollen (Steve Meyers)
- Kwadrantenlens – veranderingen binnen team (Gordon Lawrence)
- Temperamentenlens – leiderschapstijl (Sandra Hirsh met hulp van David Keirsey)
- Dynamieklens – stress en schaduw (Sandra Hirsh)
- Functielens – combinatie tussen u en het team (Sandra Hirsh)
- Aandachtsstijl – toewijzen van focuspunten (Jan Huijbers en Peter Murphy)
- Interactielens – algemene en conflictcommunicatie (Linda Berens)
- Taallens – type taal (Dick Thompson)
- Conflicthanteringslens – stijl in conflicthantering (Damian Killen en Danica Murphy)

Allereerst is het wel van belang dat u een korte diagnose stelt aangaande het soort probleem, dat op dit moment heerst. Met deze informatie kunt u de keuze voor een bepaalde lens maken. Deze lens laat u de essenties of onderliggende principes van het probleem tot op individueel niveau zien. Waarom twee individuen de andere vijf niet kunnen of willen volgen bij teamveranderingen, om maar een voorbeeld te noemen. Dit komt met behulp van de lenzenmethodiek helder naar voren.

Met deze informatie kunt u besluiten wat uw plan van aanpak gaat worden. Gedrag is het gevolg van of de opvolging vanuit het individu. Er liggen twee aspecten aan ten grondslag. De fysio-biologische structuur is er één van. Dit aspect heb ik in hoofdstuk 4 onder Katherine Benziger uitgewerkt. Action & Brain Type als afgeleide methodiek van MBTI pakken deze kennis en inzichten op als uitgangspunt van de profilering van het individu. Hierin laten zij de spirituele wereld buiten beschouwing. Deze relatie licht ik in een later stadium toe onder hoofdstuk 16 bij de onderwerpen "Dualisme" en "Hylische Pluraliteit".

4. Katherine Benziger

Aan het onderzoek van MBTI ligt ook een groot fysio-biologisch onderzoek ten grondslag. Hoe ziet "de fysio-biologische samenstelling" van de mens, het menselijke brein eruit ? In hoeverre is deze samenstelling gerelateerd aan het gedrag van dit individu ? Een andere vraag zou kunnen zijn : *"Op welke wijze wordt deze samenstelling per individu bepaald of wie of wat bepaalt deze samenstelling ?"* Op deze vragen kom ik in de hoofdstukken 17 en 18 terug.

De vele onderzoeken en de diverse hersenscans geven hierbinnen de verschillende functies en activiteiten aan. Ook Katherine Benziger heeft deze onderzoeken verricht als vervolg op de wetenschap van Carl Jung. Terug geredeneerd op wat wij nu weten aangaande MBTI kwam zij tot de volgende hersenvierdeling, aangegeven met de letters S, T, N en F. De letters P en J staan voor respectievelijk Perceiving (afwachtend) en Judging (oordelend), komen gekruist tot uiting en zijn indicatief voor de wijze hoe u in de wereld staat.

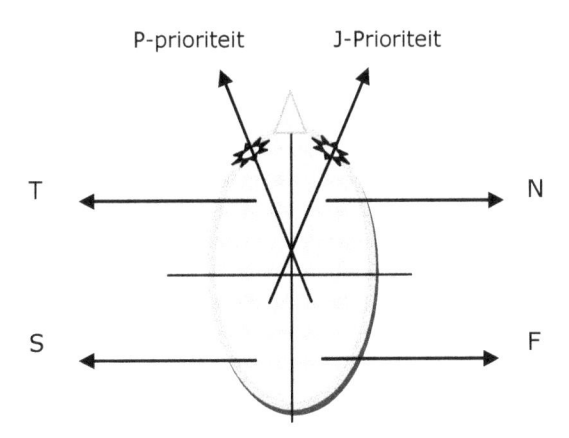

Aan het gebruik van een voorkeursgebied of gebieden ligt een energietechnisch fenomeen ten grondslag. We kunnen dit fenomeen terugvoeren naar het Zelfordeningsproces namens Ilya Prigogine – hoofdstuk 5.3 en de Chaostheorie van Henri Poincaré – hoofdstuk 18.3, waar het draait om de hoogste efficiëntie binnen energetische voorkeursloopings. Om dit beter te begrijpen, heeft u kennis van de Complexe Adaptieve Systemen, CAS nodig. Mijn vorige boek geeft in de bijlage een korte uiteenzetting over CAS. In een chaotische omgeving waarbij elke vorm van energie vrij door de "systemen" beweegt, vindt orde plaats door "druk van buitenaf". Of anders gezegd door deze "systemen" te vullen met energie. Entropisch gezien blijkt dat wanneer energie wordt toegevoerd aan een chaotisch systeem, er orde gaat optreden. Er ontstaan voorkeursloopings die energetisch gezien een zeer hoge efficiëntie voorstaan. Voor meer informatie en diepgaande kennis over Chaos en Zelfordening verwijs ik u graag naar het boek "*Op zoek naar Synergie*" van Rob Zuijderhoudt.

Wat bedoel ik met de genoemde loopings ? Daarvoor is het wellicht gemakkelijk voor u dit te kenschetsen op zowel macroscopisch als ook op microscopisch niveau.

Met macroscopie doel ik op de planeten, de melkwegstelsels en andere zonne- en sterrenstelsels. Met microscopie doel ik op de quantummechanica, zoals Albert Einstein, Niels Bohr, Erwin Schrödinger, Max Planck en anderen dit bedoelden. Wellicht kunt u zich van ons zonnestelsel, het heliocentrische systeem met de diverse planeten een voorstelling maken, die middels ellipsvormige banen om de zon heen draaien. Leest u daarvoor ook de hoofdstukken 10 en 15.

Zo ziet de atomaire wereld er ook globaal uit. De kern met haar, simpel gezegd neutronen en protonen met daarom heen draaiend de verschillende electronen, veelal per tweetal rond bewegend in "voorgeschreven" ellipsbanen en van elkaar verschillend in individuele "draairichting", de zogenaamde spin en tegenspin.

Spin en tegenspin

Spin en tegenspin betekenen iets anders dan een realistische draaiing om de eigen as van electronen binnen veelal electronenparen. Spin gehoorzaamt aan dezelfde wiskundige wetten als gequantiseerde impulsmomenten. Aan de andere kant heeft spin een aantal bijzondere eigenschappen die spin onderscheidt van baanimpulsmomenten. Spins kunnen halftallige quantumgetallen hebben zoals 1/2, 3/2, 5/2 etcetera.

De spin van geladen deeltjes levert een magnetisch dipoolmoment op dat onverenigbaar is met de klassieke natuurkunde, de zogeheten g-factor is ongelijk aan één. De wiskundige theorie voor spin werd in de jaren twintig door Pauli in detail uitgewerkt. Later toonde Paul Dirac aan dat de electronspin op natuurlijke wijze ontstaat binnen de relativistische quantummechanica.

4.1 Energie loopings als fysio-biologische massa

Bewegingspatronen, die zijn voorgeschreven, zijn optimale energetisch verantwoorde bewegingen. Daarmee kwam het discussiepunt tussen Niels Bohr en Albert Einstein aangaande de theorie om deze deeltjes te meten qua quantumtoestand. Een quantumtoestand is een combinatie van positie en snelheid en is dus geen exacte beschrijving van het gedrag van het deeltje. Sterker nog, in de quantummechanica is het ook niet mogelijk dergelijk gedrag exact te beschrijven. De quantummechanica beschrijft het universum in termen van een gegeven begintoestand en de mogelijke toestanden, waarin het universum zich vanuit die toestand verder ontwikkelt, waarbij voor iedere toestand een waarschijnlijkheid gegeven wordt.

De Kopenhagen-interpretatie is een interpretatie binnen de quantummechanica, die geformuleerd werd door Niels Bohr en Werner Heisenberg toen zij samenwerkten in Kopenhagen. Bohr en Heisenberg breidden de waarschijnlijkheidsinterpretatie van de golffunctie uit, zoals die door David Born was opgesteld. Met hun interpretaties trachtten zij een antwoord te geven op een aantal knellende vragen, die waren ontstaan als het resultaat van de golf-deeltje-dualiteit in de quantummechanica, zoals het meetprobleem. Erwin Schrödinger heeft aangaande dit meetprobleem de metafoor van de kat in een afgesloten stalen kist bedacht. Deze metafoor staat bekend als "De kat van Schrödinger" en is tevens in mijn vorige boek als bijlage te lezen in relatie met dagelijkse activiteiten.

De tegenhanger was de Oxford uitleg. Veel-werelden is een interpretatie van de quantummechanica dat de objectieve realiteit van de golffunctie beweert, maar ontkent de realiteit van het ineen klappen van de golffunctie. Het is ook bekend als MWI, staat voor de relatieve formulering, theorie van de universele golffunctie, parallelle universa, veel-werelden interpretatie of gewoon vele werelden. Meer over deze wetenschap kunt u teruglezen bij Jane Roberts in hoofdstuk 10.7.

De overeenkomstigheid binnen beide gebieden zijn dus loopings, de voorgeschreven banen waarlangs de deeltjes, zo u wilt, energiebrokjes zich bewegen. Is er in dat opzicht ook een verband ? Heeft het één met het ander te maken en op welke wijze staan beide in relatie tot elkaar ? Is het daarmee ook cyclisch ?

Middels de quantummechanica en de relativiteitstheorieën, is dit onmogelijk. Daar waar Descartes in de zeventiende eeuw durfde te stellen dat de wetenschap zonder religie, de goddelijkheid, het spirituele zichzelf kon bewijzen, zo blijkt dat heden ten dage onmogelijk. Elk atoom, elk molecuul, elke proteïne, elk DNA en elk enzym en de gehele mens kent op haar wijze een voorgeschreven energetisch systeem, waarbij de energie-massa loopings aan elkaar gerelateerd zijn, van elkaar afhankelijk zijn en die elkaar op zeer uitgebalanceerde wijze beïnvloeden.

Elke electron, atoom, molecule, proteïne, DNA, mens en "systeem" heeft dus haar eigen "electro-magnetische wolk" om zich heen als gevolg van haar originele samenstelling. Alleen dat heeft slechts betrekking op het fysio-biologische deel van u. Massa is dus eigenlijk energie met een relatief ontzettende lage snelheid, dat geldt dus ook voor biologisch weefsel en materie. Emotie kunt u in dit verhaal ook als externe energie beschouwen, welke onbalans in uw "systeem" bewerkstelligd. U wordt en handelt emotioneel. Wanneer u weer tot uzelf gekomen bent, is de overmatige energie teniet gedaan en heeft u uw harmonie – energetisch beschouwd – hervonden.

Esoterische stromingen postuleren dat een aura zou bestaan uit "levensenergie", "astrale energie", "esoterische energie", "bio-energie" of een andere, niet in het natuurkundige spectrum voorkomende energievorm. De theosofie, die uitgaat van meervoudigheid van de stoffelijke meervoudigheid of hylisch pluralisme, stelt dat aura's bestaan uit verschillende fijnstoffelijke lichamen, die zich in verschillende lagen rondom het "grofstoffelijke" of materiële, het fysio-biologische lichaam zouden bevinden. Het "ætherisch lichaam", het binnenste van deze fijnstoffelijke lichamen, zou via de chakra's – of simpel gezegd uw organen of organische gebieden – ontvankelijk zijn voor deze esoterische energie.

Uw organen geven levensenergie uit de omgeving middels secretie door aan uw fysio-biologische lichaam. Meer kunt u hierover in hoofdstuk 19 lezen bij het onderwerp over Human Design.

Zo geldt dat voor elk levend wezen en ook de materie zoals de natuur, de aarde zelf. Elk levend, organisch wezen of anorganisch "ding" kent dus een complex samenspel van alle electro-magnetische velden vanuit de bouwstenen waaruit hij , zij of het is opgebouwd. Deze individuele, unieke energiewolk is wat u zou kunnen bemerken bij de ander, sterker nog, hij sluit in sterke mate aan op de uwe of stoot zelfs af. Is dat waarop de intuïtie aangaande de eerste indruk gebaseerd is ?

En daarmee kom ik weer terug op de samenstelling van het menselijk brein zoals Katherine Benziger dat onderzocht heeft. Wie of wat bepaalt bij elk individu de samenstelling van de fysio-biologische mens ? En wie of wat bepaalt de persoonlijkheid, het karakter van u als individu ? Wie bepaalt daardoor dus de energiewolk of aura van elk individu ?

Daar waar de MBTI-methodiek op basis van het gedrag het type van het individu profileert, zo doet een andere methodiek, Human Design, dit op basis van de astrologie. Met slechts de geboorteplaats, de datum en het juiste tijdstip als informatie bleek mijn profiel één op één gelijk te zijn aan die zoals deze bekend is op basis van de MBTI-methodiek. Op zich is het uiteraard weinig verrassend dat beide identiek zijn. Wel is het opvallend dat deze profilering gebaseerd is de stand en bewegingen van de planeten, zonnen, sterren, kort gezegd het Universum.

Klinkt er dan misschien één vers (uni-versum) vanuit het universum, waarvan wij alle een extensie zijn ? En bepaalt deze planetaire en (inter-)stellaire onderlinge beïnvloeding wie wij worden of zijn ? Is dit de relatie tussen kosmos, de geschapen orde – kosmos : Grieks ό κοσμοξ – orde – en ons mensen ? Ligt daarmee de fysio-biologische vorming van elk individu in de handen van een hogere Macht, in onze Westerse wereld God genaamd ? Dit kunt u de Void of "leegte" noemen, waar alles is en gelijk ook niets is. Meer hierover kunt u in hoofdstuk 18 lezen.

De æther als medium voor of reservoir van de spirituele energie. Kunnen we de æther eigenlijk wel een medium noemen, in de context zoals die bij u en mij bekend is ? In welke vorm bestaat deze spirituele energie en hoe komt deze vanuit het universum tot ons bij onze geboorte ? Heeft dat met een soort van electro-magnetische energie te maken, welke zich met supraluminaire snelheden beweegt, los van de massa en dus los van tijd, toekomst, heden en verleden ? Ligt hier tevens het onbewuste collectief ingebed, waar Carl Jung over spreekt ? Beweegt deze spirituele energie zich als enige energievorm in twee richtingen en is het tevens als enige vorm omkeerbaar vanaf het moment van geboorte tot aan het sterven van de mens ? Wellicht is dat het Mysterie, dat is het mystieke het bovenmenselijke onbegrijpelijke. Ik weet het niet, dat is het mooie en het unieke van elk individu. In hoofdstuk 14.6 heb ik deze inzichten verder uiteengezet middels het ei van Roberto Assagioli.

4.2 Brein en Arche Types

Op basis van deze uniciteit voor elk individu geldt ook dat bij elke samenstelling van de "mens" u een Arche Type aan elk individu kunt toekennen. Arche staat voor bron – Grieks : 'η αρχη – bron. Deze verpersoonlijking van het metafoor waar u voor staat, is typerend voor uw gehele doen en laten, zoals Carl Jung dit onderzocht heeft. Katherine Benziger baseert haar Arche Types op basis van de dominantie per gebied in het menselijke brein. De dominantie vloeit voort uit de energetisch meest optimale loopings, zoals ik in de CAS-theorie verhelderd heb.

CAS of Complex Adaptief Systeem staat voor het vanuit zichzelf doorontwikkelen van het eigen neurale netwerk tot de meest ultieme wijze, waarbij de stromen van materie, energie en informatie op de meest efficiënte wijze plaatsvinden. De slechte "netwerken" vervallen daarmee. Ook middels ervaringen dat als informatieve energie in uw geheugen wordt opgeslagen. Dit geldt ook in het geval van het voorkeursdenken van ieder individu.

Katherine Benziger maakt het volgende onderscheid binnen de deelgebieden van het menselijke brein.

Deelgebieden brein	Typische natuurlijke roeping (beroep)
Beide linker helften	Advocaten, natuurkundigen, IC-verplegers
Beide linker helften, voorzijde dominant	Accountants, MBA's electro-engineers, ziekenhuisdirecteuren
Beide linker helften, achterzijde dominant	Bankiers, machine-bedienden en reparateurs
Achterzijde links	Inkopers, archivarissen, boekhouders, supervisors
Achterzijde rechts	Receptionisten, communicatie specialisten, stafverpleging, trainers
Achterzijde links en rechts	Docenten, stafverplegers, supervisors
Voorzijde rechts	Ondernemers, geologen, architecten, illustratoren
Beide rechter helften	Organisatie ontwikkelaars, docenten, spoedeisende doktoren, dansers, schilders, dichters
Beide rechter helften, achterzijde dominant	Adviseurs, psychologen, therapeuten, psychiaters, acteurs, muzikanten, binnenhuisarchitecten
Beide rechter helften, voorzijde dominant	Adviseurs, psychologen, therapeuten, psychiaters
Beide voorzijden	Uitvinders, chemische engineers, wetenschappelijke onderzoekers, economisten
Achterzijde links, voorzijde rechts	Journalisten, bibliothecarissen, community organisatoren
Drie-eenheid met beide rechter helften en linker voorzijde dominant	Dichters en componisten
Drie-eenheid met beide linker helften en rechter voorzijde dominant	Visionaire leiders

Totale brein (auteur)		Onder andere leiders van grote complexe organisaties en complexe denkers

Als u de bijbehorende MBTI-tabel er over heen legt, waarin de verschillende typeringen middels de gehanteerde lettercodes worden bepaald, kunt u voor uzelf nagaan of het klopt. Of uw medewerker of manager inderdaad die persoon is, waarvan u vermoedt dat hij of zij dat type persoonlijkheid is.

Daarnaast is Katherine Benziger's systeem ook meegenomen in andere systemen, bijvoorbeeld in die van Thomas International, al hoewel zij een eigen vragenlijst hanteren.

Deelgebieden brein	Aspect	Metafoor
Beide voorzijden, extravert	Dominantie	Autoritaire besluitvormer en resultaat gedreven
Rechter helft, extravert	Beïnvloeding	Motivator, inspirator leidt en enthousiasmeert
Beide achterzijden, introvert	Standvastigheid	Betrouwbare, gehoorzame volger
Linker helft, introvert	Gewilligheid	Accurate, kritische denker

Het DISC/Inscape systeem van Irwin Thompson ziet er in deze relatie als volgt uit. Ik heb het voor dit moment alleen bij deze tabel gelaten.

Deelgebieden brein	Roeping	Metafoor
Linker voorzijde	Militaire generaal	Jager
Linker achterzijde	Regelaar	Leider
Rechter voorzijde	Leidend warschopper	Domoor
Rechter achterzijde	Spiritueel leider	Shaman

Voor de volledigheid treft u hier het overzicht van Carl Jung zelf aan. Tot dusver heb ik nergens aan plausibele verklaring aangetroffen welke duidt op het verschil tussen extravert en introvert gedrag. Om deze vervolgens aan een (deel-)gebied binnen het menselijke brein toe te kunnen kennen.

Deelgebieden brein	Aspecten	Functies
Linker voorzijde	Analytisch, objectief, principes, standaard en kritiek	Thinking (T)
Linker achterzijde	Verleden-tijd, hier-en-nu, practisch en gevoelig	Sensing (S)
Rechter achterzijde	Subjectief, persoonlijk, intimiteit, op waarde schatten, harmonie	Feeling (F)
Rechter voorzijde	Voorgevoel, toekomst, fantasie, speculaties, voorstellingsvermogen	Intuiting (N)
Nvt	Gedrag (energie) in zichzelf gericht voor eigen gebruik	Introvert (I)
Nvt	Gedrag (energie) naar buiten gericht voor externe beïnvloeding	Extravert (E)

Fysio-biologische ontwikkeling van het brein

Andere onderzoeken die hieraan parallel liepen, zijn de onderzoeken naar de ontwikkeling van het brein in combinatie van de persoonlijkheid. Hierin waren de volgende vier fasen globaal aan te geven.

- Het zesde tot twaalfde levensjaar – ontwikkeling dominante deel
- Het twaalfde tot achttiende levensjaar – ontwikkeling hulpdeel
- Het achttiende tot circa dertigste jaar – ontwikkeling tertiaire deel
- Na dertigste levensjaar – ontwikkeling zwakste deel

Over de ontwikkeling voor de leeftijdsperioden waarin u als mens successievelijk verkeert, zoals bij ons het verschil tussen de benamingen baby, peuter en kleuter, of tussen kind en jeugdige, heeft ook Sigmund

Freud veel onderzoek gedaan. Voor de ontwikkelingspsychologie gaat het om bepaalde psychische kenmerken in die perioden, bijvoorbeeld kenmerken van de psycho-seksuele ontwikkeling of van de cognitieve ontwikkeling en om de mechanismen van de overgang van de ene naar de volgende fase. Op het psycho-seksuele gebied zijn de meest bekendste fase indelingen die van Sigmund Freud. In hoofdstuk 12.3 kunt u meer over hem teruglezen.

Als u inmiddels de MBTI-methodiek doorgrond heeft en inzicht heeft verworven, kunt u voor u zelf per persoonlijkheid er de bijbehorende flow voor uw medewerker bepalen, zoals wij dat in de topsport doen. Deze is terug te lezen door de eerste drie ontwikkelde breindelen zeer sterk te bevragen in combinatie met het feit of iemand introvert of extravert is. Anderzijds kunt ook de focus of het aandachtspunt bepalen aan de hand van de lettercode.

Om u een voorbeeld te geven, ziet u dit hieronder in de weergegeven matrix. De Architect staat bekend als creatieve ontwerper van complexe "systemen" en "ontwerpt" deze op hoofdlijnen door sterk de context voor zichzelf te analyseren. De Architect kan zich focussen door "smal naar buiten te kijken". Dat wil zeggen dat dit individu daadwerkelijk naar een klein fysiek punt kijkt om zijn aandacht vast te kunnen houden. Dit "smal naar buiten toe kijken" laat zich vertalen als "EJ". Deze twee letters zijn precies omgekeerd aan de twee bedoelde letters in zijn eigen code, "IP".

De Architect – MBTI-code : INTP

Volgorde	Projectie	betekenis
Dominante stijl	Introverte T	Analyseren
Hulpfunctie	Extraverte N	Brainstormen
Tertiaire functie	Introverte S	Zich herinneren
Zwakste functie	Extraverte F	Harmonie zoeken

De Supervisor staat bekend als een extraverte persoonlijkheid, die graag op gedetailleerde wijze structuur naar buiten brengt en deze tracht op te leggen aan de anderen. Zijn flow ziet er uiteraard daardoor geheel anders uit. Zijn focus ligt dus op "breed bedenken" of wel "IP", dit in tegenstelling tot zijn eigen "EJ".

De Supervisor – MBTI-code : ESTJ

Volgorde	Projectie	betekenis
Dominante stijl	Extraverte T	Structuur opleggen
Hulpfunctie	Introverte S	Zich herinneren
Tertiaire functie	Extraverte N	Brainstormen
Zwakste functie	Introverte F	Op waarde schatten

Het is dus wel zaak dat u bij uw medewerkers zo veel mogelijk breingebieden voedt en daarmee te doen ontwikkelen, teneinde te maken te krijgen met brede uitgebalanceerde individuen, althans dat is mijn idee hierover. Ik noem hen dan ook de echte generalisten, net zoals ik dat zelf ook ben.

Brain Type, vriendschappen, huwelijk en kameraadschap
Katherine Benziger maakt ook interessante observaties over relaties. De meesten van ons kiezen vrienden die spiegelen aan onze breintypen. Wij doen dit omdat we ons comfortabel voelen met mensen, bij wie de geestelijke voorkeuren dezelfde zijn als de onze. Als u een vriend met een bijna-identieke breintype treft, zult u deze persoon waarschijnlijk bestempelen als uw "beste vriend" of "soulmate".

De vier meest voorkomende brein ontwikkelde patronen zijn : Double Basal, Double Left, Double Frontal en Double Right. Deze vier patronen hanteert de MBTI-methodiek voornamelijk. In de regel is het voor mensen met een dubbele ontwikkelde patroon het meest makkelijk om vrienden te vinden, omdat er procentueel meer van hun zijn dan alle andere ontwikkelde breinpatronen. Mono-Brain type mensen en multi-dominante, Triple & Total Brain Type mensen vinden het moeilijker om vrienden te treffen, vooral omdat dit type mensen in de nabije omgeving van hun schaars zijn en in die mate zoveel breinmodi hebben ontwikkeld.

Bij de zoektocht naar een huwelijkspartner is anders. In plaats van proberen te "spiegelen", hebben we de neiging een huwelijk- en voortplantingspartner te kiezen met breinsoorten, die een aanvulling zijn op onze eigen. Dat zal onze eigen zwakheden afdekken. Dat is een evolutionair aspect. Jung duidt huwelijken archetypisch aan met "The Holy Wedding", wat ultieme samenwerken en harmonie voorstaat tussen letterlijk de man en vrouw en archetypisch voor respectievelijk Orde en Chaos. Dit is de meer spirituele of archetypische benadering van het huwelijk. Meer daarover kunt u in hoofdstuk 10 lezen onder Wolfgang Pauli.

Inzicht in uw Brain Type en dus in de sterke en zwakke punten, is nuttig voor uw zelf-ontwikkeling, het beheer van relaties, het beheer van teams. Het kennen van uw eigen sterke punten geeft u vertrouwen verantwoordelijkheden en projecten op zich te nemen in uw eigen vaardigheden gebieden. Weet u uw eigen zwakheden, dan weet u ook waar kunt zoeken voor hulp en advies.

Het Brain Type model verklaart ook heel duidelijk dat bijna niemand goed is in alles, dat zelfs iedereen vanuit zijn of haar veelzijdige natuur toch problemen ondervindt en/of uitdagingen nodig heeft.

Om de toepassingsgebieden met betrekking tot de onderzoeken van Katharine Benziger en haar Brain Type in een praktische context terug te lezen, raad ik u aan het boek "Van bovenkamer naar onderbuik" te lezen. Hierin heb ik vanuit praktijkgevallen de bedoelde theorie van Katherine Benziger toegepast en uiteen gezet. Persoonlijk vind ik het sterk leidend in organisatie- en teamproblematieken, waar veelal verandering aan de orde is. Geldt dat ook voor u ? Wellicht in de nabije toekomst.

5. Determinisme en gedrag

De mens is uniek vanuit zijn of haar fysio-biologische en spirituele geboorte, kort gezegd bepaald door de (toe-)stand van het Universum. Het Universum als verborgen Godheid, zo stelde Héléna Blavatsky is de drie-eenheid, de Trinity, zijnde Chaos-Theos-Kosmos. Deze drievoudige godheid is alles in alles. Leest u daarvoor ook hoofdstuk 18 van de Void.

Vanuit het Chineze orakelboek "I Ching" zien we dat dit de voortbrenger is van de 4 elementen Water, Lucht, Vuur en Aarde. De æther staat voor het vijfde element naast de eerstgenoemde vier. U bent dus een gegeven, een status, waar u mee aan het werk kunt, uzelf ontwikkelen kunt, zowel in fysio-biologisch opzicht als ook in psychologisch en spiritueel opzicht.

Symbool van I Ching

De meeste onderzoeken van de laatste decennia richten zich echter op gedrag, gedrag als gevolg van initiaties en motivatoren, gebaseerd op uw Self. Deze initiaties en motivatoren kunnen zowel intrinsiek als ook extrinsiek zijn. MyersBriggs ontwikkelde onder meer op basis daarvan de MBTI-methodiek. Één van de aspecten die daaruit terug te lezen is, is het temperament. Dit aspect vind ik persoonlijk de meest makkelijke en meest hanteerbare aspect binnen de verschillende perspectieven. Het op een bepaalde manier om met een bepaalde bril, de juiste lens naar de types te kijken. Ook zijn er vele onderzoekers die beweren dat gedrag altijd deterministisch is, gebonden of verbonden aan een aanwijsbare initiator of motivator.

Kunt u hier over een instrument spreken of is het de kwaliteit, talent of initieerbaarheid van het individu ? Gezien het feit dat MBTI het gedrag bepaalt met in ogenschouw genomen dat ook zij als onderzoekers net als Carl Jung, de bron, het Arche, trachten te achterhalen, is aannemelijk dat gedrag inderdaad deterministisch is. Waar komt anders de uitspraak "Mensen veranderen niet" vandaan ?

5.1 Determinisme

Op het moment dat ik het woord "determinisme" opschrijf, is het dus de vraag, op welke wijze deze term geïnterpreteerd moet of kan worden. Determinisme is volgens de Dikke van Dale het navolgende.

"De noodwendigheidsleer, volgens welke onze wilsbepalingen en handelingen geheel door voorafgaande en uiterlijke omstandigheden, lees de context, bepaald worden, die dus de vrijheid van de wil ontkent."

Determinisme is een filosofisch concept dat stelt dat elke gebeurtenis of stand van zaken veroorzaakt is door eerdere gebeurtenissen volgens de causale wetten die de wereld regelen en beheersen. Dit sluit bij een radicale interpretatie – het harde determinisme – in feite de menselijke vrije wil uit, als daarvoor in een rationeel universum geen plaats is. Binnen het determinisme zijn er echter veel standpunten in te nemen. Wat betekent dit in het licht van de hoofdstukken drie en vier voor u ?

Het woord deterministisch is hier een synoniem voor "aan noodzaak gekoppeld". Het gedrag van het individu dat u waarneemt, heeft een noodzakelijke origine of oorsprong. Deze noodzaak en het daarop volgende gedrag ontkent de vrijheid van de wil. Is deze noodzaak een door u opgelegde, rationele of een ingebedde initiator ? Oppervlakkig werkgedrag, welke geen passie, bezieling of stress met zich meebrengt, staat los van het individu zelf. Het gedrag met het effect raken het individu zelf niet, de mens als gevoelloze en emotieloze robot. Het individu is als "autist" werkzaam voor u. Haalt deze medewerker daadwerkelijk voldoening uit zijn of haar werk ? Hierbij komen we uit op het punt van de motivatietheorieën zoals ik in hoofdstuk 7 uiteenzet. De juiste motivatie is de juiste afgeleide of een extensie van enerzijds het deterministisch gedrag en anderzijds het gedrag dat volgt op basis van de eigen wil. Wellicht kunt u nu ook raden hoe komt dat bepaalde motivatoren slecht werken bij bepaalde typen mensen ?

5.2 De vrije wil

De vrije wil is het vermogen van rationeel handelende individuen, om controle uit te oefenen over hun daden en beslissingen. Om antwoord te kunnen geven op de vraag of dit vermogen werkelijk bestaat, kunt u nagaan wat het verband is tussen vrijheid en noodzakelijkheid en deels oorzakelijkheid en dient het al dan niet deterministische karakter van de natuurwetten te worden onderzocht. De diverse filosofische stromingen verschillen van mening over determinisme versus indeterminisme. Zijn alle gebeurtenissen vooraf bepaald of bestaat er nog toeval vanuit uw gedrag ? Over incompatibilisme versus compatibilisme, onverenigbaarheid of verenigbaarheid ; sluit determinisme vrijheid uit of niet ? De harde deterministen bijvoorbeeld, betogen dat het Universum deterministisch is en dat vrije wil daarom niet kan bestaan. Immanuel Kant verwierp het determinisme en verdedigde het concept van de vrije wil.

Het principe van de vrije wil heeft religieuze, ethische en wetenschappelijke implicaties. Op het gebied van de religie kan het bijvoorbeeld impliceren dat een alvermogende Godheid geen macht uitoefent over de wil en keuzes van de mens. In de ethiek kan het betekenen dat individuen voor hun daden moreel verantwoordelijk gehouden kunnen worden zoals bijvoorbeeld Jean-Paul Sartre en Mikhail Bakhtin dit betogen middels hun existionalisme. Op wetenschappelijk gebied kan het inhouden dat hetgeen levende wezens doen en denken niet geheel afhangt van fysieke oorzaken of noodzaken. Vanaf het begin van de filosofie staat het vraagstuk van de vrije wil al centraal.

Vrije wil in de filosofie

Wat de vrije wil betreft, bestaan er in de filosofie de volgende stromingen.

- Determinisme – de leer dat alle gebeurtenissen onder invloed van de natuurwetten volledig bepaald worden door voorafgaande gebeurtenissen en impliceert dat de wil niet vrij is.
- Compatibilisme – de visie dat vrije wil en determinisme met elkaar verenigbaar zijn. Incompatibilisme is de visie dat het onmogelijk is om een geloof in een deterministisch universum in overeenstemming te brengen met een geloof in vrije wil. Het harde determinisme is de versie van het incompatibilisme die het determinisme omarmt en het idee dat mensen een vrije wil hebben, rigoureus verwerpt.
- Het metafysisch libertarisme heeft met het harde determinisme uitsluitend gemeen dat het de compatibilistische visie verwerpt. Aangezien libertariërs het bestaan van de vrije wil accepteren, moeten zij het determinisme ontkennen en uitgaan van een indeterminisme dat verenigbaar is met vrijheid.

De diverse stromingen geven uiteraard inzicht maar kunnen geen eenduidigheid bieden. De uniciteit van u als individu bepaalt daarmee de stroming, wellicht bent u daarbij beïnvloed door uw eigen ervaringen.

5.3   Laplace's demon

Vele wetenschappers hebben zicht in het verleden met dergelijke filosofieën aangaande determinisme bezig gehouden. De navolgende omschrijving van het begrip "determinisme" is afkomstig van de Fransman Pierre-Simon Laplace.

"Een intelligentie, die, op een zeker moment, alle krachten die in de natuur werken, en de toestanden van alle elementen, waaruit deze is opgebouwd, zou kennen, zou, als ze overigens groot genoeg was om al deze gegevens te kunnen analyseren, in een enkele formule de beweging van de grootste lichamen in het heelal en die van het kleinste atoom beschrijven : niets zou hiervoor onzeker zijn, en de toekomst, net zoals het verleden, zou tegenwoordig zijn in haar ogen. De menselijke geest, die de sterrenkunde zo volmaakt heeft leren beschrijven, vormt een flauwe afspiegeling van zo'n intelligentie."

Als u zijn redenering volgt, zegt hij dus het volgende.

- De huidige toestand van het universum is een gevolg van een vorige toestand, de kosmos expandeert, zoals huidige wetenschappers tegenwoordig hebben onderzocht.
- De huidige toestand is dan weer een oorzaak van de toestand die daarop volgt.

Stelt u zich nu voor dat een "intelligent wezen" op gelijk welk ogenblik een precies inzicht zou hebben in de krachten van de natuur, die hierbij aan het werk zijn, dan zou het zowel de toekomst als het verleden van alle entiteiten kennen.

Dit "intelligente wezen" wordt in de filosofie van Laplace "demon" genoemd. Het woord demon is afkomstig van het Griekse δαίμων, "*daimoon*" of godheid en wordt in onze Westerse Christelijke gewoonlijk opgevat als een gevallen engel, duivel of boze of onreine geest.

Absoluut determinisme

Afgezien van die demon is er een andere manier om het determinisme te benaderen. Verondersteld u zich dat de oerknal zich elders in de ruimte of in de tijd op identieke wijze opnieuw zou voordoen. Dat betekent dat de evolutie van het heelal zou kunnen worden uitgedrukt in een metafoor die zegt dat het Universum of het heelal een afgeleide heeft, zoals die bij een curve als de richtingscoëfficiënt van de raaklijn aan de curve in elk punt geldt en derhalve de curve determineert. Vervang de curve door het heelal en het punt door een infinitesimale tijdseenheid en de metafoor is rond.

Een infinitesimaal is een object dat min of meer fungeert als getal en dat in de ordening van de reële getallen kleiner is dan ieder positief reëel getal, maar toch groter is dan nul. Infinitesimalen zijn aanvankelijk bedacht, voordat men een goed begrip van limieten had.

In een dergelijke context is het begrip "toeval" uitgesloten en is er een causale relatie tussen de situatie van het heelal op een bepaald ogenblik en op letterlijk het ogenblik daarna. Een formule die in principe verleden, heden en toekomst vastlegt en meteen ook "opheft" overeenkomstig onder meer de relativiteitstheorie van Albert Einstein en het geloof van de fysici in de omkeerbaarheid van de verschijnselen en dus van de tijd.

Één en ander pleit tegen deze deterministische opvatting. Niet het minst het gevoel dat tijd onomkeerbaar is en dat we weinig of niets met zekerheid weten met betrekking tot de toekomst. Geen enkele natuurkundige wet is onomkeerbaarder dan de tweede wet van de thermodynamica, de entropiewet. In een gesloten systeem neemt de wanorde – lees chaos – toe, wanneer het aan zichzelf wordt overgelaten. Ludwig Boltzmann introduceerde in zijn benadering van de entropiewet bovendien een waarschijnlijkheidsbegrip, wat in elk geval een non-deterministisch element is. Vergelijkt u bijvoorbeeld het verval van uw eigendommen, zoals buitenkozijnen van uw huis, in geval er geen onderhoud aan gepleegd wordt, u er geen aandacht en energie aan besteedt.

In een open systeem manifesteert de chaos zich, aldus Ilya Prigogine, door een toenemende vorm van complexiteit. Uit de chaos ontstaat onder druk van de omgeving of anders gezegd door aanvulling van een energie, een nieuwe, hogere orde. Dat is een evolutionair principe waarin er ruimte is voor toeval. Is de vrije wil de ruimte die het toeval schept in het menselijk bewustzijn ? En wat is dit bewustzijn precies ? Is dit simpel gezegd een bepaalde psychische status van de brein, gemanifesteerd middels een hogere orde van energetische loopings ?

Religieus determinisme

Tegen het eind van de negentiende eeuw en een deel in de twintigste eeuw, woedde de strijd tussen de "deterministen" en de verdedigers van de vrije wil. Dat strijdpunt van de meeste theïstische religies woedde in alle hevigheid vooral vanuit het katholicisme. Die stelt dat God alles reeds bepaald heeft en dat betekent tevens dat alleen Zijn Woord (Logos) de weg van het Leven is. Dat Katholieke Kerk is hierin Zijn aardse vertegenwoordiger, gebieder en controleur.

Sociaal determinisme

Volgens het absoluut determinisme volgt een situatie in het heelal onontkoombaar uit de vorige situatie. Hieruit zou de conclusie kunnen worden getrokken dat de vrije wil van de mens niet bestaat, omdat beslissingen enkel op één manier genomen zouden kunnen worden. Bij het nemen van die beslissingen spelen ideeën en gevoelens van de mens een rol, maar ook die moeten een logisch gevolg zijn van een vorige situatie.

Volgens het sociaal determinisme bepaalt de sociale omgeving van een individu volledig zijn visies en ideeën en daarom zijn handelen. Alles waarop een mens zijn beslissingen kan baseren, is ingegeven door zijn omgeving : wat goed is, wat slecht is, wat vies is, wat mooi is, enzovoort. Zodanig bepaalt de sociale omgeving het handelen van individuen. De gedragingen van de mens zijn het resultaat van ideeën uit zijn omgeving of binnen een bepaalde context.

Een vraag die bij sociaal determinisme opkomt, luidt als volgt.

"Kunt u iemand nog verantwoordelijk houden voor een misdaad, wanneer het handelen van diegene onontkoombaar volgt uit ideeën, die door de omgeving zijn ingegeven ?"

Natuurlijke determinisme

Causale verbanden worden allemaal herleid tot de natuur. Alles is natuurgetrouw en een vorm van naturalisme. Een ander woord in deze context is het instinctieve gedrag. Één van die voorbeelden leest u terug in het volgende hoofdstuk over het onderwerp Biologische cycli.

6. Biologische cycli : levens- & dagritme

Als we over deterministisch gedrag spreken, blijken ook fysio-biologische fenomenen daar hun oorsprong te hebben, voor zover het nu bekend is. Deze kunt u op individueel niveau beschouwen als ook op universeel niveau, zoals ik dat verder in dit hoofdstuk uiteen zet heb middels de Schumann-resonantie. Allereerst geeft de Amerikaanse onderzoeker Rupert Sheldrake een andere kijk op het fenomeen van het bioritme.

6.1 Rupert Sheldrake

"De meeste biologen nemen aan dat levende organismen niets anders zijn dan ingewikkelde machines, die alleen worden beheerst door de bekende wetten van de natuur- en scheikunde. Ik deelde die zienswijze zelf ook. Maar na verloop van enkele jaren zag ik in dat zo'n veronderstelling moeilijk te rechtvaardigen is. Want als er in werkelijkheid zo weinig begrepen wordt, dan is er een mogelijkheid dat tenminste enkele van de verschijnselen van het leven afhangen van wetten of factoren die tot nu toe niet door de natuurwetenschappen erkend zijn."

Deze woorden zijn ontleend aan de inleiding van de bioloog Rupert Sheldrake tot zijn eerste boek, "*A New Science of Life, The Hypothesis of Formative Causation*", enkele decennia geleden gepubliceerd. De ontvangst ervan was van gemengde aard. Terwijl sommigen het verwelkomden als uitdagend en stimulerend, werd het door het tijdschrift "*Nature*" afgewezen als een ergerlijke verhandeling en wellicht is Sheldrake daarmee de beste kandidaat voor de brandstapel die er sinds jaren is geweest. Sheldrake ontwikkelde zijn ideeën verder in "*The Presence of the Past : Morphic Resonance and the Habits of Nature*" en "*The Rebirth of Nature : The Greening of Science and God*".

Morfische eenheden

De grondslag van zijn betoog is dat natuurlijke systemen of "morfische eenheden", op alle niveaus van complexiteit een inherent geheugen bevatten. Voorbeelden zijn zoal atomen, moleculen, kristallen, cellen, weefsels, organen, organismen en gemeenschappen van organismen die door morfische velden worden bezield, georganiseerd en gecoördineerd.

Natuurlijke systemen erven dit collectieve geheugen van alle voorafgaande dingen van hun soort door middel van een proces dat morfische resonantie wordt genoemd, met als resultaat dat de patronen van ontwikkeling en gedrag door herhaling in toenemende mate een gewoonte worden. Vergelijkt u het CAS-principe en de voorkeursstromen. Sheldrake oppert de gedachte dat er een doorlopend spectrum van morfische velden bestaat, waaronder morfogenetische velden, gedragsvelden, mentale velden en sociale en culturele velden.

Morfogenese bestaat letterlijk uit het ontstaan, "*genesis*" en uit vorm of "*morfe*" en is iets mysterieus. Hoe ontstaan ingewikkelde, levende organismen uit veel eenvoudiger structuren, zoals zaden of eieren? Hoe slaagt een eikel erin tot een eik uit te groeien, of een bevrucht menselijk eitje tot een volwassen mens? Een treffend kenmerk van levende organismen is het vermogen tot regeneratie, van het genezen van wonden tot het vervangen van verloren ledematen of staarten. Het is duidelijk dat organismen meer zijn dan alleen ingewikkelde machines. Wie heeft er ooit gehoord van een machine die spontaan uit een machine-ei groeide of na beschadiging zichzelf herstelde? Organismen, in tegenstelling met machines, zijn meer dan de som van hun delen. Er is iets in hun dat holistisch en doelgericht is, dat hun ontwikkeling naar een bepaald doel leidt.

Hoewel de moderne mechanistische biologie zich ontwikkelde tegenover het vitalisme – dat is de leer dat levende organismen worden gevormd door onstoffelijke vitale factoren – heeft ze haar eigen doelgerichte beginselen geïntroduceerd, in de vorm van genetische programma's. Genetische programma's worden soms vergeleken met computerprogramma's maar, terwijl computerprogramma's door intelligente wezens worden ontworpen, zouden genetische programma's door het toeval in elkaar worden gezet.

In de afgelopen jaren heeft een aantal prominente ontwikkelingsbiologen naar voren gebracht dat het misleidende begrip genetische programma's moet worden afgewezen ten gunste van zulke termen als interne vertegenwoordiging of interne beschrijving. Wat wordt met deze vertegenwoordigingen en beschrijvingen precies bedoeld ? Is dat het goddelijke aspect in de natuur, in de mens ?

Genen & DNA

De rol van de genen wordt door mechanistische biologen geweldig overschat. De genetische code in de DNA-moleculen bepaalt de volgorde van aminozuren in eiwitten. Wat hierin onbepaald blijft, is de manier waarop de eiwitten in cellen, cellen in weefsels, weefsels in organen en organen in organismen worden gerangschikt. Sheldrake merkt het volgende hierover op.

"Uitgaande van de juiste genen en dus de juiste eiwitten en de juiste systemen waardoor de synthese van eiwitten wordt beheerst, veronderstelt men dat het organisme zich op de een of andere manier automatisch vormt. Dit lijkt erop alsof we mogen verwachten dat een huis spontaan ontstaat als de juiste materialen op de juiste tijd op een bouwterrein worden afgeleverd."

Het feit dat alle cellen van een organisme dezelfde genetische code hebben en zich toch op de een of andere manier anders gedragen en weefsels en organen opbouwen van verschillende structuren, wijst er duidelijk op dat een of andere leidende invloed buiten die van DNA, aan de zich ontwikkelende organen en ledematen vormgeeft. Ontwikkelingsbiologen erkennen dit, maar hun mechanistische uiteenzettingen lopen vast op vage uitspraken over complexe ruimte-tijd patronen van fysisch-chemische wisselwerking, die dan nog niet ten volle worden begrepen.

Volgens Sheldrake worden de ontwikkeling en de instandhouding van de lichamen van organismen geleid door de eerder genoemde morfogenetische velden. Het begrip "morfogenetische velden" wordt algemeen aanvaard in de ontwikkelingsbiologie, maar de aard van deze velden blijft duister en vaak vormt men er zich een beeld van in conventionele natuurkundige en scheikundige termen. Volgens Sheldrake zijn ze een nieuw soort veld dat tot nu toe in de natuurkunde onbekend was. Ze bevinden zich in en rondom de systemen die ze organiseren en bevatten een soort collectief geheugen, waaruit ieder lid van de soort put en waaraan het op zijn beurt bijdraagt. Daarmee evolueren de velden zelf ook.

Iedere morfische eenheid heeft haar eigen kenmerkende morfogenetische veld, dat is genesteld in dat van een morfische eenheid op hoger niveau, die bijdraagt aan het coördineren van de rangschikking van haar delen.

De velden van cellen bijvoorbeeld, omvatten die van moleculen, die de velden van atomen omvatten, enzovoort. Het inherente geheugen van deze velden verklaart bijvoorbeeld waarom nieuw samengestelde chemische verbindingen in de hele wereld gemakkelijker kristalliseren, als ze vaker worden gevormd.

Voor we bij andere typen van morfische velden stilstaan, is het de moeite waard precies na te gaan wat een morfisch veld wordt verondersteld te zijn. Sheldrake beschrijft ze als velden van informatie, en zegt dat ze noch een soort materie, noch een soort energie zijn en alleen kunnen worden vastgesteld door hun uitwerking op stoffelijke systemen. Als morfische velden echter volledig onstoffelijk waren, zou dat betekenen dat ze zuiver "niets" zijn, en het is moeilijk in te zien hoe velden van "niets" enige uitwerking op de stoffelijke wereld zouden kunnen hebben. In een gesprek met David Bohm geeft Sheldrake in feite toe dat morfische velden misschien een bepaalde subtiele energie hebben, maar anders dan in enige normale of fysieke betekenis van het woord, omdat morfische velden zich door ruimte en tijd kunnen verspreiden en over een afstand niet merkbaar vervagen.

In deze betekenis zouden morfische velden een subtielere vorm van energiesubstantie zijn, te ætherisch om via wetenschappelijke instrumenten te kunnen worden waargenomen. Sheldrake suggereert tevens dat morfische velden zeer nauw verbonden kunnen zijn met de quantummaterie-velden. Volgens de wetenschap vormt het universele quantumveld de grondslag van de fysieke wereld en pulseert het van energie en vitaliteit. Het komt neer op de wederopleving van het begrip æther, een medium van subtiele materie die de hele ruimte doordringt.

Ook instinctief gedrag, het leervermogen en het geheugen verzetten zich tegen een verklaring in mechanistische termen. Sheldrake merkt op.

"Er bevindt zich een enorme kloof van onwetendheid tussen al deze verschijnselen en de vastgestelde feiten van de moleculaire biologie, de biochemie, de genetica en de neurofysiologie."

"Hoe zou u een doelgericht instinctief gedrag, zoals het maken van een web door spinnen of de trek van zwaluwen ooit kunnen verklaren in termen van DNA en eiwitsynthese ?"

Volgens Sheldrake worden het gewoonte-gedrag en het instinctieve gedrag gevormd door gedragsvelden, terwijl mentale activiteit, bewust en onbewust, plaatsvindt in en door mentale velden. Instincten zijn de gedragsgewoonten van de soorten en zijn afhankelijk van overerving van gedragsvelden, vergezeld van een collectief geheugen, afkomstig van voorgaande soortgenoten door middel van morfische resonantie.

Het opbouwen van de eigen gewoonten van een dier hangt ook af van morfische resonantie. Het is mogelijk dat de aangeleerde gewoonten van sommige dieren het verwerven van dezelfde gewoonten door andere soortgelijke dieren vergemakkelijken, zelfs bij afwezigheid van enig bekend verbindings- of communicatiemiddel. Dit verklaart dat als ratten op de ene plaats een nieuw kunstje hebben geleerd, andere ratten ergens anders dat gemakkelijker kunnen leren.

Het geheugen plaatst materialisten voor een netelig probleem. Pogingen om geheugensporen in de hersenen te lokaliseren, blijken tot nu toe zonder succes te zijn geweest. Experimenten hebben aangetoond dat het geheugen zich zowel overal als nergens in het bijzonder bevindt. Sheldrake suggereert dat de reden dat pogingen in de hersenen geheugensporen te vinden herhaaldelijk mislukken heel eenvoudig is, ze bestaan daar niet. Hij vervolgt zijn verhaal.

"Een onderzoek in uw T.V.-toestel naar sporen van de programma's die u vorige week bekeek, zou om dezelfde reden gedoemd zijn om te mislukken. Het toestel stemt zich af op T.V.-uitzendingen, maar slaat ze niet op."

Het is waar dat beschadiging van bepaalde gebieden van de hersenen het geheugen op een bepaalde manier kan aantasten, maar dat bewijst niet dat de betreffende herinneringen in de beschadigde weefsels waren opgeslagen. Zo kan ook beschadiging van delen van een televisie leiden tot het verlies of storing van het beeld, maar dat bewijst niet dat de beelden in de beschadigde onderdelen waren opgeslagen.

Sheldrake suggereert dat herinneringen verband houden met morfische velden en dat het zich herinneren afhangt van morfische resonantie met deze velden. Hij zegt dat het individuele geheugen het gevolg is van het feit dat organismen het sterkst resoneren met hun eigen verleden, maar dat organismen ook beïnvloed worden door morfische resonantie van soortgenoten via een soort geheugenreservoir, te vergelijken met het collectief onderbewuste, een begrip dat door Jung en andere dieptepsychologen naar voren is gebracht.

Volgens Sheldrake impliceert morfische resonantie het overbrengen van informatie, zonder enige vorm van energie. Maar het is moeilijk in te zien hoe het ene kan plaatsvinden zonder het andere, hoewel de betreffende soort energie heel goed bovenstoffelijk of goddelijk kan zijn. In theosofische termen wordt de stoffelijke wereld doordrongen van een reeks van werelden of gebieden, van toenemend ætherische aard, die bestaan uit energiesubstanties die buiten ons waarnemingsvermogen vallen en soms het akasa worden genoemd. De lagere gebieden ervan worden het astrale licht genoemd. Een indruk van iedere gedachte, daad en gebeurtenis wordt op het akasa afgedrukt, dat dus een soort geheugen van de natuur vormt. In en rondom het stoffelijk lichaam is er eveneens een reeks van ijlere "lichamen" die bestaan uit deze meer ætherische vormen van stof. Vergelijkt u de "Hylische Pluraliteit".

Herinneringen worden dus afgedrukt op de ætherische substantie van bovenstoffelijke gebieden en we krijgen toegang tot deze afdrukken door synchroniteit van trilling, welke trillingen via het astrale licht worden overgebracht. Sheldrake verwerpt echter het idee dat morfische resonantie door een "morfogenetische æther" wordt overgebracht en zegt dat *"een meer bevredigende benadering kan zijn aan het verleden te denken als aangedrukt, als het ware, tegen het heden en als potentieel overal aanwezig"*. Maar het is moeilijk in te zien waarom zo'n vaag idee bevredigender is dan dat van niet-stoffelijke energieën die via een ætherische tussenstof worden doorgegeven.

Sociale organisatie kan ook onmogelijk worden begrepen in reductionistische en mechanistische termen. De samenlevingen van termieten, mieren, wespen en bijen kunnen duizenden of zelfs miljoenen individuele insecten bevatten. Ze kunnen grote ingewikkelde nesten bouwen, vertonen een ingewikkelde arbeidsverdeling en planten zich voort. Zulke gemeenschappen worden vaak vergeleken met organismen van een hogere graad van organisatie, of superorganismen. Onderzoeken hebben bijvoorbeeld aangetoond dat termieten schade aan hun heuvels snel kunnen herstellen, gangen en holen kunnen herbouwen, door aan beide zijden van het ontstane gat te werken en precies in het midden samen te komen, zelfs in het geval als al de insecten blind zouden zijn.

Sheldrake veronderstelt dat zulke kolonies worden georganiseerd door sociale velden, die alle individuen daarbinnen omvatten. Dit zou er ook toe bijdragen het gedrag van scholen vis, vluchten vogels en kudden of troepen dieren te verklaren, waarvan de coördinatie tot nu toe elke verklaring tart. Men kan zich sociale morfische velden zo voorstellen dat ze alle patronen van sociaal gedrag coördineren, de menselijke samenlevingen inbegrepen. Dit zou licht kunnen werpen op zulke dingen als groepsgedrag, paniektoestanden, modeverschijnselen, rages en sektevormingen. De sociale velden zijn nauw verbonden met culturele velden, die de overerving en overdracht van culturele tradities beheersen.

De hypothese van Sheldrake over morfische velden en morfische resonantie is natuurlijk een doorn in het oog van de mechanistische biologen. Ze gaat ook verder dan vele vormen van systementheorie. De voorstanders daarvan erkennen de holistische eigenschappen van levende organismen en de behoefte aan bepaalde organiserende beginselen, maar vermijden het in het algemeen zich voor te stellen dat er nieuwe soorten oorzakelijke entiteiten in de natuur zijn, zoals voor de Natuurkunde onbekende velden. In plaats daarvan gebruiken ze vage termen zoals complexe zelforganiserende systemen, zelfregulerende eigenschappen, verschijnende organiserende beginselen en zichzelf organiserende informatie-patronen – uitdrukkingen die wel beeldend zijn maar weinig verklaren.

Volgens Sheldrake bestaan mensen dus uit een stoffelijk lichaam, waarvan de vorm en structuur door een hiërarchie van morfogenetische velden worden opgebouwd, één voor ieder atoom, iedere molecule, iedere cel en ieder orgaan tot aan het lichaam als geheel. Onze gewoonteactiviteiten worden georganiseerd door gedragsvelden, één voor ieder gedragspatroon en onze mentale activiteit door mentale velden, één voor iedere gedachte of ieder idee. Sheldrake suggereert ook dat ons bewuste Self kan worden beschouwd als het subjectieve aspect van de morfische velden die de hersenen organiseren, of als een hoger gebied van ons wezen dat in wisselwerking staat met de lagere velden en dient als de creatieve grondslag, waardoor nieuwe velden ontstaan.

Dit doet denken aan de theosofische gedachte dat mensen bestaan uit verschillende elkaar doordringende en met elkaar in wisselwerking staande lichamen, zielen of voertuigen van bewustzijn, die uit energieën en substanties van verschillende graden bestaan en op de innerlijke gebieden leven en functioneren. Het laagste lichaam en het enige dat voor ons normaal zichtbaar is, is het stoffelijk lichaam. Het is opgebouwd om een astraal modellichaam. Ieder levend wezen heeft een modellichaam, dat van betrekkelijk blijvende aard is en daarom verklaart hoe het komt dat fysieke vormen hun identiteit en karakteristieke vormen behouden ondanks de voortdurende veranderingen van hun stoffelijke bestanddelen.

Als we omhoog klimmen langs de levensladder van het delfstoffen- of "dode-materie"-rijk door het planten- en dierenrijk naar het rijk van de mens, dan neemt de graad van individualisering toe. Deze hogere zielen of voertuigen zijn beter in staat zich door middel van meer in dit geval ingewikkelde fysio-biologische vormen tot uitdrukking te brengen. Het proces schijnt tot nu toe zijn climax te hebben bereikt in het mensenrijk, waarin een zelfbewuste geest tot ontwikkeling komt, die ons een grotere mate van vrije wil geeft.

Er zijn twee nauw met elkaar verbonden voertuigen van bewustzijn die door het stoffelijk en modellichaam van de mens werken en uit nog fijnere substanties bestaan, die de dierlijke ziel en de lagere menselijke ziel kunnen worden genoemd. Deze vier lagere lichamen zijn verbonden met de menselijke persoonlijkheid – met de begeerten, emoties, gedachten en gewoonten van het lagere verstand. Na de dood vallen ze in hun samenstellende fysieke en astrale atomen uiteen, op hun verschillende gebieden en in verschillende tempo's. Er zijn ook drie hogere zielen, die uit fijnere akasische substanties bestaan : de hogere menselijke Ziel of het reïncarnerende Ego, de geestelijke ziel en de goddelijke ziel. Deze hogere voertuigen zijn de bron van onze edelere gevoelens, aspiraties en intuïties en houden veel en veel langer stand dan de lagere voertuigen.

Na de dood gaat het reïncarnerende Ego een droomachtige toestand van rust in, totdat de tijd aanbreekt om naar de aarde terug te keren. Als het weer ontwaakt en weer afdaalt naar de stoffelijke gebieden, trekt het dezelfde levensatomen tot zich die vroeger zijn lagere voertuigen samenstelden en die daardoor de karmische afdruk van vorige levens dragen. Daarom vormen we in leven na leven in de verschillende gebieden van onze constitutie denk-, gevoels-, en gedragsgewoonten. De gewoontevorming kan worden begrepen in het licht van de fundamentele neiging van de natuur om de weg van de minste weerstand te volgen en zichzelf te herhalen. De vitale en electrische impulsen en energieën die zich op en tussen de verschillende niveaus van onze constitutie bewegen, herhalen eerder vroegere wegen en vormen van vibratie, die verband houden met bepaalde gedachte- en gedragspatronen, dan dat ze nieuwe volgen of aannemen – tenzij ze door onze wil daartoe worden gedwongen.

Volgens Sheldrake worden we ook beïnvloed door sociale en culturele velden die binnen het totale veld van de aarde besloten liggen. Volgens de theosofie voegen we gedachten en ideeën toe aan het geheugenreservoir van het astrale licht en ontlenen daaraan die ideeën en gedachten waarmee we het sterkst resoneren. Het astrale licht kan worden gezien als het astrale lichaam van de aarde en speelt eenzelfde rol als het morfische veld van Gaia (Aarde) waarover Sheldrake spreekt.

Sheldrake geeft toe dat zijn terminologie van morfische velden vervangen zou kunnen worden door occulte termen als akasa en subtiele lichamen. De occulte filosofie gaat echter veel verder dan Sheldrake zou willen, in het bijzonder wat betreft zulke leringen als wederbelichaming. In plaats van een stoffelijke wereld die door een vaag onstoffelijk rijk van velden wordt georganiseerd, leert de theosofie het bestaan van lichamen binnen lichamen en werelden binnen werelden, die een heel spectrum van energie-substanties omvatten, waarin de hogere bijdragen in het bezielen en coördineren van de lagere. Deze ideeën verklaren de regelmaat en harmonie van de natuur, de krachten van het denken en het bewustzijn en paranormale verschijnselen.

Wat de beperkingen van zijn ideeën ook mogen zijn, Sheldrake heeft een ernstige klap toegebracht aan de materialistische wetenschap met zijn krachtige argumenten, die de ontoereikendheid aantonen van grofstoffelijke factoren als de enige oorzaak van de verschijnselen van het leven, de geest en de evolutie en die steun geven aan de gedachte dat geheugen behoort tot het wezen van de natuur.

Andere uiteenzettingen over fijn- en grofstoffelijkheid kunt u teruglezen in de boeken van Héléna Blavatsky en Gottfried de Purucker.

6.2 Circadiaans ritme

Als een ander aspect van deterministisch gedrag zou u het circadiaanse ritme kunnen beschouwen.

De vroegst bekende bepaling van een circadiaanse ritme dateert uit de vierde eeuw voor Christus, toen Androsthenes, kapitein van een schip en dienend onder Alexander de Grote, dagelijkse bewegingen van bladeren van de tamarinde boom beschreef. De eerste moderne waarneming van endogene circadiaanse ritme was door de Franse wetenschapper Jean-Jacques d'Ortous de Mairan rond het begin van de achttiende eeuw. Het woord "endogeen" duidt erop dat de oorsprong van het gerelateerde fenomeen haar oorsprong binnenin het subject gelegen is.

Hij merkte op dat vierentwintig-uurs patronen in de beweging van de bladeren van de plant Mimosa Pudica blijven, zelfs wanneer de planten werden geïsoleerd van externe stimuli. Begin twintigste eeuw bleek dat ook de dieren in staat zijn van vierentwintig-uurs activiteit patronen te handhaven in de afwezigheid van externe stimuli zoals licht en veranderingen in de temperatuur. Joseph Takahashi ontdekte de genetische basis voor de zoogdieren circadiaanse ritme ruim vijftien jaar geleden.

Om onderscheid te maken binnen de werkelijk endogene circadiaanse ritmes naast toevallige of schijnbare ritmes, waarvan de oorsprong metafysisch is, moet u aan drie algemene criteria voldoen.

- De ritmes houden bij het ontbreken van aanwijzingen aan.
- Ze blijven precies bestaan over een reeks van temperaturen.
- Het ritme kan worden aangepast overeenkomstig de lokale tijd.

De toelichting op de drie genoemde voorwaarden zijn de navolgende.

- Het ritme blijft hetzelfde bij constante omstandigheden, bijvoorbeeld continu donker, met een periode van ongeveer vierentwintig uur. De reden voor dit criterium is om circadiaanse ritmes te onderscheiden van "schijnbare" ritmes, die alleen zijn reacties op externe periodieke versies. Een ritme kan niet worden verklaard, tenzij het endogeen is getest in omstandigheden zonder externe periodieke input.

- Het ritme compenseert temperatuurschommelingen. Dat wil zeggen, dat zij dezelfde periode binnen een bereik van temperaturen betoogt. De reden voor dit criterium is om circadiaanse ritmes te onderscheiden van andere biologische ritmes ontstaan als gevolg van de circulaire karakter van een reactiepad. Wanneer de temperatuur laag of hoog genoeg is, kan de periode van een circulaire reactie vierentwintig uur beslaan. Dit zal dan louter toeval zijn.

- Het ritme kan worden gereset door blootstelling aan een externe stimulus. De reden voor dit criterium is het circadiaanse ritmes te onderscheiden van andere denkbare endogene vierentwintig-uurs ritmen, die immuun zijn voor het resetten door externe signalen en dus niet dienen het doel van het schatten van de lokale tijd. Reizen door verschillende tijdzones illustreert de noodzaak van de mogelijkheid om de biologische klok aan te passen, zodat u de lokale tijd ervaart en u kunt anticiperen op wat er zal gebeuren. Totdat deze ritmes gereset zijn, ervaart u het als jetlag.

Belang bij dieren

Circadiaanse ritmiek is aanwezig in het slaap- en eetgedrag van de dieren, de mens inbegrepen. Ook zijn er duidelijke patronen van de lichaamstemperatuur, de hersen-golfactiviteit, hormoonproductie, celregeneratie en andere biologische activiteiten. Daarnaast blijkt dat de belichtingsduur, de fysiologische reactie van organismen gedurende de lengte van de dag of nacht, van vitaal belang is voor zowel planten en dieren en het circadiaanse systeem een rol speelt in de meting en interpretatie van de daglengte. Een tijdige voorspelling van seizoensgebonden perioden van weersomstandigheden, de beschikbaarheid van voedsel of roofdieractiviteit is van cruciaal belang voor het voortbestaan van veel soorten. Naast deze parameter is de veranderende lengte van de fotoperiode of daglengte de meest voorspellende referentie voor de seizoensgebonden timing van de fysiologie en gedrag, met name voor de timing van de migratie, de voortplanting en de winterslaap.

Effect van licht-donker cyclus

Het ritme is gekoppeld aan de licht-donker-cyclus. Bij dieren en ook bij de mens, die in totale duisternis en voor langere tijd gehouden worden, gaat de functie van het ritme uiteindelijk over in een free running ritme. Elke dag wordt hun slaapcyclus terug of vooruit geschoven, naar gelang hun endogene periode korter of langer is dan vierentwintig uur. De dagelijkse aanwijzingen uit de directe omgeving die elke dag opnieuw de ritmes "vaststellen" worden ook wel "Zeitgebers" of "Time Givers" genoemd. Het is interessant op te merken dat volledig blind ondergrondse zoogdieren in staat hun endogene klokken te handhaven in de schijnbare afwezigheid van externe stimuli.

Biologische klok bij zoogdieren

Het diagram van de invloed van licht en duisternis op de circadiaanse ritmen en gerelateerde fysiologie en gedrag door de suprachiasmatische kern in de mens. De primaire circadiaanse "klok" is bij zoogdieren gelegen in de suprachiasmatische kern, de Supra Chiasmatic Nucleus of SCN, enkele van verschillende groepen cellen gelegen in de hypothalamus. Vernietiging van de SCN resulteert in het volledig ontbreken van een regelmatig slaap- en ontwaakritme. De SCN krijgt informatie over licht via de ogen. Als cellen van de SCN worden verwijderd en op een kweek worden gezet, behouden zij hun eigen ritme in de afwezigheid van externe draaiboeken.

Het lijkt erop dat de SCN de informatie over de lengtes van de dag en nacht opneemt via het netvlies, interpreteert en deze informatie doorgeeft aan de pijnappelklier, gelegen op de Epithalamus. Als reactie daarop scheidt de pijnappelklier het hormoon melatonine af. Deze afscheiding of secretie van melatonine hebben 's nachts de pieken terwijl het wegebt tijdens de dag. De mate van dosering van melatonine geeft informatie over de nacht-lengte.

De circadiaanse ritmen van de mens kunnen iets kortere of iets langere perioden beslaan dan de vierentwintig uur van de aarde. Onderzoekers van Harvard hebben onlangs aangetoond dat menselijke proefpersonen in ieder geval kunnen wennen aan een drie-en-een-half-uurs-cyclus en een vierentwintig komma vijfenzestig honderdste uurcyclus, zoals die van de zonne-dag-nacht-cyclus op de planeet Mars.

Gedwongen langere cycli

De achtentwintig-urige dag werd ooit gepresenteerd als een concept van Time Management. Het is gebaseerd op het feit dat de week van zeven dagen met vierentwintig uur en een week van zes dagen van achtentwintig uur in beide gevallen gelijk is aan een week van honderdachtenzestig uur. Om het zesdaagse ritme over te nemen is het nodig dat u gedurende negentien tot twintig uur wakker dient te blijven en slechts acht tot negen uur slaapt. Hierdoor heeft elke dag echter een unieke licht-donker-patroon, dat moeilijk in uw circadiaanse ritme past.

Vroeger onderzoek naar circadiaanse ritmen suggereerde dat de meeste mensen liever een dag beleven, die dichter bij de vijf en twintig uur ligt bij geïsoleerdheid van externe prikkels zoals het daglicht.

Dergelijke verstoringen van ritmes hebben meestal een negatief effect. Veel reizigers hebben ervaringen als de jetlag, met de bijbehorende symptomen van vermoeidheid, desoriëntatie en slapeloosheid. Een aantal andere aandoeningen, bijvoorbeeld een bipolaire stoornis en bepaalde slaapstoornissen, zijn geassocieerd met onregelmatige of pathologische werking van circadiaanse ritmen.

Kunt u zich een voorstelling maken hoe uniek ook deze harmonie is tussen ons mensen, de natuur en onze planetaire dag- en nachtcycli ? Hoe groot is de balans tussen onze natuur en de heersende cyclische orde ? Hoe sterk deterministisch denkt u dat ons fysio-biologische gedrag is, nadat u dit gelezen heeft ? Wat ligt hieraan nog meer ten grondslag ? Hoe zit de natuur verder in elkaar ? In het volgende hoofdstuk leest u over een ander fenomeen, de Schumann-resonantie. Net zoals Rupert Sheldrake reeds over resonantie binnen morfische velden spreekt, is ook bij dit fenomeen sprake van resonantie, de resonantie van het Levensritme.

6.3   Schumann-resonantie

Het levensritme heeft zich tijdperken lang ontwikkeld in een gelijkmatig tempo. Is dit levensritme gelijk aan de Void ? Is dat Zijn Levensritme die we meekrijgen ? Is deze resonantie gelijk aan het ritme van Zijn Levensadem ?

Wat is resonantie eigenlijk ? Resonantie betekent vanuit het Latijn letterlijk her-klinken. In deze context gaat het erom dat andere energiegolven dan de brongolf in dezelfde frequentie gaan (mee-)trillen als die van de brongolf, dat de bron "herklinkt" in de andere gelinkte golven. Deze brongolf voedt daarmee de anderen golven en houdt ze daarmee tevens in stand. Ze zijn alle "gebonden" aan elkaar. Deze energievorm kan van alles zijn. Het kan ook sympathie verwoorden van het ene individu met een ander. We spreken dan over een emotionele meebeleving. Bezien we het ei van Assagioli in hoofdstuk 14.6, dan kan er in dat geval resonantie op elk level plaatsvinden. Daar waar de mensen elkaar "treffen of vinden".

We leven in een matrix van oscillerende velden. De intiemste schommelingen in het ene veld brengt door de nauwe verbinding met de andere velden de verstoring over naar de andere velden. Noem het emotionele beïnvloeding van het individu naar het andere. Ook trekken grootschalige impulsen vele keren per seconden de hele wereld rond tussen het oppervlak van onze planeet en de ionosfeer, terwijl ze coördinerende signalen uitzenden naar alle organismen. Die signalen verbinden ons met het electro-statische veld van de aarde. Deze zogenaamde "Schumann-resonanties", genoemd naar hun ontdekker, Winfried Schumann, leveren de orkestrerende impuls voor het leven op onze planeet.

"We marcheren allemaal op de cadans van deze kosmische drummer, onze planetaire hartslag, die het tempo bepaalt waarvan onze gezondheid en welzijn afhankelijk zijn."

Een beschadiging van deze planetaire pacemaker zou de ondergang kunnen betekenen voor het leven zoals we dat nu kennen. Verschillende hypotheses stelden natuurlijke kenmerken vast die het frequentiespectrum bepalen, de ritmes van de menselijke hersengolven. De conclusie luidde dat de frequenties van de menselijke hersengolven zich in reactie op deze signalen hebben ontwikkeld. Of zijn het er extensies van ?

Als de hypotheses kloppen, zijn de voorwaarden voor evolutionaire veranderingen in de menselijke hersengolfpatronen nu vastgesteld. Verdere variaties kunnen tot rampzalige veranderingen in de gezondheid en het gedrag teweeg brengen. Deze golven helpen waarschijnlijk het inwendige van ons lichaam, slaappatronen zoals REM, en de hormonale afscheiding te reguleren. Door de aard van de toegepaste prikkels zijn de reacties moeilijk vast te stellen, aangezien die naar alle waarschijnlijkheid zullen optreden in de vorm van stressverwante symptomen. Daarom zullen ze zich voordoen als een dramatische toename van geestelijke stoornissen, asociaal gedrag, psychosomatische aandoeningen en neurologische stoornissen.

Als iemand voorkomen ontspannen is, kunnen er langzame, ritmische sinusgolfpatronen van zes tot acht Herz worden waargenomen in zowel het EEG als de op het hart en de aorta resonerende oscillator. Resonantie treedt op wanneer de natuurlijke trillingsfrequentie van een lichaam enorm wordt versterkt door trillingen van een ander lichaam met dezelfde frequentie. Oscillatoren veranderen het milieu op een periodieke manier.

Daardoor kunnen staande golven in het lichaam tijdens meditatie, ontspanning of iets anders worden opgedreven door dit grotere signaal. Progressief vergrote golfvormen, die door resonantie ontstaan, leiden tot grote oscillaties of slingerbewegingen die andere kringlopen in het lichaam meevoeren die op diezelfde frequenties zijn afgestemd. Zodoende wordt onze psycho-fysische Self door een hiërarchie van frequenties gekoppeld aan de harmonische frequentie van de electrische lading van de aarde, die van nature op dezelfde frequenties pulseert.

Dat is bepaald geen toeval, aangezien we aangepaste voortbrengselen van onze omgeving zijn. Onze planeet wordt omgeven door een laag met electrisch geladen deeltjes die de ionosfeer heet. De onderste laag van de ionosfeer bevindt zich op ruwweg tachtig kilometer van de aardkorst vandaan. Wellicht weet u dat die electrisch geladen laag radiogolven weerkaatst. Een kunstmatige bombardement van HAARP-signalen, een "kanon" dat sterke signalen met een extreem lage frequentie voortbrengt in de ordegrootte van de Schumann-resonantie, "duwt" deze begrenzende laag verder weg, waardoor het natuurlijke pulserende ritme wordt veranderd. U kunt dit vergelijken door een aantal flessen met elk verschillende hoeveelheden water te vullen en deze flessen aan te slaan, zodat ze geluid produceren. Doordat elke fles een afwijkende holte of klankkast heeft, zal de resonerende toon ook een andere frequentie hebben. Natuurlijke fluctuaties of schommelingen in de frequentie vinden dagelijks plaats, elke maanmaand en in reactie op zonnevlammen.

De zonnewind, die in wisselwerking staat met de rotatie van de hogere atmosfeer, fungeert als de collector en borstels van de generator. De lagere atmosfeer kan worden gezien als een accumulatorenbatterij voor dit stijgende potentieel. Het electro-magnetische veld rondom de aarde kan worden gezien als een stijve gel. Als onze lichamen bewegen en trillen, worden die bewegingen overgedragen op de omgeving en vice versa. Deze velden beïnvloeden naast alleen ons lichaam, ook de electrische lading in ons lichaam. Als we onder normale omstandigheden op de grond staan zijn we geaard. Dan fungeert ons lichaam als een gootsteen voor het electro-statische veld en vormt zelfs de krachtlijnen enigszins.

Ons lichaam heeft ook zijn eigen electro-statische veld om zich heen. Die veldlijnen zijn het gevolg van de diverse biochemische reacties in het lichaam. Het daaruit voortvloeiende bioveld koppelt ons aan het isoelectrisch veld van de planeet. Eind jaren vijftig heeft Winfried Schumann de resonantiefrequenties van de aardse ionosfeerholte berekend, die vervolgens naar hem zijn genoemd. Hij heeft vastgesteld dat de meest voorkomende staande golf rond de zeven komma drieëntachtig Herz lag. Een "afgestemd systeem" bestaat uit minstens twee oscillatoren met identieke resonantiefrequenties. Als een oscillator begint uit te zenden, zal het signaal de andere zeer kort daarna activeren door middel van het resonantieproces, dat hem meevoert of ontsteekt. De term "ontsteken" wordt met name gebruikt voor het meevoeren van neuronen in de hersenen.

Die worden in samenhangende homogene patronen die grotere golven over een groter hersenoppervlak veroorzaken. Dit maakt duidelijk dat u tijdens een diepe meditatie, wanneer de golven van een alfa- en thèta-ritme door uw hele hersenen neerstromen, u als mens en de planeet in resonantie kunnen komen. Er vindt een overdracht van energie en informatie plaats. Op deze wijze communiceert de planeet met ons in deze oertaal van de frequenties.

Dat kan een natuurlijke manier zijn waarop ons lichaam zichzelf van energie voorziet. En dit kan zelfs de kern zijn van de meeste ceremoniële ervaringen. Het lichaam begint te bewegen en de handen beginnen te fladderen. Als u naar de handen van een genezer kijkt is het kenmerkend dat die fladderen. En als u naar de oudere ceremoniële gewoonten kijkt, waarbij minder dwang heerst ten aanzien van wat wel en niet mag worden gedaan, beeft of fladdert het hele lichaam over het algemeen en is het voortdurend in beweging. Dat ziet u ook bij de genezingsdans van de Bosjesmannen uit de Kalahari, waarbij iemand wordt gevuld met de levensenergie. Elk deel van hun lichaam wordt geprikkeld, wordt warm en begint te beven.

Als ze iemand anders vastgrijpen en omhelzen, begint die ook te beven en kan hij op zijn beurt weer iemand anders vastgrijpen. Stuk voor stuk begint iedereen letterlijk te trillen op deze pulserende energie. Tegen de tijd dat dit onze cultuur of andere hedendaagse culturen, zoals de Chinese geneeskunst, bereikt, is dit verschijnsel echter zeer geremd en wordt alles op een subtielere manier uitgedrukt, bijvoorbeeld door "therapeutische meevoering". Kan iemand deze genezende of activerende frequentie doelbewust opwekken ? Ja zeker.

Het is een zeer natuurlijk vermogen dat ons lichaam intuïtief teweeg kan brengen, door mee te trillen op de hartslag van het leven zelf. Deze beweging heeft tot doel de beperkingen en remmingen van het geïsoleerde individuele denken te doorbreken en zich te verbinden met iets groters. Dat heeft allerlei namen, maar deze "hogere Macht" verbindt ons met elkaar en met de natuur als geheel.

De arts Chris Anderson van Harvard beschrijft een veel ervaren maar weinig begrepen verschijnsel dat hij een hardnekkige oscillerend geluid noemt. Veel mensen merken dit inwendig opgewekte geluid op, vooral wanneer ze ziek of uitgedroogd zijn, wanneer het luider schijnt te worden. Het klinkt als het gegons van een insect. Anderson verbindt dit, evenals de REM-slaap of droomtoestand en het posttraumatische stresssyndroom of PTDS met het normale alfaritme van tien Herz, wat ook door anderen wordt aangehaald.

"Men spreekt over het verstorende effect van het licht en geluid, wat het gevolg kan zijn van een verlies van de normale algemene tolerantie door een destabilisatie van de frequentie resonantie, wat leidt tot angst en/of woede."

Nogmaals, een geschiedenis van trauma en drugsmisbruik wordt geassocieerd met een asymmetrische functie van de hersenhelften. Structuren in de slaaplobben zoals de hippocampus en de amygdala zijn bijzonder gevoelig voor de gevolgen van trauma's. Chris Anderson veronderstelt dat het oscillerende geluid kan wijzen op een snelle verschuiving of cyclisch verloop van aandachtspunten tussen de linker en rechter hersenhelft, waardoor het normaal constante ritme van tien Herz van de olijfstructuur (het algemene plaatje van de hersenen) in de hersenen wordt verlaagd. Dit oscillerende auditieve effect kan functioneren als een auditieve aanjager. Het verlagende effect kan erop wijzen dat de linker hersenhelft wellicht wordt overspoeld door materiaal uit de onbeperkte rechter hersenhelft die de voornaamste bewuste gerichtheid op iets overneemt. In hoofdstuk 4 heeft u bij Katherine Benziger kunnen lezen dat met name de rechter hersenhelft sterk intuïtief is "ingericht" en daarmee "open kan staan" voor oneindig veel "informatieve energie".

Dit maakt de weg vrij voor dagdromen. Anderson zinspeelt erop dat *"dagdromerij een genezende tocht is door de fractale hyperruimte van de emotioneel geïndexeerde jeugdherinneringen"*.

De hyperruimte wordt meestal beschreven als een alternatieve ruimte of dimensie "boven" de ons bekende ruimte. De normale natuurwetten zouden in zo'n alternatieve ruimte niet gelden, waardoor snelheden boven de lichtsnelheid bereikt kunnen worden, mogelijk bedoelt Anderson hierbij het onbewuste collectieve van Jung. Hij beweert dat de basolaterale amygdala een onontbeerlijke neutrale voedingsbodem van de dagdroomfase is doordat een fractale neurale uitbarsting in deze onder de hersenschors gelegen en hersenschorsachtige structuur toegangspunten kan vertegenwoordigen tot een fractale hyperruimte van emotioneel geïndexeerde herinneringen.

De gevolgen van een vroeg trauma op de ontwikkeling van de amygdala en andere structuren in de slaaplobben kunnen van invloed zijn op de normale bilaterale functie tijdens de door de REM-slaap bewerkstelligde consolidatie van emotioneel belangrijke gebeurtenissen. De herinnering van traumatische jeugdervaringen kunnen bij volwassenen door de onrijpheid van de structuren bij het schorseiland ten tijde van het trauma een electrische prikkel of een andere sterke stimulans vereisen tijdens de droomtoestand. Een vaste verstoring van het normale slaapproces door stress die te maken heeft met strijd, een verlies, scheiding, kindermishandeling, verwaarlozing of chronische drugsverslaving hindert de natuurlijke herstellende functie van het periodieke REM-proces.

Volgens electrotechnisch ingenieur Hainsworth is de invloed van de natuurlijke Schumann-resonantiesignalen op de evolutie van hersengolfpatronen formeel vastgesteld om aan te tonen dat zwakke electrische velden een evolutionaire verandering teweeg kunnen brengen. De electrische velden van moderne electrotechniek zijn dan wellicht een bron van evolutionaire veranderingen. Er moet worden nagedacht over de kenmerken van bepaalde vormen die daar het gevolg van kunnen zijn. Sommige velden kunnen wellicht de overleving van bestaande vormen tegenhouden.

Door een gebrek aan beschikbare gegevens ontbreken er nauwkeurige metingen en zijn die daardoor in kwantitatief opzicht waardeloos. De technologie zal de menselijke evolutie niet alleen veranderen maar doet dat al. Alleen uitgebreid onderzoek naar de natuurlijke signalen zal een aanwijzing geven welke gevolgen er kunnen optreden. De mogelijkheid bestaat dat de menselijke gezondheid via de natuurlijke Schumann-resonanties in verband staat met geofysische factoren.

Er zijn bedenkelijke pogingen ondernomen om de correlatie te ontdekken door middel van aardmagnetische en ionosferische stormen.

De correlatie is het gevolg van het biologische feit dat het menselijke systeem kennelijk gevoelig is voor zulke zwakke signalen met een extreem lage frequentie. We weten niet wat de omvang van zo'n correlatie kan zijn. De frequentiewaarden van de Schumann-resonanties worden bepaald door de daadwerkelijke afmetingen van de holte tussen de aarde en de ionosfeer. Daardoor zal elke gebeurtenis die deze afmetingen verandert, de resonantiefrequenties veranderen. En zoals Hainsworth heeft gewaarschuwd, zouden dergelijke gebeurtenissen ionosferische stormen kunnen zijn en zouden ze zelfs het gevolg kunnen zijn van een ionosferische storing die door mensen is veroorzaakt.

Volgens de veldtheorie zal elke storing die velden uit hun harmonieuze ritme stoot, zich verspreiden om naburige velden te verstoren. Harmoniserende ritmes keren meestal terug tot een ordelijke trilling zodra de oorzaak van de storing is verwijderd. Een sterk harmoniserend ritme zal de matrix van onderling verbonden velden aandrijven en meevoeren, waardoor meer orde ontstaat. Aardmagnetische stormen zijn de magnetische veranderingen die door ionosferische stormen zijn veroorzaakt en zijn dus verbonden met omstandigheden die de Schumann-signalen kunnen veranderingen. Hoewel dergelijke stormen zulke veranderingen teweeg kunnen brengen, kunnen de metingen van deze factoren geen enkele aanwijzing geven of de resonerende signalen zijn veranderd tot een waarde die buiten hun normale bereik ligt of niet.

Aangezien de ongestoorde toestand van de ionosfeer overeenkomt met de normale Schumann-resonantiepatronen, zullen storingen in de ionosfeer waarschijnlijk abnormale patronen teweegbrengen, maar dat hoeft niet beslist in alle gevallen te zijn. Als de biologische reactie is verbonden met de Schumannsignalen, zal de ogenschijnlijke verbondenheid met aardmagnetische of ionosferische gegevens daardoor afnemen. Pogingen om de verhoudingen tussen geofysische en biologische omstandigheden te bepalen, kunnen uitermate complex zijn.

De frequenties van de Schumman-signalen veranderen mee met de ionosferische omstandigheden. Die omstandigheden veranderen per dag, per seizoen en variëren als de zon actief is. Dat verandert op zijn beurt weer met de elfjarige cyclus van de zonnevlekken en ook met een cyclus van zevenentwintig of negenentwintig dagen, voornamelijk tijdens een zonnevlekminimum. Lunaire getijveranderingen in de hoogte en dikte van de lagen kunnen soms ook de holte-afmetingen beïnvloeden en daardoor de Schumann-frequenties.

Zo blijkt dat we elke dag onder invloed leven van de "adem des levens", een resonerende æther die garant staat voor ons welzijn. Blijkbaar zijn we in staat deze resonantie te beïnvloeden, blijkbaar willen we achterhalen wie of wat deze levensadem veroorzaakt, ondanks dat dit ten koste kan gaan van onze eigen gezondheid en die van de natuur en de aarde. Is het dat waard ?

7. Gedrag en Motivatie

Als we het hebben over gedrag, dan praten we over gewenst gedrag, gedrag dat wordt opgelegd of uitgelokt naar de eisen en wensen de ouders, de docent, uw baas of van uw opdrachtgever. Wat heeft dit ten doel en welke middelen staan u ter beschikking ? We kunnen het volgende onderscheid in gedragsbenaderingen maken.

Biologische benadering

De biologische benadering houdt zich vooral bezig met de werking van het zenuwstelsel en de rol van erfelijke factoren. Uitgangspunt is dat al ons gedrag een fysiologische basis heeft. De biologische benadering heeft twee principes : erfelijkheid, de biologische overdracht van eigenschappen van een generatie op de ander en materialisme. Lichaam en geest beïnvloeden elkaar, elke substantie die een effect heeft op levende cellen is een drug, maar meestal wordt uitgegaan van de definitie dat lichaamsvreemde stoffen met een effect op cellen drugs zijn.

Behavioristische benadering

De behavioristische benadering legt het accent op het bestuderen van waarneembare gebeurtenissen. Gedachten, gevoelens en andere innerlijke verschijnselen kunnen niet empirisch worden onderzocht en horen net als erfelijke variaties niet thuis in een behavioristische theorie. Tevens benadrukt de behavioristische benadering de rol die stimuli of prikkels uit de omgeving als factoren die ons gedrag bepalen. Er wordt dus vooral gericht op leren en gedragsveranderingen die het gevolg zijn van ervaring. Deze benadering legt het accent op de relatie tussen de respons en de stimuli.

Het behaviorisme legt de nadruk op operationele definities, dat wil zeggen dat ze begrippen in termen van waarneembare gebeurtenissen definiëren. Het legt ook de nadruk op het mechanisme van gedragsverandering, er wordt daarbij voornamelijk gekeken naar de invloed van ervaring. Processen en het leren zouden gebaseerd zijn op het leggen van verbanden tussen ideeën en/of gebeurtenissen.

Een stimulus is een gebeurtenis, situatie, object of factor die het gedrag kan beïnvloeden, voor een behaviorist is het een meetbare verandering in de omgeving. Een respons is in onderzoek het gedrag dat wordt gemeten, in het algemeen is het een reactie op een stimulus, hetzij van buiten zichtbaar, hetzij mentaal. Onderzoekers moeten een respons beschrijven in een bewoording die in een bepaalde situatie van toepassing is omdat een respons op heel veel manieren geuit kan worden.

Cognitieve benadering

De cognitieve benadering benadrukt de mentale processen die plaats vinden tussen stimulus en respons. Het gaat hierbij om processen zoals de werking van het geheugen, probleem oplossen en leren. Processen die in het onderwijs een rol spelen. Ook onderscheidt de cognitieve benadering zich van de biologische benadering en van de behavioristische benadering. De biologische benadering definieert de processen tussen stimulus en respons in fysiologische zin in plaats van theoretische termen. De behavioristische benadering ontkent deze processen en maakt alleen gebruik van waarneembaar gedrag.

Cognitieve onderzoekers hebben zich bezig gehouden met denkprocessen zoals geheugen, probleem oplossen, beslissingen nemen en taal. Denkprocessen hebben invloed op ons gedrag en op onze waarneming. Wolfgang Köhler en Edward Tolman zijn de grondleggers van de cognitieve benadering, zij hebben onderzocht of dieren en mensen via vaste patronen of met inzicht van de situatie werken. Tolman kwam erachter dat ze met inzicht werken.

Op het moment is de sociale cognitie erg populair, dit zijn de mentale processen die betrokken zijn bij de wijze waarop we sociale situaties waarnemen en erop reageren. Attitudes weerspiegelen in deze cognitie de persoonlijke overtuiging met een evaluerend karakter zoals goed of slecht. Ze beïnvloeden onze reacties op mensen of dingen. Een cognitieve dissonantie is een spanning die ontstaat wanneer gedrag en overtuiging of overtuigingen onderling met elkaar in conflict zijn.

Een ander belangrijk onderdeel van de cognitieve benadering is de attributietheorie, een theorie die zich bezighoudt met de vraag waaraan men de oorzaken van gedrag, zowel het eigen gedrag als gedrag van anderen, aan toeschrijven. Deze interpretaties worden attributies genoemd. De fundamentele attributiefout is de neiging de invloed van de omgeving te onderschatten en interne oorzaken te overschatten. Volgens de attributietheorie spelen cognitieve factoren een grote rol in onze emoties.

Psycho-dynamische benadering

Sigmund Freud is de grondlegger van de psycho-analyse. Freud is een van de meest bekende personen in de psychologie. Iedereen heeft wel eens gehoord van Freudiaanse versprekingen, het Oedipuscomplex, het verklaren van dromen en het verdringen van ervaringen. Hij gaat uit van het psychische determinisme, de veronderstelling dat al het gedrag een oorzaak heeft en dat deze oorzaak te vinden is. De motivatie van de mens zou gebaseerd zijn op aangeboren driften.

Andere theoretici werkten de psychoanalyse van Freud uit in verschillende psychodynamische benaderingen. Net als de cognitieve benadering houden ze zich bezig met mentale processen die zich in ons afspelen. Het verschil is dat de psychodynamische benadering het accent legt op de gehele persoon, de motivatie en bedoelingen van het gedrag en de rol van ervaringen in het verleden.

Humanistische benadering

Volgens de humanisten moet u om gedrag te begrijpen, de persoon die het gedrag vertoont begrijpen, omdat gedrag niet afgedwongen wordt door eerdere ervaringen of omstandigheden maar door de subjectieve ervaring van het individu. Deze opvatting is dus absoluut niet deterministisch. De veronderstelling dat aan al het gedrag specifieke oorzaken ten grondslag liggen. Humanisten menen ook dat de subjectieve interpretatie van een individu van zijn gedrag van groot belang is, volgens de humanist is een subjectieve ervaring een belangrijk aspect van het gedrag. Een derde aspect van de humanistische benadering is dat er veel waarde gehecht wordt aan betekenis, het doel of de waarde die we aan onze handelingen en ervaringen toekennen. Zijn dat de echte Idealisten ?

7.1   Carl Rogers

Carl Rogers, een humanistische psycholoog was er van overtuigd dat niet de therapeut maar de cliënt het therapieproces moet sturen. Hij sprak dan ook over een cliëntgerichte therapie. Rogers meent dat het feit dat we een organisme zijn en behoefte hebben aan voedsel, water, onderdak en andere zaken hebben en de actualiseringtendens, de wens om te groeien en onze capaciteiten te vergroten belangrijke factoren zijn van de persoonlijkheid.

Als we over gedrag spreken, spreken we over het algemeen over waarneembare activiteiten door het individu. Velen vervangen het woord gedrag hier door competenties. Dat is tot een bepaald intellectueel werkniveau vrij makkelijk hanteerbaar. Voor medewerkers met een hoger intelligentieniveau, de zogenaamde conceptdenkers, kan dit uit den boze zijn. Immers, welke competenties of welk gedrag wenst u in het geval van een schrijver die zich de gehele dag laat inspireren door de omgeving voor het schrijven van een nieuw boek ? Dat is onzichtbaar, is het van buitenaf gezien nietsdoende gedrag van deze schrijver dus verwerpelijk door een buitenstaander, die het individu niet kent ?

Sluiten de resultaten van dit gedrag aan op wat u ervan verwacht, of is het gedrag van uw medewerker effectief ? Als dat zo is, is dat prima. Zo niet, dan heeft u of het individu mogelijk een probleem. Om tot een bepaald gedrag over te gaan, zal er voor u of uw medewerker een goede aanleiding moeten zijn, een prikkel die u of het individu "beweegt" om in actie te komen. Als leidinggevende motiveert u hem of haar. Weest u ervan bewust dat dit veelal rationele motivatie is. Als u het individu beter kent, kunt u de motivatie laten aansluiten op zijn of haar persoonlijkheid. Deze persoonlijkheid kunt u redelijk goed achterhalen met de MBTI-methodiek, die ik uitgebreid heb toegelicht in mijn vorige boek.

Dat motiveren meer dan slechts een eenzijdige actie is, weet u inmiddels. Velen hebben onderzoek gedaan, velen hebben andere vormen en stijlen ontdekt die effectief zouden kunnen zijn. Gezien het feit dat er zoveel mogelijkheden zijn door verschillende onderzoekers, geeft nogmaals aan dat motivatieprikkels heel divers zijn en sterk afhankelijk zijn van het individu en de context rondom u en het individu. In de volgende delen heb ik een aantal van deze onderzoeken beschreven en toegelicht. In het vorige boek sprak ik hoofdzakelijk over de communicatiestijl, gericht op

De denkstijl van het individu, deze materie geeft de essentie aan binnen en achter de motivatie.

7.2   David McClelland

David McClelland is voornamelijk bekend geworden vanuit de motivatietheorie voor het behalen van resultaten, echter het ging verder tot persoonlijkheidsonderzoek en het bewustzijn. Hij beweerde dat zijn theorieën en modellen beter aansloten op de traditionele persoonlijkheids- en IQ-testen. Zijn wetenschap ligt het dichtst bij die van Frederick Herzberg. David McClelland koppelt de theorieën aan de behoefte, the Need.

Deze "behoefte" of verlangen is bilateraal ; die vanuit het standpunt van de manager als ook vanuit die van de medewerker. Hierin kunt u het reflectiefenomeen terugzien. Meer over reflectief gedrag kunt u lezen in hoofdstuk 17. Ter illustratie en verduidelijking heb ik de typering volgens de MBTI-methodiek er naast gelegd.

Need for Achievement (n-ach)

Het n-ach-individu is resultaat gericht en zoekt daarom naar realistische uitdagingen binnen het werk. Zij verlangen tevens een sterke terugkoppeling aangaande hun resultaten.

MBTI-code : de NT-er die prestatiegericht is

Need for Power (n-pow)

Het n-pow-individu is gericht op macht en invloed en wil iets te zeggen hebben.

MBTI-code : de SJ-er die op controle gericht is

Need for Affilitation (n-aff)

Het n-aff-individu heeft sterke behoefte aan een goede verstandhouding op het werk. Zij worden gemotiveerd door de mogelijkheid tot een harmonieuze samenwerking met de collegae.

MBTI-code : de NF-er die op betekenis en harmonie gericht is

Need for Autonomy (n-aut)

Het n-aut-individu heeft behoefte aan onafhankelijkheid voor het zich ontplooien van zijn expertise in zijn werk.

MBTI-code : de SP-er die zich richt op vrij en autonoom vakmanschap

Hoe kan het zijn dat de Need-types vrijwel overeenkomstig zijn aan die van MyersBriggs ? De onderzoeksgebieden zijn uiteindelijk dezelfde, de interpretatie en daarmee tonen de verwoordingen ervan grote analogieën.

Ook hier bleek dat veel mensen een combinatie van de genoemde types zijn, zoals de onderzoeken van Katherine Benziger ook al aangaven.

7.3   Frederick Herzberg

Frederick Herzberg was een klinisch psycholoog en pionier op het gebied van beroepsverrijking. Hij wordt nog steeds beschouwd als één van de grootsten voor wat betreft de motivatietheorie. Door de vele observaties, open vragen en heel weinige aannames kwam hij tot zijn conclusies. Hij introduceerde de termen "satisfaction and dissatisfaction at work", of wel tevredenheid en ontevredenheid op het werk. De factoren die deze twee aspecten konden beïnvloeden konden willekeurig zijn, ze waren vaak niet eens de directe reacties op bepaalde misstanden binnen het werk.

Zijn model laten duidelijk de echte motivatoren zien en ook die factoren die aanleiding geven tot ongenoegen. Herzberg baseert zijn model op twee basisprincipes, de fysieke noodzaak in negatieve zin zoals het voorkomen dat u bijvoorbeeld honger of pijn krijgt. Het andere principe is gebaseerd op de psychische groei van u als individu.

Hygiëne heeft de dissatisfiers in zich.

    Hygiene - Grieks : ὑγιεια - gezondheid

Motivatie heeft de satisfiers in zich.

Indien u goed doordenkt, kunt u parallellen maken met de theorieën van Abraham Maslow. De principes van Herzberg zijn sterk gerelateerd aan de hedendaagse ethiek binnen het bedrijfsleven.

7.4 Clayton Alderfer

De theorie van Alderfer is ook sterk gerelateerd aan de weergaven van Abraham Maslow. Zijn theorie is daar een verkorte versie van en heet de ERG-theorie. Waarbij de E staat voor Existance of bestaansrecht of noodzaak, de R voor Relatedness of kameraadschap en G voor Growth of groei in de breedste zin van het woord. Voor meer inzicht kunt ook Maslow lezen.

7.5 John Stacey Adams

John Adams was een gedragspsycholoog en zijn bevindingen vatte hij samen in zijn Equity Theory. De motivatietheorie is gebaseerd op de psychische evenwicht van de mens :

"Dat wat ik erin stop wil ik graag als tegenwaarde in welke vorm dan ook terugzien voor mijzelf."

In zijn woorden betekent dit dat "efforts and rewards", "give and take" of inspanning en beloning met elkaar in balans dienen te zijn. Vaak is het vrij logisch beredeneerbaar wat de input is van de medewerker. De output is vaak discutabeler, hij laat overigens net als anderen, het aspect loon buiten beschouwing.

Adams gebruikt in deze comparison of vergelijking vaak de andere medewerker als referentie, mits deze vergelijkbaar met de situatie van die medewerker. Dat levert gelijk een punt van discussie op, immers situaties mogen dan wel als gelijkwaardig bestempeld worden, voor de ene medewerker kan de context wel geheel anders zijn dan de andere, immers iedereen is uniek. Ook wordt in deze context gestuurd op resultaat, waarbij het prestatieniveau van elke medewerker buiten beschouwing gelaten is.

Het Equity model van Adams is daarmee veel gecompliceerder dan het in eerste instantie lijkt. Het is dan ook eigenlijk onmogelijk om het als een assessment tool te hanteren. De eerste dag kan een medewerker hoogst gemotiveerd zijn om zijn werk te verrichten, want effort and reward zijn "in balans", terwijl deze zelfde persoon de volgende dag compleet gedemotiveerd kan zijn door een promotie of salarisverhoging van een collega.

7.6 Douglas McGregor

Douglas McGregor, een Amerikaanse sociaal-psycholoog, stelde zijn beroemde XY-theorie zijn boek "*The Human Side of Enterprise*". Theorie X en theorie Y zijn nog steeds verwezen naar het algemeen op het gebied van management en motivatie. Terwijl meer recente studies vraagtekens gezet hebben bij de starheid van het model, blijft McGregor's XY-theorie een geldige basisprincipe van waaruit positieve managementstijl en technieken te ontwikkelen zouden zijn. McGregor's XY-theorie staat centraal bij het organisatie-ontwikkeling en aan de verbetering van de organisatiecultuur. In hoofdstuk 12.7 leest u hier meer over binnen Spiral Dynamics.

McGregor's XY-theorie is een heilzame en eenvoudig herinnering van de regels voor het aansturen van natuurlijke personen, wat we onder de dagelijkse druk al te gemakkelijk vergeten. Hij stelde dat er twee fundamentele benaderingen voor het aansturen van mensen. Veel managers neigen naar theorie X en krijgen dientengevolge over het algemeen slechte resultaten. Meer visionaire managers gebruiken theorie Y, die betere prestaties en resultaten oplevert en mensen in staat stelt om te groeien en te ontwikkelen. Waaraan zijn beide letters geassocieerd ?

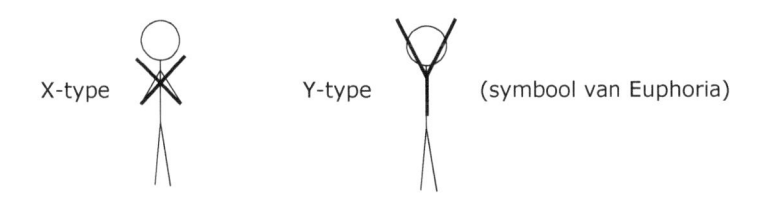

X-type   Y-type   (symbool van Euphoria)

Theorie X of autoritaire stijl van management

De gemiddelde persoon houdt niet van het werk en zal dit zo veel mogelijk vermijden waar dat kan. Daarom zullen de meeste mensen in meer of mindere mate moeten worden gedwongen met de dreiging van straf om te werken aan de doelstellingen van de organisatie. Terwijl het gemiddelde individu de voorkeur geeft aan het voorkomen van eigen verantwoordelijkheid, is tevens relatief weinig ambitieus en wil de veiligheid en zekerheid boven alles.

Theorie Y of participatief managementstijl
De inzet van het werk is zo natuurlijk dat u werken met spelen zou

kunnen vergelijken. Mensen wensen zelf toepassing, controle en richting in het nastreven van de organisatorische doelstellingen, zonder externe controle of de dreiging van bestraffing. De inzet van de doelstellingen is gebaseerd op een beloningssysteem in relatie tot hun prestatie. Tevens accepteren mensen daar meestal een grote mate van eigen verantwoordelijkheid in. Het vermogen om met een hoge mate van verbeelding, vindingrijkheid en creativiteit in te zetten bij het oplossen van organisatorische problemen is algemeen en uitdagend. In de industrie wordt het intellectuele potentieel van de gemiddelde persoon veelal slechts ten dele benut.

7.7   Abraham Maslow

Pratende over individuele of persoonlijke determinisme met betrekking tot het gedrag van een individu is Abraham Maslow zonder meer één van de bekendste met zijn welbekende behoeftepiramide. Ook Carl Rogers heeft deze inzichten opgepakt en verder uitgebouwd op het gebied van zelfontplooingsbehoefte, zoals u eerder heeft kunnen lezen.

Maslow's behoeftepiramide bestaat uit twee delen. In volgorde van prioriteit zijn deze :

1. Biologie en fysiologie – voeding, slaap, seks
2. Veiligheid – bescherming en orde
3. Liefde – genegenheid en geborgenheid
4. Respect - aanzien en verantwoordelijkheid
5. Zelfontplooiing – persoonlijke ontwikkeling

Gedurende de jaren kwam Maslow tot het inzicht dat andere aspecten niet onder deze vijf gradaties ondergebracht konden worden. Hiertoe heeft hij het vijfde niveau herschreven en er drie nieuwe aan toegevoegd. Deze zijn de volgende.

5. Cognitie – kennis en inzicht
6. Esthetica – waardering voor omgeving
7. Zelfontplooiing – persoonlijke ontwikkeling
8. Transcendentie – hulpvaardig sociaal gedrag (altruïsme)

Abraham Maslow toonde naast louter de benaming van de diverse niveaus ook de afhankelijkheid van de verschillende niveaus aan. Voordat het individu behoefte zou kunnen voelen voor een hoger niveau, zou eerst de actuele behoefte vervuld dienen te worden. Ook dit staat ter discussie. Denk aan de aloude martelaren, de echte loyalisten en plichtsvervullers.

Veel van de behoeftes hebben vinden hun oorsprong vanuit het biologische aspect, andere vanuit het psychologische. Is het nodig boven deze behoeftes te bezien, hoe deze behoeftes zijn ingebed en wellicht waarom dit zo is ?

7.8 Deterministische motivatie

Het feit is wel dat zolang mensen nog steeds veel werk blijken te verrichten dat ver weg ligt van hun bezieling en persoonlijke ambitie, het in de ogen van de manager noodzakelijk blijft om externe motivatoren te vinden en te hanteren om hun medewerkers aan het werk te krijgen. Er resteert nog veel van deze inzichten vanuit het industriële tijdperk. Is dit de juiste manier ? U weet waarschijnlijk al een deel van het antwoord. Het is te hopen voor deze managers dat deze activiteiten wel vanuit hun persoonlijke ambitie en bezieling komen, anders wordt het ook voor hun zeer ongemakkelijk. Het woord "*bezieling*" wordt bij Maslow buiten beschouwing gelaten, evenals het woord "*geïnspireerdheid*". Deze twee woorden geven letterlijk aan dat er sprake is van een voeding vanuit hogere sferen, dat u gevoed wordt uit en door het hogere onbekende.

Al deze motivatietheorieën ten spijt, mocht de motivator te ver af liggen van de natuur van het individu, dan zal uw motivatie één keer, wellicht enkele malen effectief zijn. Echter op de langere termijn zullen uw werkzaamheden meer bestaan aan het vinden van de juiste motivatoren, dan aan het motiveren zelf. Dat laatste is juist wat de gemiddelde manager niet beheerst. Het diagnostisch te werk gaan aangaande het werkproces en daarmee de medewerker positief te beïnvloeden. Medewerkers worden al gauw als lastig ervaren en buiten de organisatie geplaatst, wanneer daar de geringste aanleiding toe is. Uw eigen motivatie voor het werk zal daardoor ook verminderen, want u zult aan de slag moeten met nieuwe medewerkers, hen doen ontwikkelen en inwerken in hun job. Nee, u als manager bent aangesteld om de medewerkers aan het werk te zetten en te houden, al dat andere is ver van uw bed. Wanneer u toch een menselijke motivator meent te zijn, welke zaken zijn dan essentieel om op te letten ? Één van de aspecten heb ik reeds uitgewerkt in hoofdstuk 6 en het volgende hoofdstuk. In ieder geval blijkt bij alle motivatietheorieën dat geld of een financiële beloning nooit als drijfveer wordt beschouwd, hooguit voor het moment. Anders kunt u altijd nog mijn vorige boek oppakken en lezen en zodoende de essentie van het motiveren verder te doorgronden.

8. Communicatie & Taal

In mijn vorige boek heb ik op basis van de MBTI-methodiek de communicatie toegelicht. In het licht van dit boek ga ik hier verder op in. Als we de oorsprong van inzichten van communicatie of in dit geval de taal beschouwen, dan komen we uit op de Oostenrijkse Verlichting gedurende de achttiende eeuw. Dat is de historische fase waarin Oostenrijk als middelpunt van de wereld werd beschouwd en er vele taalfilosofen opstonden. Ook de grondlegger van de Antroposofie, Rudolf Steiner, leefde in deze periode. Aan het eind van de negentiende eeuw zorgden enkele taalfilosofen voor meer inzichten aangaande de taalkundige aspecten van de mens. In hoeverre sluit deze wetenschap aan op de communicatiekennis die Carl Jung hanteerde ? Trouwens, Carl Jung is één van de hoofdpersonen, die vanuit de kennis van deze Verlichting zich mede ontwikkeld heeft.

De communicatie wordt door velen beschouwd als taal. De hieronder beschreven filosofieën zijn dan ook gebaseerd op de inzichten van de verschillende taalfilosofen. De grondleggers waren met name de Griekse filosofen Plato, Socrates en Aristoteles met zijn boek "*Organon*", wat letterlijk "instrument" betekent. Dit werk bestaat uit zes delen, waarbij het derde, vierde en vijfde deel uit meerdere boeken bestaat. Deze zes delen zijn de navolgende.

- Categorieën, vormen van het subject en predicaten
- Interpretatie, propositie en beoordeling
- Analytica priora, opbouw en structuur
- Analytica posterior, kennisverwerving
- Topica, dialectiek
- Sofistische weerleggingen, drogredenen

Het boek "*Organon*" is waarschijnlijk niet door Aristoteles zelf geschreven, maar door zijn volgelingen, de Peripatetici. De Peripatetische School verwijst naar een Atheense filosofische school in het Oude Griekenland, opgericht door Aristoteles. Waarschijnlijk heeft de naam te maken met de overdekte wandelgalerij of "*peripatos*", waar Aristoteles en zijn opvolgersal wandelend les gaven. Dit werk werd in de middeleeuwen beschouwd als het logische en methodologische instrument voor de beoefenaar van de filosofie. Pas in de Renaissance begon de twijfel over de bruikbaarheid van Organon en worden er alternatieven geformuleerd. Voorbeelden zijn "*Novum Organum"* van Francis Bacon en "*Discours de la Méthode"* van René Descartes. Over René Descartes zelf kunt u meer lezen in hoofdstuk 16.1.

Waar kwamen deze inzichten vandaan ? Is de geologische plaats in relatie tot de chronologische tijdsperiode toevallig ? Hierover heb ik een korte samenvatting samengesteld. De bedoelde inhoud gaat over de het meest in aanzien zijnde metropolische stad rond negentienhonderd, Wenen.

Oostenrijk had net een revolutie achter de rug. De economie, cultuur en intellectuele leven van bloeide als nooit tevoren. Wenen was één van de grootste steden ter wereld, zelfs groter dan vandaag, met ongeveer tweeënhalf miljoen inwoners, de universiteit van Wenen was een van de topscholen in de wereld en de kunsten en wetenschappen hadden een uitstekende positie in de samenleving. De gevestigde Joodse gemeenschap heeft aanzienlijk bijgedragen aan deze resultaten en werd sterk geassimileerd in de Weense, zelfs nog meer dan Oostenrijkse samenleving. De literatuur werd sterk beïnvloed door de theorieën van Sigmund Freud over de aard van de menselijke psyche.

Deze intellectuele ontwikkeling bloeide weer op de gedurende de beginjaren van de twintigste eeuw, na de eerste Wereldoorlog. Wenen trok opnieuw veel Duits-sprekende intellectuelen aan uit alle delen van het voormalige rijk.

De artsen Karl Landsteiner en Ignaz Semmelweis, de natuurkundigen Wolfgang Pauli en Erwin Schrödinger, de filosofen Ludwig Wittgenstein, Karl Popper, Friedrich von Hayek. Vrijwel elke respectabele psychiater van deze tijd, schrijvers zoals Stefan Zweig en Hugo von Hoffmannsthal, componisten als Gustav Mahler en Arnold Schönborn en kunstenaars en architecten van de Wiener Werkstätten en andere instellingen, alle waren beroemde en vooraanstaande Oostenrijkers van deze periode.

Wenen was politiek gezien links georiënteerd, zich herstellende van de oorlog. Wenen was een cultureel hoogtepunt op wereldwijde schaal en de universiteit van Wenen leek patent te hebben op het winnen van Nobelprijzen. Zoals gezegd, vele intellectuelen konden zich ontwikkelen binnen de vrije cultuur van Oostenrijk. Daaronder waren vele taalfilosofen. Op basis van oude met name Griekse inzichten zoals het *"Organon"* verdiepten zij zich in de menselijke geest in combinatie de taal als fenomeen.

8.1 Ludwig Wittgenstein

Één van deze filosofen was Ludwig Wittgenstein. Hij heeft belangrijke bijdrage geleverd aan de taalfilosofie en aan de grondvesten van de logica. Hij leverde ook bijdragen aan de filosofie van de wiskunde en de filosofie van de geest. Hij wordt gezien als een pionier in de analytische filosofie en als een van de grootste filosofen van de twintigste eeuw.

Het hoofdwerk van Wittgenstein is de *"Tractatus Logico-Philosophicus"*. Dit werk verscheen in de twintiger jaren en werd als onbegrijpbaar en onverkoopbaar ervaren. Bertrand Russell, met wie Wittgenstein in die tijd een zeer goed contact had, heeft zich voor de uitgave ervan ingespannen en een voorwoord bij het boek geschreven, waarover Wittgenstein trouwens totaal niet tevreden was. *"De Tractatus"* zoals het boek vaak wordt aangeduid, bestaat uit een serie genummerde stellingen. Het handelt over de taal ten opzichte van het domein van de kennis, ethiek, esthetiek en religie. Volgens Wittgenstein kan met taal alleen zinvol worden omgegaan als daarmee "standen van zaken" kan worden beschreven. Over het overige zegt hij :

"Waarover men niet spreken kan, zou men beter moeten zwijgen", *"Wovon man nicht sprechen kann, darüber muss man schweigen."*

Hoewel er volgens Wittgenstein weliswaar over ethiek en dergelijke niets zinnigs gezegd kan worden, vindt hij deze transcendentale zaken wel heel belangrijk. De uiteindelijke levensvervulling vindt juist hierdoor plaats. Hij heeft een soort van categorische imperatief: *"Ervaar de wereld zoals hij is"*. Overigens beschouwde Wittgenstein *"de Tractatus"* ook als niet zinvolle taal. Maar het was de ladder die nodig was om dat inzicht te bereiken. Daarna kon het worden weggegooid.

8.2 Karl Popper

Ook Karl Popper stamt uit de Weense tijd zoals ik hierboven heb geschetst. En ook hij was een filosoof die algemeen wordt beschouwd als één van de grootste wetenschapsfilosofen van de twintigste eeuw.

Daarnaast was hij een belangrijk sociaal en politiek filosoof, een onversaagd verdediger van de liberale democratie en de principes van sociale kritiek, waar deze op is gebaseerd en een onwrikbaar tegenstander van autoritarisme. Hij is het bekendst geworden door zijn weerlegging van het klassieke model van wetenschap als een proces van observatie en inductie, zijn pleidooi voor falsifieerbaarheid als criterium om wetenschap van non-wetenschap te scheiden en zijn verdediging van de "open samenleving".

Karl Popper bedacht zelf de term *"kritisch rationalisme"* om zijn filosofie te omschrijven. Deze benaming is van belang, omdat het zijn verwerping van het klassiek empirisme en van het observatie-inductiemodel aangeeft, dat zich daaruit had ontwikkeld. Popper was een verklaard tegenstander van dit laatste model en meende in plaats daarvan dat wetenschappelijke theorieën universeel van aard zijn en alleen indirect kunnen worden getest door hun implicaties te toetsen door middel van een cruciale test.

Het toetsen van een theorie volgens de methode van Popper werkt als volgt.

1. Een theorie wordt getoetst aan de hand van een singuliere uitspraak, de basiszin.

2. De basiszin kan in tegenspraak zijn met een theorie. Daarmee is die basiszin een potentiële falsificator. De theorie is : *"Alle zwanen zijn wit"*. De potentiële falsificator is : *"Er is één zwarte zwaan"*.

3. Wanneer de falsificator aanvaard wordt, *"Er is één zwarte zwaan"*, wordt de universele uitspraak over witte zwanen weerlegd. Wanneer de falsificator niet wordt aanvaard, krijgt de theorie een hogere "corroboratiegraad".

Een hogere corroboratiegraad betekent volgens Popper niet dat een uitspraak met een hogere corroboratiegraad méér waar is dan een uitspraak met een lagere corroboratiegraad. Ook een uitspraak met een hoge corroboratiegraad kan bij een volgende cruciale test weerlegd worden.

Hij meende ook dat wetenschappelijke theorieën en in het algemeen alle menselijke kennis, onvermijdelijk uitsluitend hypothetisch zijn en worden gegenereerd door de creatieve verbeelding om problemen op te lossen die in een bepaalde historisch-culturele context zijn gerezen. Geen enkel aantal positieve waarnemingen om een theorie te testen, kan deze logisch gezien bewijzen ; slechts een enkel tegenvoorbeeld waarvoor de theorie niet opgaat, is logisch beslissend. Het toont aan dat de theorie waarvan de implicatie wordt getoetst, niet juist is.

Popper's weergave van deze logische asymmetrie tussen verificatie en falsificatie is één van de kernpunten van de wetenschapsfilosofie. Het bewoog hem ertoe om falsifieerbaarheid te kiezen als criterium voor het onderscheiden van wetenschap en non-wetenschap. Een theorie kan uitsluitend wetenschappelijk zijn als hij ook falsificeerbaar is. Dit bewoog hem ertoe om zowel de aanspraak van het Marxisme als die van de psychoanalyse op een wetenschappelijke status af te wijzen, omdat de theorieën waar deze beide stromingen op gebaseerd zijn niet falsifieerbaar zijn.

Popper publiceerde verdere ideeën over menselijke kennis in het algemeen en van wetenschappelijke kennis in het bijzonder. In zijn boek *"Objective Knowledge"* presenteerde Popper zijn uitgangspunt van de drie "werelden", de wereld van fysische objecten, de mentale wereld van bewustzijnstoestanden en de wereld van ideeën in objectieve zin. Elk van die werelden bevat allerlei objecten of "zijnden". Deze werelden bestaan alle drie even echt, zijn altijd van elkaar te scheiden en moeten dus ook niet door elkaar gehaald worden.

De <u>eerste</u> wereld is die van de materiële dingen, van alles waar de natuurwetenschappen zich mee bezig houden. Deze wereld wordt meestal als de "echte", objectieve buitenwereld gezien en is ook eigenlijk de normaalste. Ieder mens maakt, als lichaam, deel uit van en leeft in een deel van deze wereld. Niet ieder mens leeft in dezelfde plaatsen en streken van deze wereld.

De <u>tweede</u> wereld is die van de ervaringen, gewaarwordingen, belevingen, emoties en gedachten, de binnenwereld van alles wat subjectief is. Deze wereld bestaat eigenlijk net zo echt als de buitenwereld ; mensen kunnen net zo min negeren dat ze ervaren en voelen en denken als dat ze handen hebben of in een huis wonen. Ook hier geldt dat ieder mens in een deel van deze wereld leeft en dat niet ieder mens in dezelfde streken van deze wereld leeft.

De <u>derde</u> wereld is die van de concepten en van de inhouden van opvattingen, ideeën en abstracties: de wereld van de theoretische "het zijn" of ontologie. Ook deze bestaat echt. Deze derde wereld is door de mens geschapen, maar tegelijkertijd vrijwel onafhankelijk van de mens.

Tot deze derde wereld behoort bijvoorbeeld de taal en de wiskunde en daarnaast ook wetenschappelijke theorieën. De relativiteitstheorie van Albert Einstein is een voorbeeld van zo'n theorie. Het is mogelijk min of meer objectief te omschrijven wat deze theorie inhoudt en de inhoud van deze theorie staat los van de bewustzijnstoestanden van de persoon Albert Einstein. Popper spreekt in dit verband van de "objectieve geest", als tegengesteld aan de "subjectieve geest". De "subjectieve geest" is die van de bewustzijnstoestanden van het individu, de "objectieve geest" omvat kennis, die onafhankelijk van het individu.

Eigenlijk hoort de Oostenrijkse filosoof Edmund Husserl ook in dit rijtje thuis. Vanwege het onderwerp over "Existionalisme" heb ik de beschrijving over hem daar aan toegevoegd in hoofdstuk 11.2.

Andere wetenschappers of taalfilosofen waren de navolgende.

8.3   Naom Chomsky

Naom Chomsky is een Amerikaans taalkundige, mediacriticus, politiek activist en anarchistisch denker. Als grondlegger van de generatieve taalkunde is hij een van de invloedrijkste taalwetenschappers van de twintigste eeuw.

De kern van Chomsky's taalkunde is de hypothese van de universele grammatica, een aangeboren taalvermogen dat alle mensen delen en dat de overeenkomsten tussen menselijke talen verklaart. Chomsky's taalkunde is rationalistisch in tegenstelling tot empiristisch. Zijn inzichten betekenden de doodklap voor de behavioristische taalkunde en een stimulans voor de in het verlengde van de generatieve grammatica ontwikkelde hij de Chomsky-hiërarchie, een veel gebruikte classificatie van formele talen met toepassingen in de informatica.

In zijn visie is taalkunde een natuurwetenschap, niet een sociale of toegepaste wetenschap. Het is een onderdeel van de biologie en heeft als doel te verklaren hoe het taalvermogen in de menselijke geest werkt, niet hoe het tot uiting komt. Chomsky maakt derhalve onderscheid tussen I-language, het gedeelte van taal intern in de mens, en E-language, de externe verschijning hiervan. Alleen de eerste is onderwerp van studie in de taalkunde. De E-language wordt geabstraheerd, net als in de natuurwetenschappen worden empirische gegevens geabstraheerd om tot een elegante wiskundige theorie te komen.

Chomsky's taalkunde is rationalistisch en cartesisch, in de zin dat zijn theorieën er van uitgaan dat het taalvermogen grotendeels is aangeboren in plaats van aangeleerd. Alle mensen delen de zogenaamde universele grammatica, die de overeenkomsten tussen verschillende talen verklaart. Is dat omdat wij uit eenzelfde bron afkomstig zijn, de bron die één gelijksoortige syntax hanteert ? Met syntax worden binnen de taal beginselen van termen en regels aangeduid, die algemeen geldend zijn en los van context bestaan, zeker van de menselijke emotionele zijde. Deze verschillen zijn veel groter, meent Chomsky, dan men op het eerste gezicht zou zeggen. Over de precieze verklaring voor de verschillen tussen talen is hij in zijn carrière verschillende malen van mening veranderd.

8.4 **George Lakoff**

George Lakoff is een Amerikaanse cognitieve linguïst en hoogleraar Hoewel sommige van zijn onderzoek betreft vragen van oudsher nagestreefd door taalkundigen, zoals de voorwaarden waaronder een bepaalde taalkundige constructie is grammaticaal levensvatbaar is, hij is het meest bekend om zijn ideeën over de centrale rol van metafoor voor het menselijk denken, politieke gedrag en maatschappij. Hij is vooral beroemd om zijn concept van de "belichaamde geest", die hij heeft geschreven over met betrekking tot de wiskunde.

In die periode trachtte hij transformationele grammatica te verenigen met Chomsky's formele logica. Hij had geholpen met uitwerken van de eerste details van de theorie van Chomsky's grammatica. Noam Chomsky beweerde toen dat de syntaxis onafhankelijk zou zijn van de betekenis, de context, achtergrond kennis, geheugen, cognitieve verwerking, de communicatieve opzet, en elk aspect van het lichaam. In de werken waren

in het begin van zijn theorie een aantal gevallen bekend, waarin de semantiek, de context, en andere dergelijke factoren opgenomen waren in de regels voor de syntactische gebeurtenissen van zinnen en morfemen. Een morfeem is de kleinste taalkundige eenheid die semantische betekenis heeft. Semantiek staat eigenlijk voor de eigenlijke betekenis van woorden en termen binnen het taalgebruik. Lakoff's bewering die in tegenstelling staat tot Chomsky's stelling over de onafhankelijkheid tussen syntaxis en semantiek, is door Chomsky afgewezen. Lakoff heeft voorbeelden vanuit zijn werk gegeven, waar hij spreekt over de relatie tussen zijn semantiek en syntaxis. Chomsky gaat nog verder en beweert dat Lakoff heeft schijnbaar geen begrip heeft van het werk dat hij bespreekt. Dit in relatie tot het werk van Chomsky. Zijn verschillen met Chomsky hebben bijgedragen tot felle debatten tussen linguïsten en die bekend staan als de "taalkunde oorlogen".

Een metafoor is gezien in de westerse wetenschappelijke traditie als een zuiver taalkundige constructie. De essentie van het werk van Lakoff is het argument dat metaforen in de eerste plaats een conceptuele constructie zijn en inderdaad centraal staan in de ontwikkeling van het denken.

"Onze gewone conceptuele systeem, in termen van waar we zowel denken en handelen, is fundamenteel metaforisch van aard."

Een niet-metaforische gedachte is voor Lakoff alleen mogelijk als we over zuiver fysieke werkelijkheid praten. Voor Lakoff geldt dat hoe groter de mate van abstractie is, des te meer lagen we van de metafoornodig hebben. De meeste mensen zijn zich er niet van bewust dat deze metaforen om verschillende redenen nodig zijn. Één van de redenen is dat sommige metaforen "dood" zijn gegaan en we hun niet meer herkennen vanuit hun oorsprong. Een andere reden is dat we gewoon niet "zien" wat is "going on".

8.5   Chris Alexander

Christopher Alexander is een architect, bekend om zijn theorieën over het ontwerp. Hiervoor introduceerde hij een bepaalde patroontaal, waarmee hij in staat was gebouwen via deze patronen beter op de menselijke maatstaven te laten aansluiten.

Gedurende een geheel onverwachte ontwikkeling heeft deze Pattern Language Format een elementaire toepassing gevonden in het programmeren van computers. Elke programmeringsoplossing die verschijnt, kan in afzonderlijke gevallen weer aangemerkt worden als een "patroon" om vervolgens te worden hergebruikt als een eenheid. Patronen zijn nu erkend als een krachtig theoretisch kader, waarin ingewikkelde computerprogramma's te monteren zijn. De voorstanders van software-patronen geloven dat patronen kunnen helpen om een breed scala aan praktische problemen op te lossen, die anders te omslachtig of te tijdrovend zouden worden.

Om u een beter gevoel van wat wordt bedoeld met onderlinge patronenverbinding, kunt u hier enkele voorbeelden lezen van de koppeling.

- Één patroon bevat of generaliseert een kleinschaliger patroon.
- Twee patronen zijn complementair aan elkaar, waarbij de één dient voor de behoeften van de volledigheid voor de andere.
- Twee patronen lossen verschillende problemen op die elkaar overlappen, die naast elkaar op hetzelfde niveau bestaan.
- Twee patronen lossen hetzelfde probleem op in alternatieve, geldig manieren. Afwijkende patronen hebben een soortgelijke structuur, wat dus een hoger niveau verbinding inhoudt.

Met bindweefselregels zijn er twee verschillende aspecten van een patroon in het spel. Bindweefselregels verbinden binnen het patroon twee verschillende onderdelen aan elkaar (associatie). Aan de ene kant zullen de interne onderdelen van een patroon te bepalen zijn als integraal naar een groter patroon. Aan de andere kant is het de interface, die de overlappingen of aansluiting op hetzelfde niveau bepaalt. Twee patronen op hetzelfde niveau kunnen zowel concurreren, losjes naast elkaar bestaan, of noodzakelijkerwijs aanvullingen zijn van elkaar.

Een punt van kritiek van de Alexander's patronen vloeit voort uit het conflict tussen de economische en de bouwkundige belangen. De Pattern Language strekt zich uit van de omvang van de oppervlakte detail, om de omvang van een grote stad. Het heeft betrekking op Alexander's ideeën over hoe de beste uitvoering van een meer menselijke gebouwde omgeving zou moeten zijn. Sommige van de stedelijke patronen zijn ronduit in tegenspraak met grondspeculatie en de bouw van megatowers, terwijl het gebouw duidelijk maakt, dat er een grotere behoefte aan meer structurele kwaliteit is. Beide punten bedreigen de winstmarge in de bouw. Hoewel het nog niet duidelijk hoe deze verschillen te overbruggen zouden kunnen worden en daarmee Alexander's critici met elkaar te verzoenen, vinden velen het een excuus om zijn Pattern Language als onpraktisch en onrealistisch te bestempelen.

Een meer ernstige bezorgdheid komt van beoefenaars die proberen de Alexandrine patronen van toepassing op de gebouwde omgeving vorm te geven. De Pattern Language is niet en was nooit bedoeld als een ontwerpmethode en het is altijd een strijd om patronen te integreren in een echte ontwerp project. Architecten, die echter wanhopig behoefte hebben aan een self-contained designmethode kunnen zich niet vinden in de theorieën van Christopher Alexander. De tools die Alexander ter beschikking stelt zijn, daardoor uit de mode en verschijnen alleen nuttig in retrospectieve analyse, wat ook het relatieve gebrek aan het Pattern Language impact verklaart.

8.6   Mikhail Bakhtin

Mikhail Bakhtin, een van oorsprong Russisch filosoof, literair criticus en semioticus, had een moeilijk leven en carrière en heel weinig van zijn werken werden gepubliceerd in een gezaghebbend vorm tijdens zijn leven. Als gevolg daarvan is er grote onenigheid over zaken die normaal gesproken vanzelfsprekend zouden zijn. In welke discipline heeft hij gewerkt, was hij een filosoof of literair criticus ?

Hij is vooral bekend voor een reeks van invloedrijke concepten, die zijn gebruikt en aangepast in een aantal disciplines. Voorbeelden zijn dialogisme of literaire dialogen, het carnavaleske of het op gezette tijden met een masker op door het leven gaan. De chronotoop als het knooppunt van de combinatie van ruimte-tijd, hetero-glossia of andersoortige-toesprakelijkheid en "outsidedness" met als vertaling "exotopy" of letterlijk "het zich buiten de eigen plek of het individu zelf afspelend".

Deze concepten tezamen schetsen een onderscheidende filosofie van de taal en cultuur, die temidden van redevoeringen en dialogen de essentie betreft van een dialogisch uitwisseling en dat dit alle talen van een bepaalde ethische of ethisch-politieke kracht voorziet.

In "*Toward a Philosophy of the Act* "onthult een jonge Bakhtin tijdens zijn ontwikkelingsproces van zijn morele filosofie van decentralisatie van het werk van Kant. Deze tekst is één van de vroege werken Bakhtin met betrekking tot ethiek en esthetiek. Het is hier dat Mikhail Bakhtin drie claims stelt met betrekking tot de erkenning van de uniciteit van een deelneming in "het zijn" :

- Ik kan zowel actief als passief deelnemen aan "het zijn".
- Mijn uniciteit is een gegeven en tegelijkertijd bestaat die alleen in de mate van de actualisatie van dit unieke karakter, met andere woorden, het is gelegen in de handeling en daad die ik heb uitgevoerd.
- Vanwege het feit dat ik werkelijk ben en onvervangbaar ben, moet ik zodoende middels mijn uniciteit verwezenlijken.

Bakhtin stelt voorts.

"Het is in verhouding tot de gehele werkelijke eenheid die mijn uniciteit doet voortvloeien uit mijn unieke plek in het zijn."

Hij behandelt het morele concept, waarmee hij bijdraagt aan de overheersende wettelijke denkbeeld van moralen ten aanzien van menselijke morele acties. Volgens Bakhtin kan "Ik" zich niet neutraal handhaven ten opzichte van de morele en ethische eisen die zich manifesteren als de eigen stem van het bewustzijn.

Bakhtin introduceert dan ook een architectonisch model van de menselijke psyche, dat bestaat uit drie onderdelen. "Ik-voor-mij, Ik-voor-de-ander", en "de ander-voor-mij". De "Ik-voor-mij" staat voor een onbetrouwbare bron van identiteit en Bakhtin stelt dat het de "Ik-voor-de-andere mensen" het juiste gevoel van identiteit doet ervaren. Want het dient als een vermenging van de wijze, waarop anderen deze "Ik" bekijken.

Omgekeerd geldt dat "de ander-voor-mij" de manier beschrijft, waarop mijn percepties door anderen worden ingelijfd in hun eigen identiteit. Identiteit zou, zoals Bakhtin het beschrijft, niet alleen toebehoren aan het individu, het is eerder een door allen gedeelde aspect. Ziet u hier het culturele aspect, wat dit impliciet inhoudt. Ken Wilber heeft zonder te verwijzen naar Bakhtin, ook enkele van de bovengenoemde inzichten toegepast binnen zijn cultuurkwadrant, hoofdstuk 12.2.

Mikhail Bakhtin was de verzinner van de term "chronotoop". Dit is de plaats waar de knopen van het verhaal aan elkaar verbonden zijn of de intrinsieke verbondenheid van temporele en ruimtelijke relaties die op artistieke wijze zijn uitgedrukt in de literatuur. Zijn doel erachter is dat de auteur een complete wereld zou kunnen creëren, waarbij hij gebruik maakt van de georganiseerde categorieën van de echte wereld, waarin hij leeft. Om deze reden is het chronotoop een concept dat de echte wereld met de gecreëerde wereld verbindt.

Het topologische Concept is een chronotoop. Een andere toelichting over de chronotoop treft u aan in hoofdstuk 18.

Space of plaats en Time, het in tijd voortschrijdende verhaal, zijn verbonden door een knoop. Een knoop is een ingewikkelde draai in een touw. De twist is nodig wanneer u een systeem wilt laten aansluiten op zichzelf. De eenvoudigste topologische structuur van de gevisualiseerde ruimte-tijd is de Moebius Ring.

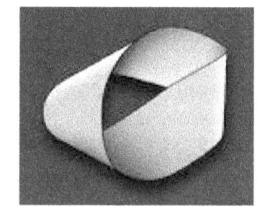

De chronotoop is het centrum van waaruit elk verhaal dat we kunnen vertellen, ontvouwd en ontplooid kan worden. Het produceert verhalen en absorbeert verhalen. Bakhtin plaatste de Folk-Lore, de taal van het volk, in het centrum.

Gedurende zijn hele leven heeft Bakhtin een belangrijke bijdrage geleverd aan de literaire en retorische theorie. Hij staat tegenwoordig bekend om zijn interesse in een breed scala aan onderwerpen, ideeën en woordenlijsten, evenals zijn gebruik van auteursrechtenaliassen. En natuurlijk zijn invloed op de groei van de Westerse wetenschap op de roman als een nieuw literair genre.

Als gevolg van de breedte van de onderwerpen, die hij behandelde, heeft Bakhtin zoals West-scholen van de theorie beïnvloed zoals het neo-Marxisme, structuralisme en de semiotiek. Toch heeft zijn invloed op dergelijke groepen, enigszins paradoxaal genoeg, geresulteerd in het verkleinen van de omvang van zijn werk.

8.7   Taalkundige modellen

Taal betekent communicatie. Communicatie kan meer behelzen dan verbale informatie-uitwisseling al dan niet ondersteund door intonatie, mimiek en grimas. Om te kunnen vertellen wat u precies bedoelt, staan er een aantal methoden of modellen ter beschikking. Hoogstwaarschijnlijk zijn deze gebaseerd op de navolgende modellen. Zoals George Lakoff het reeds noemde, zijn metaforen de belichaming van de taal. Dat geldt in een bepaald opzicht ook voor deze modellen. "Taal" wordt hiermee beter hanteerbaar, qua betekenis meer concreet.

In het boek "*Introduction to Operations Research"* introduceren C. West Churchman, Russell L. Ackoff en E. Leonard Arnoff een onderscheid in drie typen modellen.

- Iconische modellen lijken op de werkelijkheid, maar maken gebruik van andere materialen of een andere schaal. Ze worden bijvoorbeeld gebruikt om ontwerpideeën vast te leggen of voor simulatie. Voorbeelden zijn schetsen, prototypes, virtual reality en schaalmodellen.
- Analoge modellen beschrijven specifieke eigenschappen van een idee of systeem door details te verwijderen en zich te concentreren op de kernelementen, door middel van analogieën zoals bijvoorbeeld stroomdiagrammen en circuit-diagrammen. Deze modellen pretenderen niet precies op de werkelijkheid te lijken maar zijn bedoeld om bepaalde functies te onderzoeken.
- Symbolische modellen representeren ideeën met behulp van codes zoals bijvoorbeeld cijfers, wiskundige formules, woorden of muzieknoten. Symbolische modellen zijn een abstractie van de werkelijkheid.

Is taal zo eenvoudig als taal kan zijn ? Misschien wel. Ik bemerk wel dat kennis en inzicht in taal en dan met name de klassieke talen Grieks en Latijn hun voordeel doen blijken. Ook de breedte in verschillende disciplines doet u gemakkelijker metaforen creëren. Wellicht een studietip voor u ?

9. Intuïtie of ingeving

Wat is intuïtie ? Wat is het verschil in creatieve en spirituele intuïtie ? De tweedeling van intuïtie introduceerde ik in mijn vorige boek "Van bovenkamer naar onderbuik". Intuïtie betekent letterlijk "ingeving" vanuit de samenstelling van de Latijnse woorden "intus" – binnen en "ire" – gaan. Dit betekent tevens in dat de informatie via "een ander medium" dan de zintuigen binnenkomt. Als u vervolgens verder redeneert, zou u zich de vraag kunnen stellen, welke dimensie deze informatie heeft. Bij warmte betreft het "voelbare" warmte of energie, geluid bestaat uit drukverschillen in de lucht, die u met uw drukreceptoren of hoororganen waarneemt en transformeert tot bruikbare informatie voor uzelf. Betreft intuïtieve informatie een bepaalde energievorm, waarvoor u ontvankelijk bent en de ander in een mindere mate ? Wat is deze energiesoort dan ?

Wanneer ik praat over intuïtie, is deze mijns inziens te verdelen in twee soorten, de spontane en de creatieve. De creatieve intuïtie maakt veel gebruik van twee hulpmiddelen. Deze zijn het vermogen tot analyseren samen met het op waarde schatten, het brainstormen op basis van voor het individu heldere patronen die weer hun oorsprong als gedetailleerde herinnering kennen. Deze aspecten tezamen noemt met ook wel de flowfase, tenminste als het individu deze talenten heeft en tevens heeft ontwikkeld. Er zou een link met het collectief onbewuste kunnen liggen, al is dat enigszins discutabel, maar daarentegen toch ook wel weer plausibel.

De spontane intuïtie is meer gebaseerd op sprituele ingevingen, waarop mensen op dat moment een besluit willen maken. Het is de allereerste (spontane) ingeving wanneer u iemand ontmoet of aanspreekt. De informatie komt veelal direct uit het collectief onbewuste. Carl Jung introduceerde destijds dit collectief onbewuste. Is het hier uw Arche Type die deze informatie voor u verzamelt en het vervolgens aan u kenbaar maakt ? Uw Arche Type is in principe bekend in de wereld van het onbewuste en spreekt die taal. Zaak is het om het op begrijpelijke wijze aan u uit te leggen, zoals dat vaak middels dromen gebeurt. Met Jung's onderzoeken tezamen met Wolfgang Pauli maakte hij deze "kennis" wereldkundig, leest u daarvoor hoofdstuk 12. Wat ligt hier qua kennis en inzichten te behalen voor u ?

9.1   Creatieve intuïtie

Vanuit de MyersBriggs Type Indicator-methodiek (MBTI) is de creatieve intuïtie als volgt te introduceren. MBTI gebruikt in haar profilering een zestal letters als code om aan te geven tot welke groep een individu behoort. De toelichting laat ik voor dit moment even buiten beschouwing. Tevens maakt zij op basis van de typeringen onderscheid in het verloop van het communicatieproces. Afhankelijk van het individu wordt dit proces anders doorlopen.

De eerste tweedeling wordt gebaseerd op de wijze hoe iemand informatie tot zich neemt. Dit kan op de wijze door het beleven, aangeduid met het begrip Sensation met de letter S. Deze personen beleven elk detail, horen elke muzieknoot en zien elk blaadje afzonderlijk van de boom naar beneden dwarrelen. Zij onthouden deze informatie als zodanig. De andere wijze is de intuïtieve wijze, aangeduid met de N van iNtuition.

Dat betekent uiteraard dat ook zij beleven wat er gaande is, echter zij nemen de informatie als globale stukken op en beschouwen het als begrip of betekenis. Zij voelen in en halen op deze wijze de informatie "binnen". De vorm en inhoud van deze informatie van de ander heeft onder andere te maken met de status en stemming en de context van die ander. Er hangt een bepaalde soort van "energie" mee samen, die voor de intuïtist als zodanig wordt "opgemerkt en binnengehaald".

De volgende stap van het communicatieproces kan behelzen dat het individu een besluit voor een probleem moet nemen op basis van de informatie die hij of zij zojuist heeft ontvangen, los van de wijze hoe de informatie is binnengekomen. Er is ook hier weer sprake van een tweedeling. Neemt u uw besluit op basis van de logica, het beredeneerbare met de T van Thinking, of volgt u uw hart en maakt u een meer menselijk besluit met de F van Feeling ?

Dat betreft in het kort een communicatief besluitproces in de context van de typeringen volgens MBTI. De bedoelde intuïtie N beschouw ik als creatieve intuïtie, immers de informatie die u middels de beleving binnenhaalt, blijft detaillistisch. Uw kernkwaliteit bestaat uit het talent om het als concept of als informatiebrok er in een later stadium iets mee te gaan doen. Dat maakt u een intuïtist, een visionaire denker. U maakt of herkent patronen binnen de gedetailleerde informatie die u op een ander moment in een andere situatie of context weer inzet, als totaliteit, als concept of patroon. Dit noem ik het creatieve proces van de intuïtie. Uw extra kracht ligt ook vaak in het invoelend vermogen bij een volgende situatie. Op basis van uw intuïtieve capaciteiten een passend patroon of concept kunt bedenken die het meest voor de hand ligt in de gegeven context. Dat heet visionair handelen.

In mijn beschouwing aangaande de MBTI-methodiek laat ik de spirituele zijde die intuïtie ook in zich kan hebben, buiten beschouwing. Het hartgevoel laat ik voor dit moment even stoppen bij de aardse waarden voor wat betreft de harmonie en balans. Alhoewel de u in de rollen wel metaforen kunt ontdekken die treffend zouden kunnen zijn voor een type individu. Is deze metafoor, die u aan dit individu toeschrijft, dezelfde als de Arche Types, zoals die bij Wolfgang Pauli ter sprake komen ?

Overeenkomsten en mogelijke verbintenissen en aanknopingspunten hebben ze dus wel. Het is een kwestie van hoe scherp de focus gelegd wordt of in welke context het zich afspeelt. Immers, om een voorbeeld te noemen, een grappig iemand of een lolbroek kan een clown zijn en ook een cabaretier. Echter het kan ook een zeer melancholiek individu zijn al dan niet met een masker op, zoals u wellicht Pierrot beschouwt.

9.2   Spirituele intuïtie

Spirituele intuïtie werkt op iets andere wijze. Spirituele intuïtie is sterker gericht op het onbewuste collectief, waarop Carl Jung zich richtte. Hierbij komt ook het begrip Arche Type aan de orde.

Eigenlijk zijn dat meer metaforen van de persoonlijkheid, zoals een individu op haar omgeving overkomt, een eerste indruk als u wordt gevraagd hem of haar in één woord te typeren. Komt dit overeen met het daadwerkelijke Arche Type van het individu of de spirituele weergave ervan ? Katherine Benziger kende ook al Arche Typeringen toe op basis van de dominantie van in meer of mindere dominante bepaalde hersendelen, zoals u in hoofdstuk 4 heeft kunnen lezen. Vaak blijkt dat deze Arche Typen elkaar weinig ontlopen. Welke conclusies zou u daaraan kunnen verbinden ?

- Is de spirituele Arche Type die u bij uw geboorte meekrijgt van de Hogere Macht, dezelfde als die wij terugzien vanuit uw natuurlijke gedrag en denkwijzen ?
- Is daarmee uw gedrag toch in zekere mate deterministisch te noemen ? Of kunnen we ook hier spreken over dualisme aangaande uw natuur of karakter ?
- Ligt het laatste ingebed in de mate van uw bewustzijn en het kunnen manifesteren van uw eigen wil ?

De echte Arche Typen, die bij een persoon horen en op spiritueel niveau worden "ontdekt" vanuit het onbewuste, is de weergave van uw ware "Self". Daar zijn alle karakteristieken en wijzen en stijlen van acties aan toe te schrijven. Ondanks de verscheidenheid van de rollen die u als individu in het dagelijkse leven zou kunnen spelen.

Carl Jung kreeg een bijzondere patiënt in zijn praktijk, die hem meer leerde en inzichten verschafte over Arche Typen en de verschillende soorten energieën. Deze persoon was Wolfgang Pauli, een vooraanstaand fysicus en ontdekker van het anti-neutrino-deeltje. Over deze en andere aanverwante zaken kunt u meer over lezen in het volgende hoofdstuk.

10. Fysica en Psychologie verbonden

Ten tijde van Carl Jung was er onder zijn vrienden een specialist op het gebied van de fysica. Hij kan eigenlijk in één adem met Albert Einstein genoemd worden, Wolfgang Pauli. Op het gebied van de fysica was hij vrijwel net zo vooruitstrevend als Einstein. Tezamen met Carl Jung legde hij de basis voor het verbinden van de fysica met de psychologie, doordat hij onder behandeling kwam bij Jung voor psychische problemen.

10.1 Wolfgang Pauli

De archetypische achtergrond van de natuurkundige theorie

Wolfgang Pauli was de bekende natuurkundige en Nobelprijswinnaar, die doceerde aan de Federale Instituut voor Technologie in Zürich in Zwitserland, waar Carl Jung ook professor was in de psychologie. Kort na zijn ontdekking van de zogenaamde anti-neutrino, begon Wolfgang Pauli ernstige psychische problemen te krijgen. Hij richtte zich daarom tot de reeds bekende psychiater en psycholoog Carl Jung.

Na ongeveer vier jaar van de psychoanalyse, waar hij voor het grootste deel behandeld werd voor zijn emotionele problemen, leken deze problemen opgelost. Later gaf hij toe dat hij in zijn interpersoonlijke relaties kon worden vergeleken met een koude duivel. Ondanks deze zelfidentificering blijkt uit de brieven dat Pauli slechts met veel moeite in staat was om zijn emotionele wereld op orde te krijgen. Hoewel Pauli zei genezen te zijn na diverse analyses, bleef zijn onbewuste diepe archetypische dromen produceren. Deze dromen hadden minder te maken met Pauli's persoonlijke problemen en meer zoals later bleek, met de archetypische basis van de theoretische uitgangspunten van de fysica en de natuurwetenschappen.

Wanneer u de dromen naleest zoals deze verschenen zijn in de brieven op basis van de psychologie van Jung, kunt u tot de conclusie komen dat het zeer waarschijnlijk is dat ze een reactie waren op Pauli's ontdekking van de anti-neutrino-deeltje. Tegen het einde van de dertiger jaren postuleerde Pauli deze voor het herstel van een van de meest fundamentele hypothesen van de natuurkunde, de Wet van Behoud van Energie. Voor natuurkundigen van die dagen was het een grote schok om te accepteren dat dit dogma van de moderne wetenschap is geschonden door de zogenaamde radioactieve bèta-verval, het proces van de omvorming van het neutron in een proton en een electron. Met de ontdekking van een deeltje, dat diende om zo de ontbrekende energie te verklaren. Pauli heeft dat later als volgt geformuleerd.

"Fysieke energie is, zonder uitzondering, onverwoestbaar, maar verandert niet in verborgen, niet-fysieke vormen van energie, zoals bijvoorbeeld psychische energie."

Toelichting op de Bèta-straling

Bèta-straling ontstaat in het β-vervalproces, het bèta-verval, waarin een atoomkern een electron e^- of positron e^+ uitzendt. Er zijn twee soorten Bèta-straling, $β^-$- en $β^+$-straling.

Bij $β^-$-straling verandert binnen de kern een neutron in een proton, waarbij een electron en een electron-anti-neutrino worden weggeschoten. Deze soort electron dient niet verward te worden met de gangbare toepassing van het electron, waarbij een aan het atoom gebonden electron wordt uitgezonden. De massa van de kern blijft ruwweg gelijk, aangezien het neutron en het proton ongeveer even zwaar zijn. Het massagetal blijft tevens gelijk, maar het atoomnummer neemt toe met één op basis van het verhoogde protonenaantal.

Bij $β^+$-straling verandert in de kern een proton in een neutron, waarbij een positron e^+ en een electron-neutrino worden weggeschoten. Het massagetal blijft gelijk, maar het atoomnummer neemt af met één.

10.2 Synchroniteit, radioactiviteit en psychofysische realiteit

We vinden een aanzienlijk aantal van Pauli's dromen in de correspondentie die beschreef hoe hij werd aangespoord om de zogenaamde bèta-radioactiviteit, het anti-neutrino-deeltje, in verbinding te brengen met het dieptepsychologische fenomeen synchroniciteit, gepostuleerd door Jung. Daartoe heeft Pauli het voorbeeld van de beroemde Jung's Scarab Synchroniciteit gebruikt.

"Door de waarneming van deze en soortgelijke synchroniciteiten is de beroemde psychoanalyticus erin geslaagd de productie van een radioactieve stof aan te tonen."

Bij synchroniciteit worden de buitenste en binnenste, de fysische en psychische werelden voor kortere tijd verenigd. Dit is de reden waarom deze dromen aangeven dat de anti-neutrino niet zomaar kan worden gecategoriseerd als één van de andere fysieke elementaire deeltjes, maar één die de wereld van de fysica en de wereld van psychische energie kon overstijgen. Een transformatie van fysieke naar psychische energie en vice versa, lijkt dus mogelijk te zijn, een feit dat door zowel Pauli en Jung werd afgewezen.

In het Engels betekent de term "psychisch" zowel psychologisch als parapsychologisch. In het Duits wordt dit onderscheid beter gehanteerd en spreekt men van "psychische Phänomene" en "parapsychologische Phänomene". In het Duitse origineel gebruikte Pauli de term "psychisch", een term die voor Carl Jung's objectiviteit "psychische energie" betekent.

"Mijn onderzoek van dit jaar heeft me laten zien dat Pauli is goed als we beperken zijn verklaring op de Duitse term "psychisch". Maar als we spreken van parapsychologische verschijnselen, lijkt het dat een dergelijke transformatie van fysieke naar parapsychologische energie en vice versa mogelijk is. Zoals de lezer kan zien in mijn essay het archetype van de Heilige Huwelijk, het archetype achter deze uitwisseling is de hermetische coniunctio of Unio corporalis."

In hetzelfde jaar verscheen er een andere droom aan Wolfgang Paul, alsof er achter de quantumfysica nog een verborgen dimensie van de werkelijkheid zou bestaan. In deze droom zei een man tegen hem, die eruit zag als Einstein, dat quantumfysica slechts een ééndimensionaal deel van een diepere werkelijkheid vertegenwoordigt. In feite was het Albert Einstein die altijd benadrukte dat de quantumfysica niet het laatste woord heeft en dat daaronder zich nog een andere dimensie bevindt.

Gestimuleerd door het indrukwekkende paranormale Pauli-effect schreef Wolfgang Pauli een proefschrift, getiteld *"Moderne Beispiele zur "Hintergrundsphysik"*.

In dit artikel, dat als basis voor een discussie moest dienen in plaats voor publicatie, wilde hij een "neutrale taal" vinden voor een aantal fysieke uitdrukkingen die hem in de gelegenheid hadden gesteld de verschijnselen te verklaren, behalve in fysiek opzicht ook op basis van hun symbolische, dieptepsychologische essentie. Hij noemde radioactiviteit in het begin van het artikel als een voorbeeld van deze "symbolisch geïnterpreteerde fysieke uitdrukkingen". De wijze waarop hij wilde radioactiviteit vastleggen in een "neutrale taal" beschreef hij in een brief aan Carl Jung:

"Een proces van transmutatie van een actief centrum, uiteindelijk leidend tot een stabiele toestand, wordt vergezeld door zichzelf te dupliceren of vermenigvuldigen en zich uitbreidende verschijnselen, in verband met verdere transmutatie die teweeg gebracht worden door een onzichtbare werkelijkheid."

Dit toont aan dat Wolfgang Pauli een poging deed om radioactiviteit te begrijpen, alsof het een dagelijkse gebeurtenis zou zijn, echter op een dieper niveau. Later gaf hij de naam psychofysica of psychoïde eraan. David Bohm stond in die tijd bekend als onderzoeker van de hierboven genoemde gebieden. Hij stelde het als volgt.

"De ingesloten of impliciete orde – tijd en ruimte – zijn niet langer dominante factoren, die de relatie van afhankelijkheid en onafhankelijkheid van verschillende elementen (individuen) bepalen. In plaats daarvan is het een geheel ander soort van fundamentele verbintenis van mogelijke elementen. Daaruit worden onze gewone begrippen van ruimte en tijd samen met die van materialistische deeltjes, onttrokken als vormen, die afgeleid zijn van de diepere orde. Deze gewone begrippen worden in feite weergegeven in de zogenaamde "expliciete" of "ontvouwde" orde. Dit is een speciale en onderscheiden vorm opgenomen binnen het algemene totaliteit van alle impliciete orders."

Kan David Bohm's impliciete orde worden omgezet in het expliciteren met behulp van het bewustzijn ?

10.3   Dimensies achter de quantumfysica

Het idee van een andere dimensie achter de quantumfysica werd uiteindelijk verder ontwikkeld door David Bohm. Aan de ene kant is de hypothese van Bohm empirisch oncontroleerbaar en aan de andere kant spelen individuele bewustzijn en het collectieve onbewuste geen rol in zijntheorie. Dit is acceptabel, omdat hij zijn visie als een uitbreiding van de natuurkunde zag.

Bohm's idee van een impliciete orde achter de quantumfysica lijkt vergelijkbaar met dat wat Wolfgang Pauli en Carl Jung in hun latere jaren zochten, de verenigde psychofysische werkelijkheid, de "U*nus Mundus"* van de middeleeuwse alchemist Dorneus Gerardus, met uitzondering van één groot verschil. Pauli en Jung meenden dat het individuele bewustzijn in staat is om in verbinding te komen met deze impliciete orde. Of, zoals het mogelijke scenario uitgedrukt in de terminologie van David Bohm's, rijst de vraag.

"Bestaat er een mogelijkheid die de impliciete orde zou kunnen ontvouwen met de hulp van een handeling van het bewustzijn, die gerelateerd is aan de vereende psychofysische werkelijkheid buiten de splitsing in de quantumfysica en de diepte psychologie ?"

We weten niet het antwoord nog steeds niet. Één ding lijkt zeker. Om dit probleem op te kunnen lossen moet radioactiviteit op psychofysisch niveau bezien, samen met synchroniciteit worden meegenomen. Dit kan zeker als een "creatieve daad in tijd" of in de zin van een "*creatio continua"* beschouwd worden.

Zoals we hebben gelezen, zijn de relevante berichten in Pauli's dromen de volgende. "Bèta-radioactiviteit of anti-neutrino en synchroniciteit zijn verbonden met een wijze die nog niet begrepen is. Achter de wereld van de quantumfysica is een andere dimensie verborgen. Als u beide uitspraken samenvat, zou u tot de navolgende conclusies kunnen komen.

- Deze diepere werkelijkheid achter de quantumfysica moet iets te maken hebben met de observatie van het verschijnsel van synchroniciteit of een verlenging of extensie daarvan.
- Aan de ene kant bestaat het beginsel van synchroniciteit om de fysieke en de psychische werelden te verenigen. Aan de andere kant zijn er Pauli's dromen, die ons ervan willen overtuigen dat de waarneming van synchroniciteiten de productie van de radioactieve stof inhoudt. De voorgestelde anti-neutrino die via deze bèta-radioactiviteit een wereld bereikt, die de wereld van de fysica overstijgt en zowel materie als psyche omvat.

Vanwege het genoemde lijkt het erop dat de hierboven veronderstelde schending van de natuurkundige wet van behoud van energie binnen het mogelijke scala van processen ligt, die aan het principe van synchroniciteit of een extensie daarvan, voldoen.

Zoals ik eerder vermeldde, leunde Wolfgang Pauli met dogmatische felheid naar de mogelijkheid van een transformatie van energie in de bovengenoemde zin. Desalniettemin zocht hij naar een samengaan van de natuurkunde met de dieptepsychologie, die hij later na een zwaar gevecht met Marie-Louise von Franz, veranderde in de eis voor een samensmelting van de fysica en parapsychologie. Hij zocht empirische voorbeelden voor wat hij noemde "background fysics" of wel de fysische verschijnselen, die er "moesten zijn", echter niet meetbaar waren voor die tijd. Hij slaagde er niet in tot een doorbraak te komen. Vanwege het feit dat hij op hetzelfde moment dogmatisch vasthield aan de fysische wet van behoud van energie.

10.4 De oscillatiesymboliek in Pauli's dromen

Later in het tweede decennium van de twintigste eeuw toonde Emmy Noether aan dat de wet van behoud van energie gelijk is aan de hypothese van de isotropie van de tijd. De hypothese van Noether bestaat uit een drietal stellingen. Iedere symmetrie leidt tot een behoudswet.

- Translatie symmetrie : behoud van impuls
- Galilei-Huygens symmetrie : behoud van energie
- Rotatie symmetrie : behoud van impulsmoment

De schending van de in dit geval genoemde bèta-radioactiviteit was te weerleggen middels de alom vereerde natuurkundige wet van de eenduidige tijdsvoortschrijding of wel isotropie. Dat betekent als een gevolg daarvan ook een vervanging van de anti-neutrino-deeltje door middel van een psychofysische equivalent.

We weten dat Wolfgang Pauli's dromen in deze richting wijzen. In een latere brief schreef hij dat zijn anima haar opvatting van de tijd manifesteert met behulp van "vreemde oscillatie symbolen", die tot dezelfde categorie van periodieke symbolen behoren als de "lichte en donkere strepen" en de "slinger en de "kleine mannen" van het eerdere materiaal. Binnen de Jungiaanse psychologie vertegenwoordigt de anima de brug naar nog onbekende creatieve ideeën in het collectieve onbewuste.

Zoals uit één van de brieven blijkt, heeft het laatste betrekking op zijn zogenaamde wereld-klok-visie. In een later stadium vond Pauli de interpretatie van Jung onbevredigend. Deze wereld-klok-visie genereerde in Pauli een gevoel van "sublieme harmonie". Hieruit blijkt dat de inhoud ervan de oplossing van het probleem van de oscillatie Pauli's ziel geweest zou kunnen zijn, zij het op psycho-fysisch niveau.

Als gevolg van de resultaten zou het heel goed kunnen dat wat Wolfgang Pauli hier de "*Anima*" noemt, in feite de "*Anima Mundi*" is, de wereldziel. Anders gezegd, het is meer bepalend als de potentiële toestand van de wereldziel. Waarin ze in een "aangeslagen toestand" bevindt en gereed om geboorte te geven aan een "kind". Dat wil zeggen, gereed voor een incarnatie van de "*Unus Mundus*" in onze ruimte en tijdgebonden wereld. Een dergelijk proces is waarneembaar als een quantum sprong, een zonderlinge sprong of radioactief verval op de psychofysisch niveau. Dat wil zeggen dat dit voorvalt aan zowel waarneembare als ook aan spontane gebeurtenissen aan de buiten- of in de binnenkant. Aangezien dergelijke zonderlinge gebeurtenissen spontaan voorkomen in ruimte en tijd, zijn ze echter niet waarneembaar met de hulp van elk fysiek experiment.

Wolfgang Pauli was niet in staat om deze oplossing te vinden. Dit is de reden waarom de symboliek van trillingen, frequenties, ritmes, spectra, lichte en donkere strepen, samen met zijn fobie voor geel-zwart gestreepte wespen, hem achtervolgde, zelfs tot het einde van zijn leven. Daarom vinden we talloze verwijzingen naar dit soort dromen in zijn correspondentie.

Op basis van het bovenstaande is de hypothese dat deze oscillatieve opvatting van de tijd van Wolfgang Pauli's Anima in combinatie met de ontkenning van de isotropie van de tijd moet worden gebracht. Een dergelijke verandering is echter niet mogelijk binnen de grenzen van de fysica, want dit leidt tot kwalitatieve en daarmee dieptepsychologische of zelfs psychofysische verklaringen over het fenomeen van de tijd.

In ons dagelijks leven ervaren we dit verschijnsel niet in de zin van een isotropie. Intense tijden worden afgewisseld met tijden van "Lange-weile" of "lange-tijden" zoals verveling, waar het tijdsverloop zich manifesteert als een veel tragere ervaring. Wanneer u zich in doodsangst bevindt, dan lijkt het erop dat het tijdsverloop zich met een ongelooflijke snelheid voltrekt, zoals geciteerd staat in de verslagen van overlevenden van levensbedreigende situaties. Voorbeelden zijn levensbedreigende situaties, waarbij de slachtoffers in luttele seconden hun hele leven zien passeren.

10.5 De psychische activiteit van de ruimte

Naast het probleem van de psychische relativiteit van de tijd heeft de psychische relativiteit van de ruimte ook een grote rol gespeeld in de dromen van Wolfgang Pauli. Hij had reeds een constante kritiek op de "ruimte-tijd-concept" in verband met een "beperkte fusie van de psychologie met de wetenschappelijke ervaring van de materiële processen in de fysieke wereld". Deze formulering kwam uit een droom die hij midden jaren veertig had over een "geobjectiveerde rotatie". Het is waarschijnlijk dat deze droom verwijst naar de zogenaamde spin en tegenspin van het electron. Deze "voorbewuste kennis" in het collectieve onbewuste wilde volgens Carl Jung hem duidelijkheid geven dat deze objectivering van de rotatie als een wiskundige formulering van de spin, fout zou kunnen zijn op het niveau van de psychofysische werkelijkheid.

Pauli voelde dat aan in tegenstelling tot het natuurkundige standpunt, de droom postuleerde dat deze rotatie iets te maken zou hebben met radioactiviteit op het niveau van de vereende psychofysische realiteit en met betrekking tot het begrip ruimte in relatie tot de psyche .

In een zeer beslissende droom ruim zeven jaar later aangaande de bovengenoemde oscillerende beweging veroorzaakte de anima van Wolfgang Pauli ruimte om te krimpen en te beginnen met ronddraaien. Dit toont aan dat de "voorkennis" van het collectieve onbewuste ook wilde wijzen op een nieuw ruimteconcept, dat alleen niet wordt blootgesteld aan samentrekking, zoals wordt bedoeld in Einstein's Relativiteitstheorie. Het moet ook in verband gebracht worden met het rotatieconcept.

Men kan over het algemeen formuleren dat het gestelde probleem op één of andere manier verbonden is met een proces waarin een trilling verandert in een rotatie en op een nog onbekende wijze in verband met radioactiviteit blijft staan. Het lijkt dat deze ontwikkeling, de toekomstige interpretatie van die op een psychofysische niveau uiterst belangrijke inzichten zal brengen in de processen in de te verenigen realiteit, die Wolfgang Pauli en Carl Jung meer dan vijftig jaar geleden al onderzochten.

Deze bovengenoemde beschrijvingen brengen de psychische en niet de fysieke relativiteit van ruimte en tijd in verband met het verschijnsel van synchroniciteit, zoals die werden weergegeven in de dromen van Pauli. Waarbij dit in verbinding met op radioactief verval werd uitgelegd op een dieper, de psychofysische niveau. Dus als een werkend hypothese kunt u stellen dat radioactiviteit, uitgelegd op een psychofysisch niveau, verbonden is met het psychische relativiteit van de ruimte-tijd, waarbinnen empirisch psychische of zelfs psychofysische ervaring mogelijk is. Dat dit met behulp van de fysische begrippen niet meer kan worden verklaard. Dat kan wel met de Metafysica.

De theoretische beschrijving en de empirische bewijs van een dergelijke hypothese leggen verbanden tussen radioactiviteit en de ruimte-tijd op een psychofysische niveau. Dat is een uitdaging voor de toekomst, waarbij de bovengenoemde hypothese een vruchtbare eerste uitgangspunt kan zijn. Vroeg men Wolfgang Pauli een verband met een lichamelijke-symbolische dimensie van radioactiviteit, dan toonde hij ons een eerste stap in de goede richting. Maar hij was pijnlijk bewust van de grenzen van zijn wetenschappelijke creativiteit, toen hij Jung schreef dat de toekomstige uitdaging gevonden moet worden in "dat andere, meer uitgebreide coniunctio", de vereniging van tegenstellingen". En dat dit de kunstmatige scheiding van de psyche en materie overstijgt en ook de "kleinere coniunctio" van de quantumfysica, namelijk de complementariteit van Bohr aangaande het deeltje en golf.

10.6 De Unus Mundus, de verenigde wereld

De term voor deze verenigde psychofysische realiteit achter psyche en materie heeft Jung geleend van een student van Paracelsus, Gerhard Dorn of Dorneus, die noemde het de *"Unus Mundus"*, "The Unified World". Het energieke principe van deze unus mundus stond bekend als de wereldziel of *"anima mundi"* in de natuurlijke filosofie van de Middeleeuwen.

Synchroniciteit is gebaseerd op deze middeleeuwse begrip van de wereld ziel en de unus mundus, die overeenkomt met Wolfgang Pauli's wereld van "background fysica". Om deze wereld theoretisch te begrijpen en empirisch te bewijzen, zijn we gedwongen tot de ontwikkeling van eennieuwe wetenschappelijke discipline, waarbinnen een vereniging van de quantum fysische epistemologie en dieptepsychologische ervaring nodig is.

Het zal worden gebaseerd op de niet-fysische rol van de anti-neutrino en de nog onbekende verbinding met de individueel ervaren relativiteit van ruimte en tijd. Daardoor lijkt het dat de ervaring van de tijd verbonden is met het fenomeen van variabele frequenties, die zichzelf symboliseert in de individueel ervaren psychische intensiteit van de tijd.

Volgens mij zijn de moderne wetenschappers niet in staat om te luisteren naar deze boodschap, omdat ze wellicht vastzitten in het "Logos" van het rationele bewustzijn. Door dit gebrek is het onaanvaardbaar dat de fysieke energie Yang, omgezet kan worden in psychische energie in de parapsychologische zin, dat wil zeggen in Ying en omgekeerd. Dit dubbele proces, de zogenaamde uitwisseling van attributen, komt ook tot uitdrukking in de late dromen Pauli's van de "spiegel-man", echter is het centrale energetische proces van de coniunctio archetype.

10.7 Jane Roberts, Carl Jung en Wolfgang Pauli

Jane Roberts was een schrijver en een medium. In deze toestand werd ze overgenomen door een entiteit genaamd Seth. Seth heeft veel theorieën gedicteerd van de natuurkunde die begin tachtiger jaren nog vrij onbekend waren. Jane was helemaal niet opgeleid in dat gebied van de wetenschap. Seth legde uit dat er vier werelden zijn, waarin we leven. Deze vier universa zijn onderdeel van een veelheid van andere universa. Wat Seth uitlegde, was de zogenaamde veel-werelden-hypothese. Het werd geformuleerd om Quantum Mechanics uit te leggen, de zogenaamde Oxford-uitleg. Bohr en Heisenberg formuleerden een andere verklaring, bekend als de Verklaring van Kopenhagen. Ziet u hiervoor hoofdstuk 4.1.

De vier werelden zijn : het fysieke universum, het droomuniversum, de electrische en een Anti-Matter universum, onze Twin Heelal. Het laatste werd niet verklaard door Seth. De Twin Universe was buiten zijn referentiekader. Ons fysieke universum wordt gecreëerd door de kracht van onze mentale projecties. Als mensen dezelfde prognoses voorstaan, zijn ze in staat "om bergen te verzetten".

"Gewoonlijk denken, bijvoorbeeld dat je gevoelens over een bepaald evenement zijn vooral de reacties op de gebeurtenis zelf. Het komt zelden voor dat de gevoelens die u zelf heeft, primair zijn en dat de bijzondere gebeurtenis op één of andere manier een antwoord is op uw emoties, in plaats van andersom. De belangrijke kwestie van uw focus is grotendeels verantwoordelijk voor uw interpretatie van alle gebeurtenissen."

Dit is een belangrijk inzicht. Het is een zeer krachtig instrument voor verandering. Wanneer het één van de collectieve projecten zoals "Vrede op Aarde" of het herstel van de natuur is, dan zal het gebeuren. De massamedia kan helpen door het projecteren van "positieve gedachten". Op dit moment bereiken ze het tegenovergestelde. Seth geeft ook een verklaring van de tijd in relatie met de ruimte, de chronotoop. Verleden en toekomst kunnen samengaan met het heden. Ze zijn gemaakt in het Nu.

Al onze voorstellingen in de ruimte-tijd-combinatie, de "vele werelden", zijn in direct contact met iets genaamd de Innerlijke Self. De Innerlijke Self is de waarnemer en het geeft "feed-back" over alle voorstellingen. In elke vertegenwoordiging van de Innerlijke Self komt door als intuïtie of als de "Inner Voice". Het helpt bij bepaalde voorvallen de Balance of Harmony te (her-)vinden. Het merendeel van de mensen is niet in staat hiernaar "te luisteren". Wanneer dit gebeurt blijken zij verder weg te zijn van hun Path of van hun Tao.

The Inner Self beïnvloedt ook onze buitenkant. Het geeft ons tekenen. De meeste mensen in het Westen begrijpen of zien de tekens niet. Als ze een duif te zien op een plaats waar normaal geen duiven zijn, dus een vreemde toeval, dan begrijpen ze daarmee niet dat het Hogere Self hen adviseert hun hart te volgen en stoppen met denken. De duif is immers het symbool van het soefisme.

Verderop komt ook Wolfgang Pauli ter sprake. Hij was een zeer intelligente wetenschapper en betrokken bij de oprichting van de quantummechanica. Hij was begiftigd met een vreemde talent, genaamd het Pauli-effect. Overal waar hij kwam, gebeurde "psycho-kinetische effecten". Deze effecten konden niet worden verklaard door de wetenschap. Ze waren altijd verbonden aan iets, wanneer Pauli probeerde iets te weten te komen. De tekenen bevatten een diepere symbolische betekenis.

Seth gaf aan om Jane Roberts in te zetten. Daarvoor moest hij naar een andere "frequentie" in het heelal. Zijn tijd-ruimte was op een andere "Vlak van vibration". Om in contact komen met Jane moest hij een "resonantie-patroon" zien te creëren met de "Standing-Wave" van Jane Roberts. Wanneer dit kanaal werd bereikt, was hij in staat zijn symbolen te verbinden aan de symbolen van Jane. Jane was niet toevallig gekozen. Haar "State of Mind" kon resoneren met de staat van Seth.

Wanneer u vanuit uw "staat" verbindingen maken in deze "vreemde" Universe dan is het kanaal van cruciaal belang. Als uw golflengte te "laag" is, zult u lagere eenheden met andere niveaus van trillingen aantreffen. Zij zullen u verschillende verhalen vertellen, omdat zij zich niet bewust zijn van de "hogere" niveaus.

Hetzelfde geldt voor uw contacten op aarde. U trekt mensen van de "dezelfde golflengte" aan. Wanneer uw golflengte laag is, betekent dit niet dat u een slecht mens zou zijn. Het betekent dat er iets op u is aangesloten dat uw golflengte beïnvloedt. Hoewel dit vreemd klinkt dat mensen in staat zijn om hun problemen aan anderen over te dragen. Dit is een groot probleem als u sterk empathisch, vanuit het hart voelt. Zelf ben ik empathisch, net als Hans Konstapel en het kostte me een zeer lange tijd om te begrijpen waarom ik me "in Strange Moods" of vervelende stemmingen bevond, terwijl er toen geen reden voor was. Wanneer u een Emphaticus bent, dan bent u in staat om mensen met gemak te begrijpen. Wanneer u tracht "zich te verplaatsen in die andere", zonder enige bescherming, dan is de kans groot dat u er iets van over neemt. The Others zijn u daarvoor dankbaar. Ze voelen zich fris en gelukkig en u bevindt zich plotseling in hun staat van stemming.

Wanneer we "channeling" vertalen in "inspiratie binnenkrijgen ", kunt u zien dat channeling al door de eeuwen heen plaatsvond. U kunt een inspiratie ontvangen, wanneer u in staat bent om de taal van de intuïtie te spreken. Een zeer belangrijke voorwaarde is spanning. Wanneer u op zoek bent naar een antwoord en de tijd raakt op, dan zult u het plotseling te binnen schieten. Kunstenaars gebruiken deze zogenaamde death-line om ervoor te zorgen dat hun expressie het beste is ze kunnen doen. Ze moeten wachten op het "Magic Moment" en wanneer dit moment verschijnt, lijken ze te worden overgenomen door de creatieve kracht.

In vroeger tijden werden deze mensen profeten, druïden, zieners, artiesten en dichters genoemd. In onze tijd is het onderscheid veel moeilijker te maken. In elke plaats in de samenleving zijn er mensen die zijn uitgerust met een sterke intuïtie en/of empathie. Een mooie test om uit te vinden wat uw echte "Self" is de MyersBriggs Test.
Veel belangrijke ontdekkingen in de wetenschap verschenen als mensen in een uiterst intuïtieve toestand terecht kwamen, veroorzaakt door

spanning. Een beroemd voorbeeld is de "ontdekking" van de benzeenring door Kekule.

Een andere interessante zaak is Wolfgang Pauli. Jung ontmoette Pauli, toen Pauli Jung gevraagd had om hem te helpen om te gaan met zijn emotionele en psychische spanningen. Jung herzag zo'n driehonderd dromen van Pauli. Pauli was een briljante wetenschapper, zeer betrokken bij de oprichting van de quantummechanica. Jung was nooit in staat om alles te begrijpen wat Pauli ontdekte. Hij was geen wiskundige. Wat niemand in die tijd begreep was dat Pauli bezig was met het creëren van de brug tussen natuurkunde en psychologie. Hij vond deze brug toen hij met zijn studie Alchemie begon. Hij vond dat de zogenaamde *"Lumen Naturae"* of Paracelsus, het Licht van de Natuur of "*Spirit in Matter*" de manifestatie van iets diepers was, een Unus Mundus is ook het domein van de Symmetry". Hij geloofde dat dit Licht de bron was, waar "Mind and Matter", religie en wetenschap van afkomstig zijn.

Op dit moment is symmetrie de belangrijkste kwestie in de natuurkunde. Het is nodig bij het oplossen van de "Multi Dimensional String"-vergelijking of de bèta-functie, dat wordt gespeeld door de Kosmische violist in de Super String Theory.

Wat Pauli ontdekte, waren twee werelden. De Masculin World van Orde, de cirkel, en de Female World of Chaos, het vierkant. Ziet u ook Da Vinci's Vitruviaanse figuur in hoofdstuk 18.5. Wanneer de twee werelden verbonden raken, spreken we over synchroniciteit dat dan plaatsvindt.

De Masculin Wereld wordt gecontroleerd door ritmes, patronen en klokken. Veel mensen denken dat dit de Kracht is voor de beheersing van het menselijk lot, God genaamd. In werkelijkheid is het een macht die kan creëren. Het is in staat om te creëren wanneer wij, de mensen het willen gebruiken. Het is diezelfde kracht waar Seth over praat, wanneer hij de kracht van onze mentale projecties verklaart. Een van de belangrijkste dromen van Pauli is de droom van de Wereld Klok.

"There is a vertical and a horizontal circle, having a common centre. The vertical circle is a blue disc with a white border divided into 4 x 8 = 32 partitions. A pointer rotates upon it. The horizontal circle consists of four colours. On it stand four little men with pendulums, and round it is laid the ring that was once dark and is now golden (formerly carried by four children). The world clock has three rhythms or pulses: 1) The small

pulse: the pointer on the blue vertical disc advances by 1/32. 2) The middle pulse: one complete rotation of the pointer. At the same time the horizontal circle advances by 1/32. 3) The great pulse: 32 middle pulses are equal to one complete rotation of the golden ring. It is supported by the black bird."

De Female World is de wereld van het spel dat zich afspeelt op het vierkant. Het is de wereld waar de mens een co-maker is en die zichzelf laat zien als een bedrieger. Ze speelt het spel om de mens te tonen dat hij de vrije wil verworven heeft en het moet gebruiken. *"God zal zich nooit bemoeien met onze vrije wil, want onze vrije wil is God"*.

Wanneer beide werelden, de mannelijk en de vrouwelijke, in harmonie verkeren, dan co-creëert de mens met creatieve kracht van God. De mens gebruikt zijn Goddelijke Vonk of Het Licht, dat aan hem gegeven werd, toen hij werd gemaakt. Jung vroeg Marie-Louise von Franz om de domeinen van Pauli te onderzoeken, die hij niet kon begrijpen.

Remo Roth en Marie Louise von Franz werkten samen om Pauli's erfgoed te verkennen. Het is een fascinerende website.

"It is now 33 years ago that I began to dream and have visions about the Seal of Solomon. In one of the first visions dating from July 1973 I saw two open graves. One of them had a tomb stone with a Christian cross on its top, the other one a stone with the Seal of Solomon chiselled into its surface."

"Further, already in 1974 I read in Marie-Louise von Franz' book "Number and Time" about a dream/vision/audition of "a modern physicist" that dealt with the Seal of Solomon and the square, exactly the symbolism also my vision talked about. Of course I was completely fascinated by this vision and asked Marie-Louise von Franz about the dreamer. She allowed me then to publish his name; it was Wolfgang Pauli.""In April 24, 1948 the foundation of the C.G. Jung institute took place. When Pauli entered the room, a so-called Pauli effect occurred. Without any outer cause a Chinese vase fell onto the floor and the water poured out, resulting in a flood. Symbolically seen, we can say that this psychokinetic event was a Chinese water flood."

"Pauli had begun to deal with the hermetic alchemist Robert Fludd, who wrote his name in Latin as Robertus de Fluctibus. Therefore, we can

conclude that these two events belong to a Synchronicity, the psychic or inner event of it consisting in the tension in Pauli concerning the dispute between Johannes Kepler and Robert Fludd, the physical or outer event in this strange psychokinetic anomaly, the Pauli effect of the overturned vase, resulting in a flood."

"Symbolically seen we can say that the meaning of this flood is as follows. An archetypal conception which has a lot to do with "Watery" and "Being Liquid", which was still living in Fludd's hermetic alchemy, but repressed after Johannes Kepler, wishes to be integrated in the new Zeitgeist of the 21st century, The Age of Aquarius."

"In Robert Fludd's hermetic alchemy the world soul, the anima mundi, was still the vinculum amoris or ligament of love of matter and spirit. Thus, we can conclude that a meaning of Pauli's synchronicity is the challenge of going back behind Kepler to Robert Fludd with the goal of finding a new synthesis of the Divine Male Principle with the Female."

"By means of a symmetrical symbol, the Seal of Solomon, which pursued him in so many dreams and visions, Pauli is now able to define the dark female part, matter, as a mirrored image of the spiritual layer, and vice versa. This material trinity unifies with the spiritual one, leading by this into a new sphere, the psyche which he calls here the "realm of the middle", i.e. China."

Wat Roth probeert aan te tonen is dat we op het "Point of Transition" zijn beland. We moeten de mannelijke dominantie of Orde stoppen. We moeten ook vrouwelijke dominantie stoppen, zoals Chaos, de Bedrieger en Spellen Spelen. Wat wij zouden moeten bereiken is een nieuwe synthese van het Goddelijke mannelijke en het Goddelijke vrouwelijke principe, de zogenaamde "Holy Wedding". We moeten opnieuw beginnen te handelen vanuit de Geest en onze Ziel. We moeten de Creatieve Kracht met ons hart gebruiken.

Het "Rijk van het Midden" heeft veel te maken met China. De cultuur van China was op harmonie gericht. In mijn conclusie zal China een belangrijke rol spelen in World Politics. Zij zijn de brug tussen de mannelijke en de vrouwelijke Machten.

Het zegel van Salomon "symboliseert een mogelijke wereld die een nieuwe schepping" bevat. Deze nieuwe wereld is de wereld van Aquarius. Als we zijn oprichting willen vinden, dan moeten we teruggaan in de Geschiedenis en opnieuw beginnen. We moeten ons ervan bewust worden dat "*We Are The Creators*" en we moeten de verantwoordelijkheid nemen voor onze creaties. We zullen terug moeten gaan naar de tijd van de alchemisten zoals Fludd en Paracelsus, de Essenen of wanneer u dit denkt, zelfs naar Le-MU-ria om de "*Old Tools of Creation*" te vinden. De eerste keizers van China kwamen ooit uit de Land van MU.

Ook dit is een citaat van Seth :

"*What we need is a whole new myth of man and his beginnings, one that leapfrogs local gods and places God inside his creatures, within creation. We need a god as blessed or flawed as its creations, a whole new cosmology giving birth to a God that is male and female, Jew, Arab, American, Chinese, Indian ; that is within each individual alike ; that is not parochial and not man's alone ; a god that is within stones and stars; a god-goddess big enough to be personified as a Buddha, Christ, Isis, Athena, Muhammed-animal god, insect god, tree god; each seen as a local symbol standing for an unexplainable reality that is too super-real to fit our definitions. We need a new myth, imaginative and creative enough to leap above our puny facts.*"

(Met dank aan Hans Konstapel)

11. Fenomenologie en Metafysica

Fenomenologie en de tegenhanger Metafysica zijn begrippen die in het verlengde liggen met de fysica en psychologie. De fenomenologie verklaart de verschijnselen die alle via uw zintuigen worden gepercipieerd. Metafysica beschouwt juist alles wat wel is, het "zijn", echter niet kan worden waargenomen middels uw zintuigen. Een ander begrip voor de "zijn-leer" is ontologie. Hoe ziet de ontwikkeling er globaal uit en wat kunnen wij ermee ?

Aristoteles ging, net als de meeste Grieken, uit van wijsgerige realisme. Deze werkelijkheid bestaat los van ons denken. De wereld is een inzichtelijke ordening die voor ons intellect toegankelijk is. Daarmee is de ordening geen product van ons denken. De kennis is gebaseerd op dat authentieke, onwrikbare, betrouwbare, zekere kennis over de wereld mogelijk is. De wereld bestaat echter niet alleen uit onvergankelijke, veranderlijke en onberekenbare concrete en individuele dingen. Hoe zeker is kennis op te bouwen aangaande deze vergankelijke dingen ?

De Metafysica van Aristoteles bestudeerde "het-zijn" als zodanig. Zij richt zich op de grondslagen van de werkelijkheid en tracht de werkelijkheid als geheel te doorgronden. Het is dus, anders gezegd, de studie die zich richt boven dat wat zintuiglijk waarneembaar is.

Het begrip werd onder andere door Immanuel Kant verder onderzocht en uiteen gezet. Zijn vraag of er rationalistische Metafysica mogelijk was, was in eerste instantie bevestigend, later nam hij daar toch afstand van. Metafysica kon wel een wetenschap zijn, mits zij dezelfde denkmethode hanteerde als de wiskunde. Het kenmerkte daarmee tevens de zoektocht van Immanuel Kant naar de grenzen van de menselijke kennis.

11.1 Existionalisme

Over wat existentialisme nu precies is, lopen de meningen van filosofen die zichzelf existentialist noemen, ver uiteen. Over de belangrijkste concepten waarmee het existentialisme wordt geassocieerd, zijn zij het doorgaans wel eens.

Existentie gaat vooraf aan essentie. Een centrale stelling van het existentialisme is van Jean-Pual Sartre en zegt "*l'existence précède l'essence*", wat betekent dat het bestaan van een mens, het "zijn" in deze wereld', fundamenteel van meer belang is dan gelijk welke andere betekenis die er aan een menselijk leven wordt toegekend. Mensen definiëren dus hun eigen werkelijkheid.

Uw afwijzing van de redenatie als verdediging tegen angst. Door actie kunt u uw vrijheid en keuze benadrukken. Daarmee positioneren existentialisten zich lijnrecht tegenover het rationalisme en het positivisme. Met andere woorden, zij vechten de visie aan dat een mens vooral een rationeel wezen zou zijn. Van hun kant zijn zij eerder geïnteresseerd in wat de mens zelf betekenisvol en zinvol vindt. Existentialisten stellen dat de keuzes die de mens maakt, vooral gebaseerd zijn op wat voor hem betekenis heeft, dan dat zij rationeel zouden hebben ondernomen. Zijn het daarmee idealisten, om in termen van de MBTI-methodiek te spreken ?

Het absurde

Existentialisten zijn ertoe geneigd om de mens te zien als een wezen in een onverschillige, en zelfs hem vijandig gezinde omgeving, als vereenzaamd in een absurd universum. In dit universum vindt de mens geen betekenis van een hogere natuurlijke orde, maar moet hij deze betekenis eerder door zijn eigen daden zelf actueel maken, hoe onstabiel en voorlopig deze momentane creatie ook mag zijn. De werkelijkheid om de mens heen is ook niet rationeel, dus het is onzinnig om te trachten daar met rationele middelen greep op te krijgen.

Visie op God

In relatie tot het al dan niet bestaan van God neemt het existentialisme twee mogelijke posities in, de theologische en de agnostische visie.

- Een vroege existentialist zoals Søren Kierkegaard, zag de relatie tot God als de existentiële vraag bij uitstek. Friedrich Nietzsche daarentegen proclameerde dat "*God dood was*" en dat het concept van een God gewoon verouderd was. Hoe dan ook zouden theologische existentialisten zoals Paul Tillich, Gabriel Marcel en Martin Buber heel wat van hun leerstellingen met die van het existentialisme delen.

- Het agnostisch existentialisme maakt geen aanspraak over de kennis te beschikken of alles zich al dan niet in een ruimer, metafysisch kader zou kunnen afspelen. Het stelt alleen vast dat de enige waarheid waar we zeker van kunnen zijn, die waarheid is waar wij naar handelen. Om te weten of er een God bestaat, ligt niet binnen de mogelijkheden van de menselijke geest. Het bestaan van de mens staat in hun visie dus op de eerste plaats.

Søren Kierkegaard wordt beschouwd als voorloper van de existentialisme-filosofie en verbindt existentie met het concrete, unieke menselijke bestaan van het individu. Friedrich Nietze zag als atheïst voor de mens een toekomst weggelegd, waarin hij en bijvoorbeeld niet God, zijn eigen waarden bepaalde. Van hem, bij monde van Zarathoestra, is de uitspraak "*God is dood*". De mens moet, bevrijd van alle angsten en één met de natuur, meester van zijn eigen lot worden en is alleen zichzelf verantwoording schuldig. Dat dit kan leiden tot een Dionysische, zelfzuchtige houding, is een gevolg van de onbegrensde vrijheid die deze "nieuwe mens" plotseling ervaring.

11.2 Edmund Husserl

Edmund Husserl was een Joods-Oostenrijks-Duitse filosoof en wordt beschouwd als de grondlegger van de fenomenologie, een tak van de ontologie. De fenomenologie wat afkomstig is van het Griekse woord "*phaenomenon*" voor het verschijnende, is de leer van de verschijnselen. Husserl werd geboren in Moravië dat toentertijd deel uitmaakte van Oostenrijk. Hij studeerde filosofie, wiskunde en natuurkunde waarbij hij zich met name richtte op de sterrenkunde en de optica. Later ging hij naar Wenen om daar te promoveren in de wiskunde. Één van zijn studenten/assistenten was de later belangrijke filosoof Martin Heidegger.

De methode van Edmund Husserl aangaande de fenomenologie zou voor de meeste latere existentialisten heel belangrijk worden. Onder andere

Jean-Paul Sartre bestudeerde in de jaren dertig van de twintigste eeuw zijn methode van fenomenologische analyse en namen ze op in hun wijsgerig denken. Martin Heidegger, Husserl's belangrijkste leerling, plaatste *"Existenz"* op de voorgrond en zou op zijn beurt het werk van Sartre en andere existentialisten beïnvloeden. Zijn opvattingen over mens-zijn als *"Dasein"*, als *"in-der-Welt-sein"*, het *"Niets"*, angst en dood klinken nog steeds door in de moderne wijsbegeerte. Hij wordt algemeen beschouwd als de vader van het existentialisme.

Bij zijn onderzoekingen van de fenomenologie kwam Husserl met bezwaren tegen zowel het empirisme als het rationalisme. Volgens Husserl is noch ervaring, noch rede een fundamentele kennisbron. We dienen de fenomenen zelf te laten spreken, de zuivere aanschouwing van hetgeen ons in het bewustzijn is gegeven. Later kreeg Husserl meer oog voor het feit dat ons bewustzijn niet helemaal gezuiverd kon worden en verschoof zijn aandacht van het bewustzijn naar de leefwereld, het geheel van vanzelfsprekendheden dat onze ervaring stempelt.

11.3   Martin Heidegger

Deze Martin Heidegger was een Duitse filosoof en wordt algemeen beschouwd als een van de grootste en invloedrijkste filosofen van de twintigste eeuw. Zowel naar de inhoud van zijn werk als qua persoon is Heidegger niet onomstreden. Zijn zeer persoonlijke, vaak moeilijk te begrijpen taalgebruik is in de ogen van "Heideggerianen" fascinerend, hypnotisch en poëtisch. De invloed van zijn taalgebruik vindt u onder meer terug bij Sartre. In zijn werk staat de vraag naar de zin van het zijn centraal. Dit is de zoektocht naar, zoals Heidegger dit noemt, "het Zijn van het Zijnde". Vanuit dit "zijn" wordt van alles dat "is", bepaald dat het is en hoe het is. Volgens Heidegger heeft de Westerse ontologische filosofie zich vanaf Aristoteles uitsluitend met "het zijn" bezig gehouden en de meest wezenlijke dimensie ervan, namelijk de zijnsvraag erachter of eronder vermeden.

11.4   Jean-Paul Sartre

Net als Martin Scheidegger hield Jean-Paul Sartre zich bezig met het existentialisme. Het existentialisme is een twintig eeuwse filosofische en literaire stroming die individuele vrijheid, verantwoordelijkheid en subjectiviteit vooropstelt. Het existentialisme beschouwt iedere persoon als een uniek wezen, verantwoordelijk voor eigen daden en eigen lot. De uitdaging van ieder individueel mens is, om in afwezigheid van een transcendente god en binnen zijn absurd en zinloos bestaan, zijn vrijheid te gebruiken om een eigen ethos op te bouwen en zijn bestaan zodoende zin te geven.

Het existentialisme is uit te leggen aan de hand van de theorie van Jean-Paul Sartre : *"l'existence précède l'essence"*. Existentie of bestaan gaat vooraf aan essentie of wel de zin van zijn. Dit betekent dat iemand eerst op deze wereld verschijnt, dan existeert en uiteindelijk zichzelf definieert door middel van zijn eigen daden. U bent dus wat u doet. Wat u bent is niet meer dan de som van uw eigen daden. Dit brengt een enorme verantwoordelijkheid met zich mee. Het woord "existentialisme" is verwant met existentie, wat in het Duits met "Dasein" volgens Martin Heidegger en in het Frans met "être-là" door Jean-Paul Sartre aangeduid wordt. Sartre importeerde als het ware het existentialisme en de fenomenologie uit Duitsland en was grotendeels verantwoordelijk voor haar verspreiding in de rest van Europa. Het existentialisme was vooral in de jaren veertig van de twintigste eeuw erg in de mode en had een grote invloed op de filosofie, de psychologie, de literatuur en zelfs op de mode van die tijd. Met recht zou u kunnen zeggen dat existentialisme in haar bloeitijd niet zomaar een filosofie was, maar eerder een levenswijze.

Op politiek gebied was Sartre een Marxist van de "derde weg", een onafhankelijke positie ten opzichte van de strijders in de Koude Oorlog. Terwijl Frankrijk steeds pro-Amerikaanser werd, koos Sartre de zijde van de Sovjet-Unie, hoewel hij nooit lid werd van de toen zeer machtige Franse Communistische Partij. Na afloop van zijn reis door de Sovjet-Unie schreef hij een zestal zeer lovende artikelen over het Sovjet-systeem in de *"Libération"*. Hij nam steeds meer afstand van zijn eigen existentialisme en vond dat de vrijheid verkregen moest worden via het collectief, in plaats van via het individu. Het kwam in die jaren tot felle polemieken, onder meer met zijn oud-medestudent, de liberaal Raymond Aron, die Marxisme als "opium voor intellectuelen" beschouwde en met zijn collega-literator en filosoof Albert Camus, die zich nooit existentialist wilde noemen en bovendien vond dat men geen vuile handen moest maken door toe te geven aan totalitarisme. Midden vijftiger jaren veranderde Sartre's houding ten opzichte van het communisme van de Sovjet-Unie radicaal. Hij keurde de inval in Hongarije af. Meer over de gedachtengangen vanuit het Marxisme, zoals Sartre er in eerste instantie ook tegenaan keek, kunt u lezen in hoofdstuk 12.2 in het model van Ken Wilber aangaande Cultuur.

11.5   Lichaam-geest-filosofie

De filosofie van de geest is de filosofische studie van de geest, de mentale processen, de mentale functies, de mentale eigenschappen en het bewustzijn en hun verhouding tot het fysio-biologische lichaam. Het zogenoemde lichaam-geestprobleem. Het domein is vooral ontwikkeld binnen de traditie van de analytische filosofie.

Twee van de grote denkstromen die pogen het lichaam-geestprobleem op te lossen, zijn het dualisme en het monisme. Het dualisme veronderstelt een afzonderlijk bestaan voor zowel de geest als het lichaam. Deze opvatting kan teruggevoerd worden tot Plato en Aristoteles in het westen en de school van Samkhya bij de Hindoeïstische filosofie in het oosten, en in de meest moderne tijd het meest precies geformuleerd door René Descartes in de zeventiende eeuw.

Het monisme werd in het westen voor het eerst geformuleerd door Parmenides en in de moderne tijd door Baruch Spinoza. Het verdedigt dat er slechts één substantie bestaat. In het oosten kunnen basale vergelijkingen gemaakt worden met de hindoeïstische concept van het Braham of het Dao bij Lao Tzu.

Substantiedualisten stellen dat de geest een onafhankelijk bestaande substantie is. Eigenschapsdualisten daarentegen, stellen dat de geest een chaotisch samengaan is van onderling afhankelijke eigenschappen die emergeren uit het brein en er niet toe te herleiden zijn, hoewel het geen onderscheidende substantie is. Fysicalisten verdedigen dat enkel de brein feitelijk bestaat, Idealisten stellen dat dat de geest feitelijk bestaat en neutrale monisten hangen de opvatting aan dat er een andere neutrale substantie is en dat zowel de geest als fysio-biologische materie eigenschappen zijn van deze onbekende substantie. De meest voorkomende vormen van het monisme in de twintigste en de één-en-twintigste eeuw zijn allen variaties van het materialisme of fusicilisme, inclusief het behaviourisme, de identiteitstheorie en het functionalisme.

De meeste moderne filosofen nemen ofwel een reductionistisch ofwel een niet-reductionistisch fysicalistisch standpunt in, waarbij men op verschillende manieren verdedigt dat het menselijk brein de enige bestaande substantie is. Reductionisten stellen dat alle mentale modi en eigenschappen uiteindelijk verklaard zullen worden door neurowetenschappelijke verklaringen van hersentoestanden en eigenschappen. Niet-reductionisten argumenteren dat, hoewel enkel de hersenen bestaan als substantie, de predicaten en de woordenschat die gebruikt worden voor mentale beschrijvingen en verklaringen noodzakelijk en onvermijdbaar zijn en niet herleid kunnen worden tot de taal en de verklaringen op een lager niveau die gegeven kunnen worden door de natuurwetenschappen. Aanhoudende neurowetenschappelijke vooruitgang heeft geholpen om enkele van deze kwesties op te helderen, maar ze zijn verre van opgelost. Moderne filosofen, actief in de filosofie van de geest, stellen zich nog steeds dezelfde vraag.

"Hoe kunnen de subjectieve eigenschappen en de intentionaliteit of aboutness van mentale toestanden en eigenschappen verklaard worden in naturalistische termen ?"

11.6 Immanuël Kant

Immanuel Kant was een Duits filosoof ten tijde van de Verlichting. Kant wordt soms ook gezien als de eerste Duitse idealist. In het werk van Kant zijn twee duidelijke periodes te onderscheiden: zijn voorkritische periode en zijn kritische periode. Als grens tussen deze twee periodes wordt in de filosofische literatuur als regel het jaar 1781 aangehouden. In dit jaar verscheen zijn *"Kritik der reinen Vernunft"*. Het verschil tussen deze periodes is het volgende. De vraag of er een rationalistische metafysica mogelijk is, beaamt Kant in zijn voorkritische periode in navolging van Leibniz en Wolff. In zijn kritische periode neemt hij hier afstand van. De overgang tussen beide periodes is echter vloeiend. Al eerder klonk in de boeken en brieven van Kant twijfel door over de mogelijkheid van een rationalistische metafysica.

In de voorkritische periode publiceerde Kant een groot aantal boeken en artikelen die alle in het teken stonden van de rationalistische denkwijze van de Verlichting. Metafysica kon een wetenschap zijn, mits zij dezelfde denkmethode hanteerde als de wiskunde. Ook ging hij er toen vanuit dat er een rationalistisch Godsbewijs mogelijk was, zoals hij betoogde in zijn *"Der einzig mögliche Beweisgrund zu einer Demonstration des Dasein Gottes"*.

De kritische periode van denken van Kant kenmerkt zich door zijn zoektocht naar de grenzen van de menselijke kennis. De eerste tekenen van zijn kritisch denken zijn volgens de vakfilosofen te vinden in zijn brief aan zijn vriend Marcus Herz. Daarna volgde een periode van tien jaar waarin hij weinig tot niets publiceerde en waarin hij zijn gedachten overdacht en probeerde te systematiseren. Het gaat erom hoe onze voorstellingen op de een of andere manier overeen kunnen komen met "de werkelijkheid".

De opvatting over het Godsbewijs is als een rode draad in de kritieken van Kant aanwezig. In zijn kritieken wordt betoogd Kant dat een Godsbewijs volgens de zuivere rede onmogelijk is. Ondanks dat bleef hij echter voluit theïst. Al kan de rede het bestaan van God niet bewijzen door de transcendentale theologie, de moraaltheologie kan in deze leemte voorzien. Als de moraaltheologie het bewijs levert van het bestaan van God, blijkt het begrip van God in de rede onmisbaar: "zij – de zuivere rede – bepaalt namelijk het begrip van de moraaltheologie".

11.7 Noumenonologie

De noumenon, in het Grieks - νοούμενον : "Ik denk, ik bedoel", pluralis : νοούμενα – *noumena,* is een geponeerd voorwerp of gebeurtenis als het op zichzelf is, onafhankelijk van de zintuigen. "Νοούμενον" is de onzijdige vorm van de huidige passieve deelwoord van Grieks "νοειν", wat op zijn beurt afkomstig is van "nous" of "denkvermogen". Het verwijst naar een klassiek object van menselijk onderzoek, begrip of cognitie.

Alleen dan als een concept veel gemeen heeft met de objectiviteit, dat wat tastbaar is, maar niet waarneembaar, de reflectie van het fenomeen. De term wordt meestal gebruikt als tegenstelling van, of met betrekking tot het woord fenomeen, die verwijst naar optredens, of voorwerpen van de zintuigen. Een fenomeen kan een bijzonder, ongewoon of abnormaal ding of gebeurtenis zijn, maar het moet zichtbaar worden door middel van de zintuigen. Een noumenon kan niet het werkelijke object dat het fenomeen in kwestie is, tonen. Noumena zijn objecten of gebeurtenissen en alleen bekend om de verbeelding - onafhankelijk van de zintuigen (sensatie, sensory). Voorts kunt u het vergelijken met de waarneming en verwerking van een fenomeen in de menselijke geest.

Ruwweg kan een noumenon worden onderscheiden van de volgende twee begrippen, maar eigenlijk zijn ze er synoniem aan.

- "Di*ng-op-zich"*, een werkelijke object en zijn eigenschappen onafhankelijk van waarnemer.
- Het "*Absolute*", de totaliteit van de dingen, dat alles is, of dat nu ontdekt is of niet.

De term "Noumenon" werd door Immanuel Kant in het dagelijkse woordgebruik geïntroduceerd. Kant gebruikte de term "*Ding an sich*", of "*ding-op-zich*" en onderscheidt zich van verschijnsel "Erscheinung", dat laatste is een waarneembare gebeurtenis of fysieke manifestatie kunnen worden waargenomen door één of meer van de vijf menselijke zintuigen. De twee woorden dienen als onderling technische termen in de filosofie van Kant. Zoals uitgedrukt in Kant's "*Kritik der reinen Vernunft"*, worden "begrippen van het verstand" gestructureerd door het menselijk verstand. Of aangeboren categorieën die de geest gebruikt om de betekenis aan ruwe ongestructureerde ervaring te geven.

Dankzij de bemoeienissen van Kant, was het mogelijk om een concept te beschrijven en daarmee noumena te categoriseren. De objecten van het onderzoek of analyse zijn in feite slechts een manier van het beschrijven of categoriseren van deze verschijnselen of waarneembare uitingen van die voorwerpen. Kant poneerde een aantal methoden, de concepten van de transcendentale esthetiek, evenals die van de transcendentale analytische, transcendentale logica en transcendentale deductie.

Samen vormen deze categorieën het begrip". Het vormt de beschrijving van Kant als de som van de menselijke redenering, dat kan worden uitgeoefend bij een poging om de wereld waarin we leven, te begrijpen of proberen de dingen op zichzelf te begrijpen.

In elk geval verwijst het woord "transcendentaal" naar het proces dat de menselijke geest gebruikt om steeds meer te begrijpen van de vorm en de orde eronder, te weten de verschijnselen. Kant beweerde dat het overstijgen van een directe waarneming of ervaring de rede is en dat classificaties streven naar het gebruik te correleren met de verschijnselen die worden waargenomen. Door de mening van Kant kunnen mensen op verschillende manieren zinvol naar verschijnselen kijken. Ze kunnen echter nooit direct te weten komen wat de noumena, de "dingen op zichzelf", de werkelijke objecten en de dynamiek van de natuurlijke wereld exact inhouden.

Met andere woorden, door Kant's kritiek kunnen we onze gedachten trachten te correleren op slimme manieren, met de structuur en de volgorde van de verschillende aspecten van het universum. U kunt niet rechtstreeks kennis krijgen van deze "dingen op zichzelf" of deze noumena.Volgens Kant zijn voorwerpen waar we met ons verstand mee kunnen omgaan, slechts voorstellingen van onbekende "dingen", waarbij Kant verwijst als het transcendentale object, zoals uitgelegd door middel van de "a priori" of categorieën van het verstand. De termen "a priori" en "a posteriori" zijn Latijn voor uit "wat er voor" en "van wat komt later", of minder letterlijk, dat wat "voor de ervaring" en dat wat "na de ervaring" ligt. Ziet u hiervoor ook "*Organon*" van Aristoteles in hoofdstuk 9

Deze onbekende "dingen" manifesteren zich binnen het begrip noumenon, hoewel we nooit kunnen weten hoe of waarom onze percepties van deze onbekende "dingen" zijn gebonden door de beperkingen van de categorieën van het verstand. We zijn dus nooit in staat volledig inzicht te krijgen in het "ding-in-zichzelf ". Kant pleitte dat de categorieën van het verstand nodig zijn voor ons begrip van zinvolle dingen op zichzelf. De pre-existentie is een vereiste voor de functie van deze categorieën.

Noumenon en het ding-op-zich

Veel beredeneringen binnen de filosofie van Kant beschouwen "*noumenon*" en "ding-op-zich" als synoniem. Echter Stephen Palmquist stelt dat "*noumenon*" en "ding-op-zich" slechts beperkt synoniem zijn voor zover zij hetzelfde vertegenwoordigen. Vanuit twee verschillende perspectieven stellen andere geleerden verder dat zij zijn niet identiek zijn. Schopenhauer bekritiseerde Kant voor het veranderen van de betekenis van "noumenon". Kant's geschriften tonen punten van verschil tussen noumena en "dingen op zichzelf". Zo beschouwt hij "*dingen-op-zichzelf*" als bestaande dingen.

"Maar in dat geval is een noumenon voor ons begrip geen speciaal soort of een intelligent object, de wijze van begrijpen waartoe het zou kunnen behoren, is een probleem op zich. Want wij kunnen onszelf geen mogelijkheid tot een bepaald begrip tonen, dat het object zou moeten kennen, wellicht onsamenhangend door middel van categorieën. Echter op een intuïtieve wijze in een niet-ontvankelijke intuïtie."

Een cruciaal verschil tussen de noumenon en het "ding-op-zich" is dat een noumenon iets is om een soort van kennis aan op te hangen. Kant drong er echter op aan dat het "ding-op-zich" onkenbaar is. Deskundigen hebben overlegd of de laatste bewering zinvol is. Het lijkt te impliceren dat we ten minste één ding over het ding op zichzelf weten. Dat wil zeggen, het onkenbare. Maar Stephen Palmquist legt uit dat dit deel uitmaakt van Kant's definitie van de term, voor zover dat iedereen die beweert een manier te hebben gevonden om het "ding-op-zichzelf" kenbaar te maken als een bepaling van een niet-Kantiaanse positie.

Positieve en negatieve noumena

Immanuel Kant maakte ook een onderscheid tussen positieve en negatieve noumena.

"Met de term noumenon bedoelen we geen object middels de zintuiglijke intuïtie. Het betreft een speciale modus voor wat betreft onze intuïtie. Dit is een noumenon in de negatieve zin van het woord."

"Maar als we het trachten te begrijpen in de zin van een object van een niet-zintuigelijke intuïtie, dan veronderstellen we een speciale modus van intuïtie, namelijk de intellectuele intuïtie. Dat is wat we niet bezitten en waarvan we niet eens de mogelijkheid zouden kunnen begrijpen. Dit is de "noumenon" in de positieve zin van het woord."

De positieve noumena, als ze al bestaan, komen ruwweg overeen met Plato's *"Forms of Idea"*, de immateriële entiteiten die alleen kunnen worden begrepen door een speciale, niet-zintuiglijke, gave, "de intellectuele intuïtie".

Kant twijfelde dat we een dergelijke gave zouden bezitten. Voor hem betekende dit namelijk dat wanneer we aan een entiteit denken, dit hetzelfde zou zijn aan de weergave ervan.

Hij stelt dat de mens geen enkele manier beheerst om de betekenis van positieve noumena te bevatten.

"Maar aangezien een dergelijke vorm van intuïtie, de intellectuele intuïtie, geen enkel deel van onze kennis vormt, volgt hieruit dat de verwerking tot categorieën nooit verder kan reiken dan de ervaringen. Er zijn ongetwijfeld begrijpelijke entiteiten die overeenkomen met ontvankelijke entiteiten. Ook zullen er vast begrijpelijke entiteiten bestaan, waarmee onze ontvankelijke gave van de intuïtie in geen enkel opzicht mee in verband staan. Ons concept van begrip, dat op zijn minst vormen van gedachten voor ons ontvankelijke intuïtie behelst, kon op zijn minst hierop niet van toepassing zijn. Gezien deze vaststelling moeten we deze "noumenon" als zodanig alleen in negatieve zin opvatten."

De noumenon als een beperkend concept

Zelfs al zouden noumena voor u onherkenbaar zijn, dan zijn ze nog steeds nodig als een beperkend concept, zo vertelde Kant ons. Zonder hen zouden er slechts fenomenen bestaan en aangezien wij volledige kennis van onze verschijnselen hebben, zouden we in zekere zin alles weten. In zijn eigen woorden klinkt dat als volgt.

"Voorts is het concept van een noumenon noodzakelijk om te voorkomen dat verstandige intuïtie zich uitbreidt tot de "dingen op zichzelf". Dus is het noodzakelijk om de objectieve geldigheid van zinvolle kennis te beperken."

"Wat ons inzicht verwerft door middel van het concept van een noumenon, is een negatieve extensie. Dat wil zeggen, het begrip is niet beperkt vanwege het ontvankelijkheid. Integendeel, het beperkt zichzelf ten aanzien van de ontvankelijkheid door het toepassen van de term noumena of "dingen-op-zichzelf", dingen die niet beschouwd kunnen worden als verschijningen. Maar daarmee stelt het op hetzelfde moment grenzen aan zichzelf, wetende dat deze noumena kenbaar zijn middels welke categorie dan ook. Daarom moet het geschaard worden onder de noemer van een onbekend ding."

Verder is het voor Kant zo dat het bestaan van een noumenale wereld de redenatie beperkt als haar eigen grenzen. Daardoor spelen er veel vragen binnen de traditionele metafysica, zoals het bestaan van God, de ziel en de vrije wil. Kant ontleent dit vanuit zijn definitie van kennis als de vaststelling van de weergave van een object. Aangezien er geen verschijningen van deze entiteiten zijn in de fenomenale wereld, is Kant in staat om te beweren dat ze niet kunnen worden gekend door het verstand dat op basis van dergelijke kennis dat alleen te maken heeft met "verschijningen". Deze vragen zijn uiteindelijk "het eigenlijke doel van het geloof, maar niet van de rede".

Kritiek op Kant's noumenon

De term Noumenon werd niet algemeen in gebruik genomen, Immanuel Kant's idee dat materie een absoluut bestaan heeft, waardoor het bepaalde verschijnselen vanuit zichzelf uitstraalt, was van oudsher onderworpen aan kritiek. George Berkeley's kritieken, die dateren van vóór Kant, beweerde dat het metafysisch onmogelijk was, onafhankelijk van degene die deze materie observeert.

Kwaliteiten of Qualia, een term die ik in hoofdstuk 17.1 uiteen zet en welke geassocieerd worden met de materie, zoals vorm, kleur, geur, textuur, gewicht, temperatuur en geluid, waren allemaal afhankelijk van geesten. Ze werden alleen toegestaan voor relatieve perceptie, niet voor absolute waarneming. Het volledig ontbreken van een dergelijke geestelijke wereld en nog belangrijker, een almachtige geest, zou ervoor zorgen dat diezelfde kwaliteiten voor u onwaarneembaar en soms zelfs onvoorstelbaar zijn. Berkeley noemde deze filosofie "het immaterialisme". In wezen zou er niet zoiets als materie bestaan zonder een geest.

Arthur Schopenhauer beweerde dat Kant het woord verkeerd gebruikte. Hij verklaarde in *"De kritiek op de Kantiaanse filosofie"*, die voor het eerst verscheen als bijlage bij *"De wereld als wil en voorstelling"*.

Het was juist het verschil tussen abstracte kennis en kennis op basis van perceptie, dat compleet over het hoofd werd gezien door Kant. Dat wat de oudheidkundige filosofen reeds aanduidden over noumena en fenomenen. De oorspronkelijke betekenis van Noumenon "dat wat wordt gedacht" is niet verenigbaar met de "ding-op-zich", dat betekent dat dingen zoals ze bestaan, losstaan van de verbeeltenissen in de gedachten van een observant.

11.8 Friedrich Nietzsche

Friedrich Wilhelm Nietzsche was een beroemde en invloedrijke Duitse filosoof en filoloog ("dode talen"). Nietzsche studeerde korte tijd theologie aan de universiteit van Bonn, maar stapte over op filologie en raakte vertrouwd met de klassieke literatuur en filosofie. Hij vervolgde die studie aan de universiteit van Leipzig

Nietzsche werd sterk beïnvloed door de filosoof Arthur Schopenhauer, wiens metafysica van de "wil" hij min of meer overnam, zij het dat hij er andere ethische consequenties aan verbond.

Schoperhauer's "wil" is het vermogen van een mens om van een gedachte een handeling te maken en daarmee de toestand te veranderen. De wil is het tegenovergestelde van het instinct. De meeste filosofen gaan er van uit dat alleen een intelligent persoon iets kan willen. Schopenhauer vormt daar een uitzondering op. Volgens hem is alles wat leeft bezield met een wil tot leven. Hij is van mening dat de wil alles beïnvloedt. Dat zou betekenen dat u niets uit vrije wil doet. De wil maakt gebruik van het individu als een instrument. U bent dus overgeleverd aan uw wil !

Waar Schopenhauer pleitte voor een ascetische "apollinische" of rustige levenshouding, was Nietzsche juist een voorvechter van een "dionysische" of rebelse bevestiging van de levenswil. Dit strijdlustige concept werd belichaamd door de *"übermensch"*. Het in de toekomst levende resultaat van de voortdurende bevestiging van de wil tot macht, die zich tot de huidige mens verhoudt zoals de huidige mens zich verhoudt tot een aap. Deze gedachte vond zijn bekendste uitdrukking in het boek *"Also sprach Zarathustra"*, waarvoor hij een tot dusver in de filosofie onbekende vorm gebruikt. Op declamerende of dichterlijke toon geschreven profetisch klinkende fictie, waarin met name het royaal gebruik van uitroeptekens opvalt.

Omdat Nietzsche rigoureus de aanval inzette op heersende ideeën – inclusief die van hemzelf - noemde hij zich de *"filosoof met de hamer"*. Beroemd is in dit verband zijn constatering dat God dood is, *"Die fröhliche Wissenschaft"*. Meer in het bijzonder, *"de mens heeft God vermoord"*. De levensontkennende slavenmentaliteit van de joods-christelijke traditie heeft volgens Nietzsche afgedaan. Nietzsche was van mening dat de slavenmoraal was ontstaan als verzet tegen de heersende orde. Daarom poneerde Nietzsche de slavenmoraal als een moraal die een externe oorzaak heeft. Hier tegenover stelde hij de heersersmoraal, de moraal die zonder invloeden van buitenaf ontstond. De slavenmoraal is immer tegen de heersersmoraal gekeerd. De heersersmoraal is de moraal voor degenen die zich als sterk, mooi en voornaam herkennen. De slavenmoraal staat in de ogen van Nietzsche symbool voor alles wat zwak is, maar vooral sluw.

Nietzsche's denken is een voortdurende herwaardering van het voorafgaande met de kennelijke bedoeling uiteindelijk elke metafysica en moraal achter zich te laten.

Kritiek van Nietzsche op noumenon's

Friedrich Nietzsche pakte, na diepgaand beïnvloed te zijn door het werk van Schopenhauer, Kant's kritiek ten aanzien van het noumenon op iets andere gronden aan. Later gaf hij eveneens kritiek op het werk van Schopenhauer. Nietzsche had een beredeneringsfout gevonden in een aantal noumenon's met bepaalde eigenschappen en het totale onvermogen om interactief te kunnen zijn met andere dingen. Hij betoogde dat een ding op zichzelf noodzakelijkerwijs buiten een causale keten staat, omdat het niet kan communiceren met alle andere dingen zonder te verwijzen naar de andere eigenschappen van zichzelf dan slechts "op grond van het zijn" te zijn. Nietzsche en latere filosofen betoogden dat de noumenon een volstrekt onbepaalde karakter heeft en dat elke discussie die dat niet als zodanig wil accepteren, zinloos is. Door het tonen van bepaalde eigenschappen, zou de noumenon niet meer zijn wat het beoogde te zijn.

Nietzsche voorzag ons van steeds verfijndere uiteenzettingen van de noumenon door zijn gehele werk heen door de vele beïnvloedingen en verbindingen met andere ideeën uiteen te zetten. Een voorbeeld van een dergelijke opmerking kunt u vinden in zijn kritieken op de materialistische atomisme, wat hij "ziel-atomisme" noemde. Dit geeft het geloof van Nietzsche aan dat synthetische oordelen *"a priori"* onmogelijk zijn.

> *"Het is hoog tijd om de Kantiaanse vraag te vervangen door een andere vraag, "Hoe zijn synthetische oordelen "a priori" mogelijk, waarom is het geloof in dergelijke uitspraken nodig ?" In feite is het hoog tijd dat we moeten begrijpen dat dergelijke beslissingen moeten worden geloofd om*

waar te zijn, omwille van het behoud van wezens zoals wij, ofschoon zij natuurlijk kunnen leiden tot valse beslissingen."

Vervolgens probeert Nietzsche vast te leggen dat het atomisme van de ziel verbonden is met het geloof in het bestaan van het "ding-op-zich" met zichzelf.

"Laat ons toestaan op basis van het geloof, het atomisme van de ziel, dat de ziel als iets wat onverwoestbaar, eeuwig, ondeelbaar, als een monade, als een atomon is, te beschouwen. Dit geloof moet worden verwijderd uit de wetenschap !"

Hoewel Nietzsche kritisch was ten aanzien van theorieën over wat niet kon worden geobserveerd, geloofde hij dat theorieën zouden moeten kunnen worden vervalst. Terwijl het argument tegen wat hij beschouwde als de negatieve invloed van de Kantiaanse noumenon in de filosofie en de wetenschap van zijn tijd, benaderde Nietzsche ruwweg de stelling van de wetenschappelijke filosoof Karl Popper, dat falsifieerbaarheid de basis was van wetenschappelijke kennis.

"Men kan dit alles samenvatten door te zeggen dat het criterium van de wetenschappelijke status van een theorie zijn falsifieerbaarheid, of refutability, of testbaarheid is."

Nietzsche schreef in het achttiende deel van het eerste hoofdstuk van "*Beyond Good and Evil",* dat het zeker niet de minste charme is dat een theorie weerlegbaar is, het is juist precies de reden dat het de meer subtiele geesten naar zich toe trekt".

12. Arche Types en Cultuur

Wat hebben Arche Types en Cultuur met elkaar gemeen ? In hoeverre is de cultuur van een organisatie of van een groep of zelfs een gehele beschaving te archetyperen ? Wat betekent beschaving in onze huidige Westerse samenleving ?

In de culturele antroposofie komt het gedrag van de mens tot uiting. Want uit de manier waarop de mens zich cultureel gedraagt, blijkt zijn innerlijk. Cultuur is een vorm van menselijke zelfexpressie. Normen zijn daarbij standaarden voor waarden, die binnen een groep of categorie mensen gelden. Het zijn de onbeschreven regels die groepen of organisaties bij elkaar houden. Dat is dan ook de echte cultuur te noemen. René Descartes zei destijds al,

"Om te weten wat mensen werkelijk denken, moet men eerder letten op wat ze doen dan op wat ze zeggen".

Wanneer u vraagt naar het wenselijke, dan is de norm absoluut en geeft aan wat ethisch of spiritueel juist is. Bij het gewenste is de norm statisch van aard en gebaseerd op de keuzen, die feitelijk door de meerderheid worden gemaakt. Het wenselijke is meer een vorm van ideologie, het gewenste van praktijk. Cultuur is de manier waarop de mens zich uitdrukt, of wel diens zelfexpressie, de wijze waarop hij de juiste relaties tracht te vinden tot alles wat hem omgeeft. In het bijzonder is cultuur een strategie om de verhoudingen tot de machten in goede banen te leiden. Daarom is juist ook de relatie tot het goddelijke steeds in het geding binnen een cultuur.

Ethiek wordt wel genoemd als de systematische bezinning op de moraal. Daarbij vaart u niet op het oordeel van anderen, echter tracht u zelf een oordeel te vormen om op die manier te handelen in het belang van de mensen. De moraal staat gelijk aan het geheel van waarden en normen, op grond waarvan u en anderen goed en verantwoord te handelen of te moeten handelen. De waarde in deze context is dat wat u de moeite waard vindt om na te streven. Noemt u zoiets een ideaal of een doel. Hierin zijn morele waarden dat wat goed is voor de mens, wat in het belang is van mensen. Kunt u ethiek of morele waarde gemakkelijk te meten ? Da's lastig. Wel is het mogelijk er een ander begrip aan te koppelen. Dat is het begrip "belang". Wanneer uw belang astronomische proporties aanneemt in welke vorm dan ook, zou u zich kunnen afvragen of het belang van de ander daar wellicht bij geschaad wordt. Waarschijnlijk weet u het antwoord al. Als voorbeeld in de economische crisis antwoordde de voormalig Amerikaanse minister van Financiën – Hank Paulson – nadat hij met voorkennis tweehonderd miljoen dollar had verzilverd vanuit zijn aandelen, dat hij naar eer en geweten en Amerikaanse ethiek had gehandeld. Hem kon niets verweten worden. Albert Einstein geeft dit als volgt weer.

"De werkelijke waarde van een mens kan worden gevonden in de mate waarin hij bevrijding van zijn eigenbelang heeft bereikt."

Hoe ervaart u op de juiste wijze waar belangen en ethiek in strijd zijn met elkaar ? Die activiteit heet Self-Reflectie. Bewustzijn levert u tevens wetenschap op waar uw belangen liggen of horen te liggen. Sterker nog, het levert u "uw geweten" op !

12.1   Mythen en Sagen : Mythologie en Religie

Mythologie is de systematische behandeling, in literaire, wetenschappelijke, mystieke of religieuze vorm, van de verzameling mythen van een volk, een religie of een sociale groep. Door overdracht is het begrip ook een aanduiding geworden voor dergelijke specifieke verzamelingen mythen, waaruit het gedachtesysteem naar voren komt dat aanleiding gaf tot een religie of tot een bepaalde beschaving, die er drager van is. Zo kennen we de Griekse, Indische en Noorse mythologie. Mythen kunnen ook los van hun herkomst systematisch cultuur overstijgend zijn, zoals het ontstaan en vergaan van de wereld en de herkomst van de mens, zoals in de bijbel geschreven staan. Hieruit kunt u gelijk opmaken dat mythen vaak religie gebonden zijn of associëren met een bepaalde religie. Hieronder heb ik slechts de algemeen geldende Westerse inzichten weergegeven vanuit het perspectief van de bijbel.

Aartsengelen zijn schepselen van de eenheid

Zij zijn niet de oorsprong zelf en zij bevinden zich ook niet in de oorsprong, in de eenheid, het alomvattende, de leegte. De Hebreeuwse uitgang "-el" betekent "als God", "vertegenwoordiger van God". Aartsengelen hebben ook geen stoffelijk lichaam. Zij zijn zelfs niet fijnstoffelijk, zoals Simon Laplace dit uiteenzet in zijn Neveltheorie in hoofdstuk 14. Zij zijn als een gedachte, als het licht, maar zij zijn niet materieel. Zij hebben evenwel wel de gave om te materialiseren, met andere woorden, zij kunnen voor ons zichtbaar worden.

Omdat engelen geen stoffelijk lichaam hebben, zijn zij niet onderhevig aan de wetten van de materie. Zij kunnen vrij door ruimte en tijd bewegen. Misschien is dat wat door de vleugels wordt gesymboliseerd.
Aartsengelen zijn "brug-engelen". Zij overbruggen het goddelijke en het en het aardse materiële, de Schepper en de schepping. En net als bij een brug maken zij een verbinding in twee richtingen, namelijk van de Eenheid weg en naar de Eenheid terug. Zij dienen niet alleen de mens, zij dienen de hele schepping. Dus één van de doelen van de aartsengelen is het laten ontwaken van onze bewustwording.

De aartsengelen hebben de volgende taken:
- Het transformeren van de goddelijke impulsen : dit is hun bijdrage aan het scheppingsproces.
- Het ervaren van God mogelijk te maken.
- Het begeleiden van mensen op hun weg terug naar de Eenheid.

De meest bekende aartsengelen zijn: Michaël, Gabriël, Raphaël, Chamuël (Camaël), Haniël en Uriël, Hagiël, Zadkiël, en Cassiël.

Het woord "engel" is afgeleid uit het Griekse – ἄγγελος : angelos en betekent "bode". Bij de omschrijving van een engel stuiten we op een dubbelzinnigheid. Het woordenboek "Grote van Dale" geeft namelijk twee omschrijvingen, de eerste een algemene, de tweede een meer specifieke.
- Gezant van God, hemels wezen als hiërarchische rang.
- "Engel" uit het negende der negen koren.

Deze ambivalentie van het woord "engel" schept soms verwarring. Bijvoorbeeld de hierboven al genoemde Michaël en Gabriël zijn engelen of gezanten in de zin van de eerste omschrijving, maar niet volgens de tweede omschrijving. Michaël en Gabriël zijn namelijk aartsengelen, de orde die boven de engelen staat in de hemelse hiërarchie, de hierboven genoemde "negen koren". De engelen staan in deze orde het dichtst bij demens, terwijl de cherubijnen en serafijnen het dichtst bij God staan. Door hun plaats in deze hemelse orde zijn engelen zeer geschikte intermediairs voor de goddelijke emanaties of uitstralingen. Als een soort "kanalen" geven ze de goddelijke krachten en boodschappen door.

Wat deze rol betreft lijken de engelen voornamelijk twee functies te bekleden. Ten eerste het doorgeven van boodschappen van God aan de mens. We kunnen hierbij denken aan de annunciatie aan Maria en de engel die Noach vertelde over de op handen zijnde zondvloed. Ten tweede het beschermen van de mens. In de katholieke traditie heeft ieder mens een persoonlijke beschermengel die hem bijstaat van de wieg tot het graf. Onder andere beschermengelen binnen de hemelse hiërarchie is Lucifer, de gevallen engel. Is er binnen bijna-dood-ervaringen sprake van engelen, een spiritueel menselijk wezen of van Jezus, zoals zovelen beweren ? De eerste benadering betreft "de innerlijke engel", waarbij de engel een soort innerlijke "wijze" of helper voorstelt. Deze voornamelijk op psychologie gebaseerde benadering wordt geschetst aan de hand van het werk van Jung en Jussek. Waarbij een engel in het werk van Jung een "Arche Type" zou zijn. Een in het menselijke onbewuste aanwezige oerkracht. Contact met de engel is dan contact met het eigen onbewuste. De tweede, minder traditionele, benadering is die van de engel als natuurkracht.

Archetypen worden los van de menselijk wil geactiveerd, vaak als compensatie van een te eenzijdige psychische activiteit. Het is echter niet het beeld of de uitdrukking zelf die het archetype uitmaakt, het is een geheel van psychische energie, een soort knooppunt in de psyche, dat verbonden is met het collectief onbewuste, waardoor een concrete invulling vanuit het onbewuste überhaupt mogelijk wordt.

Net zoals het lichaam bij de geboorte éénzelfde basisvorm vertoont, is ook de psyche op een bepaalde wijze gestructureerd. De gemeenschappelijke structuren van het collectieve onbewuste, de archetypen, zijn als het ware ingegroefd in de psyche door de gelijkaardige ervaringen van alle mensen van alle tijden. Zoals de instincten de dieren aanzetten tot een gelijkaardig automatisch gedrag, zo worden mensen door de zogenaamde archetypen gedreven tot een automatisch gedachten- en gevoelspatroon. Zo zijn er onder andere "de Moeder"- en "het Kind"-archetypen die men meedraagt, omdat mensen van alle tijden te maken gehad hebben met moeders en kinderen. In intensiteit van ervaring overstijgt het archetype echter de reële moeder. Archetypen zijn als het ware lege matrijzen, die pas vlees en bloed worden als ze opgeroepen worden en vervolgens buiten ons geprojecteerd. Zo kunnen bepaalde mensen, plaatsen, situaties, geuren net dat iets hebben dat het archetype wakker maakt. De hoofdfiguren in film en media zijn waarschijnlijk in staat om bij vele mensen een bepaald archetype aan te raken en juist daardoor zo aantrekkelijk of afschrikwekkend.

Het archetype schenkt aan de persoon op wie het geprojecteerd wordt steeds een bovennatuurlijke glans. Deze glans betovert doordat ze iets aantrekkelijk, fascinerend heeft èn tegelijkertijd iets afschrikwekkend en zelfs angstaanjagend. Dit dubbelzinnige effect van het archetype en haar onbewuste werking maken dat een archetypische projectie in staat is om mensen te binden. Het vernietigende charisma van sommige leiderstypes en het verslavende karakter van bepaalde verliefdheden kunnen van hieruit verklaard worden.

Er zijn veel misverstanden over het idee van de archetypen van Jung. Zo wordt vaak over oerbeelden gesproken maar Jung heeft deze term alleen in zijn eerdere werk gebruikt. Later nam hij afstand van deze term en sprak hij alleen nog over archetypen. Ook denkt men vaak dat het de beelden zijn die men overerft. Maar de beelden worden persoonlijk ingevuld. Het is de mogelijkheid tot het vormen van eenzelfde typen beelden die men erft. Jung schrijft ook dat het *"archetype-an-sich"* niet bestaat. Het is slechts een soort blueprint.

Een groep met een archetype verbonden herinneringen wordt door Jung een complex genoemd, bijvoorbeeld het *"moedercomplex"* dat verbonden is met het *"moederarchetype"*. Jung vergeleek de rol van archetypen in de psyche met de functie van organen in het lichaam. Beide zijn volgens hem door evolutie ontstaan.

Vijf belangrijke Arche Typen volgens Carl Jung

- De Persona. De façade die een mens aan de buitenwereld toont, komt niet overeen met zijn ware "ik".

- De Schaduw. De duistere kant van het onbewuste.

- De Anima, het vrouwelijk deel van de psyche. Dit is bij beide geslachten aanwezig, maar vormt voor mannen de onbewuste tegenpool.

- De Animus, het mannelijk deel van de psyche. Dit is bij beide geslachten aanwezig, maar vormt bij vrouwen de onbewuste tegenpool.

- Het Self. De geïndividueerd persoon, totale persoonlijkheid.

Symbolen uit het onbewuste

Deze symbolen zijn de navolgende.

- Het Kind, bijvoorbeeld Harry Potter, Kruimeltje, Wiske.

- De Held, bijvoorbeeld Herakles, Siegfried, Theseus, David, Beowulf, Batman, Asterix, Kuifje, Luke Skywalker

- De Grote Moeder, de goede moeder, of de vernietigster. Voorbeelden:
    - Goede moeder: Gaia, Maria, Hera, Demeter, Isis, Devi.
    - Vernietigende moeder: Astarte, Hekate, Artemis, Circe, Kali, Sekhmet.

- De Wijze Oude Man, bijvoorbeeld Mozes, Confucius, Lao-Tse, Gandalf, de Paus, Sint Nicolaas, Perkamentus, Obi-Wan Kenobi

- De Oplichter, bijvoorbeeld Reinaart de Vos, Tijl Uilenspiegel, Felix Krüll, Loki.

- De "*Puer Aeternus*" of de eeuwige jongeling, bijvoorbeeld Narcissus, Adonis, Peter Pan.

- De Schone Maagd, bijvoorbeeld Maria, Hebe, Jeanne d'Arc, de helige Sophia, Persephone.

- De Syzygy als goddelijk koppel, bijvoorbeeld Aion, Janus, Hermaphroditus.

12.2 Ken Wilber

Cultuur is een breed begrip, is een echt synoniem bestaat eigenlijk niet. Wel zijn soortgelijke analogieën het woord beschaving en vorm gegeven ethiek. Met ethiek kom ik op integriteit, op normen en waarden uit. Ook deze zijn een expressie van de ethiek.

Ken Wilber is één van de hedendaagse filosofen die de evolutie van het menselijk bewustzijn in een hiërarchisch schema probeert te passen en Oosterse mystiek met Westerse psychologie te verenigen.

Volgens Wilber is de drang tot zelfoverstijging ingebouwd in het "weefsel" van de Kosmos. Deze Kosmos, die fysiosfeer, biosfeer, noösfeer en theosfeer omvat, bestaat uit holons, waaronder materiële, mentale en spirituele holons. Een holon is een geheel dat tegelijk een deel is van groter geheel, een hoger holon dat zijn voorgangers overstijgt en omvat, zoals een molecuul atomen omvat. Als menselijk bewustzijn, culturele waarden, sociale structuren en materiële hersenen evolueren, ontstaan er natuurlijke holarchieën met hiërarchische niveaus. Mensen kunnen hun bewustzijn stapsgewijs ontwikkelen van egocentrisch tot non-dualistisch.

Om de holonische aard van de werkelijkheid te kunnen inzien, moeten we minimaal het stadium van "visioen-logica" bereiken, waarin we ons disidentificeren met ons denkvermogen. In de hoogste staat is er geen onderscheid meer tussen een waarneming en dat wat wordt waargenomen. U kijkt dan niet meer naar de lucht, maar u bent de lucht.

"De ultieme objectieve waarheid is dat alle wezens volmaakte manifestaties zijn van Geest of Leegte. We zijn allemaal manifestaties van het ultieme Het of Dharma. Wat de ultieme Waarheid is. Het ultieme Ik, het ultieme Wij, het ultieme Het – Boeddha, Sangha, Dharma."

Wilber beweert dat hij een synthese biedt van wat vele wijsgeren, wetenschappers en mystici ons leren. Hij beroept zich op kennis die binnen vakgebieden algemeen aanvaard zou zijn, maar selecteert alleen wat hij kan gebruiken, overdrijft regelmatig en maakt een karikatuur van ideeën die hem niet bevallen. Wilber is wel goed op de hoogte van mystieke traditie. Hij gelooft dat die allemaal tot dezelfde ervaringen en inzichten leiden, al valt dat te betwijfelen. Het is ook de vraag in hoeverre een bewustzijnsniveau dat alle woorden en begrippen overstijgt, de basis kan vormen van een alomvattend filosofisch systeem. Wilber's kennis van de westerse psychologie reikt niet veel verder dan de dieptepsychologie van Freud en Jung en de ontwikkelingspsychologie van Piaget en Kohlberg. Ook zijn biologische kennis vertoont ernstige hiaten, ondanks het feit dat hij biochemie heeft gestudeerd. Zo schreef hij het volgende.

"Absoluut niemand gelooft meer in de algemeen aanvaarde, simpele, neo-darwinistische verklaring van natuurlijke selectie. Het vergt misschien wel honderd mutaties om een functionele vleugel uit een poot te vormen, immers een halve vleugel voldoet niet. Met een halve vleugel word je gewoon opgevreten. De vleugel ontstaat alleen als deze honderd mutaties allemaal tegelijk optreden."

Critici wezen hem erop dat dit allerminst een gangbare opvatting is onder biologen. Qua evolutietijd gezien zou het voor de natuur binnen het "oude" Darwinisme onmogelijk zijn tot dergelijke evoluties te komen, immers daar was de achterliggende tijd "te kort voor". Het neo-Darwinisme houdt meer rekening met voorkeursontwikkelingen en -loopings, zoals we die middels Complexe Adaptieve Systemen kunnen begrijpen. Hierdoor hoeven we niet alle mogelijkheden te "doorlopen".

Ken Wilber beschouwt cultuur in de navolgende modellering. Hieronder volgt de beschrijving van de personages, die hij per kwadrant heeft toegekend.

Kwadrant Upper Left	Kwadrant Upper Right
"I"	"It"
Interior –Individual Intentional	Exterior-Individual Behavioral
Sigmund Freud	Burrhus Skinner
Kwadrant Lower Left	Kwadrant Lower Right
"We"	"Its"
Interior-Collective Cultural	Exterior-Collective Social
Hans-Georg Gadamer	Karl Marx

Deze zouden afwisselend en mogelijk willekeurig in tijd elkaar opvolgend en daarmee zou de cultuur spiraliserend haar verandering onderkennen, zoals deze in het kwadrant is weergegeven. Wilber heeft veel kennis van Spiral Dynamics ontleend uit de visie van Clare Graves, de bedenker van Spiral Dynamics. Later in dit hoofdstuk meer over hem.

12.3   Sigmund Freud

"I" volgens Sigmund Freud

Sigismund Schlomo Freud van Joodse afkomst, was een zenuwarts en de grondlegger van de psychoanalyse. Freuds theorieën en methodes zijn vandaag de dag nog steeds omstreden, desondanks wordt hij gezien als één van de meest invloedrijke psychologen en denkers van de twintigste eeuw.

De Oostenrijkse zenuwarts zag de geest en het lichaam van de mens als een dualiteit. De geest werd energetisch opgevat, als onderworpen aan allerlei psychische energiestromen. Ook de hypnose werd in het begin als energetisch fenomeen beschouwd. Die energiestromen noemde Freud "Triebe" of driften. Deze driften werken doorgaans ongemerkt en zijn "primair". Zo onderscheidde Freud een levensdrift, Eros, de primaire drang tot zelfbehoud of wel de voortzetting van de soort vertaald in de liefde voor uzelf en voor de anderen.

In zijn latere werk meent Freud ook een "Thanatos" of doodsdrift te kunnen onderscheiden, het streven naar een spanningsloze toestand of oceanisch gevoel. De seksuele driften noemde hij Libido. Geniaal was de ontdekking van Freud, dat het zeer jonge kind een geestelijke ontwikkeling doormaakt vanaf de orale fase, de anale fase, de fallisch-narcistische fase en de genitale fase, die het vanaf de geboorte tot ongeveer het zesde levensjaar doorloopt. Deze ontwikkeling wordt volgens Freud sterk beïnvloed door de geestelijke interactie niet in de laatste plaats met vader en moeder, voor jongetjes en meisjes verschillend verlopend. Stoornissen in deze evolutie kunnen op volwassen leeftijd tot ernstige problemen of neurosen leiden.

Psychische en soms lichamelijke stoornissen herleidde Freud tot verstoringen in de psychische energiehuishouding van de mens. Als iemand op te jonge leeftijd bijvoorbeeld geconfronteerd was met een "trauma", bijvoorbeeld de aanblik van seksuele omgang tussen zijn ouders, zoals beschreven bij "de Wolvenman", dan kon dit in latere jaren tot psychische ziekte leiden. De herinnering was verdrongen maar bleef actief. De energie die nu op de verkeerde plek terecht was gekomen, zocht een uitweg en dat leidt vroeg of laat tot een ontwikkelingsstoornis, zo dacht Freud. Een verdrongen herinnering verdween niet uit de geest, maar kwam terecht in een deel van de geest die Freud het onbewuste noemde. Door de patiënt in therapeutische sessies ongestuurd te laten vertellen, kon de therapeut en dat was aanvankelijk Freud zelf, storingen in het onbewuste op het spoor komen. Door deze dan bewust te maken, verdween dan vaak de ontstane klacht.

Rond het begin het de twintigste eeuw verscheen zijn opzienbarende werk *"Die Traumdeutung"* over de relatie tussen het onbewuste en de inhoud van dromen. Het onbewuste of onderbewustzijn is de laag van de geest die tussen het driftmatige, onbewuste en het minder primaire bewuste in zit. In dromen zouden verborgen boodschappen van het onderbewustzijn zitten: dromen zijn verkapte vervullingen van onbewuste wensen. Door dromen te analyseren, kon men dus dingen over het onbewuste te weten komen.

Psychoanalyse

Vaak wordt het verschijnen van *"Die Traumdeutung"* beschouwd als de grondlegging van de psychoanalyse. De psychoanalyse vond toepassing in de psychotherapie. Doordat vaak veel vrouwelijke leden van de Bourgeoisie zich aangetrokken voelden tot de psychoanalyse en zich lieten behandelen, groeide de psychoanalyse en kreeg veel internationale allure. De collega-psychiaters van Freud, Jung en Adler, die veel met Freud correspondeerden, namen enkele jaren later afstand van diens pas opgerichte internationale psychoanalytische vereniging. De psychoanalyse van Freud had invloed op de surrealistische beweging in de twintiger jaren. André Breton, grondlegger van het surrealisme, was erg geboeid door dromen en de *"Traumdeutung"* en de psychoanalyse van Freud. In schilderijen en films van het surrealisme werd een onderbewuste, een droomomgeving geschilderd. Eén van de bekendere kunstenaars, die veel de zogeheten Freudiaanse symboliek in zijn werk gebruikte, was Salvador Dalí. In een van zijn bekendste werken, *"La persistance de la mémoire"*, duiden de slappe, uitgelopen uurwerken en objecten op impotentie.

Freud bleef zijn hele leven schaven aan zijn theorieën en testte ze in zijn eigen praktijk op vele patiënten. Freud's invloed op zowel de psychologie als de psychiatrie is groot geweest. Honderd jaar lang was de psychoanalyse in Westerse landen een veel gebruikte manier van therapieverlening, maar vanaf het midden van de twintigste eeuw kwam deze vorm van theorievorming en psychotherapie langzaam aan steeds sterker onder vuur te liggen, met name door wetenschapsfilosofen zoals Karl Popper, die erop wees dat psychoanalytische hypothesen falsificeerbaar zijn, waar niet-falsificeerbaarheid voor Popper een voorwaarde voor zinvolle wetenschap was. Een ander punt van kritiek gold de manier waarop Freud selectief en volgens sommigen tegen beter weten in alleen die waarnemingen gebruikte, die binnen zijn eigen theorie pasten. Adolf Gruenbaum schreef een tamelijk vernietigende kritiek tegen de filosofische grondbeginselen van de psychoanalyse, waarin hij een aantal drogredenen herkende. De Nederlandse historicus Han Israëls heeft de werkwijze van Freud en zijn volgelingen sterk bekritiseerd. De kritiek die men heeft op de psychoanalyse als psychologisch model, maar vooral ook voor de effectiviteit als therapeutische methode voor de behandeling van neurosen is terecht.

Maar diezelfde kritiek geldt ook voor elke andere vorm van psychotherapie. Het wetenschappelijk bewijs valt niet te leveren, indien men dezelfde normen wil hanteren die behoren bij elk natuurwetenschappelijk onderzoek. Een belangrijk punt is bijvoorbeeld dat het dubbelblind behandelen van vergelijkbare groepen patiënten niet mogelijk is. Neurotische patiënten zijn niet met elkaar te vergelijken. Ook zijn er geen vergelijkingsmaatstaven, zodat een statistische significantie van welke psychotherapie dan ook nimmer bewezen kan worden, zoals bij geneesmiddelenonderzoek verplicht is (e.g. Cronbach's alpha). Dit zal, voor welke vorm van psychotherapie dan ook, nimmer kunnen worden toegepast, helaas. Dat sommige patiënten en ook therapeuten menen dat de psychotherapie zou hebben geholpen, zal voorlopig als effect moeten worden gezien van een empathisch gesprek zonder natuurwetenschappelijke betekenis.

Tot op heden zijn Freud's psychologische theorieën onderwerp van heftige discussie, zij het niet of nauwelijks meer in de academische psychologie zoals die tegenwoordig aan de Nederlandse en Belgische universiteiten wordt onderwezen. Sommige gerenommeerde psychologen en psychiaters beschouwen Freud ondertussen als charlatan ; anderen weer niet. Weer anderen beschouwen hem als een belangrijke pionier, zelfs al zijn de inzichten tegenwoordig veranderd. De naam van Freud heeft in het dagelijkse taalgebruik een bekende klank. De meeste mensen kennen bijvoorbeeld de zogenaamde Freudiaanse verspreking, als voorbeeld van wat Freud zelf een "Fehlleistung" noemde. De fysiologische benadering van Freud komt vandaag de dag weer iets meer in de belangstelling, omdat sommige wetenschappers bij hersenonderzoek verschillende stoffen voor verschillende geestelijke toestanden aan het werk menen te zien.

12.4 Burrhus Skinner

"It" van Burrhus Frederic Skinner

Burrhus Skinner was een invloedrijk Amerikaans psycholoog. Hij is bekend geworden door de theorie van het radicaal behaviorisme, een stroming in de psychologie, en de daaruit voortkomende experimentele en toegepaste gedragsanalyse.

Skinner werd begin twintigste eeuw geboren in het noordoosten van Pennsylvania. Na de middelbare school ging hij naar het Hamilton College in New York, waar hij een graad in de Engelse literatuur haalde. Met het voornemen beroepsschrijver te worden bracht hij vervolgens een jaar door in Greenwich Village in New York, waar hij echter niet meer dan wat krantenartikelen wist te produceren. Gedesillusioneerd door zijn gebrek aan literair talent besloot Skinner psychologie te gaan studeren en waar hij promoveerde. Hij verwierf aansluitend de prestigieuze Harvard Fellowship die hem in staat stelde om nog vijf jaar als onderzoeker bij Harvard te werken. Dit onderzoek resulteerde in zijn eerste wetenschappelijke boek *The Behavior of Organisms*.

Invloeden en ontwikkeling

Skinner werd aanvankelijk beïnvloed door de Amerikaanse psycholoog John Watson, de grondlegger van het methodologisch behaviorisme. Skinner zelf was de grondlegger van het latere radicaal behaviorisme. Het methodologisch behaviorisme was sterk beïnvloed door de wetenschapstheorie van het logisch positivisme, dat stelt dat alleen uitspraken die

geverifieerd kunnen worden door waarnemingen zinvolle uitspraken zijn, terwijl alle andere uitspraken zinloos zijn. Om gedrag te bepalen, is het volgens het methodologisch behaviorisme niet zinvol een beroep te doen op inwendige psychische processen die niet door onafhankelijke waarneming kunnen worden bevestigd. Watson probeerde menselijk gedrag te verklaren met behulp van een reflexmatig leerproces, klassieke conditionering genaamd, ontdekt door de Russische fysioloog Ivan Pavlov.

In zijn invloedrijke artikel *"The Operational Analysis of Psychological Terms"* nam Skinner afstand van de wetenschapstheorie van het methodologisch behaviorisme. Het is volgens Skinner legitiem in wetenschappelijke verklaringen van gedrag een beroep te doen op inwendige psychische processen, zelfs wanneer die door niet meer dan één persoon kunnen worden waargenomen, zoals dat bijvoorbeeld bij een psychisch proces als denken het geval is. Het is echter van belang dat deze waarnemingen onder invloed van de juiste omstandigheden worden uitgevoerd. Volgens Skinner dienen inwendige psychische processen beschouwd te worden als functioneel gedrag dat aan dezelfde wetmatigheden gehoorzaamt als uitwendig gedrag. Hoewel het een rol speelt in een verklaringsketen is inwendig gedrag zoals denken, herinneren en voelen, volgens Skinner echter nooit de uiteindelijke oorzaak van ander inwendig of uitwendig gedrag. Gedrag kan immers nooit de uiteindelijke oorzaak zijn van gedrag. Alle gedrag is volgens Skinner uiteindelijk het product van de interactie tussen de geschiedenis van een organisme, waaronder behalve de individuele leergeschiedenis ook de evolutionaire geschiedenis valt en de omstandigheden of situatie waarin het zich bevindt.

Functieanalyse

Omdat de uiteindelijke oorzaken van gedrag altijd buiten het gedrag zelf liggen, in de context van geschiedenis en omgeving van het organisme, zou het behaviorisme dat Skinner ontwikkelde, ook wel het contextueel behaviorisme genoemd kunnen worden. Naast het chronologische aspect gaat het teven om het synchrone aspect. De basiseenheid van verklaring in de psychologie is volgens Skinner altijd het gedrag in de context. Los van context is gedrag betekenisloos. In deze visie wordt de functie van gedrag bepaald door de context, en niet zozeer door de vorm van het gedrag. Gedragingen die er hetzelfde uitzien kunnen, afhankelijk van de context, een verschillende functie vervullen, terwijl gedragingen die er verschillend uitzien, afhankelijk van de context, dezelfde functie kunnen hebben. Om gedrag goed te kunnen voorspellen en te beïnvloeden is het volgens Skinner belangrijk de functie van het gedrag te begrijpen met behulp van een zogenaamde functie-analyse.

Hierbij wordt bij een bepaald gedrag gekeken naar de situatie die aan het gedrag voorafging, ook wel de antecedent genoemd. Het gedrag zelf en de consequenties van het gedrag. De situatie die aan het gedrag voorafging en de consequenties vormen samen de context van het gedrag, waaruit met behulp van algemene leerprincipes de functies van het gedrag afgeleid kunnen worden. Men kan gedrag alleen beïnvloeden door relevante variabelen in de context die de functies van het gedrag in stand houden, zoals de antecedent of de consequenties van het gedrag, te identificeren en te veranderen. Gelijksoortige benaderingen van gedrag heeft de Franse wiskundige René Thom, ontdekker van de catastrophetheorie, ook verder uitgewerkt, zie mijn boek "Van bovenkamer tot onderbuik". Ook hij stelde dat gedrag onvoorspelbaar was, echter dat gedrag een bepaalde stochastische of statistische waarde vertegenwoordigt in de context van de waarneming van dit gedrag.

Operante conditionering

De belangrijkste bijdrage van Skinner aan de psychologie wordt gevormd door zijn onderzoek naar de operante conditionering met behulp van een door hemzelf ontworpen instrument dat hij de operante kamer noemde, maar dat algemeen bekend is geworden onder de naam de Skinner-box. Bij operante conditionering legt een organisme een verband tussen een stimulus en een respons als gevolg van de consequenties die de respons heeft, bijvoorbeeld A èn B als gevolg van C. Het organisme legt een verband tussen een bepaalde situatie en een bepaald gedrag als gevolg van de gunstige of ongunstige consequenties die dat gedrag in die situatie heeft. Zijn de gevolgen van het gedrag gunstig, dan neemt de kans toe dat datzelfde gedrag opnieuw wordt vertoond wanneer de omstandigheden zich herhalen. Zijn de gevolgen schadelijk, dan wordt de band tussen gegeven omstandigheden en het gedrag verzwakt. Gedrag dat wordt aangeleerd en in stand wordt gehouden door de consequenties van dat gedrag, werd door Skinner "operant gedrag" genoemd.

Het proces van de operante conditionering is selectionistisch in plaats van mechanisch. Het gedrag en het verband tussen situatie en gedrag worden door de consequenties van het gedrag geselecteerd en bekrachtigd versterkt, of bestraft, in de terminologie van Skinner. In dit selectionisme komt de invloed die het Amerikaans pragmatisme, gebaseerd op het werk van de Amerikaanse filosofen William James en Charles Peirce en de evolutietheorie van Charles Darwin op het werk van Skinner hebben gehad tot uiting.

Door zijn selectionistische uitgangspunten droeg Skinner ertoe bij dat het wetenschappelijk voorbeeld van de psychologie verschoof van de natuurkunde naar de biologie. Volgens Skinner bestaat er een parallel tussen de fylogenetische selectie van soorten en de ontogenetische selectie van het gedrag van een organisme: zoals selectie door de omgeving in de loop van miljoenen jaren soorten vormt, zoals dat verloopt volgens de fylogenetische selectie, ligt selectie door de omgeving ten grondslag aan het gedragsrepertoire dat een organisme gedurende zijn leven vormt ontogenetische selectie.

Continuïteitshypothese

Skinner werd regelmatig reductionisme verweten, omdat hij zijn onderzoeken verrichtte met dieren, zoals ratten en duiven. Toch was Skinner geen reductionist. Hij vond niet dat mensen hetzelfde zijn als ratten en duiven. Ook was hij niet in het bijzonder in ratten- of duivengedrag geïnteresseerd. Skinner ging echter wel uit van de continuïteitshypothese, wat betekende dat er op evolutionaire gronden een continuïteit bestaat in het gedrag van gewervelde organismen. Vanuit deze continuïteitshypothese was zijn keuze voor dieren bij het doen van onderzoek vooral pragmatisch.

Het is makkelijker gedragsprincipes te ontdekken en te onderzoeken bij relatief eenvoudige organismen als ratten en duiven, waarbij hij ook nog een zekere controle had over de leergeschiedenis, dan bij een uiterst ingewikkeld organisme als de mens. In dit opzicht ging Skinner uit van een inductieve "bottom-up-benadering". De brede en succesvolle toepassing van de leerprincipes die Skinner bij onderzoek met dieren heeft ontdekt, onder andere in de gedragstherapie en het onderwijs, wijst erop dat hij wat betreft de continuïteitshypothese uiteindelijk gelijk heeft gekregen.

Taal

In zijn onderzoek stuitte Skinner uiteindelijk echter op een belangrijk punt waarin mensen en dieren wél fundamenteel van elkaar verschillen, namelijk in het gebruik van taal. In de vijftiger jaren probeerde Skinner met zijn boek "*Verbal Behavior*" deze zogenaamde taalbarrière te overwinnen door in dit boek een functionele en op operante leerprincipes gebaseerde visie op taal te ontvouwen.

Later schreef de linguïst Noam Chomsky een afwijzende, klassiek geworden recensie van dit boek. Skinner heeft zich nooit verwaardigd een schriftelijke repliek op deze recensie te geven met het argument dat Chomsky zijn theorie nauwelijks begrepen had. De controverse tussen Skinner en Chomsky kan in belangrijke mate gezien worden als een controverse tussen twee wetenschapsopvattingen, namelijk die van het functionalisme en het structuralisme. Een structuralistische theorie over taal, zoals die van Chomsky, houdt zich vooral bezig met de vorm van taal, bijvoorbeeld met de vraag hoe grammaticaal correcte zinnen worden gevormd, terwijl een functionele theorie over taal, zoals die van Skinner, zich vooral bezighoudt met het beantwoorden van vragen als waarvoor en onder welke omstandigheden taal gebruikt wordt.

12.5 Hans Gadamer

"We" van Hans Georg Gadamer

Hans Georg Gadamer was een Duits filosoof en publiceerde zijn hoofdwerk "*Wahrheit und Methode, Grundzüge einer philosophischen Hermeneutik*". Hermeneutiek is Grieks, ἑρμήνευειν - uitleggen, vertalen en is een begrip dat in de filosofie verschillende invullingen heeft gekregen. De term hermeneutiek is waarschijnlijk voor het eerst gebruikt door de Griekse dichter Homerus en bedoelt de uitleg en vertaling van berichten die door de goden der Griekse mythologie aan mensen werden gegeven. Homerus beroept zich daarbij op de God Hermes.

Gadamer deed vooral onderzoek naar de aard van de geestes-wetenschappen en het onderscheid met de natuurwetenschappen. Zijn inspirator was Friedrich Nietzsche, vooral vanwege het belang van kunst dat Nietzsche onderkent. Hij volgt echter niet Nietzsche's vertwijfelde extremisme en verwerping van de wetenschap als zodanig. Gadamer's hermeneutiek steunt op Heidegger's hermeneutische fenomenologie. De studie van Plato en Aristoteles heeft tevens een stempel gedrukt op Gadamer's filosofie. Volgens Gadamer is hermeneutiek het verstaan, het begrijpen en het interpreteren van levensuitingen.

Er bestaat een spanning tussen methodologische en filosofische hermeneutiek, omdat de waarheid die in het alledaagse en geesteswetenschappelijke bestaan verkregen is, nooit met behulp van regels kan worden afgedwongen. Het streven naar methodologische regels voor het verstaan komt voort uit het feit dat de vertegenwoordigers van de methodologische hermeneutiek het geesteswetenschappelijke verstaan ten onrechte aan het natuurwetenschappelijke ideaal van objectieve, langs methodische weg verkregen kennis spiegelen.

Gadamer's waarheidsbegrip

Volgens Gadamer is de grote verdienste van Schleierermacher dat hij het verstaan heeft opgevat als een gesprek, maar hij heeft dit uitgangspunt niet consequent doorgevoerd. "Verstaan" vereist volgens Gadamer goede wil en open staan voor de gesprekspartner en is niet, zoals Schleiermacher beweert, enkel objectieve reconstructie maar een gedachtewisseling en integratie of horizonversmelting. Een werkelijk gesprek verandert beide partners, zowel de uitlegger als de tekst. Net als bij Heidegger is bij Gadamer de hermeneutische cirkel niet louter formeel, maar ontologisch. Dit betekent dat volgens Gadamer de waarheid in principe niet gekend kan worden. Schleiermacher en Dilthey hebben niet ingezien dat ook de interpreet al deel uitmaakt van deze cirkel.

De hermeneutische cirkel

Een woord heeft in de hermeneutiek geen vaste betekenis, het is afhankelijk van de context. We zouden om te begrijpen dus alle toepassingen moeten kennen, dit is echter een oneindige opgave.

De hermeneutische cirkel leidt van het algemene naar de specifieke betekenis en weer terug. Volledige objectiviteit van het verstaan kan nooit worden bereikt. Voor Schleiermacher heeft de hermeneutische cirkel een methodologische betekenis. Voor Gadamer en Heidegger heeft de hermeneutische cirkel een ontologische betekenis, het zegt iets over de structuur van de werkelijkheid als zodanig. Socrates vertaalde dat in een driehoek. Socrates zocht de waarheid en om die te vinden stelde hij zich op als niet-weter. Via de dialoog (dialectiek) met mensen probeerde hij de waarheid te achterhalen. Filosofie zat in een opwaartse spiraal volgens Socrates, een uitspraak (these) en een tegen-uitspraak (antithese) zouden elkaar vinden in een synthese die het beste van alle twee combineerde, na enige tijd werd volgens Socrates de synthese een these en kwam er weer een antithese. Zo spiraliseert dit voort in de tijd.

Heidegger knoopt aan bij Dilthey, maar meer dan enkel de vraag naar een wetenschappelijke methode wil Heidegger de vraag voorop stellen naar de bepaling van het verstaan als wijze waarop de mens is. Heidegger formuleert een ontologische radicalisering van de hermeneutiek. Bestaan is verstaan, verstaan is één van de meest fundamentele kenmerken van de menselijke existentie, de existentiefilosofie. De mens wordt gekenmerkt door een besef van zijn bestaan en van het bestaan van de dingen buiten hem. Hij duidt de menselijke zijnswijze aan als een "er-zijn", *"Dasein"*. De fenomenologie streeft naar exacte beschrijving, los van interpretatie, en laat zich wel verbinden met een interpreterende wetenschap als de hermeneutiek.

Volgens Schleiermacher en Dilthey vormt de tijd een hindernis tussen de interpreet en het geïnterpreteerde. Volgens Gadamer en ook Heidegger maakt tijd het verstaan juist mogelijk. De tijdsafstand is productief omdat zij de beweging van de horizonversmelting mogelijk maakt en daardoor ook het bestaan van nieuwe betekenissen, de werkingsgeschiedenis. De werkingsgeschiedenis toont de productieve uitwerking van de tijd op het verstaan. De werkingsgeschiedenis bepaalt wat als onderzoeksobject tevoorschijn komt.

Dit waarheidsbegrip onderscheidt zich van het correspondentiemodel van de waarheid. Ons eigen leven maakt deel uit van de werkingsgeschiedenis. De ontologische waarheid, de traditie waarvan ons eigen leven deel uitmaakt, gaat vooraf aan de onderscheiding tussen ware en onware uitspraken. De ontologische waarheid is een proces van onthulling en verhulling. Nieuwe inzichten worden in de horizonversmelting geboren, oude gaan verloren. Verstaan is altijd een anders verstaan, nooit een beter verstaan.Kennis is volgens Gadamer afhankelijk van de werkingsgeschiedenis, het verstaan wordt gedragen door een productief gebeuren of de werkingsgeschiedenis en is niet beheersbaar door methodologische regels. Een onbevooroordeeld of neutraal verstaan is volgens Gadamer onmogelijk, iedere ervaringshorizon is per definitie beperkt en gekenmerkt door vooroordelen. Gadamer is overigens tegen de Verlichting, die het ideaal van onbevooroordeeld verstaan huldigt. Op ieder moment van de werkingsgeschiedenis is volgens Gadamer slechts een gedeelte van de waarheid bereikbaar. Integratie in het verstaan is daarmee nooit volledig.

Hermeneutische ethiek

Sinds de betogen van Immanuel Kant wordt er een onderscheid gemaakt tussen theoretische, praktische en esthetische vraagstukken. Hans Gadamer accepteert deze scheiding niet. Wetenschap, kunst en moraal zijn volgens hem onscheidbaar. Hij sluit zich hiermee aan bij Dilthey, die de beleving benadrukt versus de theoretische ervaring van Kant. Gadamer gaat hierin nog verder dan Dilthey en plaatst de praktische dimensie centraal in de hermeneutiek.

Gadamer ziet het verstaan als een gesprek, geïnspireerd op de dialogen van Plato. In de ethiek laat hij zich beïnvloeden door de praktische filosofie van Aristoteles, waarvan het doel niet het verwerven van kennis is, maar het zedelijk handelen. Het verstaan is volgens Gadamer in de eerste plaats praktisch in de Aristotelische betekenis. De geesteswetenschappen zijn in de eerste plaats morele wetenschappen. Het verstaan geeft richting aan het menselijk handelen. In het verstaan staat de toepassing centraal, het verbindende begrip tussen verstaan en handelen is applicatie.

Applicatie houdt horizonversmelting in. Het is het moment dat het verstaan wordt toegepast. Tekst uit het verleden wordt nu uitgelegd en dient ook voor de toekomst. Omdat volgens Gadamer ieder verstaan een applicatief moment bezit, is in zijn visie alle verstaan mede op de toekomst gericht.

De applicatie bemiddelt tussen het algemene en het bijzondere. Er is volgens Gadamer geen sprake van inductie. Iedere algemene wet wordt getoetst aan een concreet geval en een wet is eigenlijk leeg totdat ze toegepast wordt. In ons handelen, kunnen we geen beroep doen op absolute waarden en normen die zich "mechanisch" laten toepassen. We zijn aangewezen op voortdurende herinterpretatie van waarden en normen die ons uit de traditie worden overgeleverd. Normatieve uitspraken maken aldus deel uit van de werkingsgeschiedenis.

Gebreken en mogelijkheden van de hermeneutiek

De filosofische hermeneutiek kent twee criteria om bij interpretatie het kaf van het koren te kunnen scheiden:

- De integrale eenheid van de interpretatie
- De historische duurzaamheid van de tekst

De notie van werkingsgeschiedenis impliceert allerminst dat we ons kritiekloos zouden moeten schikken in de traditie. Horizonversmelting kan wel degelijk kritiek inhouden. Kritische reflectie vooronderstelt een traditie. Reflectie en traditie moet men niet als tegengestelden beschouwen. In ieder verstaan is een gebeuren dat nooit volledig door het bewustzijn kan worden gevat. Immers, de kritische reflectie is ook opgenomen in de werkingsgeschiedenis.

De hermeneutiek is universeel toepasbaar en voor Gadamer kan dus ook een maatschappelijke kracht of een ideologie naar haar betekenis worden begrepen. Het gevaar van ideologiekritiek is volgens Gadamer dat zij er toe kan aanzetten de waarheidsaanspraak van de gesprekspartner niet langer serieus te nemen, maar hem te reduceren tot een ideologie kritisch te verklaren object. Daarmee dreigt men opnieuw te vervallen in het objectivisme van Schleiermacher en Dilthey.

Het hermeneutische van het schone

Gadamer heeft kritiek op het subjectivisme van Kant's esthetica, immers esthetische oordelen zijn subjectief. Het ontneemt ons de mogelijkheid om een juist inzicht te verkrijgen in het verschijnsel kunst doordat de nadruk ligt op de gevoelens van het oordelend subject. Gadamer wil daarom een ander uitgangspunt nemen voor de analyse van kunst. Hij gebruikt daarvoor het spel als uitgangspunt voor de analyse van kunst. Gadamer's analyse van dit verschijnsel is een goed voorbeeld van fenomenologische beschrijving. De zijnswijze van het spel is primair en het bewustzijn van de spelers is secundair. Het spel voltrekt zich zonder dat de spelers er zich van bewust zijn en het spel zelf is het subject van het spelen. Het doel van het spel is het spelen zelf. Er is geen doel buiten het spel om en is gericht op herhaling van zichzelf. Het spel is zelfuitbeelding, gericht op de toeschouwer. Wanneer het spel tot schouwspel wordt verheven, dan betreden we het terrein van de kunst. Het spelbegrip van Wittgenstein kent overigens heel andere vooronderstellingen dan dat van Gadamer.

Het tot kunstwerk geworden spel staat geheel los van de spelers zoals de schrijver of de schilder. Het kunstwerk vormt een zelfstandige wereld die geheel los staat van de intenties en gevoelens van de scheppende en uitvoerende kunstenaar. Gadamer wijst Plato's leer van mimeses, kunst als afbeelding van afbeelding, af. De werkelijkheid verschijnt volgens Gadamer pas ten volle in het kunstwerk, het kunstwerk is een onthulling van de werkelijkheid. Een kunstwerk beeldt het wezenlijke uit en biedt dus ware kennis. Het kunstwerk en zijn uitbeelding kunnen niet als twee verschillende dingen worden opgevat, de uitbeelding bestaat pas in het verstaan ervan.

Zijn en taal

Gadamer's ontologie van het spel en het kunstwerk werkt door in zijn algemene ontologie. Gadamer probeert de ontologie van Heidegger in zijn werk te concretiseren in analysen van verstaan, handelen en ervaring. De tijd is productief in het verstaan, in het handelen en in de werkingsgeschiedenis van de kunstwerken.

In al deze gevallen wordt het zijn niet begrepen als iets wat eeuwig en onvergankelijk is, maar als een proces van zelfuitbeelding. Het "zijn" is een spel dat moet worden verstaan.

De taal is volgens Gadamer een raadselachtig diep verborgen gebeuren dat we niet beheersen, maar waarin we zijn opgenomen. Het spel van de taal overstijgt de individuele spreker. De taal is geen werktuig en evenmin een afbeelding van de werkelijkheid, maar het medium waarin de dingen zich uitbeelden en daarmee zichzelf worden. "Zijn" dat begrepen kan worden, is taal. Er bestaat volgens Gadamer niets wat aan het uitspreken en verstaan kan ontsnappen, er is geen onderscheid tussen hermeneutiek en ontologie.

12.6   Karl Marx

"Its" van Karl Marx

Karl Heinrich Marx was een Duitse denker die belangrijke invloed heeft gehad op de soms politieke filosofie, de economie, de sociologie en de historiografie. Hij was een van de grondleggers van de arbeidersbeweging en een centrale figuur in de geschiedenis van het socialisme en het

Communisme. Marx woonde en werkte in Duitsland, Frankrijk, België, Nederland en Engeland.

Als Marx' belangrijkste werk wordt meestal *"Das Kapital"* of in het Nederlands *"Het Kapitaal",* beschouwd. Daarnaast is zijn *"Communistisch Manifest"* samen met Friedrich Engels wereldberoemd.

Marx' denken beslaat uiteenlopende gebieden zoals filosofie, geschiedenis, politiek en economie. Daarnaast is het van grote invloed geweest op de latere ontwikkeling van de sociologie. In zijn werk integreerde Marx op originele wijze de gedachten van diverse grote denkers vóór hem. Marx zelf stelde al zijn filosofische en wetenschappelijk werk in dienst van één politiek-filosofisch doel, de bevrijding van de onderdrukte klassen in het kapitalisme, en daarmee de opheffing van de vervreemding die dit systeem in stand houdt.

Georg Hegel

Marx' vroege werk betreft vooral filosofie, en is sterk beïnvloed door het denken van Georg Hegel, later dialectiek genoemd. Hegel combineerde Verlichting en romantiek, en stelde daarbij het verloop van de geschiedenis centraal. Deze is volgens hem het ontvouwen van de rede, die hij als een reële, transcendente kracht beschouwde. De geschiedenis van de rede voltrekt zich bij Hegel in stadia van langzame kwantitatieve groei, onderbroken door dialectische sprongen, waarin kwalitatieve verandering optreedt. Elke nieuwe kwaliteit draagt echter de kiemen van haar eigen ondergang in zich en zal hierdoor uiteindelijk opgeheven worden.

Deze filosofie krijgt een politieke neerslag in de ontwikkeling van de staat. Deze is, volgens Hegel, een afspiegeling van de rede en de belichaming van de wet. De laatste grote dialectische sprong was de Franse Revolutie geweest, die voor het eerst politieke vrijheid had gebracht. Deze had echter de kiemen in zich gedragen van de Terreur, die op de grenzen van de vrijheid had gewezen. Het beste bewind, volgens Hegel, was een compromis van vrijheid en repressie. Hij vond dit compromis en daarmee het hoogtepunt van de wereldgeschiedenis, in de Duitse natie en de staat Pruisen. De paradox in Hegel's denken tussen enerzijds vooruitgang als centraal begrip en anderzijds het "einde van de geschiedenis" bij de repressieve Pruisische staat verdeelde zijn volgelingen in de liberale jong- of links-Hegelianen en de conservatieve oud- of rechts-Hegelianen.

Marx verwierp volledig de metafysische en mystieke elementen in Hegel's filosofie. Voor hem bestond er geen rede onafhankelijk van het menselijk subject, waarmee hij zich een seculiere humanist betoonde. Secularisme is de overtuiging dat religie en geloof geen invloed mogen uitoefenen op de maatschappij.

"De geschiedenis is niet iets als een individueel persoon dat mensen gebruikt om zijn doelen te bereiken. De geschiedenis is niets anders dan de daden van mensen die worden gebruikt om hun doeleinden te bereiken."

Materialisme

Marx' denken wordt vaak materialistisch en deterministisch genoemd, hoewel dit niet geheel accuraat is, want hij was geen monist, Marx erkende het bestaan van de menselijke geest naast het stoffelijke. Al in zijn proefschrift, waarin hij de natuurfilosofie van Epicurus en Democritus vergeleek, had hij een positiever oordeel over de eerste, omdat alleen die een ruimte voor vrije wil openliet in zijn atomentheorie. Later verwierp hij de theorie van Karl Vogt, die inhield dat al het menselijk handelen te verklaren zou zijn als een complex biochemisch proces.

Wel had het materialisme sterke invloed op Marx, maar hij kritiseerde de vaandeldragers ervan scherp, inclusief de jong-Hegelianen in zijn "*Stellingen over Feuerbach*" en "*De Duitse ideologie*". Marx deelde Feuerbach's analyse van de religie als vervreemding, maar wierp hem en de andere materialisten voor de voeten dat zij geen revolutionaire consequenties uit hun gedachten trokken:

"De filosofen hebben de wereld slechts verschillend geïnterpreteerd. Het komt er op aan haar ten goede te veranderen."

Forschung en Darstellung

Marx schiep een synthese van Hegel, Feuerbach en de oude materialisten, en plaatste zichzelf zo buiten beide stromingen. Zijn filosofie was origineel in haar nadruk op de creativiteit van menselijke arbeid en gedrag in het algemeen. Marx "draait Hegel om" door de menselijke activiteit als motor van de geschiedenis te zien, en niet andersom.

"Die Dialektik steht bei ihm, Hegel auf dem Kopf. Man muß sie umstülpen, um den rationellen Kern in der mystischen Hülle zu entdecken."

Dialectiek kan opgevat worden als een filosofische visie op het ontwikkelingskarakter, dus dynamische karakter van de werkelijkheid. Een permanente ontwikkeling, een voortdurende beweging is echter nooit volledig te vatten. Concrete kennis is daarom niet volledig sluitend. Op het moment van de analyse is het geanalyseerde object strikt genomen al weer anders. In die zin beoogt de dialectiek een consistent idee te geven over inconsistentie, een sluitende opvatting over niet volledig sluitende kennis van de werkelijkheid.

Over Marx' relatie met Hegel's dialectiek bestaan verschillende opvattingen. De traditionele Marxistische lezing, gebaseerd op het bovenstaande citaat en andere passages in het nawoord van de Engelse uitgave van "*Das Kapital*", is dat zijn filosofie slechts dialectisch is in presentatie. Marx stond in een lange Duitse traditie die onderscheid maakte tussen "*Forschung*", onderzoek, en "*Darstellung*", presentatie. Zijn onderzoek, vooral voor zijn economische werk, was sterk empirisch van karakter, maar hij presenteerde de resultaten ervan in Hegels termen om de weg te wijzen naar verandering, naar een "*neue Darstellung*". Marx schreef zelf dat de Hegeliaanse "*Darstellung*" diende als eerbetoon aan zijn oude leermeester Hegel, die naar zijn idee in de laatste jaren van de negentiende eeuw niet het respect kreeg dat hij verdiende. Hij werd als een "dode hond" behandeld, voor Marx aanleiding om met Hegel's uitdrukkingswijze te "koketteren".

Het idee van klassenstrijd in het bijzonder moet dan niet gezien worden als een materialistische vertaling van economische conflicten in Hegels kader. Deze ontleende Marx, zoals hij zelf aangaf, aan historici als Guizot en Thierry en aan economen als Smith en Ricardo. Is deze lezing correct, dan doet zich hier een verschil voor tussen Marx en Engels. Daar waar Marx dialectiek zag als een instrument in de analyse van sociale verhoudingen, hield Engels er mogelijk andere ideeën op na. Diens precieze opvatting over de status van dialectiek als "wetmatigheid" blijft open voor interpretatie.

Een andere opvatting is dat Marx veel sterker door Hegel beïnvloed was dan hij zelf wilde toegeven. Zijn distantiëring van Hegel zou dan een manier zijn om aan kritiek, inclusief zelfkritiek, te ontsnappen.

Vervreemding

Vervreemding is een concept van Hegel. De Jong-Hegelianen namen dit concept over, met name Feuerbach en Marx bouwde daarop voort. Hij veranderde het echter van een filosofisch fenomeen, waar individuen direct invloed op hebben, in een sociaal fenomeen. Bij Marx treedt vervreemding of "*Entfremdung"* of "*Entäußerung"* op, wanneer het product van arbeid niet "eigen" is. In economische zin, arbeid wordt in het kapitalisme verkocht als een waar, waarna het product wordt onteigend door de kapitaalbezitter, die de meerwaarde als winst incasseert of herinvesteert. Arbeid geeft dan geen bevrediging meer, geen idee van controle over de materie. De vervreemding uit zich in de aanbidding van een zelf geschapen macht buiten de mens, zij het in de vorm van religie (zoals bij Feuerbach; de "opium van het volk") of als warenfetisjisme. In latere jaren zou Marx kiezen voor preciezere en politiek effectievere termen als "uitbuiting".

Op het werk en de denkbeelden van Karl Marx en Friedrich Engels is het Marxisme gebaseerd. Het marxisme is een levensbeschouwing die voortbouwt op de ideeën van Karl Marx. Het is een theorie over filosofie, economie en politiek en vormde de grondslag voor de ideologie van de arbeidersbeweging. Vrijwel iedereen zal erkennen dat de invloed van deze theorieën enorm is geweest, ook al zijn er heel verschillende opvattingen over de vraag of deze invloed - in balans genomen - heilzaam of rampzalig is geweest. Marx heeft bij de ontwikkeling van zijn filosofische denkbeelden onder meer invloed ondergaan van de dialectiek van Georg Hegel, de economische inzichten van Adam Smith, de atheïstische denkbeelden van Ludwig Feuerbach en de ideeën van de Franse socialisten van de eerste helft van de negentiende eeuw, zoals Proudhon en Saint-Simon, welke door Marx, die weinig respect had voor mensen die met hem van mening verschilden, overigens geringschattend "utopische socialisten" werden genoemd.

Deze invloeden verwerkte Marx op "dialectische" wijze, als "these" die hij met zijn "antithese" beantwoordde (Socrates). Daardoor heeft Marx ook scherpe kritiek op met name Hegel. Die ging er in zijn dialectiek van uit dat ideeën de geschiedenis van de mens bepalen de idealistische filosofie, terwijl Marx van mening was dat deze ideeën niet van fundamentele betekenis waren, maar afgeleid waren van materialistische verhoudingen, namelijk de door de mens ontwikkelde productie en de daaruit voortvloeiende productieverhoudingen, bijvoorbeeld tussen loonarbeid en kapitaal. "*Bewustzijn is bewust zijn*", schreef hij, of anders gezegd : "*De mens maakt wel zijn eigen geschiedenis, maar niet onder zelfgekozen verhoudingen*". Dat denken paste hij toe op de sociale vraagstukken van zijn tijd.

Nog fundamenteler was Marx' kritiek op Adam Smith, die van mening was dat "het vrije spel der maatschappelijke krachten" uiteindelijk voor iedereen de beste resultaten zou opleveren. Marx was ervan overtuigd dat grote delen van de bevolking hierbij aan het kortste eind zouden trekken. Hij was van mening dat aan het proletariaat, degenen die in loondienst zijn, en die dus met hun arbeid de winst produceren ook de winst of beter gezegd, de "meerwaarde" moest toevallen. Alleen zo zouden deze werkelijke producenten meester kunnen worden van de productiemiddelen, die door het eigendom van de kapitaalbezitters nu als vreemde, onteigende of vervreemde macht boven hen staan en hen zo beheersen. De kapitaalbezitters bezitten door die uitbuiting of in een ander woord toe-eigening van meerwaarde, de kapitaalgoederen zoals machines, fabrieken, maar ook de (landbouw-)grond, de productiemiddelen die nodig zijn om onze bestaansmiddelen voort te brengen. Marx vond dat het proletariaat in opstand moest komen om de politieke en economische macht weer bij het volk te brengen. Daarvoor was een revolutie nodig, waarin de proletariërs met organisatorische steun van hen welgezinde intellectuelen de macht zouden overnemen van de kapitaalbezitters. "*Proletariërs aller landen verenigt u*", dat waren zijn belangrijkste woorden. "*Vecht voor een klasseloze maatschappij*", aldus Marx.

Marx was verder van mening dat het kapitalisme "zijn eigen grafdelver" zou zijn, doordat het, vanwege de tendens tot vorming van supergrote ondernemingen en monopoliën , in rap tempo de middenklasse van kleine ambachtslui en winkeliers zou vernietigen, die tot dusverre een belangrijke steunpilaar vormde voor de feodale en kapitalistische heersende klasse, omdat zij net als de boven haar gestelde klassen beducht was voor het proletariaat. Marx was van mening dat de "burgerlijke samenleving" uiteindelijk omver zou worden geworpen door een "Revolutie van het proletariaat" en dat er daarna een "klasseloze samenleving" zou komen. Momenteel bevinden wij ons in een geheel ander soort samenleving, die van de individualisering. En daarmee staan we weer in het kwadrant van Sigmund Freud. Is de volgende stap in het kwadrant die naar Karl Marx of zijn we daar momenteel gezien de financiële crisis ? Hoe cyclisch kan het leven zijn ?

Wellicht heeft u nu na het lezen van deze vier prominente persoonlijkheden een duidelijk beeld aangaande de vier kwadranten zoals Ken Wilber ze heeft ingedeeld en toebedacht.

12.7 Clare Graves

Clare W. Graves leerde psychologie midden vorige eeuw in New York. Daar ontwikkelde hij een epistemologische model van de menselijke psychologie. Hij erkende dat hij niet in staat was om de vaak gestelde vraag te beantwoorden wie van de psychologie theoretici uiteindelijk een "goed" of "correcte" model had geschetst, omdat er in alle van hen elementen van waarheid en dwaling schuilden.

Ontwikkeling van theorieën

In een poging om de vraag van de studenten te beantwoorden en een manier vinden om de vele schijnbaar tegenstrijdige standpunten in de psychologie brug, creëerde Graves een epistemologische theorie waarvan hij hoopte dat het zou helpen om de verschillende benaderingen van de menselijke natuur en vragen over psychische rijpheid met elkaar te verzoenen. Om de gegevens die hij nodig had om zijn hypothese en zijn theoretische model te ontwikkelen, verzamelde Graves relevante gegevens van zijn psychologie studenten. Hij verzamelde opvattingen van de volwassen persoonlijkheid middels psychologische tests. De analyse van deze gegevens werd de basis voor een theorie die hij, "The Emergent Cyclical Levels of Existence Theory" of ECLET, noemde.

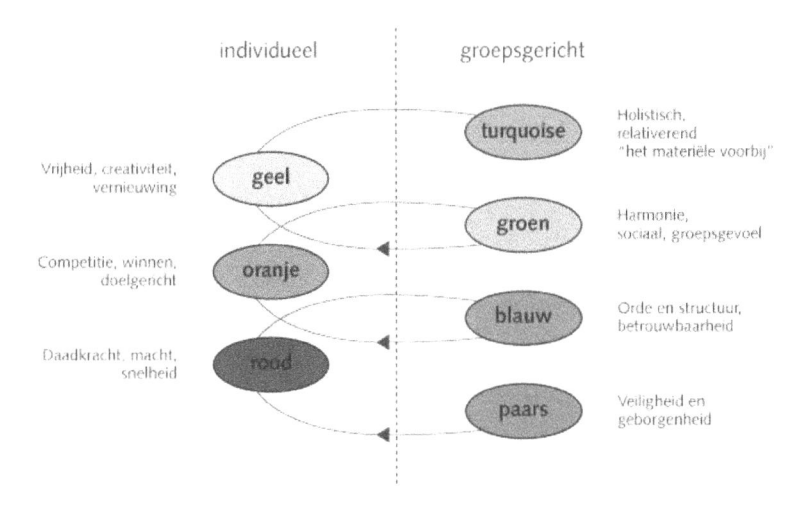

kleurenmodel van Graves
de manifestatiewisseling van het individu tussen groep en zich Self

Graves' theorie stelt dat als reactie op de interactie van externe omstandigheden met interne neuronale systemen, mensen nieuwe bio-psycho-sociale capabele systemen ontwikkelen om existentiële problemen op te lossen en opgewassen zijn voor hun werelden. Deze systemen zijn afhankelijk van de ontwikkelingen in de menselijke cultuur en individuele ontwikkeling. Ze openbaren zich op de individuele, maatschappelijke en rassenniveaus.

Graves geloofde dat concrete, emergente, zelf-assemblerende dynamische neuronale systemen evolueren in het menselijke brein, teneinde veranderende existentiële en sociale problemen het hoofd te kunnen bieden. Hij stelde dat "de natuur van de mens geen vast gegeven is", maar dat het een open systeem is in plaats van een gesloten systeem. Met deze "open-einde-theorie" stond hij vrijwel alleen op dit standpunt, ten opzichte van zijn tijdgenoten, die naar een eindtoestand, een nirvana, of volmaaktheid in de menselijke natuur streefden. Zijn opvatting van de bio-, psycho-, sociale en systeemtheorie als vitale mede-elementen beschreven ook een omvattend standpunt, dat zelfs vandaag nog verder ontwikkeld wordt. Graves geeft aan dat de "gedwongen" ontwikkeling van mensen ten aanzien van nieuwe bio-pscho-sociale systemen, welke een samenspel vertonen van externe omstandigheden met de neurologie, een bepaalde hiërarchie in meerdere dimensies volgt. Maar zonder garanties voor tijdslijnen of zelfs een richting. Zowel de progressie en regressie zijn mogelijkheden binnen zijn model.

Bovendien alterneert elk niveau in de hiërarchie en tracht de mens de omgeving aan de "Self" aan te passen, of de mens past zichzelf aan aan de existentiële voorwaarden. Hij noemde dit "Expressieve Self" en "Ontkennende Self" systemen. De slingering tussen beide is het cyclische aspect van zijn theorie. Graves zag dit proces van stabiele plateaus afgewisseld met veranderende intervallen als nooit eindigend, aan het verstand van Homo Sapiens grenzend.

12.8   Spiral Dynamics

Clare Graves was een collega van Maslow op dezelfde universiteit in New York. In hoofdstuk 7 heeft u verschillende motivatietheorieën van onder andere Maslow, Rogers en McGregor kunnen lezen, die allemaal hun eigen motivatietheorie hebben. Maar wie van hun heeft er nu gelijk ? Welke van deze theorieën beschrijft nu echt de ontwikkeling van de menselijke natuur ?

Zijn gevoel gaf aan dat ze allemaal een deel van het antwoord konden bevatten maar het juiste kader ontbrak. Graves begon met onderzoek. Onderzoek dat hem zeker twintig jaar bezig hield. Hij onderzocht onder andere Maslow's theorie en kwam er achter dat deze relatief weinig voorspellende waarde had. Zijn ontwikkelde theorieën werden door zijn opvolgers Beck en Cowan, Spiral Dynamics genoemd. Spiral Dynamics presenteert een ontwikkelingsmodel in de vorm van een spiraal van wereldvisies. Beck en Cowan noemen deze wereldvisies, deze patronen van denken "vMemes", een afkorting van value attracting meta memes.

Een meme is kort gezegd een begrip uit de memetica en betekent een idee dat zich onder informatiedragers verspreidt en tot nu toe voornamelijk de menselijke hersenen. Het wordt ook wel omschreven als een "besmettelijk informatiepatroon". In meer specifieke termen, een meme is een zichzelf vermeerderende eenheid van de culturele evolutie, zoals een gen de eenheid. is van de biologische evolutie. Meme, ook wel eenheid van culturele overdracht. vMemes kunt u zien als een brede set basisparadigma's, basisovertuigingen, basisvooronderstellingen van waaruit u de wereld beschouwt. Deze vMemes kunnen in zijn algemeenheid worden gecategoriseerd in acht niveaus. Net als bij producten hebben deze vMemes een soort levenscyclus, een opkomst, piek en vervalfase. Meer algemeen zou u kunnen zeggen dat elke vMeme bepaalde aanvullend overtuigingen aantrekt en leidt tot zijn eigen karakteristieke sociale groeperingen, motivatiepatronen, organisatiedynamiek en doelen.

Zoals gezegd kunt u acht niveaus van vMemes onderscheiden. Als u een verandering probeert door te voeren die qua niveau te ver weg ligt van het niveau waar u op een bepaald moment zit. Deze verandering is dan gedoemd te mislukken. U kunt de niveaus of stadia alleen maar doorlopen op de manier zoals ze weergegeven zijn in de onderstaande beschrijving. Te vaak wordt gepoogd veranderingen door te voeren zonder respect te hebben voor de niveaus/stadia die eerst moeten worden ervaren voordat grote groepen mensen in een organisatie of samenleving kunnen handelen conform het nieuwe niveau.

1. Beige

Beige heeft het kenmerk van een semi-stenen tijdperk en is niet meer echt actief tegenwoordig. Gedrag wordt gedomineerd door de natuur en basisoverlevingsinstincten. Mensen gedragen zich op dit niveau meer als (de slimste van de) dieren. Kenmerkend op dit niveau is het overleven.

Enkele transformatiekenmerken zijn:

- Bewustwording van het afzonderlijke zelf.
- Bewustwording van oorzaak en gevolg.
- Handelen op grond van dreiging/angst.
- Overleven vereist groepsinspanning.
- Ontdekking van verwantschap.

2. Purper

Animistisch stamgevoel zoals "*We zijn veilig*". Mystieke geesten, tekens en holen. Leven dicht bij de aarde. Bloedverwantschappen zijn sterk. Het management van purper vraagt respect voor de clanregels en trouw en respect aan de clanleiders. Iedereen doet per definitie wat de leider zegt.

Transformatiekenmerken zijn de volgende.

- Ontdekken van het eigen Ego en zelfexpressie.

- Ontdekken dat u beter bent dan de groep.
- Poging uw persoonlijke vijanden en gevaarlijke krachten te beheersen.
- Opkomende beperkingen in het natuurlijk leefmilieu die eigen belang aanwakkeren.

3. Rood

De rebel. *"Ik beheers"*. Het uitbuiten van anderen op een ruwe en harde manier. Autoritair. Uitbuiten van ongeschoolden of sociaal minderen. De overtuigingen zijn dat mensen lui zijn en gedwongen moeten worden te werken. Ziet u onder gedrag en motivatie bij Douglas McGregor voor de X-type. Sterk leven in het heden zonder gevoel voor consequenties. staat voorop.

Transformatiekenmerken zijn de volgende.

- Erkenning van de sterfelijkheid.
- Op zoek naar de betekenis en het doel van het leven.
- Tijdsbesef/toekomstbesef.
- Meer bewustzijn met betrekking tot oorzaak-gevolg denken.

4. Blauw

Het streven naar de absolute waarheid zoals *"We zijn gered"*. Er is slechts een juiste wijze van denken of bestaan. Patriotisme. U voelt zich schuldig als u zich niet aan de groepsnormen conformeert. Schuldbewuste gehoorzaamheid aan hogere autoriteiten. Proberen het hogere te dienen door zelfopoffering. Organisatiestructuur is pyramidaal.

Transformatiekenmerken zijn de volgende.

- Wens tot beter leven in het heden.
- Het uitdagen van de autoriteiten om tastbare resultaten te kunnen behalen.
- Zoekt de beste weg uit vele mogelijkheden.

5. Oranje

Ondernemersachtige persoonlijke succesoriëntatie. *"Ik verbeter"*.

Doelgerichte planning en strategieën voor verbetering. Elke persoon calculeert rationeel waar hij het meeste voordeel uit kan halen. Motivatie is grotendeels economisch/materialistisch bepaald. Mensen zijn responsief op vrolijkheid, kicken, bonussen. Geld is belangrijker dan loyaliteit en groepsbelongingen. Mensen proberen vele opties uit. Competitie bevordert productiviteit en groei. Dit is waarschijnlijk de dominante vMeme in Amerika van tegenwoordig. Belangrijk vindt men autonomie en manipulatie van de omgeving. Promoten van de vrije markteconomie en meer partijenstelsel.

Transformatiekenmerken zijn de volgende.

- Ontdekt dat materiële welstand nog geen geluk of vrede brengt.
- Hernieuwde behoefte aan gemeenschappelijkheid, willen delen en een rijker innerlijk leven.
- Oog krijgen voor de kloof tussen "hebben" en "niet-hebben".

6. Groen

Gevoelens van verbondenheid tussen mensen. *"We zijn op weg"*. Collectiviteit. Humanitair. Persoonlijke groei, aandacht voor milieu- en omgevingsvraagstukken. Leren van anderen. Aardig gevonden worden is belangrijker dan competitief voordeel verkrijgen. De waarden zijn openheid en vertrouwen. Hiërarchieën vervagen in de beweging naar gelijkheid.

Transformatiekenmerken zijn de volgende.

- Overstelpt raken door de economische en emotionele kosten van zorg voor elkaar.
- Confrontatie met chaos en wanorde.
- Noodzaak voor tastbare resultaten en functionaliteit.
- Het "kennen" gaat boven het "voelen".

7. Geel

Systeemdenken. Dit is de eerste vMeme waar een "quantumsprong" plaats vindt in het vermogen om verschillende perspectieven in het leven te kunnen hebben. Mensen worden gemotiveerd door zelf te leren en zijn georiënteerd op de integratie van complexe systemen. Besef dat chaos en verandering vanzelfsprekend zijn. Verandering is een aangenaam onderdeel van de organisatorische processen en van het leven. Men houdt van uitdagingen. Denken wordt gekarakteriseerd door systeemdenken en oriëntatie hoe delen interacteren om gehelen te creëren.

Transformatiekenmerken zijn de volgende.

- Bewustwording van orde in de chaos.
- Op zoek naar nieuwe leidende principes.
- Mondiale problemen duiken op wanneer technologie iedereen aan elkaar verbindt.
- Spiritualiteit terug in de natuurwetenschappen.

8. Turkoois

Op basis van de transformatiekenmerken kunnen tussenstadia op twee manieren beschreven worden door kleuren aan elkaar te verbinden als verandering. Algemeen kunt u zeggen dat de kleuren als golven op het strand komen. Elke golf is iets hoger en meer complex dan de voorgaande. Voorwaarde dat een nieuwe golf zich aandient is dat veranderende levenscondities voldoende zware problemen moeten oproepen om gemotiveerd te worden tot verandering.

Wellicht herkent u de benadering van Ken Wilber en de bijbehorende visies van zijn vier hoofdpersonen uit het cultuurkwadrant. Elk hoofdpersoon staat in min of meerdere mate voor een bepaalde fase zoals u in Spiral Dynamics heeft kunnen lezen. Uiteindelijk volgde er toch nog een eerbetoon aan Maslow. Graves gaf aan dat elke vMeme zijn eigen mogelijkheden tot zelfrealisatie en zelfverwerkelijking boden.

Wanneer u Spiral Dynamics goed aanvoelt en begrijpt, bemerkt u mogelijk dat veel van deze onderliggende principes reeds aan de orde zijn gekomen in dit boek. Andere methodieken gebruiken metaforen, Spiral Dynamics gebruikt kleuren. Dat maakt de toepassing voor u een stuk gemakkelijker. Het gaat immers om het aan- en invoelend vermogen van u als observant om "ermee te kunnen spelen". Bent u al zover ?

13. Ethiek, normen en waarden

Als we spreken over ethiek, dan komen we ongetwijfeld op Baruch Spinoza uit, die tijdens zijn leven ook in Amsterdam woonachtig is geweest. Over cultuur heeft u in het vorige hoofdstuk inmiddels veel kunnen lezen. Eerst krijgt een korte samenvatting van cultuur aangaande de verschillende en geassocieerde termen.

13.1 **Ethiek**

In de culturele antroposofie komt het gedrag van de mens tot uiting. Want uit de manier waarop de mens zich cultureel gedraagt, blijkt zijn innerlijk. Cultuur is een vorm van menselijke zelfexpressie. Ethiek is de verzameling van integere uitingen en handelingen, voor zover deze door de heersende cultuur worden toegestaan en bestempeld als toegestane norm. Normen zijn standaarden voor waarden, die binnen een groep of categorie mensen gelden.

Wanneer u vraagt naar het wenselijke, dan is de norm absoluut en geeft aan wat ethisch of spiritueel juist is. Bij het gewenste is de norm statisch van aard en gebaseerd op de keuzen, die feitelijk door de meerderheid worden gemaakt. Het wenselijke is meer een vorm van ideologie, het gewenste van praktijk. Cultuur is de manier waarop de mens zich uitdrukt, of wel diens zelfexpressie, de wijze waarop hij de juiste relaties tracht te vinden tot alles wat hem omgeeft. In het bijzonder is cultuur een strategie om de verhoudingen tot de machten in goede banen te leiden. Daarom is juist ook de relatie tot het goddelijke steeds in het geding binnen een cultuur.

Ethiek wordt wel de systematische bezinning op de moraal genoemd. Daarbij vaart u niet op het oordeel van anderen, echter tracht u zelf een oordeel te vormen om op die manier te handelen in het belang van de mensen. De moraal staat gelijk aan het geheel van waarden en normen, op grond waarvan u en anderen goed en verantwoord te handelen of te moeten handelen. Dat kan vertaald worden als een altruïstische houding. De waarde in deze context is dat wat u de moeite waard vindt om na te streven. Noemt u zoiets een ideaal of een doel. Hierin zijn morele waarden dat wat goed is voor de mens, wat in het belang is van mensen.

Hoe staat ethiek vanuit historisch perspectief tot het moderne idee hierover ? Is ethiek redenatie of staat het voor geloof in iets goeds ?

13.2   Gottfried Wilhelm von Leibniz

Gottfried Wilhelm von Leibniz stond bekend als een veelzijdig Duits wiskundige, filosoof, logicus, natuurkundige, historicus, rechtsgeleerde en diplomaat en wordt beschouwd als een van de grootste denkers van de zeventiende eeuw. Hij ontwikkelde min of meer gelijktijdig met maar onafhankelijk van Isaac Newton een tak van de wiskunde die bekend staat als de "calculus", de differentiaal- en integraalrekening. Leibniz staat te boek als een voorloper van de Duitse Verlichting, *"die Aufklärung"*. Als echte rationalist zette hij "de begrensde redenatie van de mens" als volgt uiteen.

Onze werkelijkheid wordt weergegeven door de meest eenvoudige vergelijking. Wanneer u deze uitbreidt, wordt het op dat moment de meest complexe binaire set, die onze werkelijkheid vertegenwoordigt.

"Één van de voorwaarden die we moeten toevoegen is de voorwaarde van begrijpend vermogen."

Misschien is het zo dat de uitdrukking bestaat, maar we zijn niet in staat om de wet erachter te bevatten. Leibniz noemt deze wet *"het beginsel van voldoende redenatie".* Hij formuleerde dit principe als volgt.

"Dieu a choisi celuy ... qui est le plus simple en hypothesen et le plus riche en phenomènes". Mais quand une règle fort est composée, ce qui luy est conforme, pour passe irregulier."

Het interessante punt in de verklaringen van Leibniz is de term *"irregulier"*. U kunt het vertalen met de term "random". Deze term kunt u op vele wijzen interpreteren. In de wereld van de statistiek betekent dat een bepaalde gebeurtenis onvoorspelbaar is. In algoritmische termen betekent dit dat we niet in staat zijn om een patroon achter het patroon vinden wat we waarnemen. Een willekeurig patroon is een essentieel patroon. Het kan niet worden gecomprimeerd. En daarmee beëindigt het redenatievermogen van de mens

13.3 Baruch Spinoza

Baruch Spinoza was een Nederlands filosoof van Portugees-Joodse afkomst. Hij was naast René Descartes en Gottfried Leibniz één van de rationalisten van de vroege moderne filosofie. Één van Spinoza's bekendste werken is zijn levenswerk *"Ethica"*.

Theologisch-politiek traktaat

Het Tractatus Theologico-Politicus verscheen anoniem tijdens Spinoza's leven de voorlaatste fase van de zeventiende eeuw. Het geeft een van de eerste logische analyses van de Bijbel en geeft argumenten voor godsdienstvrijheid en tolerantie. Spinoza sluit dit boek af met een prijzende beschouwing over de vrijheid die Amsterdam haar burgers biedt.

Ethica

Zijn levenswerk *"Ethica ordine geometrico demonstrata"* hield Spinoza als manuscript in zijn schrijftafel. Zijn vrienden gaven het pas uit in zijn sterfjaar. Hoewel ethiek het hoofdonderwerp is, begint het werk met een uitgebreide uiteenzetting van Spinoza's metafysica. Het gehele werk volgt de "geometrische" methode, in navolging van Euclides' elementen, definities, axioma's, stellingen, bewijzen en gevolgtrekkingen. In navolging van Descartes meende Spinoza dat de wiskunde een voorbeeld voor de filosofie is.

De Ethica bestaat uit vijf delen:

1. God
2. Aard en oorsprong van de geest
3. Oorsprong en aard van de hartstochten
4. Menselijke slavernij of kracht van de hartstochten
5. Macht van het verstand of de menselijke kracht.

Spinoza gaat ervan uit dat er slechts één substantie bestaat, dat door hem begrepen wordt als datgene wat op zichzelf bestaat en uit zichzelf moet worden begrepen. Dat wil zeggen datgene, waarvan het begrip niet het begrip van iets anders is, waaruit het afgeleid of verondersteld worden moet. Het is zijn eigen oorzaak en wordt gelijk gesteld aan de hele natuur, ofwel God. Dit is één van de eerste vormen van Pantheïsme. De attributen van deze substantie zijn oneindig in aantal en vormen tezamen het wezen. De mens kent er slechts twee, namelijk het denkvermogen en de extensie. De afzonderlijke dingen zijn modi zoals wijzigingen en veranderingen van deze substantie.

Om verwarring met het woord "natuur" in het dagelijks taalgebruik te vermijden, onderscheidt Spinoza "*natura naturans*" of de scheppende natuur en "*natura naturata"* als de geschapen natuur.

Radicaal denken

Spinoza's filosofische stelsel begint bij de traditie van het radicale denken. Spinoza was de eerste die het bestaan van wonderen en het bovennatuurlijke ter discussie stelde. Voor zijn tijd was het een gevaarlijk uitgangspunt, dat zelfs Thomas Hobbes niet aandurfde. Hobbes ontkende het bestaan van een niet-materiële werkelijkheid. Hij kwam tot deze gedachte, doordat hij zeer sterk onder de indruk was van de wetmatigheden in de materiële wereld. Alles wat bestaat, is dus materieel-lichamelijk. Met deze stelling grijpt hij terug op het oude atomisme van Democritus en Epicurus. Hij zocht op alle terreinen van het leven mechanische oorzaken en trachtte gevolgen vast te stellen. Hierbij hoorde ook het menselijk leven. Dat was ook volkomen materialistisch, mechanisch en deterministisch. De mens heeft geen niet-lichamelijke ziel of geest.

Volgens Spinoza is God onpersoonlijk. Een standpunt dat onder meer blijkt uit de drieëndertigste stelling uit het eerste deel van de "*Ethica"*, waarin Spinoza zegt dat er van een Goddelijk plan geen sprake kan zijn. Alle dingen zijn bepaald door God, niet door de vrijheid van Diens wil, maar door Zijn absolute natuur of Zijn onbegrensde macht.

Politieke filosofie

Op het gebied van de politieke filosofie heeft Spinoza grote invloed gehad. In het *"Theologisch-Politiek Traktaat"* pleitte Spinoza voor volledige vrijheid van meningsuiting en godsdienstvrijheid. Dit stond in tegenstelling tot zijn tijdgenoten, die het geloof onderdanig wilden maken aan de staat. Hierdoor werd Spinoza, tezamen met John Locke, de eerste die de principiële tolerantie verdedigde. Spinoza's grootste bijdrage aan de politieke filosofie is dat hij de tolerantie zodanig definieerde dat deze behalve op geloofsconflicten ook op andere gebieden toepasbaar werd. Spinoza baseerde zich op de kenmerken van de mens. Hierdoor ontstaat er een symmetrische relatie tussen tolereerder en getolereerde. Eerder was deze relatie, onder invloed van onder andere Hobbes, a-symmetrisch.

Spinozisme versus het atheïsme en theïsme

Spinoza was niet atheïstisch, maar pantheïstisch. De basis van zijn stelsel is zijn monistische Godsopvatting.

Hij had een heel ander godsbeeld dan de drie monotheïstische religies. schreef Spinoza schreef.

"Deus sive Natura, God oftewel de Natuur. God bestaat niet buiten de Natuur, maar wordt door hem geïdentificeerd met de Natuur. Daardoor is God niet slechts een denkend wezen, maar drukt hij zich ook tegelijkertijd uit als een uitgebreid wezen."

De invloed van Spinoza op de hedendaagse filosofie is raar verlopen. Aanvankelijk leken velen Spinoza's ideeën te verwerpen vanwege diens in hun ogen te radicale opvattingen. Desalniettemin hebben alle grote filosofen na Spinoza hem op een voetstuk geplaatst door bijvoorbeeld de Johann von Goethe.

Von Goethe was een literair kunstenaar en zijn reis naar Italië kan worden opgevat in de traditie van kunstreizen in die tijd. Hij overwoog toen om schilder te worden, maar hij stapte later toch van dat plan af. Zijn observaties van de Italiaanse kleurenpracht mondden later uit in zijn kleurenleer, die aanmerkelijk afwijkt van die van Isaac Newton.

Ook kwam von Goethe in Italië op het spoor van de oerplant. Hij ontdekte dat deze oerplant, waarvan alle plantensoorten kunnen worden afgeleid, niet als organisme in de natuur terug te vinden zou zijn, maar dat het als geestelijk model of concept moest worden opgevat.

In het kader van zijn pogingen om de mijnen in het Thüringer Woud opnieuw leven in te blazen, verhevigde zich Goethe's interesse in en onderzoek naar geologie en mineralogie en de natuurwetenschappen in het algemeen. Bij de bestudering van menselijke schedels ontdekte hij het tussenkaaksbeen, een bij de mens vergroeid stuk bot dat voordien alleen bij dieren was aangetroffen. Met deze ontdekking inspireerde hij later onder andere Charles Darwin. Toch ligt Goethe's verdienste voor de natuurwetenschappen niet zozeer bij de onderzoeken die hij heeft uitgevoerd, maar veeleer bij de methode die hij bij deze onderzoeken hanteerde, zoals hierboven genoemd bij de Urplanz of oerplant.

Er zijn in de twintigste eeuw twee bloeiperioden van het Spinozisme aan te wijzen. De eerste was een ware Spinoza-cultus in de Weimarrepubliek, in de jaren twintig. Deze dient gezien te worden in de context van het toenemende anti-semitisme. Met het begin van de Tweede Wereldoorlog werd het eerste bloeimoment de kop ingedrukt. De tweede periode trad op na die oorlog, toen Spinoza een populair studieobject werd voor de Franse Marxisten. De popualriteit van het neo-liberalisme en de ondergang van het Marxisme zorgde ervoor dat ook toen het Spinozisme geen vaste plek kreeg binnen de hedendaagse politieke filosofie.

14. Nevelvlektheorie

In "De geheime Leer" van Héléna Blavatsky spreekt zij over de neveltheorie. Bij de neveltheorie spreekt men over de substantie, variërend van grofstoffelijke tot fijnstoffelijke materie. Hoe is deze materie te beschouwen ?

De astronomie is een zeer oude wetenschap die al bestond in het oude Egypte, Sumerië en China. In het prille begin hield de astronomie zich alleen bezig met de bewegingen van de objecten door de hemel, zoals de zon, de maan en de planeten. Men kon langzamerhand spectaculaire verschijnselen voorspellen, zoals zons- en maansverduisteringen. Ook het verschijnen van kometen sprak erg tot de verbeelding. Deze aan het hemelgewelf waargenomen verschijnselen werden door Babylonische astronomen in verband gebracht met gebeurtenissen op aarde, wat ook het begin betekende van de astrologie. De astronomie was in die begintijd beperkt tot de objecten die met het blote oog zichtbaar zijn. De oude Grieken brachten de astronomie een stuk verder, bijvoorbeeld door de definitie van de dierenriem, een band van twaalf heldere sterrenbeelden waardoorheen de zon, maan en planeten bewegen. Dit is te plaatsen in de context van de precessie van de aarde, zoals beschreven in hoofdstuk 20.

14.1 Middeleeuwen en Renaissance

Astronomie en geometrie waren in de Middeleeuwen al actueel en inspirerend. Voorwerpen die gehanteerd werden zijn onder andere een armillarium een hemelbol voorzien van metalen ringen, die de belangrijkste cirkels van de hemel voorstellen en een kompas.

Tijdens de middeleeuwen stond de ontwikkeling van de astronomie vrijwel stil, met uitzondering van het werk van enkele Arabische astronomen. Veel namen van sterren stammen daarom uit het Arabisch. Tijdens de Renaissance stelde Copernicus een astronomisch model op, waarin de zon in het midden staat van het zonnestelsel of heliocentrisme. Zijn werk werd verdedigd en verder ontwikkeld door Galileo Galilei en Johannes Kepler. Laatstgenoemde beschreef als eerste op een correcte manier de bewegingen van de planeten rondom de zon. Kepler had echter geen inzicht in de achterliggende oorzaak van de Wetten van Kepler die hij afleidde uit zijn waarnemingen.

De eerste wet van Kepler zegt dat alle planeten zich rond de zon bewegen in elliptische banen, waarbij de zon zich in één van de brandpunten van de ellips bevindt. Uit de eigenschappen van een ellips volgt dat de som van de afstanden van de planeet naar beide brandpunten overal op de ellips gelijk is.

De tweede wet zegt dat de snelheid van een planeet in haar omloopbaan zodanig verandert dat in gelijke tijdsintervallen de oppervlakte, bestreken door de rechte lijn of wel de voerstraal, tussen de zon en de planeet, gelijk is. De voerstraal beschrijft dus in gelijke tijdsintervallen, gelijke oppervlakken, ook perken genoemd, vandaar de naam perkenwet. Dit toont eveneens aan dat de grootte van de omloopsnelheid van een planeet niet constant is.

De perkenwet is een meetkundige formulering van het behoud van impulsmoment. Als v de snelheidsvector van de planeet voorstelt, en s de positievector van de planeet ten opzichte van de zon, dan is het impulsmoment evenredig met het kruisproduct *s × v*.

Deze behoudswet is geldig bij elke centrale kracht en hangt niet af van de bijzondere vorm van de zwaartekracht. Als de planeten door middel van elastiekjes met de zon verbonden waren, dan gold de perkenwet nog steeds, maar de banen zouden niet ellipsvormig zijn.

 De derde wet betreft het kwadraat van de omlooptijd T van een planeet is evenredig met de derde macht van haar gemiddelde afstand r tot de zon. Deze wet wordt ook wel de harmonische wet genoemd. Kepler publiceerde de wet pas tien jaar na de andere twee. De wetten van Isaac Newton vertellen het volgende.

Eerste Wet : Massa betekent traagheid

Lex I. Corpus omne perseverare in statu suo quiescendi vel movendi uniformiter in directum, nisi quatenus a viribus impressis cogitur statum illum mutare .

Tweede Wet : Kracht verandert beweging

Lex II. Mutationem motis proportionalem esse vi motrici impressae, et fieri secundum lineam rectam qua vis illa imprimitur.

Derde Wet : Actie roept Re-Actie op

Lex III. Actioni contrariam semper et aequalem esse reactionem: sive corporum duorum actiones in se mutuo semper esse aequales et in partes contrarias dirigi.

Deze blijkt enigszins afhankelijk van de massa van de planeet. Alleen als de planeet veel lichter is dan de ster waar rond hij draait geldt de derde wet van Kepler als speciaal geval.

Indien de massa van de planeet te verwaarlozen is vergeleken bij de massa van de ster en de baan cirkelvormig is met straal r, is de wet te herleiden naar de gravitatie- en middelzoekende kracht, die beide aan elkaar gelijk gesteld zijn.

14.2 Vergelijking van Kepler

Uit de eerste twee wetten leidde Kepler ook een praktische bewegingsvergelijking af, die in de hemelmechanica bekend staat als de vergelijking van Kepler. Deze vergelijking verklaart de niet-uniforme beweging van de planeet op haar baan in termen van een wiskundige hulpgrootheid, de excentrische anomalie.

Resultaten

De wetten van Kepler speelden een belangrijke rol in de acceptatie van het heliocentrisch wereldbeeld van Copernicus. Ze betekenden een doorbraak door het verlaten van het idee dat planeten zich altijd in cirkels bewogen.

Isaac Newton toonde later aan dat de wetten van Kepler verklaard konden worden door zijn gravitatietheorie, die postuleerde dat tussen twee voorwerpen een kracht bestaat, evenredig aan het product van de massa's, en omgekeerd evenredig aan het kwadraat van hun onderlinge afstand. Wat Kepler dus empirisch in de Nieuwe Tijd en heden verkregen had, kon Newton bewijzen vanuit enkele aannames zoals die zijn bestempeld tot de wetten van Newton. Waar kwam deze kennis vandaan en hoe kwam Newton mogelijk aan deze wijsheid ?

14.3 Geheime wetenschap

Van wie had Isaac Newton de wijsheid ontvangen, die hem zo veel inzicht in de astronomie had gebracht ? Immers in astronomisch opzicht ligt er een hemelse geometrie aan ten grondslag die zijn weerga niet kent. Is dit overgeleverde kennis vanuit oude geheime genootschappen zoals de Vrijmetselaars, voortgekomen uit de Tempeliers, die tijdens hun vele kruistochten Jeruzalem uit de handen van de Turken trachtten te halen en te bevrijden ?

Om dit nieuwe herengenootschap een oude geschiedenis toe te kennen, lieten ze een pamflet "*De Constitutie*" schrijven, waarin ze beweerden dat de Vrijmetselaars opgericht werden ten tijde van Noach. Een geschiedenis, bijna identiek, aan Isaac Newton's ongepubliceerde boek "Chronologie". Een boek waarin Newton Noach zag als de bewaarder van de oude kennis en oerreligie. De rituelen, de graden en de vorm van de "tempel" waarin deze eerste Vrijmetselaars bij elkaar kwamen, werden geïnspireerd door het Bijbelse verhaal van Koning Salomon. Isaac Newton was zijn leven lang gefascineerd door Salomon en zijn tempel. Hij geloofde dat in het grondplan van de tempel, een code verborgen zat die alle geheimen van het universum onthulde. Hij beweerde zelfs dat hij de inspiratie voor zijn zwaartekrachttheorie vond in dit Bijbelse bouwplan. Over Koning Salomon schreven ze dat hij de Steen der Wijzen bezat en het maken van deze Steen was de levenslange missie van Isaac Newton.

Bovendien had Newton ervaring bij het opstellen van rituelen en regels. Als voorzitter van het Koninklijk Genootschap stelde hij strenge reglementen op die erg verwant zijn aan de regels in de Vrijmetselarij. Één op de vijf leden van het Koninklijk Genootschap waren lid van deze eerste Vrijmetselaarsloge. De grootmeesters van de loge hadden allen gemeen dat ze ook leden waren van Newton's Koninklijke Genootschap.

Newton stond bekend om zijn grote drang tot discretie en geheimhouding over zijn alchemistische, kabbalistische en religieuze kennis. De opzet van de Vrijmetselaarsloges was om net deze kennis in besloten sfeer met "broeders" te kunnen bespreken. Iedereen die toetrad, deed een eed tot absolute geheimhouding waarbij de straf bij overtreding was dat de keel open gesneden zou worden, de tong uitgetrokken en het lichaam in zee geworpen zou worden. Zo werd het Koninklijk Genootschap het forum waar Newton zijn natuurfilosofische kennis kon verspreiden, en de Vrijmetselaarsloge het podium voor zijn esoterische ideeën voor een besloten kring van broeders.

14.4 Hemelse dynamica

Begrip van zwaartekracht en hemelse dynamica waren ontdekkingen van Isaac Newton, die daarmee de bewegingen van de planeten volledig verklaarde.

Men ontdekte dat sterren heel ver van ons verwijderd zijn. Met de uitvinding van de spectroscopie werd bewezen dat sterren gelijksoortige objecten zijn als onze eigen zon, maar met een grote variëteit aan temperaturen, massa's en omvang. Dat onze Melkweg bestaat uit een aparte groep van sterren werd pas bewezen in de twintigste eeuw. Toen werden ook andere sterrenstelsels ontdekt, alsmede nevels en gaswolken. Kort daarop werd de uitdijing van het heelal aangetoond op grond van de roodverschuiving die ontstaat door het dopplereffect. Hieruit blijkt dat de meeste van die andere sterrenstelsels van ons af bewegen.

Aanvankelijk meende men dat het zonnestelsel ophield bij de baan van Pluto. Een probleem bleef echter de herkomst van kometen met vaak hyperbolische banen, die er op wijzen dat ze van zeer grote afstand komen. De astronoom Jan Hendrik Oort stelde de Oortwolk voor. Een reservoir van miljarden komeetachtige lichamen die overgebleven zijn na de vorming van het zonnestelsel en zich uitstrekt tot wel één à twee lichtjaar rondom het zonnestelsel. Gelijktijdig werd het bestaan van de Kuipergordel gesuggereerd door de Nederlands-Amerikaanse Gerard Kuiper. Hier zouden de kortperiodieke kometen vandaan komen. Dat wil zeggen, de kometen met een omlooptijd van tussen de vijftig en een paar duizend jaar en met de grootste concentratie van komeetlichamen nèt voorbij de baan van Neptunus. Inmiddels zijn er al verscheidene objecten tussen de afmetingen van kometen en Pluto in gevonden in deze gordels, waarmee het bestaan hoogstwaarschijnlijk is bewezen.

Het vakgebied kosmologie werd met enorme sprongen voorwaarts gebracht in de twintigste eeuw door het model van de oerknal. Een theorie die door bewijsmateriaal vanuit de astronomie en de natuurkunde wordt ondersteund, zoals de kosmische microgolf achtergrondstraling, de wet van Hubble en het relatieve voorkomen van de verschillende elementen in het heelal. In hoofdstuk 18.6. kunt u meer lezen over de wet van Hubble.

Midden negentiger jaren werd bij de ster Pegasi de eerste planeet buiten het zonnestelsel ontdekt met behulp van betere telescopen. In de daaropvolgende jaren zijn er nog veel meer van deze exoplaneten ontdekt. Met de komst van de ruimtevaart zijn astronomische ontdekkingen in een grote versnelling terecht gekomen. Uit de algemene relativiteitstheorie volgt de mogelijkheid van het bestaan van zwarte gaten, die indirect worden waargenomen.

Waarnemingen

Informatie over astronomische objecten kan alleen verkregen worden door waarnemingen. De meeste waarnemingen worden gedaan door middel van detectie en analyse van electro-magnetische straling, dus fotonen. Een andere informatiebron is de kosmische straling, zoals neutrino's en anti-neutrino's, de ontdekking van Wolfgang Pauli.

Nevels en gaswolken zijn begrippen uit de astronomie. Oorspronkelijk was het Latijnse woord *"nebula"*, wat nevel of mist betekent, een soort verzamelnaam voor allerlei omvangrijke kosmische objecten, waaronder sterrenhopen binnen- en sterrenstelsels buiten de Melkweg. Een striktere, meer hedendaagse term is "interstellaire gas- en stofwolken".

Typen

Onder de term nevel kunnen de volgende objecten vallen.

- Sterrenstelsels : samenstelsels van miljarden sterren, omstreeks honderdduizend lichtjaar in diameter. Deze vormen onder de nevels de objecten met de grootste afmetingen.
- Bolvormige sterrenhoop : door zwaartekracht gebonden sterrengroepen van enkele duizenden sterren, die verspreid liggen binnen een melkweg.
- Open sterrenhoop : losse groepen van enkele dozijnen tot honderden jonge sterren, ook wel galactische clusters geheten.
- Emissienevels : gaswolken met hoge temperatuur. De energie wordt verkregen door ultraviolet licht van nabij gelegen sterren, en weer uitgestraald als vaak roodachtig licht.
- Reflectienevels : licht reflecterende stofwolken. Vaak de plaats van het ontstaan van jonge sterren.

- Donkere nevels : stofwolken die het licht van andere bronnen blokkeert. Verder vergelijkbaar met reflectienevels. Is een stelsel zodanig in de ruimte georiënteerd dat het vlak van de spiraalarmen naar ons toe is gericht, dan ziet men de donkere materie van dit vlak als een donkere band het hele stelsel doorsnijden.

- Planetaire nevels : gaswolken die als een schil door sommige sterren aan het eind van hun leven zijn uitgeworpen.

- Supernovaoverblijfselen : ontstaan aan het eind van het leven van massieve sterren, een groot deel van de oorspronkelijke massa van de ster wordt in een explosie in de ruimte geslingerd.

- Nevels en gaswolken worden beschouwd als de geboorteplaats van sterren. In dezelfde wolk ontstane sterren vormen soms met elkaar een sterrenhoop. Het aantal sterren daarvan kan uiteenlopen van slechts enkele tot een paar duizend sterren. Een sterrenhoop kan uiteen vallen door zwaartekrachtwerkingen van andere kosmische formaties.

- Nevels worden gecategoriseerd naar de mate van hun lichtweerkaatsing. Sommige types nebula hebben speciale namen gekregen, zoals heldere nevels, donkere nevels en planetaire nevels.

- Heldere nevels zijn gigantische stofwolken die veel licht van nabije sterren weerkaatsen (reflectienevels). Reflectienevels worden gekenmerkt door een blauwe uitstraling, overigens te gering om met het oog waar te nemen. Wanneer een heldere nevel in de buurt van een zeer hete ster staat, kan het voorkomen dat de gasatomen in de nevel geïoniseerd worden door de ultraviolette straling van de ster. De gaswolk gaat hierdoor zelf licht uitstralen en wordt dan een emissienevel genoemd. Deze zijn herkenbaar aan de warm rode kleur, evenmin met het oog waarneembaar. Er bestaat ook een mengvorm, de emissie-reflectienevel.

- Donkere nevels hebben zo'n hoge gas- en stofdichtheid dat het licht van achterliggende sterren er niet doorheen kan komen. Soms zijn ze zichtbaar tegen de achtergrond van een heldere nevel, zoals de grote Paardenkopnevel. Ook de Kolenzaknevel, die zich in het Zuiderkruis bevindt, is een voorbeeld van een donkere nevel.

- Planetaire nevels ontstaan in de eindfase van het leven van niet al te massieve sterren, als ze de buitenste schillen afstoten. Voorbeelden van planetaire nevels zijn de Ringnevel, de Halternevel en de Kattenoognevel.
- Sommige massieve sterren, die meestal ook eindigen in een supernova, genereren in een bepaalde fase van hun bestaan ook nevels door het afstoten van buitenste lagen, Wolf-Rayetnevels, zoals de Helm van Thor, de Sikkelnevel.
- Andere nevels ontstaan doordat massieve sterren aan het einde van hun levenscyclus exploderen (supernova). Voorbeelden van overblijfselen van supernova's zijn de bekende Krabnevel en de Sluiernevel, ook wel Cirrusnevel genoemd.

14.5   Pierre-Simon Laplace

Pierre-Simon Laplace hield zich bezig met onder meer de waarschijnlijkheidsrekening, differentiaalvergelijkingen en de toepassing van de wiskunde in de astronomie en de natuurkunde.

Wiskunde

Onder Laplace's wiskundige ontdekkingen zijn de Laplace-transformaties, de theorie van genererende functies en het bewijs van de Stelling van De Moivre-Laplace in de waarschijnlijkheidsrekening. Laplace heeft ook baanbrekend werk verricht in de hemelmechanica, dat hij heeft gepubliceerd in *"Traité du Mécanique Céleste"*. Hij bewees de stabiliteit van het zonnestelsel. De diverse planeetbanen ondervinden geen seculiere instabiliteiten die tot ejectie van planeten uit het zonnestelsel leiden. Dit bewijs is echter niet eenduidig, omdat u mogelijk weet dat het zonnestelsel strikt genomen chaotisch is en u eigenlijk zulke claims niet kunt maken.

Astronomie

Laplace ontdekte en verklaarde verscheidene effecten in de maanbaan en bewees dat de "grote ongelijkheid" aangaande de baanresonantie tussen Jupiter en Saturnus een periodiek verschijnsel was gedurende ongeveer negenhonderd jaar. Ook was hij ontwikkelaar van de wetenschap aangaande een "neveltheorie", welke verschilt van de theorie van

Immanuel Kant in het midden van de achttiende eeuw. Laplace stelt dat het zonnestelsel ontstaan is uit een platte, roterende gaswolk. In de details is de theorie niet houdbaar, maar het grondidee staat nog steeds overeind. Net als zijn tijdgenoot en collega Joseph-Louis Lagrange gebruikte hij volledig analytische methoden bij zijn hemelmechanische onderzoekingen. Echter de grootste tekortkoming was allereerst dat de theorie geen rekening hield met enige werkzaamheid van geestelijke wezens in het heelal, die de bestuurders, de uitvoerders, de werktuigbouwkundigen zijn of degenen die het mechanisme, dat ongetwijfeld bestaat, op gang houden. De esoterische filosofie ontkent mechanische werkingen in het heelal niet, ze stelt wel dat ze plaatsvinden.

De neveltheorie gaf op hoofdlijnen en in bepaalde opzichten goed de esoterische leer weer, maar vertoonde dus ernstige gebreken. Om in Kant's woorden te spreken, er zou niet sprake zijn van een god maar van goden. Als drietal gebreken zijn dat de volgende.

- De natuur is onvolmaakt en maakt dus onvermijdelijk fouten omdat haar werk bestaat uit wat door grote aantallen wezens wordt gedaan, wat we om ons heen zien is daarvan het bewijs. De natuur is imperfect. Als dit het werk van de handen van de "onveranderlijke God" dus volmaakt en onveranderlijk was, dan zou de natuur volmaakt zijn.

- Van de neveltheorie werd gezegd dat de nevelvlek in haar eerste stadia in gloeiende of brandende toestand was. De esoterische leer geeft aan dat zij wel gloeit, maar met een koud licht, dat hetzelfde is.

- De planeten en zon ontstonden of ontwikkelden zich niet op de manier die de neveltheorie aangeeft. U kunt het beter beschouwen als een wederbelichaming van een vroegere kosmische entiteit.

Joseph-Louis Lagrange ontwikkelde zich later samen met Leonhard Euler tot één van de grootste twee wiskundigen van de achttiende eeuw. Hij werkte onder andere aan partiële differentiaalvergelijkingen, getaltheorie, analytische mechanica, hij zag de mechanica immers als een soort wiskunde en aan problemen uit de astronomie, met name het drielichamenprobleem. De Laplace-vergelijking is naar Laplace genoemd, maar was al voor hem bekend. De in die vergelijking voorkomende operator wordt naar hem de Laplace-operator genoemd. Op basis van deze formules is het Alignment Tool uit mijn boek "Van bovenkamer naar onderbuik" ontwikkeld.

Statistiek

In zijn *"Essai philosophique sur les probabilités"* beschrijft Laplace dat als een geest, een Intelligence, op zeker moment alle posities en snelheden zou kennen, alhoewel Laplace het wat vager formuleert. Door bovendien die gegevens aan analyse te kunnen onderwerpen, zou hij op slag toekomst en verleden voor ogen hebben en zou er geen onzekerheid voor hem bestaan. Vervolgens geeft Laplace aan dat wij mensen oneindig ver van zo'n superieure geest, de hogere macht, afstaan en dat we daarom de kansrekening nodig hebben. Weliswaar wordt deze passage altijd weer aangehaald om het mechanistisch-deterministische wereldbeeld te beschrijven, maar uit de context van het essay is duidelijk dat de passage bedoeld is om de beperktheid van de mensheid te tonen en de noodzaak van een intellectueel middel als de kansrekening. Voor Laplace was waarschijnlijkheid "gezond verstand teruggebracht tot getallen", zoals vrij vertaald, op de laatste bladzij van het genoemde essay te lezen is. In het technische boek over de kansrekening, *"Théorie analytique des probabilités"*, komt de stelling van Bayes voor het eerst voor. Laplace is de eerste geweest die deze geformuleerd heeft in de vroege zeventiger jaren van de achttiende eeuw.

Wat kunnen we concluderen uit al deze informatie ?

Al deze wetenschappers gebruikten de concrete waarnemingen en extraheerden op basis van die informatie de voor ons bekende formuleringen. Tot dusver laat niemand zich uit over een hogere Macht, The enfolding Void, het "ZIJN" die vanuit het chaotische Universum de kosmos creëert.

Hierbij kunnen we de associatie leggen met het ei van Assagioli, welke de verschillende niveaus van de substantie uiteen zet. Ook kunt u hier de theorie van Johannes Poortman teruglezen aangaande Hylische Pluraliteit of de stoffelijke meervoudigheid.

14.6   Het ei van Roberto Assagioli

Het ei van Roberto Assagioli geeft de zes niveaus aan zoals wordt bedoeld met de zevenvoudige samenstelling van de mens. De zintuigen zijn de schakel tussen lichaam en geest. Deze weergave komt uit het boek "Beginselen van de esoterische filosofie" van Gottfried de Purucker. Zijn boek is gebaseerd op "*De Geheime Leer*" van Héléna Blavatsky.

Het ei van Roberto Assasgioli ziet er als volgt uit, hoofdstuk negentien, bladzijde 258 van het boek.

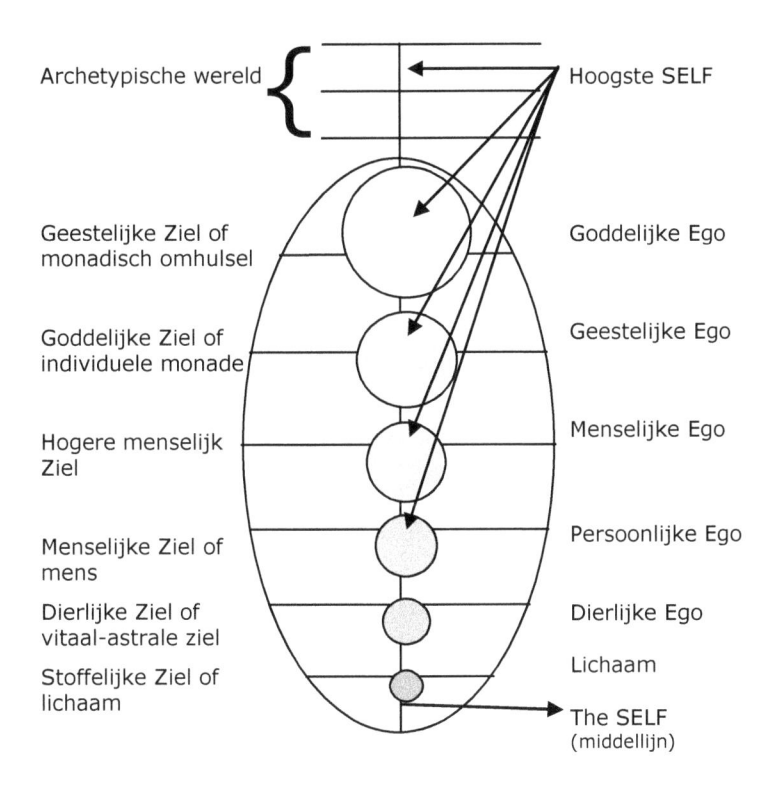

Archetypische wereld	Hoogste SELF
Geestelijke Ziel of monadisch omhulsel	Goddelijke Ego
Goddelijke Ziel of individuele monade	Geestelijke Ego
Hogere menselijk Ziel	Menselijke Ego
Menselijke Ziel of mens	Persoonlijke Ego
Dierlijke Ziel of vitaal-astrale ziel	Dierlijke Ego
Stoffelijke Ziel of lichaam	Lichaam
	The SELF (middellijn)

De cirkels vormen de schakels van de vibrerende bewustzijnssubstantie, die deze verschillende centra met elkaar verbinden. Antroposofisch levert dit het navolgende overzicht op.

Niveau	Antroposofie	Blavatsky	Sfeer	Mens
7	Geestmens	Geest van de æther	Noumenaal	Schone
6	Levensgeest	Derde oog	Geestelijk	Ware
5	Geestzelf	Ruimte-æther	Psychisch	Goede
4	Ik als zielkern	Kritische toestand van stof	Astro-etherisch	"IK"
3	Etherlichaam	Essentie van grove stof	Sub-astraal	Chaos
2	Astraal lichaam	Grove æther of vloeibare lucht	Vitaal	Gaia
1	Fysiek lichaam	Levend lichaam	Zuiver stoffelijk	Eros

In meer gewone woorden kunt u ook lezen dat het niveau en daarmee de grootte van elke cirkel in het midden van het ei gelijk staat aan het niveau van bewustzijn, begripsvermogen, macht, invloed, kracht, uitgebreidheid en bevattingsvermogen. Deze wordt, naarmate u verder in het ei afzakt steeds kleiner. Wie was Gottfried de Purucker ?

14.7   Gottfried de Purucker

Gottfried de Purucker was een van oorsprong Amerikaanse schrijver en theosoof. Later verhuisde hij en zijn familie naar Zwitserland. De Purucker begon zijn ambtsperiode met het schrijven van verschillende Algemene Brieven, gericht aan de leden van de Society en de Esoterische Sectie. Vol enthousiasme schreef hij zijn visie op de toekomst en verzekerde de leden dat de leraren van Héléna Blavatsky nog steeds voor en met de Society werkten, zowel innerlijk als uiterlijk.

De Purucker had met Katherine Tingley in de loop der jaren, heel wat plannen en verwachtingen besproken. Hij probeerde die te verwezenlijken. Om meer belangstelling voor de theosofie te stimuleren, moedigde de Purucker het jeugdwerk aan, zowel door de lotuscirkels en de Rajayoga School en Academy, die later herdoopt werd tot de Lomaland School. Hij richtte een nieuw maandelijks tijdschrift voor kinderen op : "*The Lotus-Circle Messenger*".

Een hoofdthema in het beleid van de Purucker was een poging om de leden van de verschillende theosofische groepen en organisaties dichter bij elkaar te brengen. Hij wilde dit doen op basis van broederschap en wederzijds respect. Begin dertiger jaren kondigde hij in het openbaar de "*Fraternization Movement*" of Verbroederingsbeweging aan. Hij moedigde zijn leden aan om vriendschappelijke banden aan te knopen met theosofen van andere organisaties en gezamenlijke plaatselijke activiteiten te ontwikkelen. Hij nodigde bestuursleden en vooraanstaande figuren van de verschillende theosofische organisaties uit naar een conventie. Deze zou gehouden worden met als thema de herdenking van de geboorte van Blavatsky, toen honderd jaar geleden. Andere ontmoetingen volgden. De Purucker kon zijn doel niet volledig realiseren, doch de gevoelens van vijandigheid tussen de verschillende theosofische groepen verminderden. Grondslagen voor de toekomst werden gelegd.

Twee grote projecten, die niet tijdens het leven van de Purucker, voltooid werden waren "*The Complete Writings of H.P. Blavatsky*" en de "*Encyclopedic Theosophical Glossary*". Na de dood van De Purucker werd het werk voortgezet. Uiteindelijk werden er veertien delen van Blavatsky's "*Collected Writings*" uitgegeven.

Veel van deze informatie kunt u terugvinden in zijn boek "*Beginselen van de esoterische filosofie*", waaronder het hoofdstuk 5 over de Neveltheorie, zoals ik dat beschreven heb in dit hoofdstuk.

15. Substantie en Materie

In het vorige hoofdstuk heb ik middels de theorieën van LaPlace aangegeven dat zowel het menselijke als ook het geestelijke uit een substantie zou bestaan, waarbij het menselijk lichaam als substantie ook wel de biologische materie wordt genoemd, de laagste in gradatie en hoogste in dichtheid. Op welke wijze is het inzichtelijk te maken dat "alle materie" eenzelfde soort oorsprong qua opbouw kent ?

We kunnen daar enkele basisbegrippen bijhalen vanuit de relativiteitstheorie en de snaartheorie. De bijbehorende formules zijn die van Albert Einstein, Niels Bohr aangaande de golf- en deeltjestheorie, als ook Maxwell aangaande het electro-magnetisme.

15.1 Electro-magnetisme

Het woord "electro-magnetisch" weerspiegelt het verschijnsel dat electrische velden en magnetische velden, als ze in de tijd veranderen, altijd samen optreden. Een wisselend electrisch veld gaat altijd gepaard met een wisselend magnetisch veld en omgekeerd.

Electro-magnetische velden worden voor klassieke situaties, dus zonder quantummechanica, exact beschreven door de Maxwell-vergelijkingen. Die waren in strijd met het klassieke relativiteitsbeginsel van Galileo Galilei. Einstein toonde met zijn speciale Relativiteitstheorie aan, dat de wetten van Maxwell juist waren en het beginsel van Galilei niet.

Het bijzondere van electro-magnetische straling is dat er geen medium nodig is, waarin de golven zich voortplanten. In tegenstelling tot bijvoorbeeld geluid, dat zich niet in een vacuüm kan voortplanten, kan licht zich prima door een verder totaal lege ruimte voortbewegen. Daarbij gedraagt licht zich als een transversale golf en vertoont dan ook polarisatie. Bij een transversale golfbeweging gaan "alle punten" die op de golf gelegen zijn, gelijktijdig door "nul". Bij een longitudinale golf gaat elk punt na punt successievelijk door "nul". Deze golf "lijkt" dan te lopen".In de begindagen van radiocommunicatie, waarbij van electro-magnetische golven gebruik wordt gemaakt, werd aangenomen dat de electro-magnetische golven zich voortplantten via de zogenaamde æther.

Echter is de æther daadwerkelijk "leeg" of is er sprake van onmeetbare morfische velden, waarover Rupert Sheldrake spreekt ? Albert Einstein ging uit van de relatie tussen massa en snelheid. Meer massa resulteert in een lagere snelheid dan de oorspronkelijke lichtsnelheid, toegeschreven aan de massaloze fotonen. Niels Bohr gaf aan dat het één niet het ander kan zijn, dat een deeltje pas een deeltje is, zodra deze ergens beland is en daarmee waarneembaar is. Voor die tijd is het energie in een golfbeweging. De actuele snaartheorie tracht beide theorieën samen te voegen tot één sluitende theorie.

James Maxwell ontdekte dat licht een electro-magnetisch verschijnsel was en samen met Hendrik Lorenz voegde hij deze ontdekking aan de voorgaande ontdekkingen. Maxwell's vergelijkingen hebben betrekking op het electro-magnetisme. Electro-magnetisme is overal aanwezig, het is een gecombineerd veld of eigenlijk het zijn velden, zijnde positieve of negatieve energie. Het is verplaats zich volgens de formule **c = λ x f** (lichtsnelheid is het product van golflengte en frequentie) in en door het luchtledige.

15.2 Maxwell's vergelijkingen

Maxwell's 4 vergelijkingen zijn gebaseerd op de volgende formules.
- Gauss' 1e wet voor electrisch veld – verandering levert M-veld op
- Gauss' 2e wet voor magnetisch veld – verandering levert E-veld op
- Faraday's wet voor inductie
- Ampère's wet

Vooral de eerste twee wetten zijn interessant, immers het één onderhoudt de ander en vice versa zoals ik al eerder vermeldde. Er vanuit gaande dat een deeltje een dipool vertegenwoordigt, is er dus sprake van een staand, electrisch veld. Het magnetische veld daarentegen is een gesloten veld, staat loodrecht op de snelheidsvector van het "deeltje", wat betekent dat de inwerkende kracht van het veld geen invloed hebben op de kracht die de snelheid veroorzaakt. Voor de kenners onder u weet u dat de arbeidsfactor of effectiviteit gerelateerd is aan de cosinuswaarde tussen de beide krachten of vectoren, die deze krachten vertegenwoordigen.

Bij een haakse of een loodrechte inwerking betekent dit dat de arbeidsfactor, ongeacht hoe groot de inwerkende kracht is, vanwege de cosinuswaarde bij dit aangrijpingspunt van negentig graden dus "nul" is. De som van beide velden staat bekend als de Lorenz-vergelijking.

Een van de eigenaardigheden van het klassieke electro-magnetisme is dat het niet verenigbaar is met de klassieke mechanica. Volgens de Maxwell-vergelijkingen is de lichtsnelheid in vacuüm een universele constante die enkel afhangt van de electrische permittiviteit en de magnetische permeabiliteit van het vacuüm.

Toelichting

Een materiaal of medium wordt isotroop genoemd als de materiaaleigenschappen niet van de richting afhangen. Als de eigenschappen wel van de richting afhangen, heet dat anisotroop.

Het electrisch veld is een vectorveld, dat wil zeggen een geheel aan vectoren met elk een waarde en een richting. Het veld is daarmee een geheel van waarden die een fysische grootheid aanneemt in alle punten van een bepaalde ruimte, net als het zwaartekrachtveld. De richting hangt af van alle aanwezige electrische ladingen.

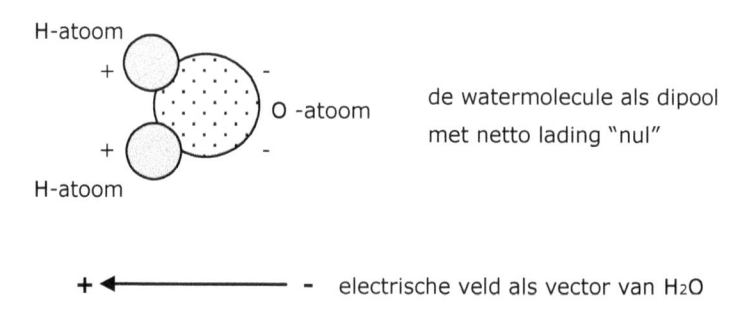

de watermolecule als dipool met netto lading "nul"

electrische veld als vector van H_2O

Als voorbeeld maakt u de getekende watermolecuul onderhevig aan een electro-magnetisch veld. De electro-magnetische energie doet deze watermoleculen steeds omdraaien.

Door het electro-magnetische veld dat de antenne uitstraalt, zullen de moleculen continu positioneel omwisselen of "omdraaien". Deze wrijving tussen de onderlinge watermoleculen resulteert in warmte. Wel is het van belang dat u de golflengte van deze electro-magnetische energie in grootte afstemt op de dimensies van de watermoleculen.

Wanneer u electrische lading verplaatst, zal dat resulteren in een magnetisch veld. Andersom levert een wisselend magnetisch veld een electrisch veld op. Hieronder ziet u een voorbeeld van geïoniseerd water, bijvoorbeeld een zuuroplossing.

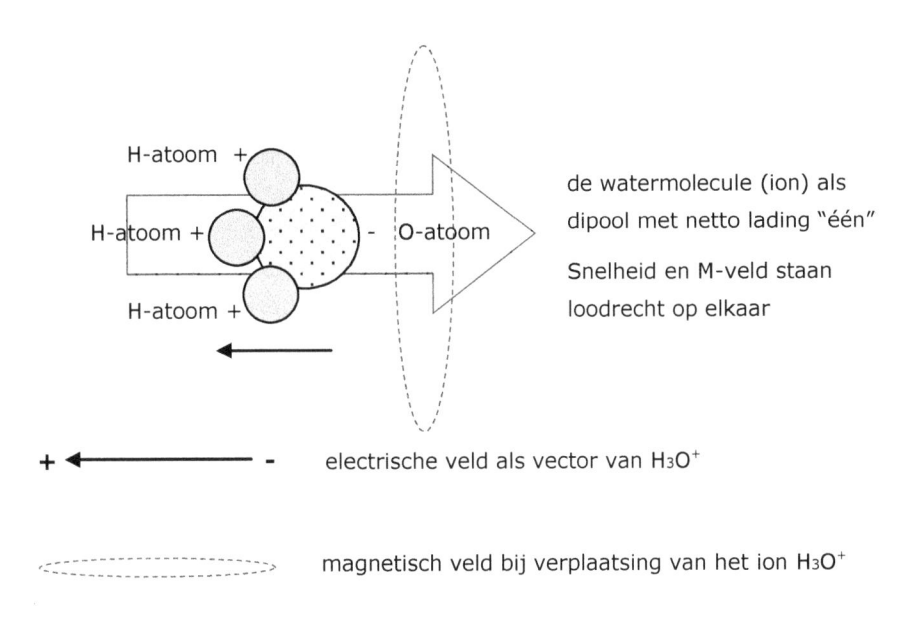

de watermolecule (ion) als dipool met netto lading "één"

Snelheid en M-veld staan loodrecht op elkaar

electrische veld als vector van H_3O^+

magnetisch veld bij verplaatsing van het ion H_3O^+

Is deze beschrijving fantasie of toch werkelijkheid ? Om een u voorbeeld te geven, uw bloed bestaat voor ruim tachtig procent uit water. Daarin zijn onder andere voedingsstoffen, ijzerplaatjes en opgeloste mineralen aanwezig. Vele van deze stoffen zijn simpelweg dipolen. Daar uw bloed door uw hart wordt rondgepompt, betekent dit dus een verplaatsing van een "electrisch veld" met dipolen, wat een magnetisch veld tot gevolg heeft, zoals u hierboven heeft kunnen lezen. Hebben uw zenuwbanen de geleidbaarheid van koper of aluminium ? Vast niet, u bent organisch. Hoe komt dan toch een electrische stroom op gang ? Is dat een stroom aan vrije electronen of moeten we het meer in een verplaatsbare, successievelijke geïoniseerde, neuronale lichaamscellen zoeken ?

Hiermee ziet u tevens dat uw fysieke reactiesnelheid slechts zo'n zes tot acht meter per seconde bedraagt, vele malen lager dan de (electronen-) stroomsnelheid door metalen geleiders. Dat zijn de meest simpele fysio-biologische aspecten en weergaven van het bovengenoemde voorbeeld.

De technische uiteenzetting

U krijgt de waarde en de richting van het electrisch veld in een punt van de ruimte door er virtueel een electrisch positieve eenheidslading te plaatsen. Het electrisch veld in dat punt is de kracht, dat uitgedrukt wordt in Newton en die inwerkt op die virtuele lading. Elke electrische lading "q" met eenheid Coulomb, creëert een electrisch veld "E" in de omringende ruimte. Het electrisch veld staat loodrecht op een equipotentiaal oppervlak, bijvoorbeeld de grond, die we perfect geleidend beschouwen. Binnen een geleidend object zoals bijvoorbeeld een metalen kooi, is het electrisch veld "nul" als er geen interne objecten zijn. Het menselijk lichaam bijvoorbeeld is een vrij goede geleider. Het interne electrisch veld is quasi of schijnbaar "nul", zelfs als men het in een sterk extern veld plaatst of tot een orde van miljoen qua verschil in grootte. Een electrische stroom die door een niet-perfecte geleider gaat creëert ook een electrisch veld dat in de richting van de stroom georiënteerd is.

Permittiviteit

Permittere betekent letterlijk "toestaan te beïnvloeden of beïnvloed te worden". Permittiviteit ε is een fysische grootheid die beschrijft hoe een electrisch veld een medium beïnvloedt en erdoor beïnvloed wordt. U kunt het ook beschouwen als het vermogen van een medium zich te polariseren door toedoen van het aanleggen van een electrisch veld. Wat als dit medium vacuüm is ? Is het universum daadwerkelijk vacuüm ?

De magnetische fluxdichtheid is een andere benaming voor "magnetisch inductieveld". In de literatuur spreekt men veeleer over een magnetisch veld in plaats van de correcte uitdrukking "magnetisch inductieveld". Electrische ladingen in rust veroorzaken een electrisch veld. Bewegende ladingen of met andere woorden een electrische stroom, creëren een magnetisch veld.

Permeabiliteit

Permeabiliteit is letterlijk gesteld "de mate van doorlaatbaarheid van magnetische veldlijnen door een medium". De magnetische permeabiliteit van een materiaal is het vermogen van dit materiaal om magnetische inductie te kanaliseren, dit wil zeggen de magnetische fluxlijnen te concentreren – daar waar de doorlaatbaarheid het grootste is – wat de waarde van de magnetische inductie kan verhogen. Deze magnetische inductiewaarde is dus afhankelijk van het milieu, materiaal of medium, waarin het zich voordoet.

De kanalisatie van het magneetveld in een materiaal dat eveneens geleidend is, is des te geringer als gevolg van de inductiestromen, naarmate de variatiefrequentie van de velden, de permeabiliteit en de geleidbaarheid hoger zijn.

Het magneetveld "H" en het magnetische inductieveld "B" zijn in een gegeven materiaal verbonden door de zogenaamde "samenstellende" vergelijking.

$$B = \mu * H$$

waarin µ – mu – de magnetische permeabiliteit van het materiaal is.

De magnetische permeabiliteit van het materiaal µ wordt vaak uitgedrukt door het product van de magnetische constante μ_0 en de relatieve permeabiliteit μ_r zonder grootheid.

$$\mu = \mu_0 * \mu_r$$

Hierin is μ_0 een universele constante en is μ_r is afhankelijk van het materiaal. In lucht, in een vacuüm, in gassen, in koper, aluminium, aarde en andere materialen is µr gelijk aan één. Deze non-ferro-materialen veroorzaken dus geen enkele kanalisatie van het magnetisch veld. Dit in tegenstelling tot de ferro-materialen zoals kobalt, nikkel en uiteraard ijzer.

Anders gezegd, de absolute permeabiliteit µ of μ_0 van een medium is de mate waarin het medium een magnetisch veld geleidt. Letterlijk betekent dit het laten doordringen van magnetische velden. Meer bepaald is het de verhouding tussen de magnetische inductie B en het magnetisch veld H.

Het geeft aan, in welke mate een materiaal magnetisch polariseert, dus zich richt naar het magneetveld en het zo versterkt. Beschouwend een electrisch veld, met de zogenoemde wetten van Maxwell, dan wordt de relatie tussen het electrisch verplaatsingsveld "D" en het electrisch veld "E" als volgt weergegeven.

$$D = \varepsilon_0 E + P$$

met ε_0 als de permittiviteit van vrije ruimte en P als de electrische polarisatie. In het veel voorkomende geval van een isotroop medium, zijn "D" en "E" parallel vectoren en is scalair, een getalswaarde, maar in algemene anisotrope middenstoffen is dit niet het geval. De permittiviteit ε en magnetische permeabiliteit μ van een medium bepalen samen de fasesnelheid *v* van de electro-magnetische straling door dat medium.

De voortplantingssnelheid van een golf is in principe de snelheid waarmee een golffront zich uitbreidt. Een golffront is de meetkundige plaats van alle punten van een golf, waarbij die punten onderling in fase trillen, bijvoorbeeld op de top van een golf. De moeilijkheid daarbij is dat een golf vaak een superpositie is, waarvan de afzonderlijke componenten verschillende voorplantingssnelheden kunnen hebben.

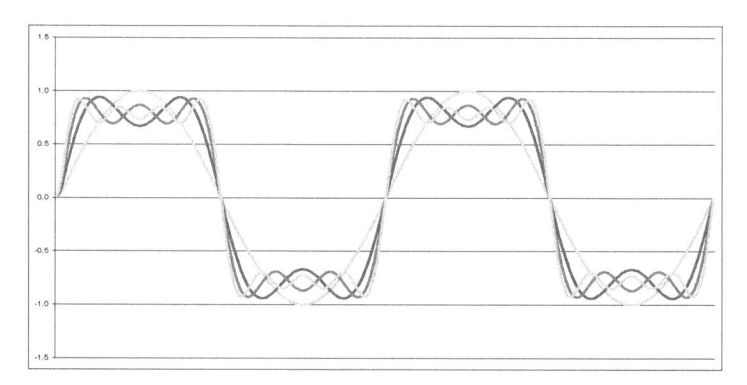

Grondharmonische met respectievelijk de derde, de vijfde en de zevende harmonische gesuperponeerd. De "eindvorm" met alle oneven hogere harmonischen ten opzichte van de grondgolf gaat naar een blokgolf. De Fourier-analyse verleent zich prima voor dergelijke analyseberekeningen aan superpositiegolven.

Fasesnelheid versus voortplantingssnelheid

Doordat een golf meestal uit een superpositie of een openstapeling van harmonische golven bestaat, kunnen de snelheden van de afzonderlijke componenten uiteenlopen. U kunt dan ook onderscheid maken in fasesnelheid en groepssnelheid. De fasesnelheid is dan de snelheid waarmee een willekeurig punt op de golf met vaste fase zich voortplant en de groepssnelheid de snelheid waarmee de omhullende van de golf zich voortplant.

Relativistische quantumveldentheorie

Dit is in strijd met de relativiteitsbetrekkingen van Galilei, één van de hoekstenen van de klassieke mechanica. Hierin wordt een snelheid altijd uitgedrukt ten opzichte van de beweging van het assenstelsel van de waarnemer. Uiteindelijk ontwikkelde Albert Einstein de speciale Relativiteitstheorie, waarmee deze paradox uit de wereld werd geholpen. Met de komst van de quantummechanica werd het nodig een quantumtheorie voor het electro-magnetisme op te stellen. Deze theorie werd uitgewerkt in de jaren veertig en vijftig en heet quantum-electrodynamica of QED. Dit is een relativistische quantumveldentheorie van het electro-magnetisme. Deze theorie is een integratie van de relativistische versie van de Wetten van Maxwell met de theorie van de quantummechanica.

QED beschrijft wiskundig alle fenomenen die betrekking hebben op de electrische lading van deeltjes die op elkaar inwerken door middel van de uitwisseling door fotonen, tussen licht en materie of tussen geladen deeltjes. Het wordt "het juweel van de natuurkunde" genoemd voor de zeer nauwkeurige voorspelling van fysische "hoeveelheden", zoals onder andere het magnetische moment van het electron en de Lambverschuiving van de energieniveaus van waterstof.

15.3 Nicolas Tesla

Nicolas Tesla was een Servisch-Amerikaanse uitvinder en onderzoeker en staat bekend als de voorloper en ontdekker van de magnetische inductie en ook het roterende magnetisch veld, de basis voor de meeste machines, die gebruik maken van wisselstroom.

Nicolas Tesla was ooit door Thomas Edison als werknemer aangenomen maar ging al gauw zijn eigen weg. Hij experimenteerde voornamelijk met hoogfrequente wisselstroom in een speciaal laboratorium in Colorado. Hier ontwikkelde hij een speciale meertraps transformator, de Tesla-transformator, die in iedere analoge televisie gebruikt werd. De bobine in uw auto ten behoeve van de ontsteking is in principe ook een Tesla-transformator.

In zijn laboratorium had Tesla een reusachtige transformator, die meterslange vonken produceerde via een bol op een hoge mast die uit het dak stak. Door het enorme electro-magnetische veld van deze constructie kon Tesla lampen op honderden meters in de omtrek laten oplichten. Door deze experimenten kwam Tesla op het idee van afstandsbesturing via electro-magnetische golven en experimenteerde met een op afstand bestuurbaar model. Daarom wordt Tesla tegenwoordig ook gezien als de oorspronkelijke uitvinder van het principe van de radio, wat na een lange rechtszaak met Marconi ook door deze werd erkend.

In het verlengde van zijn hoogfrequente-spannings-experimenten probeerde Tesla electriciteit door de lucht te transporteren. Daarom bouwde hij op Long Island een proefinstallatie met zendtoren. Maar toen bleek dat het stroomverbruik van eventuele afnemers niet te meten was, trokken de meeste investeerders zich terug. Bovendien zou bij eventueel succes het reeds bestaande electriciteitsnet met al haar investeringen in een klap overbodig en dus waardeloos zijn geworden. Uiteindelijk is door geldgebrek de toren nooit voltooid en heeft Tesla zijn idee ook nooit kunnen bewijzen met een demonstratie.

Maar hij had een intuïtief gevoel voor verborgen wetenschappelijke geheimen en gebruikte zijn uitvinderstalent om zijn hypotheses te bewijzen. Tesla was een buitenkansje voor reporters, die sensationele kopij zochten, maar een probleem voor uitgevers, die niet zeker waren van de betrouwbaarheid van zijn futuristische profetieën. Bijtende kritieken kreeg hij over zijn speculaties omtrent communicatie met andere planeten. Zijn stelling, dat hij de aarde als een appel kon splitsen en zijn bewering, dat hij een dodende straal had uitgevonden waarmee hij tienduizend vliegtuigen op een afstand van vierhonderd kilometer kon vernietigen. Doelde Nicolas Tesla hier onbewust al op de mogelijke beïnvloeding van de Schumann-resonantie door ionisatiekanonnen ? Beïnvloeden we daarmee onze ionosfeer, daarmee de Schumann-resonantie en onze levensritmiek ?

Hieruit blijkt wel dat Nicola Tesla het schoolvoorbeeld was van de excentrieke geleerde en uitvinder. Zo was hij zijn leven lang erg gevoelig voor harde zintuiglijke indrukken en beweerde hij dat hij onweer op honderden kilometers afstand kon horen. Positief voor hem was dat Tesla vaak zeer gedetailleerde visualisaties had, waarin hij zijn machines kon laten "proefdraaien" en zo als het ware problemen met zijn uitvindingen direct zag en kon oplossen. In eigen woorden zegt hij dat als volgt.

"Before I put a sketch on paper, the whole idea is worked out mentally. In my mind I change the construction, make improvements, and even operate the device. Without ever having drawn a sketch I can give the measurements of all parts to workmen, and when completed all these parts will fit, just as certainly as though I had made the actual drawings. It is immaterial to me whether I run my machine in my mind or test it in my shop. The inventions I have conceived in this way have always worked. In thirty years there has not been a single exception. My first electric motor, the vacuüm wireless light, my turbine engine and many other devices have all been developed in exactly this way."

"Voordat ik een schets op papier zet, werk ik het hele idee in gedachten uit. In mijn hoofd verander ik de constructie, breng ik verbeteringen aan en zelfs laat ik het apparaat werken. Zonder ooit een schets te tekenen kan ik de maten van alle onderdelen aan instrumentmakers geven. Eenmaal gemaakt passen al die onderdelen, alsof ik de bouwtekeningen echt gemaakt zou hebben. Het maakt me niet uit of ik mijn machine in mijn hoofd of in mijn lab laat draaien. De uitvindingen die ik op deze manier bedacht heb werkten in dertig jaar zonder uitzondering altijd. Mijn eerste elektrische motor, de draadloze vacuümlamp en vele andere apparaten zijn allemaal precies zo ontwikkeld."

Hierboven herken ik in MBTI-termen de "Architect" – code INTP, met een ongekende kennis van een specifiek vakgebied, waaruit zijn vakmanschap blijkt MBTI-code SP. Als we dergelijke ontwerp- en gedachtemethoden in het licht van Onderwijs beschouwen, wat kunnen we daar dan uit leren ?

16. Hylische Pluraliteit

Hylische Pluraliteit is een begrip dat is geïntroduceerd door Johannes Poortman. Vanuit de inzichten van Héléna Blavatsky, "De Geheime Leer" en "De beginselen van de Esoterische filosofie" van Gottfried de Purucker zijn deze inzichten verder uiteen gezet. Hylische Pluraliteit of Pluralisme betekent letterlijk stoffelijke meervoudigheid. Wat precies deze stoffelijkheid is, wordt hieronder toegelicht.

Het lichaam-geestprobleem zoals ik heb beschreven in hoofdstuk 11.5 is strikt genomen het probleem met betrekking tot de verklaring van de relatie tussen geesten, of mentale processen en lichamelijke toestanden of processen. Onze perceptuele ervaringen zijn afhankelijk van stimuli die onze verschillende zintuigen bereiken vanuit de buitenwereld. Deze stimuli liggen aan de basis van veranderingen in de toestanden van onze hersenen en veroorzaken uiteindelijk het gevoel van een prettige of onprettige indruk of sensation. Iemands verlangens naar een bepaald iets zullen de neiging opwekken bij die persoon om diens lichaam op een bepaalde wijze te bewegen in een zekere richting in een poging om datgene te bereiken waar men naar verlangt.

Maar hoe is het mogelijk dat bewuste ervaringen kunnen voortkomen uit een inerte massa van grijze materie met bepaalde electro-chemische eigenschappen ? Hoe kan iemands verlangen het proces opwekken waarbij de neuronen van die persoon actief worden en de spieren op precies de juiste manier samentrekken ? Dit zijn enkele van de belangrijkste puzzels waarmee de filosofen van geest en cognitie geconfronteerd worden, al sinds de tijd van René Descartes.

16.1   René Descartes

René Descartes was een Franse filosoof en wiskundige. Ook leverde hij bijdragen aan de natuurkunde en fysiologie. Descartes woonde en werkte twintig jaar in de Republiek der Zeven Verenigde Nederlanden, waar hij ook zijn belangrijkste werken schreef. Hij was de eerste die de filosofie van Aristoteles niet alleen verwierp, maar ook verving door een eigen levensvatbaar filosofisch systeem, waarmee hij de basis legde voor de zeventiende-eeuwse stroming van het rationalisme.

Hij wordt algemeen beschouwd als de vader van de moderne filosofie. In de wiskunde legde hij de basis voor de analytische meetkunde, de brug tussen de algebra en de meetkunde.

René Descartes was een onrustige persoon en verhuisde vaak. Hij maakte er een gewoonte van om zijn verblijfplaats alleen aan enkele vrienden bekend te maken. Mede op aandringen van deze vrienden publiceerde hij er zijn *"Discours de la méthode"*, waarin hij de in die tijd nog altijd gangbare filosofie van Aristoteles en de scholastiek verwierp en volhield dat alle echte kennis op de wiskunde moet worden gebaseerd. Bovendien paste hij in *"La géometrie"* – een aanhangsel van het *"Discours"* – de algebra consequent toe op meetkundige vraagstukken, waarmee meetkundige objecten konden worden beschreven met getallen en vergelijkingen. Hij was de eerste die deze aanpak hanteerde en legde hiermee de basis van de moderne wis- en natuurkunde. René Descartes is vooral bekend om de cartesiaanse twijfel en zijn filosofische systeem, de verbinding van algebra en meetkunde in de wiskunde en allerlei bijdragen aan de natuurkunde zoals de verklaring van de regenboog.

Aristoteles zag in zijn boek *"De Meteorologie"* de regenboog als een weerkaatsing van zonlicht tegen een wolk. Alhazen of Al-Hasan onderzocht lichtbreking experimenteel met een glazen bol met water. De eerste onderzoeker die hiermee de regenboog verklaarde was de Pers Qutb al-Din al-Shirazi. Zijn leerling Kamāl al-Dīn al-Fārisī wist een wiskundig meer bevredigende verklaring op te stellen. In West-Europa was het Dietrich von Freiberg die de theorie als eerste ontwikkelde in zijn boek *"De iride et radialibus impressionibus"* of *"De regenboog en de door stralen veroorzaakte indrukken"*. Daarna volgde de in Nederland wonende René Descartes die met een verklaring voor de regenboog kwam in zijn boek *"Les météores"* en *"De l'arc-en-ciel"* en Christiaan Huygens verbeterde deze theorie.

Met zijn stelling *"Cogito ergo sum"* of *"Ik denk, dus ik ben of besta"*, neemt Descartes een dualistisch standpunt in. Hij scheidt de geest van het lichaam. Via allerlei gedachte-experimenten komt hij immers tot de conclusie dat hij er niet zeker van kan zijn dat hij een lichaam heeft, maar wel dat hij een geest heeft. Hij stelt dat men aan letterlijk alles moet twijfelen. Echter moet het, zelfs in al deze twijfel, voor een ieder duidelijk zijn dat men twijfelt en dus dat men denkt.

Zo kwam hij uiteindelijk bij de stelling: "*Cogito ergo sum*". Men weet niet waar de geest zich bevindt, maar wel dàt die zich ergens bevindt en dus dat de geest bestaat.

In zijn filosofische onderzoekingen stuitte Descartes op de subjectiviteit van de menselijke waarneming. Wat is werkelijkheid, en wat is illusie? De menselijke waarneming bleek zo onbetrouwbaar te zijn, dat aan de werkelijkheid, zoals de mens die waarneemt, kan worden getwijfeld. Wat betwijfeld kan worden, moet worden afgewezen, want bewijsvoering moet plaatsvinden op basis van onbetwijfelbare argumenten. Waaraan volgens hem echter niet getwijfeld kon worden, was het feit dàt hij twijfelde. "*Cogito ergo sum*" is een vaststelling waarover geen discussie mogelijk is. Vanuit deze grondslag bouwde Descartes God en het wereldbeeld op basis van onbetwijfelbare argumenten opnieuw op. Of hij in dat laatste slaagde, gaf aanleiding tot eeuwenlange filosofische discussies.

Descartes' beroemde stelling komt voor in de "*Principia Philosophiae*", "*Ego cogito, ergo sum*". In de tweede Meditatie zegt hij: "*Ego sum, ergo existo*" en van de "*Discours de la méthode*" staat de eveneens bekende frase "*Je pense, donc je suis*."

Volgens Descartes moet men het schijnweten volledig uitbannen en is enkel een volledig zekere, deductieve wetenschap waar. Om tot dit resultaat te komen gebruikt hij een soort radicale, kunstmatige twijfel in drie fasen.

- <u>De destructieve fase.</u> Kennis verkregen door onderricht en boekenkennis moeten verworpen worden, net als zintuiglijke kennis. Hij stelt zich de vraag of aan de zintuiglijke oordelen een objectieve werkelijkheid bestaat, bestaat de materiële wereld wel en dus ook ons lichaam? Zelfs de waarheid van de wiskunde betwijfelt hij door de introductie van een god als "*malin génie*". Wie garandeert ons dat er geen bedrieglijke god bestaat die ons bij het simpelste optelsommetje de verkeerde getallen doet uitkomen? De conclusie is een radicaal niet-weten.

- <u>Het scharnierpunt.</u> Men kan het bestaan van het denkende subject verzekeren, zolang het denkt. "*Cogito ergo sum*". Zonder lichaam zou ik ook bestaan, zolang ik maar denk. De conclusie luidt hier : "*Er is geen lichaam nodig voor de geest om te bestaan*".

- De constructieve fase. Descartes komt tot twee godsbewijzen die het bestaan van een "*malin génie*" weerleggen. "*God kan geen bedrieger zijn, want bedrog wijst op tekortkomingen terwijl God volmaakt is*". Het is volgens sommigen problematisch dat Descartes zich hierbij schuldig maakt aan een denkfout. God zou ons bedriegen als onze neiging om te geloven in het bestaan van een materiële wereld buiten ons bewustzijn, misleidend zou zijn. De conclusie betreft het doel, de fundering van kennis is bereikt.

De drie zekerheden

Om rationaliteit te funderen poneerde Descartes drie zekerheden. Om u vooraf ter introductie op ludieke wijze meer taalgevoel te geven aangaande zekerheid volgen hier een tweetal voorbeelden. Hoe bepaald is het individu in de zin *"Een bepaald individu ...."* Met welke zekerheid kunt u aangeven over wie het gaat in "Een *zekere persoon* ...." ? Hierin ziet u gelijk de rationele kracht van taal en de re-actie die het bij u oproept. René Descartes formuleerde het als volgt.

- De eerste zekerheid is die van de twijfel. Door dingen in vraag te stellen ontstaat er twijfel. Wanneer deze twijfel echter opnieuw in vraag gesteld wordt, wordt het feit herbevestigd dát ik twijfel. Op deze manier ontstaat er een zekerheid, namelijk die van het bestaan van de twijfel, de activiteit van het denken in zijn puurste vorm. Het denken, het cogito, bevestigt de aanwezigheid van deze denkactiviteit, het zijn. "*Ik denk, dus ik ben*".

Met deze eerste zekerheid bewees Descartes het bestaan van het denken als substantie. Om zijn fundering van de rationaliteit verder te zetten voerde hij het dualisme in. In het dualisme onderscheidde hij twee polen. De eerste pool is die van het denken of de *res cogitans*, zoals in die in de eerste zekerheid is bewezen. Daarnaast bestaat er een tweede pool, een nog te bewijzen buitenwereld of *res extensa*, die alles buiten het denken omvat. Het denken en de buitenwereld lijken op het eerste zicht dus twee volledig gesloten, geïsoleerde substanties. Descartes trachtte vervolgens een brug te slaan tussen deze twee polen.

- De tweede zekerheid was die van het bestaan van God. Met de eerste zekerheid, die van het denken, ontstaat de notie idee. Het denken "is", omdat het een zuiver, logisch en distinct idee is.

Elke idee die aan deze voorwaarden voldoet, moet volgens Descartes dus waar zijn. Om door het denken te komen tot zuivere ideeën over de buitenwereld, moet zekerheid worden geschapen over de juistheid en zuiverheid van denken en ideeën. Dat wat deze zuiverheid waarborgt, is volgens Descartes God. God is het volmaakte dat de "*Malin Génie*" – de stoorzender in ons denken – uitschakelt.

Om het bestaan van deze God aan te tonen, steunde Descartes op twee godsbewijzen "*a posteriori* en *a priori*". Het eerste bewijs, *a posteriori*, maakt gebruik van de causaliteit en de idee van oneindigheid. Aangezien het denken gesloten en dus eindig is, kan de idee van oneindigheid volgens Descartes niet uit iemand zelf komen. De oneindigheid moet een oorsprong hebben buiten het denken. Deze oorsprong zou God zijn. Het tweede bewijs, "*a priori*", stelt dat de idee van de oneindigheid ook het bestaan van de volmaakte oneindigheid impliceert. Deze volmaakte oneindigheid vormt, volgens Descartes, de tweede substantie naast het denken, namelijk God.

- <u>De derde zekerheid</u> is die van het bestaan van de buitenwereld. In het denken worden zintuiglijke prikkels waargenomen die voorstellingen doen ontstaan. De vraag is nu of deze voorstellingen werkelijk zijn en zijn zoals ze zich voordoen. Het bestaan van een God kan het wantrouwen ten opzichte van deze waarnemingen ontkrachten. Er zijn slechts twee substanties, cogito en God, waarin deze waarnemingen hun oorsprong kunnen vinden. Het denken is één mogelijkheid. Een wereld van waarnemingen zou gecreëerd kunnen worden door samenhangende ideeën te construeren.

Het probleem is hier echter dat zintuiglijke waarnemingen de wil overstijgen en deze niet door het denken bestuurd kunnen worden. Ze komen ongecontroleerd op ons af. Een tweede mogelijkheid is dat ze van God afkomstig zijn. Maar dit zou dan weer niet passen in het beeld van God die de "*Malin Génie*" uitschakelt en het denken zuiver houdt. Als God het zuiver volmaakte nastreeft, waarom zou hij zich dan bezig houden met het creëren van waanvoorstellingen? Er moet dus een derde substantie bestaan, de buitenwereld, die zintuiglijke voorstellingen in ons denken veroorzaakt.

Met deze drie zekerheden concludeerde Descartes dat de werkelijkheid bestaat uit voorstellingen in het denken. Door het bestaan van een God, die de *"Malin Génie"* uitschakelt, stelde hij dat deze werkelijkheid zich voordoet zoals hij is. Hiermee plaatste Descartes de zuivere idee van de ratio centraal in het begrip van de werkelijkheid.

Begrippen

Als rationalist onderscheidde de filosoof Descartes drie soorten begrippen.

- *adventitiae* - van buiten gekomen begrippen
- *innatae* - in- of aangeboren begrippen
- *a me ipse factae* - zelfbedachte begrippen

Als dualist onderscheidde hij geest of ziel of God "*res cogitans*" en materie "*res extensa*". In zijn eigen woorden luidt het als volgt.

"Onder de geschapen dingen zijn er enkele die niet kunnen bestaan zonder andere, daarom moeten wij deze onderscheiden van die dingen die alleen de bijzondere bijstand van God nodig hebben om te bestaan".

Deze laatste zijn bij hem substanties terwijl die andere, materiële, wereldlijke dingen die hierdoor gekenmerkt zijn doordat ze plaats innemen, attributen van de substanties worden genoemd.

Descartes gebruikt hierbij het klassieke en scholastieke begrip substantie, dat niet verward mag worden met het hedendaagse begrip, dat bijna synoniem is met materie.

Principia Philosophiae

Later poogde hij in zijn boek *"Principia Philosophiae"*, *"De Beginselen van de Filosofie",* het complete universum te beschrijven vanuit een volledig wiskundig opgebouwde mechanica. Zijn gedachten over de werking van het heelal vonden veel weerklank, maar werden jaren later met name door Isaac Newton weerlegd.

Wiskunde

René Descartes heeft op vele manieren belangrijke bijdragen geleverd aan de wiskunde. Door een consequente toepassing van algebra op de meetkunde, waaruit later de invoering van het rechthoekige, zogenaamd *cartesische* assenstelsel volgde. Hierdoor konden meetkundige objecten worden beschreven met getallen en vergelijkingen. De kennis die wiskundigen reeds hadden op het gebied van de algebra kon worden toegepast in de meetkunde. Dit leidde tot het ontstaan van de analytische meetkunde, maar pas gepubliceerd in *"La Géométrie"*. Dit is de oudste wiskundige tekst die we kunnen lezen zonder notatieproblemen te ontmoeten. Overigens was het niet Descartes' bedoeling om meetkunde tot algebra terug te brengen. De eerste zin van *"La Géométrie"* luidt als volgt.

"Elk vraagstuk in de meetkunde kan gemakkelijk zo worden vereenvoudigd, dat kennis van de lengtes van bepaalde lijnen voldoende is voor de constructie".

De analytische meetkunde van Descartes werd later door andere wiskundigen uitgewerkt tot de analyse van functies. Een wiskundige notatie die vandaag de dag nog wordt gebruikt. Hij suggereerde het gebruik van kleine letters van het einde van het alfabet, zoals x, y en z, voor onbekende hoeveelheden en de beginletters voor bekende hoeveelheden zoals a, b en c.

Daarnaast wierp hij ook het idee op exponenten van een variabele te gebruiken om de macht ervan weer te geven zoals x^2. Het gebruik van getallen en variabelen om de lengtes van lijnstukken weer te geven. Wanneer eenmaal de lengte van een lijnstuk was afgesproken, bijv. x, dan kon men x^2 en x^3 gebruiken om lijnstukken van lengte x^2 en x^3 aan te duiden. Ook de notatie van het wiskundige wortelteken $\sqrt{}$, dat uitgestrekt kan worden om zijn reikwijdte aan te geven, is afkomstig van Descartes.

Descartes had de gedachte om een vergelijking te herleiden tot een uitdrukking is gelijk aan "nul", die veel eenvoudiger op te lossen was. Het betrof de veelvlakformule die naar Leonhard Euler vernoemd wordt.

$$h + v = r + 2$$

Hierbij zijn h, v, en r respectievelijk het aantal hoekpunten, zijvlakken en ribben van een eenvoudig veelvlak, maar de ontdekking hiervan door Descartes is omstreden. Zo kunt u het tetraëder als viervlak, de isohexaëder als zestienvlak en alle andere symmetrische veelvlakken bepalen.

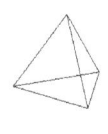

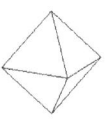

tetraëder   hexaëder   octaëder   dodecaëder

Natuurkunde

Descartes vond de brekingswet onafhankelijk van Snellius en Harriot. Deze wet heet in Frankrijk dan ook naar Descartes. Hij ontwierp een machine om lenzen te slijpen. Hij gaf ook een betere verklaring voor de regenboog. Binnen de Mechanica stelde hij de botsingswetten op. Hij bestudeerde Kristallografie in de vorm van sneeuwkristallen, de vortec- of wervelttheorie. En tenslotte kwam hij als eerste met een samenhangende theorie voor de aantrekkingskrachten in het zonnestelsel en voor magnetisme.

16.2 Dualistische oplossingen voor het lichaam-geestprobleem

Dualisme is een verzameling van standpunten over de relatie tussen de geest en stoffelijke materie, die aanvat met de bewering dat mentale fenomenen, in sommige opzichten, niet-fysisch zijn.

Ook is het een centraal thema in de filosofie van de geest, dat gaat over de ogenschijnlijk onverklaarbare interactie tussen de spirituele geest en het materiële lichaam.

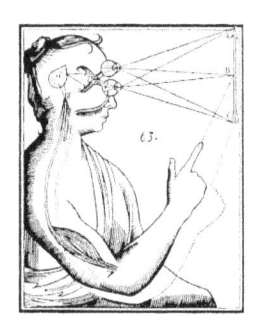

Daarnaast heeft het betrekking op het probleem van een onsterfelijke ziel die in een sterfelijk lichaam zou huizen. Voor zover bekend is Plato de eerste filosoof die zich met dit probleem bezig hield. Daarnaast heeft René Descartes hier uitgebreid over geschreven. Hij stelde dat de interactie tussen lichaam en ziel plaatsvond in de pijnappelklier of Pineal Gland.

Één van de vroegst bekende formuleringen van het lichaam-geest-dualisme is die van de Oosterse Sankhya-school in de Hindoeïstische filosofie, die de wereld onderverdeelde in purusha of geest en prakrti of materie. In de Westerse filosofische traditie vinden we voor het eerst gelijkaardige ideeën terug in de geschriften van Plato en Aristoteles die, elk met eigen redenen, stelden dat de "intelligentie" een eigenschap van de geest of de ziel is, van een mens is en daarmee niet verklaard kan worden in termen van lichaam of materie.

De best bekende versie van het dualisme is echter de variant die door René Descartes vooropgesteld werd en stelt dat de geest een niet-fysische substantie is. Descartes was de eerste die de geest het eerste duidelijk heeft geïdentificeerd met het bewustzijn en zelfbewustzijn en de eerste die de geest onderscheidde van de hersenen, die werden aanzien als de zetel van de intelligentie. Bijgevolg was hij de eerste die het mind–body probleem formuleerde in de vorm, waarin het vandaag nog steeds bestaat.

Argumenten voor het dualisme

Het centrale argument voor het dualisme is simpelweg dat het common sense intuïtie van de grote meerderheid van niet filosofisch ingestelde mensen aanspreekt. Wanneer u gevraagd wordt wat eigenlijk de geest is, zult u hoogstwaarschijnlijk een antwoord geven dat in de strekking ligt door het te identificeren met uw eigen Self, of een soortgelijke entiteit. U zult bovendien bijna zeker ontkennen dat de geest eenvoudigweg gelijk is de hersenen of omgekeerd en stellen dat het idee dat er slechts één entiteit werkzaam is, ofwel te mechanisch of wel onintelligent is. De meerderheid van de moderne filosofen van de geest verwerpen het dualisme en stellen dat deze intuïties, zoals vele anderen, waarschijnlijk misleidend zijn. We zouden onze kritische ingesteldheid, als ook de empirische bewijzen uit de wetenschappen moet aanwenden om deze veronderstellingen te onderzoeken en met zekerheid te bepalen of er een reële basis voor bestaat.

Een ander erg belangrijk meer modern argument ter verdediging van het dualisme bestaat uit het idee dat het domein van de mentale en het fysische zeer verschillende en misschien zelfs onverzoenbare lijken te hebben. Mentale gebeurtenissen hebben een zekere subjectieve eigenschap, terwijl fysische gebeurtenissen dat overduidelijk niet hebben.

Bijvoorbeeld, hoe voelt een verbrande vinger ? Hoe ziet een blauwe hemel eruit ? Hoe vindt u muziek klinken ? De filosofen van geest en cognitie noemen subjectieve aspecten van mentale gebeurtenissen "Qualia". Er is iets dat lijkt op hoe het voelt om pijn te ervaren, op het zien van een bepaalde tint van blauw. Er zijn qualia betrokken in deze mentale gebeurtenissen. De claim van de dualisten is dat deze qualia moeilijk gereduceerd kunnen worden tot iets op fysisch niveau. Meer over dit laatste aspect kunt u in het volgende hoofdstuk lezen.

Interactionistisch dualisme

Interactionistisch dualisme of eenvoudig interactionisme, is de specifieke variant van het dualisme die het eerst vertegenwoordigd werd door René Descartes in diens *"Meditatie"*. In de twintigste eeuw waren de bekendste vertegenwoordigers van deze stroming Karl Popper en John Carew Eccles. Het interactionisme stelt dat mentale toestanden, zoals overtuigingen en verlangens, causaal verbonden zijn met fysische toestanden. Descartes' beroemde argument voor deze positie kan samengevat worden als volgt: U heeft een helder en onderscheiden idee, *"une idée claire et distincte"*, van uw eigen geest als een denkend ding dat geen ruimtelijke uitgebreidheid kent. De geest is een *"Res Cogitans"*, geen *"Res Extensa"*. De geest kan met andere woorden niet gemeten worden in termen van lengte, gewicht, hoogte, kleur etcetera. Daarnaast heeft u een helder en onderscheiden idee van uw lichaam als iets dat wel ruimtelijk uitgebreid is, onderhevig aan quantificatie en zonder de capaciteit tot denkactiviteit. Hieruit volgt dat, volgens Descartes, geest en lichaam niet identiek zijn, aangezien zij radicaal verschillende eigenschappen hebben.

Desondanks is het duidelijk dat de mentale toestanden zoals overtuigingen en verlangens causale gevolgen hebben op het lichaam en omgekeerd. Een kind raakt een warme kachel aan als fysische gebeurtenis. Hierdoor wordt pijn veroorzaakt, wat u een mentale gebeurtenis kunt noemen. Dat zorgt ervoor dat het kind begint te schreeuwen, weer een fysische gebeurtenis, waardoor bij de moeder een gevoel van angst en beschermingsdrang optreedt als mentale gebeurtenis.

Descartes' argument is duidelijk afhankelijk van de cruciale premisse dat datgene waarvan u gelooft dat het "heldere en onderscheidende" ideeën zijn ook daadwerkelijk noodzakelijk waar zijn.

De meeste moderne filosofen betwijfelen echter de geldigheid van een dergelijke aanname, aangezien na Descartes door Sigmund Freud en Pierre Duhem, Bronislaw Malinowski en door de theoretici van de waarneming werd aangetoond dat een dergelijke idee van geprivilegieerde en directe toegang tot de eigen ideeën op zijn best dubieus te noemen is.

Zo toonde Freud aan dat een psychologisch opgeleide en getrainde derde persoon de onbewuste drijfveren van een persoon beter kan kennen dan de persoon zelf. Duhem stelde dat een wetenschapsfilosoof beter bij machte was om iemands wetenschappelijke zoekmethoden te kennen dan de persoon in kwestie zelf. Malinowski beweerde dat een antropoloog iemands gebruiken en gewoonten beter kan kennen dan de persoon zelf en de theoretici van de waarneming toonden aan dat experimenten mensen dingen kunnen laten zien die er niet zijn en dat een wetenschapper de waarnemingen van een persoon beter kan beschrijven dan de persoon zelf.

Andere vormen van dualisme

Andere belangrijke vormen van dualisme die ontstonden als reactie op de cartesiaanse variant, of als een poging om haar te redden.

1. <u>Psycho-fysisch parallellisme</u>, of parallellisme, is de opvatting dat de geest en het lichaam, hoewel ze beide over een onderscheiden ontologische status beschikken, elkaar niet causaal beïnvloeden, maar beide een parallel verloop volgen. Hierbij interageren mentale gebeurtenissen causaal met andere mentale gebeurtenissen en gebeurtenissen in de hersenen interageren causaal met andere gebeurtenissen in de hersenen, maar mentale gebeurtenissen interageren niet met gebeurtenissen in de hersenen of omgekeerd. Ze lijken elkaar enkel te beïnvloeden. Deze opvatting werd het meest prominent vertegenwoordigd door Gottfried Wilhelm Leibniz. Hoewel Leibniz in feite een ontologische monist was die geloofde dat er maar één fundamentele substantie bestond in het universum, namelijk de monaden, waartoe alle andere substanties konden herleid worden, verdedigde hij desondanks dat er een belangrijk onderscheid moest bestaan tussen "het mentale" en het "fysieke" in termen van causaliteit. Hij stelde dat God op voorhand de dingen had geordend, opdat de

geesten en de lichaam met elkaar in harmonie zouden zijn. Deze opvatting is beter bekend als de doctrine van de "*Harmonie Pré-établie*".

2. <u>Occasionalisme</u> is het standpunt dat ingenomen werd door Nicolas Malebranche. Deze opvatting verdedigt dat alle vermeendelijke causale relaties tussen fysische gebeurtenissen of tussen fysische en mentale gebeurtenissen, in feite geen echte causale relaties zijn. Hoewel lichaam en geest volgens deze opvatting nog steeds worden gezien als verschillende substanties, worden de effecten van alle oorzaken toegeschreven aan een interventie van God, die bij elke causale gebeurtenis tussen beide komt, ongeacht of ze fysisch of mentaal zijn.

3. <u>Epifenomenalisme.</u> Niet-interactionistisch Eigenschaps-Dualisme is een doctrine die het eerst werd geformuleerd door Thomas Henry Huxley. Fundamenteel bestaat deze opvatting in het standpunt dat mentale fenomenen causaal impotent zijn. Fysische gebeurtenissen kunnen andere fysische gebeurtenissen veroorzaken, fysische gebeurtenissen kunnen ook mentale gebeurtenissen voortbrengen, maar mentale gebeurtenissen kunnen zelf niets veroorzaken, aangezien ze causaal inerte bijproducten of epifenomenen zijn van de fysische wereld. Het epifenomenalisme werd in meer recente tijden het sterkst verdedigd door Frank Cameron Jackson.

4. <u>Emergentisme</u>. Interactionistisch Eigenschapsdualisme stelt dat wanneer materie op een gepaste manier georganiseerd is, met name op de manier zoals levende menselijke lichamen georganiseerd zijn, daar mentale eigenschappen uit voortkomen. Bijgevolg is deze opvatting een variant van het emergentiematerialisme. Deze emergerende eigenschappen hebben een onafhankelijk ontologisch grondbeginsel en kunnen niet gereduceerd worden tot, of verklaard worden in termen van het fysische substraat waaruit ze voortkomen. Deze positie wordt aangehangen door David Chalmers en heeft een soort renaissance ondergaan in de voorbije jaren

<u>Monisme versus Dualisme</u>

In tegenstelling tot het dualisme, stelt het monisme dat er slechts één fundamentele substantie bestaat. Momenteel is de meest vertegenwoordigde versie van het monisme in de Westerse filosofie een variant van het fysicalisme.

<u>Fysicalistisch monisme</u> neemt aan dat de enige bestaande substantie fysisch is, in een bepaalde betekenis van die term die moet verhelderd worden door onze beste wetenschappelijke theorieën geconfronteerd worden, al sinds de tijd van René Descartes.

<u>Fenomenalisme</u>, de theorie die stelt dat alles dat bestaat, leest u ook in hoofdstuk 11. De weergave van zintuiglijk waargenomen gegevens en mogelijk informatie zijn externe objecten gecreëerd in onze geesten en het zijn niet de objecten zelf. Deze opvatting werd overgenomen door Bertrand Russell en vele logisch redenerende positivisten in de loop van de vroege twintigste eeuw. De theorie hield echter maar een korte tijd stand.

Een derde mogelijkheid is het aanvaarden van het bestaan van een basale substantie die noch fysisch, noch mentaal is. De mentale en de fysische substanties zouden dan beide eigenschappen zijn van deze neutrale substantie. Een dergelijke positie werd ingenomen door Baruch Spinoza. Dit <u>neutraal monisme</u>, zoals het doorgaans genoemd wordt, is in hoge mate gelijk aan het eigenschapsdualisme.

16.3　Esoterie

Het woord esoterie is afkomstig van het Grieks voor "het inwendige" of "het verborgene", dit staat in tegenstelling tot het begrip exoterie, dat "het uitwendige" of "het openbare" betekent. Esoterie houdt zich dus bezig met verborgen aspecten van de werkelijkheid, waarmee de niet-zintuiglijk waarneembare aspecten wordt bedoeld, het wezen van de dingen. Dergelijke verborgen aspecten bevinden zich volgens aanhangers buiten het terrein van de moderne natuurwetenschappen, die alleen fysiek/materialistisch georiënteerd zijn. Ze vormen daarmee volgens de meeste esoterische stromingen geen tegenspraak, doch veeleer een aanvulling tot een grotere waarheid.

Esoterie duidt in essentie op kennis die slechts voor ingewijden, "geïnitieerden" toegankelijk is, dit in tegenstelling tot exoterie, waarvan de kennis voor iedereen verifieerbaar en toegankelijk is. Heel wat genootschappen en levensbeschouwelijke stromingen beroepen zich op dergelijke vorm van kennis over individu en kosmos en ontwikkelden daarbij een eigen leer en methodiek. In zijn dialoog Alcibiades gebruikt Plato de uitdrukking "*ta esô"*, wat "de innerlijke dingen" betekent, en in zijn dialoog Theaetetus schrijft hij over "*ta eksô"* in de betekenis van "de uiterlijke dingen".

Het begrip esoterie komt dus overeen met de term metafysica, alles wat boven de fysische, de niet-waarneembare wereld ligt. Deze wereld bestaat dan weer uit fenomenale, de zintuiglijk-waarneembare wereld. In hoofdstuk 11 heb ik beide begrippen verder uiteen gezet.

16.4   Héléna Blavatsky

Héléna Blavatsky was een Amerikaanse occultiste en publiciste van Duits-Russische afkomst en staat bekend om haar lezingen "*De Geheime Leer*", die ze heeft opgetekend. Blavatsky was initiatiefneemster voor het stichten van de Theosophical Society tegen het eind van de negentiende eeuw in New York. De Geünieerde Loge van Theosofen introduceerde de theosofie in de Westerse wereld waardoor nu begrippen als karma en reïncarnatie bekend zijn geworden. Volgens haar geeft de Theosofie zeker geen nieuwe leringen, maar zijn deze leringen zo oud als de wereld en is de Theosofie ook het ruimste en meest universele stelsel van alle.

Blavatksy gebruikte de volgende drie-eenheid .

Stoffelijke zijde	Goddelijke zijde
Chaos	Goden
Theos	Monade
Kosmos	Atomen

Haar dood werd over de verschillende werelddelen rond getelegrafeerd in de mate, waarin dat ook gebeurt bij de dood van een

hoogwaardigheidsbekleder. Ze heeft veel geschreven, zeker als u in aanmerking neemt dat zij dit in slechts zeventien jaar deed en bovendien een groot deel van de tijd ziek was. Ze stond regelmatig met één been in het graf.

In een boekenkast nemen de geschriften van Blavatsky iets meer dan één meter in beslag. Zij schreef een groot aantal artikelen, waaronder "De Geheime Leer". Op deze artikelen is het boek van Gottfried de Purucker "Beginselen van de esoterische filosofie" gebaseerd.

Symbols of the Theosophical Society
van Héléna Blavatsky

Het verhaal gaat dat een nicht van Albert Einstein berichtte dat er altijd een exemplaar van "*De Geheime Leer*" op de schrijftafel van Einstein lag.

In *"De Geheime Leer"* heeft Blavatsky het over de mysteriën van het zevental, de zeven zielen van de Egyptologen. De weergave ziet er als volgt uit.

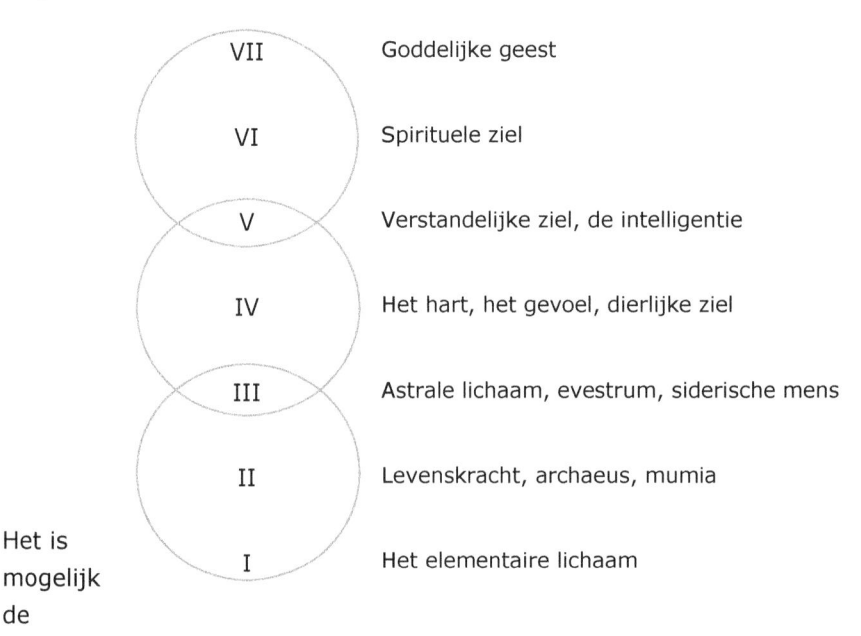

VII	Goddelijke geest
VI	Spirituele ziel
V	Verstandelijke ziel, de intelligentie
IV	Het hart, het gevoel, dierlijke ziel
III	Astrale lichaam, evestrum, siderische mens
II	Levenskracht, archaeus, mumia
I	Het elementaire lichaam

Het is mogelijk de zevenvoudige samenstelling van de mens met behulp van een dubbelkwadrant aan te geven. Hierbij bestaat De Hogere Triade uit de nummers vijf, zes en zeven. Deze triade staat los van de het lagere viertal, omdat zij zich altijd na de dood losmaakt van dit viertal.

Meer over deze uiteenzetting vindt u terug in de "De *Geheime Leer*" van Héléna Blavatsky en toegelicht door Gottfried de Purucker in zijn boek.

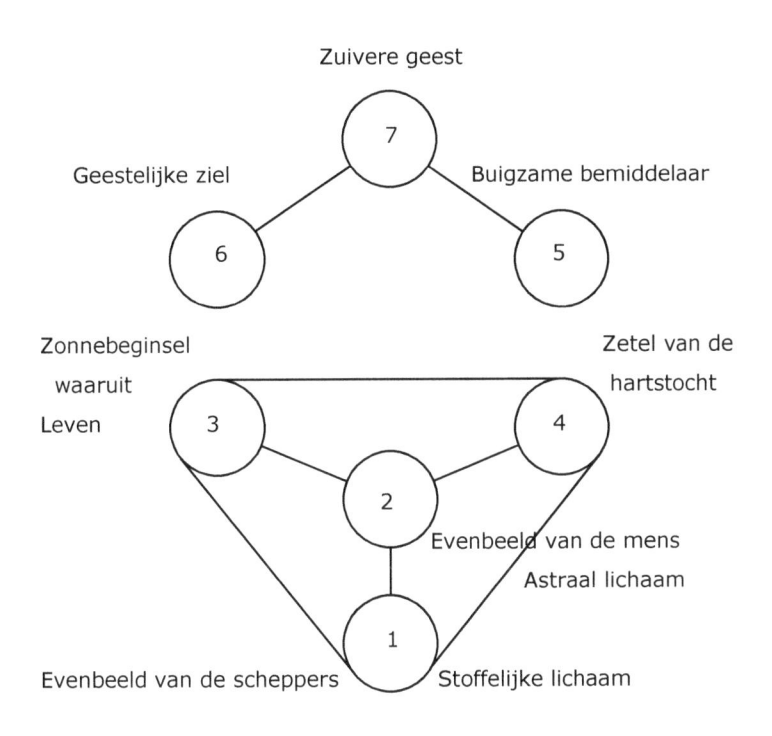

```
                          Zuivere geest
                               (7)
      Geestelijke ziel                  Buigzame bemiddelaar
                    (6)              (5)

     Zonnebeginsel                           Zetel van de
        waaruit                                hartstocht
         Leven      (3)              (4)
                            (2)
                                    Evenbeeld van de mens
                                        Astraal lichaam
                            (1)
      Evenbeeld van de scheppers    Stoffelijke lichaam
```

Haar stellingen zijn de navolgende drie beginselen.
- De eerste stelling betreft het ondoorgrondelijke eerste beginsel.
- De tweede stelling betreft het heelal als nooit eindigend periodiciteit, van cyclische beweging, het manifesteren van het eeuwige leven in het kosmische reservoir.
- De derde stelling betreft dat het heelal als onmetelijk eeuwig organisme vormt.

Deze stellingen staan los van het monisme, die zegt dat alles in het heelal uiteindelijk is voortgekomen uit één hylische of stoffelijke oorzaak. Tracht u ook de gedachtegang te vermijden dat u in het monotheïsme vervalt, waarbij de heelal met alles wat het omvat, is geschapen door de wil en willekeur van een oneindige en eeuwige persoonlijke Hogere Macht. De eerstgenoemde gedachtegang is vrijwel even materialistisch als de tweede. Daarmee komen we op het begrip Hylische Pluraliteit, zoals u in het volgende hoofdstuk kunt lezen.

Dat Héléna Blavatsky bijzondere gaven had, was weinigen ontgaan. Toch werd zij tijdens haar leven beschuldigd van vervalsing van psychische verschijnselen, onder andere in verband gebracht met de Mahatma Brieven. Ze worden verondersteld op paranormale wijze te zijn ontstaan. Deze beschuldigingen gingen uit van de SPR of wel the Society for Psychical Research, door middel van het zogenaamde Hodgson Rapport, Hodgson was een onderzoeker van paranormale verschijnselen. Zijn opdracht was om te onderzoeken of de gerapporteerde verschijnselen in het theosofisch hoofdkwartier in Adyar, Madras al dan niet hadden plaatsgevonden. Of de brieven, die naar men beweerde van chela's en/of mahatma's waren ontvangen, echt waren werd door Hodgson eigenlijk klakkeloos aangenomen. Een eeuw later heeft de internationale vervalsingsdeskundige Vernon Harrison, zelf bestuurslid van de SPR en geen theosoof, dit rapport totaal onwetenschappelijk verklaard in zijn werk "*HPB en de SPR*". Vernon Harrison was vervalsingsexpert voor Scotland Yard en voor de bankbiljet- en postzegeldrukkerij "*De la Rue*". Hij concludeert in zijn rapport dat de SPR honderd jaar geleden de kans verspeelde de belangrijkste occultist te onderzoeken, die ooit voor de SPR verscheen.

16.5   Hylische Pluraliteit

De Hylische Pluraliteit of Hylische Pluralisme is een synthetisch model dat wetenschappelijke feiten en religieuze feiten onder één noemer tracht te brengen. Professor Johannes Poortman heeft in zijn vierdelig werk veel van de bestaande religieuze en filosofische tradities doorgelicht en ondergebracht onder één van deze zes standpunten, die onder Hylische Pluraliteit vallen. Hij geeft zelf toe dat er nog veel tussenvormen bestaan tussen deze zes modellen. U mag veronderstellen dat, met uitzondering van het actuele westerse wereldbeeld, in nagenoeg alle culturen van alle historische perioden, kan worden gesproken van een meervoudige mens in een meervoudig universum. De zes standpunten zijn de navolgende.

Het Alfa-standpunt : Monistisch Materialisme of Materialistisch Monisme

Dit is een vrij nieuwe visie, voor zover bekend, ontstaan in Frankrijk, in de achttiende eeuw, tijdens de Verlichting, waardoor de orthodoxe wetenschap uit het Westen en later ook het Oostblok zich is gaan isoleren van alle andere culturen in ruimte en tijd. In deze visie zijn verstand, emoties, temperament en zelfs geheugen gewoon bijproducten van fysiologische functies. Het hele bewustzijn wordt in deze leer herleid tot neurofysiologische functies. Een mogelijke kritiek op het alfastandpunt kan zijn dat heel wat verschijnselen met dit model niet verklaard kunnen worden. We onderscheiden hierin de volgende.

- Het Alfa-a standpunt of Mechanistisch Materialisme. Er bestaat enkel massieve materie, de zogenoemde primitieve materialisme. Zintuiglijke waarneming die eventueel uitgebreid kan worden met verlengstukken is de realiteit. De term Mechanistische Materialisme wordt ook in andere contexten anders gebruikt.
- Het Alfa-b standpunt of Fysicalistisch Materialisme. Deze zienswijze is moderner en er wordt rekening gehouden met :
  - Elementaire deeltjes
  - Materie en Energie die in elkaar kunnen overgaan, denkt u daaraan aan Albert Einstein en Niels Bohr

In dit laatste model kunnen de natuurkundige ontdekkingen aan het eind van de negentiende eeuw toch worden geïntegreerd. Dat betekent een versoepeling tegenover het Mechanistisch Materialisme. Toch blijven een hele reeks verschijnselen in dit model onverklaarbaar, zoals dromen en emoties. Deze verschijnselen worden afgedaan als neurofysiologische verschijnselen. Psycho-farmaceutische geneesmiddelen lijken immers vaak het bewijs te zijn voor deze thesis.

Wel blijft het feit dat sommige verschijnselen moeilijk in dit model te integreren zijn, zoals mystieke ervaringen, uittredingservaringen, paragnostische verschijnselen en parergische of de fysisch-paranormale verschijnselen. Het is natuurlijk de taak van de neurofysiologie deze verschijnselen trachten te verklaren binnen het huidige paradigma.

Waar zij dit niet kan moet de wetenschap toegeven dat het huidige paradigma niet meer voldoet en beter door een nieuw en ruimer model moet worden vervangen. Bepaalde gevallen van bijna-dood-ervaringen tonen ondubbelzinnig aan dat hersenen en bewustzijn niet exact coïncideren of op hetzelfde uitkomen. Ook oorlogs- of ongeval slachtoffers, waarbij een groot deel van hun hersenen letterlijk werd vernietigd, konden vaak na een tijd de functies die in de verdwenen hersenlokalisaties werden verondersteld te zetelen, toch weer oppikken. Dit zijn zaken die moeilijk vanuit het monistisch materialisme te verklaren zijn.

Alle verschijnselen die we tegenwoordig paranormaal noemen, zouden te herleiden zijn tot hallucinatie of bewust of onbewust (zelf-)bedrog of verkeerde interpretatie. De ex-Sovjetonderzoekers overwegen wel het bestaan van bepaalde paranormale verschijnselen toe te schrijven aan fysiologische functies zoals bijvoorbeeld het bioplasmalichaam, aangezien de resultaten van hun experimenten hun geen andere keuze laten.
Het mensbeeld in dit standpunt betekent dat de mens zijn lichaam is. Aangezien er enkel materie bestaat, is elke vorm van voortbestaan na de dood per definitie uitgesloten. De discussie kan voor een groot deel worden herleid tot de spiritistische verklaringshypothese versus de animistische verklaringshypothese.

Spiritisme of spiritualisme is het geloof dat de menselijke persoonlijkheid de dood overwint en kan communiceren met de levenden via een gevoelig medium. vorm van primitieve godsdienst waarbij het levensbeginsel van de mens als een zelfstandig, van het lichaam onafhankelijk wezen wordt geacht, waarbij de natuur zoals planten, bergen en rivieren, als bezield wordt beleefd en waarbij deze zielen of geesten als persoonlijke machten worden gevreesd, gehaat en vereerd.

Het Bèta-standpunt : Dualistisch Materialisme of Intrinsiek Dualisme

Deze term werd voordien gebruikt voor wat Johannes Poortman noemt het "Hylisch Pluralisme". Daarom noemt Poortman in de ondertitel van zijn boek "Ochêma" (voertuig) het Hylisch Pluralisme, "het zogenaamd Dualistisch Materialisme". Waarom leest u hier het woord "zogenaamd" ?

Het Hylisch Pluralisme gaat veel verder en heeft veel meer mogelijkheden, die uiteindelijk niet allemaal dualistisch zijn en ook niet allemaal materialistisch. Als wij hier dus verder over het Dualistisch materialisme spreken, hebben we het over het laat-Poortmansiaanse.

- Dit standpunt erkent ook enkel de materie, maar dan van tweeërlei aard. Het betreft dus een intrinsiek materialisme.
- Hier kunnen we dus reeds spreken van een vorm van Hylische Pluraliteit.
- Deze hypothese onderscheidt de volgende aspecten :
    - Gewone materie, zoals we die in de fysica kennen.
    - Een fijnere of subtielere vorm van materie, meestal
    - onzichtbaar voor de mens.
- Deze fijnere vorm van de stof heeft te maken met de ziel.
- In dit systeem kan dus wél – eventueel – een ziel na de dood blijven voortbestaan. Volgens sommige scholen zal deze ziel slechts een tijdje het lichaam overleven zoals Stoa – het Stoïcisme is een filosofische stroming – en bepaalde moderne onderzoekers.
- De Stoa zegt : *"De ziel bestaat uit pneuma en pneuma doordringt alles".* Dit betreft het æthermodel of de leer van het fijnstoffelijke in de Theosofie en de Antroposofie.
- Demokritos zei dat het lichaam uit gewone atomen bestaat en de ziel uit fijnere atomen.
- Tertullianus stelde dat de ziel en de engelen een corporaliteit hebben, ook de mens na de opstanding. God is fijnstoffelijk.
- In de zeventiende eeuw werd door de Engelse filosoof Thomas Hobbes gesteld dat alles stoffelijk is, ook God.
- In dit bètastandpunt is zelfs plaats voor een God of voor Goden, op voorwaarde, dat ze uit een vorm van fijne materie bestaan.
- Er bestaat, volgens deze hypothese, dus niets immaterieels. Vandaar dat we nog van een soort materialisme spreken.

Het Gamma-standpunt : Enkel God is immaterieel
- De basisvisie is zoals bij standpunt Bèta : alles wat bestaat, moet materieel zijn.
- Materie kan bestaan in verschillende grootteorden : grof- of fijnstoffelijk.
- Het verschil met het Bètastandpunt : Enkel God is niet materieel, dus alles is materieel, behalve God, die immaterieel is.

- Anders geformuleerd :
    - Het geschapene is per definitie materieel in één of andere vorm.
    - Het ongeschapene of God is per definitie immaterieel
- Wij kunnen het nog anders formuleren :
    - De Éne is immaterieel
    - Dat wat in veelvuldigheid bestaat, is materieel

Het Delta-standpunt : Ook de ziel is immaterieel
- De ziel is per definitie niet-materieel.
- De ziel kan wel een of meer materiële voertuigen hebben al dan niet fijnstoffelijk en/of grofstoffelijk, waarmee de ziel zich kan verplaatsen en uitdrukken.
- Daarbuiten kan de ziel ook bestaan zonder voertuig, wanneer zij zich ophoudt in de hogere gebieden.
- Dit standpunt wordt vaak als de driedeling Geest – Ziel – Lichaam en in vele variaties gebruikt.

Het Epsilon-standpunt : Antropologisch Dualisme
- De ziel is onsterfelijk en immaterieel.
- De ziel heeft als hoofdkwaliteit het denken, althans volgens Poortman. Echter wat bedoelt hij met het denken ?
- Ziel en lichaam zijn zo tegengesteld, dat ze niet of nauwelijks met elkaar in contact kunnen komen.
- De ziel beschikt dus niet over ijlere lichamen, niet tijdens het leven en niet na de dood.
- Zowel tijdens het leven als na de dood is de ziel immaterieel en heeft niets met de materie te maken.
- Deze visie is een beetje die van de gelovige wetenschapper. Het fysieke en het psychische bestaan parallel naast elkaar, maar ze hebben geen contact met elkaar. We kunnen dus spreken van een realistisch psychofysisch parallellisme.

Het Zèta-standpunt : Psychisch Monisme
- Dit is natuurlijk de tegenpool van standpunt Alfa, het monistisch materialisme of materialistisch monisme.
- Met evenveel recht zouden we kunnen zeggen dat dit het omgekeerde is van standpunt Bèta. Het verschil ligt er in wat u als

materialisme beschouwt : het monistisch materialisme of het dualistisch materialisme.

- In tegenstelling tot het Epsilon-standpunt, kunnen we hier spreken van een idealistisch psychofysisch parallellisme, dus in plaats van een realistisch parallellisme.
- In tegenstelling tot het alfastandpunt – het materialistisch monisme – kunnen we hier spreken van een psychisch monisme. Er bestaat enkel maar geest. We kunnen dus spreken van de meervoudigheid van de Geest.
- Dat wat we materie noemen, is uiteindelijk iets psychisch, maar in een materie-achtige verschijningsvorm.
- Daar waar het Alfa-standpunt de geestelijke verschijnselen verklaarde als functies van materiële processen, zo gaat het Zètastandpunt de materie verklaren als een verschijningsvorm van de geest.
- Dit Zèta-standpunt lijkt te worden bevestigd vanuit de huidige quantumfysica.

Ook de Rozenkruiserwijsbegeerten hebben het Zèta-standpunt destijds als vertrekpunt genomen. Hoe ligt deze relatie tot hun ?

16.6   De Rozenkruisers

De Rozenkruiserbeweging is net als enkele andere stromingen, zoals de Alchemisten en Vrijmetselaars, nog altijd gehuld in een sluier van geheimzinnigheid. Deze sluiers veroorzaken maar al te vaak wilde speculaties. Wereldleiders die bij deze machtige broederschap zouden behoren, zouden alle touwtjes onzichtbaar, maar wel merkbaar, in handen hebben. De Rozenkruisergemeenschap is hier allerminst blij mee.

Het zou namelijk allemaal anders zijn. Zo wordt zelfs het persoonlijk beoefenen van magie afgewezen. Wie er wel eens bij is geweest, weet wel dat de bijeenkomsten erg ritueel getint zijn. Ook zijn hun leerstellingen erg ritueel getint. De Rozenkruisers kennen zelfs inwijdingen. De ingezetenen van de broederschap staan vaak bekend als mensen die zich vol overgave en principieel de leerstellingen eigen maken. Door een zekere toewijding zijn er die niet roken, niet drinken en geen vlees eten. Maar in die verschijnselen ligt niet hun doel om de binding met de

Bovennatuur te herstellen, ook wel transfiguratie genoemd, een doel dat niet wordt gepromoot.

Er geen aanwijzing dat de persoon en oprichter Rosencreuz echt zou hebben bestaan. Misschien is hij wel verzonnen door zijn volgelingen. Het zou een zekere Christian Rosencreuz betreffen, aan het eind van de veertiende eeuw geboren te Duitsland. Al jong vertrok hij naar het Midden-Oosten en kwam in contact met oude Arabische occulte kennis. Zo ontwikkelde hij in de loop der jaren een sterk religieus getinte levensbeschouwing. Aan hem worden ook magie, of magische krachten toegekend. Aan het eind van de vijftiende eeuw, toen hij op hoge leeftijd zou zijn gestorven, duurde het meer dan honderd jaar, het begin van de zeventiende eeuw dat drie mystieke documenten door zijn volgelingen geopenbaard werden. De meest bekende hiervan is "De Alchemistische Bruiloft".

De Rozenkruisers-broederschap bestaat dus eigenlijk officieel vanaf de zeventiende eeuw. Hoewel ze zich over het algemeen niet graag identificeren met magie, worden ze wel door menig modern occultist als de geschiedschrijvers van occulte kennis gezien. Ze hanteren een soort van mysterieschool, wat een baken in de tijd die het esoterische gedachtegoed door de eeuwen heen levend houdt. De inwijdelingen worden getransformeerd doordat zij zich verbinden met een leer van een school en traditie en daarbij hun innerlijke binding aan bezit en vast omlijnde denkbeelden opgaven. Doel van een school is altijd haar leerlingen toegang te verschaffen tot de wereld van de geest en hun behulpzaam te zijn op de weg der mysteriën. De school van Pythagoras had een geweldige uitstraling. Het getal vormde het middelpunt van zijn leer. Aan de hand van overgeleverde dialogen van Plato kunnen we de weg, die de mysterie leerling-filosoof ging, heel concreet en aanschouwelijk nagaan. Wat is hun filosofie precies ?

De filosofie van de broederschap gaat er van uit dat zich twee natuurorden manifesteren. Dit zijn onze eigen orde, de wereld zoals wij die ervaren, en dan is er de oorspronkelijke goddelijke natuur. In onze wereld, onze orde, kunt u sterven. In de goddelijke orde niet. Het Ego overleeft dus ook niet met het graf als product van de menselijke wereld. Doordat de Rozenkruisers beide orden van bestaan als spiegel zien, krijgt u de opvatting dat wat zich in de mens manifesteert, zich ook in het goddelijke manifesteert. Dat wat u buiten ervaart is een afspiegeling van uw binnenste en vice versa.

Wij zijn dan de zogeheten microkosmos, die is ontstaan uit de goddelijke natuur, die de macrokosmos heet. Vanuit die macrokosmos wordt in een vast patroon – fractals – steeds weer geprobeerd om de microkosmossen op te nemen in de oorspronkelijke natuur. Met deze visie is het misschien al duidelijker waarom het niet wenselijk wordt geacht als een mens, de microkosmos, door middel van magie probeert om de goddelijke natuur in zich op te nemen en naar eigen wens te verbuigen! Dit ziet u ook terug in het symbool van de Rozenkruisers, het kruis. De aardse horizontale lijn wordt gepenetreerd door de verticale lijn van het goddelijke. Het is geen gelijkwaardig kruis. Het snijpunt wordt de Roos of Rozenknop genoemd, het punt waar de mens in relatie staat tot de oorspronkelijke natuur.

Toch zien ook de Rozenkruisers nog een extra orde van bestaan, die ze aan het aardse toekennen. Ze kennen vele tradities als de astrale sfeer, de dimensie vlak na de dood. Ze erkennen dat dit gebied vol mystiek en occultisme zit. Hoe dan ook worden de Rozenkruisers nog vaak als de initiatiefnemers op het gebied van de aardse orde genoemd.

17.   Self, Ego en Soul ; Reflectie en Bewustzijn

In het hoofdstuk 16.5 over Hylische Pluraliteit, zoals Johannes Poortman dit introduceerde, kunt u in het ei van Assagioli de transitie zien tussen de menselijke geest, Ego en uw spirituele geest, Soul, verbonden door u Self, samenkomend in u Self. Het verbindend "orgaan" tussen Soul en Ego bent u Self. Uw Hart staat weer in verbinding met de Hogere Macht.

De ziel, de psyche, heeft als metafoor de spiegel, de spiegel tussen binnen- en buitenwereld. Dat wat u als Ego ervaart in uw buitenwereld is een weerspiegeling van uw innerlijke wereld. Dat wat u als vreemd en bedreigend beschouwt, zult u op deze wijze ook zo laten gelden. De Self, die als transitor het Hart gebruikt, tracht met behulp van uw spirituele geest, de Soul, door te laten schemeren in uw menselijke handelen, wat Ego voorheeft. Wat bewerkstelligt de ziel, Soul ?

Zoals weergegeven in de afbeelding van het ei van Assagioli kent ook de aardse geest diverse niveaus vanuit de Ego beschouwd, evenals de spirituele of goddelijke en het Self-niveau. Doordat de Self de verbinding legt tussen beide werelden, is het mogelijk een bepaald bewustzijn te creëren op elk niveau. Het product van deze handeling noem ik het Bewustzijn. Het bewustzijn kan rationeel worden weergegeven en ook gevoelsmatig. Vanuit die gedachte is het gedrag bij een volgende respons te koppelen aan dit bewustzijn. Het ligt in de natuur van het individu of hij of zij een keuzemoment vanuit het hart of vanuit de ratio laat plaatsvinden. Dit onderscheid heb ik reeds uiteengezet in hoofdstuk 9.1. onder de methodiek MBTI aangaande besluitvormingen.

Het niveau van het bewustzijn is dus gekoppeld aan het niveau van zowel uw Soul- als ook aan uw Ego-zijde op gelijkwaardige niveaus. Ook dit kan als energetische looping worden beschouwd, zij het van een hogere orde.

Neurofysiologische verklaring van het bewustzijn

Eerder hebben we gesproken over het dualisme in hoofdstuk 11.5 en 16.2.

Dat betekent dat dualisme is derhalve niet verenigbaar is met een neurofysiologische verklaring van het bewustzijn, dit in combinatie met het aspect Qualia.

17.1 Qualia

Qualia zijn de kwalitatieve eigenschappen van de waarneming, zoals smaak en kleur. Het karakteriseert dus dat wat wordt waargenomen. Qualia spelen in het dagelijkse leven een belangrijke rol bij de kwaliteitszorg. In mijn vorige boek heb ik al aangegeven dat het eigenlijk onmogelijk is kwalitatieve eigenschappen of Qualia eenduidig te definiëren en daarmee het object, zoverre we het een dienst als ook een object kunnen noemen, kwalitatief meetbaar te maken. Mocht er al enige mate van overeenstemming zijn, dan is dit mede onhanteerbaar vanwege de verschillende culturen binnen Europa, waarvoor het kwaliteitssysteem bedoeld was. Concrete meetsystemen verlenen zich uitermate lastig voor abstracte zaken in geval dat er qualia in het spel zijn, wellicht is het zelfs onmogelijk. In het debat van de filosofie van de geest spelen qualia een belangrijke rol.

Argumenten voor het bestaan van qualia

Er zijn verschillende gedachte-experimenten opgezet om het bestaan van qualia duidelijk te maken. Frank Jackson beschreef er enkele in zijn artikel *"Epiphenomenal Qualia"*.

- De wetenschapster Monique leeft ondergronds, waar alles in zwart-wit is. Zij weet alles van de waarneming van de kleur rood, maar heeft zelf nog nooit rood gezien. Wanneer zij uiteindelijk boven komt en de kleur rood waarneemt, dan leert zij iets bij. De ervaring van wat het is om rood te zien.

- Leonardo heeft een extra vermogen om verschillende kleuren rood te onderscheiden. Tomaten kan hij precies opdelen in twee verschillende kleuren, waar anderen dat niet kunnen. Wetenschappers weten alles van zijn neurofysiologische processen, maar weten niet wat het is om Leonardo te zijn.

Ook Thomas Nagel heeft in zijn "*What's it like to be a bat*" proberen aan te tonen dat we weliswaar een hoop te weten kunnen komen over de waarneming van, in zijn voorbeeld, een vleermuis, we nooit zullen weten wat het is om er daadwerkelijk één te zijn. Er lijkt hier een duidelijke scheiding te zijn tussen het objectieve derde-persoons-perspectief van een wetenschapper en het subjectieve zelfbeeld.

Neurowetenschap en qualia

In de zienswijze van het dualisme zijn bewustzijn en de brein gescheiden entiteiten. Ook qualia zoals de waarneming van de kleur rood of mijn persoonlijke herinnering aan een vroegere vakantie zouden niet tot breinfuncties te herleiden zijn. Sommige eliminativisten claimen dat, er nooit neurale correlaties gevonden zullen worden voor vele alledaagse psychologische concepten, zoals geloof en verlangen, en dat gedrag en ervaring alleen adequaat verklaard kan worden op biologisch niveau.

In het algemeen is eliminativisme ten aanzien van een klasse van entiteiten de stellingname dat die klasse van entiteiten niet bestaan. Zo is bijvoorbeeld atheïsme eliminatief over het bestaan van God en andere bovennatuurlijke entiteiten, alle vormen van materialisme zijn eliminatief over de ziel, moderne chemici zijn eliminatief over het bestaan van de warmtestof phlogiston – een substantie zonder kleur, geur, smaak of gewicht – die de eigenschap van hitte in zich droeg, en moderne fysici zijn eliminatief over het bestaan van het medium æther in de ruimte. Dualisme is derhalve niet verenigbaar met een neurofysiologische verklaring van het bewustzijn.

Veel neurowetenschappers menen echter dat de voortschrijdende kennis van de breinfuncties op den duur zal leiden tot een scherper inzicht in de aard van bewustzijnsverschijnselen. Ook een filosofen als Paul Churchland, Daniel Dennett en Georges Rey zijn deze mening toegedaan. Hun stroming wordt dan ook eliminativisme genoemd.

Consequenties van het bestaan van qualia

Het bestaan van qualia levert een mogelijk argument op tegen de identiteitstheorie, die stelt dat fysieke processen en bewustzijnsprocessen identiek zijn. Dat betekent dus dat wanneer als alle fysieke processen bekend zijn, volgens de identiteitstheorie ook alle mentale toestanden bekend zouden zijn. Qualia lijken echter in principe niet adequaat als fysiek proces beschreven te kunnen worden. Hoewel het mogelijke bestaan van de qualia vooral als argument tegen de identiteitstheorie gebruikt is, vormt een verklaring voor de kwalitatieve aspecten van de waarneming voor vrijwel elk standpunt binnen de filosofie van de geest een probleem.

Het argument voor qualia kan verder verduidelijkt worden met het gedachtenexperiment hierboven. Wetenschappers kunnen weliswaar Leonardo's mentale processen neurologisch beschrijven. Zelf zullen zij deze niet kunnen ervaren.

Echter, vaak wordt het argument geïnterpreteerd als zich beroepend op een tegenstrijdig tegenstellen en gelijkstellen van "beschrijven" en "ervaren". U zou wel de tegenstelling kunnen maken : *"Beschrijven is nog geen ervaren"*, maar stelt deze twee aspecten inconsequent wel aan elkaar gelijk, alsof ze als kenproces aan dezelfde criteria zouden moeten voldoen en de beschrijving mislukt is wanneer deze geen directe ervaring impliceert. Is dat ook niet in het verlengde hoe u met informatie omgaat verkregen vanuit intuïtie ? Ik noem dit de nuance binnen het cognitieve begrijpen en daarmee kunnen beschrijven en het empathisch begrijpen , waar ook de beleving aan ten grondslag ligt, ziet u mijn vorige boek, paragraaf 4.5.

Het qualia-argument zou dan ongeldig zijn. Het zou berusten op een verwarring tussen de begrippen "iets kunnen beschrijven" en "ervaren" die beiden soms met "iets (her-)kennen" worden aangeduid. Om deze tegenwerping te omzeilen moet het argument zo worden opgevat dat het in beide gevallen om een beschrijving gaat. In het ene geval om een beschrijving van de fysieke processen, in het andere geval om de beschrijving van de ervaring en dat volgens het argument voor beide beschrijvingen niet dezelfde taal gebruikt kan worden zonder dat er één mislukt. Ook voor een, volgens het argument, adequate beschrijving van de ervaring in niet-fysieke termen is het natuurlijk geen noodzakelijke voorwaarde dat de beschrijver de beschreven ervaring zelf ervaart. Dat laatste noem ik dat de creatieve intuïtie, zoals ik heb uiteengezet in mijn vorige boek. In het hoofdstuk onder Burrhus Skinner beschreef ik tevens de relatie van gedrag in een bepaalde context.

Hoe grillig en kan gedrag worden of zijn als het gaat om de interpretatie ten aanzien van kwaliteitsbeleving, waar dus uiteraard qualia in het spel zijn ? Eigenlijk is de helft van de inhoud van dit boek op creatieve intuïtie gebaseerd, het is een weergave van kennis, die ik gevoelsmatig goed kan

plaatsen en kan invoelen alsof ik het daadwerkelijk heb ervaren. Daarom en daarmee is het dan ook een intuïtieve creatie, of is het fantasie ? Hoe doet u dat of welke ervaring heeft u hier zelf mee ?

17.2   Uw Self als Divine Fractal

De mens als extensie van de grote SELF, het beeld van deze hogere macht. In hoofdstuk 14 kon u de verdeling lezen over de verschillende gradaties binnen de spirituele en ook belichaamde wereld. Ook kent u Self de Soul als reflector voor uw Ego, acterend op meerdere niveaus. Om dit verder uiteen te zetten, is het van belang bewust te zijn van de drie "werelden".

De mens als nieuwe morfogenese – de Self – is het evenbeeld van de hogere Macht, de Void. De Ego vertegenwoordigt het aardse gedrag van deze menselijke Self. Als u ervan uitgaat dat deze Ego een eigen wil heeft, kan Ego op verschillende wijzen zelf keuzes maken, zoals Katherine Benziger heeft aangetoond, met behulp van uw brein, bestaande uit in energetisch opzicht beschouwde voorkeursgebieden. Die kunt u weer beschouwen als Complexe Adaptieve Systemen - CAS, grotere energetische loopings – (regel -)kringen – met daarbinnen diverse voorkeursloopings per individu, bepaald door de Void. Immers de mens is één groot complex van loopings, zowel fysio-biologisch als ook mentaal–neuraal bezien. Dit samenspel van al deze eerste, tweede, derde en misschien wel hogere orde loopings bent u Self. Het dualisme beschreven als op zichzelf staand unicum en als integrale dualiteit van lichaam en geest.

De spiegel dient als transitie voor het spirituele, de Ziel en het aardse, ook wel de Ego genoemd. Wat betekent deze interactie van de spiegel ? U Self bent de extensie van het Goddelijke, de Void. De Void vertegenwoordigt alles, goed en kwaad, waar en onwaar, orde en chaos. U bent daar een extensie van. U staat als Self via uw Hart "in verbinding" met de Void, omdat u voortkomt uit een Divine Fractal van de Void. Ego heeft de sterke drang om alles zelf te bepalen, we noemen dat de Wil. Veelal heeft Ego daarvoor een sterk instrument ter beschikking, de Ratio, kort gezegd het brein. Het andere instrument, het Hart dat overloopt van liefde, genegenheid en betrokkenheid, is een instrument dat steeds minder wordt ingezet in de huidige samenleving. Terwijl dit instrument voor iedereen toegankelijk is en het meest simpel in gebruik, neigt de Ego steeds vaker naar de Ratio. Waarom doe Ego dat ? Is Ego eigen-wijs of laat Ego zich te veel afleiden door substantiële en zielloze zaken, zoals geld dat zou kunnen zijn ?

Uw "echte" Self komt in de vergetelheid en kijkt steeds minder in de spiegel of reflecteert minder om via Soul bewustzijn (terug) te krijgen ten opzichte van het "spirituele". Daarmee degradeert Ego zich Self uiteindelijk naar het anorganische of materieniveau.

Ziet u daarvoor de afbeelding in hoofdstuk 14.6 van het ei van Roberto Assagioli, zoals Gottfried de Purucker dat zo mooi optekent in zijn *"Beginselen van de Esoterische filosofie"*. In een meer vereenvoudigde vorm ziet dat ei van Assagioli er als volgt uit.

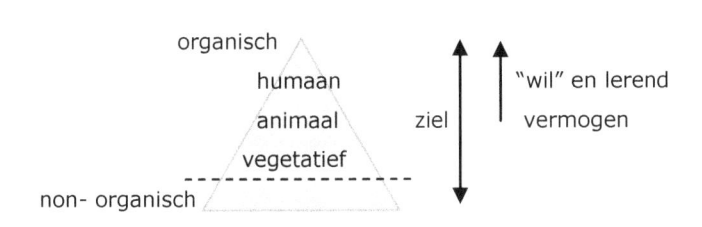

```
              organisch    ▲  ▲
                humaan        │   "wil" en lerend
              animaal    ziel │   vermogen
             vegetatief   ▼
   non- organisch
```

Dat is logisch, want de materie is concreet, heeft mist elk menselijk gevoel, Op dat niveau hoeft Ego niet over na te denken, te reflecteren op spiritueel niveau. Met dit gedrag classificeert de Ego haar oorsprong als hart-elijke Self naar Egoïst in haar aardse omgeving. De Egoïst is net zo gevoelig voor de medemens als een rots dat is, immers Ego is net zo materieel geworden, manifesteert zich als dusdanig en ziet de wereld om zich heen ook als zodanig.

Daarmee is het huidige strijdbeeld bepaald, wantrouwen om macht, de hoeveelheid bezit qua materie, een groter huis of een mooiere auto.

17.3   Reflectie en Bewustzijn

Wat levert de onderlinge samenwerking tussen Self, Soul en Ego eigenlijk op ? Het proces dat Self kan inzetten heet Self-Reflection of zelf-reflectie en heeft als output Bewustzijn. Dit bewustzijn resulteert in een verschuiving van het niveau van de spirituele en menselijke geest. Dit heb ik weergegeven als zigzaggende pijlen in de afbeelding. Of anders gezegd, aangaande besluitvormingen maakt u meer gebruik van de instrument Hart dan uw Ratio. Ook deze verandering in keuzemogelijkheid ten aanzien van besluitvormingen kunt u ook teruglezen in hoofdstuk 7 over de MBTI-methodiek en het ei van Roberto Assagioli in hoofdstuk 14.

Op de middellijn, die u Self vertegenwoordigt, heb ik als verbindend "orgaan" tussen het hogere of abstracte level en het lagere, het concrete level, uw Hart getekend. Uw hart staat in directe verbinding of anders ontvangt directe "voeding" vanuit de hogere Macht, de Void, The Self-Referent, waar u een Divine Fractal van bent.

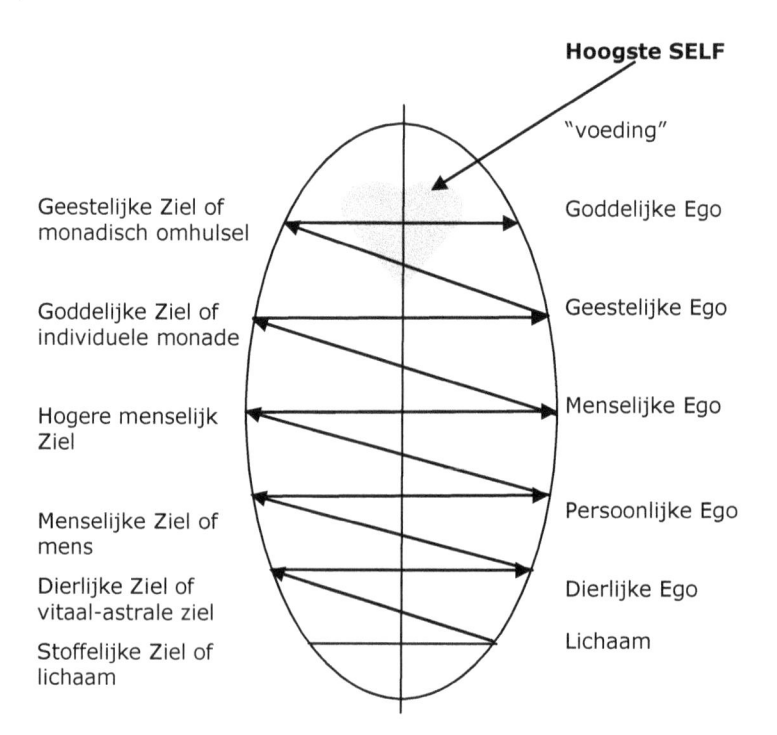

Hoogste SELF

"voeding"

Geestelijke Ziel of monadisch omhulsel	Goddelijke Ego
Goddelijke Ziel of individuele monade	Geestelijke Ego
Hogere menselijk Ziel	Menselijke Ego
Menselijke Ziel of mens	Persoonlijke Ego
Dierlijke Ziel of vitaal-astrale ziel	Dierlijke Ego
Stoffelijke Ziel of lichaam	Lichaam

Arche Types kunnen u helpen achterhalen wie u werkelijk vanuit Self bent of wellicht waar u stond. Ook komt daarmee gelijk uw Schaduw naar voren. Daarmee onderkent u uw huidige gedrag en verschil ten aanzien uw echte Self. Uw hoogste niveau Soul als monadisch omhulsel zal trachten de schade te herstellen door Self in te laten zien, dat het inzetten van uw Hart beter is. Als het goed is komen we allen weer op de Hart-gedachte terecht, immers we zijn afkomstig uit dezelfde bron, die van liefde en compassie voor elkaar, de taal van het Hart.

Human Design laat u zien op basis van datum, tijdstip en aardse plaats hoe u wordt toebedeeld door de Void, wie u als Self bent en wie u als dit individu bent en Arche Type u met zich meedraagt. Daarmee durf ik te stellen dat mensen niet veranderen, ze gaan zich wel anders gedragen. Laten we individueel gedrag respecteren en op de juiste waarde schatten.

18. The Void

"In den beginne was er niets ...." of bestond het Universum toen al ? *"Fiat lux", E*r zij licht". Licht is magisch, licht is alles, licht is organisch, is leven, "leven" is ook non-organisch, zoals onze aarde, onze natuur. Licht bepaalt de groei en ontwikkeling en ook levenscycli, zoals ik in hoofdstuk 6 heb beschreven. Ik doel hiermee op het levenslicht afkomstig uit het Universum, waarbij de zon één van de vele bronnen is, die haar energie vermengt met de levensenergie en alle andere komische en astrale stralingen.

18.1   Licht of "Fiat Lux"

In de zeventiende eeuw was het Christiaan Huygens die als eerste beweerde dat het licht een golfverschijnsel is. Hiervoor pleitten de bij licht waargenomen verschijnselen zoals interferentie, divergentie en convergentie of (af-)buiging. Dit werd tegengesproken door Isaac Newton, die stelde dat het licht uit een snelle stroom deeltjes bestaat. Dit leidde in die tijd tot een felle discussie, die aanvankelijk werd beslecht in het voordeel van de golftheorie. In de tweede helft van de negentiende eeuw werd duidelijk dat licht een electro-magnetisch golfverschijnsel is met binnen een specifiek golflengtegebied, dankzij het experimentele werk van Heinrich Hertz en het theoretische werk van Lorentz. Het gedrag van licht kon verklaard worden door het oplossen van de Maxwell-vergelijkingen die de basis vormen voor alle electro-magnetische verschijnselen, leest u daarvoor hoofdstuk 15.2.

Met de opkomst van de quantummechanica werd er toch nog een discontinu karakter van het licht vastgesteld. Dit resulteerde in de ontwikkeling van de quantum-electrodynamica die alle interacties tussen geladen deeltjes onder uitwisseling van fotonen volledig en met zeer grote nauwkeurigheid beschrijft en voorspelt. Het is een synthese van de relativistische versie van de Maxwell-vergelijkingen met de quantummechanica.

Is het Universum het alles of het niets of gelijktijdig beide ? Vanuit de Christelijke denkwereld wordt dit God genoemd, ik ben gelovig opgevoed, echter twijfel aan het feit of dit alleen God is. Ook de Chinezen, Egyptenaren en vooral de Indiërs kennen een spirituele wereld, die ver te boven gaat aan die van het Christelijke geloof, zowel in de breedte als in de diepte. Ik noem dat het Universum, het ene lied – uni-versum, liever de hogere of hoogste Macht zonder er verder een naam aan te verbinden. Het Universum is het lied van *"the seven Rays and seven Tunes".*

In de hoofdstukken 14 en 16 heeft u kunnen lezen over de verschillende gradaties van de spirituele wereld, voorgesteld met het ei van Roberto Assagioli. Voor de begripsvorming gaan we uit van een hogere orde van electro-magnetische energie, hoger dan Maxwell in zijn vier vergelijkingen bedoelde. Als de bron gaat stralen, ziet men dat het karakter van de bron daarmee de frequentie en daarmee de golflengte bepaalt van het electro-magnetisme. De snelheid van deze electro-magnetische energie ligt in de ordegrootte van die van het licht, ongeveer driehonderd duizend kilometer per seconde, in het luchtledige. Echter is het luchtledige, ondanks dat de naam het suggereert, geheel vrij van welke dimensie van energie of materie ?

De Void betekent letterlijk de "leegte", er is geen materie alleen energie, "The Standing Wave". Zoals u ziet in het plaatje kent deze golf een positieve en ook een negatieve fase. Beter is het om te stellen dat beide fasen tegengesteld zijn, zoals zwart en wit ook elkaars opposieten zijn. Dit plaatje kan uiteraard in multidimensionaal opzicht beschouwd worden. Net als licht dat in zichzelf ook is.

De Void is dus alles en gelijk ook niets. Als we de waarden van de Void op Booleaanse wijze optellen, dus Waar met Onwaar, Chaos met Orde, Goed en Kwaad en zo verder, is de totale som van de Void in relatieve zin dus helemaal niets. En dat terwijl de Void alle mogelijkheden qua dualiteiten in zich heeft. Stel we noemen Void onze God of Hogere Macht.

"En HIJ schiep de mens als evenbeeld van HEM SELF ....."

Is de mens een gevolg vanuit de evolutietheorie zoals Charles Darwin dat benoemde, of was de mens "opeens daar", zoals het boek Genesis verwoord heeft en ons doet geloven ? Het kan natuurlijk ook zo zijn dat de mens "gefaseerd" is ontstaan, de evolutietheorie in ogenschouw genomen.

Mandelbrot-fractals, vergelijk het wortelsysteem van planten of broccoli

Hoe kunnen we dit laatste plaatsen in de context van de Void ? De Void is HIJ , de SELF. Als we over chaostheorieën spreken, komen we al gauw op het fenomeen fractals terecht. Stel u zich voor dat de Void als oneindig Machtige Energie spirituele straling uitzendt vanuit de SELF. Deze spirituele energie is samen met de kosmische en astrale energie een totaliteit van kort gezegd het Universum. De uiteenzetting vanuit de Void is op fractaal niveau denkbaar. Deze energie "ondervindt" door toedoen van andere fenomenen traagheid in haar "snelheid, wat dus massa oplevert.

SELF-Referent

Divine Fractals

Tezamen of gecombineerd met de fysio-biologische materie levert dit "de mens op", als extensie van de almachtige SELF. De mens is daardoor een extensie van de SELF en is daarmee een nieuwe Self van een lagere orde.

Als deze energie wordt omgevormd tot de belichaming van de mens met geest en ziel, komen alle bedoelde kosmische energieën tezamen in een singulariteitspunt, een willekeurig te baren mens.

Wiskundig gezien is dit singulariteitspunt het punt waar u een waarde deelt door "nul". Deze doorvoering door het singularity point is de omslag van Void naar de aarde spirituele en substantiële of materiële wereld. Het is daarmee gelijktijdig onomkeerbaar voor de meeste "onderdelen van de mens". Om dit te kunnen begrijpen, halen we $E = m.c^2$ van Einstein erbij, die zegt dat bij toename van massa de snelheid omlaag gaat. De mens is een fysio-biologische belichaming van kosmische en astrale energie en bestaat dus uit of beter, is biomassa, daardoor traag en zichtbaar of waarneembaar.

18.2 Singulariteitspunt

De beroemde energieformule van Einstein heeft de snelheid ingebed. Deze snelheid gaat echter niet verder tot aan de onderkant van dit zogenoemde singulariteitspunt, de menselijke kant van het singulariteitspunt. Wat speelt daarboven ? Zijn daar energieën die supraluminale snelheden hebben, sneller dan het licht en dus geen "tijd in zich hebben" ? Einstein vermoedde het zelf ook al.

Immers tijd is veelal het verschil in tijd veroorzaakt, omdat massa en fotonen een bepaalde traagheid in zich hebben en dus "tijd" nodig hebben om ergens te komen. Vaak worden fotonen onderweg beïnvloed door massa, waardoor hun golflengte groter wordt. Dit staat ook wel bekend als roodverschuiving zoals u aan de horizon kunt waarnemen. Het verschil in waarneming - het zijn – en de verlopen tijd in combinatie met de lagere golflengte om ergens anders te komen voor deze hogere energie bestaat daar dus niet, prachtig toch ?

energie met supraluminale snelheid

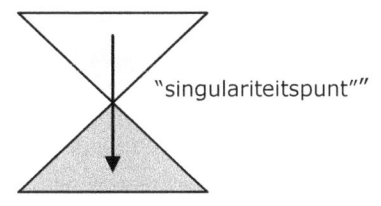

"singulariteitspunt""

energie met ≤ luminale snelheid

Was dit niet het oneindige onbewuste collectief, dat Carl Jung, Wolfgang Pauli en Jane Roberts bedoelden, waarin gedachten, weer te geven als tijdloze energiestukjes, daar landen waar ze "bevraagd worden" ? Los of deze informatie het heden, verleden of toekomst betreft.

Terugkomend op de titel van dit hoofdstuk betekent dit dat alle mensen vanuit dezelfde "bron komen", een extensie zijn van de SELF, the AUM, dat ene Universum, het ene lied dat klinkt in een spectrum van het levenslicht, waarin harmonie en balans vanzelfsprekend zijn. In het licht van de Chaostheorie ziet u mogelijk dat de fractals hier hun oorsprong kennen. Immers The Void is een SELF-Referent met Divine Fractals als een in zichzelf terugkerend patroon vanuit de Bron, de SELF.

Toch kan elk mens uniek zijn, omdat ook het Universum steeds verandert, planeten draaien, nieuwe sterren worden geboren. Henri Poincaré toonde tevens aan dat de voorspelbaarheid vanuit een driehemellichamenstelsel onmogelijk was, laat staan voor de gehele Universum. Hij maakte aannemelijk dat dynamische systemen in de natuur onoplosbare problemen voortbrengen tijdens hun onderlinge dynamiek. Dit geldt ook voor de hemellichamen. Deze categorie van systemen, die complex, niet-lineair zijn, zijn dan ook wiskundig gezien niet-integreerbaar. Daarmee zijn ze tevens onvoorspelbaar omdat er andere krachten of energieën meespelen die buiten ieders bereik of begrip liggen. Inclusief de mens Self.

18.3   Henri Poincaré

Henri Poincaré was een Frans wiskundige, die beschouwd wordt als één van de grootsten uit zijn land. Hij was bovendien wetenschapsfilosoof. Poincaré wordt vaak beschreven als de laatste van de "universalisten", in staat om vrijwel alle gebieden van de wiskunde te begrijpen en eraan bij te dragen. Bovendien was hij mijnbouwkundig ingenieur, wetenschappelijk adviseur van de Franse regering, auteur van bestsellers en heeft hij belangrijke stukken van de speciale Relativiteitstheorie ontwikkeld.

De bijdragen van Poincaré aan de wiskunde waren fundamenteel van aard, niet alleen aan de wiskunde, maar ook aan de wiskundige Natuurkunde en aan de Hemelmechanica droeg hij bij. Begin twintigste eeuw ontving hij voor zijn bijdragen aan de astronomie de Bruce Medal van de Astronomical

Society of the Pacific. Hij was verantwoordelijk voor de formulering van het Poincaré-vermoeden, een beroemd probleem uit de wiskunde.

Bij zijn onderzoek naar het driehemellichamenprobleem was Poincaré de eerste die een chaotisch deterministisch systeem ontdekte. Hij legde daarmee een fundament voor de moderne Chaostheorie.

18.4 Heilige Geometrie

Uitgangspunt in het geheel, het universele, de kosmos, the Human Design is de chronotopie met ultieme Geometrie als basis. Waren het als voorlopers de Atlantiërs, de Maya's en ook de Egyptenaren, die van de combinatie ruimte-tijd, coördinaten en eenheden uitgingen ? Wie waren de Vrijmetselaars, die deze Heilige Geometrie kenden in de personen van bijvoorbeeld Leonardo Da Vinci en Isaac Newon ? Waren de Atlantiërs, Egyptenaren, Maya's en ook de Grieken hiermee bekend ? Gezien hun erfstukken, die deze geometrie in zich hebben, lijkt dat er zeer sterk op. Plato verwijst verschillende malen tijdens zijn dialogen naar het verdwenen continent Atlantis (eiland van Atlas).

Wat houdt deze Heilige Geometrie eigenlijk in ?

Om de vraag te beantwoorden wat er zo heilig is aan deze geometrie, moeten we teruggaan naar de beschermers van deze kennis. Deze beschermers lieten doorschemeren dat de Heilige Geometrie de blauwdruk is van het universum van waaruit alles wat we om ons heen zien geschapen is. De Heilige Geometrie herkennen we in het universum, is de hand van de Hogere Macht en is te zien achter de schepping. De diepzinnige esoterische gedachte achter de Heilige Geometrie is dat de beschermers ervan geloofden dat het gehele universum Één was, The Void, The SELF. Het scheppingsverhaal zoals dit overgeleverd werd in deze geheime genootschappen, vertelt dat God in den beginne vanuit zijn oorspronkelijke eenheidsbewustzijn de illusie van afscheiding schiep, opdat hij zichzelf kon leren kennen.

Dit zou het begin zijn van alle dualiteit die we nu in de wereld van alle dag om ons heen ervaren. Het bracht de Schepper een nieuwe ervaring die voorheen vanuit zijn eenheidsbewustzijn niet ervaren kon worden en is de oorzaak van alle polarisaties zoals warm en koud, goed en kwaad, God en niet-God.

Deze dualistische opdeling vanuit de eenheid verliep volgens de Gulden Snede, een heilige ratio die ten grondslag zou liggen aan alle vormen om ons heen die we zien als afgescheiden van de oorspronkelijke eenheid. Al deze kennis is uiterst geheim bewaard gebleven in geheime genootschappen van bijvoorbeeld de Gnostici en Vrijmetselaars. Deze geheimhouding was noodzakelijk, omdat de Katholieke kerk de aanhangers van deze esoterie door de eeuwen heen hardnekkig vervolgde en onderdrukte.

Hierboven ziet u het symbool van de Vrijmetselarij, een passer en een winkelhaak. Het zijn de enige twee gereedschappen die we nodig hebben om Heilige Geometrie te kunnen bedrijven. Alle heilige geometrische vormen die van belang zijn, zouden met behulp van deze twee instrumenten geconstrueerd kunnen worden. Daarmee zijn deze ontwerpen "heilig".

Langzamerhand beginnen veel mensen wereldwijd zich te realiseren dat ons vele geheimen onthouden zijn door de Katholieke Kerk en de boekschappen in de winkels staan tegenwoordig vol met boeken zoals de Da Vinci Code en het Bernini mysterie. Deze boeken van Dan Brown laten de lezer echter vertwijfeld achter over de uiteindelijke betekenis van al die symbolische geometrie zoals de Gulden Snede en de Davidster waarnaar in het boek verwezen wordt. De kritiek op de Da Vinci Code is niet mild en volgens critici zou het boek gebaseerd zijn op de doordravende fantasie van de schrijver. Niets is minder waar, er is wel degelijk kennis verborgen gebleven die naar nu blijkt, enorm belangrijk is.

Deze kennis blijkt zelfs de basis te vormen voor een totaal nieuwe fysica die letterlijk een nieuw licht laat schijnen over onze werkelijkheid, de creatie van de Kosmos en uiteindelijk de mens. Alle zijn gebaseerd op de Heilige Geometrie, de Gulden Snede. Deze Gulden Snede kan gevisualiseerd worden middels een bepaalde verhouding van zijden binnen een rechthoek. Deze heilige verhouding ziet u terug in de oude bouwwerken zoals vroeger de piramides en de Franse kathedralen (Chartres) in de middeleeuwen. Echter ook in de natuur, de draaiing van de kelk van een bloem, van een schelp, in de helixstructuur van uw en ieders DNA.

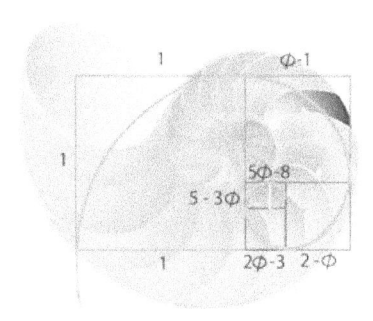

In hoeverre er andere symmetrieën spelen en hogere harmonischen bestaan, kunt u berekenen met de Fourier-analyses. Om een voorbeeld te geven, mijn paraaf bestaat gezien mijn voor- en achternaam uit een w en een b. Deze heb ik zodanig met elkaar verbonden dat er op basis van de Fourier-analyse symmetrie bestaat, er is sprake van puntsymmetrie, het punt waar de pijl op gericht staat.

Sectio Aurea, Proportio Divina

De Gulden Snede is de verdeling van een lijnstuk in twee delen in een speciale verhouding. Bij de Gulden Snede kent een speciale onderlinge verhouding tot elkaar. Deze verhouding van grootste deel verhoudt zich tot kleinste deel en is gelijk aan de som van het grote en kleine deel in verhouding tot het grootste deel. De bedoelde verhouding tussen grootse en kleinste deel wordt aangeduid met de Griekse letter Phi – Φ. De waarde is ongeveer 1,618033, ook wel te schrijven als ½(1+√5).

De Griek Euclides kende dit getal zeker. Het komt voor in zijn geschriften. Euclides doet in zijn werken geen verwijzingen naar de architectuur. Toch is de Gulden Snede door de Grieken toegepast in hun bouwwerken en steenhouwwerk. Het mooiste voorbeeld vindt u waarschijnlijk nog wel in het Parthenon. Het Parthenon is een oude Griekse tempel, gewijd aan Athene, de godin van de wijsheid. Het stond op de Akropolis, de tempelberg in Athene. De tempel is ontworpen door Ictinus en Callicrates, volgens wiskundige principes. Het beeldhouwwerk is gemaakt onder leiding van Phidias. Hij is degene naar wie de Gulden Snede (Phi) genoemd is. Aan het begin van de dertiende eeuw publiceerde Leonardo Fibonacci een bijzondere rij getallen.

Elk getal van de rij met uitzondering van de eerste twee, is gelijk aan de som van de twee voorgaande getallen. Dat levert de volgende rij getallen op: 0, 1, 1, 2, 3, 5, 8, 13, 21, 34, 55, 89, 144, 233, enzovoort. Het opvolgende getal is steeds de som van zijn twee voorgangers. Dat levert een prachtige spiraal op, die veelvuldig in de natuur, flora en fauna is te vinden. Ook hier is de verhouding tussen twee getallen Phi, Φ.

Muziek en Fibonacci

Ook in de muziekkunst ligt de beroemde Fibonacci-reeks ingebed. Bijvoorbeeld de opbouw van de pianotoetsen volgt de reeks. Een octaaf op een piano wordt gespeeld met acht witte toetsen en vijf zwarte, in totaal dus dertien toetsen. De zwarte toetsen zijn verdeeld in twee en drie. Dus de Fibonacci-reeks: 2, 3, 5, 8, 13. Volgens sommigen te ver gezocht, anderen geloven er heilig in. Ook componisten zoals Bartok en Debussy hebben de Fibonacci-reeks, bewust of onbewust, in hun werk verstopt.

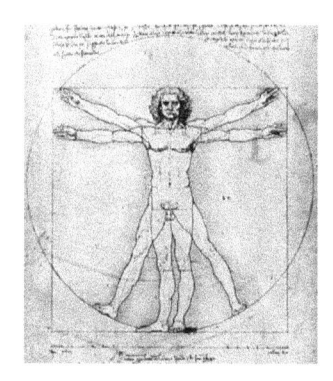

Vitruviaanse figuur getekend door Leonardo da Vinci.

De hoogte van het vierhoekje en de grootte van de ruimte tussen de vierhoek en de buitenste cirkel boven het figuur staan gelijk aan de verhouding tussen de diameter van de aarde en die van de maan.

Wie stond model voor van het Vitruviaanse figuur ?

Marcus Vitruvius Poll(i)o was een Romeinse militair en architect. Van zijn hand zijn de oudste geschriften over architectuur die momenteel nog bestaan. Hij schreef in totaal tien boeken, die hij onder de naam *"Dé architectura",* "Over de bouwkunst". verzamelde en publiceerde.
In het boek *"Over de bouwkunst"* worden onderwerpen aangesneden als de opleiding van een architect, bouwmaterialen en decoraties. Ook is er ruimte voor natuurlijke en menselijke aspecten als watervoorziening en de afstemming van gebouwen op lucht en licht.

Vitruvius toonde zich een groot voorstander van de proporties van het menselijk lichaam als basis voor de ideale maatverhoudingen van een gebouw. Zijn vastgestelde systeem van verhoudingen tussen de lengte, de breedte, de diepte en de hoogte is door Leonardo da Vinci uitgewerkt in de beroemde tekening "*Uomini universali*". Ook formuleerde Vitruvius drie basiswaarden voor architectuur: schoonheid, functionaliteit en stevigheid. Herkent u hierin dezelfde principes van de architectuur Van Christopher Alexander ?

Behalve in de kunst komt u Φ ook in menselijke schoonheid tegen. In het menselijke gezicht vindt u allerlei verhoudingen die de Gulden Snede benaderen. Kijkt u bijvoorbeeld eens naar de verhouding van de lengte van uw neus ten opzichte van de breedte. Of de afstand tussen uw ogen in verhouding tot de totale breedte van uw gezicht. Misschien verklaart het aantal gulden sneden die in het gezicht voorkomen, of iemand knap is of niet. Het wordt veelal afgemeten aan de symmetrie in het gezicht.

Meer over het onderwerp van de Heilige Symmetrie kunt u teruglezen in het boek "*Ontheemde zielen ontwaken*" van Jan Wicherink.

18.5   De Hubble horizon

Is God een Topologist ? Er zit een waarachtig en onwaarschijnlijke mooie en onberedeneerbare relatie tussen de tijd en ruimte. Mikhail Bakhtin bedacht ooit de term Chronotoop, de ultieme relatie tussen plaats en tijd, ziet u daarvoor hoofdstuk 8.6. Is dat wat het leven op aarde, de gehele natuur, de kosmos en het heelal is ? Het was niet voor niets dat Albert Einstein geloofde dat God een Meetkundige was, "*God isn't throwing dice*".

Veel eerder al probeerde de Mystieke school van Pythagoras het Geheel achter de Heilige Geometrie middels cijfers te begrijpen. Op dit moment heeft Geometrie geavanceerde kennis verworven in relatie tot de oude tijd van Pythagoras en zelfs tot de meer recente tijd van Einstein. Geometrie heet nu Topologie, de wetenschap van de Ruimte. In termen van Einstein betekent dit dat God een Topoloog is. Hoe kunnen we de relatie tussen ruimte en tijd op enige menselijk niveau aanschouwen ?

Albert Einstein schreef in het begin van de twintigste eeuw.

"'We may say that the process occurring in the clock, and more generally, any physical process, proceeds faster the greater the gravitational potential at the location of the process taking place."

Tijd gaat sneller naarmate er meer zwaartekracht voelbaar is, dit is het zogenaamde "Einsteineffect".

Astronomen lieten hem echter zien dat de waargenomen frequenties van zware hemellichamen zoals de zon, bijna allemaal lager waren. Deze frequenties vertonen "roodverschuiving". Met roodverschuiving wordt het effect in het lichtspectrum bedoeld, waarbij de verzonden frequenties lager ontvangen worden. Doordat externe massa's de fotonen vertragen, worden ze als het ware "uitgerekt". Een foton met een golflengte wat overeenkomt met een voor ons onzichtbare kleur, wijzigt in een foton met een grotere golflengte die overeenkomt met de kleur rood. Die kleur kunnen we met het menselijke oog wel waarnemen.

$$c = \lambda_1 \cdot f_1 \longrightarrow c = \lambda_2 \cdot f_2 \quad : \quad \lambda_2 > \lambda_1$$

Hun conclusie was dat tijd langzamer verloopt naarmate de zwaartekracht groter is. Zij leggen het Einsteineffect uit als tijdvertraging. Wat is het nu, snellere of langzamere klokken bij toenemende zwaartekracht?

Einstein's Algemene Relativiteitstheorie leert ons dat ruimte samentrekt bij sterke zwaartekracht. We kunnen dat meten aan de buiging van sterrenlicht rond de zon. Klokken die langzamer lopen bij een samentrekkende ruimte kunnen alleen maar leiden tot een lagere lichtsnelheid. Hierdoor was Einstein gedwongen om zijn principe van de constantheid van de lichtsnelheid, die hij zelf in zijn Speciale Relativiteitstheorie had geïntroduceerd, te laten vallen voor zijn Algemene Relativiteitstheorie. In de Algemene Relativiteitstheorie is de constantheid van de lichtsnelheid geen vereiste.

Het probleem wordt veroorzaakt door een foute interpretatie van lichtfrequenties. Max Planck ontdekte vijf jaar vóór Einsteins Speciale Relativiteitstheorie, dat licht uit "quanta" bestaat. Tijd is sinds de Speciale Relativiteitstheorie relatief geworden. Hoewel Einstein wel "Doppler" aanpaste aan de nieuwe visie op tijd, heeft hij nooit de wet van Planck aangepast. Einstein's analyse komt hier perfect mee overeen.

De constantheid van de lichtsnelheid voor alle waarnemers wordt weer hersteld in de oplossingen van de Algemene Relativiteitstheorie.

Een eenvoudig kosmologisch model dat verklaart waarom er kosmische inflatie was, maar vooral waarom er géén "Big Bang" was. Dit model heet het "Kringmodel". Het Kringmodel is uitsluitend gebaseerd op het behoud van energie. Voor alle duidelijkheid, het huidige model of Lambda-CDM kent geen behoud van energie, geen constante lichtsnelheid en heeft een kosmologische constante nodig om de versnellende expansie van het universum te verklaren.

Het Kringmodel beschrijft een universum dat al oneindig lang bestaat en nog oneindig lang zal blijven bestaan. Het is een model volgens het principe van "kosmologische perfectie", zowel homogeen, overal hetzelfde en ook isotroop, hetzelfde in alle richtingen, geldend voor zowel de ruimte als de tijd. Volgens dit model is het universum sferisch. Het ontbreken van relatief Planck werd door Einstein gecompenseerd door een harde definitie van relatieve tijd of "proper time". Een kortere meter gecombineerd met een langere seconde betekent niet alleen een lagere lichtsnelheid – snelheid staat gelijk aan het aantal meters per seconde afgelegd – maar ook een foutieve relatieve tijd. Einstein moest de definitie van relatieve tijd wel wijzigen in lokale tijd.

Het gangbare model heet het "Lambda-CDM-model", waarbij Lambda voor de kosmologische constante staat en CDM voor "Cold Dark Matter". Een eerder model is het "FRWL-model". Het zijn beide modellen die uitgaan van een "Big Bang" en de Hubble-expansie. Het Lambda-CDM-model gaat ervan uit dat er een kracht bestaat die tegen de zwaartekracht in werkt. Deze kracht verklaart dan de versnelling van het universum die we meten, de zwaartekracht vertraagt deze uitbreiding.

Het CDM-model verklaart de kosmische inflatie niet. Het is afhankelijk van een kosmologische constante of kracht, die niet als deeltje geïdentificeerd is. Energie blijft niet behouden, fotonen verliezen hun energie. De kosmische achtergrondstraling is bijna honderd procent van zijn energie verloren. Het model is afhankelijk van een lichtsnelheid die langzaam op gang komt, dus ook geen behoud van energie in massa, $E = mc^2$.

Het Lambda-CDM-model is wel homogeen en isotroop in ruimte, maar niet in tijd. Ruimte en tijd zijn niet in balans. De donkere materie of "Cold Dark Matter" is nodig om het rondtollen van verre sterrenstelsels te verklaren.

Zonder deze materie kloppen de wetten van Newton niet, de sterrenstelsels zouden door die hoge draaisnelheid nooit bij elkaar kunnen blijven. Om die verre sterrenstelsels te begrijpen, moeten we de schaalfactor toepassen op de eenheid meter en seconde, op de zwaartekrachtconstante en op de Constante van Planck.

Het Kringmodel maakt een apart tijdperk voor kosmische inflatie overbodig. Ook het Planck-tijdperk kan vervallen. Het universum blijft precies even groot in coördinaten. De natuurkunde luistert naar coördinaten, niet naar eenheden. Ruimte en tijd zijn relatief. De quantummechanica beschrijft het gedrag van zeer kleine deeltjes. Als lengtes en tijden in de buurt van de constante van Planck komen, gebeuren er bijzondere dingen. Snelheid, tijd en positie zijn niet meer zo eenduidig. Dit is het terrein van de quantummechanica. In coördinaten blijft het universum echter altijd hetzelfde !

Toelichting

De Constante van Planck wordt aangeduid met de letter h en is een natuurkundige constante, die voorkomt in alle vergelijkingen van de quantummechanica. De constante is later vernoemd naar de natuurkundige Max Planck, die deze constante aan het begin van de twintigste eeuw invoerde bij zijn verklaring van de straling van zwarte stralers. De Constante heeft de waarde van ongeveer $6{,}626 * 10^{-34}$ J.s.

De constante van Planck h is ingevoerd voor het verband tussen frequentie v en energie E voor een lichtquantum of foton.

$$E = h \cdot v$$

De waarde van Planck in kosmologische eenheden is Joulesec $_{kosm}$ of σ Joulesec. Dus hoe kleiner de schaalfactor σ en dus de meter, mtr $_{kosm}$ en seconde sec $_{kosm}$, hoe kleiner de relatieve waarde van Planck of h $_{rel}$. De relatieve waarde van Planck schaalt precies met de seconde en de meter mee !

Fotonen of wel lichtdeeltjes, konden niet ver reizen, ze botsten voortdurend op protonen en electronen.

Energie in de vorm van massa is zeer efficiënt opgeslagen. Meer massa betekent ook een lagere temperatuur. Des te meer fotonen in massa overgingen, des te lager werd de temperatuur. Dat was destijds ook één van de onoverkomelijkheden bij de Neveltheorie van Simon Laplace.

Door de afkoeling van het universum, veroorzaakt door de omzetting van fotonen in protonen en electronen, werd het universum steeds meer doorzichtig. De kosmische achtergrondstraling is de straling van overgebleven fotonen uit die tijd. Deze tijd wordt ook wel het "oppervlak van laatste verstrooiing" of "surface of last scattering" genoemd.

De fotonen van deze kosmische achtergrondstraling zijn de oudste signalen die we nog kunnen ontvangen. Deze hebben een roodverschuiving van duizend achtentachtig. In radarafstand is dit het $1088 / 1089^{ste}$ gedeelte van de Hubble Horizon. Of andersom beredeneerd, de signalen zijn op onze aardse klok in het jaar twaalf komma zes miljoen na het jaar nul vertrokken, dertien komma negenenzestig miljard radarjaren geleden. Op de kosmologische of echte klok zijn ze echter al zesennegentig miljard jaar onderweg !

De vraag wat er vóór die tijd was, blijft dus altijd giswerk. Als er geen massadeeltjes waren, was er ook geen tijd zoals wij die kennen. Fotonen tellen tijd van "nul" tot "één", maar een veelheid van deze bits – zegt u maar gebeurtenissen – creëert tijd zoals wij die kennen. Alle vroege modellen moeten aan twee randvoorwaarden voldoen, energiebehoud en constantheid van de Hubble Horizon en dus Hubble-tijd.

Volgens Minkowski zijn ruimte en tijd niet onafhankelijk van elkaar, maar twee vereenvoudigingen van de werkelijkheid, die van ruimte-tijd. Door het onderscheid te maken tussen de relatieve en de eigen tijd van het waargenomen object lossen we de tweelingparadox op. Door ook de eigen tijd van het waargenomen object te beschouwen als een soort gemiddelde van alle relatieve tijden tot alle deeltjes uit de omgeving, lossen we ook de muonparadox op. Tenslotte laten we het laatste stukje æther uit de astronomie verdwijnen door tijd ook een richting te geven.

"Tijd krijgt dezelfde eigenschappen als ruimte."

18.6 Max Planck

Max Planck was een Duits natuurkundige. Voor zijn ontwikkeling van de quantumtheorie verrichtte hij onderzoek naar de wetten van de thermodynamica en de uitstraling van energie door zwarte lichamen of black body radiation en zocht naar de oplossing voor het probleem waar de klassieke natuurkunde niet uit kwam. Hoe luidt de formule die het continue energieverloop beschrijft van een energie uitstralend lichaam ? Het was al bekend dat de golflengte van electro-magnetische straling korter wordt naarmate de temperatuur van het lichaam stijgt. Wilhelm Wien vond een formule voor de energiedistributie van straling vanuit zwarte lichamen, die gold voor het violette eind van het spectrum en John Rayleigh en James Jeans produceerden een formule voor het rode gebied, maar niemand kon een formule vinden die gold voor het hele spectrum.

Zijn onderzoekingen brachten Planck er toe de klassieke Newtoniaanse principes te verwerpen en een heel nieuw principe te introduceren, wat uiteindelijk resulteerde in de quantumtheorie. Hij publiceerde zijn bevindingen in de verhandeling *„Zur Theorie des Gesetzes der Energie-Verteilung im Normal-Spektrum"*.

Planck's theorie komt erop neer dat energie wordt uitgestraald in kleine "pakketjes" of eenheden, die hij quanta noemde, meervoud van het Latijnse "qu*antum*", wat "hoeveelheid" betekent. Zijn idee was daarbij dat de hoeveelheid quantumenergie en de hoeveelheid fotonen afhing van de golflengte van die straling. Hoe korter de golflengte van de straling, hoe groter de energie per quantum. De relatie tussen de frequentie v, Griekse letter n of v - nu, wat staat voor het aantal golven per seconde, de golflengte en de energie "*E*" per quantum legde hij vast in de vergelijking, waarbij "*h*" de "Constante van Planck" voorstelt.

$$E = h \cdot v$$

De Planck-constante is de waarde h : $6,626 \times 10^{-27}$ erg seconde, wat gelijk is aan $6,626 \times 10^{-34}$ Jouleseconde. Dit betekent dat één erg gelijk staat aan de waarde 10^{-7}. Met Planck's theorie kon ook worden vastgesteld dat een quantum van violet licht tweemaal zoveel energie bevatte als een quantum van rood licht en dat het dus meer energie zou kosten om violette quanta te produceren dan rode quanta.

Met de quantumtheorie lukte het om één nette, het hele spectrum omvattende formule te vinden voor uitstraling van energie door zwarte lichamen. Zijn ontdekking wordt door velen gezien als het begin van de moderne natuurkunde, tegenover die van de "klassieke natuurkunde" daarvoor.

Het ironische is dat Planck allerminst gecharmeerd was van het latere succes van "zijn" quantumtheorie. Vooral de statistische principes en de daarmee samenhangende onzekerheden, zoals samengevat door Werner Heisenberg en Erwin Schrödinger, bevielen hem niet. Evenals Albert Einstein was hij van mening dat de quantumtheorie een "tussenoplossing" was naar een meer klassieke theorie van de mechanica, waar geen statistische functies en onzekerheden bij nodig waren. Helaas voor beiden is dit nooit waarheid geworden.

Bij zijn overlijden was de quantumtheorie de meest uitgeteste natuurkundige theorie ooit en iedere test bewees weer de geldigheid van haar grondvesten en uitgangspunten. Hij werd succesvol gebruikt om een heel scala van verschijnselen te verklaren, zoals het foto-electrisch effect, de verspreiding van röntgenstralen, de baan van electronen om de atoomkern, het gedrag van atomen en atoomkernen en het Zeemaneffect.

Het Zeemaneffect is het verschijnsel dat spectraallijnen van een atoom dat vanuit een aangeslagen toestand licht uitzendt of zich opsplitsen bij de aanwezigheid van een sterk magnetisch veld. Het externe magnetische veld veroorzaakt dat de twee mogelijke spintoestanden van het electron in energie gaan verschillen. Met het externe veld mee gericht of ertegen in. Dit is één van de bewijzen voor het bestaan van quantisatie in de electronenbanen rond het atoom, en daarmee één van de aanwijzingen van de juistheid van de quantummechanica.

18.7 Cyclusdenken

Het in cycli denken is het denken in een spiraliserende spiraal, waarvan de spoed – de draaiing – steeds korter wordt, elke draaiing is steeds sneller terug op de beginplaats, zij het verschoven in de tijd. Vanaf het allereerste begin zijn cycli in de ontwikkeling van de aarde, haar natuur en later ook de mensheid te herkennen.

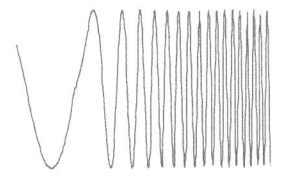

In de fase waarom de mensheid de aarde bewoont, is te zien hoe denkcycli van mensheid steeds korter wordt. Duurde de oude tijdperken zoals de ijzertijd en bronstijd nog vrij lang, de Middeleeuwen, de Renaissance, de Verlichting en later de industriële cyclus kenden een aanzienlijk kortere periodetijd. In het huidige tijdsbeeld qua technologie kende de analogie een periode van zo'n 20 jaar, de digitale een weer kortere tijd, de ICT-fase heeft inmiddels nog kortere tijd doorlopen en nu zijn we bezig met de nanotechnologie.

Door sommigen vertegenwoordigt dit model de belangrijkste gebeurtenissen van de geschiedenis, de universele algoritme is ook geëxtrapoleerd naar een model voor toekomstige gebeurtenissen. McKenna heeft deze extrapolatie doorgetrokken als de verwachting van een "singulariteitspunt van nieuwheid", dat hij projecteerde vanuit vele honderden jaren naar de toekomst als deze singulariteit van "nieuwheid vinden" of extropy kunnen optreden. De grafiek van extropy had vele enorme fluctuaties in de afgelopen vijf en twintig duizend jaar, maar ongelooflijk, het sloeg een asymptoot op precies 21 december 2012. Met andere woorden, entropie bestaat niet meer na die datum.

U kunt het ook als volgt beredeneren.

Gezien de cycli steeds kortere periodetijden beslaan, lijkt het alsof de tijd sneller gaat. Of anders gezegd, er is sprake van een grotere snelheid. Met uw inzicht van de formule van Einstein voor energie en snelheid, $E = m.c^2$, waarbij de snelheid steeds hoger dient te zijn, omdat de "toegestane" tijd, de cyclustijd steeds korter en zelfs "nul" wordt, kunt u dit tempo alleen bijhouden door afstand te nemen van uw fysio-biologische massa. In andere woorden, uw dualiteit wordt bevestigd en u laat als spiritueel wezen het lichaam los. Da's de enige mogelijkheid om snelheden nabij en voorbij die van het licht te kunnen volgen. Het moment van deze transitie ligt dus rond 21 december 2012, het moment waarop de Maya's de astrologische verandering hebben aangegeven – de precessie periodetijd van de aarde, de zon uitlijnt met het centrum van het universum, waarbij de aarde in planetaire verbondenheid met de zon dit mogelijk zelf zal bemerken.

Waartoe deze verandering naar de New Age, Aquarius toe leidt weet niemand precies. Ook dit is met het kringmodel te beredeneren en de Hubble Horizon.

Terrence McKenna beweerde trouwens geen kennis te hebben gehad van de Maya-kalender, die om nabij dezelfde datum eindigt als de Time Wave-grafiek aangeeft, namelijk op 21 december 2012.

Time Wave Zero

Jaren voordat de einddatum van de Maya-kalender in de negentiger jaren door José Argüelles definitief werd vastgesteld, hadden Terrence McKenna en zijn broer Dennis al deze "Time Wave Zero" theorie ontwikkeld. De Time Wave Zero-theorie werd geïntroduceerd in hun boek "*The Invisible Landscape*" en gepubliceerd midden jaren zeventig. In dit boek legden zij uit dat de evolutionaire tijd recursief implodeert als een fractal naar een eindtijd die volgens de originele theorie zou eindigen op 17 november 2012. Het mist de einddatum van de Lange-Tellingkalender van de Maya's op een haar na, want het scheelt slechts drie en dertig dagen. Toen de theorie destijds ontwikkeld werd, waren de gebroeders McKenna nog niet op de hoogte van de einddatum van de bewuste Maya-kalender. Pas jaren later, eind jaren tachtig, publiceerde José Argüelles de "Mayan Factor", nadat hij de Lange-Tellingkalender had gedecodeerd. Hij kwam, zonder op de hoogte te zijn van de Time Wave Zero-theorie ook op deze einddatum uit. Toen de broers uiteindelijk vernamen over de Maya Lange-Telling-kalender, pasten zij de einddatum van hun Time Wave Zero-theorie zodanig aan, dat deze samenviel met de einddatum van de Maya-kalender.

Het is verbazingwekkend hoe de Time Wave Zero-theorie tot stand gekomen is. Terrence McKenna kreeg na het eten van voldoende hallucinerende paddenstoelen een visioen waarin hem verteld werd dat hij de mathematische principes moest bestuderen van het legendarische en mysterieuze Chinese boek de I Ching. De "*I Ching*" of het "*Boek der Veranderingen*", is een boek dat door de eeuwen heen gebruikt is als een orakel met betrekking tot de maalstroom der veranderingen. Het bestaat uit vierenzestig hexagrammen in een matrix van acht bij acht die gebruikt kunnen worden om de veranderingen van de Yin en Yang energieën te voorspellen die zich in de wereld manifesteren. Van het boek wordt gezegd dat het de stroom der veranderingen in het universum kan voorspellen. Wanneer er te veel Yin-energie is dan zal dit uiteindelijk gecompenseerd worden door meer Yang-energie en omgekeerd, als een ritmische verandering die constant het evenwicht zoekt tussen twee extremen. De gebroeders McKenna geloofden dat de I Ching werkte, omdat de Yin- en Yang-energieën echt zijn en een tijdgolf genereren in het universum die verantwoordelijk is voor alle evolutionaire veranderingen. Terrence McKenna heeft een mathematische fractalfunctie afgeleid uit de logica van de I Ching. De fractal beeldt de veranderingen uit die zogenaamd plaatsvinden in termen van noviteiten en gewoonten in onze wereld. De twee mannen vergeleken hun tijdgolffunctie met de pieken en dalen uit de historie en concludeerden door toepassing van een best-fit methode dat de tijdgolf eindigt op 21 december 2012.

De dalen op de verticale as van de tijdgolffunctie impliceren een sterke toename van noviteiten, de tijd van grote evolutionaire vooruitgang, waarbij de evolutie zich voortbeweegt over de horizontale as. De frequentie van noviteiten neemt toe naarmate de evolutie voortschrijdt. De Time Wave Zero-functie lijkt het idee te ondersteunen dat gepostuleerd werd door Sergey Smelyakov, namelijk dat de hoeveelheid kennis verkregen in onze evolutie snel toeneemt naar een maximum nu we de Maya-einddatum naderen, omdat de noviteitgraad van de tijdgolffunctie convergeert naar een singulariteit. Volgens de tijdgolftheorie zullen er in de laatste driehonderd vierentachtig dagen meer transformaties plaatsvinden dan in de afgelopen geschiedenis. Uiteindelijk zal in december 2012 de tijdgolf imploderen en de noviteit oneindig worden. Wat dit zou kunnen betekenen, blijft speculatief.

Galactische zonnewende uitlijning

Wat is er nog meer zo speciaal aan 21 december 2012 ? Kan er misschien sprake zijn van een kosmische betekenis? De lengte van ongeveer tweeënvijftighonderd jaar van de Lange-Tellingkalender is precies een vijfde gedeelte van de zogeheten precessiecyclus die ruwweg zesentwintig duizend jaar duurt, ook wel het Platonische Grote jaar genoemd. Genoemd naar Plato, die aannam dat deze cyclus het perfecte harmonische getal van vijfentwintigduizend negenhonderd en twintig jaar was. De precessie van de aardas kan het best worden voorgesteld als het waggelen van een draaiende tol op een vlak oppervlak. Het waggelen begint wanneer het draaien van de tol afneemt en de omwentelingen onstabiel worden, waardoor de tol voorover gaat hangen, begint te zwabberen en uiteindelijk omvalt. De rotatie van de aarde om haar aardas, die ons dag en nachtritme bepaalt, is ook onderhevig aan precessie. We kunnen ons de aarde voorstellen als een draaiende tol op een vlak dat de *"ecliptica"* heet.

De ecliptica is het vlak waarin de planeten ronddraaien om de zon. De precessie wordt veroorzaakt doordat de aardas een hoek maakt van ongeveer drieëntwintig en een halve graad met een as die loodrecht op de ecliptica staat. In vijfentwintigduizend negenhonderd en twintig jaar voltooit de aarde een complete precessiecirkel. Men zou kunnen zeggen dat de aarde een tol is, die in slow motion ronddraait.

Precessie van de aardas
Precessie is er de oorzaak van dat we door de eeuwen heen de positie van sterren en sterrenbeelden zoals de Grote Beer, Orion en de Pleiaden aan de hemel hebben zien veranderen. Zo namen de Egyptenaren een andere Poolster, de Alpha Draconis, waar, dan wij in onze tegenwoordige tijd, de Polaris. Precessie is er niet alleen de oorzaak van dat de tekens van de dierenriem in vijfentwintigduizend negenhonderd en twintig jaar over een volledige cirkel verschuiven, maar ook dat deze tekens van boven naar beneden bewegen ten opzichte van de horizon van de aarde.

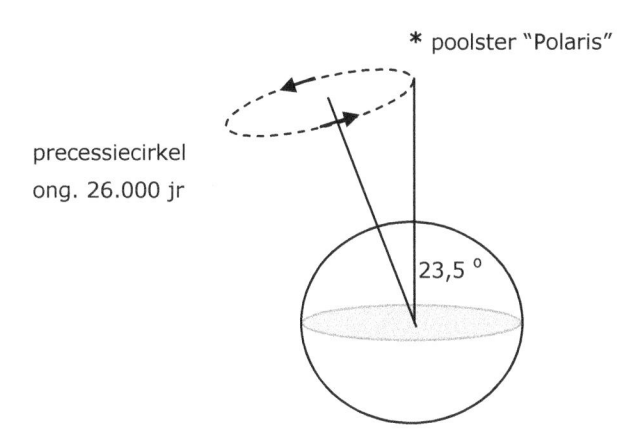

De precessie kan berekend worden door de positie te bepalen van sterren, die samen een bepaald dierenriemteken vormen op gedefinieerde momenten gedurende een heel jaar, dat wil zeggen ten tijde van de zonnewende en de dag- en nachteveningen die de verandering van de seizoenen aankondigen. Wanneer we bijvoorbeeld gedurende een periode van twee en zeventig jaar ieder jaar de zon zouden gadeslaan op de lente-equinox, 21 maart, zouden we zien dat de positie van het dierenriemteken, uitgelijnd met de zon, één graad opgeschoven zou zijn aan de hemel. De volledige precessiecyclus van dit dierenriemteken zal dus 360 x 72 = 25.920 jaar beslaan. Omdat precessie de veranderingen van de zonnewende en de dagen nachtevening volgt, wordt precessie ook wel eens de precessie van de dag- en nachtevening genoemd. In onze huidige tijd lijnt de voorjaarsequinox (dag- en nachtevening) uit met het dierenriemteken Vissen, maar staat tegelijkertijd op het punt de overgang te maken naar het sterrenbeeld Waterman. Dit is de reden waarom de New Age-beweging spreekt van het Watermantijdperk. Wanneer de feitelijke transitie naar het Watermantijdperk aanvangt is moeilijk te zeggen, volgens sommigen valt dit samen met het aflopen van de Maya Lange-Tellingkalender. In werkelijkheid zal het nog zeker 360 jaar duren voordat de zon op de voorjaarsequinox in Waterman staat.

Maar om onze eerste vraag te beantwoorden, *"Wat maakt de interzonnewende van 2012 zo bijzonder"* ? Op 21 december 2012 zal er een zeer zeldzame uitlijning plaatsvinden in de lange aardse precessiecyclus van vijfentwintigduizend negenhonderd en twintig jaar. Hoewel de exacte datum voor wetenschappers moeilijk is vast te stellen, zal ergens rond de eindtijd van de Maya-kalender de zon tijdens de winterzonnewende precies in één lijn staan met de galactische evenaar van de Melkweg. Tijdens deze uitlijning staat de zon dicht bij het galactische centrum. De uitlijning is absoluut een unieke gebeurtenis tijdens de precessiecyclus van Moeder Aarde. Omdat hij optreedt tijdens de zonnewende op 21 december 2012, wordt dit verschijnsel ook wel de galactische uitlijning van de winterzonnewende genoemd. Zoals hierboven vermeld, is het moeilijk de exacte datum van de uitlijning te bepalen.

Is dit natuur of is dit orde uit chaos ? Hoe cyclisch is het leven op dit moment en zeker, erna ?

19.   Human Design

Elke dag zie ik ze in tijdschriften en kranten voorbij komen, de horoscopen met uitspraken gerelateerd aan de sterrenbeelden en dito standen aan de hemel. Ik doe er niets mee, laat het aan mij voorbij gaan. In het dagelijkse leven maak ik bij problemen en andersoortige zaken voor de diagnostiek ervan gebruik van de MyersBriggs-methodiek. MBTI richt zich op gedrag en tracht op basis van de gedragingen en communicaties de echte "ik" te achterhalen. Zo heeft Carl Jung ooit de eerste aanzetten gegeven tot deze methodiek. Human Design daarentegen is een andere methodiek die vanuit de oorsprong van diens geboorte, laten we zeggen, het ontkoppelen van het kind van de moeder, met behulp van de astrologie op basis van de geboortedatum en het tijdstip als ook de geboorteplaats de mens typeert.

Sceptisch als ik was, voerde ik op aanraden van Hans K. de drie gegevens in. Het bleek te kloppen. Ik was daar zeer verrast over, dat deze astrologische aspecten bepalend waren voor wie ik ben. Uiteraard was ik niet echt verrast over wie ik was, dat lag op één lijn met de uitkomsten van de MBTI. MBTI profileert mij als een combinatie van Healer en Architect, waarbij de eerstgenoemde inschattingen maakt op basis van waarden en betekenis en de tweede genoemde analyses maakt op basis van logica. De sommatie van beide typeringen levert inderdaad de term Reflector op, zoals ik door Human Design werd getypeerd. Dat klopt met de twee vragen uit hoofdstuk acht – bladzijde 120 onderaan, waarin ik de essentie van intuïtieontwikkeling uiteen zet. Dit boek had ik enkele maanden daarvoor reeds afgerond. Daarmee was voor mij het bewijs geleverd dat Human Design betrouwbaar is.

Wat levert u deze informatie op ?

Gezien het feit dat Human Design in staat is op basis van astrologie uw type en temperament kan vaststellen, moet hier meer achter zitten dan louter astrale massa en energie in de zin van hoe Johannes Kepler, Simon Laplace, Isaac Newton en Joseph-Louis Lagrange het bedoeld hebben.

Het universum met al haar sterren, Melkwegen en zonnestelsels beïnvloedt of sterker nog, bepaalt dus als geheel uw persoonlijkheid, uw wezenlijke Self.

In mijn beleving kan het niet anders zijn dan dat er inderdaad een Hogere Macht bestaat – The Void – die dit alles genereert en creëert. Het kan niet anders zijn dat de complexiteit van de mens vanuit zijn of haar biologische DNA, vormgegeven door de zogenaamde heilige Ψ-spiraal – gebaseerd op de Fabiconni reeks, vanuit één bron komt, De Void, de Alles en de Niets.

Dat de Atlantiërs, de Egyptenaren en ook de Maya's extreem goed waren ontwikkeld, ligt hoogstwaarschijnlijk niet bij hun zelf, hun beschaving is hun ingegeven door een hogere macht. Is dat geloofwaardig ? Wellicht. Met onze huidige computersystemen zijn we niet of nauwelijks in staat wat zij op bouwkundig gebied gepresteerd hebben met slechts een passer en een gradenboog, de twee heilige instrumenten, zoals ze ook bekend staan bij de Vrijmetselaars. Indien bouwkundige projecten als bijvoorbeeld de kathedraal van Chartres, de tempels, piramiden en dergelijke met deze twee hulpmiddelen te ontwerpen waren, heten ze heilig te zijn, Alle andere ontwerpen, die de verhoudingen, bekend onder de Fibonacci-reeks niet in zich hadden, waren daarmee ook niet "heilig". Deze kennis en wetenschap moet haast wel aan deze beschavingen door een hogere Macht zijn ingegeven.

Hun "wetenschap" is veelal toe te schrijven aan de astrologische en kosmische data. Daar liggen dus blijkbaar de echte antwoorden. Astrologie middels het Universum, die de mens qua karakter bij geboorte bepaalt in haar doen en laten, dat is goddelijk, dat is Divine. De Void als Self-Referent met haar expansie middels Divine Fractals, dat zijn wij uiteindelijk geworden zoals we zijn.

19.1   Inzicht in de Void's Design : Human design

Het systeem waarvan Spirit Origin gebruik maakt om dit zelf-inzicht te verkrijgen is eind jaren tachtig ontwikkeld door de Canadees Ra Uru Hu en wordt sindsdien over de hele wereld toegepast.

Human Design is een synthese van astrologie, I Ching, Kabbala en Chakra Leer in combinatie met moderne disciplines als fysica, astronomie, genetica en biochemie. Human Design heeft en geeft daar informatie over. Human Design diept deze kennisgeving uit en projecteert dat op uw organen. Zo kent Human Design de navolgende aspecten.

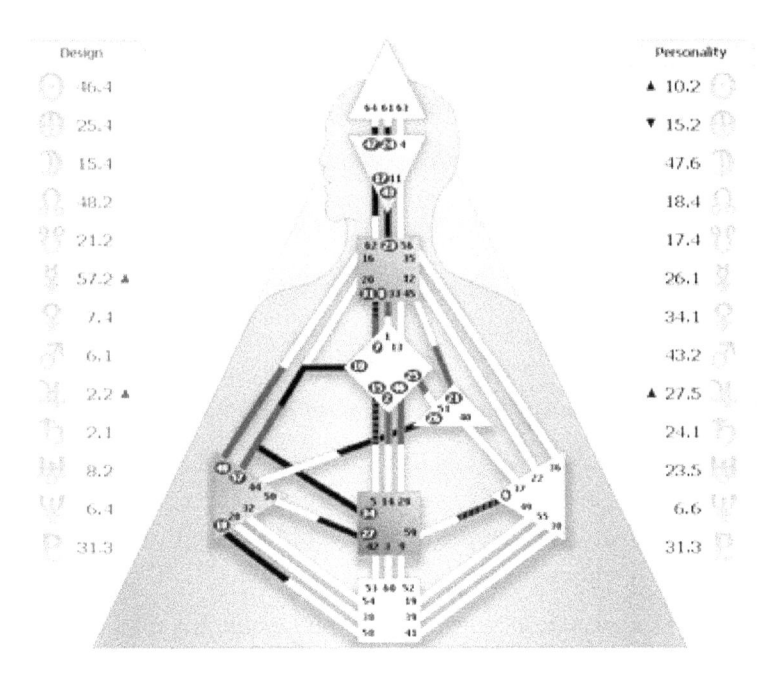

Deze "tekening" is de basis van dit systeem en bestaat uit een aantal onderdelen veelal gerelateerd aan de organen.

Binnen Human Design worden twee geboortemomenten gebruikt: het moment waarop u ter wereld komt, en een moment ongeveer 88 dagen vóór de geboorte, wanneer het lichaam een bepaalde vorm heeft gekregen en de neocortex in onze hersenen zich beginnen te ontwikkelen.

Het gebruikelijke geboortemoment duidt uw Persoonlijkheid aan, de zwarte planeetsymbolen en lijnen in de tekening. Dit is uw bewuste kant, waar u direct toegang toe heeft. Het is wie u denkt dat u bent. De eerdere "geboorte" vormt uw Design ; de rode lijnen en planeetsymbolen in de tekening. Dit is uw onbewuste kant, uw genetische erfenis, de thema's van uw ouders of grootouders. Deze kant van uzelf leert u in de loop van uw leven steeds beter herkennen.

Dan zijn in de tekening negen vlakken te zien, de negen centra. Deze vlakken kunnen gekleurd, gedefinieerd, of wit, open, zijn, en dat heeft een betekenis. De ingekleurde centra zijn de gebieden waarin u uzelf bent. Deze energie is een vast en permanent deel van u. Het is de bedoeling dat u vanuit deze gebieden leeft en beslissingen neemt. De open velden geven aan op welke gebieden u wordt gekleurd en geconditioneerd door anderen. Hier bent u als het ware niet uzelf. Vanuit deze gebieden kunt u dus beter geen keuzes maken.

De manieren waarop uw centra gedefinieerd zijn, of niet, bepalen uiteindelijk uw Type & Autoriteit. Deze zijn de volgende.

Gebruikt u de onderstaande bodygraph om de negen centra te ontdekken.

Het hoofdcentrum

Dit centrum creëert de druk om onze denkprocessen op gang te brengen. Het geeft mentale inspiratie en is fysiek gezien verbonden met de pijnappelklier.

Bij mensen met een gedefinieerd hoofdcentrum ontstaat inspiratie steeds op dezelfde manier. Deze mensen zoeken antwoorden op hun éigen vragen; ze zijn vaak mentaal inspirerend voor anderen.

Bij mensen met een open hoofdcentrum komt de inspiratie vanuit conditionering van buitenaf. Zij voelen de druk om antwoord te geven op andermans vragen of na te denken over allerlei zaken die er eigenlijk niet toe doen. Zijn ze zichzelf, dan kunnen ze onderscheid maken tussen wie of wat werkelijk inspirerend is en wie of wat hen alleen maar verwart.

Hun controlevraag is: *"Probeer ik andermans vragen te beantwoorden ?"*

Het Ajna centrum

Dit chakra geeft mentaal bewustzijn. Het leven categoriseren, analyseren en onderzoeken is zijn taak.

Mensen met een gedefinieerd Ajna centrum hebben een vaste manier van denken. Ze vinden het leuk om na te denken en doen graag onderzoek.

Mensen met een open Ajna centrum hebben geen consistente denkwijze. Informatie van buitenaf absorberen ze als een spons. Ze kunnen onzeker zijn over hun wisselende gedachten en voelen dan de noodzaak om anderen ervan te overtuigen dat ze wèl vaste denkbeelden hebben.

Hun controlevraag is : *"Probeer ik iedereen ervan te overtuigen dat ik zeker van mijn zaak ben ?"*

Deze bovenste twee centra hebben allebei te maken met denken, de geest, de ratio. Human Design gaat ervan uit dat u vanuit deze gebieden nooit keuzes zou moeten maken. In het denken, dat in onze maatschappij zo overgewaardeerd wordt, ligt in feite nooit onze ware autoriteit. Onze geest is een enorm nuttig instrument dat we voor ons kunnen laten werken, maar het is niet wie we werkelijk zijn.

Het keelcentrum

Dit centrum heeft te maken met communicatie en actie. Hier manifesteren we ons en communiceren we, in woorden of door onze acties, om verandering te bewerkstelligen. We zijn hier bezig met wie we willen worden.

Mensen met een gedefinieerd keelcentrum hebben een vaste manier van praten en handelen. Hun keelcentrum is verbonden met een of meer van de andere centra, en vanuit dit centrum spreken ze. Is de keel bijvoorbeeld verbonden met het emotionele (zonnevlecht-)centrum, dan praten ze vanuit hun gevoel.

Hun valkuil is dat ze te véél zouden kunnen zeggen of doen.

Mensen met een open keelcentrum voelen de druk om zich te manifesteren en te communiceren. Transformatie vindt bij hen niet constant plaats, maar in spurts, wanneer actie en expressie door hun omgeving worden ingegeven. Ze hebben het vermogen om te weten of iemand de waarheid spreekt.

Hun niet-zelfstrategie is door hun woorden of acties aandacht proberen te trekken. Ze proberen dan eigenlijk een Manifestor te zijn;. Ze kunnen veel te veel gaan praten of zijn onzeker over hun woorden.

Hun controlevraag is : *"Probeer ik aandacht te trekken ?"*

Het G-centrum

Dit centrum is fysiek verbonden met onze lever en ons bloed. Het is ons innerlijke kompas, het geeft ons richting en identiteit en het bepaalt hoe we, onszelf liefhebben.

Mensen met een gedefinieerd G-centrum hebben een vaststaand zelfbeeld, een consistente manier van liefhebben en een vaste koers in het leven. Ze kunnen een gids voor anderen zijn op hun levenspad – zaak is alleen dat ze dit niet ongevraagd doen.

Mensen met een open G-centrum zijn inconsistent als het gaat om liefde, richting en zelfbeeld. Hun identiteit wordt als het ware ingevuld door de mensen met wie ze omgaan. Voor hen is het dus van belang om hun vrienden met zorg te kiezen. Hun mantra is: Als u op de verkeerde plek bent, bent u bij de verkeerde mensen. Het is niet hun taak om te weten wat hun eigen rol en richting in dit leven is. Wel kunnen ze enorm veel kennis op deze vlakken over ánderen opdoen.

Als ze niet zichzelf zijn, zullen ze dwangmatig proberen om liefde, identiteit en hun levensdoel te vinden. Beter kunnen ze zich laten leiden door de bij hun passende strategie.

Hun controlevraag is : *"Ben ik op zoek naar richting en liefde ?"*

Het hartcentrum

Dit centrum is fysiek verbonden met de maag, het hart, de galblaas en de zwezerik. Het heeft te maken met ego en wilskracht, materie en eigenwaarde.

Mensen met een gedefinieerd hartcentrum hebben een constante toegang tot hun wilskracht en een vanzelfsprekend gevoel van eigenwaarde. Ze hebben een vaste aanpak als het gaat om aan materie gerelateerde zaken als deals sluiten, afdingen en onderhandelen. Zijn ze niet zichzelf dan kunnen ze hierin doorslaan. Hun ego blaast op en ze kunnen anderen gaan opjutten om zich te bewijzen of om afspraken na te komen.

Bij mensen met een open hartcentrum is wilskracht geen constante factor. Ze kunnen het moeilijk vinden om te bepalen "wat ze waard zijn". Deze mensen zijn niet gemaakt om zichzelf te bewijzen, maar wanneer ze niet goed in hun vel zitten, is dit precies wat ze wèl proberen te doen.

Hun controlevraag is : *"Probeer ik mezelf iets te bewijzen ?"*

Het sacrale centrum

Dit centrum is verbonden met de geslachtsorganen en heeft te maken met vitaliteit, seksualiteit, vruchtbaarheid en doorzettingsvermogen. Dit chakra vertegenwoordigt onze levenskracht.

Mensen met een gedefinieerd sacraal centrum zijn gemaakt om vervulling te vinden in hun werk. Ze hebben een constant energiepeil en een vast beeld van hun seksualiteit. Wanneer ze daartoe uitgenodigd worden, hebben ze de potentie om te scheppen en te creëren. Hun strategie is afwachten en afgaan op hun eigen respons op een voorstel. Zijn ze uit balans dan gaan ze proberen om initiatieven te nemen, wat in feite niet werkt voor hen.

Mensen met een open sacraal centrum voelen niet de druk om net zo productief te zijn als de gemiddelde mens. Ze genieten gewoon van het leven. Ze werken vaak als specialist in kortere projecten. Zijn ze uit balans dan kennen ze hun grenzen niet. Ze kunnen dan doorslaan in werken, seks, slapen en/of eten. Het is goed voor hen om er rekening mee te houden dat hun energiepeil van nature niet constant is, maar pieken en dalen kent.

Hun controlevraag is : *"Weet ik wanneer het genoeg is geweest ?"*

Het miltcentrum

Dit centrum is verbonden met het lymfatische systeem, de milt en de T-cellen. Het is ons innerlijke immuunsysteem, met als thema's lichaamsbewustzijn, intuïtie, instinct, smaak en overlevingsdrang.

Mensen met een gedefinieerd miltcentrum kunnen vertrouwen op hun eerste ingeving en hun spontaniteit. Ze hebben een goed ontwikkeld "onderbuikgevoel". Het is de bedoeling dat ze daar ook gebruik van maken, zoals een dier situaties ook razendsnel kan en moet inschatten om te overleven. Ze zijn zich bewust van hun lichaam en kunnen andere mensen een goed gevoel over zichzelf geven.

Voor mensen met een open miltcentrum is het niet goed om spontaan te willen zijn. Ze voelen zich niet altijd goed, zijn gevoelig voor hun gezondheid en neigen naar dingen, producten en/of mensen, waardoor ze zich beter gaan voelen. Ze zijn daarom ook graag in de buurt van mensen met een gedefinieerd miltcentrum. Zelf kunnen ze goed aanvoelen wanneer anderen zich niet lekker voelen.

Hun controlevraag is : *"Houd ik vast aan zaken die eigenlijk niet goed voor mij zijn ?"*

Het zonnevlechtcentrum

De zonnevlecht is verbonden met de nieren, de prostaat, de alvleesklier, de zenuwen en de longen. Via dit centrum ervaren we emoties, stemmingen, verlangens, angsten en gevoeligheden.

Mensen met een gedefinieerd zonnevlechtcentrum drijven op hun emoties. Daarom kunnen ze maar beter geen spontane beslissingen nemen. Het nu bevat voor hen niet de waarheid, want emoties kunnen per moment wisselen. Perspectief en wijsheid verkrijgen ze door de tijd te nemen en af te wachten. Als ze niet als zichzelf handelen, kunnen ze impulsieve keuzes maken en emotionele druk op anderen gaan uitoefenen.

Mensen met een open zonnevlechtcentrum hebben een groot empathisch vermogen. Andermans emoties komen bij hen dubbel zo hard binnen. Wat ze voelen, is altijd ingebracht door hun omgeving – zelf zijn ze eigenlijk heel "stil" wat emoties betreft. Ze kunnen geneigd zijn zich terug te trekken of ja en amen te zeggen om emotionele uitbarstingen van anderen te voorkomen.

Hun controlevraag is : *"Vermijd ik confrontatie, wil ik de waarheid niet zien ?"*

Het wortelcentrum

Dit centrum heeft te maken met druk, motivatie, stress en kundalini-energie.

Mensen met een gedefinieerd wortelcentrum verwerken druk en stress op een consistente manier. Ze voelen hun innerlijke druk wel, maar laten zich er niet toe dwingen om maar van alles te ondernemen. Zijn ze zichzelf niet dan gaan ze druk op anderen uitoefenen of bouwt de stress zich in hun lichaam op.

Mensen met een open wortelchakra zijn gevoelig voor druk van buitenaf en stress van anderen. Ze moeten dus goed opletten dat ze hier zorgvuldig mee omgaan, om te voorkomen dat stress hun leven regeert. Ze kunnen dan òf verslaafd raken aan de kick die adrenaline geeft, of constant proberen om onder de druk uit te komen.

Hun controlevraag is : "*Ben ik aan het haasten om dingen af te krijgen, zodat ik mezelf van druk kan bevrijden ?*"

19.2 Vier hoofdtypes binnen Human Design

De verschillende vier hoofdtypes worden als volgt gekarakteriseerd.

De Manifestor

(8% van de mensheid)

Doel : vreedzame onafhankelijkheid

De Manifestor is als enige type bedoeld om onafhankelijk van anderen te opereren. Het zijn mensen die in essentie alleen zijn. Ze hebben het vermogen om met nieuwe, originele impulsen te komen. Manifestors leven niet volgens de gezamenlijke regels van anderen, ze doen hun eigen ding. Ze zijn bestemd om als vrijbuiters te werk te gaan en hier en daar hun bijdrage te leveren, hun zaadjes te planten, om deze vervolgens weer los te laten. Anders dan de meesten van ons zijn zij niet bestemd om deze zaadjes tot volgroeiing te brengen. Op langetermijnprojecten raken ze snel uitgekeken. Voor de Manifestor is vrijheid uiteindelijk belangrijker dan liefde.

Manifestors dienen te beseffen dat alle andere typen (90% van de bevolking) onder andere voorwaarden opereren, namelijk door in overleg met elkaar hun leven te leiden. Wanneer Manifestors anderen van tevoren inlichten over hun plannen en hun gedrag, zullen ze minder weerstand ervaren. Zo kunnen ze op een meer vredelievende manier in vrijheid leven.

Hun werkwijze is roofdierachtig: ze gaan heel snel en intens te werk, waarna ze veel tijd en rust nodig hebben om weer op krachten te komen. Het zijn inspirerende en bij tijd en wijle krachtige mensen. Door hun onafhankelijke werkwijze maken ze tegelijkertijd ook grote kans onder de voet te worden gelopen door de massa.

Het breken van regels, waartoe een Manifestor geneigd is, kan op verschillende manieren gebeuren. Wanneer zijn eigengereide aanpak niet van tevoren aan anderen wordt gecommuniceerd, krijgt dit type vaak te maken met weerstand en kan hij zelfs worden bestempeld als "crimineel". Woede is dan zijn reactie.Licht hij anderen in over zijn initiatieven, zodat die er adequaat op kunnen reageren, dan kan zijn andere manier van doen uiteindelijk worden gezien als positief en vernieuwend. Wanneer de Manifestor merkt dat zijn ideeën een positieve impact hebben op het collectief, dan is hij in zijn element.

"Inform before you act" is dus essentieel voor dit type.

De Manifestor : initiator, vernieuwer, zelfstandig ondernemer, "gunslinger", vrijbuiter, boef.

De (Manifesting) Generator

(70% van de mensheid)

Doel : vervullend werk

De belangrijkste vraag voor een Generator-type is: wie ben ik ? Om deze vraag te kunnen beantwoorden, dienen Generators te beseffen dat zij het type met veruit de meeste energie zijn. Zij beschikken over zoveel kracht dat het voor hen nodig en vervullend is om hiervoor dagelijks een uitlaatklep te hebben. Een manier om op een bevredigende wijze bezig te kunnen zijn, te creëren, te bouwen, te reproduceren. Om te weten wie hij of zij is, moet een Generator er dus achter komen wat voor werk bij hem/haar past!

Een Generator kan ontdekken wat goed voor hem is door naar zijn respons te luisteren. Generators zijn de mensen die in een gesprek onbewust instemmen met de woorden van de ander door zoiets als "hm-mm" te zeggen. Zo hebben ze op elk voorstel van een ander een automatische respons, hm-mmm of uh-uh, ja of nee. Die respons komt vanuit de onderbuik. Luistert u hiernaar, dan kunt u als Generator ontdekken wat vervullend is voor u en wat niet.

Het Generator-type is hier om leven op aarde te creëren. Door de vitale kracht van vruchtbaarheid hebben ze het vermogen om hun energie en toewijding telkens weer in processen te stoppen. Belangrijk voor hen is dat ze ontdekken met welke bezigheden ze continu kunnen doorgaan, doorzetten. Hier ligt hun grootste kans op vervulling. In tegenstelling tot bij de Manifestor gaat het bij dit type dus juist om commitment in plaats van u los willen maken. Dit type wil meesterschap verwerven, nieuw leven zien ontstaan door bijvoorbeeld kinderen te maken, de vruchten van zijn werk plukken. In onze westerse maatschappij zijn we geneigd om de Manifestor-aanpak van initiatief nemen te overwaarderen.

Op deze manier kunnen Generators al snel in werk belanden waar ze geen positieve respons bij voelen, maar dat ze toch doen omdat ze zich min of meer gedwongen voelen om zich te manifesteren. Dit is dan een "bedachte" keuze. Hierdoor zeggen we in Human Design dat de meeste Generators, en mensen in het algemeen, werk hebben waarin ze zich een slaaf voelen in plaats van blij, vervuld en creatief ! Om dit laatste te bereiken, is het noodzakelijk af te gaan op wat vanuit respons ontstaat. En niet op wat vanuit het verstand is bedacht.

Dit laatste geldt vooral voor de Manifesting Generator. Zij hebben naast het vermogen om continu en gecommitteerd in processen bezig te zijn, bovendien het vermogen om hierin te kunnen ondernemen. De basis strategie voor beiden Manifesting Generators en Generators is dat ze eerst dienen te bemerken waar hun response ligt. Wanneer er duidelijkheid hierin heerst, dan onderneemt de Manifesting Generator hier vanuit, in tegenstelling tot de "Pure" Generator die vervolgens gestaag zijn of haar weg hierin vindt. Beiden onderverdelingen van de Type Generator worden trouwens ongeveer gelijk vertegenwoordigd in de 70% van de bevolking die zij voor hun rekening nemen.

Afwachten wat uw respons is kan beangstigend lijken. Straks trekt het leven aan u voorbij, straks loopt u kansen mis. Als Generator mag u er echter op vertrouwen dat wanneer u stil en gefocust bent, u juist energie en mensen naar u toe trekt. Initiatiefnemers als Manifestors voelen zich bijvoorbeeld bijzonder aangetrokken tot de vruchtbare energie van de Generator. Durf rustig af te wachten, dan zendt u uit.

"Kijk, ik beschik over vitaliteit en doorzettingsvermogen voor datgene wat mij echt aanspreekt. En wanneer ik weet wat dit is, dan zet ik hier ook flink in door."

De Projector

(21% van de mensheid)

Doel : succesvol besturen/gidsen/bemiddelen

Projectors zijn er in verschillende soorten. Wat ze gemeen hebben is dat ze een eigen kijk op de wereld hebben, maar niet over de capaciteit beschikken om die zelfstandig te manifesteren. Met andere woorden, ze zien heel goed hoe het eraan toegaat in de wereld, vooral andermans mogelijkheden tot ondernemen zien ze.

Maar zijn niet zelf in staat om deze kijk naar buiten te brengen. Hiertoe moeten ze door andere mensen worden uitgenodigd.

Projectors zijn voornamelijk hier om gebruik te maken van hun slimheid, kennis, wijsheid. Wanneer zij de conditionering van de maatschappij kunnen weerstaan dat we allemaal initiatief zouden moeten nemen en moeten werken, kunnen ze in alle rust hun inzichten ontwikkelen.

Projectors zijn voorbestemd om zich over te geven aan relaties met anderen. Dit is onvermijdelijk, omdat ze niet de capaciteit hebben om zelfstandig "hun ding te doen". Meer dan welk ander type ook zijn ze overgeleverd aan samenwerken en allianties aangaan. Dit hebben ze nodig om hun inzichten te kunnen overbrengen, maar ook om simpelweg te kunnen overleven.

Dit lijkt een beperking, maar eigenlijk is het een zege. Het zijn namelijk de Generators en Manifestors die als kippen zonder kop rondrennen en hun energie te pas en te onpas verspillen. Het enige waar Projectors op hoeven te vertrouwen, is dat wanneer ze hun observerende positie innemen, de energietypes op een gegeven moment vanzelf wel bij hen zullen aankloppen voor advies en hulp om hun energie (nog) beter te kunnen gebruiken. Uiteindelijk kunnen inzicht en kracht immers niet zonder elkaar.

Door de millennia heen is de macht steeds in handen van het Manifestor-type geweest, dat onafhankelijk van anderen een lijn uit wist te zetten en met behulp van zijn handlangers anderen achter zich kon krijgen. Tegenwoordig zijn we een overgang aan het maken naar een tijdperk waarin Projectors hun natuurlijke leiderschapsrol mogen innemen. Dit type kan door zijn natuurlijke positie van "getuige zijn", uit alles wat er om hem heen gebeurt bepalen welke lijn kan worden uitgezet. Voor ieders bestwil en niet alleen voor de minderheid waartoe hij of zij zelf behoort.

Het principe van de democratie is hier een goed voorbeeld van. In plaats van de autoritaire Manifestor-leider krijgen we nu steeds meer te maken met leiders die door het volk worden gekozen. En die in principe dus de ogelijkheid krijgen aangereikt om hun inzichten door middel van bestuur en bemiddeling aan te wenden.

Het is belangrijk dat Projectors wachten op de uitnodiging om hun inzichten bij te dragen. Wanneer ze zichzelf uitnodigen of hun kennis ongevraagd opdringen, zullen ze worden afgewezen. Zelfs wanneer ze komen met waardevolle informatie. Dit kan hen verbitterd maken.

Erkenning van zijn capaciteiten en talenten is het belangrijkste wat er is voor een Projector. Hij gaat liever een alliantie aan met een crimineel die hem erkent, dan dat hij door een heilige niet wordt gezien. Omdat hij zich moeilijk kan losmaken uit relaties die hij is aangegaan, moet de Projector goed opletten met wie hij zich verbindt.

Om zijn leven tot een succes te maken, heeft hij alleen maar een handvol correcte allianties nodig. Slechts een paar mensen om samen mee aan de weg te timmeren, om een betere weg voor iedereen te verzinnen, waarin de Projector dan zelf een besturende rol kan innemen. Waar de Manifestor hier is om met een initiatief te komen, en de Generator om dit initiatief bij een positieve respons op te pakken en uit te werken, is de Projector hier om het geheel te besturen. Daarnaast kan hij door zijn talent voor bemiddeling ook zorgen dat de interactie tussen Manifestors en Generators gezond blijft.

De Reflector (de auteur)

(1% van de mensheid)

Doel : verrassend oordelen

Dat er zoiets als een Projector bestaat, die niet in staat is zich zelfstandig uit te drukken, is voor de meeste mensen al een lastig concept. Het wezen van de Reflector, die in alle opzichten zijn of haar omgeving reflecteert en nooit kan terugvallen op een eigen "zelf", is nog moeilijker voor te stellen.

Bij Reflectors zijn alle energiecentra open. Zij worden op alle gebieden ingevuld door invloeden van buitenaf. Hun "zelf" is dus niet gedefinieerd, maar ze kunnen wel een ritmisch patroon beleven van verschillende, elkaar chronologisch opvolgende "zelven". Dit is technisch moeilijk uit te leggen. Het heeft te maken met de cyclus van de maan en hoe deze het leven van Reflectors beïnvloedt. De zich steeds herhalende maancyclus is de dichtst bij zijnde vorm van betrouwbaarheid voor een Reflector. Bij het nemen van beslissingen kunnen zij dus het beste eerst een volledige maancyclus afwachten. Gedurende die maand kan de Reflector vanuit alle verschillende perspectieven de beslissing op zich in laten werken. Het beste is om met veel verschillende mensen te praten en vervolgens terug te luisteren naar de eigen stem, dus niet naar het advies van anderen. De Reflector merkt dan dat hij of zij steeds iets anders zegt over de te beslissen materie.

Na een maand is er zoveel informatie boven tafel dat de Reflector een gedegen en juiste beslissing kan maken waarbij alles goed is overzien en afgewogen.

Het hele leven van een Reflector is een aaneenschakeling van veranderende omstandigheden. We zijn geneigd om dit type en zijn of haar beleving van de wereld onjuist te beoordelen, denkend dat zij al snel zullen bezwijken onder hun algehele openheid. Nu is dit zeker mogelijk, maar aan de andere kant zijn Reflectors voorbestemd om te kunnen omgaan met conditionering. In wezen leven ze de conditionering die er op dat moment is. Hierdoor raken ze niet van slag zoals de andere typen, bij wie conditionering hen kan afleiden van wie ze werkelijk zijn. Reflectors zijn daarom over het algemeen veerkrachtige mensen die direct door hebben wanneer de andere types niet zichzelf zijn, maar leven vanuit conditionering.

Reflectors zijn als het ware de joker in een kaartspel. Wanneer zij relatief weinig beperkingen in hun leven kennen, kunnen zij telkens weer verrast raken over het mysterie van het leven. Ze kunnen alle rollen aannemen en er tegelijkertijd volledig buiten staan. Het zijn gekke mensen, lunaire mensen of lunatics en ze zijn er eigenlijk niet zo in geïnteresseerd om zelf mee te doen aan ons bestaan hier op aarde. Reflectors zijn niet hier om te werken en mee te draaien met de massa. Uiteindelijk zijn Reflectors hier om te beoordelen hoe het er in het algemeen aan toe gaat en hoe het hóórt te gaan op aarde. Zij maken ontzettend veel mogelijkheden van ervaring mee in hun leven en zijn daarom goed in staat om algemeen geldende oordelen over allerlei zaken te kunnen geven. Als geen ander voelen ze aan wat er zich afspeelt bij anderen en kunnen ze onbevooroordeeld tot conclusies komen. Niet dat ze hier zelf iets aan hebben – ze veranderen immers continu. Het is dus aan alle andere types om de Reflector in ere te houden en te betalen voor geleverde oordelen en adviezen. Hun aanwezigheid is waardevol, zij worden wel eens de barometers genoemd. Aan hen valt af te lezen hoe het zit met de energie in de groep waarin ze zich bevinden. Een gesprek met een heldere Reflector is dan ook de ultieme ervaring van gespiegeld worden met uzelf. Dit kan zeer confronterend en uitdagend zijn. Op z'n minst is het leerzaam, als u ervoor openstaat om dit op waarde te schatten.

Persoonlijke relaties passen eigenlijk niet bij Reflectors. Zij voelen zich het fijnst bij zo veel mogelijk openheid, om van daaruit in verbinding te kunnen staan met het grotere geheel.

De rol van rechter is nogmaals waar zij uiteindelijk voor bestemd zijn. Geen ander heeft het in zich om zo helder en onbevooroordeeld naar anderen en de omgeving te kunnen kijken.

Het Human Design van de Reflector.

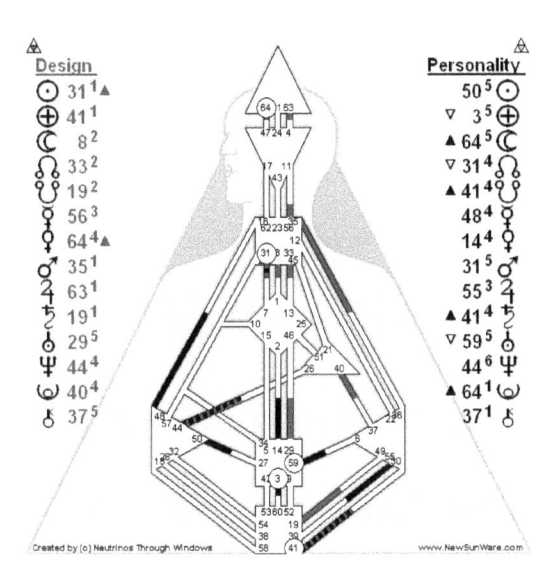

Identiek aan de MBTI-de combinatie van Healer en Architect, is het sterke onderbuikgebied als ook het gutturale gebied. Beide worden als visionair bestempeld vanwege hun hoge N-gehalte, wat staat voor intuïtie, respectievelijk INFP voor de Healer en INTP voor de Architect. In mijn vorige boek "Van bovenkamer naar onderbuik" gaf ik u op bladzijde 120 al te kennen welke twee vragen van belang zijn voor het ontwikkelen van uw creatieve intuïtie. Hoe treffend is de functienaam "Reflector" vanuit Human Design voor zowel de Reflector zelf als ook voor beide profielnamen binnen de MBTI-methodiek ?

Samenvattend

Deze organische lichaamsgebieden komen in beperkte of globale gebieden terug bij de MBTI-methodiek. Binnen de MBTI geldt vanuit de dominante denkstijl de volgende vierdeling met betrekking tor de fysieke acties :

MBTI-code	Benaming	Dominante hersendeel (Benziger)	Prominente actie (Action Type)
ST-er	Rationele detaillist	linkerhelft	Hand-onderarmen
SF-er	Gevoelsmatige detaillist	achterhelft	Gehele lichaam
NT-er	Rationele visionair	voorhelft	Hoofd/brein
NF-er	Gevoelsmatige visionair	rechterhelft	Gutturaal gebied

Deze deelgebieden had Carl Jung ook zo gedefinieerd, zoals u in hoofdstuk 4 heeft kunnen lezen. Aan deze Jungiaanse wijsheid en Brain Type van Katherine Benziger heeft MBTI er middels Action Type de anatomische morfogenese en motoriek aan gekoppeld, speciaal voor Topsporters. Wat typerend is voor de motoriek vanuit de morfogenese van het individu zijn de in de tabel genoemde primaire acties van dat individu.

Hiermee zijn de fysio-biologische aspecten in relatie met de denkstijl gebracht. Ook hier zou u determinisme kunnen toewijzen aan Brain en Action Type.

Om dat beter te kunnen begrijpen, raad ik u aan voorin het boek te gaan lezen tot u weer terug bent op dit punt.

20. Afsluiting

Het begon allemaal met licht. Licht bleef door de eeuwen heen een onbekend fenomeen. Daarnaast waren het de oude beschavingen die hogere energieën ervoeren vanuit met name de astrologie. Dat de astrologie meer kennis kon brengen dan ooit verondersteld, hebben de verschillende wetenschappers door de eeuwen reeds aangetoond. In de middeleeuwen werd het religieuze, het theosofische aspect ontkoppeld van de cognitieve wetenschap en trachtte men met deze wetenschap het theosofische aspect middels de fysica te verklaren. De oude Grieken meenden ruim tweeduizend jaar geleden al met hun godenwereld dat de mens een vermenging met godheden of sprake van theocrasie was. De Egyptenaren deden dat zelfs nog ver voor de Grieken.

Enkele eeuwen lang zijn deze zienswijzen sinds de Verlichting in de persoon van René Descartes parallel gevaren en hebben zich op eigen wijze ontwikkeld. Sinds de laatste decennia, waaruit blijkt dat de mens als fysio-biologisch verschijnsel als totaliteit onverklaarbaar blijkt. Dat geldt trouwens voor de hele natuur en voor de gehele kosmos. Hierdoor blijkt het onvermijdelijk om de scheiding tussen het fysio-biologische of anders gezegd, het spirituele aspect achter de antroposofische en het theosofische in stand te houden.

Carl Jung, Wolfgang Pauli en Jane Roberts hebben daartoe grote aanzetten gegeven om middels de geldende energiewetten van Albert Einstein, Niels Bohr en anderen de vraag te doen opwerpen of er een mogelijkheid van conversie aanwezig was dat beide energiewerelden uitwisselbaar zouden kunnen zijn. Één van de meest bekende occultistes uit de vorige eeuw die tevens veel kennis uit India haalde, was zonder twijfel de van oorsprong Russische Héléna Blavatsky. Zij zette onder meer in haar "De Geheime Leer" tal van ervaringen en inzichten uiteen, waarvan veel te "vertalen" waren vanuit de wetenschappelijke gebieden, zoals bijvoorbeeld de Neveltheorie van Simon Laplace.

Één van de energieën waar mogelijk een conversie aan te grondslag zou kunnen liggen is het electro-magnetisme. Ook licht is een electro-magnetisch verschijnsel, zo constateerde onder andere Christiaan Huygens al in de zeventiende eeuw.

Wat men tracht is het Levenslicht te plaatsen in dit fysische lichtaspect. Echter ook hier ontbreekt "iets" dat nog steeds wetenschappelijk onverklaarbaar is, de hogere Macht. Is er een oorzakelijke oorzaak voor de schepping van hemel en aarde ? Diverse wetenschappers onderzoeken momenteel de "Big Bang", er vanuit gaande dat die het allereerste begin zou zijn. Essentieel binnen dit onderzoek zijn de Higgs-boson, die ervoor "zorgt", dat deeltjes hun massa krijgen, anderzijds dat de allereerste fractie van de seconde, korter dan 10^{-34} seconde, bepalend is voor leven of niet-leven.

Waarom denken wetenschappers dat binnen deze tijdsfractie het antwoord van het leven zou liggen ? Is het uiteindelijk een kwestie van gewoon accepteren van de Void, waar Alles en Niets, Chaos en Orde, Waar en Onwaar hand in hand gaan ? Waar Balans en Harmonie ultimiteit betekenen zoals "nirvana" en dat dit het hoogst haalbare is voor de mens om na te streven echter nooit in levende lijve zal bereiken ?

In dit boek heb ik kennis en inzichten van tal van wetenschappers en filosofen naast elkaar gelegd, hun "wetenschap" en ervaringen uiteen gezet. Velen zijn de revue gepasseerd, enkele wellicht niet. Wel is het duidelijk dat vele van hun een grote mate van wiskundig inzicht hadden, die zij weer trachtten in relatie te brengen met de filosofische onderwerpen. Ik weet niet of ik hun inzichten voor u duidelijk heb verwoord of uiteengezet. Vragen zullen er zeker blijven.

Misschien mist u nog één van uw favorieten, dat kan heel goed mogelijk zijn. Wel is het duidelijk dat we de creatie zijn van iets dat onbegrensd en eeuwig duurt, ongeacht wat u ervan meent te willen maken. In welke vorm en waar dat zich afsleept in het Universum, dat is blijft een kwestie van speculeren. Wellicht geeft december 2012 ons nieuwe inzichten, als we de cyclustheorieën van de gebroeders McKenna en de Maya-kalender geloven.

Ondanks dat al deze kennis uiteraard weer vele nieuwe vragen oproept, hoop ik dat het u rust en vertrouwen geeft naar de toekomst toe en u helpt bij het streven naar Balans en Harmonie in uw leven.

21. Chronologie

Nano tijdperk	2010	
Digitale tijdperk	2000	
Analoge tijdperk	1970	
		Hans Konstapel – Wilfred Bastiani – Johann de Gouberville
	1940	Ken Wilber – Rupert Sheldrake - Terence McKenna
		Abraham Maslow – Naom Chomsky – Douglas McGregor
	1910	Wolfgang Pauli – Carl Rogers – Jean-Paul Sartre
		Martin Heidegger – Ludwig Wittgenstein – Mikhail Bakhtin
	1880	Albert Einstein – Niels Bohr – Carl Jung – Gottf. de Purucker
		Rudolf Steiner – Henri Poincaré – Gottfried de Purucker
Industriële tijdperk	1850	Nicolas Tesla – Sigmund Freud – Edmund Husserl
		Friedrich Nietzsche
	1820	Karl Marx – Héléna Blavatsky – James Maxwell
	1790	
	1760	
		Simon Laplace
	1730	Immanuel Kant
Verlichting	1700	
	1670	
		Isaac Newton – Baruch Spinoza
	1640	
	1610	Christiaan Huygens
	1580	René Descartes
	1550	Johannes Kepler
	1520	
	1490	
		Nicolaas Copernicus
Renaissance	1460	Leonardo Da Vinci

22. Associaties

Enkele geasscocieerde onderwerpen vanuit dit boek, die ik buiten beschouwing heb gelaten, zouden de volgende kunnen zijn.

- David Bohm's psycho-fysische niveaus
- Arthur Schopenhauer's wil en menselijke ondergeschiktheid
- Johann von Goethe's verborgen raadsel van het leven
- Georg Hegel's totaal-concept voor wetenschap, esthetica, godsdienst en filosofie
- André Klukhuhn's subject-object-scheiding
- Sociocratie en democratie
- Synergie en samenwerking vanuit energie bezien
- Fuseren en splitsen van organisaties
- Gedachten, memen en menselijk geheugen
- Onderwijs en leermethodieken
- Schizofrenie en Dabrowski's borderline
- Het enneagram als periodiek systeem

23. Bijlage

23.1 Eenheid in kennis en modellen

In de voorgaande hoofdstukken heeft u uitleg en toelichting gehad over de verschillende modellen en methodieken. Het kan voor de begripsvorming interessant zijn of de modellen en visies op zichzelf staan of ook terug te herleiden zijn naar de eenzelfde bron, naar in dit geval de mens. Hiertoe haal ik er een nog niet in dit boek beschreven Amerikaanse wetenschapper bij, namelijk Will McWhinney. In mijn vorige boek heeft u enkele inzichten van hem kunnen lezen. In deze bijlage licht ik zijn vier-wereldbeelden toe en breng deze in relatie met, Carl Jung – hoofdstuk 2 en 19, MyersBriggs – hoofdstuk 3, Katherine Benziger – hoofdstuk 4 en het vierkwadrantenmodel van Ken Wilber – hoofdstuk 12.2.

De vier-wereldbeelden van Will McWhinney zijn Unitary, Sensing, Social en Mythic.

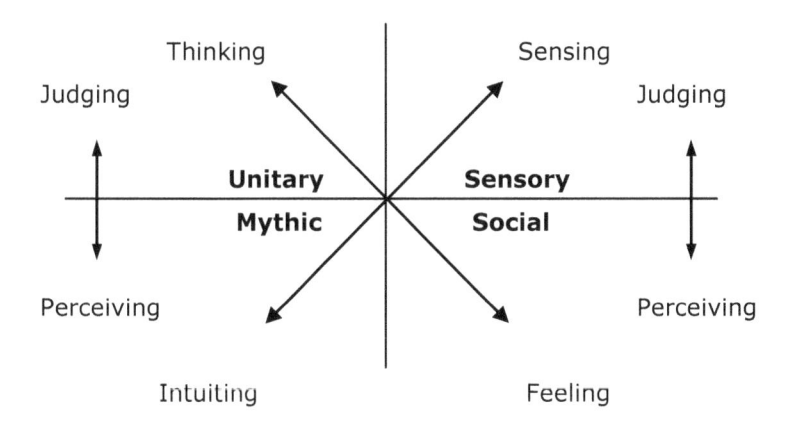

```
            Thinking              Sensing
   Judging      ↖        ↗      Judging
        ↑         Unitary | Sensory        ↑
        |         ────────┼────────        |
        ↓         Mythic  | Social         ↓
   Perceiving   ↙        ↘      Perceiving
            Intuiting             Feeling
```

De hersenvierdeling volgens Katherine Benziger kent haar eigen dominantie en daarbij komt in gekruiste vorm de "Perceiving"- en "Judging"-modus tot uiting, respectievelijk voor "afwachtend" of "creatief" versus "besloten" of "oordelend".

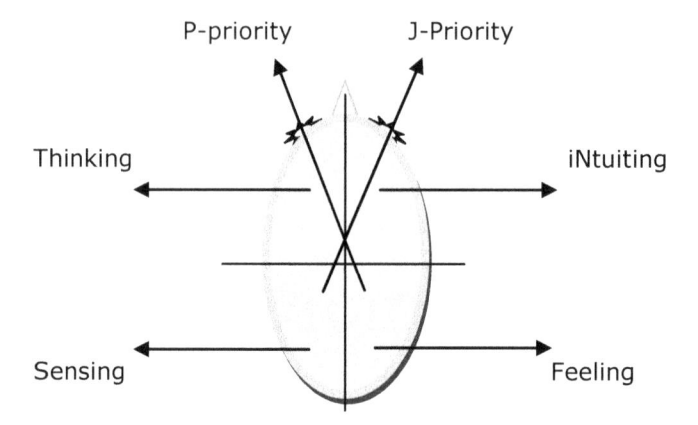

Bij het volgende overzicht is McWhinney's schema omgezet volgens de hersenvierdeling van Katherine Benziger.

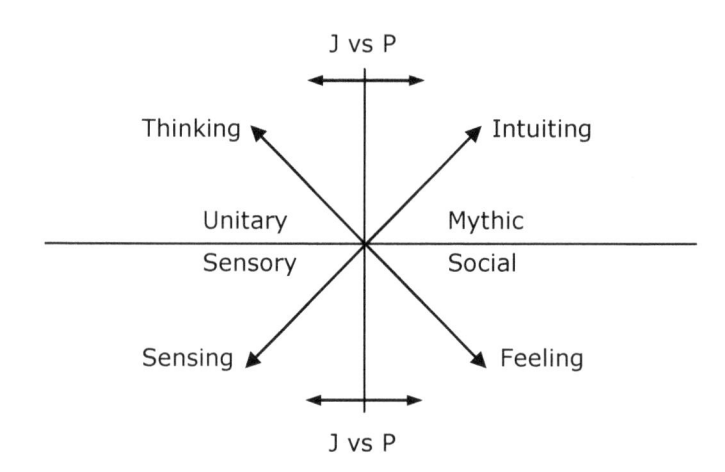

In het boek "Creating Paths of Change" praat McWhinney over de verschillende benaderingen van de verandering. In zijn model positioneert hij er een zestal, elk met zijn eigen karakteristieke profiel. Daarmee geeft hij aan dat de verandering dient plaats te vinden in de context van het wereldbeeld of wereldbeelden, waarbinnen deze verandering dient plaats te vinden.

"Processes of Change" volgens McWhinney worden vanuit het originele schema bezien in het navolgende model.

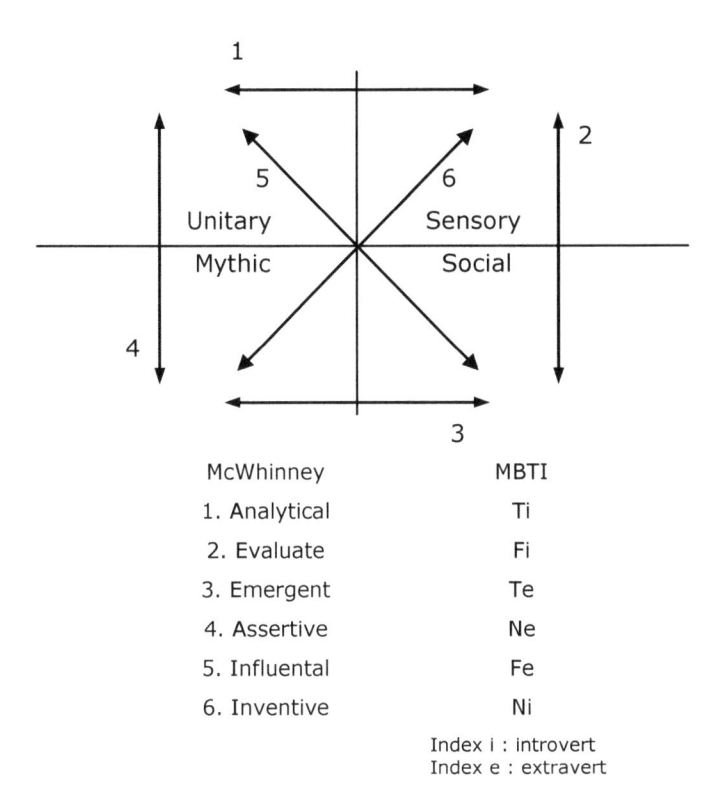

McWhinney	MBTI
1. Analytical	Ti
2. Evaluate	Fi
3. Emergent	Te
4. Assertive	Ne
5. Influental	Fe
6. Inventive	Ni

Index i : introvert
Index e : extravert

De combinatie van Will McWhinney's 4-werelden, Carl Jung's intro-/extraversie en Ken Wilber's cultuurkwadrant ziet er dan als volgt uit.

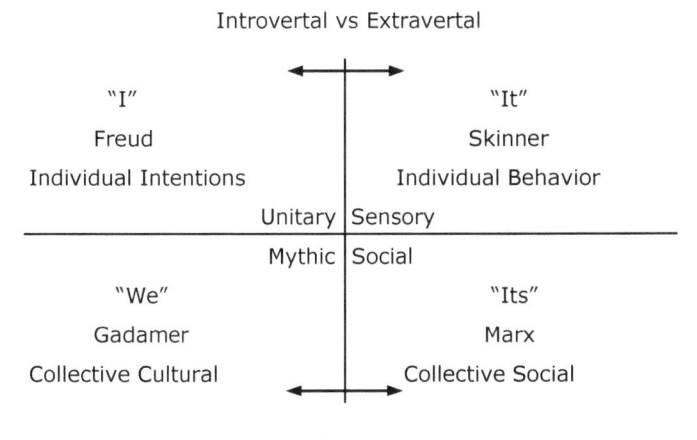

Introvertal vs Extravertal

"I"	"It"
Freud	Skinner
Individual Intentions	Individual Behavior
Unitary	Sensory
Mythic	Social
"We"	"Its"
Gadamer	Marx
Collective Cultural	Collective Social

Introvertal vs Extravertal

403

25.2   Jung, MBTI en Periodiek Systeem, Enneagram en Esoterie

Alchemie is van oorsprong een natuurfilosofie van veel verschillende culturen uit vroeger tijden. Zo waren er alchemisten in het Oude Egypte, in het China van Lao Tzu, in het Hellenistische Griekenland van Alexander de Grote en in de tiende eeuw in het Midden-Oosten. Alchemisten poogden goud en andere edele metalen te produceren en zochten naar de steen der wijzen. Er waren ook alchemisten die dit slechts beschouwden als een bijprodukt van hun eigen innerlijke verandering.

Vooral sedert de Renaissance ontwikkelde de alchemie in Europa zich langzamerhand tot een meer filosofische en spirituele discipline. Vanaf de zeventiende eeuw werd het geleidelijk vervangen door de moderne scheikunde en farmacologie.

Kunnen we een relatie ontdekken in de aspecten Intro- en Extraversie, Perceiving en Judging van Carl Jung en MyersBriggs met daarbij de logica van de structuur van de elementen in ogenschouw genomen ?

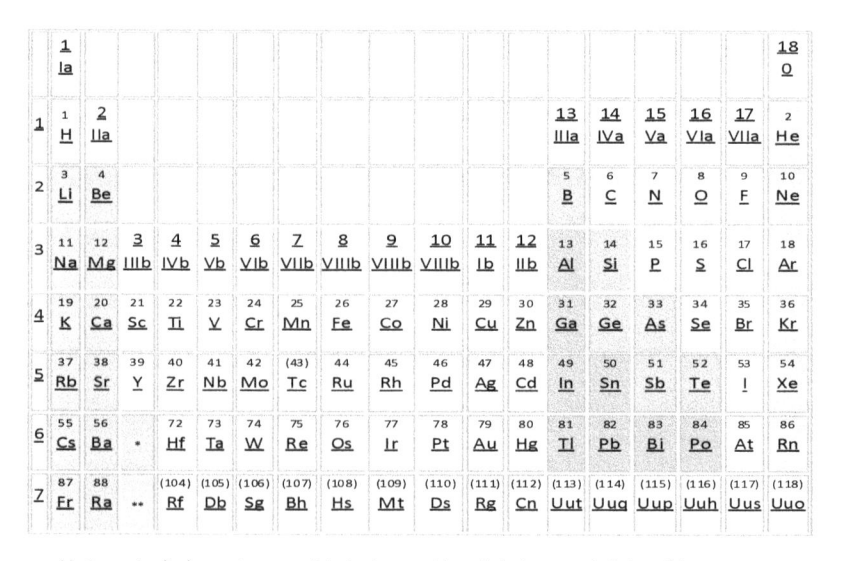

Het periodiek systeem of tabel van Mendelejev met 9 hoofdgroepen

Bestaat er een relatie tussen het "gemak" versus de "moeite", de "vrijheid" versus de "gebondenheid" waarmee bepaalde elementen, zoals die zijn gerubriceerd in de bovenstaande tabel, met hun energie-behoud en -uitwisseling omgaan ? Dit in het licht waarop personen intro- "I " en extravert "E", perceiving "P" en judging "J" binnen MBTI kunnen zijn. Wat zou een plausibele verklaring kunnen zijn ?

Er bestaan zeven electronenschillen en deze worden aangeduid met opeenvolgende letters. Elke schil is onderverdeeld in verschillende sub-schillen, die naar gelang de toename van het aantal electronen in deze volgorde worden gevuld. De subschillen worden aangegeven door een letter uit de reeks s(harp), p(rincipal), d(iffuse), f(undamental), g, h, i, j, k, ... De termen komen van de atoomspectra. Dit geheel wordt meestal verduidelijkt met de onderstaande tabel.

Subschillen:	s	p	d	f	g
Elektronen	2 (2*1)	6 (2*3)	10 (2*5)	14 (2*7)	18 (2*9)
Schillen					
K	1s				
L	2s	2p			
M	3s	3p	3d		
N	4s	4p	4d	4f	
O	5s	5p	5d	5f	5g
P	6s	6p	6d	6f	6g
Q	7s	7p	7d	7f	7g

Is het aannemelijk dat de Extravertelingen onder ons de "Reductanten" zijn en de Introvertelingen de "Oxidators" binnen het Periodiek Systeem, respectievelijk zij die gemakkelijk electronen cq. energie afstaan en zij die het gemakkelijk opnemen ?

Zijn de Perceivers of "P-ers" onder ons zij, die gemakkelijk kunnen variëren tussen de verschillende electronenschillen en de Judgers of "J-ers", zij die dat veel moeilijker kunnen, waarbij het uitwisselen van de electronen of energie veelvuldig via dezelfde electronenschillen gebeurt ?

Dit bezien in analogie met de logica achter de structurering van de elementen uit de Periodiek Systeem. Bestaan individuen uit meer of mindere mate van de verscheidenheid van de elementen uit het periodieke systeem waarbij de dominantie van de elementen of een samenstelling daarvan voor één van de negen hoofdgroepen staat van het individu ? Is dit een basis voor de uniciteit ? Het betreft een concepttheorie van mij. Tot op heden heb ik geen hypothese aangetroffen heb die een verklaring geeft voor de genoemde MBTI-aspecten.

Een ander inzicht in de basisprincipes is het esoterische enneagram. U weet dat het ennagram uit negen typen bestaat. Esoterie staat voor dat wat van binnenuit komt of dat wat binnen u "centraal" staat.

De combinatie van beide inzichten leveren het volgende plaatje op.

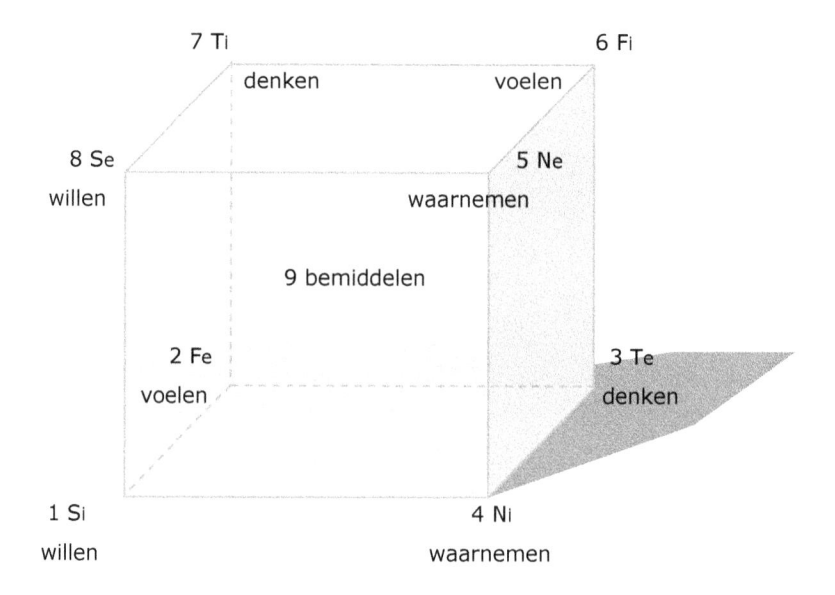

Hierbij zijn de nummers overeenkomstig de typen uit het enneagram en staan in deze afbeelding respectievelijk voor :

3 & 7	denken	Thinking
1 & 8	willen	Sensing
4 & 5	waarnemen	iNtuiting
2 & 6	voelen	Feeling

Nummer – 9 : bemiddelen – staat centraal in de esoterische benadering, index i staat voor introverte en index e voor extraverte projectie.

23.3   Eenheid in Verscheidenheid

Acinthya-bhedâbheda-tattva:
De Ondoorgrondelijke Eenheid in Verscheidenheid
S'rî Krishna Caitanya Mahâprabhu (1486-1533)

De website *"Eenheid in Verscheidenheid"* is de weergave van een onderzoek dat werd verricht naar het verschijnsel organisatiecultuur, en dat het rapport *Eenheid in Verscheidenheid* als resultaat heeft opgeleverd.

De bedoeling van deze site is de kennis wat betreft het thema Eenheid in Verscheidenheid op een rijtje te zetten. Uit het onderzoek is naar voren gekomen dat de éne werkelijkheid zowel tijdloos, eeuwig als tijdsbepaald is. Duur is niet door het waarnemend bewustzijn te bevatten, het gaat zijn bevattingsvermogen te boven. Maar de tijd kunnen we kwantificeren, en daarin fasen en cyclussen onderkennen. Het is de duur van de tijd, de voortdurende verandering, die eeuwig is en de tijdafspraak, de vorm ervan die illusoir is. Naast deze polariteit bestaat het geheel, het Universum (Kosmos) uit allerlei fundamentele dualiteiten. Iets nieuws is daarmee niet echt mogelijk. Dat zegt het boek Prediker van het oude Testament al: *Er is niets nieuws onder de zon*. Wat we hier laten zien is meer een Spel van de Orde met die kennis.

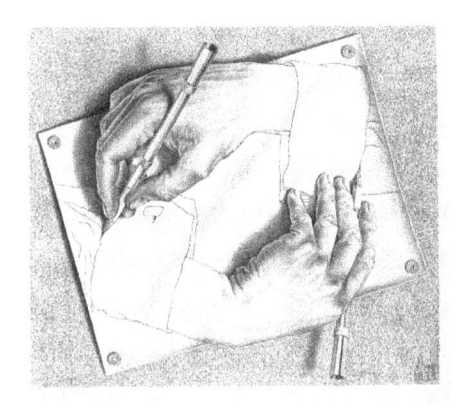

Douglas R. Hofstadter, licht in zijn boek *"Gödel, Escher, Bach"* Escher's prent *"Tekenen"* toe. Hierop tekent een linkerhand (LH) een rechterhand (RH), terwijl RH tegelijkertijd LH tekent. Weer gaan niveaus die normaal als hiërarchisch worden beschouwd – het tekenende en het getekende – in elkaar over en vormen zo een Verstrengelde Hiërarchie.

Maar achter de handen gaat de ongetekende maar tekende hand van M.C. Escher schuil, de schepper van LH èn RH. Escher is buiten de ruimte van de twee handen. Merkwaardige Lussen, of Verstrengelde Hiërarchie vormen het hart van de kunstmatige intelligentie, de Artificial Intelligence.

Op deze site vormt de complexe relatie tussen de binnenwereld en de buitenwereld een van de fundamentele dualiteiten waar we mee werken.

Met het rapport "*Eenheid in Verscheidenheid"* en de definities Unificatietheorie, Ether-paradigma, het Reflexief bewustzijn, het Meta-leren (Het Nieuwe leren) en de Hermeneutische cirkel wordt beoogd het verschijnsel organisatiecultuur in een bredere context te belichten. Het gaat dan ook om de organisatie van de kennis van uw persoonlijke leven in de binnen- en de buitenwereld. De continuïteit van een organisatie van zelfverwerkelijking is gewaarborgd als het creatieve aspect van haar cultuur als een levensbelang wordt gezien. Het creatieve vormt een vast onderdeel van een fundamentele drievoud van schepping behoud en het overwinnen van hindernissen. Deze drievoud ligt aan de basis van de liefde voor de kennis, de filognosie, die we hier uiteenzetten in relatie tot ons onderwerp. Er is steeds nieuwe aanpassing als de voorgestelde creatieve ordening op deze site nodig. Met de wil om grip te krijgen op het verschijnsel organisatiecultuur, of het cultiveren van de organisatie van uw persoonlijke zelfverwerkelijking zo u wilt, is daarbij op deze zoektocht naar die ordening ook nog een extra oplossing naar voren getreden. Dit aspect betreft het energiemanagement: hoe gaan we persoonlijk en collectief, individueel en in organisatie met anderen om met de energie die we hebben? Waar komt die vandaan, waar loopt het vast, en hoe krijgen we de zaak weer op gang ?

Het Kompaskwadrant is een kernoplossing in dit geheel dat de kern bevat waar alles om draait. Net als het plaatje *"Tekenen"* van Escher toont het kompaskwadrant de verbinding tussen de zichtbare en de onzichtbare wereld. De relatie tussen beide, het Ether-paradigma, staat daarbij centraal. Het kompaskwadrant biedt een kader om scherper aan te geven wat de verschillende levensovertuigingen in essentie gemeenschappelijk hebben. Het gaat over de universele kennis, de universele waarheid, een integrale gnosis. Met het kompaskwadrant gaan we daarbij wat betreft het begrip persoonlijke en sociaal-culturele ontwikkeling uit van het Hegeliaanse principe van these, antithese en synthese ; vanuit de klassieke orde, respecteren we de moderne tijd om te komen tot een nieuwe integratie van die twee, van die these en die antithese.

Het rapport geeft, inclusief de definities van de specifieke begrippen, een beeld van het thema. De volgende stelling wordt uitgewerkt :

"Juist door de niet directe beheersbaarheid van de wisselwerking tussen het verticale en horizontale bewustzijn, d.w.z. het bewustzijn van de ether tegenover het bewustzijn van materiële reflexie, komen we tot begrip en uit het begrip komt

de mogelijkheid van de beheersing voort. Die beheersing heeft gevolgen. Zo laat b.v. het basismodel van de systeemleer zien dat ook na de secularisatie van de Christelijkheid er in de westerse samenleving nog steeds het principe van "'Zaaien en Oogsten", de terugslag geldt: alles heeft een gevolg, of we het nu zonde noemen of karma. En daarbij geldt dat volgens een in de systeemleer bekende regel "Garbage in - garbage out" opgaat dat het voor het verkrijgen van de gewenste uitvoer eerst nodig is de invoer te veranderen. M.a.w. zonder gedragsverandering zullen we geen betere wereld krijgen, zonder een andere geesteshouding zullen we geen gedragsverandering krijgen, en zonder de versluiering van de ziel te zuiveren is er geen heldere geest".

In het universum geldt dat men niets zal winnen zonder iets te verliezen; voor de vooruitgang moeten offers worden gebracht. Als men bijvoorbeeld vrij wil zijn, dan moet men kunnen loslaten. Negatieve *feedback* die afremt werkt daarbij vaak contraproductief. Evolutie, beschaving, balans, ontstaat door positieve *feedback*, door het versterken en onderhouden daarmee van het gewenste. Het is een kwestie van sturen en zuiveren, niet van tegenhouden en verstikken. Zo ontstaat er bewustzijnsverruiming, en dat is iets wat voor sommigen bedreigend kan zijn omdat het u confronteert met zowel het geheel van de tijdloze binnenwereld als met de werkelijkheid van de tijdgebonden buitenwereld.

Deze site daagt daartoe uit. De toekomst die voor ons ligt, schuilt in het nu waarin alles aanwezig is, ook al zien we het niet direct. Dat maakt een zeker geloof noodzakelijk, een geloof in onszelf en een geloof in elkaar. De toekomst is wat we van het heden konden behouden en benadrukken. Het verlangen naar een betere wereld houdt dan zo de opdracht in om in het heden te vinden wat we in de toekomst behouden willen zien. Dat is de paradox van de vooruitgang, en dat is onze werkwijze. De wijze zegt immers : "*Door toekomst te scheppen vernietigt Yang het nu*" (boek "I Ching"). Daarom zeggen we :

"*Het zijn de mensen die aan de "eeuwige wederkeer", het onvermijdelijk gevolg van onze handelingen ofwel aan de* feedback *van het systeem sturing geven, of die nou positief of negatief uitvalt. Deze sturing vormt onze associatie, onze samenleving*".

De Filognostische Associatie, de FA, is een groep van spirituele mensen die elkaar op verschillende manieren ondersteunen in hun liefde voor de kennis. Deze groep die zich baseert op de oude Vedische cultuur, gaat uit van de stelling van de vaishnava hervormer Heer Caitanya Mahâprabhu (Lîlâ-avatar (1486-1533)): Eenheid in Verscheidenheid - *acinthya-bhedâbheda-tattva*, dat wil zeggen God in de persoon van Heer Krishna staat voor de ondoorgrondelijke eenheid in de verscheidenheid (zie hiervoor het S'rî Caitanya Caritâmrita Madhya 20.108-109). Dus luidt de heuristiek, de vuistregel van de Caitanya-vaishnava :

*"Hij is mij, maar ik ben niet Hem ; Hij is de eenheid in de veelheid der slechts kwalitatief aan Hem gelijke delen en gehelen ; Hij de Godspersoon die het universum is, waar ik slechts een deel (*kalâ*) van ben"*.

Zie ook een beknopt overzichtsartikel over het leven van S'rî Krishna Caitanya Mahâprabhu. Vyâsadeva noemt het: *ekatvena prithaktvena bahudhâ* - Ook kennis cultiverend aanbidden anderen Mij als de eenheid in de diversiteit van de universele vorm - in zijn Bhagavad Gîtâ 9: 15.

Organismus Naturalis

Uw organisatie als natuurlijk getal

Voorbeschouwing

"Zegt 1 getal meer dan 1000 woorden ?"

Dit was ook een priemende vraag voor Wilfred Bastiani, hij neemt u in zijn derde boek "Organismus Naturalis" - Uw organisatie als natuurlijk getal –mee op weg naar zijn intuïtieve antwoord.

Deze krachtige opvolger van zijn boeken *"Van bovenkamer naar onderbuik"* en *"Antroposofische Energie"*, is zo als hij zelf aangeeft, van hoge kennisdichtheid en diversiteit en legt verrassende verbanden, zoals u van de schrijver inmiddels gewend mag zijn. Van Human Design via enneagrammen en magische vierkanten geeft hij u inzicht in de hexagrammen van de I Tjing. Welke rollen spelen Jung, Leibniz, Gurdjieff en Hahnneman hierbij ?

Zijn inspiratie komt vanuit de Esoterische Psychologie. De onderwerpen zijn verrassend. De verbindingen ook ! Wilfred Bastiani fungeert hierbij zelf als bron. Als Reflector laat hij zijn licht schijnen op Human Design en is hij in staat netwerken van kennis te vlechten en aan elkaar te knopen. Zoals bijvoorbeeld de uitstapjes in zijn boek naar homeopathie, accupunctuur of de toonladder. Welke rol speelt het natuurlijke getal in uw organisatie. De denktrend van de schrijver is als een paardensprong en bestrijkt alle 64 velden van dit edele schaakspel. Heeft u naar aanleiding van het boek vragen, neem dan gerust contact op met Wilfred Bastiani. Wat speelt er in de werelden achter het getal. Wat zegt de I Tjing over het boek ?

"Alleen het goede, dat in harmonie is met de wil van de hemel. Anders bewerkt een onoverlegde instinctieve handeling slechts ongeluk."
Als de donder - de levenskracht - in het voorjaar weer in beweging komt onder de hemel, dan ontluikt en groeit alles, en alle schepselen krijgen van de scheppende natuur de kinderlijke onschuld van het oorspronkelijke wezen. Zo doen ook de goede heersers van de mensheid, uit de innerlijke rijkdom van hun wezen zorgen ze voor al het leven en alle cultuur, en doen ze alles wat hiervoor nodig is op de juiste tijd. Dus lezen!

Johan de Gouberville

Persoonlijke noot

Dit boek is deel drie op het eerder twee verschenen boeken *"Van bovenkamer naar onderbuik"* en *"Antroposofische energie"*, waarin ik de kracht van intuïtie binnen organisatorische besluitvormingen vanuit het eerste boek verder heb onderbouwd en toegelicht in het tweede boek. Al naar gelang mijn onderzoekingen ook gedurende en na het schrijven en afronden van dat tweede boek vorderde, manifesteerde het fenomeen intuïtie zich meer in de beeldvorming van symbolische getalswaarden.

Hiervoor is het wellicht belangrijk om vooraf twee aspecten toe te lichten, die ik ook al in de diverse LinkedIn-discussies naar voren heb gebracht. Het onderscheid waarop ik doel is de cognitieve, eventueel te noemen de rationele en de intuïtieve intelligentie. In het bijzonder dit laatste aspect is daarmee weer een "verzinsel" van mij persoonlijk, om helderheid aan te geven wat het inhoudt en wanneer de één dan wel de ander van belang is.

Zo is het dat de intuïtieve intelligentie uitgaat van hoofdlijnen, wellicht van getalswaarden, alleen nooit weergegeven met decimalen of in procentuele waarden. Daarentegen kent de rationele benadering alles en alleen maar het genoemde. Hoe meer getallen achter de komma, de decimalen, des te beter het resultaat ? Nu ik inmiddels I Tjing gelezen heb, hang ik "blijkbaar" de Chinese denkwijze aan. Denkend vanuit beelden, problematiek benaderend in de grote gehelen met daarbij zo weinig mogelijk analyses, omdat die het grote geheel zouden kunnen verstoren.

Dat is ook waarom ik, toen bleek dat ik vanuit Human Design een Reflector ben, juist zo sterk als eenling andere patronen zie en herken, die voor de gemiddelde mens onherkenbaar blijven. Ook Human Design haalt kennis uit en baseert zich op I Tjing. Net als Carl Jung, George Gurdjieff en Gottfried Wilhelm Leibniz verbintenis hadden met I Tjing. En omdat Jung het had, liggen in de MBTI-methodiek veel inzichten van I Tjing ingebed, zonder dat dit direct herkenbaar is. Daarmee ben ik weer terug bij mijn eerste boek aangaande de kracht van de intuïtie, die dergelijke verbintenissen en verbanden wel "herkent en aanvoelt".

Aangaande de bronnen beroep ik mij op de verbintenis tussen astrologie en esoterie, daar zij in principe dezelfde basisgedachten en –inzichten hanteren. Één van de belangrijkste kenmerken daarin is dat wat voor de kosmos geldt, ook voor ons nietige mensen geldt, *"Zo boven, zo beneden"*. De wetmatigheden die op macroscopisch niveau gelden, gelden ook op microscopisch niveau. Uw Wil is in die mate vrij zo lang het correspondeert met de wetmatigheden, zoals die ook in het Universum gelden. In hoeverre dat voor u waar is, laat ik aan u zelf over.

Dit boek verschaft kennis en inzichten en levert uiteraard geen concrete antwoorden op. Dat is ook de benadering van I Tjing. U bent de enige die de context van uw probleem, stelling of dilemma kent en aanvoelt. Met uw verworven wijsheid bent u dan ook zelf in staat de waarheid van genoemde te achterhalen. Dat kan in persoonlijke sferen liggen en ook binnen uw organisatie. De getallen en symbolische waarden erachter kunnen u daarbij tot steun zijn. Reeksen van getallen vertegenwoordigen immers vaak een natuurlijke golfbeweging. Denkt u maar aan de jaartalreeksen van de McKenna Brothers en de economische golfbeweging volgens Kondratieff. Het is essentieel deze beweging te volgen, ermee te resoneren en vervolgens in deze "afstemming" uw keuze te bepalen, zodat uw resonantie met de materie, het groter geheel, intact blijft.

Heel veel leesplezier toegewenst met dit derde boek.

1. Inleiding

Met dit boek voeg ik inzichten toe aan de eerste twee geschreven boeken over respectievelijk intuïtie en energie in de meest ruime zin van beide woorden en tracht ik een aanvulling te geven op de genoemde twee aspecten. Tezamen kunnen zij met dit boek als een trilogie fungeren. De samenhang is daarmee in mijn ogen gewaarborgd. Tevens sluit de gedachte van dit boek – de intuïtieve intelligentie – aan op het eerste boek *"Van bovenkamer naar onderbuik"* – de kracht van intuïtie bij besluitvormingen binnen organisaties. Daarmee is in mijn ogen opnieuw één van de cycli voltooid.

Laten we eens naar twee dagelijkse ontspanningsactiviteiten kijken. In de puzzelsfeer kennen we de Sudoku en met de bordspellen hebben we te maken met de dobbelstenen.

De Sudoku-vierkant kan toegedacht worden aan het Lo Shui-vierkant met haar unieke eigenschappen.

De som van de tegenoverliggende getallen bedraagt altijd tien, zowel in de rechte lijn, als ook in de diagonale lijnen. Dientengevolge is de som van elke rij, kolom en diagonaal vijf hoger, vijftien dus, daar "vijf" de centrale waarde is voor elke celwaarde erom heen.

4	9	2
3	*5*	7
8	1	6

Als we naar de dobbelsteen kijken, heeft elke optelling van de tegengestelde vlakken de uitkomst van zeven. Zo maar twee simpele dagelijkse dingen, waar we mogelijk niet eens bij stil staan.

Graag neem ik u dan mee door de wereld van getallen en cijfers die gebruikt worden bij modellen, methodieken en aanverwante activiteiten.

Daarbij toon ik u de achterliggende principes en inzichten waarop de principes van de getallen veelal gebaseerd zijn. Aan de hand van de huidige toegepaste modellen en methodieken geef ik u inzicht in de relatie met die getallen. Het is de intuïtieve benadering, zoals ik de bedoelde materie interpreteer.

U zult net als in de vorige twee boeken, hier weinig directe antwoorden vinden. Evenmin zult u hier uw plan van aanpak vinden, zoals mij dat wel eens wordt gevraagd. Ik hoop u met dit en de twee vorige boeken inzichten en slechts richtingen te geven voor de antwoorden die u al zelf bij u draagt. Het is aan u ze te ont-dekken door u zich te ont-wikkelen.

Beschouwt u in deze context het woord "ont-wikkelen" eens. De gevoelsmatige betekenis is gelegen in het feit dat men zich kennis toe-eigent, een opeenstapeling en vermenging van wetenschappelijkheden. Niets is minder waar. Bij het ont-wikkelen ontdoet u zich van allerlei "schillen", zoals vooroordelen, dogma's en aannames en komt daarmee uit bij uw kern. Uw kern is de Waarheid. Deze Waarheid geeft u de echte antwoorden op al uw vragen en twijfels. Zo werkt het Chinese orakelboek I Tjing ook. Omdat wij alle uit eenzelfde bron komen, zullen we ook vanuit die ene Waarheid de juiste antwoorden vinden. I Tjing gebruikte daar natuurlijke verschijnselen als metaforen voor. Althans dat is een aanname mijnerzijds.

Die antwoorden liggen in de sfeer van onderlinge verbintenis, altruïsme en onbaatzuchtigheid. I Tjing spreekt over beeltenissen, over het hele plaatje, de totale samenhang. Dat is de gedachte van de intuïtieve intelligentie. Ongeacht welk orakel u in I Tjing zult raadplegen, mits u het orakel kunt vertalen naar uw probleemstelling of twijfel, u zult altijd het juiste antwoord vinden, omdat I Tjing u het antwoord in u zelf laat vinden. Dat is tevens de reden dat ik vrij veel aan I Tjing heb gewijd in dit derde boek. Net als I Tjing is ook de intentie van dit derde boek het verkrijgen van wijsheid en zelfredzaamheid en daarmee "vrijheid" in dit aardse bestaan. Wellicht kunt u nadien met uw verworven wijsheid de ander daarbij ten dienste zijn bij zijn of haar zoektocht.

2. In den beginne

2.1 Genesis : Genereren of creëren

Waarom zijn de cijfers één, twee en drie zo belangrijk in de Bijbel, binnen de esoterie, het enneagram en ook binnen I Tjing ?

Net als Gottfried Leibniz zo gemakkelijk praatte over de monaden, de enkelvoudigheid of één vanuit de Leegte, de Void, zijn vermeende "nul", kunt u deze paradox versterken door te stellen wat die Leegte dan eigenlijk is. Kunt u de Void definiëren ? De definitie van de Leegte wordt bepaald door het omhulsel of de omhulling ervan. Als er geen sprake is van een omhulsel, kan er dus geen sprake zijn van een Leegte.

Dat klinkt nogal cryptisch.

Het begint allemaal met de Oer-Leegte, het Alles-en-Niets, de Void, de "Nul". Uit deze leegte ontvouwt zich de Één, de Één is gecreëerd. Die Éne is de Mover die zich beweegt, vanuit het centrum. De Één observeert zichzelf, zodat het er Twee worden. De Één wordt zich ervan bewust. De Twee breiden zich uit, zodat het er Drie zijn, de Drie-eenheid. De eerste Twee worden Control (manlijk) en Desire (vrouwelijk) genoemd. Het Éne blijft het Bewustzijn en blijft in het centrum. De Één vervalt dus in -1, +1 = 0, de Void de Alles-en-Niets-Leegte.

De Twee worden vervolgens in tweeën gedeeld, zodat er vier krachten of World Views ontstaan. Dat is waar Will McWhinney over spreekt (Hoofdstuk 3.8 in het eerste boek en bijlage 25.1 in het tweede boek) Control en Desire worden "gecompenseerd" door de Spirit en Soul.

De Één, het Bewustzijn, is en blijft altijd in het midden. Nu zijn er vijf, het Pentagram. Deze vijf tezamen vormen de zogenaamde Hu-Man. Het bevat Control (macht), Desire (wens), Spirit (creativiteit), Soul (liefde, emotie) en Bewustzijn. Het laatste deel verbindt de mens aan het Éne, de Void. Een mens is een dynamische instabiliteit waarbinnen de vier krachten constant bezig zijn om Harmonie te vinden. Het observeert en het weerspiegelt. Dit helpt de krachten bij het vinden van de Balance. Dat wat in balans is, kan blijven resoneren. Dit zien we ook in het hexagram van I Tjing terug, wat ik later verder toelicht in hoofdstuk 7.

Laten we er toch nog eens een willekeurig model naast leggen, bijvoorbeeld het vijf-krachtenmodel van Michael Porter, zoals ik dat reeds gedaan heb in mijn eerste boek onder hoofdstuk 4.7. In hoeverre herkent u de bovengenoemde motivatie hierin nu beter ?

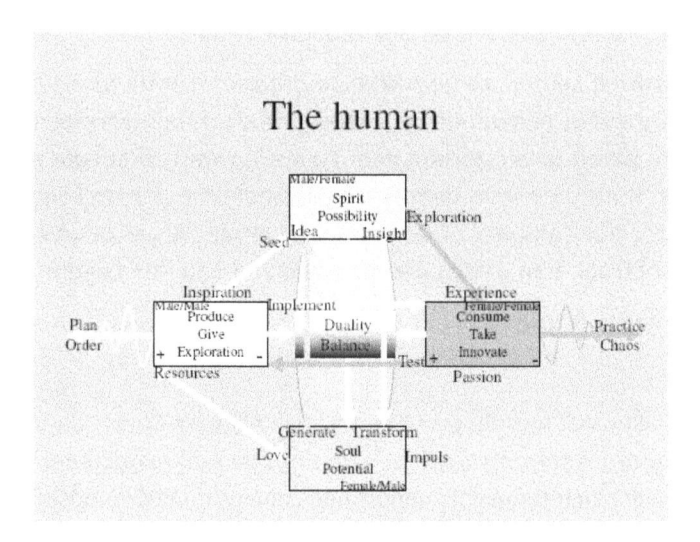

Is het toevallig dat ik middels de aangehaalde tekstdelen nu opnieuw terugkom op het vijf-krachtenmodel van Porter ? Het geeft slechts aan dat wat ik nu weet, toen reeds voelde, of wel het was mijn intuïtie die haar werk deed. Het geeft des te meer aan dat de holistische benadering van elk willekeurig systeem haar meerwaarde behoudt, wanneer u het als zodanig beschouwt, als geheel. Naar beelden kijken is het geheel zien.

De astrologische, kosmische modellen

Hoe kan het dat de meeste modellen en methodieken aan elkaar te verbinden. Is dat creativiteit ? U zou zich in eerste instantie kunnen afvragen wat dan die creativiteit is. Wellicht kunnen we daar – net als binnen de term intuïtie – een tweedeling zien aangaande "soort en vorm".

Zo zou u de instinctieve creativiteit kunnen beschouwen naast de "Goddelijke creaties". Het eerst genoemde komt neer op de wil te overleven en levert creaties op, emergenties, ongeacht de context. Er is slechts één oerdrang, (over-)leven. De andere versie behelst een creatie vanuit een Goddelijke vonk. Als wij een Divine Fractal Creation zijn van het Goddelijke, dan is elke creatie, die via ons gemanifesteerd wordt, dat ook. Dit betekent dus dat elke getalswaarde die staat voor de weergave van deze Goddelijke creatie daarmee ook Goddelijk is. U hoeft zich geen zorgen te maken dat u deze getallen zou "moeten" wijzigen. De getalswaarde of symbolische waarde ervan maakt er deel van uit en is dus juist. En omdat alles uit die ene Bron afkomstig is, zijn ook alle modellen en methodieken dat. Vanuit die gemeenschappelijkheid zijn ze alle weer met elkaar in verbinding te brengen. Op die creativiteit doel ik.

Op het moment dat ik dit laatste opschreef, kwam gelijk de gedachte boven dat het willen (over-)leven tevens een eigenschap van de Void is. En eigenlijk is dus ook die daaruit voortvloeiende creativiteit of emergentie daarmee Goddelijk te noemen.

Wij als creaties zijn dus voor het gemak gesteld fractalen vanuit de bron bezien. Een fractaal is een weergave van een repeterende structuur, die zich eindeloos kan blijven herhalen. Mooie voorbeelden in het dagelijkse leven zijn de takken- en wortelstelsels van bomen en bijvoorbeeld de groente broccoli. En natuurlijk ook onze hersenen, fysio-biologisch beschouwd. Om een voorbeeld te geven die ik later verder uiteen zet in hoofdstuk vier, is de breuk één gedeeld door zeven daar een ultiem voorbeeld van. De uitkomst van deze breuk is namelijk :

$$1 / 7 = 0{,}142857\ 142857\ 142857\ 142857 \quad (142857 \text{ repetent})$$

Hierbij is de structuur en een mogelijk toebedachte symbolische vorm ervan duidelijk. Deze blijven onveranderd. Wat er wel verandert is de dimensie van elke fractale fase of na elke iteratie.

Op deze wijze betekent dit dus dat alles wat uit onze creatieve brein ontspruit, een fractale weergave is van ons zelf, van de aardse fenomenen, van de kosmos. De wetmatigheid staat vast en wordt op elk niveau gehanteerd, zo boven als ook zo beneden.

Als we dat terugkoppelen naar de astrologie als fractale weergave van de kosmos, dan kunnen we ook de interpretatie begrijpen van de Vedische, Chinese en Egyptische zienswijzen. Uiteraard ook die van de Maya's en van de Grieken. Voor hun is het nooit anders geweest. De structuur en daarmee de veranderingen op kosmisch niveau deden zich ook gelden op hun aardse leefomstandigheden. Wij kunnen daar nog steeds veel van leren. Zo kennen wij de Dierenriemen vanuit de verschillende culturen, echter alle met andersoortige interpretaties. Wel is het feit dat alle over het aantal van twaalf spreken. De twaalf maan(-d)cycli per jaar, verder onderverdeeld in de twaalf uren. Meer over de verschillende culturen met hun eigen Dierenriemen kunt u teruglezen in Bijlage 11.7.

De samenstellers en schrijvers van I Tjing koppelden die kennis en de dimensies aan fenomenen, die "dichter bij huis" lagen, namelijk de natuurlijke fenomenen, zoals Vuur, Wind en Water om er enkele te noemen. Al hoewel op een kleinere schaal dan de astrologische dimensies zijn toch de oneindigheid en natuurlijke krachten ervan te aanschouwen, aan te voelen en daarmee in te schatten.

Dat maakt de I Tjing voldoende sterk om vanuit deze aardse fenomenen de wereld te beschrijven. Door de orakels van I Tjing te lezen wordt u uitgedaagd uzelf beter te leren kennen binnen uw eigen microscopische wereld. De wijze van respons wordt daarmee typerend voor u als karakteristieke persoonlijkheid.

3. Numerologie

3.1 Intuïtieve intelligentie

Net als mij vaker overkomt bij andere woorden, die mij te binnen schieten, is dit weer één van de begrippen die ik persoonlijk nog nooit gelezen heb. Wanneer ik snel een overstapje maak naar mijn eerste boek, waarin ik onder andere de MyersBriggs-methodiek uiteenzet, wordt het woord intuïtie met enkele werkwoorden geassocieerd.

Deze twee woorden zijn brainstormen en inschatten. De scherpte, nauwkeurigheid en omkaderingen van deze beide woorden zijn net zo vaag als de insteek van de betekenis van beide woorden. U zou kunnen zeggen de intuïtie berust op kennis van de hoofdlijnen, de gedachtegang van iemand onderkennen, niets meer en niets minder. Tevens heeft intuïtie iets verbindends, het geheel overziend, patronen "doorzien" en een bepaalde vorm van het conceptuele denken.

Nu rijst de vraag wat of wanneer de juiste benadering is bij bijvoorbeeld dilemma's, zowel qua vorm als volgorde. In de Westerse wereld zijn we geneigd alles te concretiseren en te rationaliseren. Of dit nu over producten of diensten gaat, of over meetmethodieken. De computers helpen ons daarbij. We kunnen net zo veel decimalen achter de komma krijgen als we zelf wensen.

Is het ant(-i)woord net zo goed of zelfs beter ? Deze vraag doet me denken aan het fenomeen van de vlinder, die met het klapwieken van zijn vleugels elders een orkaan veroorzaakte. Achter deze anekdote uit de chaostheorie gaat het verhaal schuil van de meteoroloog Lorentz.

Feit is dat wanneer u vroegtijdig met getallen gaat rekenen na een grondige analyse, er op basis van kleine afwijkingen in het beginstadium uiteindelijk gigantische uitkomstenverschillen gecreëerd kunnen worden binnen de antwoorden, die compleet uit de lijn liggen van de gevoelsmatige (intuïtieve) voorspellingshorizon. Het minimale klapwieken door de vlinder kan uiteraard nooit een orkaan veroorzaken vanwege de materie en samenstelling van de lucht. Elke beweging zou vroegtijdig gedempt zijn. Maar ja, als u de computer wilt geloven ?

3.2   Getallen als symboliek

En toch vertegenwoordigen getallen en/of cijfers op de één of andere manier een groter geheel, een symbolische waarde vanuit kosmische fenomenen. Elke stroom aan getallen bestaande uit verschillende cijfers vertegenwoordigt een samenhangend patroon, dat u kunt vertalen naar een golfbeweging. En een golfbeweging, zo weten we, is cyclisch. Als we de esoterie beschouwen en modellen uit gelijksoortige kennisgebieden erbij halen, zien we dat men ook die getallen gebruikt als weergave of visualisatie van een fenomeen.

Zo kunnen we de Bijbel beschouwen met de zes plus één dagen, waarin de "wereld" werd geschapen. Zo ook vanuit de Bijbel God's drie-eenheid. Zo kennen we binnen I Tjing de twee oerkrachten Yin en Yang met daarnaast de neutraliserende kracht als derde. Ook Socrates ontwierp in analogie daarvan zijn drieluik "Thesis-Antithesis-Synthesis. Zo kunnen we vanuit Jung's Holy Matrimony het Scheppende (de Hemelse Vader) tezamen met het Ontvankelijke (de Moeder Aarde) het "Neutraliserende" (het Onzijdige Kind) beschouwen.

Wat wordt bedoeld met de vier jaargetijden en de vier windstreken ? Zeven geldt als Heilig getal in zowel de Bijbel als de esoterie, in overeenstemming met het aantal dagen in een week. Daarnaast kennen we de zeven kleuren van de regenboog en de zeven grondtonen (Do-Re-Mi) binnen de muziek, allereerst opgesteld door Pythagoras en later verder uitgewerkt door Gurdjieff in samenhang met zijn enneagram.

Terwijl het getal negen het Geheel, de Volledigheid vertegenwoordigt zoals in het enneagram van Gurdjeff, zien we ook binnen Gene Keys of Human Design de mens als een totaliteit van een negental energiecentra geschetst. Wat dacht u van de negen hoofdgroepen binnen Mendeljev's chemische periodieke systeem, zoals ik in de bijlage van mijn tweede boek heb beschreven ? Wat is de betekenis van de getallen drie, zes en negen binnen Gurdjieff's enneagram als ook binnen I Tjing ? Is het toevallig dat Otto Scharmer zijn model "Theory U" als drie-éénheid aan u presenteert ?

Is ten slotte MyersBriggs Type Indicator een daadwerkelijke deductie van Gene Keys en is Belbin dat bijvoorbeeld van Gurdjieff's enneagram, die ook zijn kennis uit het oude China haalde ? Leibniz, die net als Jung met zijn synchroniciteit kennis en inzichten uit dit Chinese orakelboek teruglas, noemde de twee oerkrachten Yin en Yang respectievelijk "Waarwording" en "Streven". Leibniz heeft een belangrijke rol gespeeld in de ontwikkeling van het digitaliseren van informatie, zoals we dat nu dagelijks doen.

De symboliek achter de getallen die het vertegenwoordigt, is – zo lijkt het – een willekeur of toont het toch de grote eenheid in de nog grotere verscheidenheid aan ? Waarom is er aan Belbin's rollentest een negende rol toegevoegd en waarom twijfelt men bij Spiral Dynamics nog om het model te completeren met een negende niveau ? Hoe staat het voorts met de twaalf uren, de twaalf maanden van een jaar en de twaalf sterrenbeelden aan de hemel ? En wat hebben ten slotte de vier-en-zestig schaakvelden voor betekenis in relatie tot de vier-en-zestig orakels van I Tjing ? Zoveel verschillende getallen, zo veel culturele en filosofische verklaringen voor elk getal, vaak in overeenstemming met, nog vaker van verschillende betekenis en waarde. Ook hier is de context van belang. De context van u Self, uw bewustzijn van het Hier en van het Nu. Die drie facetten vormen de basis voor uw antwoorden binnen de wereld van de getallen en cijfers.

3.3   **Oudheidkundige getallen**

Vanuit de Griekse oudheid kennen we als meest bekende uiteraard Pythagoras. Hij werd door sommigen als één van de Zeven Wijzen beschouwd. Gezien zijn staat van dienst begrijpelijk.

Hij streefde harmonie en reinheid van de ziel na, welke volgens hem bevorderd konden worden door onder andere de kennis van getalverhoudingen. Deze verhoudingen beheersen volgens zijn leer het heelal, zoals ze bijvoorbeeld ook terug te vinden zijn in de muziek. Pythagoras ontdekte ook de muzikale boventonenreeks met de verhoudingen van diverse intervallen, door een gespannen snaar op verschillende punten af te klemmen. Hij was een zeer geoefend lyra-speler.

Omstreeks vijfhonderd-en-dertig voor Christus stichtte Pythagoras in Crotona een school, die ook in andere Zuid-Italiaanse steden afdelingen vestigde. Pythagoras en zijn aanhangers hebben een belangrijke invloed uitgeoefend op het openbare en het politieke leven, maar zijn daarbij ook op krachtig verzet gestuit. Tegen het eind van zijn leven moest Pythagoras Croton verlaten en enkele decennia later vond een algehele opstand tegen zijn aanhangers plaats.

Filosofie en religie

Aristoteles vatte de leer van Pythagoras en zijn opvolgers aldus samen:

- de dingen zijn getallen
- de gehele hemel is harmonie en getal

Pythagoras was overtuigd van de onsterfelijkheid van de ziel en onderwees de reïncarnatie. Dat is ook de reden waarom hij geen vlees at, lange tijd werden vegetariërs ook wel pythagoreeërs genoemd.

Pythagoras' religieuze voorstellingen waren waarschijnlijk van Oosterse, Indische oorsprong. Hij geloofde in zielsverhuizing.

"Volgens deze maakt de onsterfelijke ziel van de mens een lang louteringsproces door in steeds hernieuwde belichamingen, waarbij zij ook de dierlijke gestalte aan kan nemen. In verband daarmee staat, evenals in India, het gebod geen dier te doden of te offeren, en zich van dierlijk voedsel te onthouden. Daar als doel van het leven wordt aangezien de ziel door reinheid en vroomheid van de kringloop der wedergeboorten te verlossen, vertoont ook de Pythagoreïsche ethiek met India verwante trekken: zelftucht, ingetogenheid, onthouding staan in het middelpunt."

Pythagoras combineerde voor het eerst wiskunde met theologie. Deze combinatie zullen we later tegenkomen bij Plato en ook bij de middeleeuwse theologen, bij Baruch Spinoza en bij Gottfried Leibniz en later tot zelfs bij Immanuël Kant. Pythagoras heeft steeds een grote invloed op het denken uitgeoefend.

Getallenleer

Befaamd is de getallenleer van de oude Pythagoreeërs. Zij namen aan dat de dingen getallen zijn of erop lijken, of ook wel dat de elementen van de dingen ook die van het getal zijn.

Het idee dat "mooie" getalverhoudingen iets harmonisch opleveren, kon Pythagoras aantonen met een aangestreken snaar. Wanneer u een snaar aanstrijkt en daarna de snaar halveert hoort u twee tonen die heel goed samen klinken. Wij zeggen nu dat deze tonen een octaaf verschillen. De lengteverhouding 2:3 geeft een kwint, 3:4 geeft een kwart. Ook dan zijn de tonen "consonant". Op basis van gehele verhoudingen is de reine stemming voor een toonladder gedefinieerd, de Pythagoreaanse stemming.

De toonladder van Pythagoras ziet er als volgt uit.

de tonen	E	D	C	B	A	G	F	E
de constructie	2/3	3/4	27/32	8/9	1	9/8	81/64	4/3
snaarlengtes	1	9/8	81/64	4/3	3/2	27/16	243/128	2
toonafstanden		9/8	9/8	256/243	9/8	9/8	9/8	256/243

Later vindt u meer over de toonladder bij Gurdjieff's enneagram.

Behalve dat voor de Pythagoreeërs getallen corresponderen met muzikale fenomenen en ook met begrippen en dergelijke, zo staat het getal vier voor gerechtigheid (twee × twee, gelijk maal gelijk), vijf staat voor huwelijk (eerste verbinding van even = vrouwelijk met oneven = manlijk). Ook zes kent een speciale waarde. Immers zes is het eerste getal in de reeks, waarvan product en som de waarde zes opleveren (één x twee x drie = één + twee + drie).

Het volmaakte getal is tien (één + twee + drie + vier), tetraktus genoemd. Deze is de bron en oorsprong van alle dingen en bevat bijvoorbeeld alle getallen nodig om de voornaamste toonverhoudingen te definiëren. De elementen van het getal zijn het "bepaalde" en het "onbepaalde", termen die ook met andere gepaarde tegendelen zoals oneven-even, manlijk-vrouwelijk, goed-kwaad, op één lijn gesteld werden.

De oorspronkelijke getallenleer van Pythagoras en de zijnen was daarom geen wetenschappelijke wiskunde, maar eerder een toepassing, een soort metafysica van het getal. Op den duur is echter ook in de school van

Pythagoras, net als op andere plaatsen in de Griekse wereld, wiskunde op wetenschappelijke wijze beoefend. Pythagoras stelde zich de getallen voor in bepaalde gedaanten. Hij sprak van vierkante en kubusvormige getallen, van langwerpige, driehoekige en piramidevormige getallen, enzovoort. Uit de getallenvormen werden dan de bewuste figuren opgebouwd. Blijkbaar vatte hij de wereld op als bestaande uit atomen, terwijl de lichamen dan waren samengesteld uit moleculen, die weer waren opgebouwd uit verschillende vormen gerangschikte atomen. Op deze wijze trachtte hij de wiskunde te maken tot de grondslag voor zowel de natuurkunde als voor de esthetica.

En ook voor de ethiek, zou u dat kunnen zeggen. Pythagoras hechtte weinig waarde aan empirisch onderzoek. Wanneer er tussen de verschijnselen eenmaal wiskundige relaties waren ontdekt, trok het denken zich terug in de sfeer van het ideële. Het denken is superieur aan de zintuiglijke waarneming. Het zuivere weten is gericht op het onstoffelijke en bevrijdt de ziel uit de banden van de zinnelijkheid.

De voornaamste bijdrage van de Pythagoreeërs ligt op het gebied van de getallenleer, terwijl zij de meetkunde in het algemeen op "a-ritmische" wijze beoefenden en daardoor onder meer geen raad wisten met het probleem van de irrationele wortels. Zie hieronder bij "Irrationale getallen".

Kosmologie

Het is typerend voor Pythagoras dat hij deze waarneming heel snel extrapoleerde naar het heelal. De hemellichamen – ook de aarde – bewegen zich in cirkelvormige banen om een centraal vuur. Dat vuur zien wij niet, want aan de kant van de kennelijk bolvormige aarde waar u dat vuur wel zou kunnen zien is geen leven mogelijk. De stralen van deze banen verhouden zich als de tonen in het octaaf. Door hun beweging in deze banen brengen de hemellichamen muziek voort, een "Hemelse symfonie" of "de harmonie der sferen."

Het heelal is dus een geordend geheel, een "kosmos". Dit idee van het heelal als kosmos zou een belangrijke bron van inspiratie worden.

Omdat tien het volmaakte getal was, moest het heelal dus wel uit tien hemellichamen bestaan. Met de vijf toen bekende planeten, Mercurius, Venus, Mars, Jupiter, Saturnus, de zon, de maan, de aarde en het centrale vuur kwam men slechts aan het getal negen. Dan moest er, recht tegenover de aarde, een "tegenaarde" of "antichthon" rond het centrale vuur cirkelen. Aarde en tegenaarde cirkelden in de kleinste baan.

Daarna kwam de maan, vervolgens de zon, en nog verder de planeten. Archimedes vertelt dat er een volgeling van Plato was, Aristarchos, die aannam dat de aarde niet om een centraal vuur, maar om de zon cirkelde. Het geschrift waarin Aristarchos dit beschreef is helaas verloren gegaan.

De stelling van Pythagoras

De stelling van Pythagoras is waarschijnlijk de bekendste stelling in de wiskunde. Zijn stelling was overigens alleen maar nieuw voor de Grieken. In Babylonië was het resultaat al veel langer bekend. De stelling zegt iets over de relatie tussen de rechthoekszijden en de schuine zijde of hypotenusa van alle rechthoekige driehoeken.

In de rechthoekige driehoek A-B-C zijn de zijden a en b de rechthoekszijden. De zijde c noemen we de schuine zijde of *hypotenusa*.

De stelling van Pythagoras luidt :

"In een rechthoekige driehoek is het kwadraat van de lengte van de hypotenusa of schuine zijde gelijk aan de som van de kwadraten van de lengtes van de rechthoekszijden."

Anders geformuleerd ziet het er als volgt uit.

$a^2 + b^2 = c^2$

Irrationale getallen

Nog veel belangrijker dan deze stelling was echter het uitgangspunt van de Pythagoreeërs dat alles bestaat uit verhoudingen van gehele, natuurlijke getallen. Geleidelijk drong tot hen door dat er met "hun" driehoek iets niet klopte. Wanneer de korte zijden ervan even lang zijn lukt het met geen mogelijkheid de verhouding tussen de lengte van een korte en van de lange zijde in getallen uit te drukken. Na lang denken vonden zij bewijs dat dit onmogelijk is. Een triomf voor het verstand, een debâcle voor een doctrine. Met alle macht probeerden zij deze inbreuk geheim te houden. Volgens de overlevering is iemand die dit toch bekend maakte, om het leven gebracht.

Een ander gevolg was dat de Grieken aan de meetkunde de voorkeur gaven boven de rekenkunde. Pas in de zeventiende eeuw, met de komst van René Descartes, zouden getallen weer de overhand krijgen.

3.4 Speciale getalswaarden

Binnen de wetenschap als ook daarbuiten zijn er enkele noemenswaardige symbolen te noemen, die waarden vertegenwoordigen binnen harmonieuze en natuurlijke fenomenen.

De Gulden Snede – Phi

Alle heilige geometrische vormen die van belang zijn, zouden met behulp van de heilige gradenboog en passer geconstrueerd kunnen worden. Daarmee zijn deze ontwerpen "heilig". Hiertoe rekenen we ook de Platonische Lichamen. In het tweede boek heb ik deze uiteen gezet.

De uiteindelijke betekenis van al die symbolische geometrie zoals de Gulden Snede en de Davidster heeft haar waarde reeds bewezen. Er is kennis verborgen gebleven die naar nu blijkt, enorm belangrijk is.

Deze kennis blijkt zelfs de basis te vormen voor een totaal nieuwe fysica die letterlijk een nieuw licht laat schijnen over onze werkelijkheid, de creatie van de Kosmos en uiteindelijk de mens. Alle zijn gebaseerd op de Heilige Geometrie, de Gulden Snede. Deze Gulden Snede kan gevisualiseerd worden op basis van een bepaalde verhouding van zijden binnen een rechthoek. Deze heilige verhouding ziet u terug in de oude bouwwerken zoals vroeger de piramides en de Franse kathedralen zoals die van Chartres. Ook mijn woonplaats, de gemeente Elburg, heeft bij de bouw van de lengte van alle vestingmuren zich georiënteerd op deze verhouding.

Echter ook in de natuur, de draaiing van de kelk van een bloem, van een schelp, in de helixstructuur van uw DNA en die van iedereen.

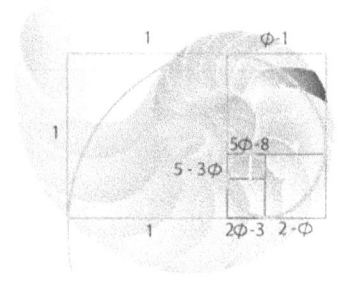

De Gulden Snede is de verdeling van een lijnstuk in twee delen in een speciale verhouding. De Gulden Snede kent een speciale onderlinge verhoudingtussen die twee. Deze verhouding van grootste deel verhoudt zich tot kleinste deel en is gelijk aan de som van het grote en kleine deel in verhouding tot het grootste deel. De bedoelde verhouding tussen grootste en kleinste deel wordt aangeduid met de Griekse letter Phi – Φ. De waarde is ongeveer 1,618033, ook wel te schrijven als ½(1+√5).

Het getal Pi

Het getal π, soms geschreven als pi, is een wiskundige constante, met in decimale notatie de getalswaarde 3,1415926... Deze waarde is de verhouding van omtrek en diameter van een cirkel. Het symbool π is de kleine letter *pi* uit het Griekse alfabet.

Dit symbool werd door Engelse wiskundigen William Oughtred in het midden van de zeventiende eeuw en Isaac Barrow enkele jaren later al gebruikt als afkorting van het Griekse woord περιφέρεια – perifereia is de omtrek van een ronde vorm. De verhouding tussen diameter en omtrek gaven zij aan als δ/π waarbij δ als afkorting van het Griekse woord διάμετρος (diametros=diameter) werd gebruikt.

Door sommigen wordt π als afkorting van het Griekse woord περίμετρον (perimetron = omtrek, vergelijk Engels : *perimeter*) gezien. Er is echter een subtiel verschil tussen beide woorden, wat onder andere blijkt uit de volgende passage uit het geschrift *"Commentationes Analyticae Ad Theoriam Serierum Infinitarum Pertinentes"* van Leonhard Euler :

"... diameter circuli ax, cuius peripheria aequalis est perimetro quadrati bf ..."

hetgeen betekent dat :

"... diameter van de cirkel ax, waarvan de omtrek gelijk is aan de omtrek van vierkant bf ..."

In het boek *"A New Introduction to Mathematics"* van William Jones van begin achttiende eeuw werd de Griekse letter π het eerst gebruikt als aanduiding voor de verhouding tussen omtrek en diameter, de wiskundige constante pi. De notatie werd echter pas echt algemeen toen Leonhard Euler deze zo'n twintig jaar later overnam.

Vitruviaanse figuur getekend door Leonardo da Vinci.

Ook in dit figuur zit de verhouding van pi verwerkt middels de vierhoek en de cirkel

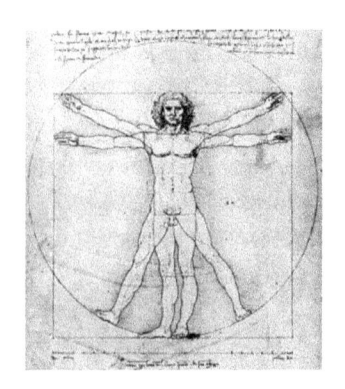

Hierboven werden al wat schattingen genoemd die gebaseerd zijn op geschriften uit de oudheid. Iets heel anders dan een schatting zijn rekenmethodes die een benadering van π als uitkomst geven.

De Griekse wiskundige was de eerste die het probleem wiskundig aanpakte, daarom werd pi soms constante van Archimedes genoemd. Hij redeneerde aldus :

"De omtrek van een ingeschreven regelmatige n-hoek is altijd kleiner dan de omtrek van de cirkel, terwijl de omtrek van een omgeschreven n-hoek altijd groter is."

Hoe groter n genomen wordt, des te nauwkeuriger zijn zowel een onder- als een bovengrens voor de omtrek van de cirkel, π dus, bekend. Archimedes begon met zes-hoeken, maar berekende uiteindelijk de omtrek van in- en omgeschreven 96-hoeken. Zo vond Archimedes dat π moest zitten tussen 223/71 en 22/7. Met het voor berekeningen zeer onhandige Griekse getalsysteem is dat een heel nauwkeurig resultaat. Het gemiddelde van die twee kon als redelijke schatting genomen, decimaal geschreven is dat 3,141851...

In de eeuwen daarna werd π ook berekend in India en China. Midden derde eeuw gebruikte ook de Chinese wiskundige Liu Hui veelhoeken om π te berekenen. Hij nam een 3072-veelhoek en kwam, in decimale notatie, tot 3,1415894...

Logaritmus Naturalis : Ln en e

Nog zo'n speciaal is e, de natuurlijke logaritme van e, ln(e), is gelijk aan één. Hierbij staat e vaak in relatie tot natuurlijke veranderingskrommen, zoals bijvoorbeeld het laden en ontladen van capacitieve bronnen. Een ander groot voordeel van het rekenen met logarithmische getalswaarden is dat de getalswijdte van het domein {D} zeer groot kan zijn, terwijl het bereik ervan, de uitkomst behapbaar en overzichtelijk blijft.

Het getal of de wiskundige constante e is het grondtal van de natuurlijke logaritme en wordt vaak gedefinieerd als (er zijn meerdere equivalente definities mogelijk):

$$e = \lim_{n \to \infty} \left(1 + \frac{1}{n}\right)^n$$

Het getal e wordt ook de constante van Neper (Napier) genoemd, naar de uitvinder van de logaritme, de Schotse wiskundige John Napier die e omstreeks het jaar zestienhonderd tegenkwam bij zijn werk aan een van de eerste rekenlinialen. Het getal *e* werd door de Zwitserse wiskundige Leonhard Euler het exponentiële getal genoemd, vandaar vermoedelijk de naam. Euler maakte voor het eerst een grondige studie van e en heeft in zijn eentje bijna alle belangrijke eigenschappen ervan ontdekt. Een benadering is :

e = 2,718281828459...

Het exponentiële getal e is een van de belangrijkste constanten in de wiskunde. Op iedere hoek van de wiskundige wereld komt men e tegen in de zeer elegante formule van Euler. Hierin is vanwege cosinus- en sinus-functies nog gemakkelijker voor te stellen dat de betreffende getallen hier samengestelde golven vertegenwoordigen.

$$e^{ix} = \cos(x) + i\sin(x)$$

De *"identiteit van Euler"*, een speciaal geval hiervan, waarbij een verband tussen de vijf belangrijkste wiskundige constanten gelegd wordt, is door Richard Feynman "de opmerkelijkste formule in de wiskunde" genoemd.

$$e^{i\pi} + 1 = 0$$

Hoewel Georg Cantor bewees dat er oneindig veel meer transcendente getallen (door sommige wiskundigen de donkere materie van de wiskunde genoemd) zijn dan andere soorten zoals de natuurlijke getallen is e een van de weinige getallen, waarvan de transcendentie echt bewezen is. Twee andere bekende zijn π en het getal van Joseph Liouville met symbool L. Ook weet men nog steeds niet of met $e \times \pi$, $\sqrt{e}$, e + π en met andere elementaire bewerkingen een nieuw transcendent getal tevoorschijn komt. Één van de weinige gevallen is e^π, de Constante van Gelfond, waarvan de transcendentie bewezen is.

3.5 Malcolm McEwen's Ternary

Sinds het computertijdperk is men overgegaan op de digitweergave in de vorm van "énen" en "nullen". Daar de systemen groter werden en men ging doortellen, kwam op een gegeven moment het hexadecimale of zestientallige stelsel – 2^4 – (twee tot de macht vier –> 2x2x2x2) aan de orde. Daar ook het hexadecimale stelsel werkt met het tientallige cijfersysteem, diende zich het probleem aan voor het weergeven van de getallen tien tot en met vijftien, omdat die getallen dubbele cijfers hebben. De weergave ziet u terug in Bijlage 11.1 achter in dit boek.

Wat zijn de onderliggende regels van deze lineaire telsystemen ? Dat werkt als volgt. U telt net zo lang door, totdat u het getal bereikt wat het systeem vertegenwoordigt. Dus binnen het decimale telsysteem telt u vanaf nul tot en met negen en wordt na het tiende cijfer – de negen – dit cijfer (weer) een nul. Op dat moment wordt er een één als waarde voorgeplaatst, om aan te geven dat de cyclus op dat moment één maal doorlopen is, u komt in de tientallen terecht. Bij de veertigtallen betekent dit simpelweg dat de cyclus van nul tot en met negen op dat moment vier maal doorlopen is, of wel u bevindt zich in de veertigtallen. Op deze wijze heb ik ook het lineaire trinaire telsysteem in de tabel verwerkt.

Daarnaast kunnen we het trinaire telsysteem ook beschouwen binnen de binaire omgeving. De weergave bestaat dan uit een min één (-1), een nul (0) en een plus één (+1). In dit speciale trinaire telsysteem zit een polariteit ingebed. De "waarde" van de telling staat los van die van het lineaire telsysteem, zoals hierboven uiteengezet. Daarmee is de overstap naar de esoterie, I Tjing en andere vrij gemakkelijk te maken.

Leggen we er nu deze wetenschap naast, dan zouden we kunnen concluderen dat het Universum en ook de atomaire wereld niet zo zeer draait om lineariteit, maar juist om het cyclisme. Het meest duidelijke voorbeeld is de spin- en tegenspin binnen een electronenpaar (ontdekker Wolfgang Pauli), al is deze vergelijking ietwat beperkt en daarmee niet optimaal.

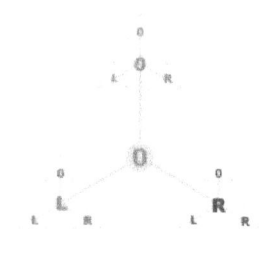

Malcolm McEwen heeft dit verder opgepakt en heeft de trinaire lineariteit vervangen door trinaire cyclisme (Trenary System). De "nul" als centrum, als neutrale kracht (de Void) en daar omheen de twee complementaire dynamieken, zoals de Yin en Yang dat ook vertegenwoordigen binnen I Tjing.

Het eerste wat me te binnen schoot op het moment dat ik via Hans Konstapel kennis nam van McEwen's model was het feit dat ik tijdens mijn KEMA-tijd in 1988 de encyclopedie aan het "lezen" was en gezien mijn intensieve sportcarrière "toevallig" op glucose – $C_6H_{12}O_6$ – belandde. Ik las daarin dat er twee verschillende soorten glucose bestonden, de D- en de L-versie. Het frappante aan deze twee versies is dat zowel de chemische als ook de structuurformule precies eender waren. Toch bleek, dat wanneer men een lichtsignaal door elke molecule heen stuurde, het licht in tegengestelde richting ten opzichte van de andere versie werd afgebogen. De kennis die we vanuit het onderwijs meekregen, was inderdaad zo lineair als men zich maar voorstellen kon. De werkelijkheid aangaande de ruimtelijkheid is verre van lineair, het was cyclisch, enerzijds linksom, anderzijds rechtsom gespiraliseerd.

Een andere associatie die ik met het drie-en-veertig-stappenmodel van McEwen maakte, is de edelgasconfiguratie. Ook hier geldt de energetische balans en onderlinge resonantie tussen alle componenten als een taxonomische eenheid onderling als ook in totaliteit met elkaar. Het aannemen van een edelgasconfiguratie is meer dan slechts electronenaantallen in de juiste en/of buitenste banen aanvullen.

Zo kennen we de Helium-versie, de Neon- en Argon-, Xenon- en Krypton-versies. Simpel gezegd hebben de buitenste electronenbanen een dermate goede vulling van electronen dat ze inert of minder kwetsbaar zijn voor invloeden van buitenaf. Andere elementen trachten deze status chemisch bezien ook na te streven. Eigenlijk heeft dit niets met het woord "chemisch" van doen, omdat we praten over energieën, de interacties op laag en hoger niveau in de sfeer van resonanties tussen de verschillende deelgebieden en/of electronenbanen op zich als ook in het groter geheel.

Het bereiken van deze inerte of edelgastoestand zie ik ook bij de drie-en-veertigste stap bij McEwen's model. Er wordt een bepaalde onschendbaarheid gecreëerd, zo is mijn interpretatie. Dat betekent een "grote verandering".

McEwen praat over een ruimtelijk telsysteem in de drietallen zoals geschetst. Hij berekent daarmee de expansie van het Universum en de "stappen", die tijdens deze expansie plaatsvinden. Momenteel – zo schetst hij – bevinden we ons in de fase van stap twee-en-veertig naar stap drie-en-veertig.

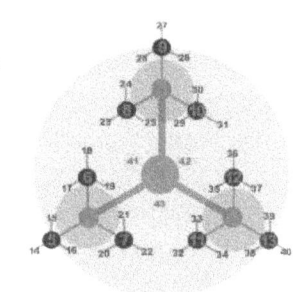

De reeks van McEwen heet in wiskundige termen de Bronze Mean (BM). De Bronze Mean is een generalisatie van de Golden Mean – de Gulden Snede. Die werd door vele waaronder Plato, gezien als het basis-balansprincipe van het Universum. De Bronze Mean is in die zin interessant omdat hij "echt" bestaat uit Drie-eenheden en ook past, zoals bij de Sri Yantra.

De Sri Chakra of de Shri Yantra is een yantra gevormd door negen in elkaar grijpende driehoeken die ons omringen en stralen uit van de centrale punt, het knooppunt tussen het fysieke universum en zijn ongemanifesteerde bron. Het vertegenwoordigt de Hindoe- godin Sri Lakshmi, de godin van overvloed op alle niveaus, in abstracte geometrische vorm. Het is ook de godin in haar vorm van Tripura Sundari, "de schoonheid van de drie werelden".

Vier van de driehoeken wijzen naar boven, de Shiva of het Manlijke. Vijf van deze driehoeken wijzen naar beneden, wat neerkomt op Shakti of het vrouwelijke. Dus de Sri Yantra is daarmee ook de Unie van Manlijke en Vrouwelijke Goddelijke.

De stap naar drie-en-veertig betekent een nieuwe balans na de tussenbalansen één, vier en dertien, verwezenlijkt in de persoon van Jezus en de Apostelen, Arthur & de Ronde Tafel, de Dierenriem en andere geschiedkundige en/of culturele fenomenen. In Bijlage 11.2 vindt u een uitgebreidere toelichting op zijn model in samenhang met de Golden Mean.

Als we dit zo beschouwen, dan komt er dus een nieuwe vorm van "de Eenheid", berekend vanuit de Divine Trinity. Ligt hier ook een relatie met december 2012 ?

4. Het getal negen - het enneagram

Het enneagram is het meest bekend van zijn gebruik binnen de persoonlijkheidsonderzoeken aangaande de rollen bij uw projecten voor bijvoorbeeld de teamsamenstellingen ervan. Naast het enneagram kennen we ook Belbin's rollentest, die in eerste instantie acht rollen toekende en in een later stadium er de negende van Specialist aan toevoegde. Persoonlijk vind ik de MyersBriggs Type Indicator een slag dieper gaan dan beide testen, omdat MBTI zich meer richt op het karakteristieke in plaats van (alleen) het zichtbare uiterlijke gedrag. Is het enneagram dan wel goed bruikbaar ? Ja, wel in haar oorspronkelijke benadering. Hierbinnen kennen we meerdere versies. Het tweetal versies van Almaas en die van Gurdjieff behandel ik in dit boek vanuit de getallen bezien.

Inleiding

De waarde "één" vertegenwoordigt *"Dat wat waar is, staat vast en verandert niet"*. Dit betekent dat de ultieme waarheid daarmee vast staat en nooit verandert. De waarheid is daarmee absoluut, onveranderlijk, onbeweeglijk en altijd aanwezig. Ze bestaat uit twee krachten die tegenovergesteld zijn aan elkaar. Deze twee krachten zorgen voor de polarisatie. Tezamen resulteren ze in een neutrale kracht.

In mijn vorige boek schreef ik al dat we een Divine Fractal zijn van de Void, de Almachtige. Daar het getal zeven Goddelijk, Heilig is en wij daar een fractaal van zijn, is het wellicht interessant om te zien of dat juist is. Als we het getal één delen door de al geldende Heiligheid "zeven", dan ontstaat de volgende breuk :

$$1 / 7 = 0{,}142857\ 142857\ 142857\ 142857 \quad (142857\ \text{repetent})$$

We zien in deze uitkomst dat de getallen drie, zes en negen achterwege zijn en blijven. We zien tevens dat wanneer we dit veelvuldig zouden toepassen, het fractalpatroon zich duidelijk laat gelden. Immers de vorm is gelijk, de structuur ervan verkleint zich zichtbaar. Herkent u dat ?

Met deze wetenschap is tevens het enneagram verder ontwikkeld. Daarin staan in de Vedische traditie de drie fundamentele wetten opgetekend.

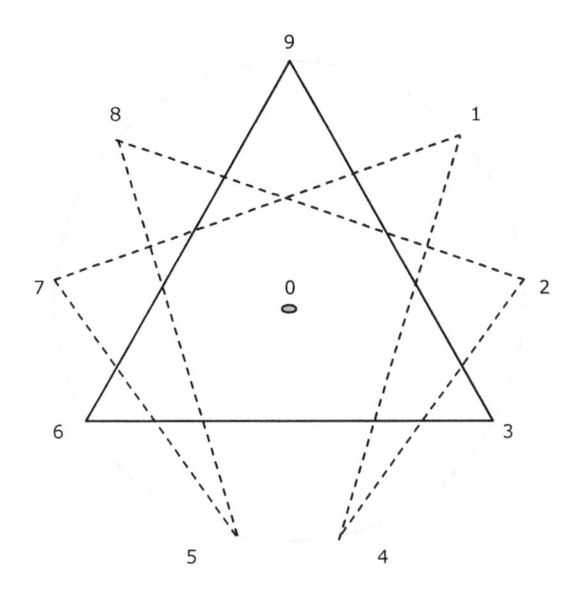

- De wet van één   De cirkel als projectie van het centrum : 0
- De wet van drie   De gelijkzijdige driehoek : 3-6-9
- De wet van zeven   De hexade na de zevendeling : 1-4-2-8-5-7

Hierbij staat het centrum of wel de cirkel voor de Brahmâ als de creatieve kracht, de driehoek voor Shiva of wel de oplossende kracht en de hexade voor Visnu als de dromende kracht. Let wel dat alle drie figuren een oneindigheid in zich herbergen. Ze vertegenwoordigen – dynamisch gezien – een cyclus, een spiraliserende spiraal, in de tijd bezien.

4.1 Het enneagram volgens Almaas

Ook Almaas haalt zijn "basiskennis" van het enneagram uit de inzichten van Gurdjieff. Almaas beschouwt het enneagram als de wegwijzer naar onze essentie, onze kern, onze waarheid. Elk van de negen punten beschouwt hij als Heilige Ideeën met hun eigen voor- en nadelen.

Zo kent hij de volgende karakteristieke beschrijvingen toe. Daarbij rubriceert hij het negental in de onderstaande drietallen.

1 – Heilige Volmaaktheid

4 – Heilige Oorsprong

7 – Heilige Wijsheid, Heilig Werk, Heilig Plan

Voorts kennen we :

2 – Heilige Wil, Heilige Vrijheid

5 – Heilige Alwetendheid, Heilige Transparantie

8 – Heilige Waarheid

En ten slotte :

3 – Heilige Harmonie, Heilige Wet, Heilige Hoop

6 – Heilige Kracht, Heilig Vertrouwen

9 – Heilige Liefde

Met enig fantaserend associatievermogen zijn ook aan deze Heiligheden de rollen te koppelen, die we zo vaak tegenkomen bij de rollentest. Neemt u bijvoorbeeld rol nummer acht, de Baas. *"De baas heeft altijd gelijk, spreekt altijd de waarheid",* om er maar één aan te halen.

Een andere driedeling die u kunt hanteren binnen het enneagram is die gebaseerd op de emotie. Zo kennen we aan de nummers acht, negen en één het aspect "Woede" toe, aan de nummers twee, drie en vier het aspect "Respect" en aan vijf, zes en zeven het aspect "Angst".

Om u te laten zien, dat de verschillende modellen heel dicht bij elkaar liggen, sterker nog, in bepaalde essenties dezelfde principes vertegenwoordigen, maak ik de stap naar Otto Scharmer's Theory U.

Theory U gaat ervan uit dat wanneer u zich op alle fronten "opent", er ongekende werelden voor u opengaan. Niet langer vormt reflectie op het verleden het vertrekpunt, maar juist het leren van de toekomst, op het moment dat deze zich ontvouwt. Daarmee wordt u als leidinggevende in organisaties veel kansrijker om daadwerkelijk iets van betekenis teweeg te brengen. Scharmer vertaalt dat als volgt met de aspecten "Open Will", "Open Mind" en "Open Heart" en doelt daarbij mede op Servant Leadership, zoals Robert Greenleaf dat ook bedoelt en voor ogen heeft.

Praten we over dienend leiderschap dan komen we al gauw uit op het episch gedicht "Bhagavad Gîta", dat laat ik hierbij even buiten beschouwing. De Bhagavad Gîta wordt wel een Upanishad genoemd, omdat zij de kern van Zelf-kennis bevat en omdat haar leer, evenals die van de Veda's, in drieën verdeeld is, namelijk, *Karma* als werk of handeling, *Upasana* – toewijding, devotie en *Jnana* – kennis, dit is kennis van de Waarheid. Voor dit moment tot zover.

Om de essentie van Theory U beter aan te voelen, zet ik de driedeling van het Heilige enneagram van Almaas uit tegen de inzichten van Theory U. Elk drietal kent haar eigen karakteristieke benadering en vertegenwoordigt een zogenaamde drie-eenheid. Almaas beschouwt de drie drie-eenheden als volgt.

	emotie
- Zicht op totale werkelijkheid	Woede
- Zicht op functioneren tov de werkelijkheid	Waardering
- Zicht op mensheid tov werkelijkheid	Angst

In een schets weergegeven ziet dat er als volgt uit.

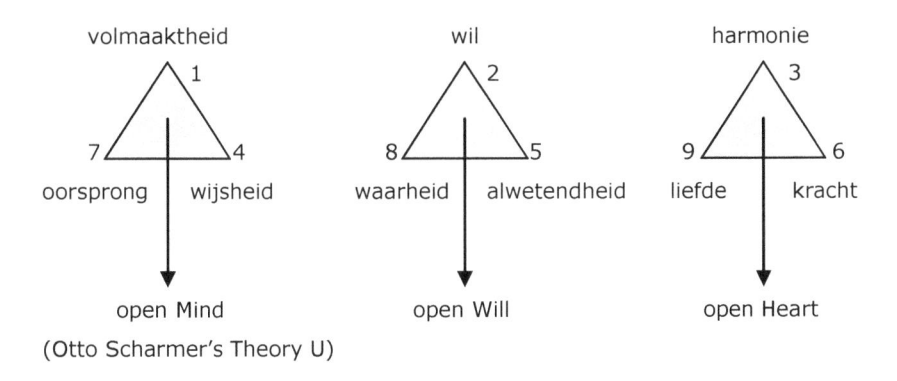

volmaaktheid	wil	harmonie
1	2	3
7 — 4	8 — 5	9 — 6
oorsprong — wijsheid	waarheid — alwetendheid	liefde — kracht
↓	↓	↓
open Mind	open Will	open Heart

(Otto Scharmer's Theory U)

In combinatie met "The Fourth Way" van George Gurdjieff ziet het er dan als volgt uit.

- Mind
- Will
- Emotion

441

Deze drie basiservaringen leiden tot de vierde weg of "Fourth Way", de weg van verlossing en vrijheid. En daarmee komen we uit op het enneagram zoals Gurdjieff het zelf ooit bedoeld heeft.

4.2 Het enneagram van Gurdjieff

Uiteraard is de basisvorm van Gurdjieff's enneagram dezelfde zoals we die van de teamrollentest en die van Almaas kennen.

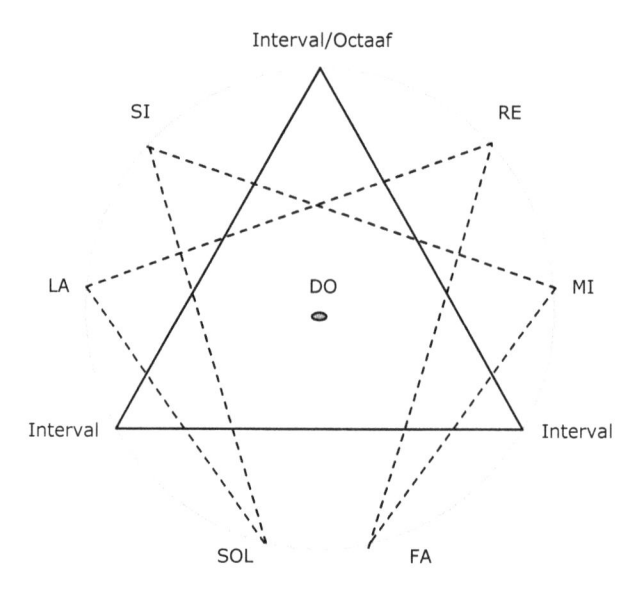

Hierboven heb ik tevens de zeven tonen weergegeven, zoals Gurdjieff deze interpreteerde binnen het enneagram. Het ons bekende Do-Re-Mi beslaat de getallen nul tot en met acht, zonder de getallen drie, zes en negen. Deze drie getallen beslaan in de muziekreeks de intervallen tussen de verschillende muzieknoten. Eigenlijk fungeert het centrum als de basistoon "Do" en na het bereiken van een octaaf, komen we daar weer terecht, zij het in een verhoogde muzikale staat, waarbij Gurdjieff op een hogere bewustzijnsstaat doelt.

Gurdjieff vertaalt de nummers drie, zes en negen met een drietal bewuste impulsen van buitenaf. Deze zijn nodig om de volgende stap te halen. Als we na Mi weigeren dit interval in te gaan, open te staan voor deze impuls, zullen we op positie twee blijven. Zo geldt dat ook bij de positie zes –

tussen Sol en La – en negen – Si en Do – op een octaaf hoger. U heeft een hoger bewustzijnsniveau bereikt. Gurdjieff gaat ervan uit dat we, om de "terugreis" naar onze oorsprong te kunnen bereiken, deze cyclus driemaal dienen te doorlopen.

Eigenlijk is het woord "octaaf" enigszins misleidend, omdat dit woord associeert met de waarde "acht". In de techniek en ook in de muziek betekent de relatie van het octaaf dat de beginfrequentie van de golf is verdubbeld. Dus op het niveau van de golf bij één octaaf hoger, bevat het golfverschijnsel het dubbele aantal trillingen binnen dezelfde tijdseenheid gemeten. Terwijl we over zeven niveaus praten, hebben we daar dus acht stappen voor nodig.

Wat kunnen we nog meer leren van het enneagram ?

Het enneagram kunt u als routekaart beschouwen om tot een hoger bewustzijn te komen. We zijn gewend oplopend te tellen, in dit geval gaan we met de wijzers van de klok mee. Aan het enneagram is meer diepgang toe te kennen dan u mogelijk zou verwachten. We kunnen het enneagram namelijk ook vanaf het punt negen terug doorlopen, tegen de wijzers van de klok in. U zou het enneagram als tweedeling kunnen beschouwen, vanuit punt negen recht door het centrum tussen de posities vier en vijf door. U kunt dat als de twee oerkrachten Yin en Yang, het vrouwelijke versus het manlijke beschouwen. In I Tjing terminologie gesproken kunnen we de linker helft van het enneagram als Yin en de rechter helft als Yang beschouwen.

Terugkomend op het linksom of rechtsom doorlopen kunnen we constateren dat het manlijke, de meer rationele wereld, met de wijzers van de klok meegaan, terwijl het vrouwelijke, de meer intuïtieve wereld, tegen de richting van de wijzers van de klok ingaan. Als we daar het lerend vermogen overheen leggen, leren de manlijken onder ons vanuit de rationele kant van het bewustzijn om de intuïtieve wereld te bereiken, terwijl de vrouwelijken onder ons juist vanuit de intuïtie te werk gaan en al lerend trachten het rationele te bereiken. Het resultaat is een neutraliserende kracht die zowel het rationele als ook het intuïtieve besef bevatten. Het ene hoort bij het andere, het zijn complementen van elkaar.

De manlijke versie gaat eerst naar positie acht, alvorens op positie vijf uit te komen terwijl de vrouwelijke variant vanaf positie zeven via positie één pas op positie vier belandt. Ongeacht welke route gevolgd wordt, beideversies hebben een brug te slaan bij de nummers vier en vijf. Heeft dat een betekenis en welke zou dat kunnen zijn ?

Zoals u wellicht (nog) weet van mijn vorige boek kennen we de hersenvierdeling, zoals Katherine Benziger die heeft aangegeven, met daarbij de linkerkant de sterk fysische – de zintuiglijk/rationeel – en de rechterkant de sterk meta-fysische of intuïtieve capaciteiten. Beide hersenhelften staan "los" van elkaar en dat ziet u terug in de sprong tussen vier en vijf of omgekeerd. Intuïtie en Ratio kunnen elkaar niet onvoorwaardelijk bereiken, zo lees ik dat. Dat vraagt om een speciale route en bepaalde handelingen in de ontwikkeling van uw bewustzijn.

Door alle punten op het enneagram te doorlopen, creëert u bezinning, wat uiteindelijk uitmondt in een hoger bewustzijn. Op deze wijze krijgt het enneagram echt het inzicht die het wellicht verdient, waarbij de diverse getallen stappen vertegenwoordigen en daarmee hun meerwaarde tonen om dit inzicht te verhogen.

Past u straks het enneagram nog steeds als rollentest toe of durft u verder en dieper te gaan ?

5. Human Design of Gene Keys

In mijn tweede boek heb ik Human Design geïntroduceerd. Human Design laat zien op welke wijze ieder mens energetisch bezien is ontworpen en samengesteld. De titel van het tweede boek geeft dan ook precies dat aan, waar het om draait. Als we het over individuele energieën hebben, dan gaat het maar om slechts één ding : *"Hoe en wanneer gaan we resoneren ?"* Dat is ook de essentie vanuit het orakelboek I Tjing bezien. In het bijzonder enkele Yin- en Yang-lijnen zouden, mits op de juiste plaats binnen het hexagram geplaatst met elkaar kunnen resoneren. Later meer daarover binnen I Tjing zelf, hoofdstuk 7.

Inleiding

De "ontdekker" van The Human Design System is Ra Uru Hu tijdens zijn verblijf op het eiland Ibiza. Het Human Design System kreeg vorm dankzij hem. Ra werd in 1948 geboren als Alan Robert Krakower, in Montreal. Hij verliet Canada in 1983 en dook weer op als Ra, op het eiland Ibiza.

Tijdens zijn verblijf op Ibiza had hij een bizarre ervaring. Acht dagen en nachten lang, van drie tot en met elf januari 1987, hoorde hij non-stop een "Stem". Deze "Stem", een superieure intelligentie, bombardeerde hem met informatie over de realiteit van het menselijke ras. De Stem refereerde aan mensen als "Raves" en zijn onophoudelijke stroom van informatie voorzag Ra van zeer gedetailleerde wetenschappelijke kennis over de mechanische natuur van het universum. Deze kennis vormt de basis van het Human Design System.

Zien we hier een gelijkenis met de kennis die ooit bij de Atlantiërs binnenkwam ? Komt onze kennis inderdaad van ons Melkwegstelsel, ergens in het Universum of zelfs ver daarbuiten ?

5.1 Human Design en I Tjing

Gezien we bestaan uit een bepaalde samenstelling vanuit het Universum, zeg maar een fractaal van de Kosmos, geldt vrij simpel dat wat boven is – de kosmos – ook beneden geldt – de mens en aarde.

Het grote universum staat in verbinding met het kleine, alles staat in verbinding met elkaar. De wetten op macroscopisch niveau gelden ook op microscopisch niveau. Albert Einstein wist dat als geen ander gezien zijn veelzeggende uitspraak : *"God isn't throwing dice."* Kijken we naar het algemene teken dat Human Design gebruikt, dan is de betekenis ervan vanuit I Tjing de volgende. Het betreft hexagram nummer drie-en-zestig.

De hexade, bestaande uit zes (hexa) strepen kunnen als volgt beschouwd worden. De onderste drie strepen (trigram) zijn als de bron en de bovenste drie als het doel. Uit "Vuur" (Bron – onder) zijn we ontstaan, we bestaan nu voor zeventig procent uit "Water" (Doel – boven).

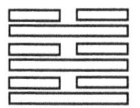

Het bovenste trigram staat voor water, het onderste trigram staat voor vuur.

Ook kan het hexagram in een drietal tweetallen (digrammen) verdeeld worden. U herkent dan een drietal identieke paren.

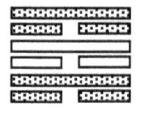

Hemel
Mens
Aarde

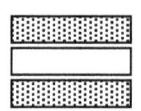

Deze paren vertegenwoordigen van boven naar beneden gelezen de Hemel, de Mens en de Aarde. Later meer over de hexagrammen en trigrammen in het hoofdstuk van I Tjing.

Hexagram drie-en-zestig houdt in : "Na de Voleinding". Betekent voleinding hier de terugreis volgens de route van Gurdjieff's enneagram ? Welke relatie is ontdekt tussen Human Design en I Tjing ? In beide systemen praten we over het getal vier-en-zestig.

Wellicht bent u enigszins op de hoogte van de genetica. Wij als mensen hebben DNA (Desoxyribonucleïnezuur) als de belangrijkste biochemische drager van erfelijke informatie.

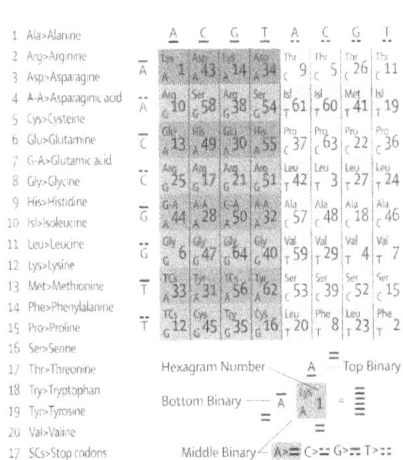

Vreemd genoeg bleek dat I Tjing als oudheidkundig systeem, die de cycli en seizoenen van het leven in beeld brengt, een ongelooflijke overeenkomst vertoonde met het menselijke DNA-profiel.

Een DNA-molecule bestaat uit twee lange strengen van nucleotiden. De één is een perfecte weerspiegeling van de ander. Deze basistweetaligheid is ook als basis gebruikt van Yin en Yang binnen I Tjing. Onze genetische code wordt samengesteld op basis van vier basen, guanine G, cytosine C, adenine A en thymine T, die gerangschikt zijn in groepen van drie. Elke van de biochemische groep is gerelateerd aan een aminozuur en vormt daarmee het zogenaamde codon. Er zijn in totaal vier-en-zestig codons in onze genetische profielcode.

Op gelijksoortige wijze kent I Tjing ook slechts vier basispermutaties, van Yin en Yang, de digrammen. Die zijn op hun beurt weer gegroepeerd per drietallen, de zogenoemde trigrammen. Zoals de twee strengen zich vormen tot de dubbele DNA-helix, zo vormen de twee trigrammen tezamen vier-en-zestig hexagrammen, die als basis gebruikt worden binnen het Boek van de Verandering, I Tjing.

Alle mensen delen dezelfde basis aangaande genetische code en iedereen heeft daarin zijn of haar eigen uniciteit. Binnen Human Design is het dus mogelijk op basis van ieders biochemische en daarmee energetische samenstelling vier basistypen te onderkennen, te weten de Manifestoren, de Generatoren, de Projectoren en de Reflectoren.

5.2   Human Design en Chart

Op de volgende pagina treft u als voorbeeld het Chart aan van de auteur, die van een Reflector. U ziet tevens negen "velden", energiecentra, die in mijn geval alle leeg, of beter "open" zijn. Dat is het typische van de Reflector, die daarmee in staat is energieën van elke ander, bij wie hij/zij in de buurt komt, binnen te laten komen en te voelen.

Een Reflector is een echte Lunatic en lift mee op het ritme van de maan. In de volksmond bedoelt men er vaak iets anders mee. Kent u de tovenaarsserie "Catweazle" in het begin van de jaren zeventig nog ? Dat was altijd mijn associatie met het woord "Lunatic". Daarin was hij bezig met een twaalfdelig raadsel dat wellicht in verband stond met de twaalf tekens van de Dierenriem.

Bij belangrijke besluitvormingen is het voor de Reflector van belang een maanstand te wachten alvorens een besluit te nemen. In die tussentijd kan hij raad zoeken om tot een weloverwogen keuze te komen. De bijbehorende I Tjing gegevens van mij zijn vijftig en drie, één-en-dertig en één-en-veertig. Deze staan tegenover elkaar in the Wheel of Wishes.

Hexagram 03 - De Aanvangsmoeilijkheid

Hexagram 50 - De Spijspot (beide Personality)

Hexagram 31 – De Inwerking / Hof maken

Hexagram 41 – De Vermindering (beide Design)

Per persoon zijn er dus vier kenmerkende I Tjing hexagrammen toewijsbaar, bestaande uit de eerste twee voor Personality en het tweede paar voor Design. Later meer over de uiteenzetting van deze vier hexagrammen. Eerst nog een korte uiteenzetting over de termen Personality en Design.

Personality is wie u denkt, dat u denkt, dat u bent. Oftewel uw bewuste "ik", daar waar astrologie stopt. Design is uw onbewuste "ik", die men vaak niet kent, het overkomt u. Zegt u maar de polariteit van uw bewuste zijn. Het is tevens wat Human Design zo uniek en enerverend maakt, u kunt erachter komen wat enerzijds uw onbewuste "ik" is, anderzijds de relatie met uw bewuste "ik". Links van het plaatje staan de negen chakra's.

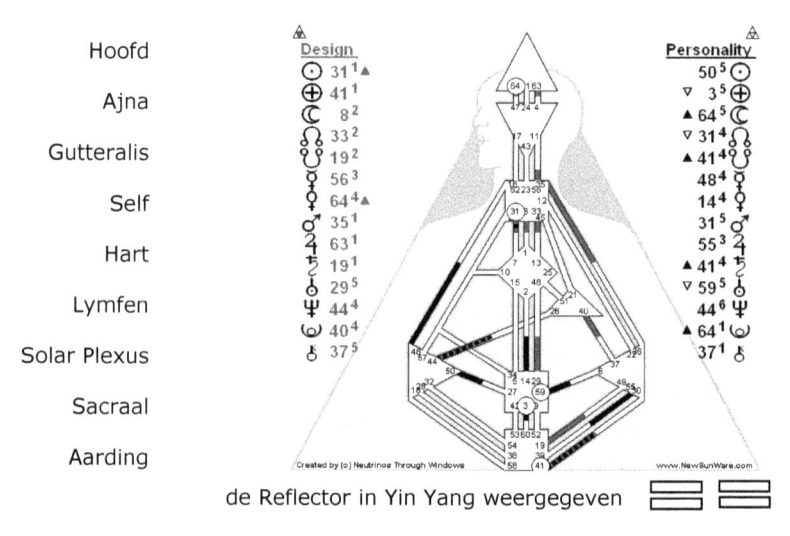

Hoofd
Ajna
Gutteralis
Self
Hart
Lymfen
Solar Plexus
Sacraal
Aarding

de Reflector in Yin Yang weergegeven

De "*incarnation cross*" is in mijn geval de geboorte-zon en geboorte-aarde als tegenovergestelden in het Rave I Tjing-wiel als Personality in de 50 en 3 en in mijn onbewuste/design zon en aarde zijde als andere tegenover gestelde in het wiel, hieronder in de 31 en 41. Samen maakt dit mijn incarnation cross, ook wel mijn hogere doel of purpose genaamd.

Een Reflector is daarmee eigenlijk een sfeerproever van degene die in de dichte nabijheid is. Weet u hoe het is wanneer er vele verschillende mensen zich rondom een dergelijke Reflector verzamelen ?

Aan de buitenzijde van de cirkel treft u de vier-en-zestig hexagrammen van I Tjing aan.

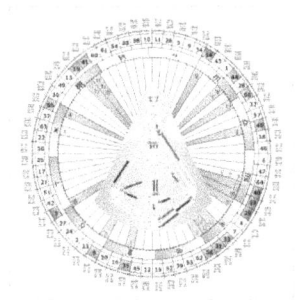

De andere groepen worden met de Yin-Yang-symboliek als volgt aangeduid :

de Manifestor	☰
de Generator	
de Projector	

en hebben alle hun specifieke centra of chakra's gevuld, al naar gelang zij als die persoonlijkheid worden getypeerd. Het onderscheid per persoon ligt in de tussenliggende energiebanen, die de diverse energiecentra met elkaar verbinden.

Om u meer herkenning en inzicht te geven in dit fenomeen, heb ik achterin Bijlage 11.4 het Chart van een bekende wereldster, te weten Michael Jackson, weergegeven met de complete Engelse beschrijving. Zelf heb ik daar een korte toevoeging met de kennis van I Tjing gemaakt.

De terminologie van de vier I Tjing hexagrammen zeggen inderdaad precies dat wat u ook in het verhaal over Jacko terugleest namens opsteller Chetan Parkyn.

De bron vindt u via : http://www.humandesignforusall.com/Pages/jackson.html.

5.3 Andere getallen binnen Human Design

We kunnen binnen elk van de vier profielen twaalf verschillende typen onderkennen. Kijkt u bijvoorbeeld naar mijn Chart.

Bij Personality is de allereerst genoemde waarde 50^5 en bij Design is dat 31^1. De indeces achter de basisgetallen – hier 50 en 31 – vormen "het subkarakter" binnen elk profiel. Neemt u eerst die van Personlality gevolgd door die van Design. Mijn karakter als Reflecter ligt dus bij 5/1. Hieronder ziet u het totaaloverzicht van de twaalf mogelijkheden.

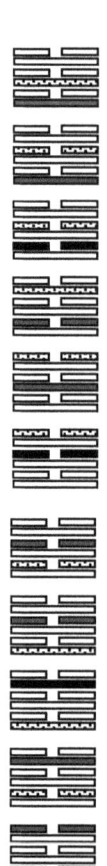

1 / 3 People who eventually find security in their lives by learning from their mistakes.

1 / 4 People who need very solid friendships to share their deepest (and sometimes) strangest) passions.

2 / 4 Extremely private people with a hidden mission in life. They can suddenly surprise you.

2 / 5 People who seduce others on many levels, and usually even realizing it.

3 / 5 The original rebels, always running from something. Wonderful trouble shooters.

3 / 6 People who are here to guide others through the wisdom of their own mistakes.

4 / 6 Objective witnesses who use their social skills to teach and influence others.

4 / 1 People who will nota n cannot change the way they are. Great teachers.

5 / 1 People who can bring practical answers in times of crisis. A deep need for privacy.

5 / 2 People who have a great deal expected of them, but would rather be left alone. They have to be self-motivated

6 / 2 Role models for others. They have to stay guarded in order to remain influential.

6 / 3 People who had better develop a good sense of humour about themselves. Embracers of chaos.

Vanuit de volledigheid van de mens in de vorm van negen chakra's, daar waar Héléna Blavatsky nog over de zeven chakra's sprak, zien we ook het getal zeven voorbij komen binnen Human Design. Wilt u echt veranderen, dan duurt dat zeven jaren, pas na zeven jaren bent u bio-moleculair uitgewisseld door nieuwe bouwstenen. Dat staat los van de bio-moleculaire verbindingen, die altijd plaatsvinden of verbroken worden. Leest u daarvoor de materie aangaande Complex Adaptieve Systemen.

Als we Freud geloven, zien dan ook de eerste levensfase rond het zevende levensjaar veranderd, vervolgd door zeven jaren van adolescentie tot we uiteindelijk op de leeftijd van één-en-twintig belanden en daarmee tot volledige wasdom zijn gekomen. Drie maal zeven jaren, zegt u maar de positie drie van Gurdjieff's enneagram – Fysics. Zijn dat grofweg steeds de zeven jaren van respectievelijk Veiligheid, Vrijheid en Verwezenlijking, het moment dat u de leeftijd van één-en-twintig bereikt heeft ?

Uw volgende één-en-twintig jaren gebruikt u voor uw verdere ontwikkeling, waarna u in uw twee-en-veertigste jaar "tot bezinning" komt en zich afvraagt, welke zin u aan het leven heeft gegeven gedurende deze één-en-twintig jaar. Velen noemen dit levensjaar het begin van de midlife-crisis. Noemt u dit positie zes – Mind – binnen het enneagram. Om positie negen –Emotion – te bereiken, zult u de komende één-en-twintig jaar aan uw laatste fase dienen te werken. Of dit het juiste antwoord of interpretatie is, laat ik in het midden. De antwoorden bent u zelf, voelt u zelf. Dan is elk antwoord het enige juiste dat bij u past. Kijkt u maar eens terug op uw leven ……

6. I Ching

Meer dan drieduizend jaar oud is het orakelboek "I Tjing", "*Het Boek der grote Veranderingen*". Door wie het boek ooit opgesteld is, is enigszins onduidelijk. Volgens overleveringen zou dat Fu Shi of Pau Hsi zijn. Wel is het zo dat er daardoor ook verschillende interpretaties bestaan aangaande de beschrijvingen van de orakels. Wat kunt u ermee ?

Het grote onderscheid wat direct herkenbaar is, is de holistische benadering van de Oosterse wereld van I Tjing. De Chinezen gaan van het geheel uit, het groter of kleiner geheel, de maat is minder interessant. Ook is het duidelijk dat zij in beelden of beeltenissen praten. Dit houdt het facet intuïtieve intelligentie in. Het orakel geeft vanuit de beelden van elke twee trigrammen die een hexagram vertegenwoordigen, de context weer zoals de betekenis van elk trigram dit vertegenwoordigt. Pas daarna volgt het oordelende aspect daarbinnen, het rationele. Specifiek in die volgorde.

Wij Westerlingen draaien deze volgorde om, althans als het in tweede instantie nog lukt de rationele "uitkomst" op de juiste wijze terug te plaatsen zonder dat dit schade toebrengt aan de onderlinge verbintenis, waardoor er geen sprake meer is van resonantie. Die resonantie trachten we pratend en redenerend terug te brengen door lange vergaderingen en onderlinge afstemmingen te beleggen. Voorkomen is beter dan genezen.

Allereerst geef ik in een korte inleiding de essentie van I Tjing weer. Vervolgens tracht ik de relatie te laten zien vanuit de Chinese traditie en cultuur en de interpretatie van I Tjing door enkele bekende Westerlingen. De basis voor de beeldvormende kracht van I Tjing is Feng Shui, de Chinese landschapwetenschap en de aanverwante fenomenen. In het derde deel zet ik de methodiek en de toepassingen uiteen voor het meer praktische gebruik ervan, afsluitend met een casus.

6.1 Inzichten rondom de I Tjing

Feng Shui, de wetenschap die uitgaat van de samenhang en balans van alles wat natuurlijk is. Meer over Feng Shui treft u later aan in Bijlage

10.6. Alles "dient te resoneren", in de natuur kan in principe alles resoneren, wanneer er sprake is van onderlinge balans en verbintenis.

Van dat sleutelwoord gaat ook het orakelboek uit, resonantie. Als we het woord resonantie toelichten, dan houdt dit het volgende in.

Resoneren staat voor resonantie, het herklinken van de bron. Bij galm of echo is er ook sprake van resonantie, zij het dat het fenomeen daar vrij snel dempt. Will McWhinney gaf er het woord "contrainment" aan, leest u daarvoor boek 1, hoofdstuk 3.1, het synchroon zijn van energieën of systemen aan elkaar. Het meest opmerkelijke aan deze onderlinge energetische verbintenis is dat resonantie tot in lengten van dagen kan doorgaan, met een minimale input van (nieuwe) energie van buitenaf.

In deze context kunt u ook de Complex Adaptieve Systemen (CAS) beschouwen. Vanwege de feedback loopings of terugkoppellussen, is er op meerdere punten sprake van "terugvoeding" in zichzelf, wat leidt tot resonantie, in technische benamingen wordt dit wel de oscillator genoemd.

Ook deze voorkeursloopings binnen CAS zijn te beschouwen als diverse resonerende systemen, net als de Melkweg en de atomaire structuren, immers zo groot zo klein.

Over deze al geldende natuurlijke resonanties heeft u hierboven en al eerder kunnen teruglezen onder de Schumann-resonantie (boek 2). En nog steeds staat : *"Wat boven is, geldt ook beneden."* De vermeende chaos of kosmos op macroscopisch niveau geldt ook op microscopisch niveau. Op elk niveau vindt resonantie plaats of kan resonantie plaatsvinden.

Ilya Prigogine

Ilya Prigogine, bekend als grondlegger van de Chaostheorie, benoemt resonantie in het licht van I Tjing als :

"Door de term resonantie te gebruiken – dat wil zeggen de wederzijdse versterking tussen twee stemmen – hebben we met opzet een uitdrukking gekozen, die in het midden laat welke van de twee partijen (….) er het eerst was en de ander op gang bracht."

Waarom juist Prigogine ? Als grondlegger van de Chaostheorie weet hij als geen ander dat de uitkomsten bij "chaotische systemen" gebaseerd is op minimale energie en de daaruit voortvloeiende verbindingen geen ander fenomeen behelzen dan de bedoelde resonantie. Resonantie zorgt voor "orde" en structuur. Dat kan alleen als verbindingen hun eigen gang mogen gaan en zelf de hoogste energetische efficiëntie kunnen en zeker mogen nastreven. Want ook dat laatste is een eigenschap bij het fenomeen resonantie. Associeert u daarbij het woord "synergie".

Het is natuurlijk wel zo dat er een Yin-Yang-relatie gaande is bij zo'n zend- en ontvangproces. De zender is ongetwijfeld Yang, want de zender is actief. En de Yin is zeker de ontvanger, want die is receptief. Als er wel uitgezonden wordt, maar er is geen ontvanger, dan kan er nooit sprake zijn van resonantie. Er trilt dan niets mee. De zender is dan niet de oorzakelijke, causale partij van het verschijnsel resonantie. Het fenomeen resonantie staat daarbij dus eigenlijk boven de twee partijen uit. Zo ontstaat er een natuurlijke hiërarchie.

Resonantie heeft dus als verschijnsel geen causale oorzaak in de zuivere zin van het woord, het is een acausaal fenomeen. Een fenomeen is een waarneembaar verschijnsel (sensing/zintuiglijk) van buitengewone aard. Nu is dat ook bij de Chinese manier van benadering. Bij de combinatie van Yin en Yang wordt altijd een hogere instantie verondersteld. Dat is een speciale Tao vanuit die combinatie van Yin en Yang. En de Tao kan weer een hogere orde in zich hebben, een persoonlijke "missie" vanuit de mens. Resonantie is dus een fenomeen van het zuiverste water. Wat is de Tao ?

Tao Te Ching – Boek van de Weg en de Kracht

"Tao Te Tjing" is de titel van een bundel van één-en-tachtig Chinese teksten. Ze zijn een paar honderd jaar voor Christus opgeschreven. Dan zijn ze al eeuwen doorverteld. De teksten gaan over de schepping, het leven en hoe te leven. Ze zijn beknopt, fascinerend, poëtisch en filosofisch. Het (Chinese) Taoïsme is verbonden met het (Indiase) Boeddhisme en het (meer Japanse) Zen Boeddhisme. Er zijn echter belangrijke verschillen.

Het Taoïsme gaat uit van het niet te bevatten oerprincipe Tao, dat in alles aanwezig is. We kunnen leven volgens dit oerprincipe, we kunnen het volgen. Dit doen we met het "Te", de innerlijke kracht. Het heeft een betekenis die grenst aan het Europese Godsbegrip. Het is de "*unio mystica*". De hoogste mystieke eenheid van China. Een belangrijk verschil is dat het Tao niet mensvormig, antropomorf is.
Het boek Tjing over de Tao en de innerlijke kracht Te geeft aanwijzingen

hoe te leven in harmonie en vanuit verbondenheid met dit oerprincipe. Het Boeddhisme heeft als thema het ontsnappen aan het lijden,
aan uw lot, uw karma. Dit thema speelt ook in het Christelijke Pasen.
U ontsnapt aan het lijden als u het Nirvana, de verlichting, bereikt.

Volgens het Taoïsme is alles in een perfecte harmonie. Geen statische harmonie, maar één die voortdurend verandert, één in voortdurend wisselend evenwicht. Geen stilstand, maar dynamiek. Alles heeft zijn tegendeel. Niets kan bestaan zonder dat tegendeel en, voor alles is er de juiste tijd. U zou kunnen zeggen, dat als u leeft met deze waarheden u met Tao leeft, op de juiste weg bent, de juiste manier van leven heeft.
"Leef in overeenstemming met de werkzame kracht die het leven, het heelal, in stand houdt."

Die kracht heet ook Tao. In totaal zijn er één-en-tachtig Tao-verzen geschreven, drie x drie x drie x drie, of 3^4, voor elk wat wils.

Tao is dus de weg, de waarheid, het leven. Anders gezegd, het kan ook uw waarheid, uw leven zijn. In zijn meest fundamentele vorm is Taoïsme een manier van leven en werken die accepteert wat er gebeurt, het waardeert en ervan leert. Ook hier gelden dus de wetmatigheden in elke dimensie van de kosmos.

Carl Jung

Het verschijnsel van resonantie blijkt heel sterk in de wereld van het Boek der Veranderingen. Één van de eerste wetenschappers die het boek als orakel serieus nam was Carl Jung. Met grote moed en zelfbewustzijn schrijft hij in zijn prachtige voorwoord tot Richard Willem's vertaling van de I Tjing :

"Ik weet dat ik vroeger niet de moed gehad zou hebben mij zo positief uit te laten ten aanzien van zulk een onzekere aangelegenheid zoals de I Tjing. Ik kan dit risico nu op mij nemen ; ik ben de zeventig inmiddels gepasseerd en de steeds wisselende opinies der mensen maken geen indruk meer op mij. De gedachten der oude meesters zijn van groter waarde voor mij dan filosofische vooroordelen van de Westerse geest."

Jung stelde de verklaring van de betekenisvolheid van het toeval het begrip "synchroniciteit". In feite is de door de grote Jung ontworpen term niets anders dan een specifieke vorm van resonantie. Jung definieerde de term als volgt. *"Het gelijktijdig plaatsvinden van twee zinrijke, maar niet oorzakelijk verbonden voorvallen."*

Nu is het bij resonantie zo dat het niet alleen tot gelijktijdigheid beperkt is – lees synchroniteit, er kan ook resonantie plaatsvinden tussen twee perioden. Ook dat kan toegeschreven aan het speciale aspect van resoneren of wel synchroniciteit. Evenals verschillende situaties op verschillende momenten die hetzelfde antwoord krijgen van de I Tjing, zijn resonerend.

Het orakelboek leert u juist hoe uw persoonlijkheid in elkaar steekt. U leert daarmee uzelf kennen. Daarmee zult u in staat zijn verbindingen te maken met situaties en omstandigheden, waarvan u in eerste instantie zou vermoeden dat die niets met elkaar te maken zouden kunnen hebben. Het woord "zinrijk" is daarbij doelend op het verschijnsel "resonantie".

Dat is wat ik middels MBTI met Brain Typing in mijn eerste boek bedoel, resonantie vanuit gelijksoortige denktypen en -stijlen bij verschillende mensen binnen groepen en teams. Leren resoneren wordt dan samenwerken. Vooraf op natuurlijke wijze uitkiezen helpt daarbij.

De inzichten en relatie die Gottfried Leibniz met I Tjing had, zijn vrij uitgebreid en geven daarmee een duidelijke essentie in de verschillen van culturen hoe men met fenomenen en de interpretaties ervan omgaat.

Gottfried Leibniz

Gottfried Wilhelm Leibniz was één van de eerste Westerse filosofen uit de zeventiende eeuw, die zich interesseerde voor de Chinese Cultuur. Hij noemde Yin en Yang respectievelijk "Rust en Actie". Daar waar Yang creatief is en Yin receptief. Daar waar Yang handelt met een idee "in zijn hoofd", het wil iets bereiken. Yin handelt met een taak "in haar hoofd", het wil iets volvoeren. Yang straalt het idee uit, het streeft naar een doel. Yin neemt een idee op ; het neemt de situatie waar en geeft het vorm.

Om daarmee de nuance aan te geven tussen creëren en genereren zou u kunnen stellen dat het Manlijke aspect inderdaad de Creator is en het Vrouwelijke aspect de Generator. Het manlijke doet iets nieuws ontspruiten, terwijl het vrouwelijke dit tot wasdom doet komen, de wording – genese of genesis – vanuit de creatie. Uiteraard kan zij binnen deze "taakstelling" ook weer creatief worden.

Het schaakspel

Persoonlijk vind ik het te toevallig dat zowel I Tjing als ook het schaakbord het getal van vier-en-zestig hanteren en ze beide niets gemeenschappelijks met elkaar zouden hebben. Misschien is dat een te causale gedachte. Misschien is dat nu eenmaal zo.

Naar verluid heeft het schaakspel zijn oorsprong in het mysterieuze India, al waar een arme boer het aan de koning verkocht voor de som van het aantal graankorrels, wanneer hij op het eerste vlak van het schaakbord één korrel legde, op het daarop volgende vlak twee en op het steeds daarop volgende vlak steeds het dubbele aantal. De koning dacht daarmee een goedkope overeenkomst te hebben gesloten, totdat bleek dat hij niet aan het totaal van 2^{64} min één korrels kon voldoen.

Als we toch even kort een sprong maken naar het schaakspel, blijkt de Koning een strategie te creëren. Dat is voor hem slechts mogelijk door één stapje tegelijk te mogen doen, terwijl de Koningin dit ten uitvoer brengt, zij genereert, doet tot wasdom komen, *"de wording"*. De Koningin heeft hiertoe het gehele schaakbord en bewegingsvrijheid tot haar beschikking. Noemt u het een hoge mate van bewegingsvrijheidsgraden.

De dualiteit is weergegeven in de twee kleuren van de vlakken en partijen. Daarentegen zijn er slechts zes soorten speelstukken. Alle hebben hun specifieke karakteristieken en bewegingspatronen. Het lijken wel mensen ! Om de essentie van de gedachte aan te geven in de metafoor van het schaakspel geldt ook hier dat alles in verband staat met alles. U kunt niet ongestraft een pion verplaatsen zonder bijvoorbeeld een mogelijke toekomstige interactie vanuit het paard van de tegenstander te voorzien. U denkt in totaliteit, in het groter geheel. Pas dan bepaalt u uw keuze op individueel niveau en gaat ervan uit dat dit u succes zal brengen, ook al moet u er wellicht beide torens voor opofferen. Dat is schaken, dat is I Tjing lezen, aanvoelen en begrijpen.

De twee werelden

De I Tjing is zo gezegd een code-systeem gekoppeld aan een interpretatie-systeem. Zonder het laatste is het eerste waardeloos. Het tweede staat voor de *"Phenomena"* van Leibniz en het eerste voor de hypothese. Er bestaat geen regel die aangeeft hoe rijk iets zou kunnen zijn in de zin van "bits" en daarmee moet het dus een andere wet zijn.

Waarom was Leibniz zo geïntrigeerd door I Tjing ? U zou kunnen zeggen dat hij I Tjing als een duaal of binair systeem zag. Daar elk hexagram uit deze dualiteiten bestaat en daarmee de genoemde fenomenen "beschrijven" of "in zich hebben", meende hij daarmee dat als grote rationalist en wiskundige dat elke complexiteit of samengesteld systeem teruggebracht zou kunnen worden tot op binair niveau, het niveau van de énen en nullen, op analoge wijze zoals ook I Tjing opgebouwd gedacht kan worden.

Er zijn dus "simpelweg" twee werelden, de wereld van de getallen en die van de structuren, die "achter de getallen liggen" en de wereld van de fenomenen. De laatste wereld kunt u zo uniek maken als u zelf wilt : "E*very man has his own universe*". Op het niveau van de persoonlijke beleving is er geen generieke wetmatigheid, "*Code is deliberatly killed context*". Dit is de wereld die Will McWhinney *"the Mythic World View"* noemde. Leest u hoofdstuk 3.8 uit mijn eerste boek. De wereld van de getallen staat voor het wereldbeeld Unitary van McWhinney. Volgens hem zijn er "bruggen" tussen die wereldbeelden. Hier worden beide werelden Inspiratie en Ontwerp genoemd. Die zijn niet in énen en nullen te vangen, zo bleek. En dat is ook nooit de opzet van I Tjing geweest.

Laten we McWhinney's wereldbeeld nogmaals in deze context bezien.

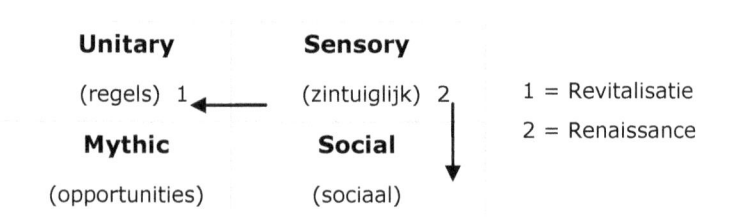

Unitary	**Sensory**	
(regels) 1 ←	(zintuiglijk) 2	1 = Revitalisatie
Mythic	**Social**	2 = Renaissance
(opportunities)	(sociaal) ↓	

Will McWhinney beschouwt deze matrix als de vier speelvelden, waarbinnen veranderingen kunnen plaatsvinden. We zien hier vier velden – net als de vier hoofdgroepen of energieën binnen Human Design – en het aantal mogelijke interacties, die onderling kunnen plaatsvinden zijn er precies zes. En omdat we over wederkerigheid spreken in het woord interactie, komen we uit op het aantal van het getal twaalf. De kruising in het midden staat voor nummer dertien (zie McEwen). Tot zover even de mystieke wereld van Will McWhinney. De wereld van de getallen is een versimpeling en Leibniz was op zoek naar het principe achter die versimpeling. Het meest interessante principe is nog steeds de fractaal, omdat u dan iets simpels via een simpele regel omzet naar iets complex. Leibniz en ook Chaitin stellen dat het "einde" wordt bereikt als een structuur niet meer versimpeld kan worden en dus kan een lange string een (ver-)korte string genereren. Ziet u voor meer informatie Bijlage 11.2.

Onze werkelijkheid zouden we kunnen weergeven met de meest eenvoudige vergelijking. In een voorbeeld geef ik aan hoe dat destijds met het ontstaan de Compact Disc gegaan is, die de analoge muziekinformatie omzette in digitale weergaven. Ziet u daarvoor Bijlage 11.3.

Het is een feit dat versimpeling naar het binaire systeem niet de uitdaging is. Het weer terugkomen op de originele harmonieuze waarde, is daarmee vrijwel onmogelijk geworden. Ziet u de breuk : één gedeeld door drie. Het antwoord is :

0,33333   (3 repetent)

Om van 0,333 (3 repetent) weer terug te komen op één (1), zou u denken dat dit gebeurt door de uitkomst met drie te vermenigvuldigen. Wat schetst uw verbazing ? Hoeveel drieën u ook achter de komma plaatst, elke keer komt u na de vermenigvuldiging ervan met drie, één te kort, uiteraard in de juiste schaalverhouding. U bereikt nooit meer het gehele getal drie. Deelt u ook eens het getal één door zes of door negen. Elke keer dat u terugrekent om weer op één uit te komen, komt u ook daar één te kort.

Zo is het ook met bit's en byte's. Een weergave van bits voor een natuurlijk fenomeen, zal bij transformatie altijd afwijkend blijven ten opzichte van de natuurlijke bron, die daarvoor model stond.

U brengt dus verstoring aan binnen de natuurlijke waarden. Deze verstoring kan in het slechtste geval zorgen dat "het systeem niet meer binnen zichzelf" resoneert. Als het niet meer resoneert, hoe staat het dan met de resonantiemogelijkheden naar diens directe omgeving toe ?

De essentie van I Tjing is dan ook dat u de orakels als totaliteit beschouwt en daar uw waarheid uithaalt. Dan behoudt uw wijsheid de mogelijkheid tot resonantie binnen uzelf en met uw omgeving.

6.2 De opbouw van I Tjing

Yin en Yang

I Tjing gaat uit van de twee oerkrachten Yin en Yang. Wat maakt het dat deze krachten voortbestaan ? Ze zijn niet zo zeer tegenstrijdig, het zijn juist complementen van elkaar. En omdat ze "tegengesteld" zijn, zorgen ze voor beweging, voor dynamiek en verandering. Op de juiste wijze resoneren Yin en Yang met elkaar. Yin en Yang zijn te beschouwen als een ternary "telsysteem", om in de woorden van Malcolm McEwen te spreken (Hoofdstuk 4.5). Natuurlijk zijn er ook situaties waarbij via I Tjing te lezen is dat er nooit sprake kan zijn van resonantie. Hierbij is de onderlinge verdeling van de Yin- en Yang-lijnen binnen het hexagram verkeerd. Ook pech en tegenspoed maken deel uit van de orakels van I Tjing.

Feng Shui

Feng Shui is de meer dan drieduizend jaar oude filosofie die leert hoe de omgeving het geluk kan beïnvloeden. Feng Shui betekent letterlijk "Wind en Water", naar het Begrafenis boek Zang Shu drijft op de wind – Feng – en verspreidt, maar blijft waar het water – Shui – tegenkomt". Feng Shui leert ons welke invloeden vormgeving en inrichting op het welzijn en geluk van de mens hebben, en ook hoe negatieve invloeden veranderd of omgebogen kunnen worden in positieve.

Feng Shui is in principe gebaseerd op de acht trigrammen vanuit de Chinese landschapskunde en haar fenomenen en is daarmee in feite niets meer dan het toepassen van de wetten van het gebruik van het Boek der Veranderingen op de ruimte om ons heen.

Hieronder treft u in matrixvorm de acht trigrammen aan. Een trigram bestaat uit drie lijnstukken die of Yin – de onderbroken lijn – of Yang – de aaneengesloten lijn – vertegenwoordigen.

Boven Onder		Hemel ☰	Meer ☱	Vuur ☲	Donder ☳	Wind ☴	Water ☵	Berg ☶	Aarde ☷
Hemel	☰	01	43	14	34	09	05	26	11
Meer	☱	10	58	38	54	61	60	41	19
Vuur	☲	13	49	30	55	37	63	22	36
Donder	☳	25	17	21	51	42	03	27	24
Wind	☴	44	28	50	32	57	48	18	46
Water	☵	06	47	64	40	59	29	04	07
Berg	☶	33	31	56	62	53	39	52	15
Aarde	☷	12	45	35	16	20	08	23	02

Bij de opbouw van het trigram en daarmee uiteindelijk het hexagram, gaat u uit van de trigrammen, die in de linker kolom staan. Voor het tweede drietal "strepencodes" gaat u uit van de bovenste rij in het schema. Hierbij is het onderste trigram de Bron en het bovenste het Doel. Daarbij is er ook de betekenis aan gegeven, dat het onderste voor het binnenste staat – u zelf – en het bovenste trigram voor het buitenste, de context – het hier-en-nu. Later in dit hoofdstuk bij paragraaf 7.3 meer daarover.

Bij het bedenken van tracé's bij een situatie plaatst u het brontrigram uit de bovenste rij onderaan en u vult het trigram dat in de linker kolom is weergegeven, er bovenop. Het getal dat zich op de snijlijn van beide trigrammen bevindt, staat voor het orakel, het nummer ervan, dat van één oplopend tot en met vier-en-zestig wordt doorgeteld. Daar geldt een ander schema voor. Die vindt u onder paragraaf vier van dit hoofdstuk.

Alle natuurverschijnselen, zoals de Chinezen deze zagen, zijn daarin vertegenwoordigd. Uiteraard staat elk fenomeen voor het karakter van de visualisatie ervan.

Zo staat :

- de Hemel voor het Scheppende
- het Meer voor het Blijmoedige
- het Vuur voor het Zich-hechtende
- de Donder voor het Opwindende
- de Wind voor het Zachtmoedige
- het Water voor het Onpeilbare
- de Berg voor het Stilhouden en
- de Aarde voor het Ontvangende

U kunt tevens de complementen hierin ontdekken op basis van de tekens. Zo zijn Hemel en Aarde elkaars complement, Water en Vuur, Meer en Berg en ten slotte Donder en Wind.

6.3 De uitwerking van I Tjing

Hierboven meldde ik al in het kort de opbouw van het hexagram middels twee trigrammen. Hoe komt een trigram tot stand ?

Allereerst is het van belang om te weten hoe de "code" van Yin en Yang tot stand komt. Ik schets u de meest eenvoudige vorm. Daar ook voor de Chinezen het getal één van symbolische waarde is en twee en drie een "vervolg" zijn op de bewustwording van deze Één, worden aan een drietal munten respectievelijk de waarde twee – kop – en drie – munt – toegekend. Nu denkt u wellicht gelijk dat het raadplegen van een orakel een gokspelletje is met de daarbij horende antwoorden volgens één van de vier-en-zestig orakels. Waarbij de uitkomst van het muntspel u één van de oplossingsrichtingen biedt. Niets is minder waar.

Enerzijds betreft de uitkomst de "toeval" wat in de ogen van Carl Jung nooit toeval zal zijn, anderzijds is het compleet onbelangrijk welke uitkomst er uit het muntspel te voorschijn komt en welk orakel daarbij hoort. Elk orakel geeft namelijk dat aan u, wat u zelf dient te ontdekken.

Stel, u heeft een bepaalde levensvraag in uw gedachten, zo concreet als maar kan. De muntopwerping zal u een uitkomst aangaande één van de vier-en-zestig orakels aangeven. U leest dit orakel en tracht deze te vertalen naar uw levensvraag met de daarbij horende context. Als uw wijsheid het toelaat uit dit orakel de enige en juiste Waarheid in u Self te vinden, was u daar met elk willekeurig ander orakel ook succesvol mee geweest. Vond u uw Waarheid niet, dan is uw wijsheid (nog) onvoldoende ontwikkeld en ook dan was het van ondergeschikt belang welk orakel de uitkomst had aangeduid. Dat terzijde.

Om in de woorden van Prigogine en I Tjing te spreken bedacht ik :

"Wijsheid en onwetendheid zijn equivalenten, kennis wordt getypeerd als de vermeende chaos tussen beide aspecten in."

Daarnaast bestaan er nog enkele andere methoden om het hexagram op te bouwen, zoals de stokjes- of duizendbladorakel. Door deze stokjes op een bepaalde manier te sorteren en te tellen, ontstaat er een hexagram al dan niet met veranderende lijnen. Deze methode kost wel enige tijd, omdat de statistische methode voor de verdeling van de twee en drie als uitkomst meer uitgebreid en "uitgebalanceerd" is. Daarvoor wordt de duizendbladplant gebruikt, overal ter wereld aan te treffen. Het typische van deze plantensteel, die u als stokjes gebruikt, is dat de buitenzijde hard is, terwijl de binnenzijde zacht is, hoezo complementair ? Dat heeft de duizendbladplant min of meer gemeen met bamboe.

Het muntorakel gaat dus als volgt. U neemt drie munten, waarbij de ene zijde het getal twee vertegenwoordigt en de andere kant het getal drie. U schudt de munten in uw handen en rolt ze uit op tafel. U telt de waarde van de drie munten bij elkaar op. De uitkomst kan dus variëren tussen zes en negen. Elke uitkomstwaarde vertegenwoordigt een lijnfiguur. U werpt de muntjes in totaal zes maal. Daarmee is het hexagram – de zes lijnfiguren – een feit, oplopend vanaf de eerste uitkomst die u onderaan plaatst tot de zesde die u bovenaan plaatst.

De uitkomsten zes en negen veroorzaken als enige twee uitkomsten een verandering in het lijnfiguur. Vertegenwoordigt het drie maal werpen tezamen met de uitkomstwaarden zes en negen de drie intervalwaarden, zoals Gurdjieff deze ook middels drie, zes en negen aanduidt in zijn enneagram ? We weten dat ook Gurdjieff veel kennis uit het Verre Oosten haalde.

Hieronder ziet u het overzicht van de lijnfiguren, gerelateerd aan de uitkomsten van het muntorakel.

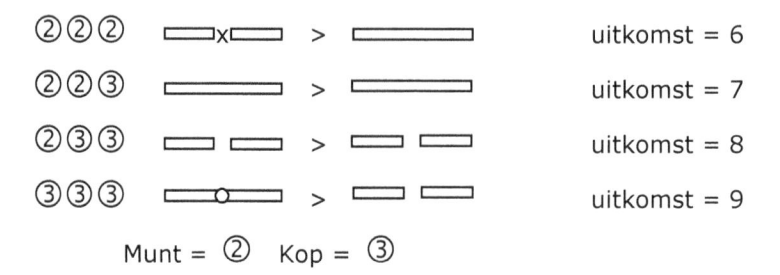

② ② ②   ▭x▭ > ▭▭▭   uitkomst = 6
② ② ③   ▭▭▭ > ▭▭▭   uitkomst = 7
② ③ ③   ▭ ▭ > ▭ ▭   uitkomst = 8
③ ③ ③   ▭o▭ > ▭ ▭   uitkomst = 9

Munt = ②   Kop = ③

Als er dus zessen en/of negens in het hexagram voorkomen, betekent dat u na het eerste hexagram er een tweede aan vast koppelt. Door de verandering zoals hierboven ontstaat er een relatie tussen het eerste en het tweede hexagram. Als de uitkomst een zeven of acht is, dan hoeft u van dit hexagram alleen de tekst aangaande Beeld en Oordeel te lezen. Als er vanuit de uitkomsten van één zes of één negen of veelvouden daarvan een tweede hexagram volgt, leest u uiteraard van het eerstgenoemde hexagram ook die veranderende lijnen. De tekst van het Beeld vertelt hoe de situatie in elkaar steekt. De tekst het Oordeel geeft de dynamiek van het teken weer, waar wil het of waar gaat het heen ?

Het lezen van het eerste hexagram tekent de situatie van het moment van het vragen. Door de teksten de Beschrijving, het Oordeel en het Beeld samen met de toegevoegde commentaren goed te lezen, wordt het mogelijk die situatie te beoordelen. Als u het betrekt op uw huidige situatie, geeft u dat vaak een schok van herkenning. Toch is het goed om iedere keer, desgewenst na uw duiding, na te gaan of u die herkenning niet verder kunt uitdiepen.

De tekst het Oordeel weet hoe u in principe met tijd of situatie kunt omgaan. Het Oordeel vertelt waar deze periode naar tendeert. Waar wil het heen ? Welk patroon van handelen ligt open ?

Wat kunt u wel doen en wat kunt u beter achterwege laten ? Al dat soort vragen relateert u aan de tekst van het Oordeel. Voorts wil ik u voor de uitgebreidere beschrijving verwijzen naar de ondersteunende literatuur, achter in dit boek vermeld.

Toch zijn er een viertal hexagrammen, die eruit springen, die zegt u maar, van levensbelang zijn binnen I Tjing. Dat zijn de hexagrammen één, twee, drie-en-zestig en vier-en-zestig, respectievelijk het Scheppende, het Ontvangende, Na de Voleinding en Voor de Voleinding.

01 Het Scheppende – de Hemel

Kernwoord : De energie   -> <u>Succes</u>

02 Het Ontvangende – de Aarde

Kernwoord : Rust   -> <u>Standvastigheid</u>

63 – Na de Voleinding – de uitademing

Kernwoord : Voltooiing   -> <u>Vernieuwing</u>

64 – Voor de Voleinding – de inademing

Kernwoord : Aanvang   -> <u>Voordeel</u>

Daarnaast ziet u uiteraard de opbouw in trigrammen van elk hexagram :

Het Scheppende :   Onder Hemel   Boven Hemel

Het Ontvangende :   Onder Aarde   Boven Aarde

Na de Voleinding :   Onder Vuur   Boven Water   (icoon Human Design)

Voor de Voleinding : Onder Water   Boven Vuur

waarbij u waarschijnlijk nog bijstaat dat het onderste trigram staat voor Bron, voor Binnen, voor u persoonlijk en het bovenste trigram voor Doel, voor Buiten. Zo ook het hexagram van Human Design. Vanuit de esoterie vinden wij onze oorsprong in astrale vuurwolken (zie boek 2 over Laplace en hoofdstuk 14.4 & 5). Eenmaal "afgekoeld" en waar anders mee dan Water ? – als complementair van Vuur – kunnen we "mens" zijn.

Als we de esoterische psychologie erop naslaan komen we ook op dit vierluik uit. De (terug-)reis van mens vanaf haar geboorte, de eerste levensadem tot en met de laatste uitademing wanneer we fysio-biologisch sterven.

Deze beschrijvingen zijn slechts een klein deel van wat I Tjing – Het Boek der Veranderingen – u eigenlijk kan bieden. U kunt zich dat ook zelf bieden door er bewust mee om te gaan. Dat vraagt energie, de juiste aandacht om juist in deze hectische tijd er beter mee om te kunnen gaan.

Durft u de uitdaging aan ?

6.4 De tracé's binnen I Tjing

Zoals we met behulp van de muntopwerping een hexagram samenstellen, zo kunnen we ook op basis van een dagelijkse activiteit de bron met het doel erbij bedenken. Door het "verzinnen" van deze twee trigrammen, komen we uit op een tracé tussen beide, het pad welke I Tjing meent dat we zouden moeten volgen, uiteraard op basis van uw eigen wijsheid. De indeling voor de tracé's is anders verdeeld dan die van de muntopwerping.

Boven / Bron Onder / Doel	Hemel	Meer	Vuur	Donder	Wind	Water	Berg	Aarde
Hemel	64	40	04	07	35	16	23	02
Meer	06	47	59	29	12	45	20	08
Vuur	50	32	18	46	56	62	52	15
Donder	44	28	57	48	33	31	53	39
Wind	38	54	41	19	21	51	27	24
Water	10	58	61	60	25	17	42	03
Berg	14	34	26	11	30	55	22	36
Aarde	01	43	09	05	13	49	37	63

Hierboven treft u een schema van de hexagrammen, zoals die voortkomen uit de omvormingen tussen de trigrammen.

Een belangrijke toepassing van dit systeem in de praktijk komt onder meer aan bod als u een niet-verander-hexagram gaat duiden. Wanneer u, zoals in een later voorbeeld, hexagram 56, de Zwerver, heeft gekregen zonder veranderende lijnen, dan kunt u dat zien als het zoeken (trigram Wind) naar een nieuwe duidelijkheid (trigram Vuur). Het systeem van de tracé's maakt het mogelijk de individuele hexagrammen te duiden als veranderingen tussen "zelfstandige" trigrammen. Het systeem maakt het mogelijk de hexagrammen te "vertalen" naar een hogere laag in de hiërarchie. We zullen de muntopwerping evenals het tracé-principe middels een casus uiteen zetten.

6.5   De casus

Deze casus beschrijft een waar gebeurd traject, waarbij ik betrokken was. Allereerst hanteerde ik de muntopwerping om zodoende één van de orakels te treffen. Vervolgens heb ik het tracé-principe toegepast om te kijken in hoeverre er overeenkomsten aanwezig zijn. Alles met de wetenschap van het profiel van de betreffende persoon zowel binnen de MBTI- als ook binnen het Human Design-omgeving. En uiteraard ken ik zijn persoonlijke omstandigheden, de naam van deze persoon is fictief.

Introductie

Pieter is eind dertig en heeft na zijn laatste ontslag het besluit genomen om als zelfstandige verder te gaan. Daar iedereen nog last ondervindt van de economische crisis, komt dit plan van hem ook maar met heel veel moeite van de grond, sterker nog, de inkomsten laten op zich wachten.

Dientengevolge solliciteert hij toch weer op zijn oude functie, die van vestigingsmanager binnen een regionaal uitzendbureau, teneinde financiële zekerheid te creëren. Mijn voorstel in deze is om hem voor de functie een goede aanbeveling te bezorgen, daar ik hem heel goed ken.

Dat is het punt waar mogelijke dilemma's zich lijken te gaan voordoen. Hij vindt dat niet zo'n goed idee, want in de aanbeveling worden verbanden gelegd met voor hem (persoonlijke) interessante en uitdagende materie,

echter voor de doelgroep – deze mogelijke werkgever – is dergelijke materie nog steeds "not done". Hij vermoedt dat de aanbeveling averechts gaat werken ten nadele van hem zelf en daarmee de aanstelling.
Allereerst treft u mijn intuïtieve reactie aan op zijn uitgesproken bezwaar.

< correspondentie van de auteur >

"Dank je voor je commentaar.

*Ik proef toch nog enige **onrust** in de opmerking van jou om bepaalde stukken weg te laten in de aanbeveling ('t is jouw feestje).*

"Not Done", je laat je leiden door wat de ander ervan vindt en zo proef ik het daarmee is een dergelijke frase is ongunstig als je daar (Uitzendbureau – UZB) straks weer in terecht komt.

Wat wil je daarin voor jezelf ? Als je denkt dat het schaadt door degenen bij wie je het aandraagt als aanbeveling, zul je daar simpelweg niet kunnen aarden, dan ben je te goed voor hun, dan verdienen ze jou niet. Ze voelen de waarden van jou niet ! Da's mijn gevoel over je insteek (sorry maar helaas)."

Vervolgens heb ik mijn gevoel verwoord in het volgende dilemma.

<u>Dilemma</u>
"Gaat het goed voor zichzelf als Pieter zich "moet/gaat" gedragen als een meer Rationalist voor een functie binnen UZB's ?"

Vervolgens ben ik gestart met de muntopwerping. De uitkomst was zeer verrassend, namelijk 8-6-7-9-8-9, waarbij ik mijn hand op het I Tjing boek legde en alleen "contact" zocht met het boek, dus zonder de gedachte aan de stelling. Opmerkelijk in die zin, er was namelijk sprake van drie veranderende lijnen. Dat is zeer opmerkelijk te noemen, daar de kans op een zes of een negen überhaupt al drie keer zo klein is als een zeven of een acht. Nu bestond de helft van de getallen uit die minderheid !

Frappant genoeg hoort bij deze "uitslag" hexagram nummer zes-en-vijftig, heel toevallig ook hierboven genoemd in de uitleg vanuit Han's eigen boek op bladzijde 491.

Hexagram 56 staat voor : Berg onder - Vuur boven -> de Zwerver
Vervolg hexagram 46 : Wind onder - Aarde boven -> het Omhoogdringen

De uitleg
Nummer 56 : Esoterisch -> de mens die in zijn zoektocht zit.
Volgens mij was dit vanuit de eerste lijn van het hexagram 56 belangrijk :
"Voor de zwervende reiziger is het van groot belang zich niet zo maar bij ieder gezelschap aan te sluiten. Hij moet zich de gevaren van de weg terdege bewust zijn, en hij doet er goed aan te waken over het weinige dat hij bezit."

Veranderende Lijn 2 (de geworpen zes) :
"De zwerver bereikt een Herberg ; Zijn bezit heeft hij bij zich. Hij krijgt een standvastige jonge dienaar."
HAMVRAAG aan Pieter :
"Wat doe je verder met al je kennis als de standvastige dienaar verzadigd is ?
Mijn toevoeging : standvastig, een J-er (MyersBriggs Type Indicator), eigengereid en op een gegeven moment ben je er klaar mee, jij als P-er.

Veranderende Lijn 4 (de eerst geworpen negen) :
"De zwerver bereikt een rustplaats. Hij verkrijgt zijn bezit en zijn bijl ; zijn hart is ongelukkig. Hij heeft weliswaar een veilige haven bereikt en toch "mist hij iets" !! 'n Soort van heimwee."
HAMVRAAG aan Pieter : *"Kun je dat aan en zo ja, voor hoe lang ?"*

Veranderende Lijn 6 (de tweede geworpen negen) :
"Het nest van de vogel verbrandt. De vreemdeling lacht eerst, daarna klaagt en weent hij. Hij verliest de koe door zorgeloosheid."
Prognose lijn 6 : Dit is de situatie van iemand hoewel in de groep opgenomen, daar emotioneel en geestelijk buiten en zelfs boven wil staan. Als er nu in de groep iemand met een vrije en onafhankelijke instelling in moeilijkheden raakt, is de reactie van de buitenstaander schamper. Er is harteloosheid en geen solidariteit. Toch verlies hij zonder dat hij het wellicht beseft, één van zijn weinige medestanders.
Dus jij – Pieter – zou één soulmate gehad hebben binnen je nieuwe baan, die wegvalt. De te leren les als je veilig wilt zitten ook voor 100% het verband met die groep aangaan.

HAMVRAAG aan Pieter : Kun je of wil je dat nog, honderd procent commitment aangaan met mensen, die geen soulmates (kunnen) zijn ?

Het vervolghexagram is nummer zes-en-veertig wanneer de verandering van alle drie lijnen op basis van hun zes- of negen-zijn doorgevoerd wordt en houdt in :

"Het hexagram van het opklimmen, de promotie, echter ook van het verhoogde bewustzijn. De groei gaat niet soepel, maar schoksgewijs."

Deze insteek paste precies bij Pieter, hij was zwervende, zoekende naar een veilige haven cq. een goede en betrouwbare werkgever. Toen ik verder ging nadenken in de context van Pieter, kwam ik op het opvallende vervolg uit.

< correspondentie van de auteur >

"Sterker nog :
* Als de soulmate uit lijn zes, dat is de bovenste lijn, nu eens dezelfde persoon is als uit lijn twee ?
* En wat gebeurt er als een Manifest Generator (profiel Pieter vanuit Human Design) zich echt Manifest wil gaan gedragen ? zie Hexagram 46.

Waarin verandert hexagram 56 per lijn bekeken ?
* Alleen verandering Lijn 2 -> 50 = Spijspot (jouw kennis en kunde)
* Alleen verandering Lijn 4 -> 52 = het Stilhouden ("moeten" stilhouden)
* Alleen verandering Lijn 6 -> 62 = Overwicht vh kleine (je hart)

Uiteraard is je eigen gevoel hierin nog bepalender, jij kent "jij" toch ?

In relatie tot Human Design :
Wat is je Personality ? Ontvangende (2) & Scheppende, in die volgorde.
Wat is je Design ? Omwenteling (49) & Jeugddwaasheid (4) in die volgorde.
Bij (4) staan Yang en Yin goed voor resonantie, resp. 2e en 5e lijn.

Dan zou je nog kijken of er vanuit je Design-hexagrammen – 49 en 4 – aspecten zijn met betrekking tot wat nu speelt, namelijk nrs 56 en 46. Op het eerste oog weinig connecties, wel veel verandering. Etcetera".

De uitkomst van dit dilemma lijkt af te stevenen op de keuze om niet op het aanbod van het Uitzendbureau in te gaan. Zo veel veranderende lijnen en zoveel "waarschuwende" woorden. Toch zou Pieter die keuze kunnen maken, mits hij zich ervan bewust is dat zijn profiel "tegenstrijdig"is aan wat zijn omgeving van hem gaat verlangen. Een geheel andere rol dus. Een andere BrainType. Ziet u in mijn eerste boek de allereerste bijlage over een vacature. In het kader van Brain Typing zou ik dus adviseren om het niet te doen. Dag en nacht tegen zijn persoonlijke natuur (SFP-er – MBTI) in werken loopt uit op een burn out, dat weet ik haast zeker. En anders draait het wel uit op een vroegtijdig vertrek, omdat beide partijen dus nooit zullen "resoneren". Het "hoofd" (T) resoneert niet met het "Hart" (F), ratio versus gevoel.

Tracé-benadering

Tot zover de muntopwerping. De andere invalshoek is het bepalen van een mogelijk tracé. Hierbij is het handig "gevoel" te hebben bij de betekenis of de Chinese metafoor van elk van de acht trigrammen. Enige dagen later na het bovengenoemde besloot ik deze ook eens te hanteren.

Wat zou u kunnen bedenken in het kader van Bron – het idee en Doel – de uitvoering ervan, met betrekking tot deze casus ? Ik kwam tot het volgende. De Zwerver is zoekende, de situatie is momenteel onpeilbaar, het kan alle kanten opgaan. Dat associeer ik met Water (het Onpeilbare). Het doel in deze is continuïteit, zekerheid, duurzaamheid of wel standvastigheid. Hiervoor schoten mij respectievelijk Aarde en Hemel te binnen. Ik dacht zelfs nog even aan de Berg. Welke zou nu het beste van toepassing kunnen zijn op Pieter ? Hierbij verplaatste ik mijn gedachten naar zijn Human Design-profiel : de Manifest Generator – sterk receptief gedrag. Daarmee wist ik dus dat het niet Hemel (het Scheppende) als Standvastige was, maar juist Aarde (het Ontvangende). Ik kwam daarmee op de volgende trigrammen.

Het eerste trigram : de Bron -> Water

Het tweede trigram : het Doel -> Aarde

In het schema voor de tracé's trof ik vervolgens op de kruising van beide hexagrammen negen-en-veertig aan. Ook hierboven zie ik het getal negen-en-veertig terugkomen. Hexagram negen-en-veertig staat voor "de Omwenteling". De omwenteling bestaat uit de trigrammen Vuur onder en

Meer boven. Daarbij staat het Vuur voor het zich-Hechtende en het Meer voor het Blijmoedige. Het Oordeel luidt :

"Op de juiste dag vind je geloof, vernieuwing, succes, voordeel, standvastigheid. Spijt verdwijnt."

De beschrijving van dit hexagram geeft aan dat dit het hexagram is van de grote veranderingen, weet u nog, de drie veranderende lijnen in de muntopwerping ? Wellicht moet Pieter toch maar de functie bij het Uitzendbureau aannemen, echter niet onvoorwaardelijk.

"Soms zijn veranderingen nodig omdat het oude systeem niet meer goed werkt. In zo'n geval ben je gerechtigd om in te grijpen en die veranderingen door te voeren. Maar dan moet je wel een kring gelijkgezinden met die mening (Vuur = kring en Meer = mening) achter je hebben."

Het onderste trigram Vuur beschrijft hoe u dat draagvlak vormt. Het bovenste trigram Meer vertelt hoe de revolutie zich uit. De samenvatting geeft aan hoe deze revolutie in elkaar zit. Elke lijn heeft haar eigen betekenis. Elke lijn vertegenwoordigt een fase binnen die revolutie. Ook het tijdstip is van uitermate groot belang. De omwenteling volgt op het gua vijf, het Wachten. De revolutie volgt dus op een periode van wachten, te vertalen als receptief gedrag, typerend voor een Manifest Generator. Of de echte P-er binnen MyersBriggs Type Indicator, waar "P" staat voor Perceiving, creatief en ook afwachtend.

Verdere uiteenzettingen en toelichtingen vanuit dit hexagram, heb ik buiten beschouwing gelaten. Uiteraard was ook Pieter compleet verbouwereerd over de scherpte van de orakels en de toepasbaarheid.

"Dit alles is te toevallig om nog toevallig te zijn."

Toch zijn er een aantal opmerkelijke overeenkomsten waar te nemen. En natuurlijk mag u geloven dat ik dit verhaal verzonnen heb en de tri- en hexagrammen erbij, om zo tot een plausibel verhaal te komen. Niets is minder waar. Met het invoelend vermogen van u zult tot gelijksoortige wijsheden kunnen komen, wanneer u besluit van uw rationele stoel af te komen en gaat "redeneren" op basis van uw gevoel.

Gooit u eens zesmaal een drietal munten op en kijk eens of u in staat bent het gekozen dilemma terug te lezen en uiteraard aan te voelen in de context van het betreffende hexagram. *"Verras mij !"* (zei de Reflector met diens lijfspreuk).

7. Esoterie en getallen

Esoterie is de wetenschap die zich bezighoudt met de zin van het leven, met de betekenis van levenservaringen. Esoterie is de wetenschap van bewustzijn. Bewustzijn is iets dat zich steeds uitbreidt, net zoals gewone wetenschappelijke kennis steeds toeneemt. De esoterie kunt u naast en in samenwerking met de gewone wetenschap gebruiken, ten minste als u begrepen heeft hoe het leven in elkaar zit. Hopelijk laat ik zien dat dit boek daar een voorbeeld van is.

Inleiding

Esoterie beleven is geheel iets anders dan een dogma of een religie aanhangen. Het is de zoektocht in het vinden van u zelf, dat wat zich van binnen u Self bevindt. Die keuze om deze zoektocht te maken, staat u geheel vrij, er is niemand onder ons die u dat kan en mag opleggen. Het betreft uw Waarheid en daarmee is het tevens ook uw Vrijheid.

Ook binnen de esoterie zijn er symbolen te over en in een grote en gevarieerde literatuur verschenen. Goethe, Freud, Jaspers en Jung hebben daar talrijke beschouwingen aan gewijd. Naast dezen hebben uiteraard ook vele theologen en filosofen aandacht aan symbolen en rituelen gegeven. De volgende gedichtvorm komt van Goethe.

"Je moet begrijpen, uit één maak ik tien

En twee laat gaan en drie maakt gelijk,

Dan ben je rijk. Verlies de vier.

Uit vijf en zes, zo zegt de heks

Maakt zeven en acht dan is het volbracht.

De negen is één en tien is geen.

Dat is het magische vierkant."

Goethe's magische vierkant is voor de huidige mens nauwelijks nog te begrijpen. Men vermoedt waarschijnlijk dat het alleen maar een woordenspel is zonder veel zin, wat overigens bij Goethe een heel moedige veronderstelling zou zijn.

Getallen en ook symbolen, die getalswaarden kunnen vertegenwoordigen, hebben betrekking op aangelegenheden die vooralsnog goeddeels onbekend zijn, dan wel niet goed in begrippen en woorden gevat kunnen worden. Zij hebben een allusie werking, zij roepen iets op en zij verwijzen naar iets dat onzegbaar is en dat voor ons leven in de wereld toch zeer belangrijk is. Meer over de symboliek van de getallen kunt u teruglezen in bijlage 11.1.

Binnen de esoterie maakt men gebruik van twee rekenmethoden, de theosofische reductie en de theosofische opstelling. De theosofische reductie bestaat hieruit, dat een uit meer cijfers (digits) gevormd getal teruggebracht wordt tot één cijfer. Dat gebeurt net zo lang totdat u één cijfer overhoudt. Voorbeelden zijn :

10 = 1 + 0 = 1

11 = 1 + 1 = 2

12 = 1 + 2 = 3

13 = 1 + 3 = 4

2311 = 2 + 3 + 1 + 1 = 7

666 = 6 + 6 + 6 = 18 = 1 + 8 = 9

De theosofische opstelling bestaat hieruit dat men alle cijfers van een getal van de eenheid ervan tot aan het getal zelf rekenkundig optelt.

De theosofische waarde van het getal drie is

1 + 2 + 3 = 6

De theosofische waarde van het getal vier is

1 + 2 + 3 + 4 = 10   -> 10 = 1 + 0 = 1

De theosofische waarde van het getal zeven is

1 + 2 + 3 + 4 + 5 + 6 + 7 = 28   -> 28 = 2 + 8 = 10   -> 1

Daaruit volgt dat :   4 = 10 = 1

                           7 = 10 = 1

Dus geldt :   4 = 7

Passen we deze beide methoden systematisch toe, dan is er een innerlijke structuur in de opbouw van de getallen te zien. We ontdekken dat de getallen één, vier, zeven en tien alle gelijk aan één zijn, zoals ik hierboven heb laten zien.

1	2	3	
4	5	6	
7	8	9	
10	11	12	
13	14	15	enzovoort

Ziet u de cyclus als u per kolom de theosofische reductie blijft hanteren ? Elke kolom blijft dezelfde drie basisgetalswaarden hanteren en weergeven. Deze triades in getallen komen u wellicht ook al bekend voor vanuit het enneagram van George Gurdjieff in combinatie met het model Theory U van Otto Scharmer.

Elke schepping en ontwikkeling bestaan uit een drievoudige stap. Een vierde stap luidt reeds een herhaling van de eerste drievoudigheid op een nieuw niveau in. Zo is dat binnen Gurdjieff's enneagram de vierde stap bij punt drie, de eerste puls (fysiek), de zevende stap bij punt zes de tweede puls (mind) en bij stap tien op punt negen de laatste van de drie pulsen (emotion). Op niveau negen aangekomen betekent dat u zich op een hoger bewustzijnsniveau bevindt. De cyclus kan vervolgens worden doorgezet volgens de tabel hierboven. Deze kennis is in esoterische kringen heel oud en werd in de meest verschillende formuleringen doorgegeven, zoals bijvoorbeeld in de Leer van de vier Elementen, in het Pythagorese Tetraktus, het Tetragrammation van de Kabbalisten, waarbij tetra vanuit het Grieks staat voor het viervoudige. Het wordt dan als volgt omschreven.

De één vertegenwoordigt de oorspronkelijke eenheid, waarvan de puls uitgaat. Ze is daarmee het scheppende, manlijke principe.

De twee staat voor het vrouwelijke, ontvangende, passieve principe dat de scheppende puls van de één kan opnemen (oppositie, antagonisme).

De drie, het resultaat uit de betrekking van de eenheid (één) tot de oppositie (twee), is neutraal. De vier is op zichzelf niets nieuws, ze is bipolair, omdat ze enerzijds het passieve resultaat van de eerste scheppingstriade is en anderzijds tegelijkertijd het actieve nieuwe begin van een nieuw niveau is.

In deze analogie kunt u de thesis, antithesis en de synthesis van Socrates beschouwen. En ook het (Zich-hechtende) Vuur, het vormbare (Onvoorspelbare) Water en daarbij de (Zachtmoedige) Wind als neutralisator, waarna als vierde de Aarde weer volgt. Dat in relatie tot de elementen vanuit de I Tjing.

Thorwald Dethlefsen gebruikt in zijn boek "Esoterische Psychologie" het cijfer één voor de Eenheid, de Schepper. Hij geeft dat als volgt aan.

Alles is één : één x één is en blijft één, één gedeeld door één blijft ook één. De één bevat alle mogelijkheden.

Zelf beschouw ik het liever als de alleszeggende "Nul", de Void, de Leegte. Immers ook nul x nul geeft als antwoord nul. Het sterke punt van nul gedeeld door nul is dat hierop geen eenduidig antwoord bestaat. Het kan van alles zijn. We zijn immers alle een fractaal uit deze "Void". Alles is daarmee als antwoord "goed". Gelijk ook de polariteit die daarmee eigenlijk ook onbekend is.

Of heeft u nog andere suggesties en antwoorden ?

7.1 Esoterie met andere methodieken en inzichten

Het universele van daar boven geldt ook hier beneden. Daarom is het ook zo dat elk model en elk inzicht – mits correct benaderd – verenigbaar is met elk ander. Een model of methodiek is een "uitgeklede" versie van de werkelijkheid of een dito weergave daarvan. Het zou dan ook onjuist zijn om probleemstellingen of aanverwante dilemma's door slechts één model in beeld te laten brengen. Daar waar MBTI stopt, pas ik Almaas's versie van het enneagram toe, Voeg daar de wetenschap van de esoterie aan toe en het plaatje wordt duidelijker dan ooit tevoren. Het gaat immers waarschijnlijk nog meer om de context van het probleem zelf. Begrijpt u de context, dan begrijpt u het probleem. I Tjing biedt u daarin een aantal van vier-en-zestig mogelijkheden aan.

In het onderstaande schema ben ik zo vrij geweest de esoterische benadering van het enneagram – weergegeven met behulp van een kubus

– te combineren met MBTI-terminologieën. Dat ziet er dan als volgt uit. Esoterisch gezien staat u zelf centraal, in het centrum van de kubus

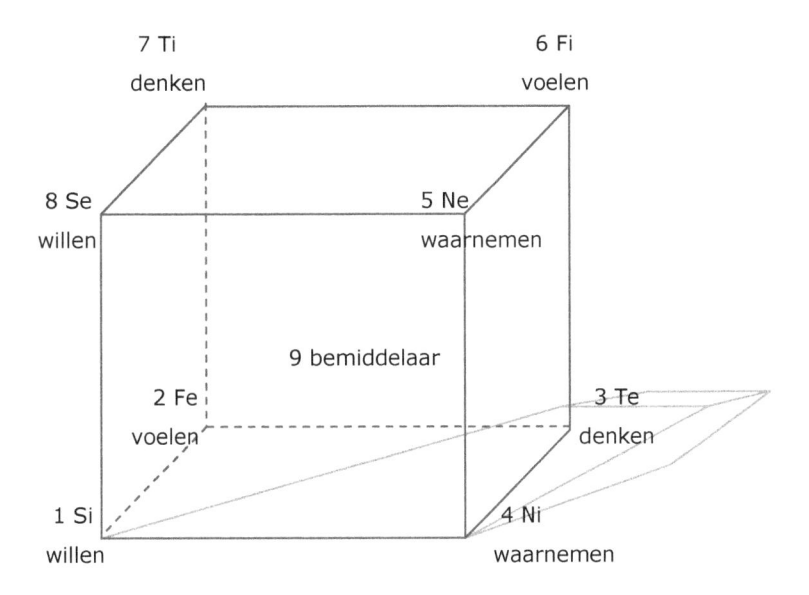

```
            7 Ti                    6 Fi
            denken                  voelen

    8 Se                   5 Ne
    willen                 waarnemen


                   9 bemiddelaar
            2 Fe                      3 Te
            voelen                    denken

    1 Si                   4 Ni
    willen                 waarnemen
```

De bemiddelaar staat voor het bereiken van positie negen bij het enneagram. U Self bent het middelpunt, uiteraard, want dat is het principe van de esoterie. Het middelpunt is onderhevig aan de context, hier de kubus. Dat vraagt om groei, dat vraagt om ontwikkeling.

De verbindingsmaterie bestaat uit de methodiek van MyersBriggs in combinatie van de introverte en extraverte varianten van de vier basisletters S (Sensing), N (iNtuiting), T (Thinking) en F (Feeling). De i en e van beide termen zijn als index weergegeven achter elk van de vier genoemde letters.

Net als zo vele zijn het beelden of plaatjes die bij mij binnenkomen en die ik vervolgens aan het papier toevertrouw. Ieder ander persoon kan en mag daar iets anders in zien en het als incorrect beschouwen. Prachtig !

7.2 De getallen binnen de esoterische homeopathie

Nu we toch over getallen praten, is het wel eens interessant om een wat onderbelicht deel van de Esoterie te beschrijven. Als we over homeopathie spreken, dan komen we al gauw op de naam van Samuel Hahnemann terecht.

Hahnemann : grondlegger der homeopathie

De oorsprong van de homeopathie gaat terug tot de Griekse arts en filosoof Hippocrates, zo'n vierhonderd jaar voor Christus. Deze geleerde wordt als de grondlegger van de hedendaagse geneeskunde gezien. Hij ging er van uit dat ziektes op verschillende wijzen konden worden bestreden :

1. De ziekte wordt genezen door middelen met een tegengestelde werking. Het middel onderdrukt de klacht van de zieke. Dit is het uitgangspunt van de reguliere geneeskunde.

2. De klachten van zieken worden genezen door middelen, die op de ziekte gelijkende verschijnselen oproepen. Dit wordt wel de gelijksoortigheidregel genoemd en dit vormt het uitgangspunt van de homeopatische geneeskunde.

Christian Friedrich Samuel Hahnemann werd geboren midden achttiende eeuw. Hahnemann is de grondlegger van *homeopathie* Onderwijl maakte Hahneman zich al langere tijd kwaad over de geneeskundige, of beter gezegd onkundige praktijken van die tijd. Later gaf Hahnemann zijn eigen praktijk op en besloot hij de kost te verdienen met vertalen en schrijven. Dat bleek achteraf een gouden greep daar hij stuitte op het werk van William Cullen: "*A Treatise on the Materia Medica*", welke Hahnemann van vertaling voorzag. In dit werk claimde Cullen dat de Kininebomen in Peru een effectief middel bleken te zijn tegen malaria, vanwege de samentrekkende werking van de boomschors, de kininebast.

Omdat het principe van samentrekken in andere gevallen niet effectief bleek te zijn tegen malaria besloot Hahnemann over te gaan tot een geneesmiddelproef bij zichzelf. Daarbij ontwikkelde Hahnemann "drugs-achtige" symptomen en hij concludeerde dat deze symptomen zouden opkomen bij elk gezond individu. Hiermee kwam Hahnemann tot het formuleren van zijn grondthese, namelijk :

"Datgene wat een set van symptomen kan produceren in een gezond individu, kan een ziek persoon die de dezelfde symptomen heeft, genezen."

Deze grondthese zou later bekend worden als *"similia similibus curentur"*, met andere woorden, *"Het gelijkende geneest het gelijke"*. Hiermee was de homeopathie geboren. Homeopathie komt als term uit het Grieks, waarbij homoios gelijksoortig betekent en pathos lijden of ziekte.

De testen, geneesmiddelproeven, die Hahnemann deed bleken veel te grof te zijn. Omdat de substantie van de originele stof vaak nog in volle mate aanwezig was bij de inname, produceerde deze soms zeer heftige vergiftigingsverschijnselen. Hahnemann loste dit probleem op door zijn tweede grondthese te formuleren. Het principe van potentiëren, het op een systematische manier verdunnen en schudden van de stof. Dit bleek de sleutel te zijn voor het succes. In grote en hoge mate verdunde stoffen bleken juist een effectieve, geneeskrachtige werking uit te oefenen op het menselijk lichaam, een die het organisme snel, krachtig en haast onopmerkzaam genas, keer op keer weer. Hahnemann ontwikkelde verschillende potentiegraden. Sommigen waren zo hoog dat er geen enkele molecule meer over was van de originele stof in het geneesmiddel.

Dit is wat wetenschappers tot op de dag van vandaag van homeopathie verwijdert. Over dit verschil van inzicht leest u meer in het artikel *"het paradigmaverschil tussen homeopathie en de huidige wetenschap"*.

Hahnemann boekte al snel veel succes met zijn methode. Hij deed in de loop van die jaren onnoemelijk veel uitvindingen en verwierf daarmee zowel vele tegenstanders als volgers. Hahnemann bleef zijn hele leven omstreden, zowel verguisd als vergoddelijkt. Dag in dag uit vocht hij tegen zijn tegenstanders en werkte hij aan zijn leer. Dat bereikte haar hoogtepunt in de "Leipzig periode" vanaf het jaar negentienhonderd elf.

Het principe van het potentiëren

Zoals ik eerder aangaf, beschouw ik het getalsmatige aspect van de Homeopathie met name met betrekking tot het potentiëren. Potentiëren heeft te maken met de wijze en mate van de verdunning van de heilzame stof in het elixer, dat het individu krijgt toegediend. We gaan van het doodkruid Antropa Belladonna uit, afgekort met Bell. Uit deze plantaardige vrucht wordt een tinctuur of alcoholoplossing vervaardigd, die de stof, waarvan men uitgaat, voorstelt en daarom ook oertinctuur genoemd wordt met symbool phi – φ. Van deze tinctuur neemt men nu één deel en voegt er tien delen oplosmiddel aan toe, zoals bijvoorbeeld alcohol, om beide daarna goed door elkaar te schudden.

1 deel Bell. φ 10 delen alcohol	Bell. D1	1:10
1 deel Bell. D1 + 10 delen alcohol	Bell. D2	1:100
1 deel Bell. D2 + 10 delen alcohol	Bell. D3	1:1000
Etc.		
1 deel Bell. D29 + 10 delen alcohol	Bell. 30	1:10^30

Hahnemann werkte uitsluitend met de D30 potenties

Als men het daadwerkelijk doorrekent betekenen de bovengenoemde waarden dat er eigenlijk bij D23 als geen molecule belladonna in het elixer meer zit. De tegenstander van de Homeopathie is hierover uiterst tevreden, omdat dit aantoont dat men met "niets" werkt. De echte Homeopaat werkt echter met D30, omdat hij er dan zeker van is dat hij "inderdaad niet meer met de stof werkt".

De essentie van deze dualiteit binnen de medicinale wereld berust op informatie en informatiedrager. Informatie is iets immaterieels terwijl de informatiedrager juist materieel is.

Als u Goethe's Faust zou kennen, dan is het onbelangrijk welke informatiedrager zoals papier of een geluidsband, men hanteert. De informatie zelf is van belang. Één maal de informatie levert dezelfde kennis op als tien identieke boeken van Faust.

Terug geredeneerd naar de mens, niet de materie is ziek, wel de mens. Wil men dus genezen dan zal dat binnen de esoterische psychologie gepaard gaan met bewustzijnsverruiming. Bewustzijnsverruiming is echter een toevloed van informatie. Maakt een medicament er aanspraak op "geneesmiddel" te zijn, dan moet dit geneesmiddel de aan de mens ontbrekende informatie overdragen.

Even een korte uitstap naar de drie-eenheid Materie-Energie-Informatie.

Materie-Energie-Informatie of MEI

Wellicht is dit drieluik een onbekend fenomeen voor de meesten van u. Toch zijn deze drie aspecten onlosmakelijk met elkaar verbonden. Hoe kunt u hier meer grip op krijgen ? Laat ik het drieluik verduidelijken met enkele voorbeelden.

In vroegere tijden werd hout als brandstof gebruikt. Gezien de grote hoeveelheid aan hout – materie – had u daar veel van nodig om er enige warmte aan te onttrekken. Tevens is de houtstructuur als informatief aspect vrij simpel. Kijken we naar kernenergie, dan kunnen we constateren dat de massa of materie in geval van bijvoorbeeld Uranium 238 sterk verminderd is, terwijl de energie-opbrengst naar rato van de massa een veelvoud is van bij de eerder genoemde energiebron hout. Tevens praten we over complexere informatiestructuren.

Gaan we nog een stapje verder, dan komen we uit op kernfusie. Hierbij worden zware waterstofatomen – de deuteronen met elk één proton en één neutron in de kern – met elkaar in "botsing" gebracht. Ook hierbij is de massa aanzienlijk lager dan het zware Uranium-238-atoom en ook hier is de energie-opbrengst nog weer hoger. Uit dit laatste voorbeeld ziet u gelijk dat middels het fuseren van kernen, van organismen of organisaties niet zo maar resonantie kan worden afgedwongen, en daarmee gaat het proces ten onder en blijven de delen achter.

Kijken we als laatste stap naar de digitale wereld, dan ziet u dat de informatie de sterkste factor van de drie is (geworden). De licht- en/of electro-magnetische informatie bevat slechts een fractie energie en eigenlijk in zijn geheel geen massa of materie meer. Wanneer u vanuit deze informatie intuïtief extrapoleert, komt u vanzelf op de morfische velden van Rupert Sheldrake terecht, zoals ik in hoofdstuk zes van mijn tweede boek uiteen gezet heb. De informatievelden, die "losstaan" van energie en materie. De informatie die "opgeslagen" ligt in het collectief onbewuste.

Wat is de waarde van de getallen binnen de homeopathie ?

Zoals ik eerder in het boek vermeldde, geldt zeker binnen de esoterische gedachtewereld "zo boven zo beneden". Dat betekent simpelweg dat de mens als microkosmos correspondeert met de macrokosmos. Dus alles wat in die microkosmos "mens" ontbreekt, is in de macrokosmos te vinden. Onze werelden zijn fractale duplicaten van het macroscopische en kunnen dan resoneren, wanneer in beide werelden alles "op orde" is.

In eerdere hoofdstukken gaf ik al aan dat wanneer u breuken uitvoert, deze nooit meer op een gehele eenheid uitkomen, ongeacht wat u ook probeert. Dus één gedeeld door drie levert u een repeterende drie achter de komma op. Na vermenigvuldiging met drie blijft u steeds één missen, om weer een totaliteit te vormen, ongeacht hoeveel drieën u ook achter de komma toegepast heeft. Zo geldt dat ook in onze medicinale wereld. De huidige pillenindustrie is veelal gericht op het vernietigen van levensmateriaal, de informatiedrager als hiervoor genoemd.

De zieke mens heeft informatie nodig, niet de materie of anders, niet de informatiedrager. Hoeveel klinieken blijven deze methoden toepassen ? Hoeveel patiënten worden daarmee onthouden van de juiste informatie, die hen beter kan maken ? Dat is de onderliggende gedachte van de Homeopathie. De informatie die bijvoorbeeld vele psychiatrische patiënten en ook gedetineerden nodig hebben, is de informatie die hen leert in hun hart te kijken. Zonder emotionele lading geen laging, geen Fourth Way zoals Gurdjieff dit bedoelde.

Liever maken we fysio-biologische materie kapot met andere materie en menen daarna genezen te hebben. Die materie kan als rationeel abstract nooit het lichaam in balans terugbrengen, alle lichaamsfuncties weer met elkaar laten resoneren. Immers de bron, de volle Eenheid is verminkt, beschadigd. Ik heb u dat laten zien middels de rekenkundige breuk binnen de getallenwereld. De wereld van de juiste benadering is die van de esoterie en ook de wereld van Homeopathie van Alfred Vogel hier in Elburg. Da's de tegengestelde wereld van de rationele benadering.

De essentie van ziekte is dat het een boodschap in zich heeft. Een plotse ziekte heeft alles te maken met één van de drie schokpunten binnen het enneagram. Dat gaat over bewustzijn, over het materieloze, over informatie in combinatie met andersoortige energieën. Dat staat voor de duidelijkheid ook los van enige schuldbekentenis of -inlossing, die de Christelijke wereld eraan meent te moeten hangen. Zijn dat veroordelingen of bedoelen ze daar iets anders mee ?

7.3   The Golden Mean : Atomaire en menselijke kristallen

Nu we het toch hebben over alternatieve geneeswijzen, is een kleine stap naar de acupunctuur gemakkelijk te maken. Daniël Winter's Golden Mean heeft betrekking op de in bijlage 11.2 vermelde modellen, waarop ook Malcolm McEwen zijn Trenary model heeft gebaseerd.

Natuurkundig past de Metallic Means op de quasi-kristallen die ten eerste in ons lichaam de energiepunten vormen de zogenoemde Chakra's en

Meridianen en op het Universele Niveau, wat men wel het Monster noemt Dit is een Unieke Symmetrie-Groep.

Hieronder ziet u een overzicht van het wereldrooster, het Becker-Hagens-rooster. Op de snijpunten van de verschillende meridianen bevinden zich de belangrijkste culturele fenomenen. Zo groot, zo klein, in de acupunctuur gelden gelijksoortige wetmatigheden zoals u wellicht begrijpt.

In dit boek heeft u inmiddels enkele Charts volgens Human Design kunnen aantreffen. Het is onvoorstelbaar dat op wereld niveau en ook op menselijk niveau op enige wijze deze energiebanen "maar zo" verstoord mogen worden. Het zij door medicijnen of door andersoortig misbruik.

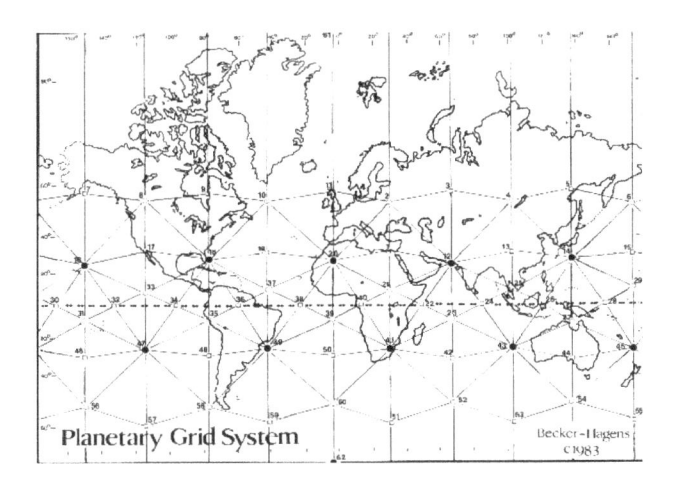

De Chinezen wisten als geen ander waar deze snijpunten zich in het lichaam bevonden en konden de knelpunten of blokkades ermee verhelpen. Blokkades opgeworpen door zowel de fysische als psychische vervuiling in ons "systeem". Acupunctuur heeft daarmee – net als de homeopathische benadering – een geheel andere functie dan onze Westerse medicinale wereld, die nog steeds materialistisch gezien te sterk gericht is op symptomenbestrijding.

Heeft u ten slotte iets aan de getallen gehad die ik beschreven heb binnen het samenstellen van de verschillende potentiën ? Begrijpt u nu of beter nog, voelt u nu nog beter de waarde van de informatie achter de getallen ?

8. Afsluiting

Het boek begon met de intentie u een indruk te geven van de betekenis en mogelijk onbedoelde waarden van getallen binnen uw eigen omgeving en wellicht binnen uw organisatie. Naar gelang het boek vorderde, bemerkte ik dat de informatie die ik erin verwerkte, op een steeds persoonlijker, dieper niveau kwam te liggen. Het lijkt dan wel dat de informatie en tekstdelen die u leest, slechts een opsomming is van bijeengezochte materie, niets is minder waar.

Waar dit boek toe geleid heeft, is het beschrijven van de algemene beelden, die bij mij binnenkomen – intuïtie, als ook de persoonlijke – letterlijke – ontwikkeling van zaken die allen minder manifest en helder waren dan nog maar een half jaar geleden. Het lezen van I Tjing gaf een zo diepe indruk van herkenning, dat het voor mij vrijwel onbegrijpelijk is – ondanks al mijn empathische capaciteiten – dat een dergelijk boek in de Westerse wereld niet als Sociaal en/of Maatschappelijk Handboek wordt gebruikt. In combinatie met de waarden, die Human Design eraan geeft.

Is dat de vermeende schizofrenie van de meeste Westerlingen onder ons ? Zou die misschien ernstiger kunnen zijn dan wij meesten willen onderkennen ? Kunnen we gevoel en denken niet meer hand in hand laten gaan ? Waarom komt een gerenommeerd kenner en vertaler van het boek I Tjing juist met dergelijke uitspraken en juist met dit specifieke woord ?

Met dank aan Hans Konstapel's tip aangaande een boektitel *"Le Petit Prince"* van Antoine de Saint-Exupéry, waarvan een frase daaruit prima als devies gebruikt kan worden :

"Voici mon secret. Il est très simple : on ne voit bien qu'avec le cœur. L'essentiel est invisible pour les yeux."

"Hier heeft u mijn geheim. Het is erg eenvoudig. U ziet niets zo goed als wanneer u met uw hart kijkt. De essentie is namelijk onzichtbaar voor uw ogen."

Het geeft mij een speciaal gevoel dat ik na het afsluiten van dit derde boek inderdaad weer terug bij af ben, bij de empathische gevoelens die ik had toen ik circa tien jaar oud was en mijn intuïtieve ontwikkeling tot bloei kwam. Uiteraard hebben de trajecten van de vorige beide boeken daar ook aan toe bijgedragen.

Dat wat ik ben, manifesteert zich steeds beter, ik hoef er niets aan te doen, alleen mijn inzichten die ik via mijn intuïtie binnenkrijg, te vertalen en over te dragen aan de anderen. En wat nog het meest frappant is, is dat deze "onderbuikinformatie" via mijn hart loopt, daar doordrengt wordt met menselijke waarden alvorens het tot uiting komt via mijn hoofd.

De beginnergeest, daar waar het begint, daar waar het antwoord ligt voor u zelf. Daar waar getallen een speels gegeven zijn en de waarde en betekenis zichzelf zullen manifesteren zonder dat u daar daadwerkelijk iets voor zou hoeven te doen. Dat is het bewustzijn, dat is de leerweg van dit boek. Dat is de weg van de één-en-twintigste eeuw.

9. Bijlagen

9.1 Binaire en gecombineerde telsystemen

Gezien het boek over cijfers en getallen gaat, is het wellicht interessant om de diverse telsystemen vanuit de binaire benadering toe te lichten.

In de eerste kolom treft u ons huidige telsysteem aan. In de tweede kolom staat de binaire weergave, gevolgd door de trinaire en hexadecimale weergave. Voor het gemak heb ik alleen de gehele, positieve natuurlijke getallen $\mathbb{N}$.

Westerse telsysteem	Binaire telsysteem	Trinare telsysteem	Hexadecimale telsysteem
0	0000	0000	0
1	0001	0001	1
2	0010	0002	2
3	0011	0010	3
4	0100	0011	4
5	0101	0012	5
6	0110	0020	6
7	0111	0021	7
8	1000	0022	8
9	1001	0100	9
10	1010	0101	A
11	1011	0102	B
12	1100	0110	C
13	1101	0111	D
14	1110	0112	E
15	1111	0120	F

Wat zijn de onderliggende regels van deze lineaire telsystemen ? Dat werkt als volgt. U ziet dat het binaire systeem in deze tabel uit 4 digits of bits bestaat. De waarde die elke bit vertegenwoordigt, kunt u lezen van rechts naar links.

Binaire telsysteem	0	0	0	0	
Weergave	2^3	2^2	2^1	2^0	8+4+2+1
Berekening	0 * 2^3	0 * 2^2	0 * 2^1	0 * 2^0	0+0+0+0+0
Uitkomst					0
Voorbeeld : 14					
Binaire telsysteem	1	1	1	0	
Berekening	1 * 2^3	1 * 2^2	1 * 2^1	0 * 2^0	8+4+2+0
					14
Trinaire telsysteem	0	1	1	2	
Berekening	0 * 3^3	1 * 3^2	1 * 3^1	2 * 3^0	0+9+3+2
					14

In het voorbeeld hierboven ga ik uit van positieve gehele getallen.

Daarnaast kunnen we de trinaire telsysteem ook beschouwen binnen een polaire, binaire omgeving. De weergave bestaat dan uit een min één (-1), een nul (0) en een plus één (+1). In dit speciale trinaire telsysteem zit een polariteit ingebed. De "waarde" van de telling staat los van die van het lineaire telsysteem, zoals hierboven uiteengezet. Daarmee is de overstap naar de esoterie, I Tjing en andere vrij gemakkelijk te maken.

Leggen we er nu deze wetenschap naast, dan zouden we kunnen concluderen dat het Universum en ook de atomaire wereld niet zo zeer draait om lineariteit, maar juist om het cyclisme. Het meest duidelijke voorbeeld is de spin- en tegenspin binnen een electronenpaar (Pauli), al is deze vergelijking niet optimaal. Malcolm McEwen heeft dit verder opgepakt en heeft de trinaire lineariteit vervangen door trinaire cyclisme (Trenary

System). De "nul" als centrum, als neutrale kracht (de Void) en daar omheen de twee complementaire dynamieken, zoals de Yin en Yang dat ook vertegenwoordigen.

Leonhard Euler

De beroemde wiskundige Leonhard Euler hield zich ook bezig met magische vierkanten, bijvoorbeeld van vier bij vier. Hij kwam op het idee om van elk getal in het vierkant één af te trekken, waardoor u een vierkant krijgt met de magische som dertig in plaats van vier-en-dertig. Niet alleen de rijen, de kolommen en de diagonalen, maar ook de gebroken diagonalen en alle blokjes van twee bij twee zijn magisch, want overal komt bij elkaar opgeteld dertig uit.

8	11	0	13
1	12	7	10
15	2	9	4
8	5	14	3

Euler wist ook twee belangrijke eigenschappen van magisch vierkanten: als je twee magische vierkanten bij elkaar optelt krijg je een nieuw magisch vierkant en als je elk getal in een magisch vierkant met een constante vermenigvuldigt ontstaat ook een nieuw magisch vierkant. Daardoor kon hij het bovenstaande magische vierkant opbouwen uit twee magische vierkanten met alleen de getallen 0, 1, 2 en 3 het figuur hieronder.

4x

1	2	0	3
0	3	1	2
3	0	2	1
2	1	3	0

+

2	3	0	1
1	0	3	2
3	2	1	0
0	1	2	3

=

6	11	0	13
1	12	7	10
15	2	9	4
8	5	14	3

Ook voor deze magische vierkanten geldt dat de getallen uit de kolommen, rijen, diagonalen, gebroken diagonalen en blokjes van 2 bij 2 steeds dezelfde som hebben, in dit geval 6. Deze vierkanten met slechts de getallen 0 tot en met 3 zijn voorbeelden van *Latijnse vierkanten*. Een Latijns vierkant is een n bij n vierkant waarbij in elke rij en in elke kolom de getallen 0 tot en met n-1 voorkomen.

Orthogonale vierkanten

In figuur 3 hebben we twee vier bij vier Latijnse vierkanten gezien die worden gecombineerd tot een vierkant met magische som dertig. Bij een zuiver magisch vierkant zou dit 34 zijn, hiervoor moet je echter nog overal 1 bij optellen zodat de magische constante 4 hoger wordt. Als je de getallen in de te combineren vierkanten (links van het is-teken) echter willekeurig plaatst, kan het gebeuren dat in het nieuwe vierkant (rechts van het is-teken) een getal vaker voorkomt en dat andere getallen juist ontbreken. Het nieuwe vierkant is dan geen zuiver magisch vierkant. Om te zorgen dat het nieuwe vierkant zuiver is, hebben we wat extra theorie nodig.

Stel, M en N zijn twee Latijnse vierkanten. Het parenvierkant ontstaat door M en N op elkaar te schuiven en in elk hokje het paar (m, n) op te schrijven. We noemen M en N *orthogonaal* als alle paren uit het parenvierkant verschillend zijn. Dus in de hokjes waar in het eerste vierkant een nul staat, moeten in de bijbehorende hokjes in het tweede vierkant de vier verschillende getallen staan, want de getallenparen moeten verschillend zijn.

Als de te combineren Latijnse vierkanten orthogonaal zijn, komen in het nieuwe vierkant alle getallen van nul tot en met vijftien voor en is het nieuwe vierkant (dus) zuiver. Overigens dient u ook zorgen dat de diagonalen de getallen nul, één, twee en drie bevatten, anders klopt de eis voor de diagonalen in het nieuwe vierkant waarschijnlijk niet.

Franklin

Tegenwoordig kennen we Franklin voornamelijk als Amerikaans staatsman, hoewel hij ook boekdrukker, uitvinder en wetenschapper was. Maar Franklin was ook al op jonge leeftijd bezig met magische vierkanten. Hij heeft bijvoorbeeld het volgende vierkant gevonden.

52	61	4	13	20	29	36	45
14	3	62	51	46	35	30	19
53	60	5	12	21	28	37	44
11	6	59	54	43	38	27	22
55	58	7	10	23	26	39	42
9	8	57	56	41	40	25	24
50	63	2	15	18	31	34	47
16	1	64	49	48	33	32	17

Dit vierkant staat nu bekend als een Franklin's magisch vierkant. Een vierkant noemen we Franklin's magische vierkant, als aan de volgende eisen wordt voldaan :

- Het bevat de getallen één tot en met n^2, bij een vierkant van n bij n
- Elke kolomsom en elke rijsom is gelijk aan de magische som (zie A en B)
- Elke halve kolomsom en halve rijsom is gelijk aan de halve magische som (zie C en D)
- De som van elke gebogen diagonaal is gelijk aan de magische som (zie E)
- De som van elke parallelle gebogen diagonaal is gelijk aan de magische som (zie F en G)
- Elk vierkantje van twee bij twee heeft een som gelijk aan de helft van de magische som (zie H)

De genoemde letters hebben betrekking op de ingekleurde vakjes van het figuur zoals hieronder weergegeven.

A	B	C	D

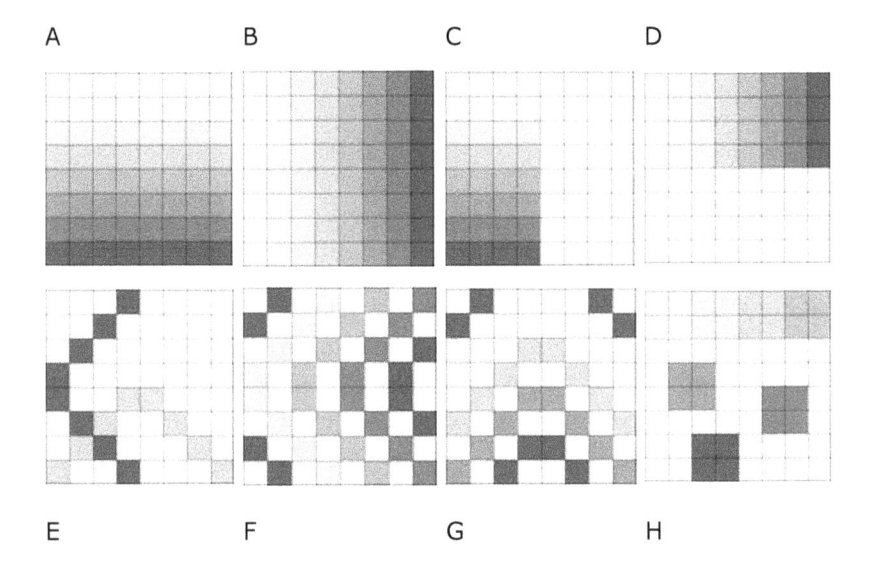

E	F	G	H

Franklin zelf heeft ook, op één avond, een Franklin magisch vierkant van zestien bij zestien gemaakt. Hoe Franklin dit vierkant heeft kunnen maken, is niet bekend, niemand heeft het hem ooit gevraagd.

9.2   Malcolm McEwen's Trenary Model

McEwen's reis in deze materie begon met een simpel schema bestaande uit drie cirkels rondom een centrale kern. Het was een eenvoudig schema dat hem in de gedachten opkwam tijdens het schrijven van een boek over de mechanismen van de Aarde, "De Tuinen van Gaia".

Het was zijn bedoeling om een model neer te zetten, waarin hij alle belangrijke componenten van een systeem kwijt kon inclusief de functionele aspecten ervan in plaats van het slechts als taxonomische groepen te beschouwen. Hierdoor zou een niet-wetenschapper kunnen inschatten hoe de "onderdelen" onderling samenwerken bij het produceren van de Whole, het Universum.

Allereerst is daar het centrale punt, de kern. Deze vertegenwoordigt de stap één. Doordat de kern een positieve, een negatieve en een neutrale kracht kan worden toebedacht, is deze triade de eerste aanvulling op de kern. McEwen praat liever over een linksdraaiende L, een rechtsdraaiende R, een statische niet-roterende component S. Denk hierbij aan de kern met daarom heen Yin en Yang. Zoals het simpele plaatje aangeeft, heeft de kern een "R-Rotator", een "L-Rotator" en een "S-Rotator" om zich heen. Tezamen vormen zij Stap vier. Wanneer elk van deze triade zelf een triade wordt toegekend, komen we daarmee op de waarde dertien uit, zoals in de schets te tellen is.

Wanneer ook deze drie triades op hun beurt weer triades worden toegekend, komen we uit op het getal veertig, drie maal dertien met de kern daarbij. Wat nu de essentie van McEwen's model is, dat elke triade niet op zichzelf staat zeg maar het taxonomische, maar dat de interactie tussen de verschillende triades dominant worden. Deze dominantie uiten zich middels de getallen, één-en-veertig, twee-en-veertig en drie-en-veertig, zoals geschetst in de afbeelding hieronder rondom de oorspronkelijke kern.

Deze drie dominante interactors manifesteren zich daarmee tussen de centrale kern – de origo – en de eerste drie subkernen als hierboven geschetst.

McEwen praat daarmee over een ruimtelijk telsysteem in drietallen weergegeven zoals geschetst. Hij "berekent" daarmee de expansie van het Universum en de "stappen" die tijdens deze expansie plaatsvinden. Gezien de chronotopische "toestand van ons universum bevinden we ons momenteel in de fase van stap twee-en-veertig naar stap drie-en-veertig.

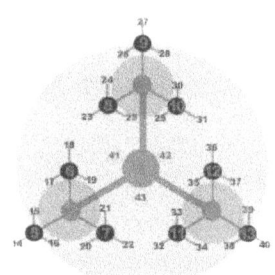

De reeks van McEwen heet in wiskundige termen de Bronze Mean (BM). De Bronze Mean is een generalisatie van de Golden Mean. Die werd door vele waaronder Plato, gezien als het basis-balansprincipe van het Universum. Wat kunnen we meer aangeven over de wetmatigheden van de Kosmos en terugbrengend naar ons aardse, fysio-biologische bestaan?

Metallic Means

Een andere wiskundig onderzoeker is Vera W. de Spinadel. Zij is als wiskundige onderzoeker aangesloten bij het Centrum voor Wiskunde en

Design Universidad de Buenos Aires, Argentinië. Daar ontwikkelde zij tezamen met andere onderzoekers een nieuwe familie van kwadratische positieve irrationele getallen onder de naam "Metallic".

De meest bekende onder de Metallic-groep is de Gulden Snede, Phi of Φ. De Golden Mean kent enkele families zoals de Silver Mean, de Copper Mean en de Nikkel Mean. Deze metalen "middelen" delen belangrijke wiskundige eigenschappen, die bijdragen tot de basisomzettingen en vormen een brug tussen de wiskunde en design.

Modern onderzoek in de wiskunde, wat men meestal voorstelt als een zeer gestructureerd systeem, heeft onverwachte kanalen bloot gelegd, waarbij men tracht fractale geometrieën op een juiste wijze te interpreteren, zoals die vaak in natuurlijke systemen en menselijke, dierlijke en plantaardige morfologie voorkomen. Een ander doel is om universele wegen die het begin tot chaos aangeven, aanwezig in verschijnselen vanaf DNA-microscopische structuren tot de macroscopische sterrenstelsels (kosmos)te "berekenen". In deze rijkdom liggen talrijke contactpunten tussen wiskundige technieken en hun toepassing tot een creatief ontwerp.

De "Metallic Means" familie is een dergelijk instrument en hun vele interessante eigenschappen zal ons helpen in de toekomst een andere reis te maken. De moeilijke wegen van de mens, die de verbinding vormen met een kennisveld, voor het overwinnen van het geïsoleerd raken van specialiteiten. Deze zouden kunnen leiden tot een hervatting van de Renaissance oplossing van het probleem op mondiaal niveau, met meer affiniteit op het denken in de één-en-twintigste eeuw.

De Bronze Mean is in die zin interessant omdat hij "echt" bestaat uit Drie-eenheden en ook past zoals bij de Sri Yantra.

Sri Chakra

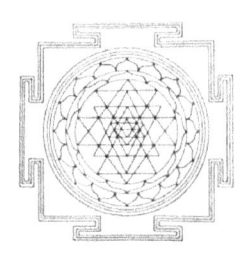

De Sri Chakra of de Shri Yantra is een yantra gevormd door negen in elkaar grijpende driehoeken die ons omringen en stralen uit van de centrale punt, het knooppunt tussen de fysieke universum en zijn ongemanifesteerde bron.

Het vertegenwoordigt de Hindoe- godin Sri Lakshmi , de godin van overvloed op alle niveaus, in abstracte geometrische vorm. Het is ook de godin in haar vorm van Tripura Sundari , "de schoonheid van de drie werelden".

Vier van de driehoeken wijzen naar boven, die Shiva of het manlijke. Vijf van deze driehoeken wijzen naar beneden, wat neerkomt op Shakti of het vrouwelijke. Dus de Sri Yantra is daarmee ook de Unie van Manlijke en Vrouwelijke Goddelijke.

Natuurkundig gezien past de Bronze Mean op de Penrose Tilings in de afbeelding hiernaast en op de Quasi-kristallen, die in ons lichaam de energie centra vormen, zoals ik bij Human Design in Hoofdstuk 6 beschreven heb.

Op het Universele niveau is dat wat men wel het Monster noemt, een Unieke Symmetrie-Groep. De stap naar drie-en-veertig betekent een nieuwe balans na de één, vier en dertien, wat tot de verbeeltenis gedacht kan worden middels Jezus en Zijn twaalf discipelen, Arthur en de twaalf (?) Ridders van de Ronde Tafel, de twaalf tekens van de Dierenriem en andere geschiedkundige fenomenen. Er komt dus een nieuwe vorm van de Eenheid berekend vanuit de Divine Trinity.

9.3. Digitaliseren van analoge signalen

(Bron : eigen dictaat Energietechniek - 2001)

Het digitaliseren van analoge, natuurlijke golfsignalen.

Na de omzetting van een analoog signaal – een de sinusoïde – in digitale vorm kent onder meer twee hoofdvormen :

1. de puls-amplitudo-modulatie
2. de puls-code-modulatie

Een goed voorbeeld van de eerste configuratie is de CD-speler. Voor het ontwerp van dit apparaat werd dit principe door Philips in 1970 al gehanteerd.

De amplitude – de signaaluitwijking ten opzichte van de nul-as – wordt middels een achttal bits of zestien bits gecodeerd. Simpel gezegd : hoe groter de amplitude, hoe meer '1'-en de binaire code bevat.

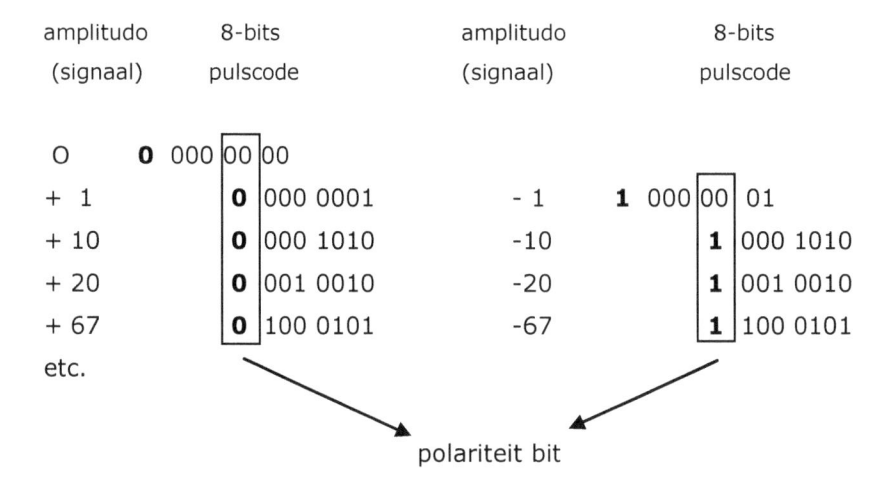

amplitudo (signaal)	8-bits pulscode	amplitudo (signaal)	8-bits pulscode
0	**0** 000 00 00		
+ 1	**0** 000 0001	- 1	**1** 000 00 01
+ 10	**0** 000 1010	-10	**1** 000 1010
+ 20	**0** 001 0010	-20	**1** 001 0010
+ 67	**0** 100 0101	-67	**1** 100 0101
etc.			

polariteit bit

Binnen de aangegeven tijdspanne – de kolom – past bijvoorbeeld precies de code voor acht bits. Wanneer deze tijdspanne ontzettend klein gemaakt wordt en de frequentie van de pulstrein wordt opgevoerd, zal een nauwkeuriger "digitale" weergave van de sinusoïde ontstaan.

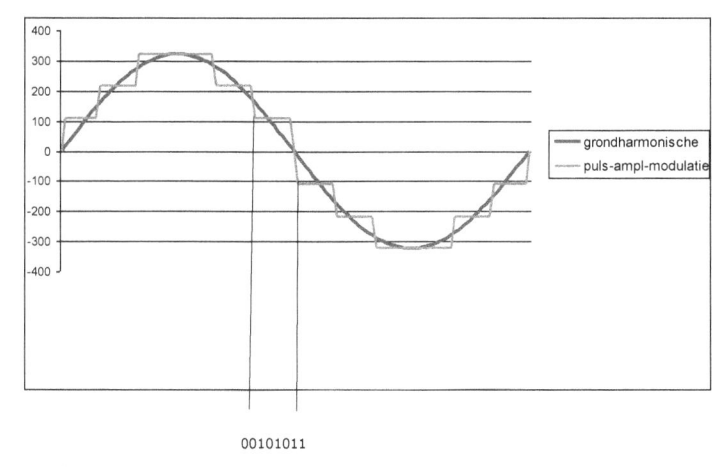

00101011
basis tijdspanne voor acht-bits code

Bij de puls-code-modulatie staat de grootte van de amplitudo voor de dichtheid van het aantal pulsen, of wel de dichtheid van de aantallen "1"-en. Indien de frequentie van de afgegeven "0"-en en "1"-en zeer hoog is ten opzichte van de te converteren sinusoïde, wordt de nauwkeurigheid daarmee hoger en de afwijking geringer.

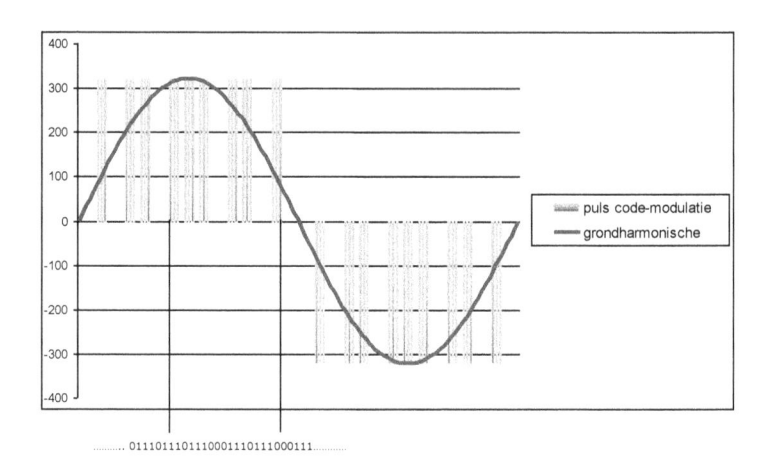

Een grote amplitudo levert een hoge dichtheid van pulsen op en een kleine amplitudo dus enkele pulsen met haar eigen karakteristieke bitpatroon.

9.4 Human Design Chart van Michael Jackson

(een eerbetoon)

Michael Jackson – King of Pop

August 29 1958 - June 26 2009

Één van de bekendste mensen ter wereld was en is nog steeds Michael Jackson. Het is niet zo moeilijk voor te stellen welk type hij was. Als u naar hem kijkt, dan voelt u de zijn passie en emotie in zijn muziek. Zijn clips vertegenwoordigen alleen maar energie vanuit het hart. Dat is wat hij uitdroeg, niets anders en zonder enige bijbedoeling. Voor een Reflector als ik is het vrij gemakkelijk me in zijn energie te verplaatsen. Een Reflector is namelijk een extremere vorm van elke Projector. Een Reflector is daadwerkelijk The Guardian Angel, die waakt over het welzijn van de mensen.

Nu is het zo dat het voor speciale en uitzonderlijke mensen lastig is om soortgenoten te treffen. Wellicht weet u ook dat wie u bent vanuit uw Chart gebaseerd op Human Design of Gene Keys ook beïnvloed wordt door uw levenservaring zoals opvoeding en onderwijs. Waarom praat MyersBriggs bij de echte Vaklui over de Beginnersgeest, over de perfecte harmonie van onbevangenheid en integriteit, de Vakman en Idealist, wat een super Idealist als Michael Jackson was ? Waar anders dan bij kinderen treft u dit eerste aan ? Ongeacht wie zij van nature zijn, zijn hun energiebanen (voorlopig) nog in mindere mate manifest en gaan zij onbevangen hun gang. Technisch gezien praat ik over de energetische voorkeursloopings, die keer op keer bevraagd worden en daarmee daadwerkelijk manifest worden. Leest u eventueel Complex Adaptieve Systemen nog eens na.

Zoals u heeft kunnen lezen qua "open energie centra" bij de Reflectors, zo gold dat ook als geen ander voor MJ. Met een in zeer sterke mate gevuld Heart Center als geen ander. Dat is dan ook de reden waarom hier de kinderen waren, in wie hij zijn Soul Mates vond. Alle andere individuen ter wereld waren al te veel gevormd, te veel "getekend" en konden nauwelijks aansluiten in zijn belevings- en emotionele wereld.

Dat is ook wat hem in grote eenzaamheid dreef. Als eerbetoon volgt hieronder de Chart van hem, zij het in het Engels.

MJ, born in Gary, Indiana in 1958, Michael had a single activation in his Life chart, that of Community. Even if his life wasnít known to millions of devoted fans, a glance at this Human Design Life Chart reveals the 'real' Michael. His whole life centered around his family, whether his blood relatives or the millions of people worldwide who identified themselves with Jacko, the King of Pop.

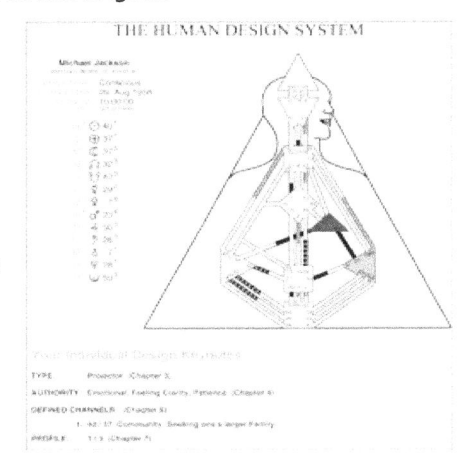

His defined Centers are the Heart and Emotions Centers, activated consciously with his Sun and Earth placements. You could say that the sun shone through his heart and his feelings were always involved with the people and his attunement with the world around him. By Design, Michael is a Projector with Emotional, feeling Authority and a 1/3 Profile.

Additional (by author) :

1/3 Profile   People who eventually find security in their lives by learning from their mistakes. Eternal students for life.

Resumes through I Tjing :

Personal (Conscious Me)	40	Huge Release
	37	The Family / Clan
Design (Unconscious Me)	16	Great Enthusiasm / Elan
	09	Taming Power of the Small

But here are a few tidbits that give us a look into Michael's nature : Projectors seek recognition and will often do almost anything to get it. Those who have Emotional Authority have to learn the lesson of patience in order to find their feeling clarity that is not attached to either the highs or lows that come through their Emotional nature.

Many times we have seen Michael suffer when he has jumped into some action or commitment without considering a larger picture and his naturally changing moods. People with a 1/3 profile are exploring throughout their lifetime, trying a kaleidoscope of material, life and people experiences. Often a 1/3 profile shifts their lifestyle leaving a great variety of people and experiences in their wake. 1/3's have a need to keep moving on sometimes regardless if anyone is keeping up with them.

In Michael's Life Chart, he has a defined **Heart Center**. Any one who has a defined Heart, the center of Willpower, needs to be very watchful for how they employ their willpower, simply because they can accomplish something in 5 minutes that is going to take someone with an undefined Heart an hour. If they continue to press on with one achievement after another they can literally end up exhausting their Willpower and eventually straining their heart. So, anyone with a defined Heart has to be watchful of two things :

1. That they pace themselves and allow themselves rest from time to time, to recuperate their Heartís energy, and also, politely, to let others catch up.
2. They have to be very particular to whom and to what they commit themselves.

Most people do not have their Heart Center defined, and if someone with an undefined Heart gets around someone, like Michael, they will often try to get them to commit himself to their causes and use his willpower on their own behalf. If Michael isn't watchful, he can strain his heart by giving too much to too many.

The Community Channel relates particularly through the sense of touch and familiarity. It enjoys sharing food with friends and family and it has a winning smile. Through Gate 40, it seeks solace and the space to recuperate. Gate 37 on the Emotions end, seeks out friendship as a natural state of being, and with Line 1, as in Michael's chart, is seen as a role model for friendship. Consequently, Michael was felt as friend by everyone who met him, whether Michael had space, time and energy for them or not.
Gate 26 in 'Michael's Heart Center, activated by Saturn in Line 3, gave Michael an urge to compete, to be the best, but also gave him a certain sensation that almost everyone, particularly 'serious' people, like parents, adults, lawyers, bankers and promoters would bring complications to his life.

In Michael's Emotions Center, gate 22, activated by the Moon in the 1st Line gave him Grace and access to a 'charmed life,' albeit one in which he probably felt he was always trying to 'catch up' with the circumstances surrounding him. He would often feel at home in the shadows from which through his powerful resolve, he would step out into the light and glare of public attention.
Gate 36, in his Emotions Center, in Line 2, activated by his unconscious Mars, and therefore most likely an inherited trait from his paternal grandfather, nudged him to seek assistance from all available sources when he could no longer see his way forward. Consequently, Michael surrounded himself with a troupe of advisors and staff who very often, would be drawing from Michael's resources rather than actually adding

anything through their presence.

With two Centers defined, Michael has 7 Centers that are undefined or open in his chart. This form of Life Chart implies that he was very empathic, picking up everything from everyone near and far. Sometimes the influences of people around him, particularly the 'serious' people would have felt like an overwhelming force. Michael would often feel obliged to avoid such people at all costs unless a situation became desperate and he would have to put up with them. In another light, this openness in his Life Chart, would have given him the means to be elusive, perhaps quick on his toes, reflecting back what he picked up from the people and the world around him and demonstrating it through his movements, music and song.

It is said that Michael was prone to great physical pain in his body, which gave him the inclination to take painkillers and other forms of physical relief. Typically, painkillers have a strong chemical nature, and someone with an undefined Spleen Center, as has Michael, their body does not process 'heavy' chemicals too well.

People who have an undefined Self Center can be a guide or way-shower for others, yet not always have the most consistent reassurance of direction or purpose for themselves. Michael's Gate 7 with the 5th Line activated by Venus gave him the attributes of a natural and competent leader. It is said that anyone who performed with him was often spellbound by the command he had of his art and the work he produced.

Open minded, with a single Gate 11, the Gate of Peace, in the Mind Center, activated by unconscious Saturn in the 1st Line, inclined him to espouse worldwide cooperation towards finding peace in the world as an obvious foundation for life.

Michael's open Crown and Root Centers left him uneasy with pressure that was exerted into his life from outside. Houses behind large gates and reclusive environments would have been his preference until he felt the love of his true fans calling him out.

His undefined Throat with Gate 16, his boyish and adventurous enthusiasm, Gate 23, his authoritative pronouncements and Gate 33, gave him his real need for recuperation to find the depth of his own life story that he could then perform for others.

His undefined Sacral with Gate 59 and Line 3 implied he had a certain promiscuity; Gate 42 gave him a very expansive view of life; Gate 3 found him always presenting new media to the world, and Gate 9 gave him an inbuilt drive to be detail-oriented, with the caveat that he sometimes missed the one vital item that could shatter any well-intentioned plans. His Gate 29, the Gate of 'Yes!' probably propelled him into all sorts of commitments, that if he had known to trust his Human Design Authority more, might well have been set aside.

That he gave of his heart is the truth of his life. With ten 1st Lines and seven 3rd Lines in his Life Chart, Michael always brought the sense of perfection to anything he touched and at the same time, transforming his creations into some new, sometimes dramatically new forms.
That his heart gave out in the end seems to be the story we will ponder during our lifetimes, and probably in the end, it was the case because he never considered that there might be a limit to just how much he could give and that his dear heart could not keep up with all the fun, spectacle and delight 'Jacko' could produce.

9.5. Gottfried Wilhelm Leibniz

Gottfried Wilhelm von Leibniz stond bekend als een veelzijdig Duits wiskundige, filosoof, logicus, natuurkundige, historicus, rechtsgeleerde en diplomaat en wordt beschouwd als een van de grootste denkers van de zeventiende eeuw. Als echte rationalist zette hij "de begrensde redenering van de mens" als volgt uiteen.

Onze werkelijkheid wordt weergegeven door de meest eenvoudige vergelijking. Wanneer u deze uitbreidt, wordt het op dat moment de meest complexe binaire set, die onze werkelijkheid vertegenwoordigt.

"Één van de voorwaarden die we moeten toevoegen is de voorwaarde van begrijpend vermogen."

Dat Leibniz tevens een aanhanger was van een vorm van Monadisme, ligt uiteraard voor de hand. Hij verklaarde dat het heelal was opgebouwd of samengesteld uit monaden. Dat wil zeggen uit geestelijke centra zonder omvang. Deze centra hebben daarentegen wel de innerlijke en inherente kracht om zich te ontplooien.

Het woord monade komt van het Griekse woord μονάς ('eenheid') afgeleid van μόνος, dat één, alleen, uniek betekent. Het woord heeft verscheidene betekenissen in filosofische, muzikale en (informatie-) wetenschappelijke contexten. Han Boering als Nederlandse I Tjing schrijver, heeft de Monadologie van Leibniz vertaald in het Nederlands, dat terzijde.

Bij de Pythagoreërs (volgelingen van Pythagoras) was de monade het eerste ding dat 'was'. De monade bracht de dyade voort, die de getallen baarde. De nummers kregen punten, die de lijnen voortbrachten. Uit lijnen kwamen tweedimensionale entiteiten voort, die lichamen vormden. Uit de lichamen ontstonden de vier elementen aarde, water, vuur en lucht waaruit de rest van de wereld is opgebouwd. De monade was dus een centraal concept in de Pythagorese kosmologie, die er vanuit ging dat de wereld - letterlijk - opgebouwd was uit getallen. Dit wordt gesteld in het werk van Diogenes Laertius.

Leibniz formuleerde dit principe als volgt.

"Dieu a choisi celuy qui est... le plus simple en hypotheses et le plus riche en phenomenes" (God has chosen that which is the most simple in hypotheses and the most rich in phenomena)". "Mais quand une regle est fort composée, ce qui luy est conforme, passe pour irrégulier" (But when a rule is extremely complex, that which conforms to it passes for random)".

Georgery Chaitin

Medestander daarvan was Chaitin.

Vanaf de late jaren 1960 heeft Chaitin bijdragen geleverd aan de algoritmische informatie theorie en de metawiskunde, in het bijzonder in de vorm van een nieuwe onvolledigheidsstelling in reactie op de onvolledigheidstellingen van Gödel. Hij studeerde aan de Bronx High School voor Natuurwetenschap en aan het City College van New York, waar hij theorieën ontwikkelde, die leidde tot zijn onafhankelijke ontdekking van de Kolmogorov-complexiteit

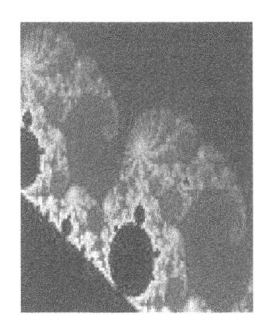

Deze afbeelding laat een deel van de Mandelbrotverzameling fractal zien. Het afzonderlijk opslaan van alle 24-bit kleurpixels in dit plaatje zou 1,62 miljoen bits kosten. Een kleine computerprogramma kan deze 1,62 miljoen bits reproduceren door gebruik te maken van de definitie van de Mandelbrotverzameling. Zo is de Kolmogorov-complexiteit van dit ruwe bestand dus veel minder dan 1,62 miljoen bits.

In de algoritmische informatietheorie (een deelgebied van de informatica), is de Kolmogorov-complexiteit (ook bekend staand als de beschrijvende complexiteit, de Kolmogorov-Chaitin-complexiteit, stochastische complexiteit, algoritmische entropie of programmagrootte complexiteit) van een object, zoals een stuk tekst een maat van de berekeningsmiddelen die nodig zijn om het object te specificeren. Neem bijvoorbeeld de volgende twee strings beide met lengte vier-en-zestig, elk bestaand uit alleen kleine letters, cijfers en spaties.

abababababababababababababababababababababababababababababababab

4c1j5b2p0cv4w1x8rx2y39umgw5q85s7uraqbjfdppa0q7nieieqe9noc4cvafzf

De eerste string laat een korte beschrijving in de Nederlandse taal toe, namelijk "ab 32 keer". Deze beschrijving bestaat uit tien tekens. De tweede string heeft geen onmiddellijk opvallende eenvoudige beschrijving (gebruikmakend van dezelfde tekenset), anders dan de gehele string zelf, die uit vier-en-zestig tekens bestaat.

Meer formeel gesproken is de complexiteit van een string de lengte van de kortste beschrijving van deze string in enige gegeven universele beschrijvingstaal. De gevoeligheid van de complexiteit ten opzichte van de keuze van de beschrijvingstaal is van belang. Aangetoond kan worden dat de Kolmogorov-complexiteit van een willekeurige string niet veel groter kan zijn dan de lengte van deze string zelf. Strings waarvan de Kolmogorov-complexiteit klein is in verhouding tot de grootte van de string worden niet als complex beschouwd.

De notie van Kolmogorov-complexiteit gaat verrassend diep en kan worden gebruikt om onmogelijkheidsresultaten, die verwant zijn aan onvolledigheidstellingen van Gödel en stopprobleem van Alan Turing te stellen en te bewijzen.

Alan Turing heeft tijdens zijn leven veel belangrijk werk verricht. Het belangrijkst zijn zonder twijfel zijn theoretische vorderingen op het gebied van de berekenbaarheid geweest, en de Turingmachine, een mechanisch model van berekening en berekenbaarheid en daarmee een model voor een computer. Het bekendst bij het grote publiek is de Turing-test, en zijn betrokkenheid bij het kraken van de Enigma-code, waardoor de Britten tijdens de Tweede Wereldoorlog op de hoogte zijn geweest van de locaties van de onderzeeërs van de Duitsers.

Chaitin heeft de Chaitin-constante Ω – Omega – gedefinieerd, een reëel getal, waarvan de cijfers gelijkverdeeld zijn en een getal dat soms informeel wordt beschreven als een uitdrukking van de kans dat een willekeurig programma zal stoppen. Omega heeft de wiskundige eigenschap dat het een definieerbaar, maar geen berekenbaar getal is. Chaitin's vroege werk op het gebied van de algoritmische informatietheorie verliep parallel aan het vroegere werk van Andrej Kolmogorov op dit gebied. Chaitin schrijft ook over filosofie, voornamelijk over metafysica en filosofie van de wiskunde, vooral over epistemologische zaken in de wiskunde. In de metafysica beweert Chaitin dat de algoritmische informatietheorie de sleutel is voor het oplossen van problemen in de gebieden van de biologie (het verkrijgen van een formele definitie van "leven", de oorsprong en evolutie van het leven) en de neurowetenschappen (het probleem van het bewustzijn en de studie van de geest). In recente geschriften verdedigt Chaitin een standpunt dat bekend staat als de digitale filosofie. In de epistemologie van de wiskunde beweert hij dat zijn vondsten in de wiskundige logica en de algoritmische informatietheorie laten zien dat er *"wiskundige feiten"* bestaan *"die waar zijn zonder dat er een reden is, ze zijn per ongeluk waar. Het zijn willekeurige wiskundige feiten"*. Chaitin stelt dat wiskundigen hun hoop moeten laten varen deze wiskundige feiten te kunnen bewijzen en moeten kiezen voor een quasi-empirische methodologie.

Metawiskunde is de studie van wiskunde aan de hand van wiskundige modellen. Uit dergelijke disciplines komen metatheorieën voort, in dit geval wiskundige theorieën met betrekking tot andere wiskundige theorieën. Metawiskundige metastellingen werden in de 19e eeuw nog onderscheiden van gewone wiskundige stellingen in verband met de grondslagencrisis in de wiskunde. De paradox van Richard uit 1905 is een goed voorbeeld van de problemen, die zich als gevolg van tegenspraak kunnen voordoen, wanneer wiskunde niet van metawiskunde wordt onderscheiden.

9.6 Feng Shui

Feng Shui gaat over de relatie tussen de mens en de leef- of werkomgeving en is gericht op harmonie tussen natuurlijke en gecreëerde vormen. Alles wat de mens maakt is in wezen niet natuurlijk, maar kan wel met die natuur in harmonie gebracht worden. Het doel is dan ook om onze leef- of werkomgeving zo aan te passen dat een harmonieuze stroming van Qi of levenskracht gestimuleerd wordt.

Qi is een fundamenteel concept uit de Chinese cultuur, doorgaans gedefinieerd als adem, levenskracht, vitale energie of spirituele energie die deel uitmaakt van alles wat bestaat. Verwijzingen naar Qi of soortgelijke filosofische concepten als een soort van metafysische energie die levende wezens in stand houdt.

De aard van Qi is zeer controversieel en de oude controverse binnen de Chinese filosofie ten aanzien hiervan bestaat nog altijd. Volgens sommigen is Qi puur een metafoor voor biologische processen die overeenkomen met het Westerse concept van de ziel. Om de effecten ervan te verklaren is het niet nodig een nieuwe vorm van biologie of nieuwe fysica te veronderstellen. Volgens anderen is er wel sprake van een nieuw soort biologie of fysica wat betreft Qi. Sinds het midden van de negentiende eeuw zijn er pogingen gedaan om Qi direct te verbinden met bepaalde wetenschappelijke verschijnselen. De filosoof Kang Youwei geloofde dat Qi synoniem was aan het later verlaten concept van de ether. Aan het begin van de één-en-twintigste eeuw zijn er pogingen gedaan om het concept van Qi te koppelen aan biofotonen.

Onder een biofoton wordt in algemene zin een foton verstaan dat zou worden uitgezonden door levend weefsel, maar anders dan de bekende fotonen die worden opgewekt door de gewone lichtgevende organismen zoals glimwormen of sommige lichtgevende paddenstoelen die dat met het pigment luciferine en het enzym luciferase doen met adenosinetrifosfaat als energiebron. Het betreft in elk geval fotonen van kortere golflengte dan die welke het lichaam in het diepe infrarood uitstraalt volgens de Wet van Planck vanwege zijn temperatuur. U zou dat kunnen vergelijken met het Zeeman-effect (boek 2), waarbij fotonen het materiaal verlaten gedurende inwerkende krachten van buitenaf op de atomaire structuur. Anderzijds schijnt het zo te zijn de voedende lichtwaarde voor elke cel het blauw betreft. Deze komt via de ogen binnen en wordt door het bloed door het lichaam getransporteerd door het gehele lichaam door.

(Jan Wicherink – Souls of Distorsion)

Is emotie in werkelijkheid ook energie ? Emotie is als een roetsjbaan, waarlangs de emotionele energie van het hart afglijdt naar elke cel van ons lichaam en in ons eigen DNA belandt. Dus de energie van onze emoties beweegt zich tussen de schaal van de lange golven naar de korte golven en wordt uiteindelijk afgeleverd in ons DNA. Fritz Pop heeft het bestaan van de biofotonen ontdekt, het blauwe licht in het lichaam en hij vermoedde dat op de één of andere manier dit licht gerelateerd was aan DNA.

Daniel Winter nu laat ons via het golf-koppelingsmechanisme zien hoe de energie van geest en hart uiteindelijk afgeleverd wordt als blauw licht in ons eigen DNA. Wanneer het hart de emotie van liefde uitdrukt, creëert het dus een waterval aan Gulden snede electro-magnetische golven.

In feite creëert het zwaartekracht op gelijke wijze als het atoom dat doet wanneer het op de Gulden snede gebaseerde, elektromagnetische golven in elkaar vlecht aar een nulpunt toe. Waarom hebben we liefde altijd geassocieerd met zwaartekracht? Waarom gebruiken we woorden als "ik voel me tot je aangetrokken, net zoals de maan tot de aarde", wanneer we verliefd zijn op iemand?

Waarom zijn onze emoties altijd geassocieerd met gewicht? Waarom zijn we zwaar verliefd ? Toen Isaac Newton de appel van de boom zag vallen, ontdekte hij de zwaartekracht. Hij rende weg om het anderen te gaan vertellen en legde het principe van zwaartekracht uit door te zeggen dat de appel aangetrokken wordt door de aarde. De mensen lachten hem uit, het hele idee leek belachelijk, hoe kon een appel nu aangetrokken worden door de aarde? Zijn ze soms verliefd? Alleen mensen die verliefd zijn op elkaar worden tot elkaar aangetrokken.

Het heeft Newton veel tijd gekost voordat mensen gewend raakten aan het idee dat zwaartekracht één aantrekkingskracht is, anders gezegd, één van de vele aantrekkingskrachten. In die tijd had Newton beter andere woorden kunnen gebruiken om het principe van de zwaartekracht uit te leggen.

9.7 De twaalf symbolen van de Dierenriem

Als we over astrologische getallen praten, zoals nummer twaalf, dan komen we uit de op de tekens van de Dierenriem, ook wel Zodiac genoemd. De Dierenriem is een ongeveer twintig graden brede zone aan de hemelbol, waarbinnen de schijnbare banen van de zon, de maan en de planeten verlopen.

De beweging van de zon en de voortdurende verandering van de sterrenhemel heeft de mens van oudsher gefascineerd. De sterrenhemel draait iedere dag van oost naar west om een vaste pool. Op het noordelijk halfrond is deze pool op minder dan 1 graad van de poolster verwijderd, wat het gemakkelijk maakt om zich te oriënteren. De sterren rond de poolster bewegen zich in een concentrische cirkel om haar heen, zodat aan de oostelijke horizon voortdurend nieuwe sterrenbeelden opduiken die in het westen weer ondergaan

Linksonder ziet de astronomische klok met zodiak op de Piazza San Marco in Venetië.

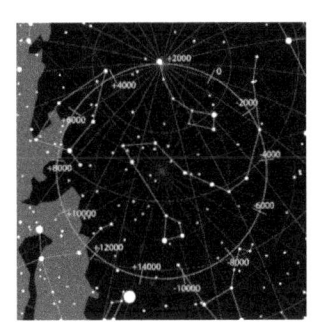

Rechtsboven ziet u de zodiak in een synagoge in Israël, stammend uit de zesde eeuw.

Zoals de zon dag en nacht markeert, zo keert ze ook na verloop van een jaar terug op dezelfde plaats aan de sterrenhemel. Op basis van deze waarnemingen werden door verschillende oude beschavingen kalenders opgesteld, waarbij de maan de maanden aangaf en de baan van de zon de periode van een jaar bepaalde. Tot de oudst bekende sterrenbeelden behoren de twaalf van de dierenriem. Aan deze tekens werd een bijzondere betekenis toegekend, omdat zij de achtergrond, het decor vormden waartegen zon, maan en planeten zich schijnbaar voortbewogen.

Deze baan, die in werkelijkheid de baan is die de aarde om de zon beschrijft, wordt ecliptica genoemd.

Het betreft het cirkelvormige parcours dat de noordelijke hemelpool tegen de achtergrond van sterren aflegt.

Hieronder is de precessie weergegeven, meer daarover in mijn tweede boek, hoofdstuk 18.7.

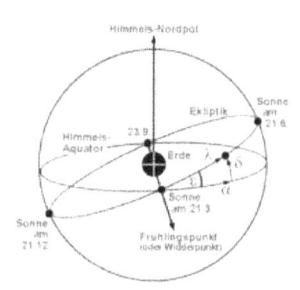

De Ecliptica

Deze ecliptica, de gordel van de dierenriem, ligt scheef op de hemelequator, de denkbeeldige lijn van de aarde-equator in het oneindige doorgetrokken. Daardoor vormen die twee vlakken een hoek van 23,5 graden: de "helling" van de ecliptica. Als gevolg daarvan zijn slechts twee dagen per jaar dag en nacht even lang tijdens de zogenaamde "equinoxen". Bij het begin van de lente omstreeks één-en-twintig maart op nul graden Ram en bij het begin van de herfst omstreeks drie-en-twintig september op nul graden Weegschaal.

Als startpunt van de dierenriem werd omstreeks driehonderd voor Christus het lentepunt op nul graden Ram gekozen. Dit is dus het tijdstip omstreeks 21 maart, waarop de zon in het snijpunt van dierenriem en de hemelequator treedt. Iemand die dus zegt 'Ik ben een Ram' is geboren in de maand volgend op één-en-twintig maart. Reeds de Griekse astronoom Hipparchus rond de tweede eeuw voor Christus, had opgemerkt dat het lentepunt stilaan verschoof in "achterwaartse richting" langs de ecliptica. Hij berekende dat deze verschuiving ongeveer één graad per twee-en-zeventig jaar bedroeg. Van hem komt ook de naam van het verschijnsel dat hij "precessie" doopte. Pas veel later zouden moderne natuurkundigen deze precessie vanuit een beweging van de aarde zelf kunnen verklaren. De aardas staat immers scheef op haar omloopbaan, waardoor ze tijdens haar rotatie een soort "kegelmantel" beschrijft. Ze wiebelt als het ware als een tol. Door deze beweging die 25800 jaar duurt voor hetzelfde uitgangspunt weer wordt bereikt, blijft de poolster niet precies in het noorden staan.

Het probleem van de precessie

Terwijl voor de astronomie deze precessie van groot belang is, heeft zij voor de astrologie geen betekenis. Voor haar zijn immers alleen de "veranderlijke sterren" van belang, de planeten en hoe die zich vanuit de aarde gezien lijken voort te bewegen langs de schijnbare baan van de zon. Volgens oude astrologische tradities verdeelde men de weg die de zon aflegde in twaalf parten of tekens met een lengte van 30 graden. In de loop van het jaar beweegt de zon zich dan door alle tekens die voornamelijk levende wezens of dieren voorstellen. Omdat de tekens hoofdzakelijk dieren zijn, werd de strook van sterrenbeelden 'dierenriem' of zodiak genoemd, haar oorsprong vanuit het Grieks: *zooion* = levend wezen of dier. Het enige niet-levende wezen uit de dierenriem, de Weegschaal, is pas in latere tijden toegevoegd. Aanvankelijk werden de schalen van de Weegschaal gezien als de klauwen van de Schorpioen.

Babylonische astronomie

De verdeling van de ecliptica in zodiakale tekens stamt uit de Babylonische of Chaldeeuwse astronomie, ongeveer zes-en-twintighonderd jaar geleden, waarschijnlijk in de zevende eeuw voor Christus. De Babylonische kalender kende hierbij elke maand een bepaalde constellatie toe, beginnend bij de positie van de zon in het lentepunt dat toen nog in Aries lag.

Hellenistische astrologie

Hellenistische astrologie was een samensmelting van Babylonische en Egyptische astrologie. Het was in het Egypte van de Ptolemaeën, vanaf de vierde eeuw voor Christus, dat de eerste astrologische horoscopen verschenen. De "Dendera dierenriem", een reliëf daterend uit omstreeks vijftig voor Christus, toont de vroegst bekende uitbeelding van de klassieke dierenriem met de twaalf tekens. Astrologie werd bij Grieken en

Romeinen "Chaldeeuwse wijsheid" genoemd en gebruikt voor divinatie door middel van planeten en sterren.

Indische zodiak

De Indische zodiak was direct afgeleid uit het Griekse systeem en geadopteerd tijdens een periode van intense culturele contacten met Griekenland onder het bewind van de Seleuciden vanaf de tweede tot de eerste eeuw voor Christus. In de hindoe astrologie worden de tekens "rāshi" genoemd. Het Indische systeem maakt wel gebruik van de siderische dierenriem, ook al hebben ze met het Europese systeem gemeenschappelijke wortels. De Sanskriet namen van de tekens zijn, op kleine verschillen na, trouwe vertalingen van de Griekse namen. Zo betekent 'dhanus' 'boog', in plaats van 'boogschutter' en "kumbha" betekent zoiets als "waterkan" in plaats van "waterdrager". De Rig-Veda spreekt over het "twaalfspakig wiel" van de hemel.

Chinese zodiak

In China was een onafhankelijk ontstane "Gele Weg", die begon met een "Rat", die te vergelijken is met Aquarius, en de twaalf constellaties nummerde in tegengestelde richting ten opzichte van de Babylonische.

Zodiak van de Maya's

Een Maya fries boven een deur in Chichén Itzá te Mexico beeldt minstens zes dieren uit in een vier-en-twintig-delige serie waarin ook het symbool voor Venus voorkomt, namelijk het varken, de vogel, de schildpad, de schorpioen, de gier en de slang. De hele kwestie van een "Maya-dierenriem" is echter omstreden.

Tekens en sterrenbeelden

Hieronder treft u een overzicht aan van de verschillende tekens en symbolen voor de zodiac.

Naam	Sym-	Astrologisch	Zon in teken	Astronomisch	Zon in sterrenbeeld

	bool	teken	vanaf ca.	sterrenbeeld	volgens IAU
Aries	♈	Ram	21 maart	Ram	19 april
Taurus	♉	Stier	20 april	Stier	14 mei
Gemini	♊	Tweelingen	21 mei	Tweelingen	21 juni
Cancer	♋	Kreeft	21 juni	Kreeft	21 juli
Leo	♌	Leeuw	23 juli	Leeuw	11 augustus
Virgo	♍	Maagd	23 augustus	Maagd	17 september
Libra	♎	Weegschaal	23 september	Weegschaal	31 oktober
Scorpius*	♏	Schorpioen	23 oktober	Schorpioen	21 november
Ophiuchus		niet in tropische dierenriem		Slangendrager	30 november
Sagittarius	♐	Boogschutter	22 november	Schutter	18 december
Capricornus	♑	Steenbok	22 december	Steenbok	21 januari
Aquarius	♒	Waterman	20 januari	Waterman	17 februari
Pisces	♓	Vissen	19 februari	Vissen	13 maart

Relatie met de moderne astronomie

Ongeveer tweeduizend jaar geleden stond de zon vanaf ongeveer één-en-twintig maart inderdaad in het sterrenbeeld Ram, maar door de precessie van de equinoxen schuift het lentepunt dertig graden per 2148 jaar op, waardoor de zon op die datum thans in de Vissen staat. Binnenkort zal dat de Waterman zijn, en dat is dan de aanvang van het tijdperk van de

Waterman *"the Age of Aquarius"*, volgens sommige astrologen een belangrijk moment. Wanneer dat precies zal plaatsvinden is niet te zeggen.

Immers, de dierenriem is in de astrologie keurig verdeeld in twaalf partjes van elk precies dertig graden lengte, maar de werkelijke sterrenbeelden lopen in elkaar over. Er zijn geen "lijntjes" in de hemel aangebracht wanneer het ene beeld begint en het andere ophoudt, waardoor het precieze moment waarop dertig graden Waterman het lentepunt wordt niet kan worden vastgesteld. Dit kan al gebeurd zijn, of evengoed pas binnen honderd jaar het geval zijn.

De westerse astrologie houdt vast aan de oorspronkelijke indeling, waarbij de Zon aan het begin van de lente astrologisch in Ram staat. De tekens dragen dus nog steeds de namen van sterrenbeelden die eeuwen geleden in die buurt stonden: Ram, Stier, Tweelingen, enzovoort. Dat dit nu niet meer het geval is, is echter niet zo belangrijk, vermits de (westerse) astrologie werkt met sectoren (stukjes hemel) waar bepaalde eigenschappen aan toegekend worden, ongeacht welke sterrenbeelden er nu staan.

Merkwaardig is dat de periodes van de sterrenbeelden van deze zogenaamde Westerse astrologie nagenoeg samenvallen en soms één dag verschillen met de Indiase kalender.

De sterrenbeelden zijn overigens niet allemaal even groot, terwijl de astrologie ervan lijkt uit te gaan dat ieder sterrenbeeld dertig graden van de dierenriem in beslag neemt. Zoals reeds gezegd, baseert de westerse astrologie zich echter eerder op sectoren van dertig graden, waaraan toevallig of niet de namen van sterrenbeelden zijn verbonden die toentertijd op het pad van de zon langs de hemel lagen. Volgens de moderne begrenzingen van de sterrenbeelden is er zelfs een sterrenbeeld, Slangendrager of *"Ophiuchus"*, dat niet tot de tropische dierenriem behoort, hoewel de ecliptica er wel doorheen loopt. Dat probleem zag Claudius Ptolemaeus in zijn Tetrabiblos ook al, maar hij verkoos om de traditie met de twaalf tekens voort te zetten. In de vedische astrologie wordt met de siderische dierenriem gewerkt, met de werkelijke positie van de astronomische sterrenbeelden dus, en die dierenriem telt dan weer dertien sterrenbeelden, met de Slangendrager erbij.

Vedische astrologie

De Vedische of Indiase astrologie, ook wel "*Jyotisha*" genoemd, wordt al sinds vele duizenden jaren in India beoefend. In de Rig Veda, de oudste van de Veda's, de heilige Indiase Sanskrietgeschriften, waarvan wordt aangenomen dat het stamt van enkele duizenden jaren voor Christus, zijn concrete aanwijzingen over de astrologische werkwijze en methodiek beschreven. Vedische astrologie is daarmee wellicht de oudste vorm van astrologie die we kennen. Onderzoek van Project Hindsight onder leiding van Robert Hand heeft aangetoond dat er veel overeenkomsten zijn tussen de astrologie van de Grieken, die wordt gezien als de basis van de Westerse astrologie, en die van India. Het is mogelijk dat de Griekse astrologie voor een groot deel is beïnvloed door de Vedische astrologie.

Strekking

De Vedische astrologie spitst zich, veel meer dan andere astrologische tradities, toe op wat men concreet kan verwachten in het leven, in het bijzonder op karma en levensloop, beroep en maatschappelijke positie, rijkdom en armoede. Ook spelen relaties, familiebanden en nageslacht een belangrijke rol, ook omdat men er van de traditie uitgaat dat deze de garantie vormen voor een verzorgde oude dag en levenseinde.

Dierenriem

De Vedische astrologie verschilt van de Westerse in het gebruik van een andere dierenriem. Waar de Westerse dierenriem is gebaseerd op de Zon, die bewustzijn en het centrum van de psyche symboliseert, waarbij de planeten de werking van de Zon ondersteunen, is de Vedische gebaseerd op de Maan en de daaraan gekoppelde siderische (sterren-)dierenriem, die laat zien hoe de planeten de energie van de kosmos distribueren. Het honderdtachtig gradenpunt van de siderische dierenriem valt samen met de positie van de vaste ster Spica. De sterrendierenriem is verdeeld over zeven-en-twintig Maantekens en de Maan staat vier-en-twintig uur en achttien minuten in ieder van deze Maantekens. De hele cyclus is zeven-en-twintig één-derde dag lang want na die tijd neemt de Maan weer dezelfde positie in aan het firmament. Zo ontstaat er een Maandierenriem, de oudste in India. Pas later is men er ook met de Zonnedierenriem gaan werken. Ook Chinese, Babylonische, Arabische en zelfs Westerse astrologen hebben overigens de Maandierenriem gebruikt.

De Maandierenriem hielp bij de analyse van de geboortehoroscoop en bij het bepalen van gunstige momenten. Zo is het volgens de Indiase traditie bijvoorbeeld gunstig om een reis te maken als de Maan in het ene teken staat, terwijl het pas goed is om te trouwen wanneer de Maan in een ander teken staat.

Aanvullend

Westerse en Vedische astrologie vullen elkaar prima aan en zijn dus tegelijk te gebruiken. In één sessie kan de Westerse astrologie vooral informatie geven over psychologische kwesties en de Vedische astrologie over spiritualiteit en karma. Het Vedische systeem van actualiteitsanalyse is ook een waardevolle aanvulling op wat de Westerse astrologie biedt.

Zo'n tweeduizend jaar geleden vielen de sterrendierenriem (Vedisch) en Zonnedierenriem (Westers) samen, maar omdat het lentepunt sindsdien verschuift ten opzichte van de sterren verschillen beide inmiddels ongeveer drie-en-twintig graden. Daardoor zou iemand die volgens de Westerse astrologie Zon in Weegschaal heeft in de Vedische astrologie Zon in Maagd kunnen krijgen. De effecten van dat verschil blijken mee te vallen omdat in de Vedische astrologie de tekens slechts dienen als een middel om huizen, huisheren en de kracht van planeten, waar veel meer waarde aan gehecht wordt, mee te bepalen.

Chinese astrologie

Hieronder treft u het overzicht van de Chinese dierenriem aan.

In de Chinese astrologie is het belangrijkste element het teken uit de Chinese dierenriem. Dat is wat betreft achtergrond en gebruik vergelijkbaar met de Westerse dierenriem. In tegenstelling tot de maandelijkse sterrenbeelden wijzigt het teken van de Chinese dierenriem echter eens per jaar.

De twaalf dieren van de Chinese dierenriem	
鼠 Rat	牛 Os

虎 Tijger	兔 Konijn
龍 Draak	蛇 Slang
馬 Paard	羊 Geit
猴 Aap	雞 Haan
狗 Hond	豬 Varken

Met de viering van het Chinees Nieuwjaar , afhankelijk van de stand van de maan in januari of februari, wijzigt het teken. Kinderen die gedurende het jaar geboren worden, krijgen het teken van het jaar als sterrenbeeld. Naast de tekens spelen ook nog een rol:

Het element :

- Yin en Yang : even jaren zijn *yang*, oneven jaren *yin*;
- het uur van de dag;
- het seizoen.

De teken en hun betekenis

De Chinese dierenriem heeft twaalf tekens, te weten de rat, de os, de tijger, het konijn, de draak, de slang, het paard, de geit of het schaap, de aap, de haan en het varken. De aan de tekens toegekende eigenschappen zijn :

- Rat : charmant, slim, economisch, efficiënt, diplomatiek, flexibel, maar ook stiekem, opportunistisch, verkwistend en op eigen gewin uit.
- Os : harde werker, principieel, zachtaardig en geduldig, maar ook koppig, excentriek, tegendraads en geen tegenspraak verdragend.
- Tijger : energiek, bewonderenswaardig, revolutionair, leiderscapaciteiten, onverschrokken, recht op het doel af, kent geen nederigheid, maar ook kwetsbaar voor aanval in de flank, alle schepen verbrandend, ijdel en "alles of niets".

- Konijn : rechtschapen, intuïtief, gevoelsmatig en voorzichtig.
- Draak : trots en levendig, enthousiast, eigenwijs, extravert en inspirerend.
- Slang : intelligent, mysterieus, sensueel, discreet, met een scherpe actieve geest, maar ook hypocriet en metend met twee maten.
- Paard: elegant, loyaal, intuïtief, vrijdenkend, populair, sexy, extravert en leergierig, maar ook egocentrisch, onvoorspelbaar en onbevreesd.
- Geit/Schaap : creatief, rustig maar hartstochtelijk, luxeminnend, excentriek, oprecht en grote verbeeldingskracht, maar ook leunend op rijke of sterke partner, kan geen armoede verdragen.
- Aap : nieuwsgierig, onafhankelijk, levendig, behulpzaam en heeft alles in de gaten, maar ook niet erg diepgaand, lomp, huichelachtig en met zichzelf bezig.
- Haan : kleurrijk, onbevangen, beschermend, nauwgezet, nuchter, goed organisatievermogen, maar ook breedsprakig, opschepperig, hebberig en niet subtiel.
- Hond : trouw, loyaal, open, eerlijk, verdraagzaam, kampioen van het goede doel en handhaver van de openbare orde, maar ook bits, negatief en inflexibel.
- Varken : tolerant, begrijpend, sensueel, geestdriftig, aardig, sympathiek en waarheidsgetrouw, maar ook driftig, kleinzielig, lui.

Volgens de legende nodigde Boeddha alle dieren voor een feest uit. Tijdens het feest werd er een race gehouden tussen de dieren. Naar ieder van de dieren zou een jaar genoemd worden. De rat vertelde de kat dat het feest een dag later zou zijn. Zelf reed de rat op de rug van de os mee en kwam als eerste aan. De kat eindigde op de dertiende plaats en was te laat om een jaar naar zich genoemd te krijgen. Daarom achtervolgt hij tot op de dag van vandaag nog steeds de rat om wraak te nemen voor diens bedrog.

De vijf elementen en de cyclus van zestig jaar

De twee cycli van het *Vijf- Fasenmodel* in de Chinese filosofie, hier is de voedende cyclus van belang.

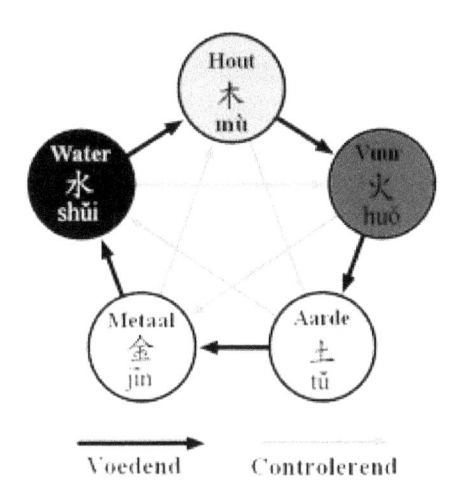

Er zijn vijf elementen. Elke twaalf jaar verandert het element, waardoor een cyclus van 60 jaar ontstaat. De elementen zijn:

- Hout (*mu*, 木), gerelateerd aan: het oosten, de kleuren blauw en groen en de planeet Jupiter;

- Vuur (*huo*, 火), gerelateerd aan: het zuiden, de kleur rood en de planeet Mars;

- Aarde (*tu*, 土), gerelateerd aan: het midden, de kleuren bruin en geel en de planeet Saturnus;

- Metaal (*jin*, 金), gerelateerd aan: het westen, de kleur wit en de planeet Venus;

- Water (*shui*, 水), gerelateerd aan: het noorden, de kleur zwart en de planeet Mercurius.

De cyclus van zestig jaar begint traditioneel met het Groene jaar van de Rat. De cyclus van zestig werd voor het eerst gebruikt tijdens de Shang-dynastie, zij het niet als jaar-, maar als dagaanduiding. Jaaraanduidingen stammen pas uit de Han-tijd. De huidige jaarcyclus is begonnen in 1984.

9.8 Het Boek van Lo - Lo Shu

De Lo Shu wordt toegeschreven aan de mythische figuur Hsia Yu. Van Hsia Yu wordt gezegd dat hij het land beschermde tegen de overstromingen van de Gele Rivier. Op een dag zag Yu hoe en reusachtige schildpad uit de rivier de Lo kwam. De tekens op het schild vormden de Lo Shu, het magisch Vierkant. Hieronder een afbeelding van het originele Lo Shu diagram. Evenals in de Rivier Kaart zijn de witte stippen oneven en Yang, de zwarte stippen even en Yin.

Vaak wordt de Lo Shu weergegeven als een kaart met negen vierkanten. Elk van de vierkanten is verbonden met een richting van het kompas en de 5 als midden. De nummers en hun betekenis.

De Lo Shu of Het Magisch Vierkant heeft een aantal zeer bijzondere eigenschappen. De som van alle getallen op één lijn, horizontaal, vertikaal of diagonaal is altijd vijftien.

Tegenover elkaar liggende getallen zijn samen altijd tien.

4	9	2
3	5	7
8	1	6

De Kaart van de Rivier werkt met het verschil, terwijl het Lo Shu Vierkant de som gebruikt. De nummers in elk vierkant hebben verschillende betekenissen.

Nr   Richting   Kleur   Element

1	Noord	Wit	Water
2	Zuid-West	Zwart	Aarde
3	Oost	Groen	Hout
4	Zuid-Oost	Lichtgroen	Hout
5	Midden	Okergeel	Aarde
6	Noord-West	Wit	Metaal
7	West	Rood	Metaal
8	Noord-Oost	Wit	Aarde
9	Zuid	Purper	Vuur

Rondgaand langs de buitenrand zien we dat een even getal altijd gevolgd wordt door een oneven getal en vervolgens weer door een even getal. Yin en Yang wisselen elkaar voortdurend af. Draaiend tegen de klok in zien we hier de Vernietigende Cyclus.

9.9 Esoterische of naakte Waarheid

"De naakte waarheid is in de wereld niet te vinden,
de waarheid gaat gehuld in symbolen en beelden."

De titel van dit bouwstuk is ontleend aan een oude tekst die is gevonden in Nag Hammadi en die wordt toegeschreven aan St. Philippus.

Het woord 'symbool" is afkomstig van het Griekse woord 'sumbolon', dat verenigen, binden, ontmoeten betekent. In het Latijn wordt dit 'symbolum', in onze taal symbool. Naar zijn afleiding is een symbool daardoor een ding dat zich met iets anders verenigt of verbindt.

Artikel 2 van de Ordegrondwet van de IOGVM "Le Droit Humain" stelt: Bestaande uit Vrijmetselaren, … stelt de orde zich, … , een rituele en symbolische handelwijze tot taak, … .
We hebben hier dus met een zeer belangrijk wezenskenmerk te doen, zo zelfs dat een rationalist, zonder interesse voor symboliek, zich in de vrijmetselarij niet thuis kan voelen, ook niet tot de kern van de vrijmetselarij kan doordringen. Van de vrijmetselaar wordt de nodige aanleg verwacht om de symboliek van zijn werktuigen te begrijpen en/of aan te voelen. Dit veronderstelt een geschiktheid voor de innerlijke zoektocht.

Er is over symbolen een grote en gevarieerde literatuur verschenen. Goethe, Freud, Jaspers en Jung hebben daar talrijke beschouwingen aan gewijd. Naast dezen hebben uiteraard ook vele theologen en filosofen aandacht aan symbolen en rituelen gegeven.

Symbolen hebben betrekking op aangelegenheden die vooralsnog goeddeels onbekend zijn, dan wel niet goed in begrippen en woorden gevat kunnen worden. Zij hebben een allusieve werking, zij roepen iets op en zij verwijzen naar iets dat onzegbaar is en dat voor ons leven in de wereld toch zeer belangrijk is.
Dit "iets" kan men velerlei namen geven, maar wellicht is de omschrijving "grond van zijn" een goede benadering van dat onuitsprekelijke. Daarom heeft de Zwitserse psychiater Jung gesproken over de levenbrengende werking van het symbool.

Symbolen op zichzelf hebben geen eeuwigheidswaarde. Symbolen kunnen eeuwenlang in gebruik zijn, maar nu niet meer. Blijkbaar hebben ze dan niet meer het allusieve, het heenwijzen-naar, effect dat zij vroeger wel hadden. Zij zijn volledig in woorden en begrippen omgezet; dan heeft het symbool zijn levenbrengende werking verloren. Het spreekt dan alleen nog het koele verstand aan maar niet meer de vitale geest.
De maçonnieke symboliek steunt vooral op drie elementen: de bouw- de licht- en de getalsymboliek. Voeg daarbij nog een omvangrijke secundaire symboliek.

Een symbool lijkt een aantal tegengestelde eigenschappen te bezitten :
1. het zal verschillende betekenissen voor verschillende personen en verschillende betekenissen voor dezelfde persoon op verschillende momenten oproepen;
2. de groep van betekenissen (hoe breed ook) die het symbool oproept, zal niet willekeurig zijn – het symbool kan een haast oneindige reeks van betekenissen hebben, maar ze zijn en blijven op een complexe wijze met elkaar verbonden in een interactie die zelf symboolwaarde heeft;
3. het symbool kan niet zonder verlies vertaald worden in niet-symbolische taal. De inhoud ervan is essentieel symbolisch;
4. de werkelijkheid die het symbool uitdrukt en waarover het handelt, is niet onafhankelijk van het symbool zelf te denken. Die werkelijkheid schept het symbool en wordt erdoor geschapen, symbool en betekenis zijn

reëel, autonoom en bestaan toch slechts door en in elkaar.

Het effect van een symbool hangt niet alleen af van zijn context, maar ook van wie het voorstellen en wie het ontvangen. Een initiatie is duidelijk een symbolische actie, waarbij de 'mystagogen' (de inwijders in de mysteriën) de 'neofiet' op een symbolische wijze transformeren door hem symbolische voorwerpen of personen te tonen, of hem ermee in contact te brengen en symbolische daden te doen stellen.

Nochtans kan niemand met stelligheid weten of de innerlijke transformatie die de mystagogen hopen te bevorderen – in zekere zin zelf voorgesteld als een mysterie dat ontrafeld dient te worden – al dan niet heeft plaatsgehad. In Goethe's "Werke" wordt de theorie van het symbolisme bondig, maar perfect weergegeven. Ter staving hiervan volgen twee citaten in vertaling:

Stelling 749: *"De symboliek transformeert de verschijning in idee, het idee in een beeld zó dat die idee immer oneindig werkzaam en onbereikbaar blijft in het beeld en, zelfs al wordt ze in alle talen uitgesproken, toch onuitspreekbaar blijft"*.

Stelling 752 : *"Dit is de ware symboliek, waar het bijzondere het algemene vertegenwoordigt, niet als droom en schaduw, maar als een levendige en onmiddellijke openbaring van het ondoorgrondelijke"*.

Wat Goethe hier met "idee" bedoelt, zou kunnen overeenkomen met Goblet d'Alviella's universele menselijke symbolen en Jungs universele archetypen.

Het ontplooien, ontwikkelen van wat er verborgen in mensen aanwezig is aan capaciteiten en mogelijkheden, gekoppeld aan een religieuze ondergrond, werd in de twintiger en dertiger jaren onder de aandacht gebracht door Carl Gustav Jung.
Hij was een tijdlang leerling van Freud en hield zich ook bezig met het onbewuste, dat deel van de menselijke geest dat niet direct rationeel te bereiken is. Hij ging er echter vanuit dat dit onbewuste niet alleen persoonlijke inhouden bevat, zoals verdrongen wensen, "vergeten" ervaringen en dergelijke, maar ook elementen die uit de evolutie van de

mensheid als geheel stammen.
Dergelijke inhouden, die uit dit zogenaamde collectief onbewuste komen en die gestalte krijgen in beelden en symbolen, noemde hij archetypen. Zij maken deel uit van iets dat universeel is en in dromen ook weer aan individuele personen verschijnt.

Archetypen zijn oer-vormen voor wat er in de mens aan krachten en mogelijkheden aanwezig is. Door de archetypische beelden te leren verstaan, kan een mens daarmee in contact komen. Pas door de verbindingen te leggen tussen het bewuste en het onbewuste kan men zich ten volle ontplooien.
Bekende archetypen zijn de anima en de animus (het onbewust vrouwelijke in de man en het onbewust mannelijke in de vrouw), de schaduw (het donkere, negatieve in zichzelf) en het Zelf, de grote moeder (het aardse, levengevende).

Het Zelf is bij Jung het centrale begrip in het proces van persoonlijke ontwikkeling. Het slaat niet, zoals bij Freud, op een bewust ego, maar het bevat de totaliteit van bewuste en onbewuste inhouden. Het realiseren van het Zelf is het in harmonie brengen van bewuste en onbewuste krachten.
Daarbij gaat Jung ervan uit dat het onbewuste niet door het bewuste kan worden beheerst en opgeslokt, omdat dit daarvoor te groot is. Het staat immers in verbinding met het collectief onbewuste en het goddelijk principe. Daardoor kan het realiseren van het Zelf een grote innerlijke vrede brengen: men heeft de leiding overgegeven aan een onzichtbare centrale kracht, waarbij tegenstellingen worden opgeheven.

De universele grondvorm van het archetype van het Zelf wordt, aldus Jung, getypeerd door een verdeling van de ruimte in vier segmenten, die samenkomen in een centrum. Een uitdrukking hiervan is het oude Keltische symbool van de drievoudige omheining dat staat voor het menselijk bewustzijn.
Het buitenste vierkant symboliseert het deel van de geest dat via de zintuigen met de tastbare wereld in contact staat. Het binnenste vierkant is het onbewuste dat goden en andere werelden kan waarnemen. Het middelste vierkant is het deel van de geest, dat ontvankelijk is voor de fysieke én de spirituele wereld.

De mens heeft altijd symbolen gebruikt om uiting te geven aan zijn inzicht in de dynamische, creatieve krachten achter het leven: de elementen, goden of kosmos.

Op een meer praktisch niveau zijn symbolen, vooral symbolische verhalen als mythen en legenden, gebruikt om uiting te geven aan abstracte begrippen als waarheid, rechtvaardigheid, heldhaftigheid, genade, wijsheid, moed en liefde. In Jungiaanse termen betekent dit dat ieder mens geboren is met een instinctieve voorkeur voor deze kwaliteiten, eigenlijk een set innerlijke blauwdrukken (archetypen) van wat het betekent een compleet mens te zijn.

Volgens Jung hangt onze psychische gezondheid samen met de mate waarin we de conflicterende archetypische krachten in onszelf aanvaarden en verwerken. Het streven naar zelfkennis door middel van symbolen is niet exclusief voor de psychologie van Jung : zelfkennis is een aspect van de spirituele verlichting die door alle grote filosofieën en godsdiensten wordt nagestreefd.

Krachtiger symbolen dan goden bestaan niet. Goden kunnen heftige emoties en grote krachten losmaken. In Jungs bewoordingen zijn goden bewuste uitingen van onbewuste archetypische krachten.

De goden en symbolen waarmee ze geassocieerd worden, komen in feite uit onze eigen psyche voort en ontlenen daaraan ook hun vorm.

Maar ze hebben zo'n sterke invloed op ons onbewuste dat het lijkt alsof ze afkomstig zijn uit een spirituele bron buiten ons. Daarmee is geenszins beweerd dat we de goden – of God – kunnen reduceren tot een spinsel van de collectieve verbeelding.

Want het collectief onbewuste zou immers met een nog dieper werkelijkheidsniveau in contact kunnen staan, een niveau dat de werkelijke creatieve bron van het leven is. Volgelingen van Jung stellen eigenlijk alleen dat we moeten inzien dat als we deze bron blootleggen, zij alleen een symbolische vorm kan aannemen.

Ook de Bijbel leert dat wie God in het gelaat ziet, niet meer verder kan leven. We kunnen God alleen in een beperkte symbolische vorm kennen.

Rituelen vormen een belangrijk element in alle samenlevingen, vroeger en nu. Een ritueel is een uitbeelding van een spirituele reis – of in Jungiaanse termen, een reis naar en door het collectieve onbewuste – waarbij het lichaam een symbool is van de geest. Rituelen kunnen laten zien dat we op doorreis zijn en herboren terugkeren, waarbij we onze identiteit hebben opgeofferd en een nieuwe levensfase zijn ingegaan. In veel religies weerspiegelen rituelen de veronderstelde orde in de hogere wereld en smeden een nauwere band tussen de menselijke en de goddelijke wereld.

De Grieks-Armeense mysticus en filosoof George Ivanovitch Gurdjieff heeft erop gewezen dat wij veel hebben van mensen die in prachtige huizen wonen maar eigenlijk nooit verder komen dan de kelder.
De menselijke geest is inderdaad te vergelijken met een prachtig huis maar als we onze aandacht niet richten op onderwerpen die verder gaan dan het alledaagse, blijven we beslist vreemden voor onszelf.

9.10 De Geheime Leer : getal 49

In mijn tweede boek heb ik enkele delen aangehaald, zoals Gottfried de Purucker "De Geheime Leer"van Héléna Blavatsy deze ooit opgesteld had. Uiteraard is hierbinnen een veelvoud van getalsmatige symboliek terug te lezen. Om er slechts enkele toe te lichten van de vele.

Deel I, Stanza 7 *De voorvaderen van de mens op aarde* (p. 265):

(a) De uitdrukking "door de zeven werelden van maya" heeft hier betrekking op de zeven bollen van de planeetketen en de zeven ronden of de negen-en-veertig fasen van actief bestaan, die de "vonk" of monade vóór zich heeft bij het begin van elke 'grote levenscyclus' of manvantara. De "draad van fohat" is de eerder genoemde **levensdraad**.

De Geheime Leer Deel I, *Samenvatting* (p. 317):

(xxvii.) "*Het eerstgenoemde – het oorspronkelijke bestaan – dat in deze (bestaanstoestand het* ENE LEVEN *kan worden genoemd, is, zoals is uitgelegd, een* VLIES *voor scheppende of vormende doeleinden. Het manifesteert zich in zeven toestanden, die met hun zevenvoudige onderverdelingen de negen-en-veertig vuren vormen, die in de heilige boeken worden genoemd……*"

318: (d) *De mens geeft zij alles wat zij aan alle andere gemanifesteerde eenheden in de natuur schenkt; maar bovendien ontwikkelt zij in hem de weerspiegeling van al haar* **negen-en-veertig** *vuren. Elk van zijn zeven beginselen is een volle erfgenaam van en deelhebber aan de zeven beginselen van de "grote moeder".*

Deel I, Hoofdstuk 5 *Over de verborgen godheid, haar symbolen en tekens* (p. 379):

Blavatsky's Chaos-Theos-Kosmos, de drievoudige godheid, is *"alles in alles"*. Daarom zegt men dat zij mannelijk en vrouwelijk, goed en kwaad, positief en negatief is. De hele reeks van tegengestelde eigenschappen. In latente toestand – in pralaya – is zij onkenbaar en wordt de *onnaspeurlijke godheid*. Zij kan slechts in haar actieve functies worden gekend, dus als *stof-kracht* en *levende geest*, de correlaten en het resultaat of de uitdrukking op het zichtbare gebied van de altijd ongekend blijvende uiteindelijke éénheid.

Op haar beurt is deze drievoudige eenheid de voortbrengster van de vier oorspronkelijke "elementen", die in onze zichtbare aardse natuur bekend zijn als de zeven (tot dusver *vijf*) elementen, die elk deelbaar zijn in **negen-en-veertig** of **zeven** maal **zeven** sub-elementen; er zijn er ongeveer zeventig aan de scheikunde bekend (omstreeks achttienhonderd vijftig). Elk kosmisch element, zoals vuur, lucht, water, aarde, die deel hebben aan de eigenschappen en gebreken van hun beginselen, is van nature goed en kwaad, kracht (of geest) en stof, enzovoort, en elk is daarom tegelijk leven en dood, gezondheid en ziekte, actie en reactie.

(*Zie* § xiv, 'De vier elementen'.)

Zij vormen altijd en voortdurend stof onder invloed van de nooit ophoudende impuls van het ENE Element het **onkenbare**, dat in de wereld van de verschijnselen wordt voorgesteld door **aether**, of door 'de onsterfelijke goden, die aan alles geboorte en leven schenken'.
388: Met de woorden van de Zohar: 'Het ondeelbare punt, dat geen grens heeft en tengevolge van zijn zuiverheid en glans niet kan worden begrepen, zette zich van *buitenaf* uit en vormde een schittering die het ondeelbare punt tot sluier diende': maar ook deze laatste *"was niet te zien* als gevolg van zijn onmetelijke licht. Ook deze *zette zich van buitenaf uit* en deze uitzetting was zijn kleed. Zo kwam door een voortdurende *opheffende* (beweging) ten slotte de wereld tot bestaan" (*Zohar I*, 20*a*).

De geestelijke substantie die door het oneindige licht wordt uitgezonden, is de *eerste* **sephira** of **shekinah** : *exoterisch* omvat Sephira alle andere negen sephiroth. *Esoterisch* omvat zij er maar twee6, *chochmah* of *wijsheid*, 'een **mannelijk**, *actief* vermogen, waarvan de goddelijke naam *jah* (יה) is', en BINAH, een **vrouwelijk** , passief vermogen, intelligentie, weergegeven door de goddelijke naam Jehova (יהוה); deze twee vermogens vormen, met sephira als derde, de joodse drie-eenheid of de kroon, **KETHER**. Deze twee sephiroth, vader, *abba* en moeder, *amona* genoemd, zijn de duade of de tweeslachtige *logos* waaruit de andere zeven sephiroth voortkwamen. (Zie de *Zohar*)

6) In het Indiase pantheon is de tweeslachtige logos Brahmā, de schepper; zijn zeven "uit het denkvermogen geboren" zonen zijn de oorspronkelijke rishi's – de "bouwers".

Deel I, Hoofdstuk 11 *Over elementen en atomen* (p. 629):

De monade – inderdaad een "ondeelbaar ding", zoals deze door God werd omschreven, die het woord niet de huidige betekenis gaf – wordt hier weergegeven als de *ātman* in vereniging met de *buddhi* en het hogere *manas*. Deze drie-eenheid is één en eeuwig, want de laatstgenoemde worden na de beëindiging van al het voorwaardelijke en *bedrieglijke* leven in het eerstgenoemde opgenomen. De monade kan dus alleen vanaf het beginstadium van het gemanifesteerde Heelal worden gevolgd op haar pelgrimstocht en bij de wisselingen van haar tijdelijke voertuigen. In de pralaya of de periode tussen twee manvantara's verliest zij haar naam, evenals zij deze verliest als het **werkelijke ENE** zelf van de mens opgaat *in Brahman*, in gevallen van hoge samādhi (de *turīya*toestand) of een uiteindelijk nirvāna; "als de leerling" in de woorden van Śankara "dat oer-bewustzijn, die absolute gelukzaligheid heeft bereikt, waarvan de aard de waarheid is, die zonder vorm en actie is, en zijn bedrieglijke lichaam achterlaat dat door de *ātman* was aangenomen, zoals een speler een (gebruikt) kledingstuk aflegt".

Want buddhi (het *ānandamaya omhulsel*) is alleen maar een spiegel die absolute gelukzaligheid **weerkaatst**; en bovendien is **die weerkaatsing** zelf nog niet vrij van onwetendheid, en zij is *niet* de opperste geest, omdat zij afhankelijk is van voorwaarden, want zij is een geestelijke modificatie van prakriti en een gevolg; alleen *ātman* is de enige echte en eeuwige grondslag van alles – de essentie en absolute kennis – de *kshetrajña*. Deze wordt in de esoterische filosofie 'de ene getuige' genoemd en wanneer hij in devachan rust, wordt naar hem verwezen als "de drie getuigen van karma".

De Geheime Leer Deel II, Stanza 2 Hoofdstuk *Zonder hulp vaalt de natuur* (p. 61):

'*De mens heeft vier vlammen en drie vuren nodig om één te worden op aarde, en hij heeft de essentie van de* **negen-en-veertig** *vuren nodig om volmaakt te zijn.*

De Geheime Leer Deel II, Hoofdstuk 24 *Het kruis en het pythagorische tiental* (p. 660):

Het is gemakkelijk om in de twee "geesten" – de Griekse accenten of tekens (",) waarover Ragon spreekt (zie boven) – atma en buddhi, of "de goddelijke geest en zijn voertuig" (geestelijke ziel) te herkennen.
Het *achttal* of de 8 symboliseert de eeuwige en spiraalvormige beweging van de cyclussen, de 8, ∞, en wordt op zijn beurt gesymboliseerd door de **Mercuriusstaf**. Het geeft de regelmatige ademhaling van de Kosmos aan, bestuurd door de acht grote goden – de zeven uit de oorspronkelijke moeder, de ene en de triade.

Geheime Leer Deel II, Hoofdstuk 25 *De mysteriën van het zevental* (p. 673):

Ragon geeft in zijn *Maçonnerie Occulte* een heel goede illustratie van het "hiëroglifische zestal", zoals hij onze dubbele gelijkzijdige driehoek, noemt. Hij toont het als het symbool van de vermenging van de "*filosofische drie* vuren en de *drie* wateren" waaruit de voortbrenging van de elementen van alle dingen resulteert. Hetzelfde denkbeeld vindt men in de Indiase gelijkzijdige dubbele driehoek. Want hoewel deze in dat land het teken van Vishnu wordt genoemd, is hij in feite het symbool van de triade of de trimurti. Want zelfs in de exoterische weergave is de lagere driehoek met de top naar beneden, het symbool van Vishnu, de god van het vochtige beginsel en het water ("*nârâ*-yana" of het bewegende beginsel in *nârâ*, water), terwijl de driehoek met de top naar boven Siva is, het beginsel van het vuur, dat wordt gesymboliseerd door de drievoudige vlam in zijn hand. Zie het bronzen standbeeld van Tripurantika Siva, "Mahadeva die Tripurasura vernietigt", in het museum van het India House.

Deze twee in elkaar gevlochten driehoeken – die ten onrechte het "zegel van Salomo'"worden genoemd, en die ook het embleem van onze Theosophical Society vormen – brengen tegelijkertijd het zevental en de triade voort en zijn het *tiental*, hoe dit teken ook wordt beschouwd, omdat alle tien getallen daarin zijn besloten. 696: De getallen zeven en negen-en-veertig (**7** x **7**) spelen, verspreid in duizenden Sanskrietteksten – sommige nog ongeopend, andere nog onbekend – en ook in alle Purāna's een heel belangrijke rol, zelfs in even grote, zo niet nog grotere mate dan in de joodse Bijbel. Men vindt ze vanaf de zeven scheppingen in Hoofdstuk één tot de zeven stralen van de zon bij de eindpralaya, die zich tot zeven zonnen uitzetten en het materiaal van het gehele Heelal opnemen.

678: Wanneer de lezer de zevenvoudige samenstelling van goddelijke hiërarchieën en van kosmische en menselijke constituties in gedachten houdt, zal hij gemakkelijk begrijpen dat Jah-Noach aan het hoofd staat en de synthese is van het lagere kosmische Viertal. De bovenste sephiroth-triade – waarvan Jehova-binah (intelligentie) de linker, vrouwelijke, hoek is – emaneert het Viertal. Het laatstgenoemde, dat op zichzelf de 'hemelse mens' symboliseert, de geslachtloze Adam Kadmon, gezien als de Natuur in het abstracte, wordt weer een zevental door uit zichzelf de overige drie beginselen te emaneren, de lagere aardse, gemanifesteerde stoffelijke Natuur, de stof en onze aarde (de zevende is Malkuth, de 'bruid van de hemelse mens'), en vormt zo met de hogere triade, of kether, de kroon, het volledige getal van de sephiroth-boom – de 10, het totaal in eenheid of het Heelal. Naast de hogere triade zijn er zeven lagere scheppende sephiroth.

Het bovenstaande doet niet rechtstreeks ter zake, hoewel het nodig is het in gedachten te houden om gemakkelijker te begrijpen wat er volgt. De vraag die aan de orde is, is te bewijzen dat Jah-Noach, of de Jehova van de Hebreeuwse Bijbel, de veronderstelde schepper van onze aarde, van de mens en van alles op aarde, is:
a) Het laagste zevental, de scheppende Elohim – in zijn kosmische aspect.
b) De **tetragrammaton** of de Adam Kadmon, "de hemelse mens" van de vier letters – in zijn theogonische en kabbalistische aspecten.

c) Noach – identiek met de sishta van de hindoes, het menselijke zaad, dat uit een eerdere schepping of manvantara is overgebleven voor het bevolken van de aarde, zoals het in de Purāna's wordt uitgedrukt, of het voordiluviaanse tijdperk, zoals het allegorisch in de Bijbel wordt voorgesteld – in zijn kosmische karakter.

H.P. Blavatsky: Deel II, Hoofdstuk 25 *De mysteriën van het zevental* (p. 713):
Voor christenen en gelovigen zou deze verwijzing naar Zacharia en vooral naar de brief van Petrus (1 P. ii, 2-5) voldoende moeten zijn. In de oude symboliek wordt de mens, in het bijzonder de *innerlijke* spirituele mens, "een steen" genoemd. Christus is de hoeksteen, en Petrus noemt alle mensen "levendige" (levende) stenen. Daarom kan een "steen met zeven ogen" slechts betekenen wat we zeggen, d.i. een mens van wie de samenstelling (of 'beginselen') zevenvoudig is.

Om het voorkomen van de **zeven in de Natuur** nog duidelijker aan te tonen, voegen we hieraan toe dat het getal zeven niet alleen de **periodiciteit** van de levensverschijnselen beheerst, maar dat het ook een sterke invloed heeft op de reeks scheikundige elementen en even oppermachtig is in de wereld van het geluid en in die van de kleur, zoals deze ons door de spectroscoop wordt geopenbaard. Dit getal is de factor *sine qua non* bij het voortbrengen van occulte astrale verschijnselen.
723: Zij is in feite nauwer verwant aan de Brahmaanse logos dan aan de boeddhistische logos. Om mijn bedoeling duidelijk te maken, kan ik er hier op wijzen dat de logos zeven vormen heeft. Met andere woorden, er zijn zeven soorten logoi in de kosmos.

Elk van deze is de centrale figuur van een van de zeven hoofdvertakkingen van de oude wijsheid-religie geworden. Deze classificatie is niet de zevenvoudige classificatie die wij hebben aangenomen. Ik doe deze bewering zonder enige vrees voor tegenspraak. De ware classificatie voldoet aan alle eisen van een wetenschappelijke classificatie. Zij heeft zeven verschillende beginselen, die overeenkomen met de **zeven verschillende** toestanden van prajñā of bewustzijn. Zij overbrugt de kloof tussen het objectieve en het subjectieve, en geeft de geheimzinnige kringloop aan die de ideatie volgt. De zeven beginselen zijn verbonden met zeven toestanden van de stof en met zeven vormen van kracht. Deze beginselen zijn harmonisch gerangschikt tussen twee polen, die de grenzen van het *menselijke* bewustzijn bepalen.'

De Geheime Leer Deel II, Hoofdstuk 25 *De mysteriën van het zevental, De zeven zielen van de Egyptologen* (p. 721):

Dit figuur heeft u reeds aangetroffen in mijn tweede boek onder hoofdstuk 16.4.

VII	Goddelijke geest
VI	Spirituele ziel
V	Verstandelijke ziel, de intelligentie
IV	Het hart, het gevoel, dierlijke ziel
III	Astrale lichaam, evestrum, siderische mens
II	Levenskracht, archaeus, mumia
I	Het elementaire lichaam

Noot bij tabel: Er schijnt bij de westerse kabbalisten een verwarring te bestaan die al eeuwen duurt. Zij noemen *ruach* (geest) wat wij *kama*-rupa noemen; terwijl bij ons ruach "de spirituele ziel" *buddhi*, zou zijn en *nephesh* het vierde beginsel, de vitale dierlijke ziel. Eliphas Lévi begaat dezelfde fout.

Het is mogelijk de 'Zevenvoudige samenstelling van de mens' met behulp van een 'dubbelkwadrant' weer te geven.

H.P. Blavatsky: *Geheime Leer* Deel I Stanza 7 *De voorvaderen van de mens op aarde* (p. 269):

Zoals u ook reeds in boek 2 heeft kunnen terugvinden, het hieronder getoonde schema.

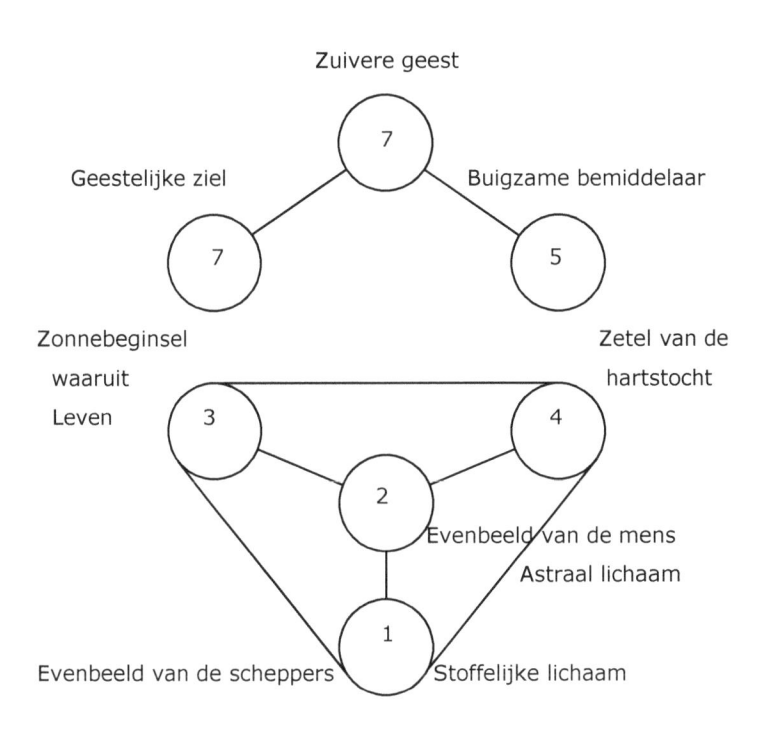

```
                        Zuivere geest
                            (7)
     Geestelijke ziel              Buigzame bemiddelaar
          (7)                            (5)
      Zonnebeginsel                    Zetel van de
        waaruit                         hartstocht
        Leven     (3)              (4)
                      (2)
                          Evenbeeld van de mens
                          Astraal lichaam
                      (1)
  Evenbeeld van de scheppers    Stoffelijke lichaam
```

De zeven Bewustzijnstoestanden

De gemiddelde mens is zich niet bewust van zijn volledige potentieel. Zolang ons leven nog vrijwel geheel bepaald wordt door de drie onderste chakra´s zijn we nog niet volledig mens geworden. De onderste **drie chakra´s,** 1) overleven, 2) voortplanting en 3) persoonlijke kracht, werken immers ook in de dierenwereld en lopen parallel aan de drie relatieve bewustzijnstoestanden, te weten slapen, dromen en waken.
Het specifiek menselijke komt pas tot uiting en bloei na de opening van de vierde ofwel **hartchakra**. Pas hier worden we ons bewust van onze essentie, onze ziel die eeuwig en onsterflijk is. Dus naast slapen, dromen en waken zijn we ontworpen om ook een vierde bewustzijnstoestand te ervaren : Zelf-bewustzijn.

Op basis van de ervaring van onze ware identiteit, ons authentieke Zelf, kan zich nog een verdere ontplooiing van ons bewustzijn voltrekken, waarbij de drie hogere chakra´s verlevendigd en geopend worden.
De opening van de **keelchakra**, de **voorhoofdchakra** en de **kruinchakra** is het spontane gevolg van de ervaring van drie hogere ofwel subtielere dan wel wijzere, meer waarheidsgetrouwe innerlijke bewustzijnstoestanden. Deze kunnen aangeduid worden met de namen Kosmisch bewustzijn, Godsbewustzijn en Eenheidsbewustzijn.
In Kosmisch bewustzijn zijn we onszelf in alle omstandigheden. We doen ons zelf niet meer anders voor dan we zijn. We zijn altijd gevestigd in ons ware Zelf.

In Godsbewustzijn worden we ons bewust van het kosmische plan via hetwelk zich alle ontwikkelt, en we zien de kosmische Creatieve intelligentie, die in kerken God, en in moskeeën Allah wordt genoemd etcetera, weerspiegeld in elk onderdeel van de schepping.
In Eenheidsbewustzijn zien we de eenheid die alle veelvoud doordringt. We beseffen dat alles een manifestatie is van ons kosmische zelf. Pas in deze natuurlijke en ontspannen toestand van eenheidsbewustzijn hebben we ons volledige potentieel gerealiseerd. Met andere woorden, pas dan zijn we volledig mens geworden. Pas dan zijn we volledig ontwaakt uit alle misverstanden over God, onszelf en de wereld. Pas dan is er sprake van werkelijke emotionele en verstandelijke volwassenheid!

Geheime Leer Deel II Stanza 4 *Schepping van de eerste rassen* (p. 118): De onderstaande parallel lopende volgorde kan men vinden in de evolutie van de elementen en van de zintuigen; of in de kosmische aardse 'mens' of 'geest' en de sterfelijke stoffelijke mens.

1. ether **Gehoor** geluid
2. lucht **Tastzin** geluid en tastzin
3. vuur of licht **Gezicht** geluid, tastzin en kleur
4. water **Smaak** geluid, tastzin, kleur en smaak
5. aarde **Reuk** geluid, tastzin, kleur, smaak en reuk

	Blavatsky Deel III, p. 514:		
Vuur	**Lucht**	**Water**	**Aarde**
Lente (Oost)	Zomer (Zuid)	Herfst (West)	Winter (Noord)
Tastzin (voelen, Huid)	Gezicht (zien, Ogen)	Smaak (proeven, Tong)	Reuk (ruiken, Neus)
Kindsheid	Aankomende leeftijd	Volwassenheid	Ouderdom

Blavatsky Deel III, p. 551:

Het is gemakkelijk te begrijpen dat de hoogste twee tattwa's en de twee zintuigen (het 6e en het 7e) overeenkomen met de twee hoogste menselijke beginselen, Buddhi en het aurische omhulsel, doortrokken van het licht van **Âtma**.

Blavatsky Deel III, p. 628, DIAGRAM V:
5e, 6e en 7e zintuig: Gehoor (Ether; Oren; Spraakorgaan), Geestelijk verstand (Goddelijke vlam; Astraal lichaam en hart) en De hogere synthetische zin die alle omvat, Tanmâtra's (Akasha; licht van kundalini).

Voor de mens geldt de goddelijke geboorte, de adolescentie, volwassenheid (geestelijke groei) en de ouderdom (overgang).

Het boeddhisme onderscheidt lichamelijke en geestelijke gevoelens, buitenwereld en binnenwereld, hardware en software. Het reflexieve bewustzijn heeft een lichamelijke en een geestelijke kant. Gevoelens verzorgen de reflectie, de feedback.

What's in a name?
De **vijf-elementenleer** van de Traditionele Chinese Geneeskunde geeft van de vijf zintuigen deze doorsnede:

Hout	**Vuur**	**Metaal**	**Water**
Lente (Oost)	Zomer (Zuid, Vuur)	Herfst (West)	Winter (Noord)
Ogen (zien)	Tong (spreken)	Neus (ruiken)	Oren (horen)

Aarde, in het centrum: vijfde Zintuig, Mond (proeven).
In de Traditionele Chinese Geneeskunde zijn **spreken en horen** wel complementair.

De Chinese astrologie maakt van **vijf elementen** gebruik. Het **pentagram** kan staan voor het evenwicht van de vijf elementen of voor de vijf klassieke zintuigen: voelen, zien, ruiken, horen en proeven. Het pentagram heeft vijf gelijke hoeken van zes-en-dertig graden, wat pythagorisch opgeteld weer het getal negen oplevert. Het vijfde zintuig wordt in het rapport 'Eenheid in Verscheidenheid' met **communicatie** (Spreken en Luisteren) in verband gebracht. Voor goede communicatie is kunnen luisteren, het kunnen aanvoelen, empathisch vermogen van cruciaal belang. Er geldt niet voor niets: "Spreken is zilver en zwijgen is goud".

Sinnett voegde aan het vierde beginsel Kâma het Sanskrietwoord voor lichaam - rûpa - toe. Het woord kâma-rûpa (thumos) staat voor hartstochten en begeerten. Het gaat mis wanneer natuurlijke begeerte naar "genoeg" verandert in hebzucht naar "meer" (epithumia). Zoals we hierna zullen zien onderscheidt **professor Frijda** niet alleen gevoelens, maar gevoelens en emoties.

Samkhya Vijf elementen en hun eigenschappen.

Naast de zintuigen zijn er ook denken (manas), kennen (buddhi) en de ziel, de kenner van het veld (ksetrajna). Deze functioneren als een soort zintuigen, behalve dat manas, buddhi en ksetrajna ieder de erboven liggende omvat. Het denken heeft als informatie niet alleen gedachten, maar ook wat uit de zintuigen komt. Het kennen (buddhi) heeft gedachten en zintuigelijke informatie nodig om te kunnen beslissen. Ksetrajna schouwt alles toe.

De 4 wereldbeelden

namens Will McWhinney

"To Will, a Hommage"

The Power of Will

Came out of his Heart

He translated his Poetry

into Theory

and felt he Failed

because nobody understood

He did not realize

that Poetry is Eternal

and Theories are Temporary

His Love for Mankind

gave him so much Energy

that he forgot to take Care Of Himself

He Struggled until the end

to bring his Message to the World

He did not realize that his message

already Inspired many People

He was Afraid to Die

because he could not Believe in a God

He did not realize that His Love is Eternal

and that he was the Messenger of that Love

Now Will has Left his World

But his Spirit and his Poetry

Will InSpire

We will take over the Torch

that he Set into Fire

Hans Konstapel

http://hans.wyrdweb.eu/poetry/will/

Levensloop

Tijdens mijn zoektocht naar informatie over Will McWhinney kwam ik in contact met Jim Webber. Tijdens de correspondentie met Jim gaf hij mij zijn volgende beschrijving over McWhinney. Deze zij het korte beschrijving over zijn levensloop geeft meer inzicht in een groot wetenschapper, die blijkbaar in eigen land ook niet zo heel erg bekend was bij een groot publiek.

"William Houston McWhinney, Ph.D.

July 2, 1929—April 6, 2007

Will McWhinney was a designer, consultant, and educator. He first worked in the early 1950's with the Bell System designing computer and operations research applications. Following his doctoral work at Carnegie Mellon University, he co-found a business school at Leeds University (England) and created the first American STS program at the UCLA Graduate School of Management. By the late 1960's he was working to form the earliest of the high-performing open system organizations in manufacturing plants and in community development, social and physical design. Following the civil rights riots in Los Angles he joined efforts to rebuild housing and the arts community in central Los Angeles, and continued working with marginalized groups and non-profit organizations.

 In 1979 he helped found the innovative doctoral program in Human and Organizational Systems for mid-career professionals at the Fielding Institute in Santa Barbara. A program that primarily educates through both face-to-face mentoring and using electronic communication.

 Publication of Will's Paths of Change, (Sage,1992, 1997) established a new combination of analytic and expressive tools for resolving complex issues in organizations and communities. The sequel, Creating Paths of Change, (2nd Ed, 1996, Sage) made the tools particularly user friendly for change managers and consultants.

An unfinished work, Grammars of Engagement, was working toward taking system theory into a new exploration of communications and conflict resolution.

Will was chairman of the board of HealthSpan International, an organization bringing health care and telemedicine to Tanzania. He was founding editor of the Journal of Transformative Education, past president of the Association for Humanistic Psychology, past vice-president of International Synergy, and headed his own consulting organization, Enthusion, Inc. in Venice, CA."

--
James B. Webber, PhD
Sages in Bloom
5 Wild Pasture Road
Kensington, NH 03833
603 778 1549

Met dank aan Jim (James) Webber voor zijn persoonlijke introductie in dit boek.

Persoonlijke introductie

Wat kunnen we van het organisatiehandboek "4 World Views" van Will McWhinney leren ?

Laten we als voorbeeld eens kijken naar een huiselijke situatie. Daar zie je elke dag een berg kleren in een hoek liggen. Je besluit naar een groot geel-blauw Zweeds woonwarenhuis te gaan om daar een kast uit te zoeken. Het ziet er allemaal redelijk goed uit en de versie die het meest voldoet aan je wensen, koop je. De kast wordt compleet in onderdelen geleverd en er wordt ook een gebruiksaanwijzing cq. bouwtekening meegeleverd. Welke 4 facetten kun je hierin ontdekken ?

De essentie van de kast is dat het orde schept in de kleren-"chaos". Dit wordt vorm gegeven door de afgemeten onderdelen en de bijgevoegde beschrijving. De waarde van de kast is dat het je een "opgeruimd gevoel geeft". Dat je 'm mooi in het interieur vindt passen, dat de kleur goed is en dat je niet steeds ruzie krijgt met je partner over de klerenbende. De inspiratie kwam daar namelijk vandaan ; het idee om iets aan de klerenwanorde te doen.

Inmiddels heb je ook thuis zitten passen en meten hoe groot de kast zou kunnen zijn, welke vorm en uitvoering het beste past in je interieur. Als "niet-expert" ben je vervolgens prima in staat de kast thuis in elkaar te zetten.

Stel je gaat onverhoopt verhuizen. Dat betekent dat je omgeving anders is geworden. De kast gaat uiteraard mee, je hebt 'm nog niet uitgepakt en nog niet in elkaar gezet. Nu komt het erop aan in welke mate je kennis en gevoel hebt met de 4 aspecten, die ik hierboven beschreven heb. Lukt het je om de kast in deze nieuwe omgeving te bouwen ?

Allereerst speelt hier het idee of je überhaupt de kast meeneemt naar het nieuwe huis, je gaat meten en afwegen, waar die in het nieuwe huis terecht zou kunnen komen. Door de opgedane mogelijkheden zou je het idee kunnen oppakken het bouwpakket mee te nemen naar je nieuwe huis, want je ziet wel mogelijkheden voor aanpassingen. Daarbij dient te worden voldaan aan de gestelde kaders. Dat zijn voornamelijk de onderdelen en in mindere mate de tekening.

Ondanks dat je interieur geheel anders is, vind je dat de kast wel thuishoort in het huis, het behoudt haar waarde, zij het in een andere vorm en kleur.

Zou je nu een expert zijn en je zou de ingrediënten van dit verhaal meenemen, dan zou je daarmee in staat kunnen zijn om een geheel nieuwe kast te bouwen met de onderdelen die je hebt. Je "houdt" je aan de beperkingen van de onderdelen (kaders), alleen je bouwt de kast volgens deze interieurwensen, wellicht verzaag je enkele onderdelen en stelt daarmee de kast anders samen.

De essentie van het pakket is hetzelfde : orde scheppen. De waarde van de kast blijft ook het zelfde, zij het nu in een nieuw samenstelling en kleur, aangepast aan het nieuwe interieur. Dat komt omdat je je goed in deze context verdiept hebt en hebt ingevoeld en ingeleefd in de nieuwe situatie.

Op basis van die waarnemingen heb je dat met de juiste intentie – de kast behouden voor het nieuwe huis – je laten inspireren en daardoor ben je in staat het te "vertalen" naar iets nieuws naar ieders tevredenheid. Hoe praktisch is dit voorbeeld ? Zou je het zelf zo aanpakken of ontbreekt er op 1 van de 4 punten enige kennis of vaardigheid ? Dit voorbeeld laat zien dat ook met simpele alledaagse dingen het model van McWhinney dus een hele praktische en pragmatisch handboek is.

Om je een ander voorbeeld te geven. Een regel werkt niet, dus we voegen er een nieuwe bij die de uitzondering op die regel ook tackelt. De essentie van deze uitzondering is niet dat de regel niet goed zou zijn. De regel "schaadt" op de 1 of andere manier waarden. Het heeft dus geen zin een sociaal ongenoegen van de regel te gaan corrigeren met een extra of andere regel. Anders gezegd, de regel herkent de onderliggende waarde, de betekenis niet meer en regelt alleen omdat het vanuit haar essentie een regel is.

De dialoog zou zich echter dienen uit te strekken tussen de regelvoerders en degenen die veranderingen van die regels wensen. Vervolgens wordt een onderzoek opgestart om te kijken naar de mogelijkheden. Ten slotte wordt het idee gerealiseerd en getoetst op pragmatisme. Daarmee zijn alle zeg maar speelvelden betrokken bij de ultieme uitkomst en heerst er weer harmonie.

Wat ik wil laten zien is dat het binnen een huiselijke situatie zoals ik dat geschetst heb, wel heel goed kan gaan terwijl het binnen organisaties ineens zeer ingewikkeld is of onoplosbaar lijkt. Misschien is dat in deze fase ook wel zo. Kunnen we er iets aan doen ? Misschien. Veel leesplezier.

1. Inleiding

Met dit boekwerk tracht ik aan te geven, hoe beperkt modellen of methodieken kunnen zijn en dat kennis en inzichten in slechts 1 van genoemde modellen of methodieken je juist die beperkingen kan opleveren. Omdat ik zowel profileringsmethodieken combineer met verschillende organisatiemodellen, wordt het totaalbeeld afgedekt, voor zo ver ik dit kan overzien. Want elke werkelijkheid is een perceptie van mij persoonlijk.

Heeft het model van Will McWhinney ook die beperkingen ? Misschien wel. In overleg met en op aanraden van Jan Lelie, die ook persoonlijk samengewerkt heeft met Will, verander ik het woord "model" in geval van het gedachtegoed van McWhinney in een "Metapraxis". Wat betekent dit in de context van dit boekwerk ? Jan's suggestie sluit geheel aan bij het volgende. Toen ik destijds "Creating Path's of Change" via het internet uit Amerika besteld had, verwachtte ik een mooi en exclusief "theoretisch" boek van McWhinney. Niets was minder waar. Het was een soort werkboek met wel de gewenste informatie erin verwerkt, echter op een heel praktische wijze vormgegeven zoals ik aangeduid heb. Een echte "Metapraxis" dus. Wat bedoel ik met een metapraxis ?

Modellen worden over het algemeen nogal eenzijdig opgepakt. Een model is meestal vrij statisch en een platte, uitgeholde weergave van de werkelijkheid. Zoals ik heb beschreven in het voorbeeld bij mijn persoonlijke introductie is het dagelijkse leven alles behalve statisch. Wanneer we momentopnames maken van het profiel van een individu, of dat nu met Belbin, het enneagram of MBTI is, of dat we een "foto" maken van de huidige "cultuur" binnen een organisatie met behulp van Porter of Spiral Dynamics.

Als je de dynamiek erachter vergeet – en dat zijn volgens Will de spellen die gespeeld worden rondom het persoonlijk probleem of het organisatie issue, dan wordt de oplossing niet het ultieme antwoord. Wij in het Westen denken te veel in oplossingen, dat houdt simpelweg in dat we binnen de kaders (blijven) denken waar het probleem zich afspeelt. Het spel wordt gespeeld op ons eigen veld, want daar zijn we op ons best, het is onze thuiswedstrijd.

Tot zover de toelichting vanuit de context van het hanteren van een model of methodiek ten opzichte van een handboek te hanteren, een metapraxis, namelijk die van Will McWhinney. In dit boek lees je wat het "Metapraxis" van McWhinney kan betekenen in relatie tot de huidige problematiek binnen organisaties en de maatschappij met daarnaast de vergelijking van zijn metapraxis met erkende profileringsmethodieken en organisatiemodellen.

Begrijpen van al deze materie is hanteren, invoelen betekent dat je ermee kunt spelen.

Veel succes met je leerwegen en het leren spelen met dit handboek.

2. Esoterische benadering

2.1 Creëren of Genereren

Waarom zijn de cijfers één, twee en drie zo belangrijk in de Bijbel, binnen de esoterie, het enneagram en ook binnen I Tjing ?

Net als Gottfried Leibniz zo gemakkelijk praatte over de monaden, de enkelvoudigheid of één vanuit de Leegte, de Void, zijn vermeende "nul", kun je deze paradox versterken door de vraag te stellen wat die Leegte dan eigenlijk is. Kun je de Void definiëren ? De definitie van de Leegte wordt bepaald door het karakteristieke van het omhulsel of de omhulling ervan. Als er geen sprake is van een omhulsel, kan er dus geen sprake zijn van een Leegte. Dat klinkt nogal cryptisch.

Het begint allemaal met de Oer-Leegte, het Alles-en-Niets, de Void, de "Nul". Uit deze leegte ontvouwt zich de Één, de Één is gecreëerd. Die Éne is de Mover die zich beweegt, vanuit het centrum. De Één observeert zichzelf, zodat het er Twee worden. De Één wordt zich ervan bewust. De Twee breiden zich uit, zodat het er Drie zijn, de Drie-eenheid. De eerste Twee worden Control (manlijk) en Desire (vrouwelijk) genoemd. Het Éne blijft het Bewustzijn en blijft in het centrum. De Één vervalt dus in -1, +1 = 0, de Void, de "Alles-en-Niets"-Leegte.

De Twee worden vervolgens in tweeën gedeeld, zodat er 4 krachten of World Views ontstaan. Dat laatste is waar Will McWhinney over spreekt. Control en Desire worden "gecompenseerd" door de Spirit en Soul.

De Één, het Bewustzijn, is en blijft altijd in het midden. Nu zijn er vijf, het Pentagoon. Deze 5 tezamen vormen de zogenaamde Hu-Man. Het bevat :

- Control – macht
- Desire – wens
- Spirit – creativiteit
- Soul – liefde, emotie
- Consciousness – bewustzijn

Laten we McWhinney's 4 Wereldbeelden nogmaals eens in deze context bezien. Als we dat beschouwen in de context van de esoterische gedachte betekent dit, dat in het "centrum" van deze 4 wereldbeelden nummer 5 staat, het Bewustzijn of wel Consciousness.

Unitary (regels)	**Sensory** (zintuiglijk)
Mythic (opportunities)	**Social** (sociaal)

Of :

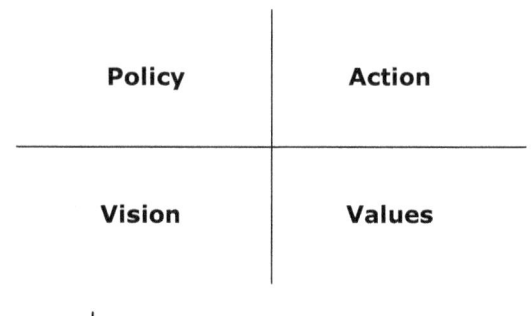

Policy	**Action**
Vision	**Values**

┼ = bij beide het "consciousness"

Als we over creaties spreken op het niveau vanuit de Void bezien, dan zijn we alle "Divine Fractals" van een Hogere Macht. Op deze wijze zijn ook de 4 Wereldbeelden van McWhinney te beschouwen. De fractalisatie of het fractaalprincipe is uiteraard op elk willekeurig veld van toepassing. Je kunt dit lezen als een "fractale hiërarchie" binnen de samenleving als ook binnen elke organisatie. Hebben we het over fractalen, dan zit daar onomstotelijk de materie aangaande Chaostheorie aan verbonden. Meer over de chaotiek kun je in hoofdstuk 8 lezen.

Will McWhinney beschouwt de 4 "cellen" als 4 speelvelden. De speelvelden waar de strijd zich afspeelt in geval van een dialoog of een dilemma. Wanneer je top-down leest, kun je zeggen dat het Management Team op hoofdlijnen een strategie uitzet. Op dat niveau zal er dus een dialoog plaatsvinden over de in te slagen weg. Op elk niveau lager – simpel gezegden "afgeleide van het hoogste niveau" – zal deze strijd ook weer plaatsvinden. Zo gaat dat de hele organisatie door tot op het laagste niveau, hiërarchisch gezien, steeds als een fractale fasering van het bron niveau. Zie hier de kracht van het model van McWhinney.

	Unitary – T "cognitieve"	**Sensory – S** "zintuiglijke"
	Unitary	Sensory	**Social – F** "hart"
	Unitary / Sensory / mythic / Social	Social	

2.2   Porter vs McWhinney

De laatste – Consciousness – verbindt de mens aan het Ene, de Void. Een mens is een dynamische instabiliteit, waarbinnen de vier krachten constant bezig zijn om Harmonie te vinden. Het observeert en het weerspiegelt. Dit helpt de krachten bij het vinden van de balans. Dat wat in balans is, kan blijven resoneren.

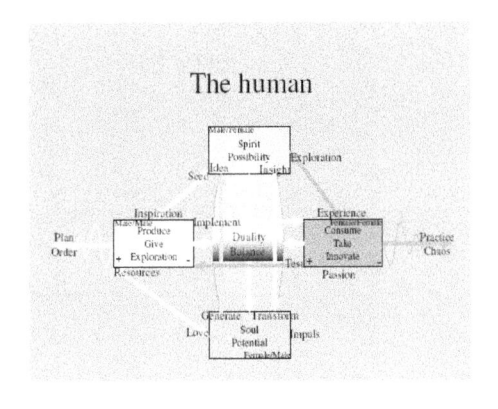

Wat in balans is, creëert vanzelf een hiërarchisch verhoogde neutraliserende kracht, ook wel Tao genoemd. Afhankelijk van de context van deze resonantie, is deze Tao benoembaar. Eigenlijk is de Tao onbeschrijflijk. Dus alles wat jij of ik erover schrijf of zeg, is per definitie op voorhand al onvolledig.

Laten we er toch nog eens een willekeurig model naast leggen, bijvoorbeeld het wereldbekende 5-krachtenmodel van Michael Porter. In hoeverre herken je de door mij aangehaalde motivatie hierin ? Voor de duidelijkheid zal ik je de verschillende zaken eens in een tabel naast elkaar tonen.

Is het toevallig dat ik door middel van de aangehaalde tekstdelen nu opnieuw terugkom op het 5-krachtenmodel van Porter ? Het geeft des te meer aan dat de holistische benadering van elk willekeurig systeem haar meerwaarde behoudt, wanneer je het als zodanig beschouwt, als geheel. Naar beelden kijken betekent het geheel zien.

De vergelijkingstabel van Lo Shu, Porter en McWhinney hieronder.

Lo Shu - Pentagram	Michael Porter 5 Force	Toelichting	McWhinney's 4 World Views
Duality Balance	Industry Competitors	Stabiele marktverdeling "live and let live"	Centre Consciousness
Spirit Possibility	Potential Entrants	Nieuwkomers anders geïnspireerd met nieuwe mogelijkheden	Mythic Opportunities
Consume Take Innovate	Buyers	Interacties met afnemers, aanbod & vraag afstemmen	Unitary Deals & Rules
Soul Potential	Substitudes	Concurrentie & productvervalsing USP garanderen best quality/price products or services	Social Values
Produce Give Exploration	Suppliers	Interacties met toeleveranciers vraag & aanbod afstemmen	Sensory Exploring & Acting

De eerste rij staat voor het bewustzijn van de 4 daarop volgende rijen, velden. De brongedachte ligt inderdaad in lijn van elkaar. McWhinney geeft met zijn model hierin de sociaal-organisatorische aspecten weer, die spelen binnen deze 5 krachten van Porter. Hoe sterk deze invalshoek van de sociaal-organisatie daadwerkelijk is, leg ik je uit in hoofdstuk 4 en 5.

Begrijp je nu ook de reden waarom een model als het 5-krachtenmodel van Michael Porter zo leeg is van enige menselijke aspecten ? Daarom is het ook zo belangrijk om modellen maar niet klakkeloos voor waar aan te nemen en eerst voorzien van de menselijke waarden binnen de context van de organisatie, waar het speelt. Porter heeft je een handreiking gedaan, de rest zal je zelf kunnen doen, jij bent namelijk degene die de context het beste kent voor jouw dilemma.

3. De breinvierdeling

3.1 Katherine Benziger

De hersen- of breinvierdeling volgens Katherine Benziger kent haar eigen dominantie en daarbij komt in gekruiste vorm de "Perceiving"- en "Judging"-modus tot uiting, respectievelijk voor "afwachtend" of "creatief" versus "besloten" of "oordelend". Deze indeling geeft de onderliggende waarden weer van elk deelgebied binnen je denken. Meer in mijn vorige boeken.

Je ziet dat hieronder schematisch terug.

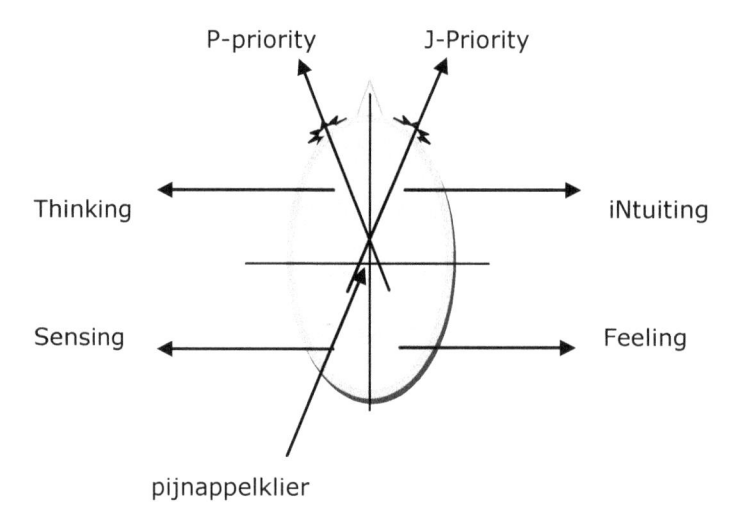

```
              P-priority        J-Priority

   Thinking  ←───────────×───────────→  iNtuiting

   Sensing   ←───────────────────────→  Feeling

              pijnappelklier
```

In het centrum van deze vierdeling ligt de Pineal Gland, volgens René Descartes al een mystiek orgaan. Het zou betrekking hebben op het probleem van een onsterfelijke ziel die in een sterfelijk lichaam zou huizen. Voor zover bekend is Plato de eerste filosoof die zich met dit probleem bezig hield. Daarnaast heeft René Descartes hier uitgebreid over geschreven. Hij stelde dat de interactie tussen lichaam en ziel plaatsvond in de pijnappelklier of Pineal Gland.

Eigenlijk is dit bewustzijn op een ander niveau dan getekend, het staat er namelijk "boven".

Dan wordt het dus :

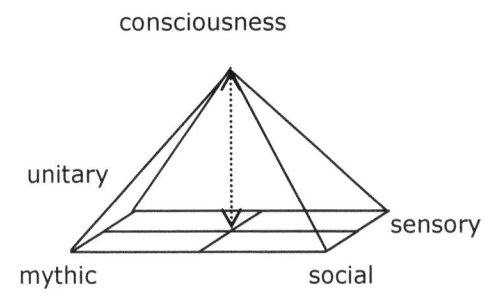

```
                    consciousness
                         △
              unitary  ╱ │ ╲
                    ╱   │   ╲
                  ╱     ▼     ╲  sensory
                ╱_____╲
              mythic       social
```

In zoverre is dit in analogie met Gurdjieff's enneagram, waarbij ook elke rondgang van de negen posities van het enneagram een verhoogde bewustzijnsstatus oplevert. Beginnend op een willekeurig fractaal niveau kun je binnen het model van McWhinney ook doorgroeien naar een hoger niveau. Daarbij is het startveld – Unitary-Sensory-Social-Mythic – afhankelijk van je eigen profiel. Je zelf net zo lang ontwikkelen totdat je je op het "centrale veld" bevindt, het hoogst haalbare, de minst fractale fase binnen het model. In welk veld begin jij of beter, binnen welke van de 4 wereldbeelden val jij eigenlijk ?

3.2   Benziger vs McWhinney

In een poging te onderzoeken wat er allemaal verborgen zit in dit ogenschijnlijk simpele model van McWhinney was 1 van de eerste dingen de associatie met de Myers Briggs Type Indicator. Deze profilerings-methodiek kent namelijk 4 typologen, namelijk SP – de Vaklui, SJ – de Wachter, NT- de Rationalist en ten slotte NF – de Idealist. De verbintenis was 1 stap te ver, waardoor ik op de fysieke 4-deling van Katherine Benziger terecht kwam. Dat was een klein stapje terug. Hoe kun je deze associatie van beide modellen beschouwen ?

Hieronder zie je in de bovenste matrix de weergave zoals McWhinney deze hanteert. Als ik deze matrix met al haar termen omzet naar de fysieke positionering volgens de hersenvierdeling van Katherine Benziger, betekent dit dat McWhinney's matrix er uit gaat zien, zoals in de tweede matrix is weergegeven.

De eerste matrix :

Unitary – T "cognitieven"	**Sensory – S** "zintuigen"
Mythic – N "onderbuik"	**Social – F** "hart"

geeft :

Unitary – T "cognitieven"	**Mythic – N** "onderbuik"
Sensory – S "zintuigen"	**Social- F** "hart"

Als ik dus zijn 4 Wereldbeelden bezie in de schema's en beschrijving, kom ik bij het volgende overzicht uit.

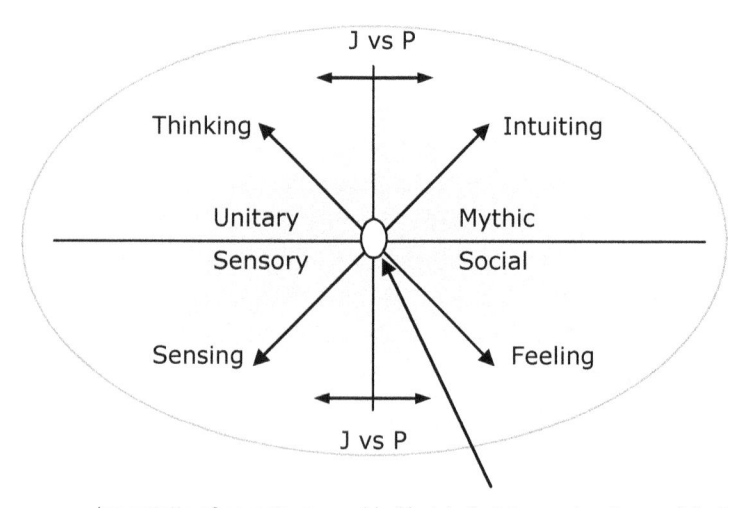

bewustzijn of consciousness (de "fysieke" plek van de pijnappelklier)

Hierbij heb ik Will McWhinney's schema omgezet volgens de hersenvierdeling van Katherine Benziger. In het midden zie je volgens Will McWhinney het punt van het bewustzijn. Afhankelijk van je persoonlijke groei een lagere of meer hoge "positie" innemend boven de 4 interactievelden. Dat Will McWhinney een heel sterk "hart"-gevoel had, blijkt vanuit zijn heldere uiteenzetting op sociaal-psychologisch opzicht.

Zoals je kunt lezen, richtte hij zich als geen ander op het sociale aspect. Hierdoor was hij in staat om terminologieën aan zijn model te hangen, zoals die ook binnen de psychologie voorkomen. Zo kende hij aan alle 5 statussen een term toe, "a psychopathic addiction" of wel de psychopathische verslaving (doorgeslagenheid) per denkstijl of per "*World View*".

4 World Views and #5	Psychopatic addiction	Description
Sensory	Schizophrenic	Sensory people (Expert) are disconnected from their Self (Ego-istic). They are focused on the Senses/Facts.
Social	Dependent	Social is a Union with Others. Social people are highly Emotional and influenced by the Other (Status).
Unitary	Paranoid	A Unitary (Master) is disconnected from the Self. Unity people want to control the Future. They are planning and expecting.
Mythic	Histrionic	Mythic (Artist) is a Union with the Self. Mythic people are highly Imaginative and Creative.
Consciousness	Neurotic	Consciousness, the Observer, the Centre of the Cycle, is a Balance between Communion and Agency

Binnen Consciousness zie je 2 termen terug in de beschrijving van de tabel hierboven, dat zijn de termen Communion en Agency.

Het Communion motief is een motief voor een verbinding met 1 of meer anderen, het is een motief om in een grotere Unie deel te nemen met andere mensen. Een communionaal motief kan variëren van de onverschilligheid – geen verbinding – naar de liefde – een volledige verbinding. Daar tegenover staat Agency. Een agentief motief benadrukt "zichzelf" als een aparte eenheid en richt zich op de eigen persoonlijke en individuele invloed, controle, of meesterschap over zichzelf, andere mensenen het milieu. Een agentieve motief kan variëren van het domineren en het willen dienen (Master & Slave).

Dit interpersoonlijke gedrag kan worden beschreven met de zogenaamde interpersoonlijke circumplex model. Het motivationele gedrag van een persoon is min of meer bepaald in zijn jeugd. Mensen die bijvoorbeeld onverschillig tegenover de andere, te afhankelijk, zeer dominant of onderdanig en niet in staat zijn om te werken in een coöperatieve manier. Ze zijn psychopathisch. Dat is wanneer binnen elk van de 4 wereldbeelden de persoonlijkheid is doorgeslagen in een pathie (Grieks : pathos – ziekte), een "*psychische verslaafdheid*".

Ik kan de 2 aspecten Communion en Agency koppelen met het 4-cultuur kwadranten van Ken Wilber. De bovenste 2 kwadranten te weten "I", vertegenwoordigd door Sigmund Freud en "It" door Burrhus Skinner staan voor "Agency". Onder de horizontale lijn – te weten "Wij" namens Hans Gadamer en "Its" namens Karl Marx – staan daar voor "Communion". Alle 4 aspecten zijn altijd in meer of mindere mate aanwezig binnen een organisatie. Later meer hierover in hoofdstuk 4.

Hierbij zie je de kracht van McWhinney's model. Het enige wat mij persoonlijk nog onduidelijk is, is de positionering van elk wereldbeeld binnen zijn model. Zoals ik heb aangegeven zou ik het zelf volgens het model van de hersenvierdeling hebben gedaan, zoals Katherine Benziger dit heeft uitgezocht en Myers Briggs Type Indicator dit ook hanteert.

Wat was Will's motivatieen was hij bekend met deze fysio-biologische indeling ? In zijn ongepubliceerde werk "Grammars of Engagement" gaat hij naast deze ook in op andere indelingen.

4. Carl Jung & MyersBriggs Type indicator

In het boek "*Creating Paths of Change*" praat McWhinney over de verschillende benaderingen van de verandering. In zijn model positioneert hij er een zestal, elk met zijn eigen karakteristieke profiel. Daarmee geeft hij aan dat de verandering dient plaats te vinden in de context van het wereldbeeld of wereldbeelden, waarbinnen deze verandering dient plaats te vinden.

"*Processes of Change*" volgens McWhinney worden vanuit het originele schema bezien in het navolgende model.

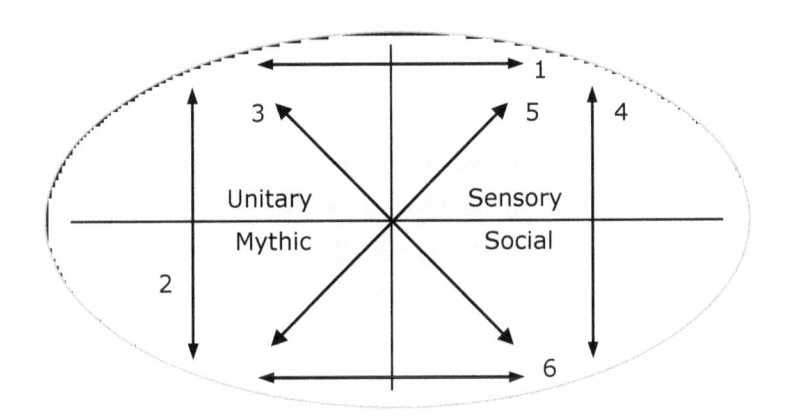

De bijbehorende tabel ziet er als volgt uit. Dat betreft eigenlijk een kleine tussenstap om bij de volgende fase betreffende Renaissance versus Revitalisatie uit te kunnen komen. Daardoor kan de eenduidigheid wellicht ietwat minder zijn.

McWhinney	MBTI
1. Analytical	Ti
2. Assertive	Ne
3. Influental	Fe
4. Evaluate	Fi
5. Inventive	Ni
6. Emergent	Te

Index i & e : introvert & extravert

Wanneer je enigszins bekend bent met Myers Briggs Type Indicator, zul je 1 van de 4 aspecten missen in de kolom van MBTI in de bovenstaande tabel , namelijk Sensory, aangeduid met de letter S. Ook Sensory kent hierin 2 energierichtingen, aangeduid met de index i of e. De betekenis ervan is respectievelijk Si = zich herinneren en Se = ervaren. Als je het "Path of Change" opgaat, is in elke optiek van Will het uitgangspunt Sensory. Het is zeer van belang om eerst te "proeven" (Se) wat er speelt. Uiteraard houd je in je achterhoofd (Si) dat wat "nu" is en hoe het "toen" was.

Deze diagnose is bepalend voor de keuze van aanpak. In welk veld of in welke velden wordt het spel gespeeld ? De uitkomst van de diagnose is bepalend voor de te doorlopen richting van die pad. Die keuzerichting is in overeenstemming met met een "Renaissance" (wedergeboorte) of een Vitalization (herziening). Schematisch praten we over de volgende toepassing.

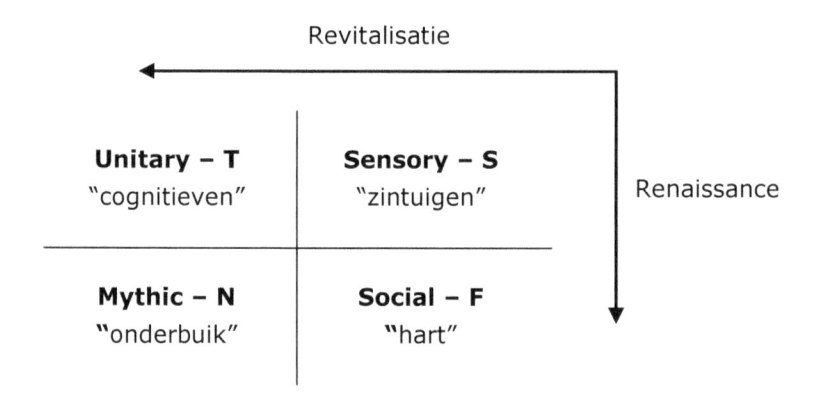

```
                    Revitalisatie
         ←──────────────────────────┐
                     │              │
    Unitary – T      │  Sensory – S │
    "cognitieven"    │  "zintuigen" │    Renaissance
    ─────────────────┼──────────────│
    Mythic – N       │  Social – F  │
    "onderbuik"      │  "hart"      ↓
                     │
```

Wanneer je het pad vanaf Sensory de weg linksom, tegen de richting van de wijzers van de klok in volgt, ben je aan het revitaliseren. Ga je via Social, Mythic en Unitary weer terug naar Sensory, dan heet die route de Renaissance.

De route van Revitalisatie is : Testing -> Inspiring -> Facilitating -> Allocating en weer terug.

De route van Renaissance is : Valueing -> Evoking -> Establishing -> Designing en weer terug.

Elke "terugkomst" op Sensory betekent dat je een cyclus doorlopen hebt. Je hebt binnen de wereld van George Gurdjieff's enneagram deze eenmaal doorlopen.

De combinatie van Will McWhinney's 4-wereldbeelden, Carl Jung's intro-/extraversie en Ken Wilber's 4-culturenkwadrant ziet er dan als volgt uit.

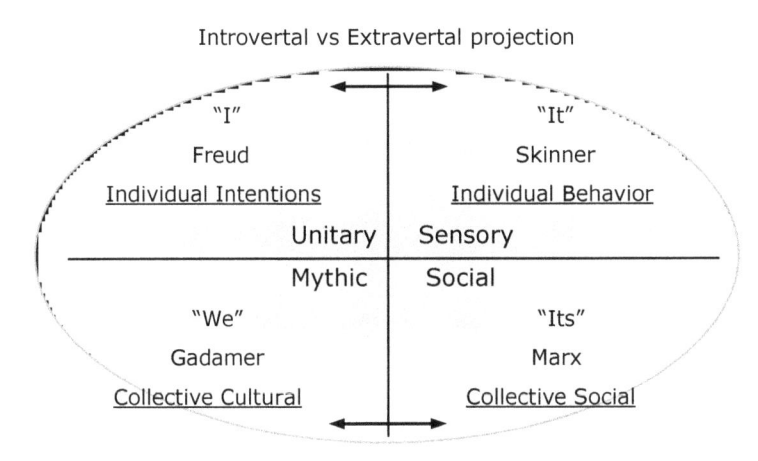

Introvertal vs Extravertal projection

```
         "I"              "It"
        Freud            Skinner
  Individual Intentions  Individual Behavior
              Unitary | Sensory
              Mythic  | Social
        "We"             "Its"
       Gadamer           Marx
  Collective Cultural   Collective Social
```

Introvertal vs Extravertal projection

4.1 Bewustzijnsniveau in Tijd en Ruimte

Ongeacht de context, er is altijd sprake van een drieluik in ons bewustzijn. De 3 aspecten die ik hier bedoel zijn je Self, Ruimte en Tijd. Elk moment in je leven is te bezien als een momentopname binnen het grote Universum. Als we MBTI, Ken Wilber en ook McWhinney beschouwen kunnen we daar het fenomeen van Mikhail Bakthin overheen leggen, namelijk het Chronotoop met je zelf in het middelpunt van een Event.

Om een voorbeeld te geven aangaande de 3 bewustzijnsdimensies zijn de echte Wachters (MBTI –SJ-er) gericht op tijdselementen, terwijl de Vaklui meer gericht zijn op het ruimtelijke aspecten in de breedste zin van het woord. Wat betekent dit nu in dit verhaal ?

Waar de meeste methodieken uw statische "ik" of personality tonen, is het veel belangrijker wat je dynamiek is. Om een dagelijks voorbeeld te geven :

"De fles is halfvol of halfleeg". Een voor mij oninteressante uitspraak ongeacht welke keuze je zou maken.

Voor mij gelden naast de details, de nuances nog sterker, bijvoorbeeld de dynamiek weergegeven in de frase : *"De fles is pas of al halfleeg"* en *"de fles is pas of al halfvol"* .

In alle 4 gevallen gaat het om de interactie, hoe staat de fles met vulling in de omgeving ? Welke dynamiek, welk proces hoort daarbij ? Een constatering vanuit het gehele plaatje bezien. De mens is energie en energie betekent dynamiek.

De 3 domeinen in menselijke aspecten

Eigenlijk beschouwen we de mens als één geheel. Dat heet systeemdenken. Daar hoort dus eigenlijk ook één illustratie bij. Toch hebben de verschillende onderzoeken aangetoond dat er een tweedeling in voorkeur is bestaande uit grofweg de Denkers en de Doeners.

Elke persoonlijkheid heeft haar eigen identiteit en dat levert elk haar karakteristieke uiting op, ook wel gedrag genoemd. De denkstijl of Preferred Brain Type is daar initiërend voor. Houding daarentegen heeft meer van doen met een mentaliteit.

Hierbinnen ben jij je van een aantal zaken bewust gezien het moment in de tijd en het plaats waar jij je op dat moment bevindt. Een groot deel van je Self is dat echter niet. Hier zien we al een grote tweedeling binnen het model. Laten we eerst naar het eerste aspect "Self" kijken.

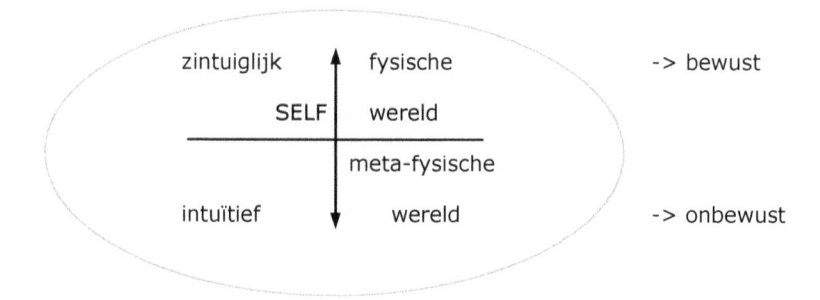

```
            zintuiglijk  ↑  fysische              -> bewust
                    SELF |  wereld
            ─────────────┼─────────────
                         |  meta-fysische
            intuïtief    ↓  wereld                -> onbewust
```

Laten we naar het tweede aspect "Tijd" kijken, ook wel met "Verleden", "Nu" en "Toekomst " aan te duiden.

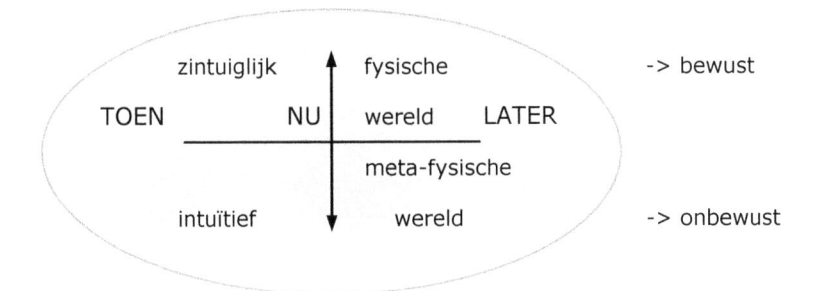

```
            zintuiglijk    ↑ fysische                    -> bewust
   TOEN              NU  |   wereld    LATER
                         |  meta-fysische
            intuïtief    ↓   wereld                      -> onbewust
```

Beschouwen we het derde aspect "Ruimte" hierin.

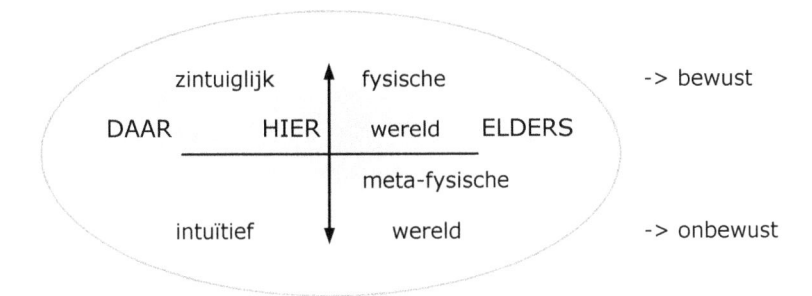

```
            zintuiglijk    ↑ fysische                    -> bewust
   DAAR             HIER |   wereld    ELDERS
                         |  meta-fysische
            intuïtief    ↓   wereld                      -> onbewust
```

Laten we eens middels een afbeelding het totale model bekijken.

Daarbij kunnen we in het centrum van de 3 vectoren het "EVENT" plaatsen, dat ben jij, op dat moment op die plek. Hoe reageer je, waardoor word je mogelijk gemotiveerd en zo ja, welke richting is de resulterende vector van deze 3 vectoren ? Naast Mikhail Bakthin heeft onder andere de Duitse filossof Georg Von Hertling deze benadering toegepast. Franz Brentano geeft hier nog weer een andere visie op.

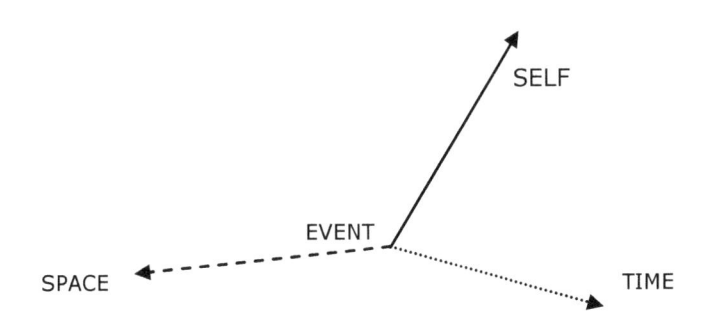

```
                                    ↗ SELF
                                   /
                                  /
              SPACE ←--------- EVENT ·········→ TIME
                                  ↓
```

Je persoonlijkheid is bepalend voor deze resulterende vector vanuit de 3 genoemde vectoren bepaald, die je kernkwaliteiten vertegenwoordigen.

De grootte of lengte ervan geeft je "intensiteit" aan, je ambitie, je doorzettingsvermogen, om enkele karakteristieke aspecten hierin te noemen. De richting van die vector is bepalend voor je menselijk "blauwdruk" als individu. Daar er zoveel dimesies toe te wijzen zijn aan die eindvector, is het zinvoller deze aspecten uit te splitsen en weer te geven in een web- of radardiagram.

De overall waarde van deze vector is een "integrale waarde" van de drie aspecten voor het dynamisch bewustzijn van je Self. Deze vector is eigenlijk geen echte starre of rechte vector, het is een spiraliserende vector, onderhevig aan elke vector, behorend bij de domeinen, waaruit zij zijn opgebouwd. Wij geven ze voor het gemak even weer met een rechte lijn.

Daarbij is het tevens zo dat de 3 afzonderlijke vectoren ook zelf spiraliseren. Je bent onderhevig aan zoveel zaken, en daar alles wat je bedenken kunt, ondanks dat dit mogelijk lastig is, cyclisch is, zijn de gevolgen of afgeleiden dat ook. Deze hebben gezien de "functie van het differentiëren" een unieke specifieke persoonlijke richting in combinatie met je eigen context, met je eigen belevingswereld. Wat kunnen we verder terugzien binnen het model ?

In de vorige afbeeldingen zag je steeds enkele termen terug die op zich prima binnen MBTI vallen, echter er zit een sterkere essentie onder. Deze essentie vind je terug in Ken Wilber's 4-culturenkwadrant. Ook dat geeft de kracht van dit systeem aan. Deze ziet er als volgt uit.

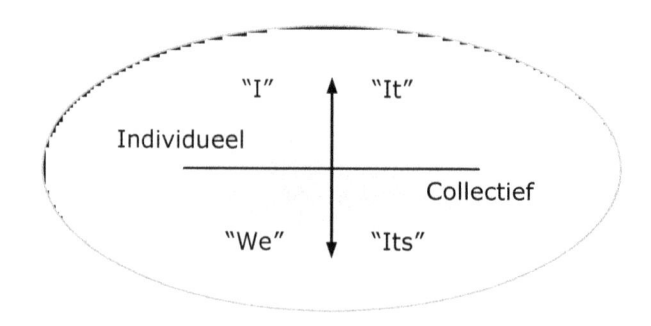

Al deze aspecten vanuit de verschillende modellen en methodieken zijn onder te brengen in een scalar. Hierdoor ontstaat een persoonlijke en een cultuur gerelateerd beeld van de geïnterviewde.

Zoals je weet, heeft elk individu zijn of haar eigen patronen en voorkeuren daarbinnen. Na de vermenging van beide levert dat het volgende op.

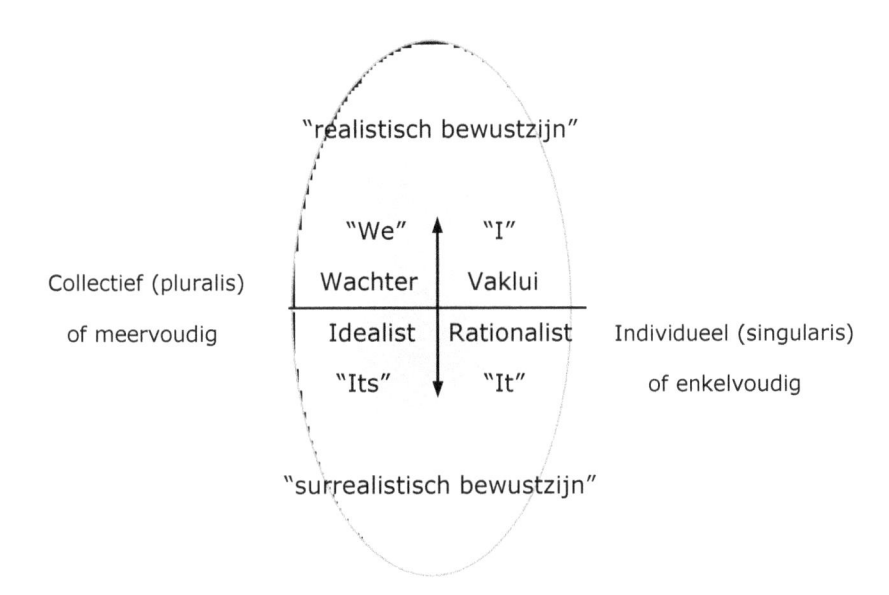

"realistisch bewustzijn"

	"We"	"I"	
Collectief (pluralis)	Wachter	Vaklui	
of meervoudig	Idealist	Rationalist	Individueel (singularis)
	"Its"	"It"	of enkelvoudig

"surrealistisch bewustzijn"

Vanuit de MBTI-methodiek is dit vrij gemakkelijk te achterhalen, vanaf het moment dat je een persoon hebt getypeerd als 1 van de 16, die MBTI kent. Door toepassing van de lenzenmethodiek is zowel het leerpad, de vorm en inhoud ervan voor het individu als voor het (project-)team te filteren.

4.2 Bewustzijnsdimensies vs McWhinney

In welke mate speelt Unitary een essentiële rol ? Als we de route pakken van de 6 verandermodi, begint het bij hun. Wellicht heeft dit een kwantitatieve oorsprong.

Hoe ziet de kwantitatieve verdeling er ongeveer uit ? De verdeling betreft de voorkeurswereldbeelden of het voorkeursdenken in combinatie met dit handelen.

McWhinney

Unitary – T "6/16e"	**Sensory – S** "6/16e"
Mythic – N "1/16e"	**Social – F** "3/16e"

En die volgens MBTI :

Unitary 46 % Wachters – SJ	**Sensory 32 %** Vaklui – SP
Mythic 8 % Rationalisten NT	**Social- 14 %** Idealisten NF

Op zich zijn de getalswaarden per matrix redelijk goed, echter de duiding in de overeenkomst van de verschillende groepen is licht discutabel. Wel is de Mythic bij McWhinney degene met "Vison" en worden de Rationalisten binnen MBTI ook wel de visionairen genoemd. Nogmaals dit zijn richtingen, gevoelswaarden, waarvan ik uitga en hoop dat je er een gevoel bij krijgt qua verhoudingen binnen bevolkingsgroepen ten opzichte van elkaar.

Het zou te eenvoudig zijn om de waarde van Unitary op 7/16^e te stellen en die van de Sensory daarmee op 5/16^e deel. Gevoelsmatig zijn de groepen in de eerste matrix niet geheel 1 op 1 uitwisselbaar met de onderste. Wel is het feit dat het wereldspel qua macht door driekwart van de bevolking op die wijze wordt gespeeld. Dat speelveld is hoofdzakelijk "the Analytical Game", de bovenste 2 wereldbeelden van de matrix.

Een verdere uiteenzetting volgt in hoofdstuk 5.

5. Spiral Dynamics & 4-Culturenkwadrant

Clare W. Graves staat bekend als de bedenker van het model dat in een later stadium bekend is geworden onder de naam Spiral Dynamics. Clare Graves was een collega van Maslow op dezelfde universiteit in New York. Zijn gevoel gaf aan dat vele modellen allemaal een deel van het antwoord konden bevatten, maar het juiste kader ontbrak hem om dit inzicht te verhelderen. Graves begon met onderzoek van onder andere Maslow's theorie en kwam er achter dat deze relatief weinig voorspellende waarde had. Zijn ontwikkelde theorieën werden door zijn opvolgers Beck en Cowan, Spiral Dynamics genoemd. Spiral Dynamics presenteert een ontwikkelingsmodel in de vorm van een spiraal van wereldvisies. Beck en Cowan noemen deze wereldvisies, deze patronen van denken "vMemes", een afkorting van value attracting meta memes.

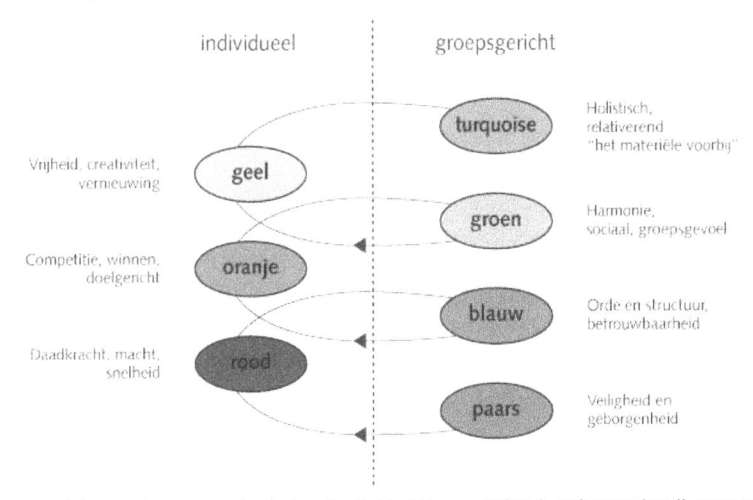

kleurenmodel van Graves zonder beige (individueel – veiligheid, geborgenheid) weergegeven
de manifestatiewisseling van het individu tussen groep – "wij" en zichzelf – "ik"

5.1 Beck en Cowan's Spiral Dynamics

Een meme is kort gezegd een begrip uit de memetica en betekent een idee dat zich onder informatiedragers verspreidt en tot nu toe voornamelijk de menselijke hersenen. Het wordt ook wel omschreven als een "besmettelijk informatiepatroon". In meer specifieke termen, een meme is een zichzelf vermeerderende eenheid van de culturele evolutie, zoals een gen de eenheid. is van de biologische evolutie. Meme, ook wel eenheid van culturele overdracht. vMemes kun je zien als een brede set basisparadigma's, basisovertuigingen, basisvooronderstellingen van waaruit je de wereld beschouwt. Deze vMemes kunnen in zijn algemeenheid worden gecategoriseerd in acht niveaus. Net als bij producten hebben deze vMemes een soort levenscyclus, een opkomst, piek en vervalfase. Meer algemeen zou je kunnen zeggen dat elke vMeme bepaalde aanvullend overtuigingen aantrekt en leidt tot zijn eigen karakteristieke sociale groeperingen, motivatiepatronen, organisatiedynamiek en doelen.

Zoals gezegd kun je acht niveaus van vMemes onderscheiden. Als je een verandering probeert door te voeren die qua niveau te ver weg ligt van het niveau waar je op een bepaald moment zit. Deze verandering is dan gedoemd te mislukken. Je kunt de niveaus of stadia alleen maar doorlopen op de manier zoals ze weergegeven zijn in de onderstaande beschrijving.

Te vaak wordt getracht veranderingen door te voeren zonder respect te hebben voor de niveaus/stadia die eerst moeten worden ervaren voordat grote groepen mensen in een organisatie of samenleving kunnen handelen conform het nieuwe niveau.

1. Beige – "ik"
Beige heeft het kenmerk van een semi-stenen tijdperk en is niet meer echt actief tegenwoordig. Gedrag wordt gedomineerd door de natuur en basisoverlevingsinstincten. Mensen gedragen zich op dit niveau meer als (de slimste van de) dieren. Kenmerkend op dit niveau is het overleven.

2. Purper –"wij"
Animistisch stamgevoel zoals *"We zijn veilig"*. Mystieke geesten, tekens en holen. Leven dicht bij de aarde. Bloedverwantschappen zijn sterk. Het management van purper vraagt respect voor de clanregels en trouw en respect aan de clanleiders. Iedereen doet per definitie wat de leider zegt.

3. Rood – "ik"
De rebel. *"Ik beheers"*. Het uitbuiten van anderen op een ruwe en harde manier. Autoritair. Uitbuiten van ongeschoolden of sociaal minderen. De overtuigingen zijn dat mensen lui zijn en gedwongen moeten worden te werken. Zie je onder gedrag en motivatie bij Douglas McGregor voor de X-type. Sterk leven in het heden zonder gevoel voor consequenties. staat voorop.

4. Blauw – "wij"
Het streven naar de absolute waarheid zoals *"We zijn gered"*. Er is slechts een juiste wijze van denken of bestaan. Patriottisme. Je voelt zich schuldig als jij je zich niet aan de groepsnormen conformeert. Schuldbewuste gehoorzaamheid aan hogere autoriteiten. Proberen het hogere te dienen door zelfopoffering. Organisatiestructuur is piramidaal.

5. Oranje – "ik"
Ondernemersachtige persoonlijke succesoriëntatie. *"Ik verbeter"*. Doelgerichte planning en strategieën voor verbetering. Elke persoon calculeert rationeel waar hij het meeste voordeel uit kan halen. Motivatie is grotendeels economisch/materialistisch bepaald. Mensen zijn responsief op vrolijkheid, kicken, bonussen. Geld is belangrijker dan loyaliteit en groepsbeloningen. Mensen proberen vele opties uit. Competitie bevordert productiviteit en groei. Dit is waarschijnlijk de dominante vMeme in Amerika van tegenwoordig. Belangrijk vindt men autonomie en manipulatie van de omgeving. Promoten van de vrije markteconomie en meer partijenstelsel.

6. Groen – "wij"
Gevoelens van verbondenheid tussen mensen. *"We zijn op weg"*. Collectiviteit. Humanitair. Persoonlijke groei, aandacht voor milieu- en omgevingsvraagstukken. Leren van anderen. Aardig gevonden worden is belangrijker dan competitief voordeel verkrijgen. De waarden zijn openheid en vertrouwen. Hiërarchieën vervagen in de beweging naar gelijkheid.

7. Geel – "ik"
Systeemdenken. Dit is de eerste vMeme waar een "quantumsprong" plaats vindt in het vermogen om verschillende perspectieven in het leven te kunnen hebben. Mensen worden gemotiveerd door zelf te leren en zijn georiënteerd op de integratie van complexe systemen. Besef dat chaos en verandering vanzelfsprekend zijn. Verandering is een aangenaam onderdeel van de organisatorische processen en van het leven. Men houdt van uitdagingen. Denken wordt gekarakteriseerd door systeemdenken en oriëntatie hoe delen interacteren om gehelen te creëren.

8. Turkoois – "wij"
Op basis van de transformatiekenmerken kunnen tussenstadia op twee manieren beschreven worden door kleuren aan elkaar te verbinden als verandering. Algemeen kun je zeggen dat de kleuren als golven op het strand komen. Elke golf is iets hoger en meer complex dan de

voorgaande. Voorwaarde dat een nieuwe golf zich aandient is dat veranderende levenscondities voldoende zware problemen moeten oproepen om gemotiveerd te worden tot verandering.

Wellicht herken je de benadering van Ken Wilber en de bijbehorende visies van zijn 4 hoofdpersonen uit het cultuurkwadrant. Elk hoofdpersoon staat in min of meerdere mate voor een bepaalde fase zoals je in Spiral Dynamics hebt kunnen lezen. Uiteindelijk volgde er toch nog een eerbetoon aan Maslow. Graves gaf aan dat elke vMeme zijn eigen mogelijkheden tot zelfrealisatie en zelfverwerkelijking boden.

5.2. Ken Wilber's 4-culturenkwadrant

Wat kunnen we leren als we het 4-culturen kwadrant naast het model van McWhinney leggen ? In iets andere woorden is de overstap als volgt te maken. Eigenlijk heb je deze stap al aangetroffen in hoofdstuk 4.

```
                    determined
                        |
           Unitary      |    Sensory
           (regels)     |    (zintuiglijk)
pluralistic ────────────┼──────────────── monistic
           Mythic       |    Social
        (opportunities) |    (waarden)
                        |
                    free will
```

Ken Wilber's eigen aantekeningen zien er als volgt uit .

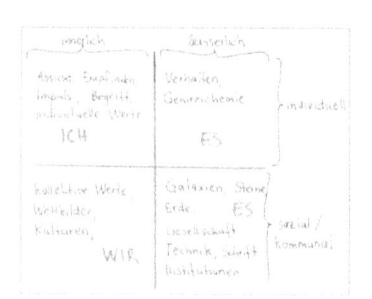

Zie je de subjectieve benadering, beide links "Ik" en "Wij" en de objectieve benadering, 2 keer "It", beide aan de rechter zijde ?

5.3 Spiral Dynamics & 4-Culturenkwadrant vs McWhinney

Als we het model Spiral Dynamics nader bekijken, is het doorlopen van de cyclus, dus eigenlijk vrij lineair. De spiraal is daarmee eigenlijk voorspelbaar vanwege diens lineariteit. Op zich hoeft dat niet in twijfel getrokken te worden, zij het dat bij organisatieveranderingen er andere aspecten spelen. Echter is de samenleving wel zo rechtlijnig aan het spiraliseren ?

Ken Wilber laat zien dat er meerdere factoren spelen die "dwars door" Spiral Dynamics heen gaat. Het is natuurlijk leuk om te stellen dat een organisatie zich op een bepaalde manier gedraagt, je dientengevolge de conclusie "mag trekken" dat ze kunnen doorbouwen naar het volgende bewustzijnsniveau. Gaat dat echt zo makkelijk ? Je weet vast het antwoord al. Dat is dan ook één van de redenen dat beide partijen zo in de clinch liggen met elkaar.

Wilber heeft gelijk wanneer hij stel dat de zichtbare cultuur een andere is dan de onbewuste. En wat als deze niet synchroon lopen, sterker nog, niet dezelfde zijn ? Hoe krijgt de consultant dan toch een organisatie zo ver een volgende stap te maken ? Is dat door het strooien van bepaalde informatie door de organisatie heen ? Kun je dat ook indoctrinatie noemen ? Stel, de directie hangt er sancties aan vast, wat is dan het effect ? Velen krijgen daarmee vervolgens angst ingeboezemd. Is dat niet een verkapte wijze van dictatoriaal fascisme ?

Heeft het toepassen van Spiral Dynamics dan wel nut ? Eigenlijk dus niet. Die van Ken Wilber dan ? Ook dat brengt beperkt voordeel. Als we het model van McWhinney erover heen leggen, dan brengt hij in kaart welk spel en waar dit spel zoals hierboven genoemd afspeelt. Dat is simpel gezegd de strijd tussen de beide culturen.

Als je eenmaal deze strijd inzichtelijk hebt en we een organisatie willen veranderen, zou die strijd op de juiste wijze verhelderd en in beeld gebracht moeten worden voor alle partijen. Op dat moment is het de vraag of een dergelijke verandering, of dat nu de "Renaissance "is of slechts de "Revitalization", wordt gedragen door alle partijen anders gezegd, het spel rondom het sociale veld aangaande waarden.

Zo niet, dan belandt het alsnog in een ordinair machtsspel. En dan is er slechts één mogelijkheid over, die van complete chaos, op landelijk of mondiaal niveau ook wel Revolutie genoemd. Is dat 21 december 2012 of de drie-en-veertigste stap, gezien de wijze hoe we met ons allen met elkaar omgaan ?

6 Cyclisme à la Moebiusring of het Infintivum – ∞

Om aan te geven dat alles wat je maar bedenken kunt cyclisch is, is het misschien handig om dit via de telsystemen op te pakken. Allereerst beginnen we met de lineaire systemen en bouwen dit uit naar het heel speciale systeem, het Trenary systeem. Dit Trenary systeem is door Malcolm McEwen "ontdekt" opgezet en uitgebouwd. Hij beschrijft met de achterliggende wiskunde de expansie van het Universum, wat ook als cyclisch beschouwd kan worden.

6.1 Het Trenary Telsysteem

Wat zijn de onderliggende regels van deze lineaire telsystemen ? Dat werkt als volgt. Je telt net zo lang door, totdat je het getal bereikt wat het systeem vertegenwoordigt. Dus binnen het decimale telsysteem tel je vanaf nul tot en met negen en na het tiende cijfer wordt dit cijfer – de negen – (weer) een nul. Op dat moment wordt er een één als waarde voorgeplaatst om aan te geven dat je de telcyclus op dat moment één maal doorlopen hebt. Je komt in de tientallen terecht. Bij de veertigtallen betekent dit simpelweg dat de cyclus van nul tot en met negen op dat moment vier maal doorlopen is, of wel je bevindt zich in de veertigtallen. Op deze wijze heb ik ook het lineaire trinaire telsysteem in de tabel verwerkt.

In de eerste kolom tref je ons huidige telsysteem aan. In de tweede kolom staat de binaire weergave, gevolgd door de trinaire en hexadecimale weergave. Voor het gemak heb ik alleen de gehele, positieve natuurlijke getallen $\mathbb{N}$.

Wat zijn de onderliggende regels van deze lineaire telsystemen ? Dat werkt als volgt. Je ziet dat het binaire systeem in deze tabel uit 4 digits, getalseenheden of bits bestaat. De waarde die elk bit vertegenwoordigt, kun je lezen van rechts naar links.

Allereerst het hexadecimale telsysteem.

Westerse telsysteem	Binaire telsysteem	Trinare telsysteem	Hexadecimale telsysteem
0	0000	0000	0
1	0001	0001	1
2	0010	0002	2
3	0011	0010	3
4	0100	0011	4
5	0101	0012	5
6	0110	0020	6
7	0111	0021	7
8	1000	0022	8
9	1001	0100	9
10	1010	0101	A
11	1011	0102	B
12	1100	0110	C
13	1101	0111	D
14	1110	0112	E
15	1111	0120	F

In het voorbeeld hierboven ga ik uit van positieve gehele getallen. Zo is elke waarde in elk lineair systeem te berekenen naar gelang je keuze van getalsomgeving.

Daarnaast kunnen we de trinaire telsysteem ook beschouwen binnen een polaire, binaire omgeving. De weergave bestaat dan uit een min één (-1), een nul (0) en een plus één (+1). In dit speciale trinaire telsysteem zit daarmee een polariteit ingebed. De "waarde" van de telling staat los van die van het lineaire telsysteem, zoals hieronder uiteengezet.

Binaire telsysteem	0	0	0	0	
Weergave	2^3	2^2	2^1	2^0	8+4+2+1
Berekening	0 * 2^3	0 * 2^2	0 * 2^1	0 * 2^0	0+0+0+0+0
Uitkomst					**0**
Voorbeeld : 14					
Binaire telsysteem	8	4	2	0	
Berekening	1 * 2^3	1 * 2^2	1 * 2^1	0 * 2^0	8+4+2+0
					14
Trinaire telsysteem	0	9	3	2	
Berekening	0 * 3^3	1 * 3^2	1* 3^1	2 * 3^0	0+9+3+2
					14

Malcolm McEwen heeft dit verder opgepakt en heeft de trinaire lineariteit vervangen door trinaire cyclisme (Trenary System). De "nul" of 0 als centrum, als neutrale kracht en daar omheen de twee complementaire dynamieken, de min één of -1 en de plus één of +1.

6.2   McEwen's Trenary System

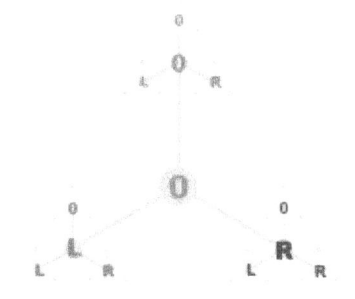

Leggen we er nu deze wetenschap naast, dan zouden we kunnen concluderen dat het Universum en ook de atomaire wereld niet zo zeer draait om lineariteit, maar juist om het cyclisme. Het meest duidelijke voorbeeld is de spin- en tegenspin binnen een electronenpaar (ontdekker Wolfgang Pauli), al is deze vergelijking ietwat beperkt en daarmee niet optimaal.

Malcolm McEwen heeft dit verder opgepakt en heeft de trinaire lineariteit vervangen door trinaire cyclisme (Trenary System). De "nul" als centrum, als neutrale kracht (de Void) en daar omheen de twee complementaire dynamieken, zoals de Yin en Yang dat vertegenwoordigen binnen I Tjing.

Het eerste wat me te binnen schoot op het moment dat ik via Hans Konstapel kennis nam van McEwen's model was het feit dat ik tijdens mijn KEMA-tijd in 1988 de encyclopedie aan het "lezen" was en gezien mijn intensieve sportcarrière "toevallig" op glucose – $C_6H_{12}O_6$ – belandde.

Ik las daarin dat er twee verschillende soorten glucose bestonden, de D- en de L-versie. Het frappante aan deze twee versies is dat zowel de chemische als ook de structuurformule precies eender waren. Toch bleek, dat wanneer men een lichtsignaal door elke molecule heen stuurde, het licht in tegengestelde richting ten opzichte van de andere versie werd afgebogen. De kennis die we vanuit het onderwijs meekregen, was inderdaad zo lineair als jij je misschien maar voorstellen kon. De werkelijkheid aangaande de ruimtelijkheid is verre van lineair, het was cyclisch, enerzijds linksom, anderzijds rechtsom gespiraliseerd.

Een andere associatie die ik met het 43-stappenmodel van McEwen maakte, is de edelgasconfiguratie. Ook hier geldt de energetische balans en onderlinge resonantie tussen alle componenten als een taxonomische eenheid onderling als ook in totaliteit met elkaar. Het aannemen van een edelgasconfiguratie is meer dan slechts electronenaantallen in de juiste en/of buitenste banen aanvullen. Zo kennen we de Helium-versie, de Neon- en Argon-, Xenon- en Krypton-versies. Simpel gezegd hebben de buitenste electronenbanen een zo goede vulling van electronen dat ze inert of minder kwetsbaar zijn voor invloeden van buitenaf. Andere elementen trachten deze status chemisch bezien ook na te streven.

Eigenlijk heeft dit niets met het woord "chemisch" van doen, omdat we praten over energieën, de interacties op laag en hoger niveau in de sfeer van resonanties tussen de verschillende deelgebieden en/of electronenbanen op zich als ook in het groter geheel.

Het bereiken van deze inerte of edelgastoestand zie ik ook bij de 43^e stap bij McEwen's model.

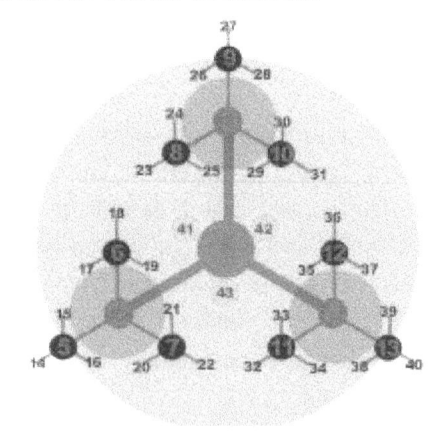

Er wordt een bepaalde onschendbaarheid gecreëerd, zo is mijn interpretatie. Dat betekent een "grote verandering".

McEwen praat dus over een ruimtelijk telsysteem in de drietallen zoals geschetst. Hij berekent daarmee de expansie van het Universum en de "stappen", die tijdens deze expansie plaatsvinden. Momenteel – zo schetst hij – bevinden we ons in de fase van stap 42 naar stap 43. De stap naar 43 betekent een nieuwe balans na de tussenbalansen 1, 4 en 13, vooraf gaand aan deze 43^e stap.

6.3 McEwen vs McWhinney

In vergelijking met Will McWhinney kunnen we de navolgende analogie ontdekken. Je hebt inmiddels in hoofdstuk 1, 2 en 3 gezien hoe de opbouw van de 4-Wereldbeelden van Will McWhinney eruit ziet. Vanuit het "Niets" draaien er de 4 wereldbeelden omheen. Waarbij het "Niets" staat voor het Bewustzijn. De totale weergave ziet er dan als volgt uit.

Main Process	Direction	Description	Direction	Description
Analytical	UN -> SE Design	Action Plan Causing Effects	SE -> UN Test	Affinity Diagrams SWOT's
Assertive	MY -> UN Establish	Naming New Rules	UN -> MY Inspire	Energizing Policies Simple Modelling
Influental	SO -> UN Persuade	Pseudo Quotes Value Synergizing	UN -> SO Convert	Getting the Message Scenario
Evaluate	SE ->SO Value	Dialogue Story Telling	SO -> SE Allocate	Move to Where it really Matters
Inventive	SE -> MY Induce	Brainstorming Metaphor	MY -> SE Realize	Future Perfect Articulating Ideas
Emergent	SO -> MY Evoke	Core of Intent Mind Mapping	MY -> SO Facilitate	Co-generation Innovation Process

Vanuit elk wereldbeeld bezien wordt er een spel gespeeld met een ander veld, zoals je dat kon zien en daarmee kwam het aantal uit om dubbel zes, in totaal dus twaalf mogelijkheden. Als je daarbij het centrale punt optelt, komen we uit op het aantal van 13.

In deze tabel gaat het erom wat de ene "partij" bij de andere partij teweeg brengt of wil brengen. Dus het werkwoord eronder behoort toe aan de partij die "ontvangt" of "dient te ondergaan" of om er iets mee te gaan doen. Immers voor deze partij is dat het karakteristieke, haar kernkwaliteit. Dat de volgorde van de processen zoals McWhinney die opgetekend heeft, van belang zijn, zet ik in een later stadium uiteen.

Zo ook bij McEwen. Vanuit het Ene worden er 4 wereldbeelden gecreëerd. Vanuit die 4 zijn er weer 12 interacties onderling zoals ik hierboven heb beschreven, wat tezamen met het centrum 13 oplevert. Dit centrum staat voor de "Kracht van het Bewustzijn" om te overzien en aan te voelen welk spel of spellen er gespeeld worden. Inzicht hierin geeft gelijk aan waar voor elke partij de grootste winst behaald kan worden en waarom er verstarring optreedt in de communicatie van de betrokken partijen. Ligt het centrale punt op het niveau van de velden zelf, dan is het te verwachten dat er chaos kan ontstaan. Dit is inherent aan de werkelijke cultuur in combinatie met het leiderschap van die organisatie.

In hoofdstuk 8 ga ik verder op de 2 aspecten in.

McWhinney bedacht dit al geruime tijd voordat McEwen deze wetenschap wereldkundig maakte. Uiteraard is ook McWhinney's model verder door te bouwen, omdat ook deze fractaal gedacht kan woorden zoals getoond in hoofdstuk 2.1. Op het hoogste hiërarchisch niveau van de organisatie gaat het (uiteraard) missies, visies en strategieën met eventuele alternatieven.

Een stapje lager ligt het hoofdzakelijk op het niveau van de bedrijfsprocessen, waarbij op het laagste niveau het over taakstellingen, verantwoordelijkheden en werkinstructies gaat. En op elk niveau vinden we alle soorten mensen terug, waarvan hun natuurlijke voorkeur qua denkstijl (Preferred Brain Typing) aan 1 van de 4 groepen is toe te bedelen.

Aanvulling op cyclisme

Hoe kan de cyclus voorgesteld worden volgens het model van McWhinney ? Kunnen we dat visualiseren middels de Moebiusring ? In hoeverre is dit een lineaire cyclus ?

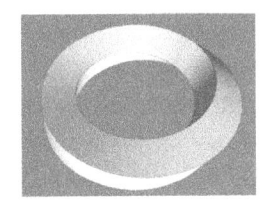

Zo lang mensen in de aardse bestaan met elkaar te maken hebben, zo lang zijn ze toe te schrijven aan elk van de 4 wereldbeelden die ze "aanhangen". De Tibetaanse 8 – het lemniscaat : de "band" – wordt ook wel gezien als een liggende 8. Ook dit symbool staat voor de eeuwige beweging. Alles is voortdurend in beweging. Onze lichamelijke en geestelijke toestand is daar geen uitzondering op. Dit symbool staat ook bekend onder als wiskundige kromme van Bernoulli. Simpel gezegd is het een 8 op zijn kant, de ∞. Deze gesloten gedraaide lus heeft iemand als Robert Coppenhagen geïnspireerd het te verwerken tot model als middel bij veranderingen. Zijn toepassingsgebied is de creatieregie, de visie en verbinding. Hij deelt hiertoe het lemniscaat in 4 delen op.

Het lemniscaat ziet er als volgt uit.

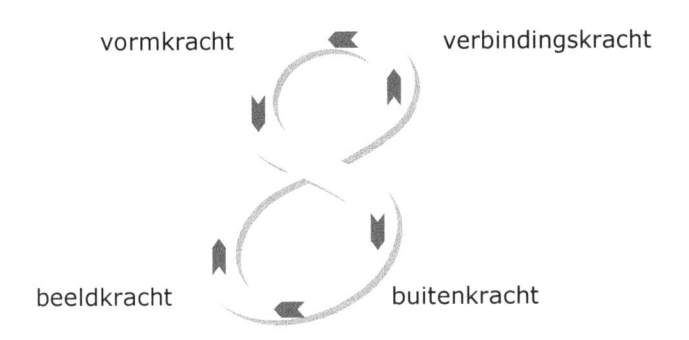

vormkracht   verbindingskracht

beeldkracht   buitenkracht

Ook hier ontstaat een vanuit een practische omgeving een behoefte het anders, of om het wellicht beter te doen : Sensory : Testing. Vervolgens wordt de weg van de Revitalisatie doorlopen.

- buitenkracht of inspiratie
- beeldkracht of visualisatie
- verbindingskracht of draagvlak
- vormkracht of creatie

Unitary inspires Mythic
Mythic facilitates Social
Social allocates Sensory
Sensory tests Unitary

Als McWhinney het over een proces in de vorm van een lemniscaat heeft, dan praat hij over de Mediation mode. Mediatie behandelt conflicten die hun basisprincipes hebben in rechten en interesses. Het zal vast geen verrassing voor je zijn, als je hier leest dat de wereldbeelden, die daarbij het meest in conflict met elkaar zijn, Unitary en Social heten. Het gaat in deze "strijd" om de Policy versus de Values, de regel versus de waarde. In de inleiding heb ik je al geschetst hoe je dat kunt zien. Uiteraard zijn er talloze andere voorbeelden aan te geven in deze bureaucratische wereld, waar de regel staat voor de regel en de onderliggende waarde "even vergeten" wordt. Als mediatie uiteindelijk niet mocht baten, dan is er nog 1 ultieme of finale mogelijkheid over. Die staat dan ook niet voor niets achter in dit boek in het laatste hoofdstuk genoemd.

Het cijfer 8 staat in de getallenleer symbool voor harmonie, totaliteit en volkomenheid. Ook deze lemniscaat kunnen we op een bepaalde manier over de matrix van McWhinney heen leggen met een daadwerkelijke twist in het midden, welke staat voor het bewustzijn, het "samenkomen" van inzichten en ervaringen. De wisselwerking blijft doorgaan. Vanuit het centrum bezien stroomt de energie naar buiten, een moment later kom de energie weer terug in de richting van het centrum. Als we dit principe in 3 maal hanteren, te weten in elke dimensie, dan kun je dus zien dat er in totaal 12 energiestromen zijn. Tezamen met het centrum geeft dat 13 "toestanden". Hiermee is weer de relatie met McEwen gevisualiseerd.

In hoeverre is de "kracht" van de naar buiten gerichte stroom en die welke naar binnen gericht staat, toe te schrijven aan Jung's fenomenen van respectievelijk extraverte en introverte projectie ? Wat behelst elke stroom voor soort energie in combinatie met de informatie ? Wanneer ik introvert ben, ben ik beter gestemd dan dat ik me extravert zou "moeten" gedragen. Met het plaatje van de Moebiusring in gedachten, dat hierboven afgebeeld staat, is er een voorstelling te maken van deze introverte en extraverte energiestromen. Als Introverteling zal het extra energie vergen om op de ring van binnen naar buiten te gaan. De terugweg is uiteraard vele malen makkelijker, want dat betreft de voorkeursloopings en energiestromen, die het individu tot een van nature Introverteling maken, de wet van de minste weerstand of de hoogste efficiency aangaande Materie, Energie en Informatie (MEI), alles in de context van Complex Adaptieve Systemen (CAS).

Wel is het zo dat emotie hier een essentiële rol in speelt. Zoals MBTI heel duidelijk laat zien toont stressgedrag een tegenovergestelde energiestroom, dan de voorkeursrichting van het individu van nature zou zijn. Een Introverteling gaat zich op dat moment heel sterk extravert gedragen. Er komt op dat moment ook heel veel andere energie mee naar "buiten". Wat maakt dat de ene keer de energiestroom naar buiten is gericht en de andere keer deze naar binnen is gericht ?

Wat ligt daaraan ten grondslag ? Welk impact heeft de emotie hierop ? Of is het slechts een biochemisch proces van de wisselwerking tussen de Reductanten (de Extravertelingen) en Oxidators (de Introvertelingen), waarbij elke groep haar voorkeursloopings kent en dientengevolge je of wel meer extravert dan wel meer introvert bent ? Uiteindelijk kunnen we allen wisselen in dit "biochemische" proces. Hoe het ook zij, ook hier is sprake van een cyclisch proces, ongeacht wat er aan ten grondslag ligt of wat dit proces initieert.

Als we over energiestromen praten, komen we vanzelf op de voor ons meer voorstelbare wereld van energievormen als fysieke dynamiek, warmte, licht, electro-magnetisme, kernsplijting en –fusie. Dit laatste onderwerp heb ik hierna uiteen gezet, in het volgende hoofdstuk, nummer 7.

7. Kernfysica, cyclisme en resonantie

7.1 Het kernfusieproces

Wellicht ben je enigszins onderlegd op het gebied van chemie en fysica. Zo bestaat er binnen "water" of H_2O, onder te verdelen in 2 soorten namelijk licht en zwaar water. Waarin ligt dit verschil ?

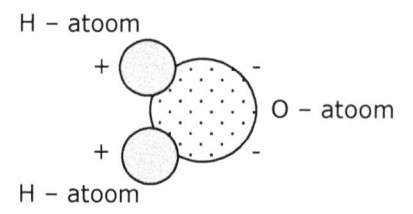

```
        H – atoom
            +  ⎛‾‾⎞ -
              ⎝__⎠·.·.·.
                ·.·.·.·.·.·.  O – atoom
            +  ⎛‾‾⎞ ·.·.·
              ⎝__⎠ -
        H – atoom
```

Hier zie je de watermolecule als dipool met netto lading "nul" Coulomb. Wat is er nu aan de hand met zwaar water, waarmee de oceanen hoofdzakelijk gevuld zijn ? Daartoe gaan we de molecule wat verder uit elkaar pluizen. De essentie van zwaar of licht is gelegen in de kern van de waterstof-atomen, de zogenaamde waterstof-isotopen. Lichte waterstof heeft in de kern 1 proton met daar omheen 1 electron. Daarentegen heeft een Deuteron – de naam voor een zwaar waterstofatoom – in de kern naast 1 proton ook een neutron. Dat is het zware waterstof-atoom vanuit de massa beschouwd. Als we het waterstofatoom electrisch beschouwen, dan zien we dat dit ene neutron in de kern daar geen onderdeel vanuit maakt. De proton en het electron complementeren elkaar. Energetisch beschouwd is er uiteraard wel iets aan de hand. Immers Einstein zei het al dat massa een synoniem voor energie is. Het kan dan ook niet anders dan dat het neutron in dat opzicht wel invloed uitoefent op dit zo gezegde taxonomische minimodel.

Laten we het fusieproces eens schematisch beschouwen, het betreft een botsing tussen 2 deuteriumkernen. We praten in deze omgeving over plasma's, de zogenaamde 4^e aggregatietoestand, daar waar het gas "vloeibaar" lijkt en de electronen ongebonden van de kernen bewegen.

Op basis van behoud van impuls krijgt het neutron driekwart van deze impulsenergie mee. Het overige wordt geabsorbeerd door de nieuw ontstane Heliumkern.

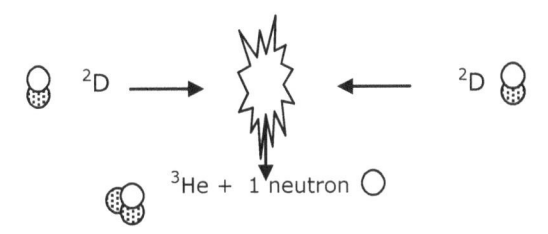

$^2D \longrightarrow \quad \longleftarrow \; ^2D$

$^3He + 1\,neutron$

Het feit is wel dat dit proces met andere energie op gang gebracht dient te worden. Één van de eerste experimenten van deze vorm van kernfusie in 1952 werd op gang gebracht met behulp van een kernsplijtingbom. Splijting is achteraf gezien misschien hier wel een gepaste term.

Behalve deze Deuterium-kernenproces kennen we ook het Deuterium-Tritium-fusieproces. Hierbij wordt Tritium "beschoten" met Deuteriumkernen. Tritium-kernen zijn Deuterium-kernen met nog een extra neutron in de kern. De energieopbrengst zou nog vele malen hoger zijn, zij het dat de trefkans gigantisch kleiner is geworden. Wellicht ken je hier de theorieën omheen, zoals die bekend staan binnen de quantummechanica. Er zijn belangrijke standpunten te onderscheiden. De 3 standpunten zijn :

- Het "realistische" standpunt : het deeltje was voor de meting ook al op plaats A. Dit klinkt op het eerste gezicht erg logisch, maar het zou betekenen dat de quantummechanica een incomplete theorie was : het deeltje zou op plaats A zijn geweest, terwijl de theorie dat niet exact kon voorspellen.
- Het "orthodoxe" standpunt : het deeltje was nergens en de meting dwong hem als het ware een beslissing te nemen. Dit standpunt is ook wel bekend als de Kopenhagen interpretatie.
- Het "agnostische" standpunt : dat is niet te zeggen. Een meting vertelt je immers slechts waar het deeltje zich op het moment van meten bevindt, maar kan nooit iets zeggen over waar het deeltje zich ervoor bevond.

Daarmee lijkt de trefkans, het moment en plaats van treffen vrijwel onmogelijk. Daarmee is de weg van fusie in die gedachterichting voorlopig beëindigd. Hoe kunnen we dat anders beschouwen, wellicht op een meer filosofische manier ?

7.2 Kernfusie : de filosofische benadering

Uit het onderzoek blijkt dat de oceanen voor een miljard jaar aan energie bevatten, gebaseerd op de hoeveel Deuterium-kernen en de wijze van het kernfusieproces tot op heden. Was het Descartes die zei dat wetenschap en filosofie onafhankelijk van elkaar konden gaan bestaan ? Waarom blijkt dan ook hier dat een eenzijdige benadering niet dat oplevert, wat je voor hebt ? Zit hier wellicht een energetische verbintenis die ons allen te boven gaat ?

Laten we hier de analogie van de Chinezen eens overheen leggen, de Yin-Yang-gedachte, om precies te zijn. In het Deuteron zie ik een uitgebalanceerd gelijkwaardig positief en negatief geladen electrisch systeem met als resultante een neutraliserende kracht als het neutron. Er is sprake van resonantie tussen proton en electron met als hiërarchisch verhoogde "opbrengst" een neutron. Het neutron kun je hier niet maar zo beschouwen als een neutraal "stuk materie". In deze gedachtegang zit meer. Immers de kracht van 2 complementen – het proton en electron – leveren tezamen een ongekende balans op, ze resoneren dusdanig.

Met z'n drieën vormen ze de drie-eenheid, met een ongekende hoeveelheid aan energie. Wat de essentie van deze energie is, is dat deze energie tevens een "verbindende" energie bevat, die haar weerga niet kent. Enerzijds levert bij het fuseren – eigenlijk de drie-eenheid "verbreken of vormen" – de energie op zoals Albert Einstein dat bedoelde. Anderzijds ontvlucht een andere energie deze drie-eenheid, die onmeetbaar is, niet te omvatten en niet te bevatten qua dimensie en vorm.

Anders gezegd, elke drie-eenheid vanuit de Yin-Yang gedachte, waarbij sprake is van een hogere energie door de speciale vorm van resonantie – 1 van de Tao's, kan niet zomaar ingezet worden om er "bruikbare energie" aan te onttrekken. Fuseren van kernen tot nieuwe kernen leveren door "menselijk ingrijpen" niet meer de hogere verbindende energie op, zoals deze entiteiten dat van nature wel in zich hadden. Daarmee valt het proces uiteindelijk stil, of verstart wanneer er geen nieuwe impulsen van buitenaf worden gegeven. Fusie is daarmee (nog steeds) een terminerend proces.

7.3 Fuseren van organisaties gedoemd te mislukken

Enige jaren geleden en nu in een wat mindere mate was het fuseren van organisaties populair, de globalisering bracht directies tot de conclusie dat nu de wereld "open" aan hun voeten lag, ook hun organisaties in gelijke trend zouden meegroeien. Wat is er mooier dan fuseren met sterke partners en daar mee je strategie kracht bij te zetten en het belangrijkste, het marktaandeel vergroten en je winst vele malen verhogen ?

Wat is er in essentie aan de hand bij het fuseren van organisaties ? Belangrijkste succesfactor is het feit of de resonantie tussen beide fusiepartners de juiste is. Hierboven heb ik al geschetst wat op hoofdlijnen de doelstellingen zijn van een mogelijke fusie. In de meeste berichten heb ik nooit gelezen over de bovenliggende doelstellingen. Simpel gezegd is de doelstelling een rationele benadering. Ratio kan natuurlijk met ratio resoneren, uiteraard. Wat dan toch in de meeste gevallen ontbreekt, is de verbindende energie, die beide partijen met de juiste resonantie aan elkaar verbindt, het gevoel. Het intentionele gevoel vanuit intuïtie bevestigd door het hart. Deze resonantie staat voor die energie, die de daadwerkelijke verbinding doet ontstaan, de benodigde verbindende (fusie-)energie. Die energie mag dan wel in de directiekamer aanwezig zijn, als beide organisaties dit gevoel niet op alle fronten voelen, is elk fusieproces gedoemd te mislukken.

Daarom werkt ook Spiral Dynamics zo matig. Spiral Dynamics toetst de cultuur van de organisatie en kent er een bepaald ontwikkelniveau aan toe, uitgedrukt in een kleur, dat wat je hebt kunnen lezen in hoofdstuk 5. De essentie van de cultuur die "merkbaar" is, die uitgestraald wordt, is die Spiral Dynamics meet. Dat is de overheersende cultuurkleur. Echter er geldt de kracht van de meerderheid, de volgers (Slaves) volgen de leiders (Master). In zoverre is dus de cultuur in zeer sterker mate gelijk aan de identiteit van meest invloedrijke of charismatische leider. Wat nog veel belangrijker is, is het feit of de onderliggende of latente cultuur bekend is, synchroon loopt met en congruent is aan de "geldende" cultuur.

Daarmee bedoelt met name Ken Wilber dat er door elke prominente andere onderliggende culturen kunnen spelen, die los staan van het "Ik"- of "Wij"- groei- of ontwikkelingstraject. In dat geval is ofschoon een vermeende stap op basis van de huidige en geldende cultuur gerechtvaardigd zou zijn gedoemd te mislukken. Een organisatie is te complex, te divers om te verwachten dat de gehele organisatie an sich een vervolgstap in haar ontwikkelingsbewustzijn zal gaan maken. Aan de verbindende energie vanuit de latente cultuur wordt afbreuk gedaan en dat levert andere trajecten op dan de gewenste opties.

Hier komen we uit bij andere begrippen dan het "moeten" samenwerken versus synergie. Van symbiose – het samenleven – kan dan al helemaal geen sprake meer zijn, ook al hebben beide directies een consensus – synthese – bereikt. Anders gesteld wat is een drie-eenheid zonder 1 van deze 3 aspecten ? Sterker nog, wat als deze ongrijpbare verbindende energie ontbreekt ? Elke "magische driehoek" of drie-eenheid verandert daardoor in een lijn, een lineaire geometrie, de lineariteit van het rationeel of logische redeneren.

Hoe zou je dat het beste kunnen visualiseren ? Neem bijvoorbeeld de praktische invalshoek, die van het drieluik. Vanuit de 3 S-en.

synthese
/ 3 S-en
symbiose   synergie

⟶   inhoudsloze | lineariteit

Wat kan McWhinney's model zeggen in de context van organisatiefusies ?

7.4   Fusieproces vs McWhinney

Will McWhinney's 4-wereldenbeelden is erop gericht aan te geven hoe de wereld "in elkaar zit". Hoe zit die wereld eigenlijk in elkaar ?

Daarvoor gebruikte hij de interpretaties van hoe mensen elkaar, de wereld en de omgeving om zich heen benaderen en dit natuurlijke op geheel persoonlijk en individuele wijze verwerken. Wanneer er sprake is van tegengestelde belangen, is het zaak te bezien vanuit welke wereldbeelden deze problematiek benaderd wordt. Hiermee is dus het spel bepaald wat gespeeld wordt. De thesis en antithesis leiden in dat geval tot de synthesis. Op de juiste manier gaan energieën middels gevoelens ten opzichte van elkaar, woorden, mimiek en grimas (algehele communicatie) met elkaar resoneren.

Als er sprake is van resonantie, betekent dit een overkoepelende energie – de "Tao" van deze context – die beide partijen bijeen houdt. Resonantie houdt dus in dat dit energieproces oneindig lag zou kunnen doorgaan zonder of met minimale energie van buitenaf. Los van wat de dimensie van de energie is.

Volgens mij weten we beide wanneer er sprake is van echte resonantie om welke energievorm het gaat. Natuurlijk levert een synthesis een energieopbrengst op dat je als product van thesis en antithesis ook wel de samenwerking of overeenkomst kunt noemen. Ondanks dat deze "energie" is losgekomen van het proces, blijft de synthesis en daarmee de resonantie in tact. Immers dat is geheel andere vorm van energie.

Binnen onze concrete energiewereld kunnen we 2 afsplitsingen binnen energie na de transformatie. Dat zijn exergie en anergie. Met de eerste vorm kun je mechanische arbeid verrichten, zeg maar het zijn de PK's van de energie, met de anergie vaak in de vorm van warmte of andere "restenergie", kan dat niet. De natuurlijke verhouding tussen beide ligt op respectievelijk zo'n 40 en 60 % vanuit 100 % "ingebrachte" energie bezien.

Het is daarom ook dat die andere dimensie van energie onbewerkelijk is voor de mens. Deze energie ontvouwt (enfolding) zich of dooft uit (exstincting) binnen bepaalde samenstellingen. Deze energie is dus ook niet onvoorwaardelijk oproepbaar. Het is verbonden aan de oprechte intentie van het willen samenwerken of in dit geval het fuseren van organisaties. Als deze ontbreekt – en dat is wat sommige mensen heel goed kunnen voelen en aangeven – is elke vorm van samenwerking een farce. Wat is jouw gevoel hierin ?

585

8. Chaostheorie of Chaotiek

Wat is chaos, wat is orde ? Zijn het tegengestelden ? Zo ja, heft het één de ander op ? Nee. Het zijn complementen van elkaar. Daar waar orde heerst zal (ooit weer) chaos ontstaan en daar waar chaos is, zal iemand trachten er weer orde, structuur in aan te brengen. Nu bestaat er voor beide begrippen wellicht een eenduidige definitie, in werkelijkheid is die er allerminst. Hoe kunnen we dit fenomeen verder uiteen zetten ?

8.1 Het organisatie- of dynamiekvlak

Hieronder zie een schematische voostelling van het organistatievlak, 1 met een prachtige glooiing in het midden. Het is een metaforische weergave van een zwerm spreeuwen, die ernaast afgebeeld staat.

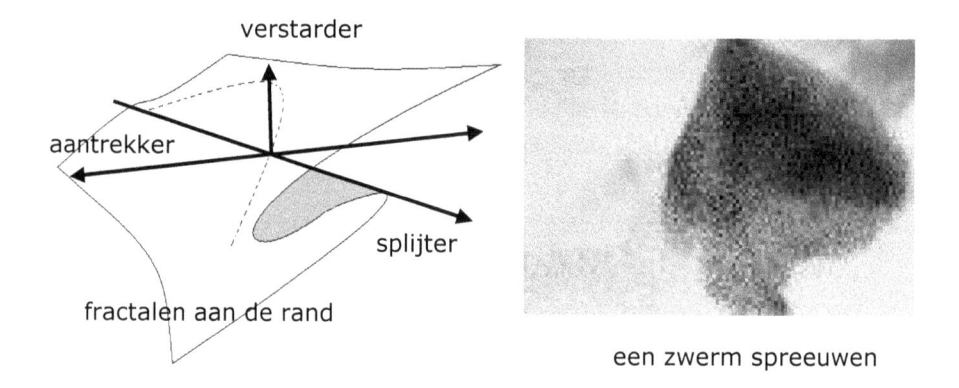

een zwerm spreeuwen

Een korte toelichting van het organisatievlak is het volgende. Daar waar zich de meeste interactie afspeelt, is voornamelijk bij de randen. Er is een constante uitwisseling van materie, energie en/of informatie. Houd daarvoor bijvoorbeeld de fractale structuur van het wortelstelsel in gedachten. Wat doen de spreeuwen tijdens hun vlucht in de zwerm ? Zij verlaten het "organisatievlak", echter ze trachten zo snel mogelijk weer aan te sluiten. Immers "van het organisatievlak afvallen" betekent in een catastrofe belanden. Denk eens aan de slechtvalk die loert op de eenling buiten de zwerm of die ene vis die eventjes de school verlaat. Hoe toepasselijk geldt hier "Samen staan we sterk ?"

Wat maakt deze verbinding zo sterk ? Fysiek gezien is elke "keten" zo sterk als de zwakste schakel. Toch gaat dat hier niet op. Er is sprake van een aantrekkende energie, die alle vormen en dimensies te boven gaat. Op een meer basaal niveau is deze toewijsbaar aan het instinct. Bij mensen spreek ik liever over intuïtie vanwege een stuk bewustzijn dat de mens boven de dieren- en plantenwereld doet uitstijgen. Ook dat is nog onvolledig.

Aangezien we hier over een dynamisch vlak spreken, is het wel toepasselijk hier vectorwiskunde op toe te passen. We kunnen hier een drietal vectoren in plaatsen. Twee daarvan liggen "in het vlak" waarbij de splijter in de plooi ligt, de derde staat er loodrecht op. Hoe is dat te beschouwen ? Het vectorproduct van de splijter en aantrekker is een derde vector, hier de verstarder, loodrecht staand op dat punt in het vlak. Op die wijze is elk vectorproduct binnen het organisatievlak te "berekenen" met behulp van de kurkentrekkerregel of rechterhandregel voor de richting van die vector. Deze vector, hier de "Verstarder", wordt ook wel de Normaalvector in de wiskunde genoemd.

De aantrekker staat voor waarom je bij een organisatie wil horen, haar missie of de doelstelling, de cultuur of wat dan ook. Het gedrag van hun allen tezamen (de organisatie) doet deze vector bewegen over het dynamiekvlak. De splijter staat voor de vector die in de plooi of daaraan parallel ligt. Zij kan een organisatie naar de afgrond doen gaan, het "van het organisatievlak doen vallen". De verstarder is de vector die zowel haaks op de aantrekker staat als ook op de splijter. Daarmee blijf de organisatie in een impasse. De dynamiek is eruit. Het richt zich niet mee in het vlak zoals de aantrekker en de splijter dat wel doen, maar is extravert geprojecteerd. Op zich is dat logisch. Immers elk dilemma bestaat uit een positief en een negatief standpunt. Vandaar dit "vectorproduct" dat tot de verstarder leidt.

De getekende versie hierboven is de meest eenvoudige. Daarnaast hebben René Thom – ontdekker van de catastrofetheorie (1975) – en Christopher Zeeman (1976) – de andere vooraanstaand wetenschapper op het gebied van de catastrofetheorie – binnen deze theorieën een 7-tal archetypische vormveranderingen, ze onderscheiden.

De eerste 3 hebben slechts 1 dimensie van gedrag in zich, deze zijn :

    1.   de "Fold" of de verdwijning : 1 kracht – de Splijter

    2.   de "Cusp" of de deling : 2 krachten – de Aantrekker & Splijter

3. de "Swallowtail" of de sanering : 3 krachten – de Aantrekker & Splijter & Verstarder
4. de "Butterfly" of het compromis : 2 krachten met 2 extra krachten, Groeier & Toedekker

De minder bekende, toegepaste archetypen met 2 gedragsdimensies zijn :

5. de "hyperbolic Umbilic"
6. de "elliptic Umbilic"
7. de "parabolic Umbilic"

De "umbilic : de denkbeeldige navelstreng", wat zoveel betekent als een blijvende verbintenis met de bron. Voorbeelden kunnen respectievelijk voorgesteld worden door goederen die de fabriekshal verlaten, echter door onderhoud weer terugkeren, leerlingen die na hun opleiding wel een stuk identiteit van het onderwijsinstituut met zich meedragen, echter nooit meer hoeven terug te keren en ten slotte entiteiten vanuit een moederorganisatie die na afsplitsing verder gaan als een geheel nieuwe organisatie.

Binnen Complexe Adaptieve Systemen ontstaan voorkeursloopings, die later "bestempeld" kunnen worden als patronen. Hierin is er sprake van meer of mindere bekende aantrekkers binnen het systeem zelf. Ondanks de chaos is hier een stochastisch gedrag te bepalen – determinisme – vanuit deze chaotische dynamiek. Echter zo zijn er ook verscheidene fenomenen binnen de natuur, waarvan het gedrag niet te bepalen is, alleen de kans op een bepaald gedrag is vast te stellen. René Thom stelde op grond van de structurele stabiliteit als grondslag in zijn catastrofetheorie vast, dat achter elke structureel stabiele stochast een te determineren dynamiek schuilgaat. Het is die volgens Thom te determineren dynamiek, die een vorm van de waargenomen kansverdeling bepaalt. Dat wil zo veel zeggen dat wanneer gedrag niet volgens de alom bekende en aanvaarde stochastische methodieken voorspelbaar zijn, er dus een ander soort dynamiek achter schuilging. Dit is het fractaal of chaotisch gedrag, dat bepaald wordt door een zogenaamde "vreemde" aantrekker, waarmee emergentie – spontane creatie – ontspruiting of ontvouwing kan worden verklaard en waarvoor Thom´s redenering niet opgaat.

Dit kun je weer in relatie brengen met de 3 voorbeelden van de umbilics, die ik hierboven beschreven heb. Een verdere uiteenzetting laat ik voor dit moment achterwege.

8.2 Chaostheorie vs McWhinney

Praten we over Chaos, dan is de complementaire waarde hiervan Orde. Welke anders dan het veld Unitary van het model van McWhinney komt hiervoor in aanmerking ? Zoals ik hierboven beschreef, is die omgeving fractaal in chaos. In de gedachte van fractals binnen de chaostheorie kun je elk van de 4 wereldbeelden weer plaatsen in 1 van de 4 wereldbeeldvelden zelf en hier eindeloos mee doorgaan. Dit is dus de fractale chaos die ik in de vorige paragraaf beschreven heb.

Als je je dus in die fractale of chaotische fase bevindt, neem je niet meer waar – Sensory, voel je niets meer – Social en schep je ook niets nieuws meer – Mythic. De voor de hand liggende aantrekker is op zich redelijk goed stochastisch gezien te bepalen. Wat de uiteindelijke uitkomst is, is geheel onbekend, tenzij er zich een gigantische sterke, nieuwe "vreemde" aantrekker aandient, waar een deel zich mee kan vereenzelvigen.

Laten we eerst eens kijken waar de "aansluiting" zich bevindt tussen de beide werelden. Zoals je weet bestaat de volgorde van de McWhinney uit respectievelijk de route, zoals die in de onderstaande afbeelding is geplaatst onder "Mode of Change". De richting is oplopend vanaf "Analytic" tot boven aan zijnde "Facilitative". Deze laatste term zou eigenlijk "Emergent" heten.

Evolution and Design

Mode of change	Human concordance cycle time	Intergroup Tournament (Nested games)	Type of game	Design rules and evolution's principles	Group results (worth = capital)
Facilitative	Century	New culture	Design non zero sum game	G.o.d.'s: G.o.d. over designer	Cultural worth
Inventive	Decade	New game		Entrepreneurial inventors	Intellectual worth
Evaluative	Year	New distribution		Resource shifters	Communal worth
Influential	Month	New value	Evolution zero sum game	Utility sorters	Social worth
Assertive	Week	New rule		Diversity generators	Commercial worth
Analytic	Day Hour	Playing the game		Conformity enforcers	Material worth

Bron : Jan Lelie

Een echte Healer (MBTI – INFP) zoals bijvoorbeeld Jan, is iemand die zich dienstbaar opstelt naar zijn omgeving – zich als een echte Facilitator voelt en gedraagt. In de context van zijn presentatie destijds, "vond" hij dat de term "Facilitative" hier beter op zijn plaats was dan de term "Emergent".

Door zich "dienstbaar" op te stellen, kan het tot emergente producten of wel spontane creaties komen. Andersom zou ik kunnen zeggen dat zich een ultieme creatie kan ontvouwen, waarvoor een faciliterend gedrag van een ieder nodig is. Dat is de onuitgesproken oproep of "Evoke" die ook binnen "Emergent" schuilgaat. Op zich maakt het niet zo veel uit. Het gaat om de essentie van een nieuwe culturele waarde, die daarmee gecreëerd wordt en de waarde die eronder ligt of de betekenis die eraan gegeven wordt.

Zo ook binnen de chaostheorie. In de heksenketel van paniek, onbegrip en onverdraagzaamheid wordt de druk opgevoerd. Door deze opgevoerde druk ontspruit een nieuwe kiem, een emergentie. Dat is de laatste veranderingsfase die je kunt meemaken, al dan niet bewust. De Facilitative-mode die hierbij manifest kan worden, is hier vergelijkbaar met de bekende synergie, die binnen chaos ontstaat tussen de betrokkenen.

Verdere toelichting

Pratende over een "vreemde aantrekker" (Attractor), waarop wordt dan toch een beoogde voorspelling op gebaseerd ? De symboliek en betekenis die we aan de 4 wereldbeelden "ophangen", zijn de waarden die we kunnen toekennen aan de 1^e dimensie van het gedrag. Ondanks de verschillende invalshoeken en inzichten zijn deze wereldbeelden vrij goed te koppelen en daarmee in meer of mindere mate "maakbaar", voor wat het waard is. In de fase van de chaos, waarbinnen niets meer lineair is, niets te integreren valt in wiskundige termen gesproken, is het een uitkomst die leidt tot speciale samenwerkingsverbanden. Die drang tot "overleven", met samenwerkingsverbanden, die daarvoor voor onmogelijk werden gehouden. Dat is die andere dimensie van het gedrag. Dit unieke samenwerkingsverband wordt wel synergie genoemd. Synergie behelst een inherente effect of effectiviteit – het willen "overleven – en nog meer unieker, een ongelooflijke hoge mate van efficiency.

Echte synergie ontstaat dan ook alleen vanuit een chaotische omgeving. De Sensory's hoeven niet te meten en te testen, De Unitary's trachten niet te ordenen en hangen er geen regels aan vast, de Mythic's hoeven niets te verzinnen en ten slotte hoeven de Social's zich geen zorgen te maken over de menselijke waarden daarbinnen. Ze komen allen uit in het centrum, het middelpunt van hun 4 wereldbeelden. Nu zou je jezelf de vraag kunnen stellen of een hoger bewustzijn, waar de 4 wereldbeelden ook niet-geldend zijn, chaotisch is. Het principe is hetzelfde ; het organisme zorgt in meer of mindere mate zelf voor de ultieme uitkomst. Dat is de adaptieve intelligentie van het organisme. Daar is op geen enkele manier overleg voor nodig, dat gebeurt, dat ontvouwt zich.

Hiermee is tevens aangeduid dat niet de intelligentie – lees "rationele of cognitieve" intelligente (IQ) – doorslaggevend is in het overleven van catastrofes. Met welke insteek zijn wij momenteel met z'n allen de financiële crisis aan het bestrijden ? Hiermee is ook de evolutietheorie aan het wankelen gebracht, dat zich voornamelijk baseerde op de "Survival of the Fittest". Ook mindere goden kunnen sterker zijn door het collectief gedrag dan menig individuele reus. Dat collectief hangt samen op basis van een hogere energievorm, die de meeste energieën overstijgt. De voorbeelden heb ik je geschetst aan het begin van eerste paragraaf. Het is jammer te constateren dat er nog steeds "systemen of organismen" zijn die nog steeds materie (lees : geld) kunnen inzetten om de dans te kunnen ontspringen.

Op welke wijze is een fenomeen als "chaos" dan toepasbaar of in verbinding te brengen met McWhinney's 4 wereldbeelden ? Daarvoor is de diagnostiek van het spel dat gespeeld wordt zo bepalend. Of dat nu het spel intern betreft of in relatie met de buitenwereld, in beide gevallen is een nieuwe morfogenese – een zelf-ordening – van binnenuit nodig. Deze zelfherstel- of reproduceerbaarheid vindt plaats op basis van de gewenste aanpassing, dus hoe intelligent is het organisme ? Een ander woord voor zelfreproduceerbaarheid is auto-poiesis.

Het betekent dat alle wereldbeelden hun ideologie van elk afzonderlijk dienen los te laten en zich "verenigen in het centrum", vaak en eigenlijk alleen maar middels opgelegde druk van buitenaf. Er is een catastrofe nodig, vaak is een dreiging ervan onvoldoende. De benodigde fysieke impact van buitenaf, bijvoorbeeld George Gurdjieff dat bedoelde op positie 3 van zijn enneagram.

Vanuit welk standpunt of interrelationele sfeer van de 4 wereldbeelden zou een chaos "oproepbaar" kunnen zijn ? Daar waar (de grootste welllicht overmatige) orde heerst, zal ook (de grootste kans op) verstarring aanwezig zijn, verstarring in de zin van het vasthouden aan patronen en op geen enkele wijze tegemoet willen komen aan veranderingen of verbeteringen. Als we dat vertalen naar de impact of modi van elk wereldbeeld naar Unitary toe, dan betreft dat voor de Sensory -> Unitary de methode "Testing", voor de Social -> Unitary is dat "Persuade" en voor de Mythic -> Unitary is die methode "Establish".

Respectievelijk staan deze methoden voor het testen van (nieuwe) regels om de situatie daarmee goed te kunnen interpreteren (toepasbaarheid). Het overreden van deze groep (Unitary) om regels en procedures hanteren, die voldoende menselijke waarden bevatten of daaraan tegemoet komen. En ten slotte het (uit-)ontwikkelen van reglementen en procedures, die de al dan niet nieuwe visie vertegenwoordigen of versterken.

Deze 3 methoden zijn de aantrekkers die de verstarring teniet zouden kunnen doen. Als deze afzonderlijk of tezamen niet meer werken, dan is het van belang chaos te bewerkstelligen. Er dient iets nieuws te ontspruiten, een nieuwe kiem (emergentie). Het ligt het meest voor de hand dat een "nieuw idee" bij de Mythic's vandaan kan komen. Wie anders dan de Mythic's grossieren in sublieme ideeën ?

Wel is het zaak om – statistisch gezien – minimaal een kwart van de mensen mee te krijgen, de zogenaamde eerste golf, die bij een eerste

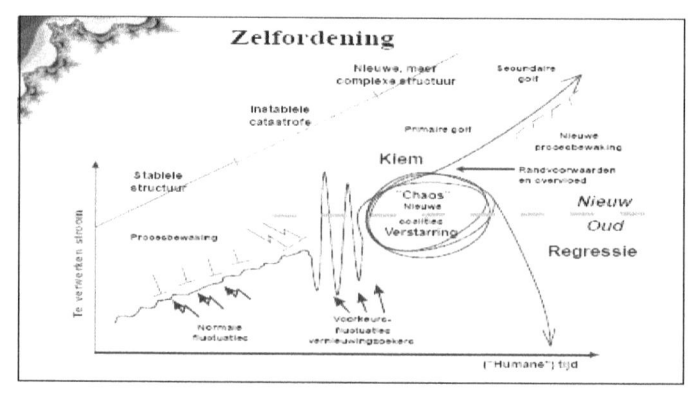

Bron : Rob Zuijderhoudt

ontkieming hoort. Wat is er dan beter om het een pact te sluiten met de Socials, anders gezegd, het idee te vullen met "menselijke waarden"?

Tezamen vormen zij een kwart (zie hoofdstuk 4.2) binnen de 4 wereldbeelden. Is deze schets niet bijna altijd een start of insteek van elke revolutie (geweest) ? Welk spel of beter, welke 2 wereldbeelden spelen er anno 2010 zeker in de Westerse wereld het spel ? Dat is het spel van de Unitary's en de Sensory's. Op welke wijze kan dus chaos ontstaan binnen de wereldbeelden ? Zorg voor de juiste diagnose zodat je weet waar het spel gespeeld wordt. Wie zijn je mogelijke sympathisanten hierbinnen ? Op zich is die eerste vraag een suggestieve vraag. Dat is ook wat de afbeelding van Rob Zuijderhoudt weergeeft.

De "initiatiefnemers" voor verstarringen zijn voornamelijk de Unitary's, de manifeste cultuur. Wel is het belangrijk te weten wat hun tweede natuur is, los dat de Unitary de groep is die het meest op het aspect "angst" vaart, Angst voor wat ? Dat is de essentiële vraag om te stellen. Als je die weet, dan is de verstarring of wel oplosbaar of chaos creëerbaar met de juiste ingrediënten.

Het is dan ook treffend dat ik een dergelijk onderwerp als de Chaostheorie in het ontwerp qua boekstructuur achterin geplaatst heb. En treffend dat ook dit Will McWhinney 's eindfase betreft. Of weet jij nog andere veranderingsmogelijkheden ?

9. Persoonlijk invulling van de modellen

In mijn boeken heb ik de samenhang en associaties inmiddels uitgewerkt tussen de verschillende modellen, methodieken en principes. Zo kent MBTI een mentaal en fysiek aspect, is dit in verbinding te brengen met modellen als die van bijvoorbeeld Ken Wilber. Dat deze koppeling ook met Will McWhinney's meta-praxis is te maken laat ik je zien aan de hand van de navolgende uiteenzetting. De toelichting en achterliggende informatie over deze modellen en methodieken laat ik hier verder achterwege.

9.1   **MyersBriggs Type Indicator – Brain & Action Type**

Vanuit de Myers Briggs Type Indicator bezien ben ik primair een Architect met de MBTI-code INTP en een Healer met de MBTI-code INFP met een hoge mate van expertise op het gebied van modellen en methodieken (ISTP – de Ambachtsman), doordat ik er zelf enkele heb gecreëerd en uitontwikkeld. De basis is gelegen in het feit van ondanks mijn intuïtieve karakter het doen van vele verschillende activiteiten en daarmee zelf ervaren wat en hoe het is. Ook sport heeft in dat opzicht een grote bijdrage geleverd aan de fysieke en/of senso-motorische kennis en inzichten.

Ik ben een van nature intuïtief persoon (N) en haal de kracht uit het feit dat ik introvert (I) ben. Hierdoor ben ik goed in staat vele zaken te analyseren (T in combinatie met introvert) en op waarde schatten (F in combinatie met introvert). Door al die activiteiten ben ik – mag ik zeggen – een expert (MBTI-code ISTP) geworden in het doorgronden en toepassen van de verschillende modellen en methodieken. Dit zijn in die volgorde mijn preferente denkstijlen. Mijn combinatie van de T (Thinking) met de P (Perceiving – actief afwachtend/creatief) zorgen voor de kracht van het kunnen ontwerpen (de Architect) en daarnaast zorgt de combinatie van de F (Feeling) en de P voor de kracht van het kunnen verbinden. Door de juiste analyses te maken kan ik aspecten daaruit op mooie wijze met elkaar verbinden, dat heet ook wel innoveren. Dat is wat je kunt teruglezen in mijn teksten en in dit miniboekwerk.

Morfogenetisch gezien zoek ik mijn lichaamsevenwicht via de achterliggende beenspiergroepen in combinatie met de relevante bekkenspieren. Ik "sta" daarmee meer op mijn hakken dan mijn voorvoeten. De ogenstand van mij is lichtelijk omhoog gericht en om rechtuit te kijken, breng ik mijn kin iets naar beneden. Ten slotte zie ik fysisch gezien meer en sneller iets vanaf de linker zijde (P) dan de rechterzijde. Deze genoemde fysieke aspecten behoren toe aan een intuïtieve creativeling (NP). Als ik Katherine Benziger toepas, ben ik een Total (4) Brain Type. Tot zover het deel aangaande MBTI.

9.2 Human Design – Personal Energy

Als ik de koppeling maak op basis van de lichaamsenergiegebieden (chakra's), dan ben ik een Reflector. De Reflector heeft dus ongevulde energievelden of chakra's. Daardoor is een Reflector objectief en subjectief sterk in het waarnemen. Vandaar de naam Reflector, er is geen voorkeursveld beschikbaar dus "alles komt binnen". Hier ligt het intuïtieve aspect ingesloten.

Vanuit het Human Design kom ik uit op mijn Chart. De meest relevante waarden zijn .

- 50-1 (zon) en 3-5 (maan) voor Personality (bewuste "ik")
- 31-1 (zon) en 41-1 (maan) voor Design (onbewuste "ik")

Binnen elk van de 4 hoofdgroepen van Human Design is nog een onderverdeling van 12 karakteristieken te maken. In mijn geval is dat :

Reflector : 5 / 1 *"People who can bring practical answers in times of crisis. A deep need for privacy."*

"Practical Answers" : In dit type-beschrijving lees ik de ontwerper terug (Architect – INTP).

"Need for Privacy" : Hierin lees ik respect en menselijke waarden terug (Healer – INFP).

"Times of Crisis" : Hierin lees ik de Expert terug (Ambachtsman – ISTP).

Tot zover de korte uiteenzetting met behulp van Human Design.

Nogmaals, een Reflector zonder gevulde energievelden chakra's is daardoor heel goed in staat objectief en subjectief te handelen. Vanuit het Human Design kom ik via mijn Chart uit op het Chinese orakelboek I Tjing.

9.3   Relatie met I Tjing

De relatie met het Chinese orakelboek I Tjing ligt ingebed in de uitkomsten van deze Chart. Als ik deze getallen koppel aan het grote I Tjing boek, wat komt daar dan uit ?

- Hexagram 03 -   De Aanvangsmoeilijkheid
- Hexagram 50 -   De Spijspot (beide Personality)
- Hexagram 31 – De Inwerking / Hof maken
- Hexagram 41 – De Vermindering (beide Design)

De toelichting op de hexagrammen is de volgende:

- 03 staat hier voor het Introvert zijn
- 50 staat voor mijn enorme kennis en inzichten
- 31 staat voor de wereld intrekken (in relatie tot Introvert)
- 41 staat voor het "stoppen" met meer kennis binnenhalen en ontwikkelen.

Deze type-beschrijvingen vanuit de hexagrammen zijn ook elk weer te verbinden binnen McWhinney's model, zoals je ziet.

9.4   Will McWhinney : de speelvelden

Het lijkt geen twijfel dat ik een Mythic ben. Het denken in beelden, verzinnen, ontwerpen, verder alles wat daarbij benodigd is, beschouwd binnen de mentale context. McWhinney beschrijft in zijn metapraxis binnen de 4 speelvelden de hoofdactiviteiten tussen elk van deze 4 groepen Sensory's, Social's, Unitary's en Mythic's.

Hoe "gedraag" ik mij naar de andere groepen toe ; op welke manier interacteer ik ?

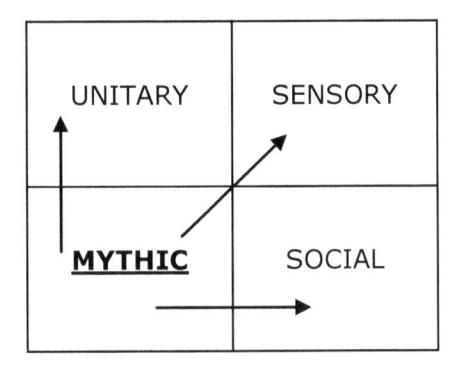

```
┌─────────┬─────────┐
│ UNITARY │ SENSORY │
│   ↑     │   ↗     │
├─────────┼─────────┤
│ MYTHIC  │ SOCIAL  │
│         │   →     │
└─────────┴─────────┘
```

Als Mytic "interacteer" ik naar de Sensory toe via de mode Inventive. Da's de Architect – INTP in mij.

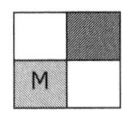

Inventieve spel

Als Mythic "interacteer" ik naar de Socials toe via de mode Emerge. Da's de Healer – INFP in mij.

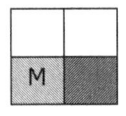

Emergente spel

Als Mythic "interacteer" ik naar de Unitary toe via de mode Assertive. Da's de Ambachtsman – ISTP in mij.

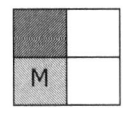

Assertieve spel

De Reflector is vaak een hoog intuïtief ingesteld individu. Dat is mede verklaarbaar door de lege energievelden. Vaak "weet" deze persoon al antwoorden die in concreto nog onbeantwoord zijn. Het intuïtieve begrip is vele malen sneller – zij het globaler – dan het cognitieve begrip middels woorden. Daarnaast geven mimiek en grimas – zeg de 4 humoren aldus Hippocrates – ook een bepaald "beeld". Het is naast "weten waarop je kunt letten" zoals uiterlijke kenmerken, juist de unieke combinatie van het invoelen, energetisch gesproken.

Terwijl de Reflector zich over het algemeen heel goed kan aanpassen vanwege zijn "lege" energievelden, brengt de interactie met een meer manifest persoon, bijvoorbeeld het Wachter-type – de SJ-er – grote twijfels voort, echter niet bij de Reflector, maar juist bij deze meer manifeste individu in kwestie. De Reflector lijkt ondoorgrondelijk. Dat komt omdat alle energie uit de velden, ongeacht welke velden dat zijn bij deze meer manifeste persoonlijkheid, worden "geabsorbeerd" door de Reflector.

Er komt simpelweg "niets terug", totdat de Reflector actief wordt en gaat reflecteren (energetisch gezien). De onrust en onzekerheid zeker in geval van de Wachters MBTI- SJ-ers, die zij zelf "uitstralen", komt terug bij hun zelf. Hun perceptie is echter dat dit de Reflector toebehoort. En daar kan een initiatie voor misverstanden en onbegrip liggen. Onrust, onzekerheid en niet in controle zijn doet het type Wachter "flippen". Wat gebeurt er vervolgens als er sprake is van een hiërarchische (machts-) verhouding ?

Dat het ook anders is merkt de Reflector bij een zeer creatief persoon, zeg maar een echte Promotor (MBTI – ESTP), die al zijn energie in zijn bovenste drie energievelden heeft. Wat doet een Promotor om zich te manifesteren ? Wat "krijgt" dit individu als reflectie terug in het bijzijn van een Reflector ?

Ook ik voel dan al mijn energie in mijn keel en hoofd met betrekking tot deze Promotor, waarbij hij in diens Chart een Manifest Generator is, wat in zijn geval staat voor een druk en hardwerkende persoonlijkheid. Een introverte Manifest Generator zou zich vast niet zo manifesteren. Ook hier ligt de meerwaarde in het kunnen toepassen van verschillende modellen en methodieken.

Het feit dat hij naar mij toe begint over tijdsgebrek, geeft mij gelijk aan dat hij in de stressmode werkt, omdat een sterke creatieve persoonlijkheid als hij het nooit over tijd "zal hebben", omdat dit tegen zijn persoonlijke natuur – zijn drang tot (in tijd gezien) onbeperkte creativiteit – indruist. Je weet wellicht waar het te lang in de verkeerde mode toe kan leiden.

En zo zijn er nog talloze voorbeelden uit mijn directe omgeving, die je "gewoon" aanvoelt op basis van het nabij zijn als ook in de wijze van communicatie en gedrag. Dat is de kracht en ik denk dat dit de waarde is, die zit in het ont-dekken van het persoonlijke talent, de tijd nemen, beter nog : tijd buiten beschouwing laten en in levende lijve mensen ontmoeten, meemaken en mee-beleven.

10. Afsluiting

De allereerste keer dat ik kennismaakte met het model van Will McWhinney was in februari 2009. Het moment dat ik via LinkedIn met Hans Konstapel in contact kwam. Dit contact was bedoeld er te komen, immers Hans had zoveel kennis van zaken, ook al in al zijn blogs verwoord op zijn website onder http://hans.wyrdweb.eu/ . En ongeacht het onderwerp, steeds als we tot de essentie van elke discussie kwamen, haalde Hans veelvuldig de inzichten van Will McWhinney aan als allereerst een briljant mens en tevens wetenschapper.

Op zoek naar verdere informatie buiten Hans' website over McWhinney was lastig te vinden en op een gegeven moment ben ik ermee gestopt. Op de vraag wanneer hij nu overleden was – nadat ik het van Hans vernomen had – kon hij me daar geen eenduidig antwoord opgeven. Nu, de eerste week van september 2010, nog geen maand geleden, besloot ik eens te kijken hoe krachtig en volledig zijn 4 Wereld Beelden model nu eigenlijk was. Hiertoe haalde ik een aantal van mijn geanalyseerde modellen en methodieken "tevoorschijn" en begon te associëren. Al gauw bleek dat Hans inderdaad niet overdreven had met zijn hulde aangaande Will. Het mooiste is dat Hans zelfs met hem had samengewerkt op dit kennisgebied.

Vele dagen en ondertussen ook 3 boeken verder groeide mijn ambitie om meer van de achtergrond te weten te komen van McWhinney. Ondanks dat ik zijn "Creating Paths of Change" had gelezen, had ik voor dit moment weinig aanknopingspunten. Na een aantal dagen zoeken op het internet kwam ik uiteindelijk uit op Bernie Novokowsky, (achteraf) 1 van de collega-schrijvers van Will.

Bijlage

De hierna volgende tekstdelen zijn afkomstig uit – vanuit dit boek bezien – uit een later geschreven boek, namelijk "*Van Nomade tot Monade"*, waarin ik het model van Will McWhinney gebruik binnen de benadering van menselijke stoornisaspecten, te weten "*Autisme"* en "*Schizofrenie"*.

Bijlage

De hierna volgende tekstdelen zijn afkomstig uit – vanuit dit boek bezien – uit een later geschreven boek, namelijk *"Van Nomade tot Monade",* waarin ik het model van Will McWhinney gebruik binnen de benadering van menselijke stoornisaspecten, te weten *"Autisme"* en *"Schizofrenie"*.

Deel 1

In mijn vorige boeken heb ik het veelvuldig gehad of typologieën, profileringen en karakteristieke kenmerken bij mensen. Vanuit Carl Jung's erfenissen is de typologie methodiek MBTI ontstaan, welke 4 hoofdtypes binnen de mensheid duidt. De Amerikaanse socio-humanistische wetenschapper Will McWhinney heeft op soortgelijke wijze een eigen model ontworpen, zijn *"4 wereldbeelden"* daarin presenterend. Vanuit een combinatie van deze beide modellen associeer ik dit met dagelijkse bezigheden zoals het kaartspel onder het motto : *"Laten we een spelletje kaart spelen"* als opwarmertje om profileringsmethodieken gemakkelijker te doorzien en er zodoende mee te kunnen spelen.

Het ons bekende kaartspel heeft een viertal symbolen, dat gebruikt worden, namelijk :

- Klaveren – Clubs
- Schoppen – Spades
- Ruiten – Diamonds
- Harten – Hearts

Teven heb ik in het onderstaande model per kaartsymbool er een soort van archetype aan toegekend.

In de 4 wereldbeelden van McWhinney ziet dat er dan als volgt uit :

Unitary JUDGE Club ♣	Sensory EXPLORER Spade ♠
Mythic PROPHET Diamond ♦	Social GUIDE Heart ♥

Even een korte zijgedachte om het kaartspel in een breder denk- en beeldkader te brengen. Waar ligt de oorsprong van het idee aangaande de diverse kaartspellen ? Vanwaar ook hier weer het magische getal 4 en ook het getal 13. Vier setjes van 13 kaarten leveren in totaal 52 kaarten op. Is dit vergelijkbaar met de 13 Tonen of Manen binnen de Maya's kalender, de Tzolkin ? Los dat het product van 4 soorten symbolen op de kaarten in relatie tot het dertiental evenals ook de 4-wekelijkse cyclus van de 13 maanstanden op jaarbasis de waarde 52 oplevert, is het mogelijk onjuist dit te relateren aan de (ruim) 52 weken in het jaar, omdat het genoemde verzinselen zijn om tijdsdomeinen beter te kunnen begrijpen of er grip op te krijgen.

Daar waar het getal 3 staat voor de heilige Drie-eenheid vanuit Bijbelse inzichten, betekent dit dat het getal 4 als eerste bijkomstigheid mysterieus of anders mystiek te noemen is, omdat het net buiten deze drie-eenheid valt. Waren de ideeën van maanden en herziene kalenderindelingen niet alle afkomstig vanuit het pauselijke en keizerlijke Rome en met welk doel ? Is dat soms gelegen in openlijke en daarmee gemaskerde controle over het Plebs ("*verdeel-en-heers*") ? Ligt de oorspronkelijkheid van de kaarten en het spel erom heen soms al ver voor de pauselijke tijd ?

Hoe kunnen we deze transitie met behulp van het kaartspel beschouwen vanuit Will McWhinney's "*4-Wereldbeelden*" en tevens combineren met Carl Jung's "*Intro- en Extraversie*", waarbij introspectieve intentie leidt tot extraspectief handelen ?

- Clubbing : zich verzamelend tot groep
- Spading : (om-)spittend, onderzoekend
- Diamonding : (weer-)spiegelend
- Hearting : willend zich verzamelen tot groep

- Clubbing : Unitary – regels & procedures
- Spading : Sensory – wetenschap/ontdekking
- Diamonding : Mythic – ideeën vanuit inspiratie
- Hearting : Social – gelijkheid & betrokkenheid

Als jij je het Ken Wilber en Carl Jung 4-luik nog herinnert, mogelijk uit mijn vorige boeken, dan kun je daarbinnen de volgende aspecten teruglezen; hierbij vallen Clubbing & Hearting beide specifiek onder het Pluralis (meervoud), terwijl de andere beide – Spading & Diamonding – onder het Singularis (enkelvoud) vallen.

- Clubbing : Unitary – Groepsregels ⇔ "*We*" vanuit Cognitie
- Spading : Sensory – wetenschap/ontdekking ⇔ "*I*" vanuit Cognitie
- Diamonding : Mythic – ideeën vanuit inspiratie ⇔ "*I*" vanuit Intuïtie
- Hearting : Social – gelijkwaardigheid ⇔ "*We*" vanuit Intuïtie

Door verdere assocaties heb ik vervolgens de hierboven beschreven analogische verdeling gemaakt. Op deze wijze zijn "*We*" en "*I*" verder te differentiëren, zoals Ken Wilber dat gedaan heeft middels "*Its*" en "*It*" gecombineerd met het Maslow's en later Don Beck's waardensysteem met de naam "*Spiral Dynamics*", waarbij het hoogste niveau van Spiral Dynamics "*Turquooise*" overeenkomstig aan of in analogie met de monade kan zijn.

Tenslotte blijft de 2-deling aangaande de kleuren over. In mijn originele plaatje heb ik de volgende kleuren per kaartsymbool toegepast :

- Clubbing : Unitary – groepsregels ⇔ Blauw
- Spading : Sensory – wetenschap/ontdekking ⇔ Bruin
- Diamonding : Mythic – ideeën vanuit inspiratie ⇔ Lila
- Hearting : Social – gelijkwaardigheid ⇔ Rood

Overigens zijn in het originele kaartspel de "*Harten & Ruiten*" beide rood gekleurd. Duidt dat op een innerlijke puurheid ? Daar waar de "*Schoppen & Klaveren*" beide zwart zijn en zich richten op de uiterlijke omgeving ? Binnen de MBTI-codering kan dat er zo uitzien :

- Clubbing : SiTe
- Spading : SeTi
- Diamonding : NeTi
- Hearting : NiFe

De beide indices "e" en "i" staan respectievelijk voor extra- en introvert. "*S*" voor Sensing, "*T*" voor Thinking, "*N*" voor iNtuiting en "*F*" voor Feeling.

Op deze wijze kan ik ook met enige fantasie aan het hierboven uiteen gezette model 4 basale rekenkundige algoritmen toewijzen.

Zie hierbinnen ook de dualen kruiselings over en weer. Het is slechts beeldvormend en inzicht vergrotend vanuit mijn optiek. Jouw eigen invulling en interpretatie is weer specifiek voor je eigen uniciteit en karakter en wordt daarmee weerspiegeld.

Daar waar je algoritmen als polair en reciprook functionele waarde kunt zien, als tegenwerkende functie van elkaar, als een musculaire agonist versus een antagonist, zoals de + en – als ook : en x, waarbij de dualen elkaars functie kunnen "opheffen". Hoe staan dan deze 2 dualiteiten, dit 2 paar dualen in relatie tot elkaar ? Hoe kun je dan toch een meerwaarde creëren uit bijvoorbeeld een aftrekking met een vermenigvuldiging ? Kijk eerst eens rustig naar het model in samenhang met de 4 genoemde duidingen.

- Sensory pluist uit, deelt alles in stukjes op.
- Unitary wil het onderscheid duiden met regels

- o   Social wil dat we met elkaar verbonden zijn
- o   Mythic vermengt alles en iedereen met elkaar

Unitary	Sensory
JUDGE	EXPLORER
−	:
Mythic	Social
PROPHET	GUIDE
X	+

"*Wat kun je ermee*", zal je misschien denken ? Mogelijk helemaal niets. Ik geef er slechts mee aan hoe de verscheidenheid van mensen invulbaar is. Hoe mensen de wereld om hun heen in eerste instantie benaderen en beschouwen als mogelijke werkelijkheid. Of je dat nu met een kaartspel in beeld brengt, met behulp van rekenkundige algoritmen, dat maakt niet uit. Dat is het grappige en daarmee creëer je voor je zelf het leerzame aspect in je tocht naar andere intelligenties en ter ondersteuning van je eigen bewustwording.

Deel 2

Als ik dat terugplaats naar "*de 4 Wereldbeelden*" zoals ik in een eerder hoofdstuk beschreven heb, dan zie je mogelijk ook schizofrenie als verschijnsel terug. Daar waar Sensory en Unitary staan voor respectievelijk delen en aftrekken, staan Social en Mythic voor elke tegenhanger van beide, namelijk respectievelijk optellen en vermenigvuldigen.

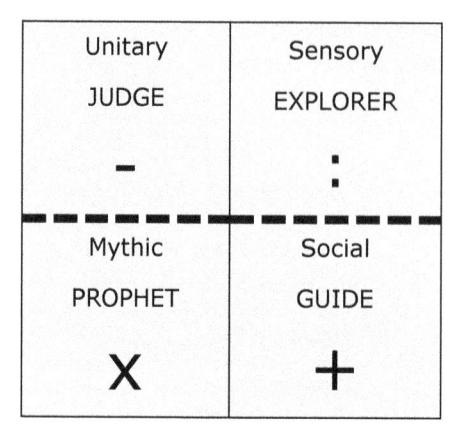

Unitary JUDGE −	Sensory EXPLORER :
Mythic PROPHET X	Social GUIDE +

woordkeuzes :

deductie derivatie deformatie

inductie integratie informatie

De beide eerstgenoemden leven op basis van onderscheidend vermogen, terwijl de andere beide zich juist richten op overstijgende meerwaarden. Daar waar het gezamenlijke proces tussen Sensory en Unitary *"Analyzing"* en het gezamenlijke proces tussen Social en Mythic *"Emerging"* heet.

Daar waar de praefix *"de-"* in de bovengebruikte woorden aangeeft dat je van het pad afdwaalt of de bron verlaat geeft de praefix *"in-"* juist aan de je nog meer de kern intreedt voor verdere diepgang op zoek naar een vermeende hogere orde, die binnenin gelegen is. Denk daaraan aan het vierluik van Ken Wilber, vergelijkbaar en in analogie met het kwadrant van Ofman volgens *"Kwaliteit-Valkuil-Uitdaging-Allergie"* respectievelijk in overeenstemming met het praefix *–in-*, *-de-*, *-dis-* en *–re-*.

De bovenzijde van het model staat voor de huidige maatschappelijke tendensen, zeker in de moderne Westerse wereld terwijl de onderzijde de meer Oosterse tendensen vertegenwoordigen.

Deel 3

Uiteraard ging ik verder op onderzoek uit. Op basis van de vragen ging ik na welke vragen ik als "gewoon mens" had ingevuld en welke antwoorden aan een "echte autist" toe te schrijven zouden kunnen worden. Door heel goed mijn best te doen om toch autistisch te mogen zijn, kwam ik dit keer uit op een score van 28. Ik scoorde daarmee boven het gemiddelde en *"had daarmee autistische trekjes".*

Ik begreep er werkelijk niets van. Wat is er aan de hand ten aanzien van de geestelijke gezondheidszorg ? Waar ligt de waarde van het handboek "*DSM IV*" of inmiddels versie V ? Geeft verdere differentiatie binnen het spectrum van Autisme nog meer handvatten aan de zorginstellingen om mensen nog scherper en nauwkeuriger binnen hokjes te plaatsen en over elk gedrag dat buiten de norm ligt te "moeten" oordelen ? Immers DSM staat voor "*Diagnostic and Statistical Manual of Mental Disorders*", waarin de normen worden gehanteerd ten opzichte van de gemiddelde mens.

Door deze steeds verdere differentiatie is uiteindelijk dus iedereen te diagnosticeren ten opzichte van de gemiddelde mens, los van het feit dat "*de gemiddelde mens*" niet bestaat. Het meest bezwaarlijke is dat door deze steeds verdere uitwaaiering er opeens steeds meer mensen een psychische stoornis zouden hebben. Je weet mogelijk wat Henri Bergson over analyseren zei, zoals ik beschreef in mijn boek "*Apprenti*" :

"Deze wijze van analytische wetenschap versnippert de wereld in fragmenten, die we desgewenst kunnen manipuleren; middels ons eigen gekozen perspectief met als doel er vervolgens onze eigen waarheid te kunnen verkondigen."

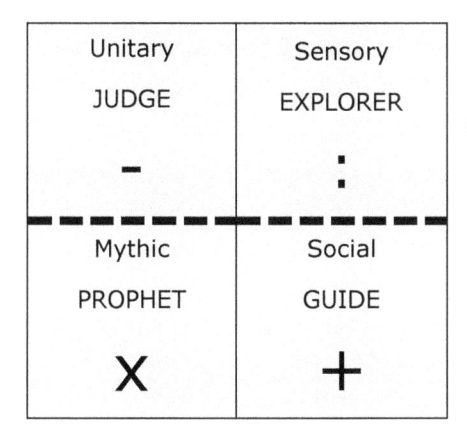

Unitary JUDGE −	Sensory EXPLORER :	mogelijk binnen autistische spectrum
Mythic PROPHET X	Social GUIDE +	mogelijk buiten autistische spectrum

Als we dan de zintuiglijke, concrete of feitelijke waarneming – Sensory & Unitary – enerzijds beschouwen en de niet-zintuiglijke waarneming – Mythic & Social (intuïtie & sympathie) – anderzijds beschouwen, dan zou je bij het ontbreken of integraal samenwerken van deze beide modelhelften dit schizoïsche of misschien zelfs schizofrenische gedragingen kunnen noemen. Ik beschouw dergelijke terminologieën als fenomenen, zonder daar een scherpe definiëring bij te hanteren, gewoon omdat het te vaak niet functioneel is en er veelvuldig mengelingen van gedragingen platsvinden, als je iemand maar voldoende lang observeert binnen een grote diversiteit aan omstandigheden.

Daar waar Sensory de zoektocht en herkenning tot op detailniveau betreft en Unitary deze onderscheidende bevindingen feitelijk maakt en vastlegt in regels en procedures en daaraan vast tracht te houden. Daar waar Social de ambitie van sociale gelijkheid nastreeft en Mythic op intuïtieve – of mystieke wijze - inspiratie ontvangt voor deze en andere ideeën.

De genoemde analytische wetenschap namens Bergson noem ik zelf de analytische diagnose. Als tegenhanger – omdat ik nu eenmaal zeer intuïtief percipieer – heb ik de *"associatieve diagnose"* geïntroduceerd :

"Het fenomeen als gevoelsmatig inzicht beschrijven dat tussen 2 afzonderlijke fenomenen wordt waargenomen (perceptie). Deze perceptive gebeurt hoofdzakelijk op niet-zintuigelijke wijze."

In relatie hiermee heb ik een onderverdeling gemaakt aangaande percipiëren middels de vraagstelling :

"Waar staat de autist in dit verhaal volgens het model van "De 4 Wereldbeelden" ? Is dat onoverkomelijk of slechts lastig en daarmee uitnodigend de uitdaging om een autist te begrijpen aan te gaan ? Waar ontbreekt het bij de gewone mens aan Relationele Intelligentie of het doorzettingsvermogen daarin dan wel het eindeloze geduld deze uitdaging te blijven aangaan ?"

Als je ondertussen meer inzicht en gevoel gekregen hebt bij de methodiek MBTI en McWhinney's 4 wereldbeelden zou je ook voorzichtig kunnen concluderen dat Autisme een van nature meer manlijk fenomeen betreft vanuit het non-sociabele of empathische aspect bezien. Daar waar juist bij de vrouwelijken meer sociabele afhankelijkheid gegenereerd wordt, mede de moeder-kind-relatie – aan- en afhankelijkheid – in ogenschouw nemend. Wat weer veelvuldig jaloezie met zich meebrengt.

Scratch pad
(uit boek 10 "emergence of integrity" ~ July 2013)

Due to the fact that so many misdiagnoses are (still) made within the field of Autism ~ including over myself ~ I decided to split up the aspect Autism in a dualistic way. To accommodate this I invented a new term : "*Autoism*" ~ July 2013.

Where Autism may be based on genetic features and the lifestyle of individuals considered in their unique human way ~ and for example the choice of food what is more or less proven scientifically ~ Autoism can be considered being social-emotionally neglected and treated unrespectfully by society that leads to this similar kind of behaviour.

Especially male individuals ~ however this sounds controversially ~ are more sensitive than female individuals; they have more potential to develop and express this kind of behaviour. The behaviour of those male individuals show often similar features of an autistic individual. Then a misdiagnosis is made very quickly. I plead for a more psychosophical approach within the Psychiatric Care like Irvin Yalom explained.

Autism is only a name based on restrictions of some one's capabilities concerning social interactions. Deductive perculations are often represented as Paranoia and Schizo-typal phenomena. Besides these 2 Histrionism is within its extreme way of performance very close to Narcism, although they have complete opposite drivers ~ as an example.

As I consider the 4 World Views of Will McWhinney where Autism is primary related to the world views "*Unitary*" and "*Sensory*", then this implies that the other 2 world views "*Mythic*" and "*Social*" have some kind of opposite aspect related to them. Where Autism is basically related to the Greek word "*auto*" ~ "*self*" ~ then it is obvious that the opposite here is "*the other*" or in Greek "*allos*". Autism has as an opposite aspect Allism and Autoism has Alloism. Allism means an excess of social involvement concerning others as a restriction within someone's individual growth. Alloism implies the perculation of Allism, some expressions based upon these phenomena we can discover at Histrionism.

Especially fe-male individuals ~ however this sounds controversially ~ are less sensitive than male individuals; they have less potential to develop and express this kind of behaviour, it's already part of their basic" system". The behaviour of those fe-male individuals show often similar features of an allistic individual.

In my earlier books I integrated McWhinney with MBTI, the visions of Wilber and the well-known card play. In the picture beneath I introduce the 4 terms as described above. Each top means a (meta-)stable behaviour of the individual.

The related table :

Will McWhinney	Partial	Restriction / Perculation	Role	MBTI	%	Card Play	Math's
Unitary	7/16	Autism &~/	Judge	SJ	46	♣ Clubs	−
Sensory	5/16	Autoism	Explorer	SP	37	♠ Spades	:
Social	3/16	Allism &~/	Guide	SF	34	♥ Hearts	+
Mythic	1/16	Alloism	Prophet	N	17	♦ Diamonds	x

Notice that intro- ~ 25 % ~ and extra-version ~ 75 % ~ have nothing to do with some world view nor with autism or allism. Unitary is primary related to Paranoia, Sensory to Schizophrenia, Mythic to Histrionism and Social to Dependence.

Ascending the slope of your life mountain without success gaining the individual top means restrictions of skills. Losing grip on the slope leaving your individual top ~ the descending mode ~ means a perculation.

Illustration & description

The world views "*Unitary*" and "*Sensory*" are both "*fragmented*" related, the first view by the plurality of rules ~ clubbing together by rules, the second view by its analytical and investigating drive ~ spading and digging in "*matter*". The other 2 world views "*Mythic*" and "*Social*" are both "*non-fragmented*" related. They deal respectively with spheres ~ reflections ~ and feelings ~ affection ~ as wholes.

The world views "*Unitary*" and "*Mythic*" are both "*general*" related, all introduced rules by the "*Unitary*" should induce common or general behaviour while spheres or phenomena speak for themselves as they are predicted and describes by the "*Mythic*". The world views "*Social*" and "*Sensory*" are both "*specific*" or individual related. Feelings are for the "*Social*" specific, individual and intimate, while all material discoveries evoke similar experiences for the "*Sensory*".

Falling back while ascending or falling down during descending makes you end up in the valley expressed by individual depressions without the right help to get you to your individual top again. So combatting depressions is useless and will remain without the right success when ignoring one's path of life ~ Fate. Drugging by pills will only reinforce the indistinctness of and suppress his or her teleological purpose by a hypocritical state of comfort of your life ~ "*Comfortably numb*" ~ "*The Wall*" of Pink Floyd's that makes you feel nothing but and treated as a single, isolated and meaningless integer numb-er.

Remember that the aspects Autism, Autoism, Allism and Alloism may occur at each world view. Beneath this fact every prominent phenomenon includes aspects of other, less prominent phenomena, simply because a human is an integral being. Lots of individuals are capable to survive half way their ascending or descending slope regarding the top of their lives.

"Grammars of Engangement"

http://hans.wyrdweb.eu/will-mcwhinney-about-engagement/

"This is a version of chapter Eight out of the never published book **Grammers of Engagement** *of Will McWhinny. Will gave it to me to comment. I am sure Will has adapted this chapter later but I think it is still a very interesting document to read. I really don't know if I am allowed to do this. I am afraid the whole book will never be published so I take the risk."* (Hans Konstapel)

"*There is only the dance*"
T.S. Elliot

An idea, image, or model that has been configured and prepared for enunciation appears as a line of argument, questioning, or entreaty. My question is now, how do we use this enunciation to engage with others to achieve understanding, response, or compassion? The simplistic answer is to get them to be like us, to render both us and them more equally informed and caring. We do this by coupling.

We induce neural paths in the minds of others (or equally in data paths in other systems) that are linked into similar networks of idea. We do it by mounting our propositions in step with the others' routines and by knowing when the other has completed a cycle of embodiment and is ready for the next cycle of muscle firings

We learn of their accomplishment when we get a response, "yes, I get what you are saying." But more accurately, when we hear "I have established enunciating loops that seem to match those that generated your message." This chapter is about the processes of coupling and the encompassing system that can attain such results. It is about how we get others to be more like us and who 'we' become when that similarity is achieved.

In the prior chapters, I articulated the role of coupling in communication and the elements of an enunciation that configure a simple image or model into a grammatical flow of words or symbols. Here I am concerned with the engagement with other systems, with designing enunciations that couple a specific target audience, and with mechanisms to reflectively adjust and augment responses to the audience as a conversation evolves. And when these concerns have surfaced, I find I am back to reflecting on the system that has emerged. I am looking for the meta-language with which we explore the engagements that separate us from the silence we left in the Garden of Eden.

Communication has the overt purpose of transferring information, but its over-all effect is paradoxical. The primary effect is to unite us, at least in understanding if not in compassion. It also has a second effect, making the meta-system of which we are a part more discriminating, more constrained in our expectations, and thus different from the unincorporated environment. Every act of engagement increases the complexity of the meta-system and in doing so increases its ability to engage with others.

It is as though humanity's task is to incorporate the universe within our meta-system and to internalize all its differentiations, thereby collecting its fragmentation back into a oneness fully aware of what we bring back to Eden. We go about this task by increasing our differentiation to develop the requisite internal variety to match that of the Oneness we would approach. As is often the case we search for variety while reaching for unity and search for oneness while enriching the variety of our worlds. Coupling is the vehicle with which we maintain rhythm and create meaning. It forms the dual with the linear conduit model of communication and an alternative construction to the grammatical development described in the prior chapter.

Entrainment

All communication arises through coupling. All communications are dances that coordinate the rhythmic processes shared among the engaging systems. "Communication is not a transmission of information, but rather a *coordination of behavior* among living organisms through mutual structural coupling." Coupling, the instrument of coordination, is established by the physics of exchange and by traditions that associate both human relations and communications with music: harmony, rhythm, tone and tune.

In the 1960's, William Condon of Boston University School of Medicine pioneered the empirical study of communication as coupling. In the microanalysis of a few seconds of film he was astonished to find how the voice and bodily movements of speaker and listener were coordinated within intervals as short as 20 milliseconds. Condon introduced the term *entrainment* to describe the coupled behavior. He noted that

Communication is thus like a dance, with everyone engaged in intricate and shared movements across many subtle dimensions, yet all strangely oblivious that they are doing so. The phenomenon of entrainment in both subtle and obvious forms is widely recognized. One needs to go beyond its observation to explicate how the coupling is achieved.

Awareness of the other

Coupling begins with getting the attention of other organisms, or more accurately, with distracting the organisms from other engagements so they are able to discern and respond to this engagement. This task I label *gaining awareness*. Second, by the rhythm of the exchange has be enunciated in a way that the participants can join in the coming and going of exchanges following the pace set by the parties forming and returning messages. And third, the pace itself is enhanced and comes to be preferred by including features in a message that enable the involved systems to anticipate the messages. Later in the chapter I discuss redundancy, attribution, and chaining of ideas. These processes operate in the middle ground between silence and where coordination among participants enables them to notice and incorporate novelty.

That we can communicate with other beings comes from the presumption we are very much like those others, that their receiving apparatus is much like our sending apparatus. We receive actively, by initiating a neuromuscular sequence that mirrors the incoming message, but then inhibit its vocalization. It is a *proxied movement,* an echo that we comprehend by generating the actions that we would have taken to express the received communication.

The reinforcing behavior is made apparent on listening to a Japanese speaker responding to my request with a nod that I might interpret as indicating agreement. Rather, he is saying, "Yes, I have configured your message in my cognitive system." "Yes," simply indicates he shares an enunciation. Awareness of the other is the echo-within of ideas and images evoked. It is not the passive impression of a message on a *tabula rasa*, the blank slate on which the sensed world is inscribed in the way the philosophers Thomas Aquinas and John Locke envisioned. The echoing sequence is never a perfect copy. In the difference we establish the identity of ourselves and the existence of the other.

All engagements proceed by coupling, but the coupling vehicle is not always successful. Some are too slight, some too powerful, and some just right, allowing an acceptance and response to an enunciation. A coupling that is just right joins systems that link them into an encompassing system of focus and constraints that mutually inform. Much communication is not 'just right.' I begin with those non-coupling conditions

Too small-Perturbations

A recipient system may sense a slight perturbation as we would feel from the warmth of a fire or the brush of a stranger passing on a crowded street. The perturbation incites a dance at an energy level below that which can capture attention. It does not entrain the chemistry of a cell or establish a memory trace. It may 'bend' some neural loops but does not disturb their structures or alert a neighbor. Such minor perturbations are dissipated leaving the system to return to the undisturbed state.

They fail to produce what Maturana and Varela define as *structural coupling*—their impact on the autopoietic organization of the recipient system is seemingly negligible. We cannot say that these 'too small' perturbations have a zero effect for there are couplings beyond the range of human sensitivities that may eventually change the involved systems; the spectrum of potential couplings is vast beyond our comprehension.

Every message induces myriad whorls entraining myriad elements of the complex living structures. Every entrained element of a message adds complexity to the receiving system—wider connections, a broader coupling among neuro-motor loops, and more capacity to respond to the environment.

Too Large-Overloads

Highly energetic perturbations overload a system, tearing apart the autocatalytic loops that hold its definition. Too much energy bifurcates the stable basins of a system's memory and ultimately violates its autopoietic identity. The overly energetic perturbations leave open non-reflecting fragments of nodes: neurons, bits of stories, and social customs. These fragmented networks are no longer able to hold meanings or link to memory traces.

Short of total destruction, strong perturbation will wipe out the fine structure of a receiving system, leaving it only able to operate in those sequences enforced by the invasive perturbation. To protect the networks of connections, electrical and mechanical systems have features to handle 'over-modulation.'

With appropriate design, they digitize signals to compress the spectrum, thereby allows the message to be accepted. Human systems have a variety of means to block or censor invasive signals that violate our senses and psyches. Some at the physiological level block the energy that carries the messages; others receive, understand and reject the overwhelming impact. Blocking and the use of censorship disconnects us from the environment and preempts the discrimination they would our systems had more capacity.'

Just right-Entainment

'Just right' communication work because it allows systems to exchange energy, thus information, through entrainment. They dance to a just right message. The communication follows from exchanges that take place as the systems draw each other toward a common resonant mode. Systems communicate in the process of being more similar, approaching a harmonious state at least in the domain of the communication. Entrainment stops short of perfect harmony. With perfect harmony there is no exchange. 'Just right' is becoming close to harmonizing'.

The process of coming close to harmonizing is visible in an old example. Automobiles and farm machinery once had *clutches*. These clutches consisted of two plates, one attached to the driver motor, the other attached to the wheels, thrasher, or rotary saw. When the operator 'let in the clutch' the two plates moved flat up against each other. As the clutch 'comes in,' the driver plate begins to transfer energy to the follower plate getting thus it to turn.

At first, the clutch slips and most of the power goes to grabbing, which produces heat. Increasingly the driving plate turns the follower. With full 'letting in,' the two turn together. There is no more heating; they form a unit with no further visible communications. The coupling established at the molecular level joins the material of the driver and follower plates in transmitting power to the wheels and cutting blades. This clutching sequence is a model of entrainment.

We can recognize similar entrainment sequences in many other situations: a spoon stirring batter in a bowl, cellular protein molecules latching onto antibodies, two persons entering into conversation, and 100,000 people being captured by Marion Anderson singing *God Bless America* at the Lincoln Memorial. Viewed as a physical process, each situation exemplifies a tuning of electromagnetic circuits to one another. Plates, proteins, people, and cell telephones that engage in 'just right' transfers of energy between the systems.

First, one system is the driver and then the other responds, establishing an exchange among neighbors as they 'clutch.' In living systems the dance evokes memory traces, establishes new couplings, and forms new basins of dynamic equilibrium. Approaching entrainments produces learnings, reinforces existing organizations, and establishes new channels of communication that are self-sustaining. Entrainment is a reflective process; it couples, but it also communicates what is different between the involved elements.

In entraining, each system becomes aware of the other in a rhythmic exchange of energy as they pull each other toward synchrony. It is safe to say that living things *feel* the pull into a larger orbit of the exchanging set. In the movement toward resonance the pull, thus the feeling and energy exchange grow and achieve a peak *near full harmony*. There, the merging parties experience the maximum exchange of affect. If a situation permits the elements to synchronize even further, the sense of exchange *decreases.*

The slipping clutch produces heat of exchange; when the clutch is locked it runs cool and no energy is dissipated. Similarly, two people walking out of step disturb each other, calling for attention. When they come to walk in unison their consciousness of each other's walking disappears. When there is total harmony, there is no pull. When there is synchrony, systems dance in silence. It is in the approach to harmony that systems listen to each other and attend to their relations.

The dance of entrainment never produces perfect harmony. On the way to a stable harmony, interacting systems produce sub-harmonics, supra-harmonics, and varieties of non-linear 'transients.' Hums, whistles, and squeals arise as long as there is any dissonance and energy in the conjunction. Every conjunction reverberates over a spectrum of coupled sub-systems, calling up faint memories, reinforcing associations, and preparing possible responses.

Some elements of a communication slip into a system before there is conscious acceptance; our minds organize the grammatical structure of a message before in order that we will understand what has been said to us. Some may take months or years before they have reverberated across a cultural plain and broached a person or community's consciousness; histories tell us what we could not see at the time of the events. Messages at the extremes that do not enter consciousness on their receipt may accumulate their impact to eventually dominate the involved systems; little anxieties and grand cultural myths form webs that constrain our lives. Our origins are ever present as Jean Gebser reminds with his book title (1985).

Acceptance and Inhibition

Action is the way of life. Movement, actual or proxied, is all that living things can do. The particular power of developed living things is the ability to generate and organize a variety of action sequences. That power is one definition of intelligence. The genius of the human species is not just generating meaningful sequences but managing them. We have developed the mechanisms for generating and growing sequences by *accepting* messages from the environment.

We have also learned how to not accept new or modified sequences by *inhibiting* their growth and expression. The choice to accept or reject is first built into our physiology that limits our sensory inputs to the classes I identified above as 'just right.' Within the acceptable range, messages initiate couplings that reverberate throughout the receiving system. On engagement with its environment, every biological or organizational system, experiences a cascade of dances that initiate responsive neuromuscular sequences. This effluence has to be managed to produce responses and create new neural paths.

Some messages receive immediate attention as triggers for muscular attention. These are accepted as the 'stimulus that get a response.' They produce immediate the firings of muscular sequences such as those that pulls the finger from the fire or rebalances a falling body. Such are the visible responses, but as with a struck bell, stimulus/response messages also reverberate across the system, releasing adrenaline, evoking memories of prior emergency responses, intruding in a hundred ways into the system's organization. The example is physiological but the reader can appropriately extend it to the phenomena of social organizations.

Most exchanges penetrate beyond the reflex response. More often, they engage with the sensory cortex and fan out into the neuromuscular organs. Through coupling, messages set off reverberations in stored action sequences and confront the remembered sequences with novelty. Acceptance is like chiming; one message produces innumerable couplings and innumerable that compete for attention.

The breadth of the reception is a function of the richness of the receiving system: not everyone catches a double entendre or an in-joke told at a cocktail party, or does everyone have sufficient plasticity to modify existing sequences to learn. The acceptance process parallels the generation of utterances. Sounds evoke the sequences that would generate syllables; syllable sequences are combined to form word sequences; and words are formed into grammatical statements to be presented to the conscious mind. These are all proxied sequences that would become utterances; that is, the muscular sequences would be released if they were not inhibited.

Responses to the environment generate self-stimulating reverberations that tend to reinforce the entire cascade of couplings. Reinforcing habits of action and memories is functional for the organism, up to a point, but too much is destructive. Reinforcing can produce reverberations, that is, oscillations that come to dominant the neural system. Crick and Kock noted that without inhibition a system "would be thrown into uncontrolled oscillation, as in epilepsy," to which Cotterill adds, "making every transaction with the environment a hazardous one. But even when effectively distributed reinforcement can be destructive, for it eventually overloads the system's capacity and decreases the plasticity of the neuromuscular network. If the environmental response is allowed to cascade unrestrained throughout a biological organism it eventually closes off capacity to further adapt, that is, learn.

The overload condition is visible in many living species such as the giant pandas that can feed only on a particular species of bamboo. Coupling and the runaway responses to simulation occur in autocatalytic systems everywhere in nature. In most living forms, propagations are control by competition for resources. However, animals have made a radical improvement in performance by internalizing the choices of what is to be inhibited. Early in the evolutionary path, animals developed ingenious devices that *inhibit* the runaway processes. It is a choice rather than an imposition. Making the choices about what is not be to retained *gives animals the ability to perpetually learn and diversify.*

Inhibition is the neuromuscular process that blocks either overt expression or propagation of messages through the organization. It works first at a cellular level by inhibiting the firing of synapses. It also operates at higher levels by consciously stopping muscular firings that that had been identified for execution. Inhibition serves a number of functions by its ability to block synaptic activity

- Gating. In neurons, inhibitory synapses corral the flow of messages. In combination with the excitatory synapses, they route acceptance through a network, closing 'gates' to direct a firing sequence along a path. Gating is a logic function which sums excitatory (positive) and inhibitory (negative) signals to allow signals to flow along neural paths.

- Coordination of movements. Working at a higher level, inhibition contributes to the rhythm of movements, by periodically inhibiting neuromuscular sequences. For example, as an infant learns to crawl, it inhibits muscle firings that activate the left arm and right leg, thus providing the base for the right arm and left leg to move forward. A moment later, the converse inhibition continues the forward movement; the right arm and left leg are now inhibited, freeing the other pair to move. Inhibition establishes the rhythm of movement that we see displayed as a centipede manages the flow its many legs or a drummer keeps his beat.

- Blocking dysfunctional responses. Inhibition is expressed by blocking sequences that carry signals. It stops motions judged to be harmful to an organism, such as a loss of balance, eating noxious substances or using socially incorrect language. It can be used consciously to stop habitual behaviors that become viewed as damaging. And, in the context of communication, to prevent noxious messages from entering our consciousness—"see no evil,…"

- Learning. Learning is a natural result of the reinforcing reverberations that flow through neural and organizational systems. Without inhibition reverberation will clog the limited systems. In simple organisms, the memory is filled and the system becomes unresponsive to fresh information. With limits on its resources, the nervous system would drive itself into fixed routines. Part of mind's work is to remove links between sequences to allow for alternatives, either for explicit learning or serendipital creativity. Without the ability to prevent efferent motor sequences from initiating, there would be no room to introduce new sequences, that is, listen to something not already established in one's memory circuits. *As silence is to communication, so inhibiting is to learning.* Inhibition opens the door to novelty. As Cotterill suggests, while it may be that while humans lack 'free will' but the evidence supports their access to 'free won't.' (1998)

In spite of its bad name, inhibition is critical to engagement in two major ways as described here. First, it enables coordinated rhythms of movement and second, it enables a system to make choices about how to use resources. Acceptance provides access to resources; inhibition provides the control that makes those resources useable. Both are required for there to be awareness of the other.

Music of the Spheres

Entrainment is a process in time. It takes time for a photon to bounce between electrons and for amino acids to couple into a protein; A it takes time to hear what the other person (the other system) is saying; it takes time for the hermeneutic circles to close on an international treaty. At every level of engagement, entrainment is a two-way process that sets up a rhythm of coming-and-going that sets up expectancies and readiness to respond. An enunciation proposes a pace of exchange directly by a choice of words, the urgency of their expression, or the request for response.

A response can follow in milli-seconds after an alert of danger to a loved one or follow weeks of rumination on an ethical issue. While the over-all rhythm of our engagements is bound by genetics and technology and evolves with the culture, every exchange establishes a natural rhythm for the particular participants. For atomic particles, the determinants are electromagnetic forces; for simple organisms, it is the biochemistry; but animals have attained the freedom to set the rhythms with conscious intentionality in shared music, conversation, and the imagined response of distant audiences sympathizing with our thoughts and emotions.

Pacing, a music, develops through a harmonizing across the spectrum of enunciations and responses. In human communication, rhythm orchestrates the voices, expressions, e.g., sentences, reception processes, rhythms of the body, demands for attention within and among the participants, and long waves of cultural accommodation across the whole set of conversants. A conversation is effective when the pacing of each element synchronizes with the others: all the phonemes of a word need to be completely expressed before a speaker begins to generate the next word. Interruptions in this flow produce stuttering, in speech or thought.

The breathing must enable a sentence to be phrased, expressed on a single breath or broken in relation to its grammatical structure. The listeners simultaneously construct the sentences in their own neuro-muscular structure, or pass them through an organization's network to get acceptance, then in to prepare to receive the next enunciation. Conscious processing introduces delays in transmission, taking time to search and test, and readies the neuro-muscular systems for new receptions. Inhibiting a misinterpretation also takes time. If first interpretations are recognized as inappropriate, their flows must be inhibited so that new neuro-muscular proxy sequences can begin.

When the conversation introduces material novel to some of the participants, the pace must slow to allow for searching and testing for internal dialogues. These detours all take time. The design and conduct of engagements needs rhythms that accommodate these delays to allow sufficient time for participation and exploration.

The rhythms of discourse vary the ways in which ideas are enunciated. The participants have to be prepared join in the rhythm in order to interpret the enunciations. Shakespeare began many of his plays with 'throw away' dialogues to give his audiences time to settle into the mood of his drama, to begin to listen. That is one of the ways by which enunciations establish the pacing. I comment on three other methods that facilitate engagements: redundancy, bundling, and chaining.

Redundancy

Redundancy is introduced into communications to enhance the ability to anticipate and be prepared for what is coming—once we know a tune, we can anticipate its sequence from hearing the first few notes. We can sing ahead of the music, for we have constructed a rendition of it in neuromuscular sequences, in memory loops. Once we have identified the song and begun singing along the rest of the performance is formally redundant, though their actual play reinforces the memory trace and maintains the coupling of source with the listener. Spoken and written languages contain highly redundant sounds, letters and words. In English, the letter 'u' almost always follows the letter 'q,' and the word [find example word] is almost always followed by [example].

Redundancy is essential to coupling. It allows the receiver to keep pace with the incoming message. In comprehending verbal communications, the ability to anticipate enables the receivers to rapidly reconfigure messages to their own mode of thinking. It is misleading to imagine that we 'take in' messages. Rather receivers create muscular sequences just as if they had spoken the words. The message, reformed into the unvoiced sequence is accepted with a caveat that it might be a misrepresentation.

If a mismatch is detected the proxied muscular sequence is inhibited and a search starts for a new hypothetical configuration. In general, we don't need to even take in a whole message to understand it; a comparison process tests the hypothesis that what one generates is equivalent to what was received. If the message is full of novelty, one needs more time to integrate the words into a meaningful context.

Generating a phoneme as part of an expected stream may take 25 milliseconds, but searching for a correct one may take 250 milliseconds. All the forms of redundancy may combine to produce over-all expectancy in excess of 90% in English texts. High redundancy allows us to flow with the music or speech. We dance with the assumption of near perfect anticipation. We are entrained by songs and we finish our spouse's sentences.

The use of redundancy aids coupling by regularizing the flow of absorption. With a highly redundant message, the senders can anticipate that after a given interval the audience will be with them. Most of the audience will generate an internal response that readies them for the next, highly redundant message. Their neuro-muscular sequences are reset to start when a signal indicates the next musical bar, poetic stanza, or semantic enunciation is flowing. And conversely, the speakers have reset their programs to generate proxies of the other's response. The in-flow and out-flow of messages involves couplings in some regions of the spectrum of exchange.

At times the rhythm is obvious, and at other times, it is inaccessible and its audience is incapable of sponsoring a sympathetic answer. In earlier historic era much speech was explicitly rhythmic. Epic poems such as the *Iliad* relied on rhythm to aid the narrator's memory and supported the audiences' sense of belonging to the community of heroes that the tale immortalized. Now we use more subtle devices. Theater and cinema rely on the audiences' recall of the beloved dialogue and comedy skits.

Authors fall back on familiar metaphors and representative examples. However, with development of distant media, printed materials, electronic transmissions and computer generated images, the immediacy of communication has diminished, weakening the rhythmic element, and forcing communications to rely on internal reconstruction of the messages carried by the media. Academic writers and lawyers seem to ignore their readers' need for rhythm and flow, forcing us to reconstruct what 'the author must mean,' resorting to rewriting the material in our heads. The reconstructing efforts interfere with coupling.

The readers feel distanced from the author and unable to assess the agreement of their reconstruction with the original. It is not surprising that deconstructionists such as Derrida asserted that the meaning of a text is weakly associated with its author's intent. Without direct coupling, conveyance of meaning depends even more heavily on redundancy in rhythm, word, and sense.

Attribution and bundling

All languages provide us with the ability to evoke in others complex ideas and events using simple labels. Every adjective and noun brings to the mutually informed participants descriptive qualities and bundles of elements and the verbs organize sequences of acts. Attribution characterize an entity by assigning it a quality, bundling packages elements into a whole, and grammatical sequencing gives meaning.

These tools of aggregation allow us to convey ideas quickly, to use shared understanding to identify differences. The technical vocabulary of a discipline gives participants a 'short hand' to speed their communication and these abstractions allow the conversation to get to a point quickly. Using high levels of attribution and bundling ideas under a few labels provides efficiencies in communication and rhythmic couplings that accompanies sharing an image, a piece of music, or an emotional experience.

The ability to hold highly attributed discourse is itself a bonding experience, coupling participants emotionally. Pervasive use of similar attribution schemes provides assurance of future coupling, of being in tune with one's social and intellectual environment.

With far less packaging, being direct allow more intense discourse appropriate to exploring feelings, searching for ideas, resolving conflicts, coming to new meanings. For example, recalling a person's conversations, eye contact and bodily stance, the responsiveness to our interventions, and indicating how different he is from some another person with whom we are familiar, produces a more involving engagement calling for a more relax pacing, perhaps a more intimate coupling than is produced by an incisive psychological classification or associating him with some famous personage. Each level of bundling and attribution requires a attention to matching the pace of an engagement, and the demands it places on each of the participants.

Sharing common levels of attribution and bundling contributes to coupling, in part by allowing the pace of the communication to suit each participant's favored pace in dialogue. A dialogue constructed between people using significantly different levels of attribution is threatening to everyone, for it denies the use of their core rhythms. The anthropologist, Edward T. Hall writes of failures experienced by Caucasians trying to work with Hopi Indians as due to the different pacings of the two cultures.

They used different levels of attribution and different rules of bundling. Such a discordant dialogue between participants can be more frustrating and disorganizing than an attempt at conversation between speakers of different languages. When speakers are using a common language, their neuromuscular expectations of completion are disturbed by differing attributions. Communication is less stressful when the participants are fully aware that they using different languages because they accept the delays and stay in a search mode; they are jointly slowing their expected pace of exchange, coupled in their search for proper translations.

Chaining

Chaining links ideas and words into meaningful expressions enabling appreciation of an enunciation by another system. A series of entrained loops produces a chain of understanding. A protein molecule is a chain of amino acids linked through their valences, branched and immensely long. Linking phonemes produces a vocal chain through neuro-muscular firing sequences. Chaining organizes muscle groups to produce actions—movements, vocalizations, or inhibitions. It produces the complex movements of the eye, of walking, of typing, of hitting a golf ball. Chaining configures words, phrases, sentences, complete works of music composition, poetry, essays, even an author or composer's life work.

Different mechanisms for linking chains appear at each extension, all has their origins in trains of proxied muscle-group firings. Chains also define interpersonal exchanges that knit a culture together. We are aware of these chains in trivial and grand rituals. In North America, when passing a stranger on a quite street, one glances to acknowledge the person, saying "hi." The response is the same, a glance and an even briefer" 'i." Failure to complete such ritual sequences may leave both people distanced, even threatened by other. So rituals are held to be sacred, that is, convents for coupled behaviors committed to by members of a culture.

Chains execute or rehearse an action operating on the material strata of the neural network, but the process is better characterized as resonant contagions. And the image of a wildfire provides a more accurate metaphor than a flow of water or an electronic network. Once energized an idea, image, or metaphor can find linkages anywhere. Chains propagate harmonically. As in a wildfire in the brush, flying embers ignite fires far beyond the fire line. Some burst into flame immediately—are acted upon—others lay smoldering to flame up days later.

Fires erupt where there is no apparent connection; so resonance grabs, links to, distant memories. And resonance, like heat, ignites a contagion of linkages. Messages from cerebral cortex incite the chaining, but do not fuel it. They enchain neuromuscular sequences, some of which 'fire' immediately, producing bodily motion or speech; some are inhibited; and some remain as silent links to a future eruption.

Chaining significantly improves the pace and efficiency of entrainment, thus, of engagements. It allows a listener to move with the received enunciation, but more significantly, to anticipate and move into readiness for the next phoneme, musical note, logical step, or emotional expression. Surprises may provide enjoyment to a listener; but they also break the established harmony of a coupled dialogue. To allow an exchange of enunciations requires that each loop can more or less effortlessly lead to a sympathetic loop.

Music is explicitly organized to allow the listener to predict the next tone, its timing and timbre. The pleasure is derived from setting up an expectation that allows the listener to anticipate the coming music and enjoy occasions of surprise. Poetry supports anticipation of the flow, and even prose provides a rhythm to guide the chaining. Hall emphasizes the importance of completing the chaining cycles to our psychic as well as social functions in a presentation of Spitz's work.

Spitz's theory is that if human beings (or other animals) are put in the position of having to cope with the consequences of too many broken chains, they will compensate. The compensations will ultimately become so numerous as to block or prohibit normal behavior. The culmination of this process, he called, "derailment of dialogue," a term that indicates not only words but actions as well. To such derailment, he attributes many of the ills of our overcrowded cities, including juvenile delinquency, sadistic teenage crimes, neuroses, and psychosis.

Chaining can refer to an established sequence and to a connected set of messages or movements that are linked by some physiological clue, a cognitive decision, or by an inhibition that allows a following sequence. That is, the chains can be fixed sequences or forked paths that are taken according to conditions. Two commonly used devices for building the links that create a text, a dialogue, or physical actions are metaphoric and casual chaining.

Metaphoric Chaining

Metaphoric chaining links by repeating the use of a relation. The rhythm arises in the predictability of a pattern of *xRy* being repeated—*R* being any relation, *y* the source, and *x* the target A pure example is the linkage that holds between octaves of the musical scale. Once the scale is known in one key the listener can easily transpose from one octave to another by enunciating any note within the target octave. The chaining is between octaves. Metaphoric chaining is explicit in poetry and often used in oratory. The famous speech of Martin Luther King Jr. where he used the phrase, "I have a dream that one day...." leads us from one image to another. The use of examples itself is an example of metaphoric chaining. The example repeats or introduces an *xRy* that chains the relation with a general proposition, just as I have done here with the example of the musical scale. The metaphor can be a complex melody line in a musical composition, the epigram introducing a chapter, or a tale that sets up a psychological theory. Chained metaphors give pace to an encounter by conveying ideas in packages, alternating between the assumed known metaphoric source and its targets and new couplings of complex ideas, gestalts, whole theories... The metaphoric route enhances the rhythm that connects participants in a conversation and links one content domain to a fresh one.

Metaphor chaining is a feature of coupled communication, contributing to the use of unity among participants. Causal chaining is a tool of rational discourse, contributing to information flows of conduit communication.

Causal Chaining

Causal chaining works by using consistent rules of a logic to generate next utterances. This logic implies or predicts something about the next idea or proposition. The logic could be deductive, preparing to link the listener to a second premise or a conclusion. It could be narrative, preparing the listener for a temporal sequence of related events. And it could be a conditional or a question, encouraging the listener to become active in setting the path of discourse. The different forms of causal chaining make use of different platforms of discourse and their distinct logics, reality bases, and contexts.

Causal chaining is facilitated when the enunciation indicates it is using a specific platform of discourse. The indicators of the platform are in the grammar used for the enunciation. An indicator such as mood informs the listener which grammar the enunciator is using, enabling the listener to anticipate the configuration of the coming message. Responders organize their echoing responses with the same grammar or choose another to redirect the dialogue.

Each platform has a distinct rhythm of give and take into which the participants may settle as they create a conversation. A switch in platforms, and thus grammars, can disorganize the flow, signal a transition in the dialogue, or initiate play a flowing back and forth among moods of expression. A break in the chain may indicate an attempted power shift or express a loss of attention. With a loss of attention, the coupling is strained and the chaining disrupted. Typically, such breaks induce conflict, requiring conscious reconnecting if the participants are to continue coupling.

Causal chaining operates at a more cognitive level of discourse organization than the metaphoric or rhythmic chaining. It grows from strategic choices as made in developing a decision, resolving a conflict, or planning event inducing a change. Its timeframe is longer, such that we may consciously chose the platforms and shift grammars to forward the purposes of the participants.

Chaining of any type is a prime instrument of strategy. It is quintessential play whether within a single person's mind or across a group of conversants, whether it is expressed in words or music or bodily contrapose. It's the awareness of articulation. ("Scrabble" is perfect, though trivial example.) Mostly it is enjoyed; we play with words, improvise music or a dance, and envision futures. Even animals enjoy such engagements: otters set up games and myna birds improvise on another's song. Chains forecast coming sequences, which allow us to anticipate a joyful future as well as a painful one; chaining enables stress, worry and shame as well as humor and ebullience.

Every engagement is across a spectrum. They begin with atoms and molecules dancing, and octave by octave establish supra-harmonies until they resonate with the [Cycles of the Hindu cosmology.] All communication is harmonic coupling, energized by the encounter with differences, with disharmonies.

Domination and Mutuality

Coupling, which follows from all communication, produces or modifies the meta-system of the coupling parties. Communicating meaning produces constraint—the utterance, "When you say 'car' you are speaking of a vehicle with four wheels, ..." expresses a constraint on the utterance 'car.' By accepting the constraints an element recognizes the dominance of another element, in accordance with the distribution of power brought to the discourse by the coupled participants.

The constraints are imposed as a function of the power of elements to establish the 'terms of coupling' as described in Chapter 6, § The terms represent the distribution and placement of dominance in a coupling. In the pendulum example, the power is a function of the comparative masses of pendulums and of their relations to their environments. A massive pendulum draws less massive elements away from their natures, just as the personality of a dominant person draws people to follow that person's tempo and line of action .

When the coupled systems have similar natural rhythms their joining produces a strengthened meta-system. When their rhythms are not coordinated the coupling dissipates the energy, leaving an over-all system that has a coherent focus, but less resonant energy than the sum of the energies, albeit diffuse, of the individual elements. Bells tuned to one frequency conserve their mutual energies. A set in which the elements are broadly in harmony displays *mutuality*. A diffuse set dissipates energy quickly.

Systems display dominance when some when some participants in a communication enter with high levels of energy compared to others. It displays mutuality when the elements operate and generate messages from similar spectra in their neuromuscular sequences or, equivalently, data loops. In abstract systems, which we characterize as signaling at a single frequency as does the classic pendulum, we can describe coupling by the two dimensions of dominance and mutuality. The text book cases of entrainment have elements are operating at frequencies which are close to, either 1:1 as in the case of the pendulums, or an integer ratio such as 3:2 (a musical 'fifth.') When the relation is close to an integer ratio coupling will move the elements to operate at exactly that ratio, each adjusting according to their relative strengths.

But in natural systems, messages are complex. The selected message is accompanied by a variety of harmonics and transients. Coupling occurs across a spectrum of sequences (data loops), as described in Chapter 6. The incoming message sets off a cascade of reverberations of varying strength. The breadth and intensity of the response is a function of how closely the incoming message resonates across the receiver's spectrum of stored sequences, memories, and expectations. That is, the engagement's effectiveness is a function of both the closeness of matching between the spectra of the sender and receiver and the dominance or weight of the one over the other. These two qualities of the engagement determine the effectiveness of the coupling.

The two modes of coupling also articulate three different forms of power that are identified in Foucault's relevant definition. He states that "in the most general terms, power designates relations between partners involved in an ensemble of actions that induce others and follow from one another." In this view, power, and coupling, follow from three properties: the communication of constraints, the capacity of a system to constrain behaviors, and the discipline to assign labor and place in hierarchies.

Reframing the power discussion in terms of spectral coupling allows us to examine the functioning and formation of meta-systems through engagements, without resorting to motivations beyond those that formed the engagement. That is, the forms of organization emerge as a function of grammars used by the participants. Foucault's three aspects of power characterize the form of meta-systems that evolve from different communicative acts.

Dominance is expressed in the degree that each participant is drawn away from its origins into the relation and of the breadth of the spectrum of coupling that is involved. Dominance by one elements typically pull the others away from their natural resonance—in Maturana terms from their autopoietic organization—and its spectrum of harmonies, thus losing its access to the aspects of the environment that are tuned to the participants' spectral variety. Dominance denies the subordinate members access to the diverse power they had on entering the relation, though the domination may increase the effectiveness of those capabilities which harmonizes with the dominant members' impositions. For example, a laborer may be more productive in a mass production line than as a lone artisan.

Mutuality in an engagement leaves the elements to use harmonies close to those which they brings to the engagement, and thus retains access to their peripheral skills and knowledge. The members keep access to the neuro-muscular sequences they have developed in other contexts. Mutuality increases the meta-system's capacity to deal with the environment beyond that attained by component's separate capacities or attained by developing dominance. An artisan is more able to respond to variations in the environment when he is free to use his craft skills.

The balance between dominance and mutuality defines the structuration of the meta-system—Foucault's third property related to hierarchy and role. There is an obvious argument that associates the dominant mode with hierarchical structures and the mutual mode with flat organizations, whether of a social structure or one of biological elements. Dominance and mutuality are social as well as neurological characteristics.

The richness of spectral coupling among a set of systems is a function of the balance of dominance and mutuality in their engagements. It is also characterized by the degree to which the participants in an engagement differ in their characteristic rhythms. These two dimensions—the resonance among the participants and the diversity of power—help us to envision the impact of different communicative relations.

The spectral coupling can be either *compatible* or *obligatory*: compatible if the participants' spectra are similar, and obligatory if the dominating frequencies pull the weaker members off of their natural rhythms. In such coupling, the weaker members lose access to their own spectrum of knowledge because they are forced to couple with a foreign rhythm. Coupling appears in four conditions that produce significantly different social systems:

- *Dominating-obligatory* communications including system members with greatly differing strengths destroys the individuality of its members as we find in fascist regimes and doctrinaire religious communities with diverse populations.

- *Dominating-compatible* systems take the form of hierarchies of power with willing followers. We find such in radical one-cause political parties.

- *Mutually-obligatory* systems depotentiate its members leading to alienation, as in the present consumer society where "keeping up with the Jones" is a mutual but obligatory imposition. It exhibits top-down causation, for the behavior of the whole determines that of the part. Such cultures lose richness for the members think alike, due to the strength of the obligatory messages.

- *Mutually-compatible* systems are characterized by the easy acceptance of communication leading to a rich base of trust, understanding, and access to the receptive facilities of other members. The qualities are democratic and fluid, producing a good-willed but unwielding community. It is a condition for developing benign relational conversation, but perhaps not for concerted action.

Putnam [Putnam, 1993 #185] give us a vivid example of two cultures operating these conditions in southern and northern Italy. In the South, the governments are autocratic, business is conducted in an atmosphere of mistrust, laws are made to be broken, and the economy flounders.

The culture is obligatory and dominating, disciplining and alienating, and leaves its citizenry feeling powerless and self-destructive. In northern Italy over the last thousand years, the culture has built on the cooperative behaviors that coalesced from small craft groups, religious fraternities, and local militia to create a society with characteristics I would identify as mutually-compatible, cooperative, democratic, law maintaining, and economically successful. The North revels in a high level of social capital, whereas the south starves for lack of a cooperative social fabric.

An unequal power distribution in itself is not destructive; it is when the differences in the natural spectra of engagement of a culture are diverse Luhmann characterized relations in such a dominating-obligatory culture as *penetrating.* The dominant element takes over the identity of the weaker elements, denying appreciation of their complexity and responsiveness and leaving them unrecognized except for the disturbed energy they are obligated to provide the meta-system.

The penetrated elements are the drones of autocracy and the milquetoast of a marriage. Entrainment can be destructive to participants driving them beyond their stable ranges. In the extreme, their core biophysical rhythms are so changed that the autopoietic capability is impaired threatening the death of the system. In more cases, the change in system's rhythms due to the 'forced oscillation' disconnects the weaker systems from that portion of its spectrum of memory traces and autopoietic processes so that they are taken over by the dominating system. The forced shift in the oscillation of the main programs of the weaker systems leaves them but appendages to the dominant system(s), out of sorts with their natural rhythms. Penetration not only results in the weakening of some component systems, but also results in a loss of richness in the over-all meta-system.

It loses access to complexity that comes from mutual entrainment with participating systems. Penetration wastes the 'variety' that is provided in independent relations while gaining control of encompassed and weakened participating systems. Penetration tends to lose potential complexity in attaining amplification; the spectrum of potential response narrows into the arena which the dominant system has taken over and amplified. Understanding the workings of penetration makes it clear why unambiguous communication is a dangerous instrument for long term relations in a culture.

Luhmann characterizes the mutually-compatible exchanges as *interpenetrating*They give 'voice' to the harmonics of all the members, each trusting and gaining access to the others meanings and thus constraints. With interpenetration, each entity or person retains its essential identity (its organizational identity in autopoietic theory) but typically experiences an ongoing reconfiguration of its own expression of identity in memories, beliefs, and information.

Interpenetration draws the qualities of the distinct organizations together—each participant gives up itself to the other to a degree inversely proportional to its relative strength. Interpenetration also gives the encompassing system access to aspects of the systems that are not integrated into the meta-system. This openness makes available the local knowledge of the participants to respond to and become coupled with perturbations from other sources in the environment.

The richness of these extra system couplings induces more non-harmonics and thus increases the system's abilities to respond to the environment. A closely working team can get more information from its environment than a set of individuals. Coupled systems that are interpenetrating have a greater sensitivity to the environment, are more open to intelligence from the environment, and are more varied in their response than the sum of the capabilities of which they are composed. As stated in Chapter 6, they are self-organizing.

The essence of interpenetration is in the creation of a symbiotic system strengthening existing sub-systems by enabling additional coupling. A well-established culture would be based on an energetic fabric of interpenetrating simple and complex identities just as are the bodies of embodied living thing and the cultures such as Putnam observed in Northern Italy.

The physics of coupling provides a clear analogy to the issues in social coupling, both to the obvious dominations, but also to the side effects of passivity and servility. The quality of communications and the societies within which they operate are a function of experienced interpenetrations of the participants. Full interpenetration seems to be an idyllic state. However, it is not likely to be stable—if ever achieved. It would decay into an anarchy or obligatory state of conformity.

The northern Italians have not suffered this instability as they exist in relation to other societies and economies. The Northern culture must respond to a competitive and hostile environment beyond its boundaries. Responding to forces that challenge the compatibility of their culture with its environment saves it from falling into internal strife. The optimal society needs both mutually compatible characteristics and engagement with its neighbors who have competing needs.

Epistemic orders

As offered in the opening paragraphs of this chapter, an adequate description of communications requires a paradoxical presentation. An exposition of communicative processes takes divided paths toward distinction and similarity. Communication is *articulation;* making connected distinctions. In the earlier chapters, I explored the path of distinction that leads to conformity, to grammatical differentiations. In this chapter, I explored the path of convergence toward oneness that is produced by coupling.

In the beginning we know everything and have nothing to say. When we learn to speak, we isolate ourselves, establishing personal identity then striving to join with others. In the search for personal identity, we arrive at commonality. In the search for shared meaning, we create an infinity of constraining differences. We travel divergent paths searching for the oneness we had lost at Babel.

In this book, I develop the processes of forming distinct enunciations designed to couple us with others. The stages of engagement exhibit different forms of coming to meaning, that is, to 'knowing,' which I organize according to their *epistemic order*. An order represents a mode of constructing meaning—modes which increasingly constrain behavior over increasingly grand spheres.

- The zero order is a condition devoid of meaning; it is a condition equally of knowing nothing and everything. It is knowing 'what is' in total innocence and total freedom. Nothing is communicated.
- The first order conveys information when an organism notices and reports a difference between 'what was' and 'what is.' Noticing becomes possible when an organism has memory that enables time binding. This knowledge is 'information' in the conduit mode introduced by Shannon in 1947. It is a specification of choices among constrained alternatives.
- The second order constructs meaning through connecting ideas using grammars. It is the basis of dialogue in which participants construct and send messages in response to each other's messages. Construction tends to create new meanings associated with new constraints on the use of symbols.
- The third order knowledge derives from coupling with others to bring about a community of meaning. It uses structure in the

service of efficient coupling and in reflection on second order knowledge. I associate the processes of relational conversation with the third order to highlight the sense of flow that we identify with *languaging*. Languaging gives meaning through reflection on the relations generated in engagement. Third order exchanges can be thought of as a cognitive achievement, accepting the other, or as a relation of love as John MacMurray characterizes it. ([MacMurray, #195])

There are indefinitely more orders through which meaning is redefined. They operate through reflective exchanges for knowing that we know that we know, leading ultimately to Indra's Web where every individual reflects the whole, or equivalently, to Teilhard de Chardin's Omega Point where the totality of meaning appears indistinguishable from the Zero order, but now knowing everything while distinguishing nothing. Here, complete constraint and complete freedom are identical.

The styles of communications through which we attain experience each epistemic order differ as I hypothesize in Table 8.1.

Order	Meaning	Constraint	Process	Communication form
ZERO	No distinct expectations; no meaning	Just 'what is' so no constraint	"Being"	*None* All is known; nothing is articulated
1st	Differences noted with minimal context	'What was' Time binding	Awareness of difference; "not One"	*Information* Uninterpretable no self-awareness
2nd	Observing	Structuring of differences	Grammatical structuring	*Dialogue* Interpretable; observer is aware of self
3rd	Reflecting	Echoed similarity in a "Hall of Mirrors"	Coupling	*Conversation* Approach to local oneness; Aware of self and other

				Languaging Communication about communication
Nth	Infinite levels of reflecting	Total, which is equivalent to none	Harmonic coupling	*None* Everything is shared

The orders represent different usages, not an evolution series of developing communication abilities. All orders probably become available with the appearance of consciousness. The orders are utilized according to the needs of a society. It is only the degree of structuring and the articulation of coupling that develops with civilization. More vocabulary and technology for exchange are available with higher orders of reflection now than in earlier era, but the complexity of structure, that is, of the grammars, has not changed appreciably. Communication of meaning appears to be limited by physiological factors rather than culture complexity.

Humans are capable of having thoughts and expressions denied by the culture; in forming meaning we are restrained by the ideologies of our culture rather than our physiologies. By implication, we must rediscover our physiological capacity to identify the freedoms we have allowed our cultures to obscure.

That is not to disparage culture, for it is only through its constraints that we gaining meaning. But we lose opportunities for greater understanding by accepting the tools of understanding as sources of truth. However, they must first be the objects of our inquiry, for moving from one order to another in engagements can be difficult for the immediate participants and destabilizing to their society. Of particular concern is the difficulty of maintaining engagements in the third order and beyond, as Bateson pointed out when he first wrote of the idea in 1942 and Berman [Berman, 1981 #194] and I [McWhinney, 1990 #193] have since echoed.

Exploration of the epistemic orders helps us understand different levels of engagement. It also confirms the dilemma of system thinking, which presumes whole-part relations yet must treat every activity as inter-system, as between independent entities. Communication requires the elements to be different; understanding requires the elements to share common definition. Coupling requires similarity, but is only detectable when difference are present.

This paradox is deeply buried in the vocabulary with which we describe systems: entraining, enchaining, articulating, conversation, metaphor, … All carry the joint sense of separating and uniting, of constraining to articulate. Civilization has expanded the space in which to argue about the turtle and the graviton, process and structure, boundary and relation, and the One and Not-one. Our task is not to resolve the paradoxes, but to manage them.

{ } { } { } { } { } { } { } { } { } { }

Bronvermelding

"*Path's of Change*" – Will McWhinney

Mijn 3 voorgaande en 3 opvolgende boeken :

"*Van bovenkamer naar onderbuik*

"*Antroposofische energie*"

"*Organismus Naturalis*"

" *'n Geniale genius*"

"*Apprenti*"

"*Van Nomade tot Monade*"

en de verdere bronvermeldingen zoals in de tekst opgenomen.